合併・買収後の統合実務

シナジーを実現するPMIの進め方
<small>ポスト・マージャー・インテグレーション</small>

東京青山・青木法律事務所 編
<small>ベーカー&マッケンジー外国法事務弁護士事務所（外国法共同事業）</small>

Post-Merger Integration

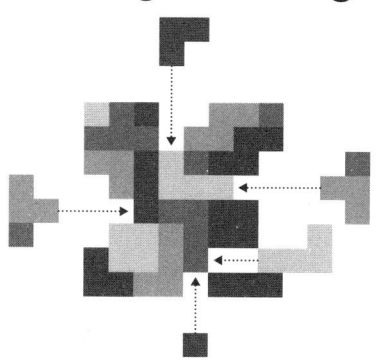

中央経済社

まえがき

　当事務所は，弁護士の他，外国法事務弁護士，税理士，公認会計士，弁理士，司法書士等の各分野の専門家を擁して，依頼者へ法務分野にとどまらない総合的サービスを提供することを目指しているが，M&A分野に限っていえば，我々外部専門家の役割はおおむね取引の実行までで完結し，取引実行後の統合段階まで関与することは稀である。M&A成功の可否は統合の成功にかかっていることは異論のないところでありながら，従来，わが国におけるM&A実務においては，その取引の実行段階とその後の統合作業段階の間には断絶が存在し，一部の典型的な統合阻害事由の検討（昨今の金融機関の統合に見られるシステムの統合の事前検証等）を別にすれば，取引実行前の段階で統合作業までをも射程に入れた周到な準備がなされてきたとは言いがたい。

　本書は，「統合成功の可否は取引実行前の段階での準備作業に大きく依存しているのではないか」との問題意識のもと，「統合の準備は，時間軸をさかのぼって，どの時点ならばどこまで可能か」というテーマについて研究したものである。この作業は，欧米において，「ポスト・マージャー・インテグレーション」と名づけられて，主として経営分野での関心事であったが，本書は主として法務面に注目し，当事務所がこれまで蓄積してきたM&A法務実務のノウハウに加え，統合段階中の作業として関心の高いシステム統合，会計統合，企業年金統合の各論分野については外部の専門家の方々の助力を得て，研究し，実践してきた成果をまとめたものである。従って，基本的な法概念や典型的なM&Aの法的論点の解説等は捨象し，M&A取引に関与する実務家の方々や，M&A取引の当事者企業において統合作業の現場に従事する実務担当者の方々が，M&Aの対象企業分析の段階から統合の完了までの一連の作業工程の中で，いかなる事項を，いかなる手順で，いかなる点に留意して，いかなるツールを使って準備し実行するかについての実務的なガイダンスを提供することを目的としている。

「ポスト・マージャー・インテグレーションの法的分析」という極めて新しく，実務的で意欲的なテーマであるため，本書の内容がその目的を十分に達し得たかどうかについて自信はないが，読者諸氏のご批判を頂いて，今後も研究を続けていく所存である。

平成18年5月吉日

東京青山・青木法律事務所
ベーカー＆マッケンジー外国法事務弁護士事務所
（外国法共同事業）

代表パートナー　弁護士　近 藤　　浩

● 目　　次 ●

第1部
M&A後の企業統合

第1章　M&A後の企業統合に関する問題意識
　　　　　―PMIの必要性――――――――――――――― 2
　1　シナジー実現の難しさ …………………………………… 2
　2　M&A後の企業統合に関する問題意識 ………………… 3
　3　PMIとは何か ……………………………………………… 4

第2章　PMIケーススタディ―M&A成功の鍵は何か ― 8
　1　増え続けるM&A ………………………………………… 8
　　（1）M&Aの分類と事業目的M&Aの特徴　8
　　（2）M&A件数の伸び　10
　　（3）M&Aのメリット　11
　2　M&A成功の鍵 …………………………………………… 12
　　（1）M&Aの成功例　12
　　（2）成功の鍵―Initial Integration Plan（IIP）の策定　12
　3　事　例 ……………………………………………………… 13
　　ケース1：大正製薬と田辺製薬のケース　13
　　ケース2：熊谷組と飛島建設のケース　17
　　ケース3：石川島播磨重工業と川崎重工業　19

4　主な破談要因 …………………………………………………… 21
　　5　統合障害事由 …………………………………………………… 22
　　　(1) 典型的な統合阻害要因　22
　　　(2) 統合作業体制　25
　　　(3) 非典型的な阻害要因　27
　　6　最新事例の分析 ………………………………………………… 36
　　　ケース1：イトーヨーカ堂・セブン－イレブン──資本のねじれ解消，敵対的買収からの防衛目的　36
　　　ケース2：バンダイ・ナムコ　38
　　　ケース3：第一製薬・三共　39
　　　ケース4：関東つくば銀行・茨城銀行　41

第2部
初期プラン（IIP）の策定と修正

第1章　相手方監査プランの策定 ── 46
　1　IIPの重要性 ……………………………………………………… 46
　2　IIPの策定開始からM&A取引クロージングまでの流れ　47
　3　IIPのPMIにおける位置づけ …………………………………… 48

第2章　情報の収集作業とそのツール ── 49
　1　IIP前期段階──パブリック情報へのアクセス ……………… 50
　　(1) 登記簿謄本　51
　　(2) 有価証券報告書等開示書類の閲覧　52
　　(3) 過去の新聞記事等　53
　　(4) 情報会社　54
　　(5) インターネットからの情報取得　54

2　IIP後期段階──相手方提示情報へのアクセス ………… 55
(1) 法務デュー・デリジェンスの目的　55
(2) 法務デュー・デリジェンスの内容　56
(3) 法務デュー・デリジェンスの対象項目　57
(4) 個人情報保護法に関する留意点　59
(5) 法務デュー・デリジェンスの成果の具体化　62

第3章　M&Aの各手法とその選択──法的な見地から　63

1　M&A各手法の目的適合性の検討 ……………………… 63

1　一体化による統合のために使用できる手法 …………… 64
(1) 合　　併　64
(2) 会社分割　69
(3) 事業譲渡　74
(4) 各一体化手法の比較　77

2　資本の上下関係による統合に用いることのできる手法　78
(1) 株式取得（株式譲渡，新株発行）　78
(2) 株式交換　81
(3) 各手法の比較　85

3　持株会社による統合に利用できる制度 ……………… 86
(1) 株式移転　86

2　M&Aの目的とPMIの観点からのM&A諸手法の目的適合性　88
(1) 総　　論　88
(2) M&Aの目的別分類とその手法選択　89
(3) PMIへの配慮とM&A各手法の選択　94

3　再生型M&AとPMI ……………………………………… 94

1　総　　論 …………………………………………………… 94
2　再生型M&Aの具体的手法とその分類 ………………… 95

(1) 法的倒産手続利用の場合のM&A手法　95
　　　(2) 私的整理を用いたM&A手法　115
　　　(3) 再生型案件における特有の問題点　117
　　③ 再生型案件とPMI …………………………………………… 119

第4章　M&A各手法とその選択—税務上の見地から　123

　1　M&Aタックスプランニング ……………………………… 123
　　　(1) M&A各手法の税務上の取扱いの概観　123
　　　(2) M&Aタックスプランニングとは　123
　　　(3) M&Aタックスプランニングの難しさ　125
　2　株式譲渡のタックスプランニング …………………… 127
　　　(1) 譲渡者側の税務—譲渡益課税の概要　127
　　　(2) 個人→法人の株式譲渡のタックスプランニング　129
　　　(3) 法人→法人の株式譲渡のタックスプランニング①　131
　　　(4) 法人→法人の株式譲渡のタックスプランニング②　132
　　　(5) 売却価額（時価）をめぐる問題　133
　　　(6) 有利な発行価額による新株発行の税務　134
　　　(7) 公開買付（TOB）の税務　136
　3　株式交換・株式移転のタックスプランニング ……… 137
　　　(1) 株式交換とは　137
　　　(2) 株式交換の税務　138
　　　(3) 株式移転とは　141
　　　(4) 株式移転の税務・特例　142
　4　組織再編税制のタックスプランニング ………………… 143
　　　(1) 組織再編税制の範囲とその趣旨　144
　　　(2) 適格要件の概要　145
　　　(3) 合併における適格要件　148

（4）分割における適格要件　152
　　（5）現物出資における適格要件　154
　　（6）事後設立における適格要件　154
　　（7）租税回避防止措置　155
　　（8）組織再編税制の課税関係の概要　157
　　（9）適格と非適格どちらを目指すべきか　157
　　（10）非適格でも受けられる租税の優遇措置　158
　　（11）M&A税制グレーゾーンをめぐる対応　159
　5　営業譲渡のタックスプランニング………………………… 162
　　（1）営業譲渡の税務　162
　　（2）営業権の税務　163
　6　PMIをめぐるM&A税務の留意点………………………… 167
　　（1）PMIと税務の関係　167
　　（2）PMIをめぐる税務上の時価の留意点　167
　　（3）PMIをめぐる組織再編税制上の適格要件の留意点　168
　　（4）PMIをめぐる徴収上の留意点　171

第5章　会社法施行がもたらすプラン作成プロセスの柔軟化と複雑化 ── 178

　1　総　論………………………………………………………… 178
　2　会社法の概要………………………………………………… 179
　　（1）会社法制定から施行までの概略　179
　　（2）会社法における実質的な改正事項　179
　3　対価の柔軟化………………………………………………… 182
　　（1）従来の制度の概要および改正の背景　182
　　（2）対価柔軟化の1年間凍結　182
　　（3）「対価」として交付することが可能となるもの　183

(4) 対価柔軟化の決議要件　184
　　(5) 対価の組合せおよび交付方法　187
　　(6) 三角合併（Triangular Merger）　188
　　(7) 交付金合併（Cash-out Merger）　195
　　(8) 外国会社とM&A　197
　　(9) 少数株主排除スキームへの影響　200
　　(10) 対価柔軟化に関するその他の留意点　208
4　簡易組織再編・略式組織再編 ……………………………… 210
　　(1) 簡易組織再編　210
　　(2) 略式組織再編　215
5　産業再生法との関係 ……………………………………… 217
　　(1) 産業再生法におけるM&Aに関する特別支援措置　217
　　(2) 旧商法，会社法と産業再生法の比較，会社法下における産業再生法の存在意義　218
6　事後設立および現物出資規制 …………………………… 223
　　(1) 事後設立　223
　　(2) 現物出資・財産引受け　224
　　(3) 買取目的会社を用いるM&Aへの影響　225
7　債務超過会社のM&A ……………………………………… 226
　　(1) 旧商法上の議論および問題の所在　226
　　(2) 会社法における改正およびM&Aにおける利用方法　227
8　M&Aにおける新株予約権および新株予約権付社債の承継　229
　　(1) 新株予約権の承継　229
　　(2) 新株予約権付社債の承継　229
　　(3) 新株予約権者および新株予約権付社債権者の買取請求権　230
9　会社法における債権者保護手続 ………………………… 230

(1) 旧商法上の手続　230
　　　(2) 会社法上の手続　231
　10　事業譲渡への影響 …………………………………… 232
　　　(1) 「営業譲渡」から「事業譲渡」へ　232
　　　(2) 株主総会決議が不要となる範囲の拡大　232
　　　(3) 競業禁止　232
　11　株券の取扱い―株式譲渡のクロージング手続への影響… 234
　　　(1) 旧商法上のクロージング手続　234
　　　(2) 会社法上想定されるクロージング手続　234
　　　(3) 株券の発行と担保設定　235
　　　(4) 非上場企業の買収における株式譲渡クロージングのあり方　235

第6章　経営判断およびガバナンス ── 249

　1　M&Aにおける経営判断の正当化根拠 ……………… 249
　　　(1) はじめに　249
　　　(2) 取締役責任の枠組み　250
　　　(3) M&Aにおいて問題となり得る取締役責任　254
　　　(4) 取締役の責任追及の拡大傾向とその対応策　258
　　　(5) 取締役が取るべき対応策　259
　2　統合後のガバナンス ……………………………………… 261
　　　(1) 統合後のガバナンス問題(意思決定機関の構造，役員の選定)　261
　　　(2) 統合後のガバナンスの諸問題　262

第7章　初期プラン(IIP)／最終プラン(FIP)実施のタイミングに影響を及ぼす各種法的規制 ── 274

　1　はじめに ………………………………………………… 274
　2　インサイダー規制と適時開示規制 …………………… 275

- (1) 各規制の概要　275
- (2) 重要事実の「決定」の意義　277
- (3) 重要事実の成熟度について　278
- (4) 「重要事実」発生前の開示　282

3　その他の証券取引法上の規制——保有株数に応じた主な規制 … 283
- (1) 3％以上保有の段階——インサイダー規制　283
- (2) 5％超保有の段階——5％ルール（大量保有報告書制度）　283
- (3) 5％超保有の段階——公開買付制度との関係　284
- (4) 10％以上保有の段階——売買報告制度・短期売買利益返還制度　285
- (5) 10％以上保有の段階——臨時報告書・適時開示　285
- (6) 3分の1超保有の段階——公開買付制度との関係　286
- (7) 円滑なプランニングと開示の関係　287
- (8) 金融商品取引法制定に伴う影響　288

4　独占禁止法 …………………………………………………… 288
- (1) 統合阻害要因となりうる独占禁止法の規制　288
- (2) 独占禁止法における規制　289
- (3) 独占禁止法の手続　291

　ケース1：HOYAによる日本板硝子からの磁器ディスク用ガラス基板事業の譲受け　294

- (4) 公正取引委員会への事前相談　295
- (5) 事前相談のタイミング　298
- (6) 独占禁止法上，M&Aが許容されるか否かの判断基準　301
- (7) 公正取引委員会が問題点を指摘し，M&A計画を断念した事例　304

　ケース1：日本フエルト，市川毛織および日本フイルコンによる統合の断念　304

　ケース2：三菱化学および東海カーボンによるカーボンブラック事業の統合の断念　308

ケース3：PSジャパンおよび大日本インキ化学工業によるポリスチレン事業の統合の断念　311
　(8) 問題解消措置の実施を前提として公正取引委員会が問題なしと判断した事例　313
　　　ケース1：HOYAによる日本板硝子からの磁器ディスク用ガラス基板事業の譲受け　315
　　　ケース2：三井化学および住友化学工業の統合　315
　　　ケース3：日本ポリケムおよび日本ポリオレフィンのポリエチレン事業の統合　316
　　　ケース4：昭和電工および協和発酵工業による酢酸エチルの共同生産会社の設立　317
　　　ケース5：ユアサコーポレーションおよび日本電池の経営統合　318
　　　ケース6：大塚化学と三菱瓦斯化学による水加ヒドラジン事業の統合　319
　　　ケース7：大日本インキ化学工業と旭化成ライフ＆リビングによる二軸延伸ポリスチレンシート事業の統合　320
　　　ケース8：三井化学と出光興産のポリオレフィン事業の統合　321

5　許認可について　……………………………………………… 323
　(1) 総　　論　323
　(2) 許認可の種類　324
　(3) 代表的な業種における許認可について　325
　(4) 外国会社とのM&Aについて　327

6　個人情報保護法　……………………………………………… 328
　(1) 事業承継に伴う個人情報の承継にまつわる個人情報保護法の規定　328
　(2) 第三者への提供に関する問題　329
　(3) PMIにおける個人情報保護法への対応　330

第8章 初期プラン(IIP)策定段階における人事労務上の問題点 ── 335

1 総論 ………………………………………………… 335
(1) IIP策定段階における人事労務の検討　335
(2) 企業価値の維持と事業の効率化・合理化　336
(3) M&Aの類型化からの視点　337

2 IIP策定段階における人事労務上の各要素の検討 …… 339
(1) 組織全体　339
(2) 従業員数　340
(3) キーパーソン　340
(4) 従業員の平均年齢　341
(5) 従業員の平均就業年数・定着率　342
(6) 賃金水準　342
(7) 退職金制度　343
(8) 労働組合　347
(9) 小括　347

3 IIP策定段階における人事統合・人員整理の戦略 …… 348
(1) IIP策定段階における人事統合の戦略　348
(2) IIP策定段階における人員整理の戦略　352

4 ケース・スタディ ……………………………………… 356
(1) 事案　356
(2) 検討　357

5 M&Aの各手法選択と人事労務問題との相関関係 … 358
(1) 総論　358
(2) 雇用関係の承継　359
(3) 労働条件（賃金・退職金等）変更　368

(4) 労働組合　370

第9章　情報の管理とコミュニケーション・プラン　374

1　プロジェクトチームの結成　374
2　一般的な情報管理　376
　　(1) 情報管理責任者の設置　376
　　(2) プロジェクトチーム内の情報管理　376
　　(3) 秘密保持契約の例外規定　380
　　(4) ストックオプションの行使時期の制限の可否　381
　　(5) 個人情報の保護に関する法律　381
3　インサイダー規制との関係における留意点　382
　　(1) インサイダー規制主体の範囲について　382
　　(2) インサイダー規制違反防止のための情報管理の徹底　383
　　(3) 規制主体の限界―立ち聞きをした者　383
　　(4) 刑　事　罰　385

第3部
相手方情報開示後のプラン―最終プラン（FIP）の策定と修正

第1章　相手方による情報開示後直ちにIIPを再検討・修正すべき事項　389

1　潜在シナジーと実現シナジーの「ズレ」　389
2　取引法上の行為によるM&Aの場合　390
　　(1) 基本合意事項の再検証，買収プランニングの修正　390
　　(2) 潜在的なリスクへの対処―追加監査，契約書による手当て等　400
3　組織法上の行為によるM&Aの場合　407

- (1) 組織法上の行為によるM&Aにおける本契約について　407
- (2) わが国における統合条件の決定過程　407
- (3) わが国の「習慣」に潜む問題点　414

第2章　社内意思決定のプロセス―社内開示手続 — 418

1　プランの社内承認取得手続―情報共有範囲の拡大 … 418
- (1) デュー・デリジェンス後の情報共有の範囲・情報の質量の拡大　418
- (2) 共有情報の類型・整理の必要性　420
- (3) 関係者への根回し　424
- (4) 役員レベルでの周知徹底　424

2　情報管理の方法 …………………………………………… 424

第3章　人事統合の実行 — 426

1　人事統合上の法律上の問題点 ………………………… 426
- (1) 労働条件の不利益変更の方法　427
- (2) 就業規則等の不利益変更　428

2　人事統合の実行段階の実務上の留意点 ………… 433
- (1) 就業規則等の統合のチェック項目　433
- (2) 退職金制度の統合の実務　435
- (3) 社会保険の統合の実務　438
- (4) 労働保険の統合の実務　440
- (5) 企業年金の統合の実務　442
- (6) 労働組合の統合　457

3　ケース・スタディ ……………………………………… 459
- ケース1：三菱レイヨン・日東化学工業　459
- ケース2：ネミックラムダ・日本電気精器（デンセイ・ラムダ）　460

第4章　人事統合に伴う人員整理 ────── 463

1　人員整理の目的 ………………………………… 463

2　人員整理の各手法と注意点 …………………… 464

3　配転・出向・転籍 ……………………………… 465
  (1) 配転・出向・転籍の法的性質　465
  (2) 配転・出向・転籍を行う際の必要条件　466

4　希望退職者募集と退職勧奨 …………………… 467
  (1) 希望退職者募集　467
  (2) 退職勧奨　471

5　整理解雇 ………………………………………… 473
  (1) 整理解雇の4要件　473
  (2) 裁判例　476

第5章　情報システム統合の実行 ────── 480

1　情報システム統合の重要性 …………………… 480
  (1) 企業統合における情報システムの重要性　480
  (2) 情報システム問題がもつM&Aへの制約性―事前準備の重要性　480
  (3) 企業統合の法的形態別の情報システム統合　481

2　情報システム統合作業の類型別の整理 ……… 483
  (1) 並列型　484
  (2) 統合型　485
  (3) その他のパターン　485

3　情報システムの統合スケジュール …………… 485
  (1) 「統合発表から統合プロジェクトの発足まで」　487
  (2) 「統合プロジェクトの発足」　487
  (3) 「既存システムの洗い出し」　487
  (4) 「重複するシステムの選択」　488

(5)「システム範囲の決定」　488
　　　(6)「システム変更に伴う設計および開発」「マスタ設定」「データ移行」　489
　　　(7)「試験運用」　490
　　　(8) システム統合　491
　4　合併統合にあたっての阻害要因 …………………………… 491
　5　情報システムの統合が統合阻害要因として意識された現実のケース …………………………………………………… 492
　　　(1) 飛島建設・熊谷組の経営統合見送りについて　492
　　　(2) みずほフィナンシャルグループ　492
　　　(3) 三菱東京UFJ銀行　493
　6　最近のM&Aにおける情報システムの成功要因と阻害要因 ………………………………………………………………… 494

第6章　会計制度の統合 ─────────── 496

　1　はじめに ………………………………………………………… 496
　2　財務会計における企業結合会計 ……………………………… 497
　　　(1) 企業結合会計における2つの視点　497
　　　(2) 合併か子会社化か　497
　　　(3) 持分プーリングかパーチェスか（持分の結合か取得か）　506
　3　管理会計における企業結合会計 ……………………………… 513
　　　(1) 管理会計の必要性　513
　　　(2) 予算管理　513
　　　(3) 業績管理　514
　　　(4) データ収集　516

第4部
最終プラン（FIP）の実行

第1章　修正では対応不能な「障害事由」の発生とその対処——経営的な側面から ———— 523

1　UFJ型（横やり型） …………………………………… 523
（1）問題の所在　523
（2）UFJ事件の概要　524
（3）UFJ仮処分事件における最高裁決定の論理　525
（4）損害賠償請求事件（東京地裁）　526
（5）取締役の善管注意義務との関係——Fiduciary-Outとレブロン基準　527
（6）UFJ事件の教訓　528

2　ニッポン放送型（敵対的買収型） …………………… 532
（1）問題の所在　532
（2）敵対的買収防衛策としての「IIP修正」の可否　533
（3）策定の時点における法的な予防策　536
（4）経営的な側面からのIIP修正の可否　536

第2章　FIP実行時の「統合阻害事由」の発生とその対処——法的側面から ———— 539

1　表明・保証と補償条項 ………………………………… 539
（1）表明・保証および補償の意義　539
（2）適用対象の限界　540
（3）表明・保証および補償の内容　542
（4）買収監査，契約交渉の過程，取引実行前における留意事項　546

2　ディスクロージャー ……………………………………… 548
　(1)　「統合阻害事由」の「発生事実」該当性　548
　(2)　情報共有先に対する開示　551
　(3)　「統合阻害事由」が治癒可能な場合vs治癒不能な場合　552

第1部

M&A後の企業統合

第1章

M&A後の企業統合に関する問題意識
—PMIの必要性

1　シナジー実現の難しさ

　企業間の合併および買収（Merger & Acquisition, M&A）は，シナジー（相乗）効果を獲得するために実行される経営手法といわれる。2つ以上の企業が資本的，財務的に連結することにより，経営の効率性，研究・開発・製造の統合，共通コストの削減，事業分野の補完，市場における競争力の上昇等を目指す手法である。M&Aは，この本来的な経営効果の獲得が確認されてから開始されなくてはならないはずであるが，後に述べるように（第1部第2章），いったん，M&Aの開始と統合が公表されながら，その後に，「シナジー実現の困難性」を理由に，中途でこれを断念する「破談」事例が多く存在する。また，統合を完了した場合においても，当初目論んだシナジー効果が実現しない事例が多いことが指摘されている[1]。

　この当初の目論見と現実のシナジー効果の「ずれ」については，M&A契約後の組織にベネフィットを上回るコスト（組織的問題）が発生するために，有効なシナジーを企業が獲得できない，すなわち，M&Aを実施する前の段階において想定された潜在的なシナジーと，M&Aを実行した後（ポストM&A段階）に実現される実現シナジーの差異が存在するためであると指摘する見解がある[2]。この潜在シナジーを実現シナジーに転化させるために，シナジー実

現の組織的問題の弊害をいかに減少させるかを検討するプロセスとして「M＆A後の企業統合」(Post-Merger Integration，ＰＭＩ) といわれる経営学的アプローチがある[3]。M＆Aの成功にとって，その取引の完了よりも，M＆A後の統合のプロセスがより重要という考え方である。

2　M＆A後の企業統合に関する問題意識

　M＆Aの成功のために，M＆A後の統合，すなわちＰＭＩが重要であることについては，おそらく何人も異論はないであろうし，また，現に，これまでわが国で行われてきたM＆Aが，ややもするとM＆A後の企業統合に重点をおかず，M＆A開始前に描かれた潜在的シナジーにのみ経営的期待を傾斜し過ぎてきたという反省はあるかもしれない。

　他方で，このＰＭＩを，M＆A開始時における準備の問題として捉えると，この準備段階でどこまで正確な実現シナジーを予測できるかという現実的な問題が存在する。「情報の不足」の問題である。

　通常M＆Aは，①経営トップ同士による統合打診，②基本合意（機関決定を経る場合と経ない場合とがある），③開示された相手方情報の検討（デュー・デリジェンス），④機関決定，⑤対外公表というプロセスをたどるが，インサイダー規制への配慮，適時開示規制，株価への影響等，その他の経営的事情により，⑤の対外公表が②の基本合意（Letter of Intent）の締結時に行われるケースが多い（第2部第7章参照）。

　また，この通常どおりの経過をたどる場合においても，上記の各懸念から，①から⑤までのステップに十分な時間をかけられるケースは少なく，デュー・デリジェンス段階の焦点はもっぱら買収価格またはそれに直接影響のあるリスク要因（統合比率を含む）の掘り起こしにとどまり，M＆A後の統合のための「統合デュー・デリジェンス」を実施する時間的余裕はほとんどないまま，多くのM＆Aが，法的手続に必要な最短の期間で実施されている。この情報の不足という障害事由を前にしては，M＆A後の統合における実現シナジーの把握はほとんど不可能である。

3　PMIとは何か

　PMIのプランニングが，M＆A取引開始時の潜在シナジーとM＆A後の統合における実現シナジーとの一致を目指すプロセスであるとすれば，PMIのプランニングは，M＆A取引実行後に開始するのではなく，M＆A取引実行開始と共に開始されるべきであって，かつ，開始時点を前倒しにしたことによる情報の不足を克服することを目指すプロセスでなくてはならない。

　言い換えれば，「相手方情報開示前に，M＆A後の企業統合時における障害事由（統合阻害事由）を予測し，潜在シナジーと実現シナジーの不一致を最小限化するための初期プランニングを行い，相手方情報開示後に，その開示情報に基づいて，M＆A取引の実行だけでなく，初期プランを修正し，最終統合までのプランを策定する一連のプロセス」でなくてはならない。

　具体的には，

① まず，M＆A取引開始時において，プロジェクトチームが組成され，公の情報と相手方から限定的に開示された情報をもとに，M＆A取引実行自体とM＆A取引後の統合に関する初期プランニングを行う。この初期プランニングを，"Initial Integration Plan（Planning）"と定義することとする（IIP）。この段階では，公の情報と相手方から限定的に開示された情報をベースに典型的に生じる各統合阻害事由（統合前のM＆A取引自体の実現阻害事由も含む）を予測し，それに対する対応を策定することが必要となる。

② 次の段階では，相手方情報の開示が行われることとなるが，開示の対象要求範囲は，①で策定したIIPに含まれる統合阻害事由の検証作業が中心に据えられることとなる。この開示情報の検討の結果，初期プランを修正した，最終統合プランが策定されることとなる。この最終統合プランニングを，"Final Integration Plan（Planning）"と定義することとする（FIP）。

　IIP段階はもちろん，FIP段階においても，依然としてシナジーは潜在的であるが，FIP段階における検討範囲の完全化，情報分析の正確性といった作業の質により，その後の統合実行段階（FIP Implementation）で確認される実

現シナジーとの誤差を最小限化できると考えられる。

　本書は，この「情報分析の正確性」に役立つツールの提供を試みたものである。次頁図の時間軸の推移と情報共有量の増加という２つのファクターを考慮して，現実にM＆A実務に携わる者が，どの時点で，いかなる事項を検討し，各時点で認識された統合阻害事由にいかに対処するかを，一連の流れとして捉えられないかとの問題意識に出たものである。以下，この問題意識に従って，第２部では，まず，初期プラン（"IIP"，「統合前のM＆A取引」の実行に関する事項も含む概念として使用する）の策定段階で検討すべき事項，および，初期プランニングの後期段階からデュー・デリジェンスが実施され，初期プランが一部修正されることが多いであろうから，その段階で検討し，対策をたてておくべき事項を論じ，第３部では，最終プランニングの段階（"FIP"）において，IIPを修正すべき事項とその時点で発見された統合阻害事由への対処方法ならびに通常，IIPの段階では対応されず，FIP段階ではじめて検討すべき問題を論ずることとする。

●注
(1)　中村公一「ポストM＆Aのマネジメント」立教経済学論叢第55号85頁
(2)　中村・前掲85頁
(3)　マール2002年12月号より連載「チャールズ・スミスのM＆A講座」

法的側面	━ ━ ━ ▶ 基本合意 ▶ ビジネスDD／財務DD／法務DD ▶
PMI Planの変容の過程	IIP（初期プラン） ▶
各段階におけるチェック項目	（下記参照）

- ☐ 相手方監査プランの策定
- ☐ 情報収集作業及び検討
  - ▶ IIP前期段階
  - （パブリック情報へのアクセス）
    - ☐ 登記簿謄本
    - ☐ 有価証券報告書等開示書類
    - ☐ 過去の新聞記事等
    - ☐ 情報会社からの情報
    - ☐ インターネットからの情報
  - ▶ IIP後期段階
  - （相手方提示情報へのアクセス）
    - ☐ 法務デュー・デリジェンスの実施
- ☐ Ｍ＆Ａ手法選択
  - ▶ 法的見地からの手法選択
    - ☐ 目的の確定
    - （一体化による統合/資本の上下関係による統合/持株会社による統合/再生型Ｍ＆Ａ）
    - ☐ 目的適合性からの手法選択の検討
  - ▶ 一体化による統合
    - ☐ 各手法の比較検討
    - 一合併/会社分割/事業譲渡
  - ▶ 資本の上下関係による統合
    - ☐ 各手法の比較検討
    - 一株式取得/株式交換
  - ▶ 持株会社による統合
    - ☐ 手法の検討
    - 一株式移転
  - ▶ 再生型Ｍ＆Ａ
    - ☐ 各手法の比較検討
      - ①再建型手続
      - （会社更生/民事再生）
      - ②清算型手続
      - （特別清算/破産）
      - ③私的整理
  - ▶ 税務見地からの手法選択
    - ☐ 税務上の最適化のためのタックスプランニング
- ☐ Ｍ＆Ａ手法選択（続き）
  - ▶ 経営判断とガバナンス
    - ☐ 問題となりうる取締役責任と対応策の検討
    - ☐ 統合後のガバナンス（会社の機関設計）の検討
- ☐ IIP/FIP実施に影響を及ぼす各種法的規制の検討
  - ☐ インサイダー規制
  - ☐ その他の証券取引法の規制
  - ☐ 独占禁止法の規制
  - ☐ 許認可
  - ☐ 個人情報保護法
- ☐ IIP策定段階における人事労務上の各要素の検討
  - ☐ 組織全体
  - ☐ 従業員数
  - ☐ Keyとなる従業員
  - ☐ 従業員の平均年齢
  - ☐ 従業員の平均就業年数・定着率
  - ☐ 賃金水準
  - ☐ 退職金制度の事前検討
  - ☐ 労働組合
- ☐ 人事統合戦略の検討
  - ☐ Ｍ＆Ａの類型別人員統合戦略の方針検討
  - ☐ 人員統合プラン策定
- ☐ 人員整理の戦略検討
  - ☐ 人員整理計画策定における各視点からの検討
  - （不可避的か積極的か/対等型か非対等型か）
  - ☐ 引止め策と適切な「人のデュー・デリジェンス」
  - ☐ 人員整理の手法の選択
  - ☐ Ｍ＆Ａの各手法における人事関係処理の内容検討
- ☐ 情報管理とコミュニケーション・プラン
  - ☐ プロジェクトチーム結成
  - ☐ 情報管理者の設置
  - ☐ 情報管理方針策定/管理徹底

第1章　M&A後の企業統合に関する問題意識－PMIの必要性

```
┌─────────────┐ ┌─────────────┐ ┌─────────────┐
│ 最終契約の  │→│ 法的手続の実行│→│  統合開始   │
│ 交渉・締結  │ │ →クロージング│ │             │
└─────────────┘ └─────────────┘ └─────────────┘
    FIP（最終プラン）              FIP  Implementation
```

- □ IIPを再検討・修正すべき事項
  - ▶ 取引法上の行為によるM&Aの場合
  - ▶ 基本合意事項の再検証、買収プランニングの修正
    - □ 取引遂行の法的障害となる事由の確認
    - □ 取引遂行の結果として生じうる法的問題の確認
  - ▶ 潜在的なリスクへの対応
    - □ 追加法務デュー・デリジェンスの実施
    - □ 契約書による手当て
  - ▶ 組織法上の行為によるM&Aの場合
  - ▶ 適時開示ルールに基づく開示
    - □ 統合決定時における決定済事項の開示
    - □ 統合へ向けた交渉に伴い決定された重要事項の追完開示

相手方提示情報にもとづく検討

FIP実行時に発生する「障害事由」「統合阻害事由」に対する対処

- □ プラン修正では対応不能な「障害事由」に対する対処
  - ▶ UFJ型（横やり型）
  - ▶ IIP策定段階でのLOIの設計
    - □ 独占交渉期間の長短の検討
    - □ 違約金条項
    - □ フィデュシャリー・アウト条項
  - ▶ ニッポン放送型（敵対的買収型）
    - □ 有事における敵対的買収防衛策の可否の検討

＜FIP策定時の検討事項＞

- □ 社内意思決定のプロセス・社内開示手続
  - □ デュー・デリジェンス後の主要な従業員等への相手方情報の一部開示
  - □ 共有情報の類型化・整理
  - □ 関係者への根回し
  - □ 役員レベルでの周知徹底
  - □ 情報管理の方法の検討
- □ 人事統合の実行
  - □ 労働条件の不利益変更の検討
  - □ 就業規則等の統合
  - □ 退職金制度の統合
  - □ 社会保険の統合
  - □ 労働保険の統合
  - □ 企業年金の統合
  - □ 労働組合の統合
- □ 人事統合に伴う人員整理
  - □ 人員整理の各手法の検討
    （配転・出向・移籍/希望退職者募集/退職勧奨/整理解雇）
- □ システム統合
  - □ システム統合パターンの選択
- □ 会計制度の統合
  - □ 財務会計と管理会計の制度統合の検討

- □ FIP実行時の「統合阻害事由」に対する対処
  - □ 表明・保証と補償条項による対処
  - □ インサイダー規制と適時開示規制を考慮したディスクロージャー

第2章

PMIケーススタディ
―M&A成功の鍵は何か

1　増え続けるM&A

(1) M&Aの分類と事業目的M&Aの特徴

　M&Aは、大きくわけて、投資目的（Financial Buyout）と事業目的（Strategic Buyout）の2つに分類される。投資目的M&Aとは、代表的にはプレーヤーに投資ファンドが登場する形態であり、対象会社に資本参加したうえで短期間（通常3～5年程度）で業績を向上させ企業価値を上昇させたところで株式売却、あるいは株式公開により投資回収を図り、投資家へのハイリターンを目指す形態である。企業の事業継続を前提にファンド等投資家が資金を提供して受け皿会社を作り、対象会社の事業継続を前提に株式を取得するMBO（マネージメント・バイ・アウト）も広義では投資目的に分類される。

　これに対し、事業目的型M&Aとは、プレーヤーが自ら事業を行う事業会社同士の統合であり、シナジーの実現という事業戦略を実現するための統合である。

　本書が対象とするのは事業目的M&Aである。事業目的M&Aの中でも、当事者の目的、マーケット、法的形態、当事者が対等か否か等によりM&Aは様々な分類が可能である。代表的な分類例は図表1-2-1のとおりである。

図表1-2-1 M&A分類例

当事者の目的による分類	選択と集中による買収型	中核事業としての位置づけから外れた不採算事業部門や子会社などを分離しようとする企業から，同事業を中核事業として強化しようとする企業が買収するもの。
	水平統合型	同じ事業分野において活動する企業同士が，自社に不足する機能の補完といった事業活動におけるシナジーの追求や，購買力強化に伴う調達コストの低下や新たな資金負担に耐えうるような研究開発の実現等といったスケールメリットの確保，事業の効率化などを目指すもの。
	関連事業，新規事業進出型	事業の相互補完によるシナジー効果や，複数事業の所有によるリスク分散を目的として，企業が現業と異なる分野の事業に進出を目指すもの。
マーケットによる分類	IN-IN	日本企業同士のM&A
	IN-OUT	日本企業による外国企業へのM&A
	OUT-IN	外国企業による日本企業へのM&A
	OUT-OUT	日本企業が海外で買収した企業同士のM&A
法的形態による分類	合併	2つ以上の会社を契約によって1つの会社に統合する取引。
	事業譲渡	会社の事業の全部または一部を他の会社に譲渡すること。
	株式取得	株主が第三者にその有する発行済株式を譲り渡し（株式譲渡），または会社が新たに株式を発行する（新株発行）ことにより対象会社に対する支配を及ぼす手法。
	株式交換	会社が他の会社の100％子会社（完全子会社）となる取引であり，その親会社（完全親会社）となる会社が既に存在する会社である場合。
	株式移転	会社が他の会社の100％子会社（完全子会社）となる取引であり，その親会社（完全親会社）となる会社を新設する場合。
	会社分割	1つの会社を2つ以上の会社に分ける手続。会社の事業を承継する会社（承継会社）が新設会社である「新設分割」と，承継会社が既に存在する会社の場合である「吸収分割」に分けられる。
	提携	業務提携・技術提携等の資本移動を伴わないものである。資本提携を伴わない点で上記各形態（狭

		義のM＆A）とは異なるが，広義のM＆Aと位置づけられる。
当事者が対等か否か	対 等 型	当事者の企業価値が対等であるとの前提で，対等な比率で統合する形態。 ただし，日本では実際の企業価値には差異があるにもかかわらず，企業価値の劣る当事者への配慮から対等とする例が多く，これが日本固有のPMIの失敗要因の1つとも言われている。
	非対等型	一方の当事者の企業価値が他方のそれを上回る場合，統合比率は非対等となる。 典型的な例として，救済型の統合は通常，非対等である。

　事業目的M＆Aにおいては，シナジーの実現とその最大限化という事業戦略の実現がM＆Aの目的であるため，そのプラン策定にあたっては，まず，潜在シナジーの観点から，目指す事業戦略の明確化およびその実現のための統合プランの検証を行うことが不可欠となる。例えば，既存事業の強化を目指し同種事業会社との統合を目指すのか，あるいは，新規事業進出のために，異種事業会社との統合を目指すのかといった点は，もっとも原始的な相手方選別基準であるが，後に述べる実例からも明らかなように，これさえ明確に検証しないままに統合を決定し，失敗に終わるケースも多い。明確な事業戦略および統合プランを欠く単なる規模拡大は実現シナジーを獲得できないだけでなく，かえって統合コストと手続負担による会社の体力低下を招くものである。

（2）　M＆A件数の伸び

　欧米ではM＆Aは80年代に始まり，90年代後半のピーク時には3兆ドルに迫る勢いにまで拡大し[1]，欧米の経営者にとって，M＆Aは日常的な選択肢の1つとして定着している。これに対し，日本ではM＆Aは80年代後半に始まったが当初M＆Aといえば会社乗っ取りといったイメージ[2]が強く，経済規模に比較してM＆A件数は極端に少なかった。しかし，純粋持株会社の設立が可能となったこと（1997年，独占禁止法改正），株式移転・株式交換制度の新設（1999年，商法改正），会社分割制度新設，金庫株解禁（2001年，商法改正），新株予約権，種類株制度の整備（2002年，商法改正）等の一連の法制度改革を受

け，日本におけるM＆A件数は90年代後半から飛躍的に増加し，2004年には全体件数は2,000件を上回り，95年の4倍を超えている（図表1-2-2）。中でも，法制度改革を受けIN-IN型の増加が顕著である点が特徴である。2006年5月施行の会社法現代化を受け，この傾向はさらに強まると予想される。

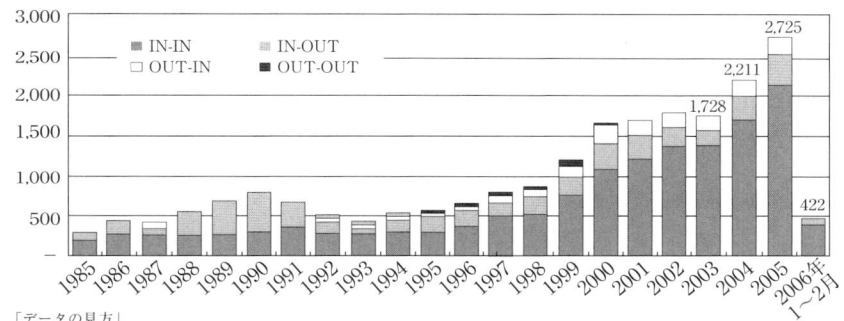

図表1-2-2　1985年以降のマーケット別M＆A件数の推移

「データの見方」
IN-IN　　　日本企業同士のM＆A
IN-OUT　　日本企業による外国企業へのM＆A
OUT-IN　　外国企業による日本企業へのM＆A
OUT-OUT　日本企業が海外で買収した企業が絡むM＆A

（出所）株式会社レコフ

（3）M＆Aのメリット

M＆Aによる統合には様々な法的形態があり，単純にM＆Aのメリットを分類することは困難であるが，典型的形態の1つとしての一方当事者による他方当事者の買収を例にとってみよう。

買主側はM＆Aによって，①事業拡張，既存事業強化，新規事業・地域進出，関係強化に加え，②経営資源の効率的利用（相手方が完成させた技術・ノウハウの承継により，投資コストの節減，開発時間の短縮が可能）といった利益を享受できるのに対し，売主側はM＆Aによって，①経営資源の集中（不採算部門の切離しと投下資本回収）および②経営基盤の強化といった利益を享受できる。

経営者は企業価値・株主価値の向上のための企業の成長戦略の1つとして，M＆Aによるメリットを最大限に引き出すため，M＆A後の統合における実現シナジーを獲得するための事前のプランの策定・実行が必要となる。

2 M&A成功の鍵

経営者は，常に企業価値・株主価値の最大化を念頭に事業を遂行すべきであり，マーケットの環境変化やグローバル化に伴う競争激化への対応のため，柔軟に経営の軌道変更，修正を行うことが必要なところ，M&Aは悪とする一昔前の風潮は消え去り，今やM&Aは企業価値・株主価値の最大化のための選択肢の1つとして積極的に利用されている。M&Aの成功は，事前のプランニング段階（IIP）において，どこまでリスクを予測し，その回避のための方策を準備できるかにかかわっている。

(1) M&Aの成功例

近時のM&Aの成功例として，経営不振に陥った三協精機を2003年10月に子会社化により買収した日本電産の永守重信社長が，3期連続の赤字であった三協精機を1年半で黒字転換した事例があげられる。

永守氏のM&Aの特徴は，対象企業を経営不振企業，かつ，自社のコア事業補完となり得る技術力を有する企業に絞ることであるといわれている。永守氏によると，M&Aの目的は，技術力の取得である。M&Aにより，通常，確立に10年単位の時間がかかる技術を即座に手中に収めることができ，その技術のシナジー効果によりコア事業を補完するのである（財界，2005年3月号27頁）。日本電産の主要製品であるモーター関連技術に大きな技術革新が起こった1900年代後半，時間をかけずに技術力を取得するためにM&Aの手法を積極的に採用した。この明確なビジョンに基づき，日本電産は過去10年間に大型のM&Aを7件行い，対象会社のいずれをも買収してから1年余りで経営を立て直し黒字転換させる（財界，2005年3月号21頁），と同時に本業を着実に強化してきており，数々のM&Aを成功に導いた例として注目を集めている。

(2) 成功の鍵──Initial Integration Plan（IIP）の策定

日本電産のケースを含む成功例から読み取れるM&A成功の鍵は，明確なビジョンの策定，そのビジョンに従った対象会社の選定と，M&A実行前の十分

なリスク分析，撤回策をも含むリスク回避策の分析を徹底することにあるといえそうである。経営者がM＆Aの手法を採用するにあたりまず必要なことは，統合後のビジョンを明確にしつつ，当初段階において，様々なリスクを想定したうえで統合可能性の検証を行い，リスク回避のための当初段階統合プラン，IIPを策定することである。

しかし，多くの企業においては，統合前，統合準備段階において，統合の具体的なビジョンおよびリスク分析を欠いたまま，経営者の理念のみで統合決定が先行し，その結果いったんは合意し，対外発表もしながら，事後的に発生または判明した障害を乗り切ることができず，一度は統合を合意しながら破談となるケースがM＆A件数の増加に伴い急増している。

破談は，統合を目指した相手方との関係に深刻なダメージを与える危険が高く，取引先や関係会社からの信用失墜も招く。また従業員に混乱が生じることによる気運の低下も避けられず，企業の体力低下を招く。さらには青写真を描けぬままに統合を合意し，結果的に破談を招いた経営者の経営責任の問題も生じうる。

以下では，近時の代表的な破談事例の分析を通じ，経営者がIIPを策定するにあたり考慮すべきリスク要素（典型的統合阻害要因）を検討する。なお，当初段階においては予測しえない問題が相手方に対する買収監査等を通じ事後的に明らかとなった場合は，FIPとして対処すべきことになる（第3部以下参照）。

3　事　例

本項では，IIP策定の段階において生じる問題点を浮き彫りにするため，近時の代表的な破談事例の分析を通じ統合の障害となり得る事由を抽出する。なお，本項における検討はいずれも公表された情報に依拠するものである。

ケース1　大正製薬と田辺製薬のケース

事　案

大衆製薬最大手の大正製薬と製薬中堅の田辺製薬は，2001年9月17日，「共同株式移転に関する覚書」を締結し，統合を発表した。統合内容は，2002年4月1日を目処

に株式移転により持株会社を設立し，同年10月を目処に大正製薬の医療用医薬品事業を田辺製薬に統合する一方で，田辺製薬の一般用医薬品事業を大正製薬に統合することで事業会社別再編を図るというものだった。

統合予定図

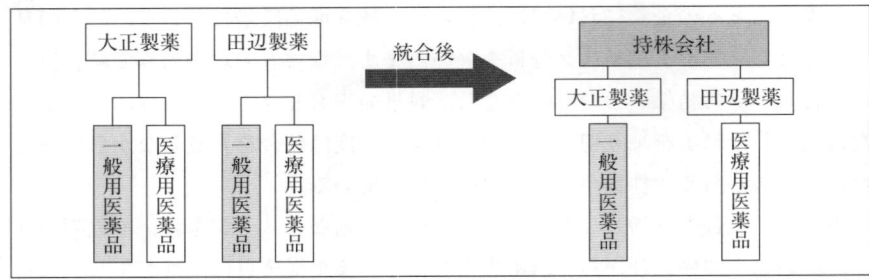

生き残りのためには規模拡大が不可避といわれる製薬業界において両社は，統合により多額の新薬開発費へ経営資源を集中し国際的競争力の取得を目指し統合を図ったものであった。「製薬」会社同士とはいえ，医薬品（田辺製薬）と大衆薬（大正製薬）という異質の企業の統合発表は大きな注目を集めたが，他方では，両社ともに数年内に発売できそうな新薬候補がない，海外展開力が弱いという問題を抱えており，発表当初より統合によるシナジー効果は不透明との評価がされていた。

両社は，統合発表からわずか2ヵ月半後の2001年12月8日統合解消を発表した。その理由は，統合準備委員会等における実務レベルでの協議の結果，相互補完的なメリットと規模の利益は存在するものの，事業再編の方針の相違や人事・組織体制などの基本的なインフラの相違から株主価値向上を図ることが難しいとの結論に達したためということであったが，換言すれば両社の違いの大きさゆえに統合によりかえって企業価値が下がり得るということであり，当初発表時において掲げた統合目的は幻であったことが明らかとなった。

統合発表日	2001年9月17日
統合方式	株式移転による共同持株会社を設立
株式移転比率	大正製薬1：田辺製薬0.55
統合予定日	2002年4月1日
破談発表日	2001年12月3日（発表より2ヵ月半後）

破談要因

① 主導権争い

統合発表時，両社は「対等の精神」での共同持株会社設立をうたったが，株式移転比率は大正製薬が田辺製薬の2倍であり，大正が力関係で優位に立つとの見方が当初より強かった。医療用医薬品事業会社の運営をめぐっても，対等にこだわる田辺製薬は，事業会社の自主的運営を目指していたのに対し，大正製薬側は，資本の論理に従い持株会社が経営戦略や重要な投資方針を決めると考えており，両社の事業再編方針をめぐる隔たりは相当に大きく，克服し得ない障害事由となった。

② 企業文化，社風の違い

そもそも，ドリンク剤等大衆商品で市場をリードする大正製薬と医薬品事業という規制の多い分野が基盤の堅実派田辺製薬とは事業基盤に隔たりが相当大きく当初から企業文化の相違が危惧されていた。加えて創業300年を超える老舗である田辺製薬と新興大手の大正製薬では社風も相当に異なることが指摘されており，その溝を埋めることができなかったことも統合破談の大きな要因となった。

③ 拙速合意

両社の統合は大正製薬のメインバンクたる東京三菱銀行により持ち込まれたものであった。統合にあたり多くの問題が内在していたにもかかわらず統合合意までの期間はわずか3ヵ月であり，社長同士の会合は3回に過ぎなかった。両社はインサイダー疑惑の回避を気にするあまり具体的協議を開始する前に仮契約を結び統合発表してしまっており，経営陣の見通しの甘さによる拙速事例であったといえる。

④ その他

以上のほかに，年金制度，人事制度の相違といった問題に加え，両社とも収益的には問題がなかったことが現場の危機意識の欠如をもたらした点が統合障害事由となった。救済型統合と違い，当面の業績に問題のない企業同士の統合においては，このような現場の危機意識の低さも重大な統合阻害要因となり得る。

市場の反応

新聞報道によると，市場の反応は当初から冷たく，統合発表後より，シナジー効果のネガティブな評価がなされ，9月末にかけて両者の株価は大きく値を下げた。他方，統合撤回が発表された日には大正製薬の株価は急騰したのに対し，田辺製薬の株価は急落し，対照的な動きをみせ，両社の力関係を反映したものと分析されている。

16 第1部 M&A後の企業統合

株価推移表

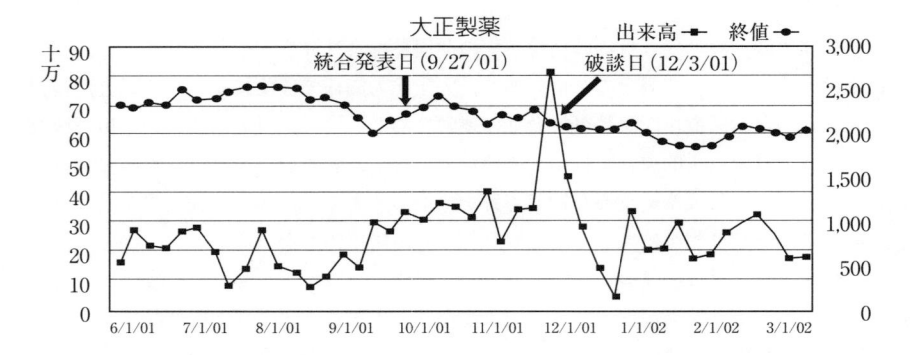

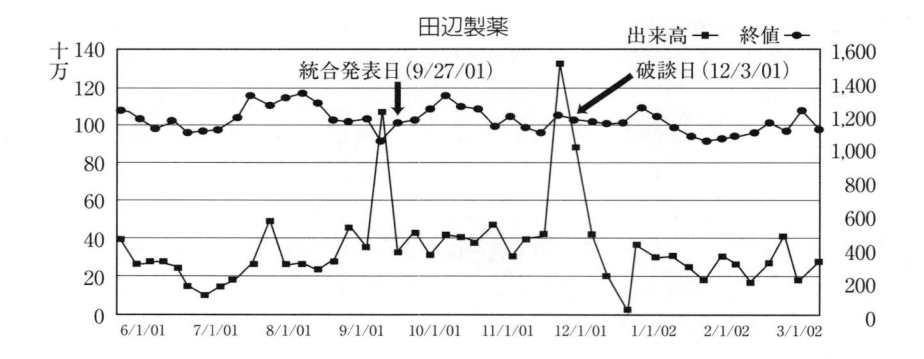

大正製薬 — 出来高・終値
統合発表日(9/27/01)、破談日(12/3/01)

田辺製薬 — 出来高・終値
統合発表日(9/27/01)、破談日(12/3/01)

【参考文献】
　プレスリリース，国際医薬品情報2001年10月8日号12頁，政経人2002年2月号37頁，エルネオス2004年5月号32頁，財界展望2002年5月号39頁，日経バイオビジネス2001年10月15日号72頁，日経バイオビジネス2001年12月15日号21頁，朝日新聞2001年12月8日付朝刊10頁，朝日新聞2001年12月4日付朝刊3頁，朝日新聞2001年12月4日朝刊3頁，毎日新聞2001年12月4日朝刊9頁他，日本経済新聞2001年12月8日朝刊10頁他。

ケース2　熊谷組と飛島建設のケース

[事　案]

　熊谷組と飛島建設は，2003年5月19日，「包括的業務提携協定書」を締結し，統合を発表した。統合内容は，包括的業務提携を開始し，具体的提携内容の検討後，直ちに分野ごとの統合プロセスを開始し，実質的な統合効果を確実に具体化するとともに，資本統合をもって2005年4月までに経営統合の完了を目指すというものだった。

　統合の目的は，①得意分野での技術融合・補完，②重複部門等の業務の合理化による経費の圧縮，③コアビジネスで培った技術ノウハウを結集して，新たな事業拡大を目指すというものだった。三井住友銀行をメインバンクとする熊谷組とみずほコーポレート銀行をメインバンクとする飛島建設の統合は，企業系列を超えたゼネコンの合併として注目を集めていた。

　両社は統合推進機関として両社の社長を委員長とする「経営統合委員会」を設置のうえ，26の専門部会を立ち上げ，月に数回のペースで統合に向けた検討を行い，さらに2004年1月からは第2段階として情報戦略委員会，人事企画委員会，経営企画委員会等6つの委員会に部会を集約し，分野別に統合の推進について研究を行ってきた。

　しかし，そのような努力にもかかわらず，両社は統合発表から18ヵ月後の2004年11月15日統合解消を発表した。理由は，統合による技術力の融合による営業力，収益力強化などの統合効果は確認できたものの，情報システムの統合費用が予想以上であり，間接部門の人員削減や拠点整理も早期に進めることは困難で，統合効果の早期実現が困難であると判断したことであった。

統合発表日	2003年5月19日
統合方式	未定
統合理念	対等の精神
統合予定日	2005年4月まで
破談発表日	2004年11月15日（発表より18ヵ月後）

[破談要因]

① 相互補完関係の欠如（シナジーの実現不能）

　両社の主力事業はいずれも公共事業を中心とする土木工事であり，地域面での補完性もない。そのため，相互補完によるシナジー実現は困難との見方が当初より多かった。両社としては，当初，得意分野の重複が競争力向上につながると見込んでいたが，合併シミュレーションの結果，当初の見込みと異なり，公共工事の入札機会減少など

による受注高減が数百億円に及び，システム統合等の統合コスト負担を吸収しきれず結果的にはシナジーは見込めないことが判明し，破談となった。

② メインバンク主導による拙速合意

両社関係者は否定するものの，本件統合の実態は，メインバンクによる債務免除のための前提条件だったとの指摘が当初よりされていた。すなわち，バブル崩壊による経営悪化により，熊谷組と飛島建設はそれぞれメインバンクの三井住友銀行，みずほコーポレート銀行から債権放棄など約7,500億円規模の金融支援を受けており，両行の不良債権処理の一環として両社に対する巨額の債権放棄を正当化するための経営統合の策定が急務とされていたとの事情があったようである。

このような背景で，メインバンク主導の再編相手探しが進められ，本格交渉開始からわずか1ヵ月というスピードでの統合発表となった。統合発表までのわずかな期間では，統合によってどのような効果が見込めるのかといったシナジーの検証や具体的な合併比率，存続会社の決定さえも置き去りにされ，まずは統合ありきの拙速合意であったと見られる。

③ 過大なシステム統合費用，早期の間接部門人員削減や拠点整理が困難

以上のほかに，破談発表プレスリリースでは，リロケーション・情報システムなどの統合費用負担が予想以上に過大であり，また，間接部門の人員削減や拠点整理の早期実現が困難であった点が統合破談事由とされている。

[市場の反応]

両社の株価は，統合発表により小幅ながら上昇したものの，反面メインバンクの株価は，三井住友銀行が前日比1万4,000円安，みずほコーポレート銀行は8,800円安と大幅下落した。また，統合破談により，熊谷組と飛島建設の株価は大幅に下落した。

株価推移表

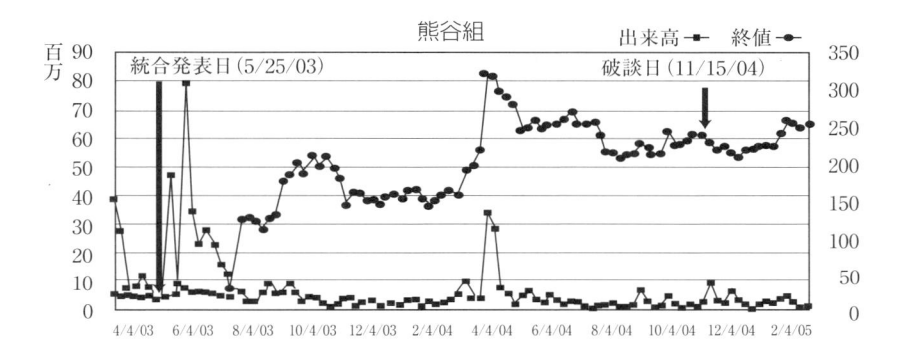

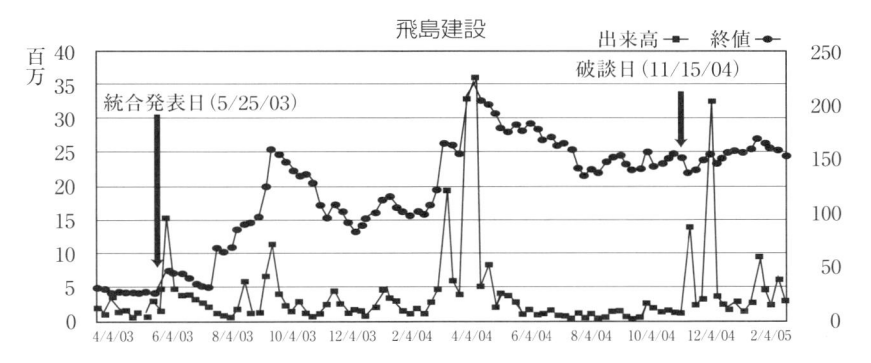

熊谷組
統合発表日(5/25/03)
破談日(11/15/04)
出来高　終値

飛島建設
統合発表日(5/25/03)
破談日(11/15/04)
出来高　終値

【参考文献】
　プレスリリース，経済界2004年12月21日号40頁，月刊公論2003年6月号36・37頁，2004年11月17日建設通信新聞，日刊建設工業新聞2004年11月17日10頁，日本経済新聞2004年11月16日朝刊13頁，建設通信新聞2004年11月17日他，毎日新聞2004年11月16日朝刊11頁他。

ケース3　石川島播磨重工業と川崎重工業

[事　案]

　石川島播磨重工業と川崎重工業は，2001年4月3日，基本合意書を締結し，統合を発表した。統合目的は，2002年10月1日を目処に出資比率が50：50の新会社を設立し，

設計開発や資材調達等の重複部門を集約したうえで経営資源集中によりコスト競争力をあげることを目指したものだった。

しかし，両社は，統合発表から5ヵ月半後の2001年9月19日に関連会社を含めた資産評価や経営方針をめぐる見解の相違を調整できないことを理由に統合解消を発表した。新会社設立に向けた資産評価，組織，採算性などの幅広い検討にもかかわらず経営戦略上の隔たりは大きく統合実現の要件が整わなかったようである。

統合発表日	2001年4月3日
統合方式	新会社設立
出資比率	対等
統合予定日	2002年10月1日
破談発表日	2001年9月19日（発表より5ヵ月半後）

〔破談要因〕

① 主導権争い

石川島播磨重工業は財務状況や株価格差という力関係を理由に統合交渉で優位に立とうとし，経営判断の迅速化のためにも，折半出資に反対していた。これに対し，川崎重工業は新会社への対等出資を主張して譲らなかった。また，合弁会社の本社をどこにするか，社長をどちらが派遣するかといった点でも合意は得られなかった。

② 退職給付債務の処理方針の違い

退職給付債務をめぐっても，2005年3月期までの5年間で毎期約50億円の特別損失を計上する石川島播磨重工業に対し，川崎重工業は10年間で償却するため2010年3月期まで約100億円の特別損失を計上予定であり，両社の退職給付債務の処理方針の相違も統合阻害要因の1つとなった。

〔市場の反応〕

統合発表後，市場は特に好感を示さなかった。また，統合破談により石川島播磨重工業と川崎重工業の株価は大幅に下落した。

株価推移表

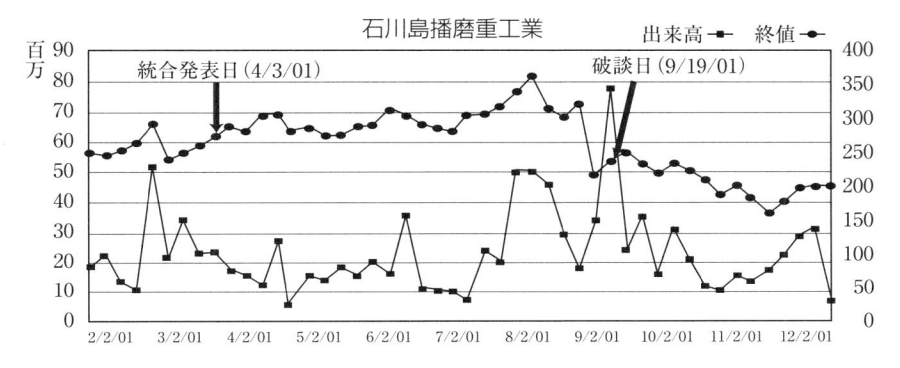

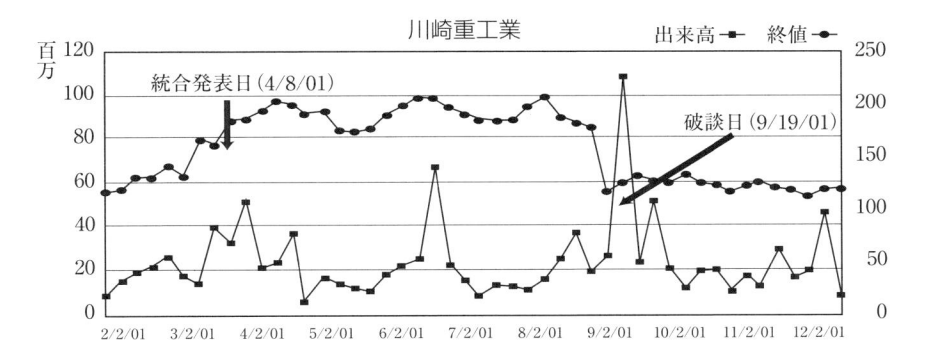

石川島播磨重工業 出来高／終値
統合発表日(4/3/01)　破談日(9/19/01)

川崎重工業 出来高／終値
統合発表日(4/8/01)　破談日(9/19/01)

【参考文献】
プレスリリース，日経産業新聞2001年9月20日他。

4　主な破談要因

　いったんは統合を決断，発表しながら統合前に破談となるケースの要因は個々の事案の特殊要因も絡みではあるが，多くの要因は共通している。統合の典型的破談要因として以下のものがある。

図表1-2-3 典型的破談要因（統合前破談要因）

① 主導権争い
② 企業文化・風土の違い
　　➡ 組織機構・人員整理の困難性
　　➡ 人事制度統合の困難性
　　➡ システム統合の困難性
③ 相互補完関係の欠如（シナジー検討の不十分性）
④ その他（独占禁止法，各種規制等）
⑤ 拙速合意

5　統合障害事由

(1) 典型的な統合阻害要因

　上記の典型的破談要因は，以下に述べるとおり統合前破談のケースのみではなく，統合まで漕ぎ着けたケースにおいても，統合後の企業価値，株主価値の減少を招く要因となりうるものである。特に米国に比較し，日本に多い阻害要因としては，主導権争い，企業文化の相違が挙げられる。

① 主導権争い

　統合後の新体制をめぐっての主導権争いは，統合阻害の最大事由の1つといえる。統合決定後に主導権争いが生じる最大の理由は，対等へのこだわりからくるものと思われる。和を重んじる日本においては，合併当事者同士のプライドや意地，双方の相手方への遠慮といった要素から企業価値を差し置いて，とにかく「対等の精神」を掲げるケースが極めて多い。しかし，統合を目指す2つの企業の企業価値がほぼ等しいというケースはむしろ例外的である。実際には明らかに一方当事者の資産規模等が大きいにもかかわらず，「対等」を強調した場合，当事者双方が納得のいく「対等」な条件の策定のために膨大な時

間・経費がかけられ，かついずれかの当事者による強力なリーダーシップの発揮が困難となる。また，そもそも企業価値を反映しない「対等」は，最優先であるはずの株主利益を置き忘れたものとして，統合の正当性という本質的問題をはらむものである（わが国における対等合併をめぐる統合条件の決定過程については第3部第1章を参照されたい）。

② 企業文化の相違

企業文化の破壊・変革を容易に行う米国に対して，変化を嫌いがちな日本企業はどうしても自社の企業文化を守ろう守ろうとして企業文化の衝突が生じることが多くなる。

どの会社においても，これまで長年培われてきた企業理念，伝統，価値観，経営方針などからなる企業文化が根強くあり，単に物理的に人的資源・組織・制度が統合するだけでなく，その前提となりそれを包摂する企業文化・風土が統合されなければ，統合後の企業運営や意思決定が速やかに機能するようにはならない。

しかし，企業文化は，その企業の社員にとっては，理屈を抜きにして当然のものとして受け入れられている強固なものだけに，その融合・調和は容易ではなく，また，相応の時間もかかる。企業文化の衝突により統合自体が破談になった例，さらには統合は完了したがその後企業文化の融合が思うようにいかずシナジー効果が十分に出なかったため，結果として失敗した例は日本のみならず，世界的に多いことが指摘されている（2001年の国際労働機関（ILO）のレポート）が，特に変化を嫌いがちな伝統的日本企業においては，企業文化の衝突は顕著な潜在的統合阻害事由といえる。

企業文化の融合の失敗が生じる可能性を少しでも減らすために必要なのは，何よりも事前の準備である。IIP策定段階において，対象会社の企業文化を調査し，それが自社の企業文化と調和するかのみならず，統合後においてどのように融合・調和させるか，融合させるうえでの阻害要因は何かを分析しておくことが，PMIを成功させるための不可欠な鍵となる。

M&Aに習熟した企業の中には，このような企業文化の統合を重視して独自のノウハウを蓄えて，定型化したプログラムにまで昇華させている例もある。

例えば，GEには，組織統合に関しての「100プラン」と呼ばれるプログラムがある。買収以前にタスクチームを作り，最初に買収の監査，つまり組織文化の調査を行う。その会社を買収したり統合したりしたときに，組織文化の融合がうまくいきそうかどうかを監査し，組織統合は100日を目処に完了するという体系化された1つのパッケージで運用されている。そして，組織文化の監査の結果，あまりにも組織文化が違う場合には，このチームの発信により買収にストップをかけるということが事例としてあり（「わが国のM＆Aの動向と課題」8-2（M＆A研究会サロン）），参考となる。

また，統合についての明確な方針の設定と，この方針についての従業員とのコミュニケーション・プランの策定も，企業文化の衝突による障害を回避するために必須である。できるだけ早い段階から統合の方針・目標を組織全体にあまねく伝達して両社のすべての従業員に共有させるとともに，従業員の将来の不安を除去することで，統合作業に対して従業員の協力を得られるかが企業文化の融合が成功する鍵になる。したがって，IIP段階での事前準備としては，こうしたコミュニケーション・プランの策定も重要な作業となる（企業文化の差異は，その会社の経営陣の性格・動向，意思決定構造，人事制度，システムの差異として具体化する。各具体的阻害事由の詳細については，第2部第8章を参照されたい）。

③ 相互補完関係の欠如

統合の目的は実現シナジーの獲得にあり，統合により互いの事業をどのように相互補完しシナジーをあげることができるのかの検討は統合交渉の起点であるはずである。にもかかわらず，具体的なシナジーの分析が十分になされないままにまず統合ありきというトップの理念先行に基づき統合を決定するケースは後を絶たない。これでは統合したはいいものの，主力業務の競合による共倒れに終わるという最悪の結末が生じかねない。

④ その他（独占禁止法，各種規制等）

上記のほかに，独占禁止法上の競争制限や統合が企業の業務に関する許認可・規制等に与える影響等も破談事由となり得るものである。詳細については

第2部第7章を参照されたい。

図表1-2-4 典型的統合阻害要因（統合後阻害要因）

```
典型的統合阻害要因例
● 主導権争い
● 企業文化・風土の違い
    → 組織機構・人員整理の困難性
    → 人事制度統合の困難性
    → システム統合の困難性

● 相互補完関係の欠如
● その他（独占禁止法，各種規制等）
```

（2） 統合作業体制

　企業は典型的な統合阻害要因を意識し，実際の当該統合案件においていずれかの典型的統合阻害要因があるかを予想・分析し，統合計画の当初段階よりこれらに対処するための具体的方策を策定することが統合を成功に導く不可欠の方法である。そのためには当事者企業がそれぞれ具体的作業にあたる体制を整備することが不可欠である。

① プロジェクトチームの設置

　トップによる統合方針が決定された後，直ちになすべきことは社内統合プロジェクトチーム（通常企業の経営企画部門の人員により構成されることが多い）の設置である。プロジェクトチームは，統合計画の推進グループとして，経営陣の決定した抽象的統合プランを検証のうえ，これを具体的プランに置き替える作業にあたる。ここで策定された具体的プランは，以下に述べる各専門委員会に伝達され，プロジェクトチーム作成のスケジュールのもとで各専門委員会による統合作業が進められるべきことになる。

② 専門委員会の設置

プロジェクトチーム作成の具体的プランに基づき実際に現場で統合作業を行う部隊として，人事，事業，法務，システム等の各担当者からなる各種専門委員会の設置が必要となる。各委員会は，相手方との定期的連絡会を通じ各分野における統合阻害事由を抽出し，具体的対処法の策定・検証を行うべきことになる。

③ 外部専門家によるアドバイス

以上の社内における体制整備のほか，通常，統合計画策定・実行にあたっては外部の専門家からなるアドバイザリーを起用することになる。外部専門家プレーヤーとしては，相手方との間に入り具体的作業の仲介をなすアレンジャー（投資銀行等），相手方財務面を検証する会計アドバイザリー（監査法人等）および相手方法務面を検証する法務アドバイザリー（法律事務所）からなるのが一般的である。社内プロジェクトチームは外部アドバイザリーとの共同作業により，各専門委員会よりあがってくる統合阻害事由の評価，検証および対処法の策定にあたることになる。

図表1-2-5 統合作業体制

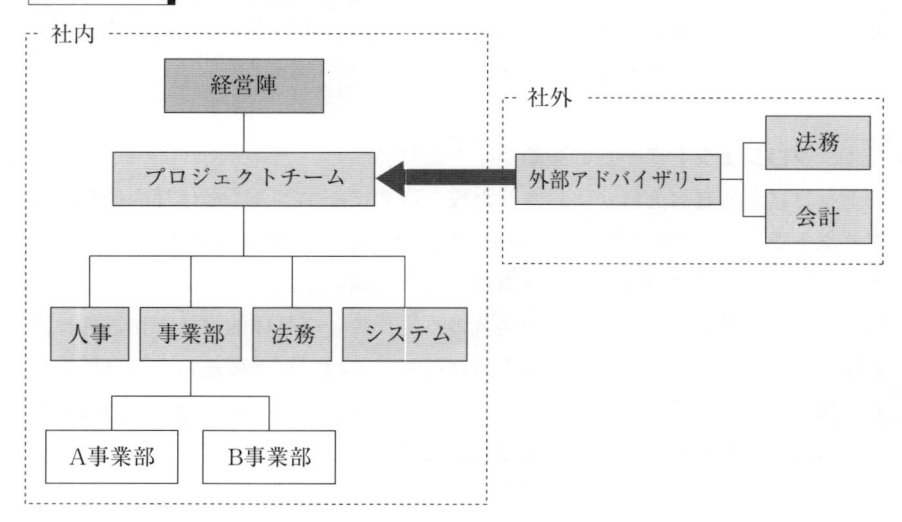

(3) 非典型的阻害要因

　典型的阻害要因と異なり，事案ごとの特質として生じうる統合阻害要因は，非典型的阻害要因といえる。これらについては，統合当事者を取り巻くステークホルダーの存在から統合決定前の段階で予想される場合（IIPで対処すべき場合）もあれば，統合決定の時点での事前の予測が困難であり，当該要因の発生後に初めて対策を問題とせざるを得ない場合（FIPで対処すべき場合）もありうる。

　非典型的阻害要因としては，1統合決定後の事業環境を取り巻く事情の変化や，2統合に反対する第三者の存在，3相手方による敵対的買収防衛策の保有といった事項がある。このうち，2統合に反対する第三者が存在するケースとしては，①統合決定の時点で統合当事者のステークホルダー（株主，取引先，競合会社等）による反対が表明または予測されるケース，②統合決定時点では予想し得なかった第三者が登場するケースに区別される。

　これらを，IIPとFIPのいずれで対処すべきかという視点から区分すると，2①統合決定の時点で統合当事者のステークホルダー（株主，取引先，競合会社等）による反対が，表明または予測されるケース，および3相手方による敵対的買収防衛策の保有についてはIIPで，その他についてはFIPの問題として対処すべき事項に分類される。

1　統合決定後の事業環境を取り巻く事情の変化

　この例は，救済型統合において統合決定後に何らかの事情で救済される側の業績が好転し統合の必要性が解消した場合等が考えられる。このような統合決定後の事業環境を取り巻く事情の変化は通常統合計画段階では予測困難であり，FIPで対処すべき事項となる。

2　統合に反対する第三者が存在するケース

> ①　統合決定の時点で統合当事者のステークホルダーによる反対が表明または予測されるケース

統合決定の時点で統合当事者のステークホルダーによる反対が表明または予測される場合には、IIPの段階で対象会社を取り巻く状況の分析を行い、対処方法を検討する必要がある。以下、第三者からの具体的に予想される手法およびそれに対する対応策を検討する。

＜統合決定に反対することが予測される第三者とは＞
　統合当事者にはさまざまなステークホルダーが存在するのが通常であり、統合が実現することにより不利益または今後の事業活動上の問題を抱えることになることが予想されるような第三者は、統合決定に対して反対を行うことが考えられる。具体的な例をあげると、（ⅰ）資本提携、業務提携を行っている第三者、（ⅱ）買主との競合関係にある第三者、（ⅲ）既に統合当事者に対して買収その他の提案を行っている第三者等がその典型例である。
　（ⅰ）のケースとしては、第三者からすれば、資本提携、業務提携を行っている相手方が統合を行うことにより、資本提携における出資比率が低下して資本提携関係が崩れることが予想され、または、統合の形態によっては統合後の法的主体に関して相手方の支配が及ばないことによって業務提携が解消されるなど業務提携の効果が損なわれることもありうるので、そのような統合に対して反対するケースがありうる。
　（ⅱ）のケースとしては、統合当事者が同じ業界に属する場合の水平的統合が行われるような場合に、自己の業界における地位が低下することを恐れる第三者が、対象会社と他方の統合当事者の統合に反対するということが考えられる。具体的な事例としては、次項6で詳説するUFJグループ統合事例における三井住友グループも大きな枠組みで考えればこのケースに該当すると考えられる。
　（ⅲ）のケースとしては、主に統合当事者のうち対象会社の株主に投資ファンド等の第三者が存在する場合で、投資ファンド等から対象会社に対して、増配やMBOなどの提案がなされている場合に、対象会社が統合を行うと、統合の形態にもよるが、株主としての第三者の意向が反映されず、期待していた投資利益を確保することができないことが予測されるような場合に、当該第三者が統合に反対するということがありうる。具体的な事例は後述する。

＜統合反対のために第三者が取りうる手法および各種手法ごとの統合当事者の対応＞

では，統合に異議を唱える第三者が実際に統合に反対するための手段としてどのようなものが考えられるだろうか。第三者の取りうる代表的な手法としては，（ⅰ）株主提案（MBO等代替案の提案等）および委任状合戦，（ⅱ）敵対的公開買付（主に上場会社の場合）などといった手法が考えられる。これらの手法に関しては，それぞれ個別に独立して選択されるというわけではなく，統合当事者の反応に応じて，それぞれの手法を複合的に利用してくるケースが通常であると思われるが，以下では各手法に関して第三者がどのように統合反対活動を行い，それに対して統合当事者はどのような事前および事後の対応をすることが可能なのかについて，論じることとしたい。

(ⅰ) 株主提案および委任状合戦

(ア) 株主提案の概要

株主提案とは，①株主[3]が，取締役に対し，当該株主が議決権を行使することができる事項を株主総会の目的とするよう請求し（会社法303条，議題提案権），②株主[4]が，取締役に対し，株主総会の日の8週間（定款で短縮可能）前までに株主総会の目的である事項につき当該株主が提出しようとする議案の要領を株主に通知するように請求し（会社法305条，事前の議案提案権），③株主が，株主総会において株主総会の目的である事項（当該株主が議決権を行使することができる事項に限る）につき議案[5]を提出することができる（会社法304条，株主総会での議案提案権）というものである。

統合に反対する第三者としては，第三者の株式保有割合だけでは，統合について株主総会決議が必要となる合併，会社分割，株式交換，株式移転などの組織再編行為について，株主総会において反対したとしても承認決議の成立を防げないために，株主提案を行い，対象会社が提案する統合案と第三者による提案のどちらをとるべきか株主の意思を問うことが考えられる。そして，第三者としては，委任状合戦を行い，対象会社の株主に対して第三者の提案の優位性・合理性を主張して対象会社経営陣の提案する組織再編行為に関する株主総会決議の成立を防ぐことになる。

(イ) 統合当事者が取りうる手段

　第三者が株主提案を行う場合，第三者だけでは株主総会決議において統合提案に対する拒否権を有しないのが通常であり，第三者の提案に賛成する株主がどの程度いるのか，すなわち第三者がどの程度の議決権を確保してくるかを把握する必要がある。そして，これを把握するためには，そもそも対象会社の株主としてどのような主体が存在するかを確認しなくてはならない。

　この点，閉鎖会社である場合には，株主の特定については株式の譲渡に取締役会の承認が必要となるため大きな障害はない。これに対して，上場会社の場合には，株主の特定が困難なケースも多い。すなわち，株主の名義は株主名簿に記載されてはいるが，①海外の投資家については，グローバル・カストディアンの名義株主しか表記されないため，実際に対象会社への投資決定を行った運用機関やスポンサーが誰なのかは判明せず，②国内の公的年金および私的年金を運用する機関投資家に関しては，各運用機関のコンプライアンスおよび受託者責任の観点から実質株主を特定するための調査は困難であることがある。そのため，統合当事者としては，株主判明調査を行うことが重要であり，株主判明調査を行う業者等を利用して実質株主を把握する株主判明調査を行うことになろう。

　第三者の株主提案については，提案内容により統合当事者が確保すべき統合提案への賛成株主の比率も異なってくる。すなわち，株主提案が対象会社による統合提案に対する反対のみの場合と，統合提案に対する反対および代替案の提案（MBOや第三者との統合など）の場合を考えると，前者の場合には，第三者が拒否権発動レベル（議決権の3分の1）を取得できるかどうかが問題となるのに対し，後者の場合には，第三者が支配権維持レベル（過半数または3分の2以上）を取得できるかどうかが焦点となってくる。

　そして，このような情報に基づいて対象会社は統合案の実行による企業価値の増大などを訴えて委任状合戦により統合提案に対する賛成を確保するためのキャンペーンを行い，株主への接触を積極的に行うなどして統合提案への理解を求め株主総会での賛成を確保することになろう。

(ウ) 具体的事例

　統合提案に対して第三者から反対する旨の表明が行われた事例としては帝国

臓器製薬とグレラン製薬の合併に対して米国投資ファンドであるダルトン・インベストメンツが反対したケースが挙げられる。このケースでは，株主提案自体は行われていないが，ダルトン・インベストメンツにより上場会社である帝国臓器製薬に対して2004年1月ころからMBOの提案が行われており，これに対して2004年12月に帝国臓器製薬が非公開会社であるグレラン製薬との合併を発表し，ダルトン・インベストメンツは合併比率が不適当であると主張して反対を表明し，2005年2月に帝国臓器製薬とグレラン製薬が臨時株主総会を開催して大株主である東京三菱銀行や武田薬品工業の賛成により可決されている。もっとも，実際にダルトン・インベストメンツからは商法上の株主提案は行われておらず，単に反対意見の表明が行われたのみであった。

　このケースでは統合の対象会社である帝国臓器製薬とグレラン製薬の合併について第三者であるダルトン・インベストメンツによる反対が行われるのが当初から予測されるところであり，実際には株主提案は行われなかったが，第三者による株主提案によるMBOの提案が行われることも念頭におきつつ，統合を進める対象会社と統合当事者としては対象会社の株主に対して統合に賛成してもらえるように働きかけを行うことが必要となる。

(ⅱ) 敵対的公開買付の実施
　(ア) 敵対的公開買付の概要
　統合が決定した時点および決定前であっても統合に向けた活動を行っていることを第三者が認識した場合，第三者が敵対的公開買付[6]をかけてくる可能性がある。このような敵対的公開買付を行う可能性のある第三者としては，上述の第三者の分類のうち，①資本提携，業務提携を行っている第三者，②買主との競合関係にある第三者であるのが通常であろうと考えられる。これらの第三者にとっては，対象会社による統合当事者の一方当事者との統合を防ぎ，さらに当該第三者の傘下に対象会社を収めるべく敵対公開買付を行うのである。そのうえで，統合提案に対する株主総会で拒否権を発動し，または統合提案と異なる提案を行い，統合決定を阻止することが可能となる。
　(イ) 統合当事者が取りうる手段
　敵対的公開買付に対しては，まず敵対的公開買付を実施する可能性があるよ

うな第三者が存在するかどうかを確認する必要がある。この点，対象会社をめぐる業界内の状況については，個別具体的な検討が必要となるが，第三者の事業計画において対象会社を含む業界内における買収活動を想定した記載があるような場合や，そのような買収活動に利用される可能性がある資金調達が行われるような場合もありうるので，第三者に関する情報の収集が重要となる。

これに対する対抗策としては，①統合当事者の一方当事者による対象会社に対する対抗的公開買付，②統合当事者の一方当事者に対する第三者割当増資または新株予約権第三者割当，③事前警告型または信託型等の買収防衛策の導入，④敵対的公開買付への反対表明および株主による応募を防止するための株主への働きかけなどがあり，敵対的公開買付の実施も予想されるような第三者が存在する場合には，これらの対抗策の実施に向けた準備をしておくことが必要となる。

対抗策①の対抗的公開買付については，統合当事者の一方当事者による対抗的公開買付のための資金（敵対的公開買付よりも高い買付価格による）が必要となるので，統合形態として，合併，株式交換，株式移転等を計画している場合と比較して統合のための費用が増加することが問題となる。また，対抗的公開買付が成功したとしても，対象会社が対抗的公開買付を行った統合当事者の子会社になるケースが多いと考えられるため，当初の計画の統合形態と異なり，最終的な統合に向けた法的スキームの変更を余儀なくされる可能性がある点に留意が必要である。

対抗策②の第三者割当増資については，これが「不公正な発行」にあたるとして第三者から差止請求（会社法210条）がなされる可能性があり，「不公正な発行」といえるかどうかに関する「主要目的ルール」[7]に基づいてそのような増資を行う資金需要があるかどうかが争点となるので，対象会社にそのような資金需要を必要とする事業計画があるかどうかを検討しなければならないこととなる。また，①の敵対的公開買付と比較すると，敵対的公開買付が公開買付に応募する対象会社の株主という対象会社の外部に公開買付資金が流出するのに対し，第三者割当増資の場合には，対象会社に資金が入るので，資金需要の点がクリアできるのであれば，利用価値は高いものと考えられる。

対抗策③の事前の敵対的買収防衛策導入に関しては，どのような防衛策を具

体的に導入するかという問題もあるが(8)，防衛策を導入すること自体により第三者に対する対象会社への関心を高め，敵対的買収を惹起するという可能性もないわけではないので，導入自体にはかなり慎重にならざるを得ないであろう。

対抗策④については，敵対的公開買付に対して，取締役会は通常反対表明を行い，株主に公開買付に応募しないような働きかけを行うということであるが，敵対的公開買付における買付価格ではプレミアムによって高額に設定されるのが通常であるため，その金額次第ではこのような手法では対抗できないケースも多いと考えられる。

このように対抗策にはそれぞれ問題点があり，準備にあたっては相当緻密な検討が必要となることから，まずは対象会社の統合に関して敵対的公開買付が行われる可能性が実際にあるのかどうか，可能性があるとしてもその蓋然性によって適切な対抗策を検討する必要があると考えられる。

② 統合決定時点では予想し得なかった第三者が登場するケース

統合決定の時点で予想し得なかった第三者が登場する場合には，IIPでの対処は困難であり，FIPの段階で対処方法を検討する必要がある。これらのケースの例としては，（ⅰ）株主価値の向上の見地からより有利な条件を提示する第三者が登場する場合と（ⅱ）統合の過程での敵対的な第三者が登場する場合が想定される。UFJグループ統合事例における三菱東京グループの登場は前者に分類されるのに対し，フジテレビの公開買付（TOB）事例におけるライブドアの登場は後者に分類されるといえよう。

（ⅰ）　より有利な条件を提示する第三者の登場（UFJグループ統合事例型）

より有利な条件を提示し統合を持ちかける第三者が実際に登場するか否かの予測は通常は困難であり，一般的には，統合計画発表により統合計画を認識した時点で第三者が，当該計画に反対し当事者の一方により有利な条件での自己との統合を提案するというケースが想定される。

したがって，このような提案がなされた段階ではじめてその対処方法が問題となり，FIPにて検討すべき事項となる。

より有利な条件を提示する第三者が登場した場合には，提案を受けた企業として，当初相手方との間の基本合意書に基づく相手方の独占交渉権との関係で，第三者の提案を検討し得るか，という問題が生じるが，結論としては，株主価値の向上の見地からより有利な提案がなされた場合には，もはや独占的交渉権は絶対ではなく，第三者の提案を検討し得るし，また検討することが取締役の会社に対する善管注意義務の一内容でもあると思われる。

(ⅱ) 敵対的第三者の登場（フジテレビの公開買付（TOB）事例型）

統合計画発表により統合計画を認識した第三者が敵対的立場で登場するケースは通常は事前の予測は困難であり，FIPにて対処すべき事項となる。この場合の対処法としては，第三者が出現した時点で第三者による敵対的買収に対する防衛策の導入の可否が問題となり，上述の議論と同様の問題となる。

3 相手方による敵対的買収防衛策の保有

企業の敵対的買収防衛策の保有状況については，買収防衛策の開示に関しては，株式会社の支配に関する基本方針の内容として買収防衛策に関する事項を事業報告の内容とすることが義務づけられているので（会社法施行規則127条），開示情報を通じて事前にアクセス可能であるため[9]，IIPの問題として対処すべき事項となる。

PMIにおいては，基本的に友好的なM&A取引を前提としているため，統合に向けた作業の段階では敵対的買収防衛策は実際には問題とならないケースが多いが，例えば，上場会社を買収するような場合に，対象会社自身が敵対的買収防衛策を導入しているケースが考えられる。

このようなケースにおいて，統合の形態またはM&A取引の内容次第では対象会社が導入している敵対的買収防衛策が発動されないケース[10]もありうると考えられる。これに対して，統合の形態が株式譲渡の場合のように，対象会社が敵対的買収防衛策を導入している場合には，そのような取引自体は防衛策の発動対象となる取引に該当するために，統合当事者の一方からすれば，対象会社に当該買収者との関係において防衛策の制度を廃止，消却してもらうか，制度自体は廃止しないが当該取引において防衛策を発動しないことを決定してもらう必要がある。

上述のとおり，PMIの観点からは敵対的な買収は考えにくく，あくまでも友好的なM＆A取引に向けての交渉となるので，当初の交渉段階から対象会社による防衛策の発動を回避するために，相互に十分な資料の開示，誠実な交渉が必要となる。

この点，敵対的買収防衛策に関して経済産業省および法務省が共同で平成17年5月27日に公表した「企業価値・株主共同の利益の確保又は向上のための買収防衛策に関する指針」（以下，「買収防衛策指針」という）においては，敵対的買収防衛策を導入した場合には，防衛策の目的，内容等を事前に具体的に開示することが必要であるとされており（買収防衛策指針「Ⅳ趣旨2事前開示・株主意思の原則について」参照），また，経済産業省政策局長の私的研究会である企業価値研究会が平成17年11月10日に公表した「公正な買収防衛策のあり方に関する論点公開」（以下，「論点公開」という）においても，買収防衛策について必要かつ十分な情報[11]が適時かつ継続的に開示されることが必要であるとされており，買収者側としては，事前の調査の段階で公表されている防衛策の内容については把握しておく必要があり，これにあわせて交渉を進める必要があろう[12]。

これに対して，敵対的買収防衛策を既に導入している対象会社の立場から見ると，防衛策を消却するのかどうかが問題となる。この点，買収防衛策指針においては，対象会社の株主共同の利益を向上する買収提案が行われた場合には，新株予約権等や防衛策を消却または廃止することができるような措置をとることが防衛策の合理性を高めるための方策として説明されていることから（買収防衛策指針Ⅴ1（2）および2（2）参照），対象会社において導入している防衛策も防衛策の廃止や消却をするための要件を設定していることが予測される。したがって，対象会社の取締役会としては，友好的なM＆Aとして統合を進めていく場合には，防衛策の内容に従って防衛策の廃止または消却を行う必要があろう。

取締役による防衛策の廃止または消却については，統合に反対する株主が存在する場合には，第三者から統合内容は株主共同の利益を向上させない，または毀損するような買収提案であるにもかかわらず，取締役会が防衛策を発動しないことを決議し，または防衛策の廃止または消却の決議を行うことは取締役

の善管注意義務違反であるとして，取締役の違法行為差止め（会社法360条）を請求してくることも理論上はありうると考えられる。しかしながら，この差止請求については，取締役の行為が会社に回復できない損害を生じさせるおそれがあることを株主側が疎明する必要があり，防衛策の消却の時点でこのような損害が生じるおそれがあることを疎明することは通常困難ではないかと考えられる。

6 最新事例の分析

ケース1　イトーヨーカ堂・セブン-イレブン
―資本のねじれ解消,敵対的買収からの防衛目的

〔事　案〕

　イトーヨーカ堂と，セブン－イレブン・ジャパンおよびデニーズジャパンは，2005年4月20日，株式移転方式による持株会社設立のための株式移転契約締結を発表した。

　統合目的は，マーケティング情報，商品開発システム，原材料購入等のインフラ共有化による効率化等によるシナジー効果の実現であるが，記者会見でイトーヨーカ堂社長は本件統合に資本のねじれ解消の側面があることも認めており，実質的な主眼は，資本のねじれ解消による敵対的買収からの防衛であるとも受け止められている。

　すなわち，イトーヨーカ堂本体はセブン－イレブンの株式50％を保有するが，2005年2月期決算によると，グループ全体の営業利益の8割はセブン－イレブンの収益であり，また時価総額は，イトーヨーカ堂が1兆6,300億円であるのに対し，セブン－イレブンが2兆4,000億円と，完全な親子逆転がおきていた。

　会見では否定されているものの経営陣の本音としては，イトーヨーカ堂本体の営業利益の前年比60％超減という本業不振に対する危機感に加え，子会社セブン－イレブンを目的とする親会社の敵対的買収への危機感が高まったものとも推察される。

〔検　証〕

　持株会社は，3社の中間配当にかえて株式移転交付金の支払を予定しており，時価総額が他の2社を大きく上回るセブン－イレブンの株主に対しては，他の2社の株主に対するよりも高額な株式移転交付金が支払われる。しかし，セブン－イレブン単体への投資の機会の喪失という不利益は株式移転交付金という一時的利益をもって代替

できるものではない。

　5月30日に開催されたセブン−イレブン株主総会には前年の2倍以上の株主が出席し総会時間は前年比3倍に及んだ。近時の村上世彰氏率いるM＆Aコンサルティングに代表される「もの言う株主」の出現により，今後は統合の是非につき株主からの株主提案権行使等による積極的な意見表明が活発化するなど，本格的な"株主主権時代"の到来が予想され，経営者は株主に対し統合の正当性を立証し得るようより慎重な統合計画の検証が必要となるであろう。

　統合発表翌日，3社の株価はそろって下落しセブン−イレブンの株価を基準とする株式移転比率にほぼ収斂した。その後3社の株価は統合発表前より低い水準に留まっており，市場は経営統合によるシナジー実現が不透明であると判断したようである。

　2005年9月1日の持株会社セブン＆アイ・ホールディングス上場以来，同社株は基準価格を超えて推移しているが，イトーヨーカ堂の不振は続いており株価はセブン−イレブン・ジャパンの収益を基に形成されていると見られている。持株会社の鈴木敏文会長は，「ヨーカ堂の意識改革が持株会社設立の大きな狙い」と言明しているが，セブン−イレブン・ジャパンの株主利益の見地から本件統合の合理性を正当化できるかは，今後本件統合によるシナジーをどこまで実現できるかに尽きる。

【参考文献】
　プレスリリース，フジサンケイビジネス2005年4月1日号1頁，日経ビジネス2005年5月16日号20頁，同2005年10月3日，週刊東洋経済2005年11月5日，日本経済新聞2005年4月22日朝刊11頁，日刊工業新聞2005年4月22日3頁，日経流通新聞2005年5月30日4頁，日本経済新聞2005年4月22日朝刊19頁。

ケース2　バンダイ・ナムコ

事案

　玩具最大手のバンダイとゲーム大手のナムコは，2005年5月2日，株式移転方式による持株会社設立を発表した。両社は，持株会社傘下の両社をいずれ5事業グループに再編し，シナジーを発揮できる最適グループ体制を目指すとしている。両社は事業分野で重複が少なく，バンダイのキャラクター商品化ノウハウとナムコのコンテンツ開発力との融合，および北米に強いナムコと欧州・アジアに強いバンダイの融合により，相互補完によるシナジー実現を目指している。

検証

　バンダイは1997年，セガとの合併を白紙撤回，ナムコも2003年セガに合併を申し入れたが断念した経緯がある。セガとの統合の際に問題となった最大の障害事由は企業風土の違いであり，従業員の賛成も得られなかった。

　今回はお互いの社風が近く，さらに統合後の企業像について社員から懸賞論文を募集するなど社員の積極的参加がすすめられている。バンダイ社長である高須武男氏は，ナムコを選んだ理由につき，遊び道具に強いバンダイと遊び場に強いナムコとの相乗効果は大きく，持株会社方式ゆえ互いのブランドも維持できる点を挙げており，明確なシナジー予想に市場の評価も前向きであった。

　両社は，統合作業の効率化のため，当初よりバンダイ社長である高須武男氏1人に持株会社の代表権を与え，ナムコの中村雅哉会長は持株会社の取締役には就かず，最高顧問に退く方針を示しており，主導権争いはない。また，当面人員削減計画もないようであり，統合によるドラスティックな混乱は回避し得ると予想される。

　両社の株価は，ナムコが新高値となる一方でバンダイは反落したが，これは割当比率を意識したものとみられ，バンダイ子会社の多くの株価は大幅に上昇した。

【参考文献】
　プレスリリース，フジサンケイビジネス2005年5月3日7頁，中国新聞2005年5月3日朝刊9頁，日本経済新聞2005年5月2日夕刊1頁，同5月31日朝刊12頁，毎日新聞5月31日朝刊11頁他。

ケース3　第一製薬・三共

事　案

　製薬業界国内2位の三共と同6位の第一製薬は，2005年2月25日，2005年10月を期して経営統合することについての基本合意書締結を発表し，さらに2005年5月13日，経営統合契約締結を発表した。

　両社は第1段階として株式移転方式による持株会社として「第一三共株式会社」を設立し（2005年9月28日），今後，第2段階として2007年4月を目処に完全子会社の医療用医薬品事業を統合する。統合発表プレスリリースによれば，統合による効果として，①規模拡大による経営オプションの増加（M＆Aも含めた外部資源獲得の機会を増やすことを可能とする等），②研究開発重点領域への選択と集中による研究開発費等の増加等が挙げられている。

　本統合の背景として指摘されているのが，三共の外資による公開買付に対する危機意識である。すなわち，三共は年間1,000億円以上の売上が見込める大型新薬候補を複数持ち国内製薬会社の中では群を抜いているにもかかわらず，株式時価総額は1兆円程度である。今後三角合併を認める会社法が施行された場合には株式交換方式を用いた外資による国内企業買収が可能となり，外資による買収の脅威はより現実化する。そのため，三共としては経営統合により時価総額を拡大する必要に迫られていたとの見方が有力である。

　他方，第一製薬としては，副作用問題などから期待していた5つの大型新薬候補が開発中止となったことに加え，主力製品の特許切れによる危機感を強めていたことが統合の大きな動機となった。

　株式移転比率は，持株会社株が第一製薬株式1株に1.159株，三共株式1株に1株であり，発表直前の株価をもとにすると三共が14％のプレミアムを支払う形となった。但し第一製薬の株価は再編のうわさにより既に上昇していたため実態的なプレミアムは30％以上とも指摘されている。

検　証

　本件統合に当たっては，新薬に乏しい第一製薬有利の統合比率，プレミアムの高さについて株主に対する合理的な説明がなく，三共の一部機関投資家からは異例の反対表明もなされ，三共の株価は一時500円近く下落した。

　このような合理的な説明を欠く統合比率の背景については，出資比率の決定をめぐって両社の間に当初かなりの隔たりがあったことが指摘されている。

また，三共庄田社長は，第二段階として株式移転方式を用い，人事制度やシステムの統合を段階的に踏む手法の根底にも両社の主導権争いの存在が指摘されている。

こういった状況のなかで，三共の株式数％を保有している村上氏率いるM＆Aコンサルタントから，2005年5月12日に本統合への反対表明がなされた。M＆Aコンサルタントは，反対の理由として株式移転比率が三共に不利な点，三共の研究開発分野効率化のための統合相手として第一製薬が最適でない点等を主張し，三共の株式を1万株以上有する株主に対し株主総会での否決を求める書面状を送る等し，6月の定時株主総会に向けて委任状争奪戦の様相を呈した。

三共の総会では，三共に不利といわれる統合比率，統合相手がなぜ第一か，今後の成長戦略等について改めて社長の説明が求められるなど，総会時間は1時間以上の社長の説明を含めて全体で2時間18分に及んだが，社長による海外機関投資家の説得や，海外投資家に影響力を有する米投資情報会社への訪問が功を奏し，最終的にはM＆Aファンドの主張は否決された。しかし，三共は総会後において，株主価値向上の実現に向けた具体的作業に取り組む旨の社長コメントを発表しており，M＆Aファンドの株主価値の向上という要求を受け入れた形となった。

その後，両社は2005年9月28日，持株会社「第一三共株式会社」を設立し，三共・第一に替わり上場した。しかし，上場廃止前日の三共株価は2,230円と統合計画発表時の2,450円を下回り，当初発表時の統合の意義・効果についての不十分な説明がその後の多くの困難を招く結果となった。また，システムや人事を含めて完全統合するのは2007年4月であり，慎重を図るあまりの統合の遅さからシナジー実現の危うさを指摘する声もある。

本件は，統合発表前までのM＆A準備段階において具体的なシナジー効果を獲得しうることを確認することがいかに重要かを示す好例である。本例に代表されるモノ言う株主の出現は，客観的な裏付けを有するシナジーの想定，それに基づく合理的な統合比率の設定といった，本来的な統合の在り方についての経営者の再自覚を促すものとして，積極的に評価できよう。

【参考文献】
　プレスリリース，経済界2005年5月24日号43頁，毎日エコノミスト2005年5月10日号90頁，日本経済新聞2005年5月17日朝刊17頁，朝日新聞6月30日朝刊，日経金融新聞2005年4月5日号5頁，日経金融新聞2005年3月1日号5頁，日経金融新聞2005年2月28日号5頁，東京読売新聞2005年2月20日朝刊8頁，産経新聞2005年5月13日東京朝刊11頁，日刊工業新聞2005年9月27日17頁他。

ケース4　関東つくば銀行・茨城銀行

事　案

　平成18年3月10日，地域金融機関同士の経営強化を目的として計画されていた茨城県を地盤とする関東つくば銀行と茨城銀行の合併協議の「見送り」が発表された（関東つくば銀行は同日，茨城銀行は3月13日）。両行の合併は平成16年11月22日に公表され，当初は合併期日として平成18年1月末が目途とされていたが，システム統合に慎重を期すため，翌年に入って合併期日を平成18年7月18日まで延期する旨が発表された。

　ここで，本件の合併「見送り」に決定的な影響を与えた事由が，平成18年4月1日から適用が開始される「企業結合に係る会計基準」（以下，「企業結合会計基準」）である。同基準によれば，同年4月1日以降に実施される合併については「パーチェス法」または「プーリング法」が適用されることになるが，本件は「パーチェス法」の適用が強制されるケースとして処理されたことがうかがわれる。その結果，被結合企業である茨城銀行から，結合企業たる関東つくば銀行が合併の結果として受け入れる資産・負債の時価評価額が関東つくば銀行の取得原価となり，これとは別途算出される茨城銀行の時価評価での純資産額との間に差額としての「のれん代」が生じた。この「のれん代」が，当初予想していた50億円から100億円のレンジから400億円から500億円のレンジへ膨らんだこと，「のれん代」を合併から10年で償却するとした場合には今後10年間の長期にわたり相当額の利益を食いつぶす結果となり，新銀行の収益性に著しい悪影響を与えるおそれがあること等の事情が今回の合併「見送り」の背景にあるとされ，さらに，「のれん代」膨張の原因として，関東つくば銀行の株価の大幅な上昇，（合意された合併比率を前提として）合併の対価として関東つくば銀行が現茨城銀行株主に対して発行する株式数が想定以上の数字になったこと等の事情が指摘されている。

検　証

　今回の合併「見送り」の原因としてシステム統合リスク排除のための合併期日の延期が遠因となってはいるが，直接の原因としては，関東つくば銀行の株価の上昇という当事者の支配を超えた事情が発生したことに加え，合併期日を企業結合会計基準の適用開始日以降とした結果，「パーチェス法」が適用される事態となったこと，茨城銀行の資産評価の過程での減損会計の影響，合併比率の適正の問題等の種々の要因があったことがうかがえる。本件は，企業結合会計基準適用開始前に合意された合併が

適用開始後に実施されたはじめての「見送り」ケースとなり，結果的に会計処理基準が「非典型的統合阻害事由」となりうること示した初めての事例と見ることもできる。今後，企業結合会計基準その他の会計処理基準が，わが国における企業統合実務，あるいは統合比率決定のプロセスにいかなる影響を与えるかを考えさせる重要な先例である。

【参考文献】
　日経金融新聞2006年3月14日7頁，同3月15日4頁，日本経済新聞2006年3月14日朝刊7頁，日経金融新聞2006年3月28日20頁

● 注
(1)　ただし，この時期のM&A件数の急激な伸びは，インターネット産業の急成長およびユーロ通貨統合によるユーロブームによるバブルであったと認識されており（服部暢達，「M&Aマネジメント」12頁），現在では欧米のM&A件数はピーク時の半数以下となっている。
(2)　89年のピケンズ氏による小糸製作所株式買占め事件，秀和による株式買占め事件等に代表される80年代後半から90年代初めの買収劇により，M&Aは「買占め屋」による会社乗っ取りとして捉えられていた。
(3)　取締役会設置会社においては，株主総会の日の8週間（定款で短縮可能）前までに，総株主の議決権の100分の1（定款で引き下げ可能）以上の議決権または300個（定款で引き下げ可能）以上の議決権を（公開会社にあっては6ヵ月（定款で引き下げ可能）前から引き続き）有する株主であることが要件となる（会社法303条2項）。
(4)　取締役会設置会社においては，総株主の議決権の100分の1（定款で引き下げ可能）以上の議決権または300個（定款で引き下げ可能）以上の議決権を（公開会社にあっては6ヵ月（定款で引き下げ可能）前から引き続き）有する株主であることが要件となる（会社法305条1項）。
(5)　ただし，当該議案が法令もしくは定款に違反する場合または実質的に同一の議案につき株主総会において総株主（当該議案について議決権を行使することができない株主を除く）の議決権の10分の1（これを下回る割合を定款で定めた場合にあっては，その割合）以上の賛成を得られなかった日から3年を経過していない場合はこの限りではない（会社法304条）。
(6)　敵対的買収とは，一般に公開企業の株式を市場で買い集めたり，公開買付の方法により，対象会社の経営者や取締役会の意思に反して買収を行うことを言い，敵対的公開買付についても同様の文脈で使用している。

(7) 主要目的ルールについては，秀和・忠実屋・いなげや事件において「株式会社においてその支配権につき争いがある場合に，従来の株主の持株比率に重大な影響を及ぼすような数の新株が発行され，それが第三者に割り当てられる場合，その新株発行が特定の株主の持株比率を低下させ現経営者の支配権を維持することを主要な目的としてされたものであるときは，その新株発行は不公正発行にあたるというべきであり，また，新株発行の主要な目的が右のところにあるとはいえない場合であっても，新株発行により特定の株主の持株比率が著しく低下されることを認識しつつ新株発行がされた場合は，その新株発行を正当化させるだけの合理的な理由がない限り，その新株発行もまた不公正発行にあたる」と示されており（東京地裁決定平成元年7月25日判時1317号28頁），その後も不公正発行か否かの判断基準として多くの裁判例においてこの基準に基づいて判断が行われている。
(8) 上場企業による敵対的買収防衛策に関しては，家田崇，大杉謙一，近藤浩，佐山展生，関口智弘，永沢徹，中東正文共著『M&A攻防の最前線～企業買収防衛ガイドライン』第2章3以下〔近藤担当〕が詳しい。
(9) 具体的には，会社の財務および事業の方針を決定する者の在り方に関する基本指針を会社が定めている場合には，①方針の内容，②方針に照らして不適切なものが支配権を獲得することを防止するための取組（いわゆる買収防衛策）の具体的内容，③防衛策の合理性に対する経営陣の評価および意見等を事業報告の内容とすることが規定されている。
(10) 統合を計画している両当事者の合意および両当事者の株主総会の承認を前提とするような合併等の場合には，一方当事者が敵対的に統合を実現することは困難であるので，敵対的買収防衛策の対象とならないのが通常である。
(11) 開示の対象としては，株主や投資家の投資判断に影響を与えうる重要事項については開示が原則となっており，企業価値を確保・向上させると判断した理由などの目的，発動・廃止の条件，影響などの具体的な内容が開示されるべきであるとされている（同論点公開「2．買収防衛策に関する開示のあり方について」参照）。
(12) 上場会社による買収防衛策の導入に関しては，当該会社が上場している証券取引所との協議が必要となるが，導入可能な具体的な防衛策を検討する段階では平成17年4月21日に株式会社東京証券取引所が公表した「敵対的買収防衛策の導入に際しての投資者保護上の留意事項」，平成18年1月24日に公表した「買収防衛策の導入に係る上場制度の整備等について」および平成18年3月から実施されている上場規制等に留意する必要がある。

第 2 部

初期プラン（IIP）の策定と修正

第1章

相手方監査プランの策定

1　IIPの重要性

　M&Aの究極の目的はシナジー効果獲得であり，この本来的な経営効果の獲得の確認がなされないままにM&Aを開始した場合には，第1部第2章で検証してきた「破談」を招きかねない。M&A後の企業統合PMIを成功に導くには，PMIのプランニングをM&A開始時における準備の問題として捉えることが不可欠であり，PMIプランニングは，M&A取引開始時の潜在シナジーとM&A後の統合における実現シナジーとの一致を目指すプロセスと位置づけられる。そのため，論理必然的にPMIプランニングはM&A取引開始と共に，あるいはその準備段階において開始されるべきことになる。

　この時点における情報不足をいかに克服するかは，M&Aの成否を決める一つの鍵となり，ここに初期プランニング，IIPの重要性がある。IIP段階においては，公の情報と相手方から限定的に開示された情報をもとに，典型的に生じる各統合阻害事由（統合前の破談事由を含む）を予測し，これに対する対応の策定が必要となる。

　IIP段階において最初に必要となる作業は，対象会社に関する情報の収集，分析，監査の実施である。作業を開始するにあたっては，統合の目指す具体

図表 2-1-1 統合交渉の流れ

イベント	社　内	
	情報アクセス	作　業
統合交渉開始	調査・マーケティング	トップレベルによる交渉
		社内委員会の設置
	パブリック情報へのアクセス	
	事前調査（インフォメーション・メモランダムの検討）	
・LOI締結 ・プレスリリース		
デュー・デリジェンスの実行	会社開示情報へのアクセス	各業務部門ごとにデュー・デリジェンス担当者設置
		デュー・デリジェンス準備
		デュー・デリジェンス開始
		デュー・デリジェンスの結果を反映した買収価格の決定
最終契約書作成・調印		
クロージング M&A後の統合開始		

効果を常に念頭に置き，予定する統合形態に応じて必要となる情報および，統合を妨げ得る事由を予想特定し，一連の作業がそれら重要課題の抽出にある点を意識しなければならない。

2　IIPの策定開始から，M&A取引クロージングまでの流れ

相手方情報の収集・監査に要する期間は相手方の業種，規模等に応じて異な

るが，通常，必要最小限の情報の収集および分析，それを踏まえての統合条件の決定等には最低数ヵ月から半年を要するものである。その間において，いかなるタイミングで基本合意書締結（Letter of Intent）[1]を目指すか，その後の最終契約書締結はいつにするか等は，案件ごとの固有の事情（反対派株主の存在，競合第三者の存在等）に左右されるが，統合プランの検討開始から統合クロージングまでの一般的な流れについては図表2-1-1のとおりである。

3 IIPのPMIにおける位置づけ

図表2-1-1中の「M&Aの統合開始」のタイミングに見られるように，従来のM&A取引における「統合作業」は，システム統合や人事統合の一部の作業（キーとなる従業員の選別等），あるいは，信用力調査，取引先関係の情報収集等，極めて限られた範囲の作業を除いて，基本的に「M&A取引完了後の作業」と性格づけられてきた。周到な統合作業の実施のためには「統合の相手方の詳細な情報の分析・検討」が不可欠であり，統合作業開始後でなければ完璧な統合作業を行うことは不可能であることは明らかである。このことは一方で，「シナジーを実現するためには統合の成功が不可欠」という命題を「M&A取引完了後でなければ統合の開始は不可能ではないか」という疑問を克服して実現するためのキーとなる事由が「M&A取引開始前にいかにして統合の相手方の情報を収集・分析し，統合モデルを策定しえるか」という命題にあることを示している。

IIP＝「初期プラン」は，統合の相手方の情報が不完全な状態において，各種の情報収集・分析ツールを利用して仮に策定された統合モデルであり，また，これが時間の経過の中で補完される情報によって徐々に変化し，「仮定性」が希薄になることを想定した動的なモデルである。次章以下においては，このIIP策定の方法およびIIP策定上の法的留意点を中心に検討する。

●注
(1) 基本合意書締結のタイミングについては情報管理ないし適時開示の観点からの留意が必要である（第2部第9章参照）。

第2章

情報の収集作業とそのツール

　相手方情報の収集・監査は，IIP段階においても，2段階に分けて考えることができる。第1段階は，当事者における機関決定を経ない段階，すなわち基本合意書（Letter of Intent，以下，「LOI」という）締結による正式な統合条件交渉が始まる前の段階であり，便宜上IIP前期段階という。第2段階は，機関決定を経て発表後の段階，すなわちLOI締結後の段階であり，便宜上IIP後期段階という。

　通常，LOI締結前においては公開された情報の検討をもとに統合可能性を検討し，LOI締結を待って初めて相手方への情報開示を行い，これに基づくデュー・デリジェンスが実施されるのが通常である。この場合，デュー・デリジェンスの基本条件等についてはLOI内で定められることになる。したがって，IIP前期段階においてはパブリック情報へのアクセスのみが可能であり，IIP後期段階となって相手方開示情報へのアクセスが可能になると整理できる（この結果，IIPが修正され，FIPに変化していく）。

　ただし，上場会社においては，機関決定を経てLOIを締結した時点で適時開示義務が生じる。したがって，LOI締結までに統合条件（統合比率等）を決定する必要があり，それまでの段階でまず秘密保持契約が締結され，それに従い相手方からの会社情報開示による法務・会計監査（デュー・デリジェンス）が実施されるのが通常である。デュー・デリジェンスを踏まえ，統合基本条件の確定が可能となった段階でLOIの締結がなされ公表されることになる。

以下では，公開会社の場合を前提に，IIP前期段階におけるパブリック情報へのアクセスとIIP後期段階における相手方開示情報へのアクセスについて検討する。

1 IIP前期段階―パブリック情報へのアクセス

IIP前期段階においては，統合の障害事由を抽出し，当該障害事由が回避可能か，また可能であるとした場合の回避策を検討するため，対象会社に関するできる限り多くの情報を収集する必要がある。ただし，相手方との守秘義務契約，LOI未締結の段階では，通常相手方からの情報開示は受けられない。そこで，この時点でアクセス可能な情報は公の情報（パブリック情報）または相手方が提供した限定的な情報となる。

これらパブリック情報は，誰もがアクセス可能であるため，自ずと情報の深度に限界があり，あくまでIIP前期段階における基礎的，基本的情報の収集という機能に限定される。統合にあたって必要となる種々の障害事由に関する具体的情報は，性質上はセンシティブな情報であるため，少なくともIIP後期段階すなわちLOI締結後にならなければアクセスは困難であろう。

しかし，IIP前期段階においては，トップの理念のみから統合交渉がなされがちであり，統合計画が現実にそぐわない方向に策定され，後に破談となる危険を秘めている。統合計画初期段階における対象会社基本情報欠如によって，統合計画に重大な盲点が生じることを可能な限り回避するため，初期段階におけるパブリック情報の収集，分析は不可欠である。

特に近時増加傾向にある中堅・中小規模のM＆Aにおいては，財務面のディスクロージャーがないこと，コンプライアンス上の問題が比較的多いこと，オーナー経営が多く株主を意識した経営でないこと，といった潜在的リスクが大きいにもかかわらず，トップの独断的決定によりプロセスが進行するという事態が生じがちであり，現場の担当者の多くはM＆Aのための企業情報の不足感を抱いている傾向がある。そこで，パブリック情報にいち早くアクセスしその分析を進める重要性は高い。

また第1部で述べたとおり相手方が敵対的買収防衛策を導入している場合，

これが統合障害事由となることがあるが，経済産業省および法務省が共同で公表した平成17年5月27日付「企業価値・株主共同の利益の確保又は向上のための買収防衛策に関する指針」（以下，「指針」という）によれば，買収防衛策は買収者，投資家等の予見可能性を高めるため，導入に際しての具体的内容，効果等を開示することが要請されている（指針Ⅳ2（1）参照）ため，IIP段階での相手方の敵対的買収防衛策の内容へのアクセスが可能である。

（1） 登記簿謄本

① 商業登記について

　株式会社，有限会社，合名会社，合資会社等の会社やその他法人（以下，会社等）については，取引上重要な事項が登記簿に記載され，広く一般に公開されている。商業登記により，会社の設立日，資本金，役員構成，支店の設置等の会社の基本情報を確認できる。

　会社等の登記簿の閲覧または登記簿の謄抄本の交付を請求するには，その会社等の本店または支店を管轄する法務局（登記所）に，所定の事項を記載した申請書を提出したうえ，開示を受ける（なお，登記事務がコンピュータ化された登記所においては，登記簿謄抄本は登記事項証明書となる）。

② 不動産登記について

　土地や建物の不動産については，その所在・面積のほか，所有者の住所・氏名，担保権の内容などが登記簿に記載され，広く一般に公開されている。不動産登記により，対象となる不動産の所有関係，担保関係を確認できる。

③ 動産・債権譲渡登記について

　会社等が，所有する動産または債権を譲渡担保にすることにより資金調達をするなどの場合には，動産または債権の譲渡を登記することがある。従来は，債権譲渡登記制度のみが存在し，商業登記にその内容が記載されていたが，平成17年10月から，動産譲渡登記制度が始まるとともに，債権譲渡登記についても，商業登記には記載されなくなり，別途動産・債権譲渡登記により確認することになった。東京中野区にある東京法務局民事行政部動産登録課・同債権登

録課で登記事項概要証明書が取得でき，会社等の本店を管轄する法務局において登記事項概要証明書より簡略化された概要記録事項証明書が取得できる（本店を管轄する法務局の登記事務がコンピュータ化されていれば，登記事務がコンピュータ化された他の法務局でも取得可）。

④ 登記簿謄本等の手数料

商業登記，不動産登記の登記簿謄本等の手数料は以下のとおり（2006年3月現在）であり，登記印紙を申請書に貼付して納付する。

- ■登記簿の謄抄本・登記事項証明書の交付：1通　1,000円（1通の枚数が10枚を超えるものについては，その超える枚数5枚ごとに200円加算）
- ■登記簿の閲覧・登記事項要約書の交付：1件　500円（1件の枚数が5枚を超えるものについては，その超える枚数5枚ごとに100円加算）
- ■地図・地図に準ずる図面（公図）の閲覧：1枚　500円
- ■地図の写しの交付：1筆　500円
- ■印鑑証明書，資格証明書の交付：1件　500円
- ■登記事項概要証明書の交付：1通　動産500円，債権300円
- ■概要記録事項証明書の交付：1通　500円（1通の枚数が5枚を超えるものについては，その超える枚数5枚ごとに100円加算）

（2） 有価証券報告書等開示書類の閲覧

① EDINET（エディネット）

EDINET（エディネット），Electronic Disclosure for Investors' NETwork）とは「証券取引法に基づく有価証券報告書等の開示書類に関する電子開示システム」の略称であり，有価証券報告書等の開示書類を公衆縦覧に供するための金融庁の行政サービスの一環である。

対象会社が有価証券報告書等の提出会社である場合には，EDINETの利用によりインターネット端末から開示情報へのアクセスが可能である。EDINETに提出された開示書類は，早ければ提出から数分後より閲覧可能である。

EDINETの対象となる開示書類は以下のとおりである。

> ■証券取引法第2章に規定する「企業内容等の開示に係る開示書類等」
> ■同法第2章の2に規定する「公開買付けに関する開示に係る開示書類等」
> ■同法第2章の3に規定する「株券等の大量保有の状況に関する開示に係る開示書類等」

利用料金は無料である。
EDINETのウェブサイトは以下のとおりである。
http://info.edinet.go.jp/EdiHtml/main.htm

　相手方が敵対的買収防衛策を導入している場合には，導入に際しての具体的内容，効果等を開示することが要請されている（買収防衛指針Ⅳ2（1）参照）ため，EDINETおよび下記TDnetを通じ，有価証券報告書上の株式に関する事項からその内容を認識することができる。

② TDnet

　TDnetとは，東京証券取引所が提供するデータベースサービスであり，インターネットを通じ，全国の証券取引所の上場会社の開示情報，東証アローズ内のインフォメーション・テラスの各種資料等インターネット端末から閲覧することができる。

　過去5年分の全国上場会社（原則として大阪証券取引所単独上場会社を除く）の適時開示資料（決算短信，業績予想，配当予想等）・大量保有報告書・自己株券買付状況報告書・上場申請のための有価証券報告書等を閲覧できる。

　利用料金は月額基本料金（1IDで3万5,000円：2005年12月現在）である。
　TDnetのウェブサイトは以下のとおりである。
http://www.tse.or.jp/guide/info/jokan/

(3) 過去の新聞記事等

　新聞，雑誌に掲載された過去の記事を検索することにより，対象会社の経営計画，事業方針，製品開発，顧客開拓，人事体制等のさまざまな情報を収集できる。

代表的な情報検索ツールである日経テレコン21では，利用情報量に応じて課金される会員制の有料データベースサービスであり，日経4紙をはじめとして全国紙，一般紙，業界紙など約30の新聞と，日経ＢＰ社などが発行する雑誌やニューズレターが検索可能である。また，企業や団体などのプレスリリース（報道機関向け発表資料），企業情報（日経会社プロフィル，東京商工リサーチ企業情報，帝国データバンク企業情報），財務情報（日経財務情報，東京商工リサーチ財務情報，帝国データバンク財務情報）も検索できる。

操作方法はキーワード入力による一括検索であり，インターネット端末から容易に操作できる。

利用料金は月額基本料金（1 IDで8,400円：2005年12月現在）に加え，情報ごとの固定料金が課される。

日経テレコン21のウェブサイトは以下のとおりである。

http://telecom21.nikkei.co.jp/guide/what21/21flowchart_01.html

（4） 情報会社

情報会社を通じ，対象会社のより詳細な情報（企業信用調査報告）を収集することができる。

代表的な情報会社である帝国データバンクでは，①企業概要，②登記・役員・大株主，③従業員・設備概要，④代表者，⑤系列・沿革，⑥業績，⑦取引先，⑧銀行取引，⑨資金現況・不良債権，⑩現況と見通し，⑪決算書，⑫不動産登記の調査または既存の報告書の送付依頼が可能である。既存の報告書があれば，すぐにFaxで送信してもらうことが可能であるが，新規調査の場合は，2週間程度かかる。

料金は，2ヵ月以前の調査済みの報告書の場合約1万円，2ヵ月以内の調査済みの報告書の場合約2万円，新規調査の場合約2万円に加えて追加料金（4,000円～1万円）である（2005年12月現在）。

（5） インターネットからの情報取得

上記の他に，対象会社ウェブサイトからの情報取得，あるいはインターネットによる検索も情報検索手段として有効である。

図表 2-2-1

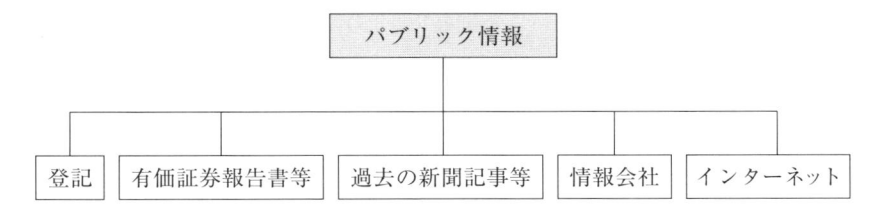

```
                    パブリック情報
    ┌─────────┬─────────┼─────────┬─────────┐
  登記   有価証券    過去の新聞    情報会社   インターネット
         報告書等    記事等
```

2　IIP後期段階──相手方提示情報へのアクセス

　LOI締結がなされたIIP後期段階（FIP策定段階）においては通常守秘義務契約も締結されることとなり，相手方からの情報提供を受けることが可能となる。

　相手方情報への本格的なアクセスは，IIP後期段階に行われる相手方会社のバリューの評価を目的とした会計アドバイザーによる財務デュー・ディリジェンス，および法務アドバイザーによる法務デュー・ディリジェンス，および社内プロジェクトチームおよび外部専門家による統合デュー・ディリジェンスを通じてなされることになる。これらのうち，以下では，法務デュー・ディリジェンスの実務に焦点をあてて解説する。

（1）法務デュー・ディリジェンスの目的

　一般的に，法務デュー・ディリジェンスには，以下のような目的および機能があるものと理解されている。

① 対象会社の経営状態および企業価値全体の把握
② 対象会社の買収・統合阻害事由の把握
③ M&A取引実行に必要な手続の確認
④ その他の付随的事項（許認可等）
⑤ 統合に関する有用な情報の把握

　これらの事項については，M&Aの形態や目的を問わずほぼ共通といってよい。一般的な買収案件における時間の流れの中で法務デュー・ディリジェンスは図表2-1-1（p.47）の位置づけとなる。法務デュー・ディリジェンスは，パブ

リック情報あるいはインフォメーション・メモランダムから入手した情報結果を検証する機能を期待されていると同時に，LOI締結後，財務デュー・デリジェンス，統合デュー・デリジェンスを含めたデュー・デリジェンス総体で発見された買収・統合障害事由の有無の検証および企業価値の評価に影響を与える事項の検証，さらには，M&A取引の実行に必要な手続・工程を確認する作業としての機能を担うことになる。

ただ，対象会社担当者の認識不足，関係書類の準備不足，あるいは担当者の買収行為自体に対する心理的抵抗感といった種々の事情から，各種デュー・デリジェンスの円滑な遂行が阻まれることは多い。限られた時間と予算の制約の中でデュー・デリジェンスを効率的に遂行・実現するためには，事前のプランニングにおいて対象会社の事業の概要を十分に把握し，法的に検討を要する事項の存在をあらかじめ分析・予測するとともに，この分析・予測結果に基づき，対象会社への書類提出要求リストの準備を行い，さらに書類提出がなされた後は，迅速にその検討を行い，法務デュー・デリジェンスの目的に照らして不十分な情報の提供しか受け得なかった場合には，追加での情報の提出要求またはマネージメント・インタビュー等でこれを補完する必要がある。

（2） 法務デュー・デリジェンスの内容

法務デュー・デリジェンスの内容は，買収の法的形態に大きく左右される。具体的には，株式取得か，事業譲渡か，合併か，会社分割かといった視点である。

① 株式取得の場合

この場合，原則として買収対象会社の有する一切の権利・義務を取得することになり，かつ買収者側は株主有限責任で保護されていることを勘案すると，デュー・デリジェンスの主眼は対象会社において組織として健全な運営がなされていたか，および買収価格に影響を与える財務的瑕疵の有無におかれることが多い。

また，少数株主や種類株主が買収後の企業経営の円滑性を阻害しないか，阻害し得る場合には，それら株主に対しどう対処するかも事前に検討される必要

がある。

② 合併の場合

この場合も，買収対象会社の有する一切の権利・義務を承継することになるため，株式取得の場合と同様，組織としての健全性，および買収価格に影響を与える財務的瑕疵の有無が検討の中心となる。ただし，合併の場合，株式有限責任の原則による債務の遮断効がないこと，合併による法人格の消滅（吸収合併における消滅会社）が消滅会社と第三者との契約関係の解除事由とされている場合が多いことに注意を要する。

③ 会社分割の場合

この場合も合併の場合と同様に考えてよいが，分割の法的適格性等（「事業」の要件等）の充足性や各種許認可の承継可能性，労働契約承継法の適用の効果等，特に検討されるべき事項も多い。

④ 事業譲渡の場合

包括承継を本質とする合併，会社分割と異なり，事業譲渡は事業を構成する資産の個別承継手続が必要となるため，承継の可否，契約相手方の同意取得の要否等の検討が必要となる。雇用契約の移転も原則として個別の従業員の同意が必要であり，年金制度の移転など，事業譲渡に固有の問題点は非常に多い。したがって特殊性を十分に理解したうえでの問題点抽出作業が必要となる。

（3）法務デュー・デリジェンスの対象項目

① 組織に関する基本的企業情報

組織としての企業運営の健全性を確認するため，商業登記簿謄本，株主総会，取締役会議事録，経営委員会（あるいは常務会）の議事録，定款，株主名簿，稟議規定等の社内規則，会社組織図，権限分掌表等の精査が必要である。

② 資　産

不動産，動産の他，商標，特許権，著作権等の知的財産権の健全性（譲渡可

能性を含む）の精査が必要である。

③　契約関係

買収が事業譲渡等の形式で行われる場合には，契約関係の譲渡可能性を確認する必要があるほか，当該契約が買収行為自体を理由として相手側に契約解除権を発生させないかという点も検討されなくてはならない。

④　債務・負債・担保

法的な観点から，隠れた債務，偶発債務等を発見，特定，評価する必要がある。

⑤　人事・労務関係

人事・労務関係については，買収対象会社の雇用関係，労働条件，労働関連の諸社内規定，労使慣行，退職金・年金制度関係，雇用契約関連，労働関連法規遵守の有無，組合の存在の有無等，確認すべき事項が非常に多い。

また，第2部第8章以下で詳述するように，事業譲渡形態においては，個別の雇用関係の承継が必要となり，また会社分割の場合には，労働契約承継法の適用により，分割の対象となる事業に主として従事する労働者はそのまま承継することが強制される等，各法的スキームによる雇用関係の帰趨の相違を念頭においた監査が必要になる。人事・労務関係の情報は統合の実行に直接影響を与える重要事項であるのみならず，統合後の人事制度の設計にあたっても不可欠な情報となる。

⑥　訴訟等の紛争の有無

訴訟等の紛争の有無は，直接的に偶発債務性をもつ事由であり，係属中の紛争，潜在的可能性のあるもの，あるいは完了したものであってもそれが一切の将来のリスクを遮断するものかどうかは，明確に確認される必要がある。

⑦　許認可関係

買収対象会社の全部または一部の業務が許認可の対象となっている場合には，

買収対象会社が適正にその許認可を取得・維持しているかという点だけでなく，そこで選択された取引の構造によってその許認可がいかなる影響を受けるかという点についても検討されなくてはならない。

⑧ 環　　境

買収対象会社が工場等の資産を有する場合には土壌汚染の有無等，環境法規への適合性についても検討されなくてはならない。

（4）個人情報保護法に関する留意点

法務デュー・デリジェンスにあたっては，相手方の顧客情報，従業員情報等の個人情報の開示を受けるが，情報開示にあたって平成17年4月1日に完全施行された個人情報保護法上どのような配慮が必要かが問題となる。

個人情報保護法は，人の生命・身体・財産保護の必要性がある場合等の一定の除外事由がある場合を除き，原則として，個人情報取扱事業者[1]が保有する個人データ[2]を個人情報保護主体である本人の同意を得ることなく第三者に提供することを禁止している（個人情報保護法23条1項）。

ただし，個人情報保護法では，以下の場合は第三者に該当しないために，本人の同意を得ることなくまたはオプトアウトの手続[3]をとることなく，第三者に対し個人データを含む情報の提供を行うことができるとしている。

① 個人データの取扱いを委託する場合

まず，個人データの取扱いに関する業務の一部または全部を委託する場合，受託者への個人情報の提供は第三者に該当しない。例えば，給与計算を外部の業者に委託し，当該業者に従業員に関する情報を提供する場合等がこれに該当する。

② 企業結合の場合

次に，合併，会社の分社化，事業譲渡等により事業が承継され，個人データが移転される場合には，第三者への提供に該当しない。もっとも，この場合，事業の承継後，承継前の利用目的の範囲内において個人データを利用しなくて

はならない。

合併，分社化により新会社に対し個人データを渡す場合，事業譲渡により譲渡先企業に対し個人データを渡す場合（「個人情報の保護に関する法律についての経済産業分野を対象とするガイドライン（平成16年10月）」。以下，「経済産業省ガイドライン」という）等が挙げられる。

③ 共同使用をする場合

さらに，個人データを特定の者との間で共同して利用する場合，①共同利用すること，②共同して利用する個人データの項目（氏名，住所，または電話番号等の各項目），③共同利用者の範囲，④共同利用者のすべての利用目的，⑤開示・苦情等の受付窓口となる共同利用者内部における担当責任者の氏名または名称（例えば，担当責任者となる会社の社名および担当部署等）の情報を，あらかじめ個人情報主体である本人に対し通知または公表している場合，共同利用者間での個人データの提供，交換は，第三者への提供に該当しない。

上記を前提にして，法務監査の際の情報開示が個人情報保護法上許容されるか検討する。

■ 例外事由②の「企業結合」に該当するか

この点，上記②のとおり，個人情報保護法は，企業結合の場合には，第三者提供には該当しないとする。しかし，デュー・デリジェンスは，企業統合を目的として行われるものの，M＆Aの実施前に，その企業・事業価値を評価するために行われるものである。経済産業省ガイドラインでは，事業の承継のための契約を締結する前の交渉段階で相手会社から自社の調査を受け，自社の個人データを相手会社に提供，または開示する場合には，前述した第三者提供の例外の1つである企業結合の場合には，該当しないと明示している。

■ 例外事由①の「委託者」に該当するか

しかし，M＆Aが，未だ秘密裡に実施される交渉段階では，同意の取得，オプトアウトの措置を講じることは現実的ではない。そこで，M＆Aの相手方への情報開示を委託者への提供とする考えがある。しかし，買手予定会社は，M＆Aの経済的価値を評価するために自ら実施するのであって，売手会社の事

図表2-2-2 第三者提供の整理

種　類	手続のポイント	メリット	デメリット・リスク
第三者提供 （手続の透明性）	・取得時の利用目的にその旨を含め，通知または公表 ・本人の事前同意またはオプトアウトが必要　　など	・提供先からの漏えい等についての免責 ・提供先では提供元とは別の利用目的での利用可能　　　など	・本人の事前同意またはオプトアウトが必要 　　　　　　　など
委託 （内部的な委託関係）	・個人情報の取扱い範囲，方法などについて委託先に指示 ・適切に遂行されているかどうか確認　　など	・本人の事前同意またはオプトアウト不要　　　　　　　　など	・委託先からの漏えいなどについての監督責任　　　　　　　　など
共同利用 （一体としての利用）	・共同利用するデータ項目，目的等の本人への周知　　　　　　　　など	・本人の事前同意またはオプトアウト不要　　　　　　　　など	・取得時の利用目的の範囲内での利用に限定 ・共同利用することについての本人への周知が必要 ・共同利用者からの漏えい等について，民事上の賠償責任の可能性　　　など

業の利用目的の達成に必要な範囲で個人データを取り扱っているものと解することにはやや無理があるとも考えられる。

　現在のところ，デュー・デリジェンスにおける個人データの開示にあたっては，経済産業省ガイドライン原案公表後のパブリックコメントに対する回答において明示されるとおり，匿名化，同意の取得，オプトアウトなどの措置を講じることが必要となろう。

　さらに，同回答では，経済産業省は，役員候補者の経歴については，その地位ゆえ役員候補者の同意を得ることは容易な場合が多いだろうとの見解を示している（「個人情報の保護に関する法律についての経済産業分野を対象とするガイドライン」に関する意見募集の結果について（経済産業省　商務情報政策局情報経済

課　平成16年10月13日））。

　なお，第三者提供の場合，委託，共同利用のメリット，デメリット・リスクを整理すると，図表2-2-2のとおりである。

（5） 法務デュー・デリジェンスの成果の具体化

　このような作業工程を経て，法的な問題点が発見された場合には，デュー・デリジェンス報告書中においてそのリスクが分析・評価される。これをもとに対象会社側に統合前に対応策を取らせるか，場合により，買収価格自体へ反映させることが必要となる。またリスクの不存在が法的に確認できない場合には，最終契約書中の「表明及び保証に関する条項」の条項で買収対象者側によりリスクの不存在を保証させることになる（詳細については，第4部第2章参照）。

●注
(1) 個人情報取扱事業者とは，5,000件以上の個人情報データベース等をその事業で使用している者をいう。
(2) 個人データとは，個人情報データベース等を構成する個人情報をいう。
(3) 「個人情報の保護に関する法律についての経済産業分野を対象とするガイドライン」によれば，「第三者提供におけるオプトアウト」とは，提供にあたり，あらかじめ，以下の（ア）～（エ）の情報を，本人に通知し，または本人が容易に知り得る状態に置いておくとともに，本人の求めに応じて第三者への提供を停止することをいう。
　（ア）第三者への提供を利用目的とすること
　（イ）第三者に提供される個人データの項目
　（ウ）第三者への提供の手段または方法
　（エ）本人の求めに応じて第三者への提供を停止すること
　　オプトアウトの事例は，住宅地図業者（表札や郵便受けを調べて住宅地図を作成し，販売（不特定多数への第三者提供）や，データベース事業者（ダイレクトメール用の名簿等を作成し，販売）等がある。

第3章

M&Aの各手法とその選択
──法的な見地から

1　M&A各手法の目的適合性の検討

　いかなるM&A取引を実行するかと関連し，IIPの段階において最適な法的形式を選択することが不可欠であることはいうまでもない。平成11年の株式交換・株式移転法制の施行および平成13年の会社分割法制の施行，さらには平成18年の会社法の施行といった近年の企業再編法制の整備により，企業が他の企業と統合する際に採りうる手法の選択肢は格段に広がった。現在，主なM&Aの手法としては，株式取得，合併，事業譲渡，株式移転，株式交換，会社分割等が挙げられる。

　これらの手法を使用できる場面および使用した後に生じる法的結果については手法ごとにさまざまであるが，PMIの観点から改めてM&Aの各手法を比較した場合，次のように分類することができる。

　すなわち，①企業が1つの法人格となり，当事者の経営資源が一体化する手法としての合併，事業譲渡，吸収型会社分割，②一方が他方の株式を保有し，資本の上下関係によって他方をコントロールするという形での統合を実現化する手法としての株式譲渡，株式交換，③持株会社を創設して，両当事者が当該持株会社において意思統一をし，将来的な統合を目指す株式移転に分類できる。

　これらそれぞれの手法を用いて実行されたM&A後の統合の各形態について，

事前に十分な検討をしておくことの重要性については後に詳述するが，同じ統合の形態を実現することができる手法同士においても，社内手続（機関決定等）の難易，偶発債務等を承継してしまうリスクの大小，契約主体の変更による契約移転の必要性の有無，統合後の損害の他者への転嫁の可否等といったさまざまな点においてそれぞれに特徴があり，これらの特徴は最適なM&A手法を選択するうえで必須の検討事項であると思われることから，ここではまず，上記それぞれの手法についての特徴を簡単に述べる。

1 一体化による統合のために使用できる手法

(1) 合　併

① 合併とは

合併とは，2つ以上の会社を契約によって1つの会社に統合する取引である。

合併には，全当事会社のすべてが消滅して新しい会社を設立する「新設合併」と，当事会社の1つが存続して他の消滅する会社を吸収する「吸収合併」とがある。

もっとも新設合併については吸収合併と比較して許認可の取得や証券市場への上場等の関係，会社設立の手続や費用等の面で不利な場合が多いことから実際に行われることは少ない。

そこで，以下は吸収合併の場合について説明する。

図表2-3-1 吸収合併

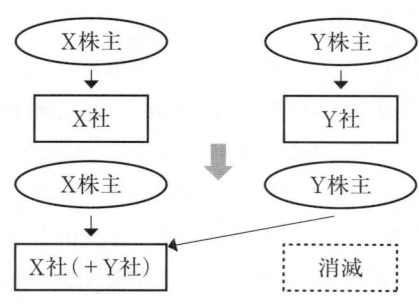

② 合併後の法律関係

吸収合併がなされた場合，消滅会社の権利義務はすべて一括して存続会社に承継される（包括承継，会社法750条1項，752条1項）。消滅会社の権利義務は法律上当然に存続会社に移転するため，個々の権利義務について個別の移転行為は不要である。もっとも，包括承継であるがゆえに，契約により消滅会社の権利義務の一部の承継を除外するといったような措置をとることはできない。

③ 吸収合併に必要な手続
（ⅰ）原　則

吸収合併を行う場合には，以下の手続を経る必要がある。

（ア）合併契約の締結

合併の当事会社は合併契約を締結しなければならない（会社法748条1項）。合併契約においては，①存続会社および消滅会社の商号および住所（同項1号），②存続会社が合併の際に消滅会社の社員に交付する株式または金銭等に関する諸条件[1]（同項2号），③消滅会社の株主に対する②における金銭等の割当に関する事項（同項3号），④消滅会社が新株予約権を発行しているときは，存続会社が吸収合併に際して当該新株予約権の新株予約権者に対して交付する当該新株予約権に代わる存続会社の新株予約権または金銭に関する諸条件（同項4号），⑤消滅会社の新株予約権の新株予約権者に対する④における新株予約権または金銭の割当に関する事項（同項5号），⑥吸収合併がその効力を生ずる日（同項6号）等を記載しなければならない（会社法749条1項）。

合併契約の締結は，当事会社にとって「重要なる業務執行」であることから，合併当事会社の取締役会決議によって承認される必要がある（会社法362条4項）。

（イ）事前開示

当事会社は，吸収合併契約等備置開始日（会社法782条2項，794条2項）から，合併の効力発生日まで，吸収合併契約の内容その他法務省令で定める事項[2]を記載または記録した書面または電磁的記録を各当事会社の本店に備え置いて，株主および当事会社の債権者に開示しなければならない（会社法782条，794条）。

また，各当事会社は，株主に差し止めの機会と株式買取請求[3]をする機会を与えるため，効力発生日の20日前までに，それぞれの株主に対して，吸収合

併をする旨等を通知しなければならない（会社法797条3項，785条3項）。ただし，公開会社である会社または株主総会の決議により合併契約が承認された会社は，公告をすれば足りる（会社法797条4項，785条4項）。

さらに，消滅会社は，その新株予約権者に買取請求権の機会を保障するため，効力発生日の20日前までに，合併をする旨等をすべての新株予約権者に対して通知する必要がある。

(ウ) 株主総会の特別決議

当事会社は，合併対価が持分等である場合[4]または後述する簡易組織再編，略式組織再編に該当する場合を除き，合併契約書について，株主総会の特別決議[5]による承認を経る必要がある（会社法783条，795条，309条2項12号）。

(エ) 反対株主の株式買取請求権

合併承認決議に反対した株主は，合併契約書が株主総会の特別決議において承認された場合，会社に対して自己の有する株式を公正な価格で買い取るように請求することができる（会社法785条1項，795条1項）。ただし，株主が株式買取請求をするためには，合併承認決議に先立って，会社に対して書面によって合併に反対である旨を通知し，かつ，株主総会において合併契約の承認に反対しなければならない（会社法785条2項，797条2項）。

(オ) 債権者保護手続

合併においては，債権者の同意なく消滅会社の権利義務関係が包括的に存続会社に移転する。また，消滅会社の財務状況が悪い場合は，合併によって存続会社の財務状況の悪化を招き，存続会社の債権者の債権回収に支障をきたすおそれがある。このように，合併は各当事会社の債権者に対して重大な影響を与えることから，各当事会社の債権者保護手続が設けられている。

合併の当事会社は，債権者に対して，合併に異議があれば一定の期間内に異議を述べるべき旨を，原則として官報において公告し，知れたる債権者に対して個別に催告しなければならない（会社法789条2項，799条2項）。ただし，官報における公告に加えて，日刊新聞における公告または電子公告を行う場合は，個別の債権者に対して催告をする必要はない（会社法789条2項，799条2項）。

(カ) 効力発生日

吸収合併の場合は，合併契約で定められた効力発生日に合併の効力が発生し

（会社法750条），新設合併の場合は，新設会社の成立の日に合併の効力が発生する（会社法754条1項）。

（キ）登　　記

以上の手続を経た後，存続会社は変更の登記，消滅会社は解散の登記をする（会社法921条）。

（ク）事後開示

存続会社は，効力発生日後遅滞なく，吸収合併により存続会社が承継した消滅会社の権利義務その他の吸収合併に関する事項として法務省令で定める事項（会社法施行規則200条）を記載し，または記録した書面または電磁的記録を作成し，本店に備え置いて，株主および当事会社の債権者に開示しなければならない（会社法801条）。

（ⅱ）簡易組織再編手続

原則として以上が合併に必要な手続であるが，存続会社の株主に与える影響が小さい場合には，存続会社の株主総会決議を要求する必要性は大きくない。そこで，合併対価の額（①消滅会社の株主に対して交付する存続会社等の株式の数に1株当たり純資産額を乗じて得た額，②消滅会社の株主に対して交付する存続会社の社債，新株予約権または新株予約権付社債の帳簿価額の合計額および③消滅会社の株主に対して交付する存続会社等の株式等以外の財産の帳簿価額の合計額の総計）が，存続会社の純資産額（会社法施行規則196条）の20％以下である場合には，存続会社について株主総会の特別決議はしないで合併をすることができるとされている（簡易合併。会社法796条3項）。

ただし，以下の場合は株主総会決議を省略できない。

①　合併差損が生じる場合（会社法796条3項但書，795条2項1号，2号）

②　消滅会社の株主に対して交付する金銭等の全部または一部が存続会社の譲渡制限株式である場合であって，存続会社が公開会社でない場合（会社法796条3項但書，1項但書）

③　法務省令で定める数の株式（会社法施行規則197条）（吸収合併契約承認決議において議決権を行使できるものに限る）を有する株主が総会決議省略に反対する通知を会社になした場合（会社法796条4項）

以上の場合は，存続会社は，効力発生日の前日までに，株主総会決議によっ

て吸収合併契約の承認を受けなければならない（会社法796条4項）。

存続会社について簡易合併手続がとられたとしても，消滅会社については株主総会決議を省略できない。簡易合併の場合，効力発生日の20日前までに消滅会社の商号および住所をすべての株主に通知しなければならない（会社法797条3項，2項2号）。

合併に反対の株主は，効力発生日の20日前の日から効力発生日の前日までの間に，株式の買取りを請求することができる（会社法797条5項）。

(iii) 略式組織再編手続

支配従属関係のある会社間で組織再編行為等を行う場合においては，その組織再編行為等に係る株主総会の承認決議等の社内手続が成立されることはある程度確実であり，よって，これらの事務手続を省略してもその弊害はほとんどない。

そこで，当事会社の総株主の議決権の10分の9以上を他方当事会社および当該他方当事会社が発行済株式の全部を有する株式会社その他これに準ずるものとして法務省令で定める法人（会社法施行規則136条）が有している場合においては，原則として被支配当事会社においては株主総会の特別決議による承認を受ける必要はないとされている（会社法784条1項，796条1項）。

ただし，合併対価の全部または一部が譲渡制限株式等である場合であって，被支配当事会社である消滅会社が公開会社でありかつ種類株式発行会社でない場合には，株式譲渡制限を新設する定款変更とのバランスから，被支配会社において株主総会の特別決議による承認を得なければならないとされる（会社法784条1項但書）。

また，合併対価が譲渡制限株式等である場合であって，被支配当事会社が公開会社でない場合にも，譲渡制限株式に係る新株発行の手続等とのバランスから，被支配会社において株主総会の特別決議による承認を得なければならないとされる（会社法796条1項但書）。

なお，被支配当事会社の株主の利益保護のために，特別の差止制度が認められている（会社法784条2項，796条2項）。

（2） 会社分割

① 会社分割とは

会社分割とは，1つの会社を2つ以上の会社に分ける手続である。会社分割の形態には大きく分けて以下の2つの分類方法がある。

（ⅰ） 吸収分割と新設分割

1つ目の分類方法として，会社分割は，会社の事業を承継する会社（承継会社）が新設会社である「新設分割」と，承継会社が既に存在する会社の場合である「吸収分割」に分類される。また，2つ以上の会社がそれぞれの事業部門を分割し，新しい合弁会社を新設することもできる（共同新設分割）。

（ⅱ） 物的分割と人的分割

2つ目の分類方法として，会社分割は，承継会社が分割の際に発行する株式を，事業を分割する会社（分割会社）に割り当てる場合である「物的分割」と，承継会社が発行する株式を，分割会社の株主に割り当てる場合である「人的分割」に分類される。

上記手法を組み合わせることで，会社分割はM＆Aにおいてさまざまな形で使われる。例えば，他社の事業を自社に一体化させるために吸収分割をすることも考えられるし，また，後述する株式譲渡の手法と組み合わせることで，他社が事業の一部門を分社化して当該新設会社の株式の譲渡を受けるなどの手法もありうる。

② 会社分割後の法律関係

分割により，新設会社または承継会社は，分割の対象となる事業の全部または一部に属する分割会社の債権債務を承継する。したがって，債務は債権者の同意なくして免責的に承継会社に移転する。承継される債権債務は，分割計画書または分割契約書に明記する（包括承継。会社法763条1項5号，758条1項2号）。ただ，分割会社は分割後も存続するので，資産の移転には第三者対抗要件の具備が必要である。

図表 2-3-2 吸収分割

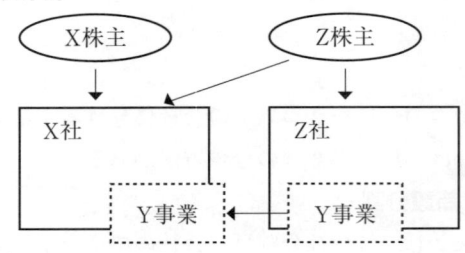

図表 2-3-3 新設分割＋株式譲渡

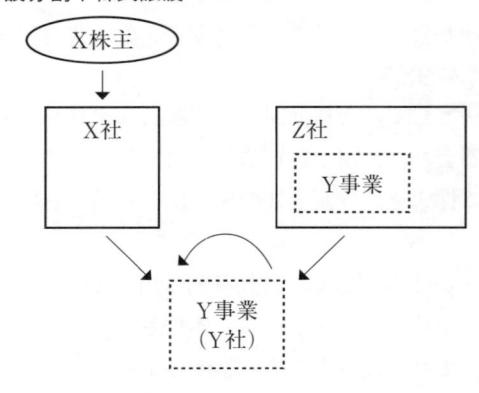

③ 会社分割に必要な手続

（ⅰ）原　則

会社分割を行う場合には，以下の手続を経る必要がある。

（ア）分割計画の作成・分割契約の締結

まず，新設分割の場合は，分割会社が分割計画を作成しなければならない（会社法763条）。吸収分割の場合には，当事会社において分割契約を締結しなければならない（会社法757条）。

分割計画および分割契約には，分割会社が分割の際に発行する株式の総数や分割比率などの分割条件，分割に際して就任する新設会社または承継会社の取締役・監査役などの新設会社または承継会社の組織，効力発生日などの進行手続に関する事項等を記載しなければならない（会社法758条，763条）。

(イ) 事前開示

各当事会社は，吸収合併契約等備置開始日（会社法782条2項，794条2項，803条2項参照）から，効力発生日後6ヵ月を経過する日までの間，分割計画または分割契約の内容その他法務省令(6)で定める事項を記載し，または記録した書面または電磁的記録をその本店に備え置き，株主および当時会社の債権者に開示しなければならない（会社法782条，794条，803条）。

また，各当事会社は，株主に差し止めの機会と株式買取請求をする機会を与えるため，吸収分割の場合においては効力発生日の20日前までに，それぞれの株主に対して，吸収分割をする旨等を通知しなければならない（会社法797条3項，785条3項）。ただし，公開会社である会社または株主総会の決議により合併契約が承認された会社は，公告をすれば足りる（会社法797条4項，785条4項）。一方，新設分割の場合には，簡易組織再編にあたる場合を除き，分割会社は株主総会の承認決議の日から2週間以内に，株主に対して新設分割をする旨等を通知しまたは公告しなければならない（会社法806条3項，4項）。

さらに，分割会社は新株予約権の買取請求権の機会を保障するため，吸収分割の場合においては効力発生日の20日前までに，新設分割の場合には株主総会の承認決議の日から2週間以内に，それぞれ吸収分割，新設分割をする旨等を一定の新株予約権者に対して通知する必要がある（会社法787条3項・4項，808条3項・4項）。

(ウ) 株主総会の特別決議

後述する簡易組織再編，略式組織再編に該当する場合を除き，各当事会社は，分割計画・分割契約について，効力発生日の前日までに株主総会の特別決議による承認を経る必要がある（会社法783条，795条，804条）。

(エ) 反対株主の株式買取請求権

合併の場合と同様，分割承認決議に反対した株主は，分割計画または分割契約が株主総会の特別決議において承認された場合，会社に対して自己の有する株式を公正な価格で買い取るように請求することができる（会社法785条，797条1項，806条）。

(オ) 債権者保護手続

分割においては，債権者の同意なく消滅会社の権利義務関係が包括的に存続

会社に移転するので，分割は各当事会社の債権者に対して重大な影響を与える。したがって，各当事会社の債権者保護手続が設けられている。

　分割の当事会社は，債権者に対して，分割に異議があれば一定の期間内に異議を述べるべき旨を，原則として官報において公告し，知れたる債権者に対して個別に催告しなければならない（会社法789条2項，799条2項，810条2項）。ただし，官報における公告に加えて，日刊新聞における公告または電子公告を行う場合は，個別の債権者に対して催告をする必要はない（会社法789条3項，799条3項，810条3項）。また，物的分割の場合には，分割会社の資産総額に変動がないので，分割後も分割会社に全額を請求できる債権者については保護手続は不要である（会社法789条1項2号，810条1項2号）。

　なお，個別催告を受けなかった債権者に対しては，分割計画または分割契約で債務者とならなかった会社でも，分割会社においては分割の効力発生日に有していた財産額を限度として，承継会社または新設会社においては承継した財産額を限度として弁済の責任を負うことになる（会社法759条2項・3項，764条2項・3項）。この場合，契約上の債務については分割会社と新設会社または承継会社との連帯責任となる。

（カ）労働者保護手続

　労働者も債権者であるが，労働契約の特殊性から，「会社の分割に伴う労働契約の承継等に関する法律」において労働者保護のための特別の規制が設けられている（詳しくは，第8章参照）。

（キ）効力発生日

　吸収分割の場合は分割契約で定められた効力発生日に分割の効力が発生し（会社法759条），新設分割の場合は新設会社の成立の日に分割の効力が発生する（会社法764条1項）。

（ク）登　　記

　以上の手続を経た後，分割会社・承継会社は変更の登記，新設会社は設立の登記をする（会社法923条，924条，商業登記法89条の6ないし89条の10）。

（ケ）事後開示

　当事会社は，効力発生日後遅滞なく，分割により承継された権利義務その他法務省令で定める事項[7]を記載し，または記録した書面または電磁的記録を

作成し，効力発生日から6ヵ月間，その本店に備え置かなければならない（会社法791条1項・2項，801条2項・3項，811条1項・2項）。

（ii）簡易手続

以上が原則として分割に必要な手続であるが，当事会社の株主に与える影響が小さい場合には，株主総会決議を要求する必要はない。そこで，以下の場合には，株主総会の特別決議はしないで，分割をすることができる。

（ア）分割会社について

吸収分割または新設分割により承継会社に承継させる資産の帳簿価額の合計額が分割会社の総資産額[8]の5分の1（これを下回る割合を吸収分割株式会社の定款で定めた場合にあっては，その割合）を超えない場合（会社法784条3項，805条）。

（イ）承継会社について

吸収分割による分割対価の額（①分割会社の株主に対して交付する承継会社の株式の数に1株当たり純資産額を乗じて得た額，②分割会社の株主に対して交付する承継会社の社債，新株予約権または新株予約権付社債の帳簿価額の合計額および③分割会社の株主に対して交付する承継会社の株式等以外の財産の帳簿価額の合計額の総計）が，承継会社の純資産額（会社法施行規則196条）の20％以下である場合にも，承継会社について株主総会の特別決議をしないで分割をすることができるとされている（簡易分割。会社法796条3項）。

ただし，以下の場合は株主総会決議を省略できない。

① 分割差損が生じる場合（会社法796条3項但書，795条2項1号・2号）

② 分割会社の株主に対して交付する金銭等の全部または一部が承継会社の譲渡制限株式である場合であって，存続会社が公開会社でない場合（会社法796条3項但書，1項但書）

③ 法務省令で定める数の株式（会社法施行規則197条）（吸収分割契約承認決議において議決権を行使できるものに限る）を有する株主が総会決議省略に反対する通知を会社になした場合（会社法796条4項）

以上の場合は，承継会社は，効力発生日の前日までに，株主総会決議によって吸収分割契約の承認を受けなければならない（会社法796条4項）。

分割に反対の株主は，効力発生日の20日前の日から効力発生日の前日までの

間に，株式の買取りを請求することができる（797条5項）。

(iii) 略式組織再編手続

合併の部分において先述したとおり，支配従属関係のある会社間で組織再編行為等を行う場合においては，その組織再編行為等に係る株主総会の承認決議等の社内手続が成立することはある程度確実であり，よって，これらの事務手続を省略してもその弊害はほとんどない。

そこで，当事会社の総株主の議決権の10分の9以上を他方当事会社および当該他方当事会社が発行済株式の全部を有する株式会社その他これに準ずるものとして法務省令で定める法人が有している場合においては，原則として被支配当事会社においては株主総会の特別決議による承認を受ける必要はないとされている（会社法784条1項，796条1項）。

ただし，合併の場合と同様に，株主総会の特別決議による承認を得なければならない一定の場合が存在する（会社法784条1項但書，796条1項但書）。

また，被支配当事会社の株主の利益保護のために，特別の差止制度が認められている（会社法784条2項，796条2項）。

（3）事業譲渡

① 事業譲渡とは

事業譲渡とは，会社の事業の全部または一部を他の会社に譲渡する取引をいう。

図表2-3-4 事業譲渡

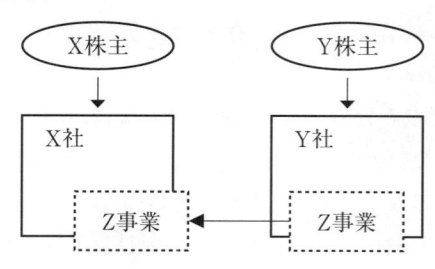

② 事業譲渡後の法律関係

事業譲渡によって，事業を譲り受けた会社（譲受会社）は事業を譲り渡した会社（譲渡会社）の事業を受け継ぐ。しかし，分割や会社分割の場合と異なり，事業譲渡によって，譲渡会社の事業に関する権利義務関係は譲受会社に移転しない。したがって，譲受会社に譲渡会社の権利義務関係を移転させるには，個々の資産について移転手続が必要である。

③ 事業譲渡に必要な手続
(ⅰ) 原　則
事業譲渡を行う場合には，以下の手続を経る必要がある。

(ア) 事業譲渡契約の締結

事業譲渡をする場合，当事会社の間で，事業譲渡契約が締結されるのが通常である。もっとも，合併や会社分割の場合と異なり，事業譲渡契約の締結は会社法上要求されているわけではない。

(イ) 取締役会決議・株主総会決議

■ **譲渡会社**

事業譲渡は通常「重要な財産の処分」にあたり，取締役会決議が必要である（会社法362条4項1号）。事業譲渡が事業の全部または重要な一部の譲渡にあたる場合（会社法施行規則134条）には株主総会の特別決議が必要である（会社法467条1項1号・2号）。

■ **譲受会社**

重要な財産の譲受けには取締役会決議が必要である（会社法362条4項1号）。さらに，他の会社の事業全部を譲り受ける場合には，株主総会の特別決議が必要である（会社法467条1項3号）。

(ウ) 反対株主の株式買取請求権

事業譲渡または事業譲受の承認決議に反対した株主は，合併や会社分割の場合と同様，事業譲渡または事業譲受が株主総会の特別決議において承認された場合，会社に対して自己の有する株式を公正な価格で買い取るように請求することができる（会社法469条）。

(エ) 個々の財産の移転手続

前述のように，事業譲渡は，合併や会社分割と異なり，事業に属する個々の資産について移転手続をしなければならない。具体的には契約の相手先からの同意が必要となる。もっとも，このことから合併や会社分割の場合と異なり，債権者保護手続は不要とされている。

（オ）事後設立規制

上記の手続に加え，会社設立後2年以内に，会社の設立前から存在する財産で会社の事業のために継続して使用するべきものを，会社の純資産額[9]の20分の1超の対価をもって取得する場合には，株主総会の特別決議を経ることが必要である（事後設立規制。会社法467条1項5号）[10]。

(ii) 簡易手続

以上が原則として事業譲渡に必要な手続であるが，株主に与える影響が小さい場合には，株主総会決議を要求する必要はない。そこで，事業の全部の譲受の場合で，その対価として交付する財産の帳簿価額の合計額が，譲受会社の純資産額[11]の20％以下である場合（会社法468条2項）には，譲受会社について株主総会の特別決議は不要である（なお，この場合においても譲渡会社における株主総会の特別決議は必要である）。

簡易な譲受手続に反対の株主は所定の期間内に書面で反対を通知して，株式の買い取りを請求することができる（会社法469条1項，2項2号）。また，法務省令で定める数の株式（会社法施行規則134条）を有する株主の反対があった場合には簡易手続によることはできない（会社法468条3項）。この場合は，原則に戻り，承認決議が必要となる。

(iii) 略式組織再編手続

支配従属関係のある会社間で組織再編行為等を行う場合においては，その組織再編行為等に係る株主総会の承認決議等の社内手続が成立されることはある程度確実であり，よって，これらの事務手続を省略してもその弊害はほとんどない。

そこで，事業譲渡の契約の一方当事者の総議決権の10分の9以上を他方当事会社および当該他方当事会社が発行済株式の全部を有する株式会社その他これに準ずるものとして法務省令で定める法人が有している場合においては，原則として株主総会の特別決議による承認を受ける必要はないとされている（会社

法468条1項)。

(4) 各一体化手法の比較

① 取得対象の選択の柔軟性

合併については，相手方の法人格が消滅するため，相手方すべてを承継することになる。

一方で，事業譲渡，会社分割については，対象会社のうち自らが欲する部分のみを取得することが可能である[12]。

② 取引先との契約に与える影響

合併，会社分割については，合併の場合はすべての契約関係を包括的に承継し，また，会社分割の場合にも分割契約において定められたものについては包括的に承継されることになるため，契約を移転する手続は特段不要である。

一方，事業譲渡については契約関係を承継する場合には相手方の同意が必要となるため，手続として煩雑になる場合がある。

③ 偶発債務の遮断

事業譲渡の場合には，選択した資産のみを譲り受けることが可能であり，譲受会社が偶発債務を承継する危険性はない。

一方，合併，会社分割については，合併の場合はすべて債務を引き継いでしまうことから遮断は不可能であり，また会社分割についても明示的に特定してその移転を除外することが困難であるため，連帯債務として債務を負うこととなり，遮断は困難であるといえる。

④ 対価の相違

合併や分割の対価は原則として承継会社または新設会社の株式であるのに対して，事業譲渡の対価は原則として現金である（もっとも，譲受会社が新株を発行し，現物出資として事業譲渡を受ける手法もある。ただし，この場合には原則として検査役の調査が必要となる（p.79新株発行の手続参照））。

⑤ 損害賠償請求の可否等

　事業譲渡の場合には取引行為であることから，仮に当該取引に瑕疵があり，買手側に損害が生じた場合においても，売主に解除や損害賠償を請求することで金銭的解決を図れる。

　また，会社分割の場合にも，分割会社が残存するため，仮に当該取引に瑕疵があり，譲受会社に損害が生じた場合においても，譲渡会社に損害賠償を請求することで一定の損害金銭的解決を図れることになる。

　一方，合併については，他方の法人が完全に消滅してしまうため，仮に当該取引に瑕疵があり買手側に損害が生じたとしても，未公開会社で支配的な株主がいるような場合には別としては，相手方に損害賠償を請求するなどの手段での損害回復を図ることは困難である。

2　資本の上下関係による統合に用いることのできる手法

(1)　株式取得（株式譲渡，新株発行）

　株式譲渡とは，株主が第三者にその有する発行済株式を譲り渡すことをいう。新株発行とは，会社が新たに株式を発行することをいう。いずれの場合も，対象会社が発行する株式を取得することによって，対象会社に対する支配を及ぼすM＆Aの手法である。

①　株式取得による関連会社化・子会社化

　株式譲渡，新株発行はいずれも対象会社が発行する株式を取得することにより，株主として対象会社の支配権（議決権）を掌握し，対象会社を関連会社または子会社とする手法である。

　この場合，会社は必ずしもすべての株式を譲り受ける必要はなく，目的によりその株式取得数を調整することができる。

　そして取得割合が高ければ高いほど，より強力に他社をコントロールできるようになり，100％取得した場合においては，両社は完全親子会社の関係になる。

図表2-3-5　株式取得割合ごとの支配権比較

議決権保有比率	経営への関与度
100%	完全子会社化による経営権の完全取得
2/3	特別決議事項についての議決権確保
50%	普通決議事項についての議決権確保
1/3	特別決議事項についての拒否権確保
0〜33%	資本提携の象徴

　なお，ある対象企業の特定部門のみを子会社化するため，新設分割により新会社を設立し，新設会社が設立に際して発行する株式を分割会社にいったん割り当てた後，当該株式を買収者である第三者に譲渡するような会社分割の手続を組み合わせた形態もありうる。

　株式譲渡は既存株式を譲り受けるという直截的な買収手段であり，通常，既存株主に株式購入代金を支払い，株券の交付を受け，株主名簿の名義書換を行うことで終了する。

　そして，非公開会社の株式を買収する場合には，特定株主からの相対取引での株式取得がなされることになる。

　一方，公開会社の株式を買収する場合には，市場から調達する方法と市場外から調達する方法とがあり，市場外から調達する方法には特定株主からの相対取引と公開買付（TOB）[13]の方法がある。

　もっとも特定株主からの相対取引は取引が小額で他の株主への影響が小さい場合に限定されており，買収等の場合には適さない。また，市場での調達は価格が流動的である，長期化のおそれがある等の理由から買付条件の設定が困難であるなどといった点で不都合な点が多い。

　よって，公開会社の株式の買収（3分の1を超過して取得する場合）に関しては公開買付の方法によるのが一般的であるといえる。

② **新株発行**
(i) **原　　則**
　会社が新株を発行する場合には，一般的に以下の手続を経る必要がある。
(ア) 取締役会決議，株主総会特別決議

公開会社では原則として取締役会決議で，新株を発行すること，発行する新株の種類・数・発行価格，新株の払込期日等の事項を決定する（会社法109条，201条）。もっとも，譲渡制限株式を発行する場合には，株主総会の特別決議が必要となる（会社法204条2項，309条2項5号）。他方，公開会社以外の会社においては，株主総会の特別決議によって発行に関する事項を定めるのが原則である（会社法199条2項，309条2項5号）。

(イ) 新株発行事項の公示

発行会社は，株主に差止めの機会を与えるため，払込期日の2週間前に新株の種類・数・発行価格・払込期日・募集の方法を公告または各株主に通知しなければならない（会社法201条3項・4項）。ただし，証券取引法第4条1項または2項の届出をしている場合その他法務省令で定める場合（会社法施行規則40条）には不要となる。

(ウ) 新株の申込み・割当て

株式の申込みは，一定事項を記載した書面を会社に交付しなければならない（会社法203条2項）。もっとも，株式の総数を引き受ける場合には，当該書面は不要である（会社法205条）。申込みに対して，会社は新株の割当てをし，申込人は新株引受人となる（会社法206条）。

なお，現物出資（金銭以外の財産でする出資）をする場合には，原則として検査役の調査が要求される（会社法207条）。

(エ) 新株引受人による払込手続・新株発行の効力発生

新株引受人は，払込期日までに発行価格全額の払込みをしなければならない（会社法208条1項）。現物出資の場合には，現物出資全部の給付をしなければならない（会社法208条2項）。払込みがなされない場合には，その新株引受人は法律上当然に権利を失い（会社法208条5項），払込期日までまたは期間内に払込みがあった新株について，新株発行の効力が生じる（会社法209条）。

(オ) 登　　記

新株発行の効力が発生した場合には，会社の発行済株式総数や資本の額について変更登記をしなければならない（会社法915条1項，商業登記法82条）。

(ⅱ) 第三者に対する有利発行

株主以外の者に対して新株を「特に有利な価格」で発行する場合には，株主

総会の特別決議が必要である（会社法199条3項）。一般的に、市場価格（時価）から10％程度の割引であれば、「特に有利な価格」にはあたらないと解されている。

これは、第三者割当増資に係る日本証券業協会のルール[14]において、時価の90％を発行額とすることができるとされていることを理由とするものであり、当該ルールについては、東京地方裁判所平成16年6月1日判決の宮入バルブ事件においても、旧株主の利益と会社が有利な資金調達を実現するという利益との調和の観点から一応の合理性を認めることができると判断されている。

(2) 株式交換

① 株式交換とは

株式交換とは、会社が他の会社の100％子会社（完全子会社）となる取引であり、その親会社（完全親会社）となる会社が既に存在する会社である場合をいう（会社法767条、769条）。

株式交換においては、完全子会社となる会社のすべての株式を完全親会社となる会社が取得する。完全子会社となる会社の株主は、その対価として完全親会社となる会社の株式や、それに代わる金銭等を取得する。

② 株式交換後の法律関係

株式交換によって完全親子会社関係が生じる。各当事会社の権利義務関係や財産は移動せず、株主のみが変動する。

③ 株式交換に必要な手続

（ⅰ）原　　則

株式交換を行う場合には、以下の手続を経る必要がある。

（ア）株式交換契約の締結

株式交換をする場合には、当事会社は株式交換契約を締結しなければならない（会社法767条）。

株式交換契約においては、完全親会社となる会社が株式交換の際に交付する金銭等（株式を含む）の額や算定方法や、効力発生日などの進行手続に関する

図表 2-3-6 株式交換

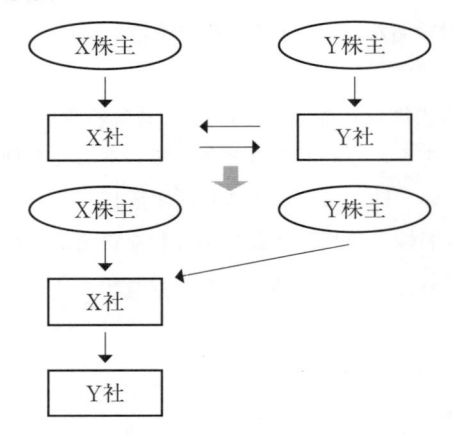

```
    X株主              Y株主
     ↓                 ↓
    X社    ⇄    Y社
           ⬇
    X株主             Y株主
     ↓                 │
    X社  ←─────────────┘
     ↓
    Y社
```

事項等を記載しなければならない（会社法768条）。

（イ）事前開示

　各当事会社は，吸収合併契約等備置開始日（会社法782条2項，794条2項参照）から効力発生日後6ヵ月までの間，株式交換契約の内容その他法務省令で定める事項[15]を記載し，または記録した書面または電磁的記録をその本店に備え置かなければならない（会社法782条1項，794条1項）。

　また，各当事会社は，株主に差し止めの機会と株式買取請求をする機会を与えるため，効力発生日の20日前までに，それぞれの株主に対して，株式交換をする旨等を通知しなければならない（会社法797条3項，785条3項）[16]。ただし，公開会社である会社または株主総会の決議により株式交換契約が承認された会社は，公告をすれば足りる（会社法797条4項，785条4項）。

　さらに，完全子会社となる当事会社は，その新株予約権者に買取請求権の機会を保障するため，効力発生日の20日前までに，株式交換をする旨等を一定の新株予約権者に対して通知する必要がある。

（ウ）株主総会の特別決議

　株式交換の対価が持分等である場合または後述する簡易組織再編，略式組織再編に該当する場合を除き，各当事会社は，株式交換契約について，株主総会の特別決議による承認を経る必要がある（会社法783条，795条）。

（エ）反対株主の株式買取請求権

　株式交換承認決議に反対した株主は，株式交換契約が株主総会の特別決議において承認された場合，会社に対して自己の有する株式を公正な価格で買い取るように請求することができる（会社法785条，797条）。

（オ）効力発生日

　株式交換契約に定められた株式交換の日に，完全子会社となる会社のすべての株式は完全親会社となる会社に移転する。そして，完全子会社となる会社の株主に完全親会社となる会社から金銭等が交付される。これによって株式交換は効力を生じ，完全親会社となる会社は完全子会社となる会社の株主となる。完全子会社となる会社の株主は完全親会社となる会社の株主となる。

（カ）登　　記

　以上の手続を経た後，完全親会社となる会社は変更の登記をする必要がある（会社法911条，915条，商業登記法89条の３）。

（キ）事後開示

　当事会社は，効力発生日後遅滞なく，共同して，株式交換により完全親会社が取得した完全子会社の株式の数その他の株式交換に関する事項として法務省令で定める事項（会社法施行規則190条）を記載し，または記録した書面または電磁的記録を作成し，効力発生日から６ヵ月間その本店に備え置き，株主等に開示しなければならない（会社法791条，801条）。

(ii) 簡易手続

　以上が原則として株式交換に必要な手続であるが，完全親会社の株主に与える影響が小さい場合には，完全親会社となる会社の株主総会決議を要求する必要はない。そこで，株式交換にあたり完全子会社となる会社に交付する財産の額（①完全子会社となる会社の株主に対して交付する完全親会社となる会社の株式の数に１株当たり純資産額を乗じて得た額，②完全子会社となる会社の株主に対して交付する完全親会社となる会社の社債，新株予約権または新株予約権付社債の帳簿価額の合計額および③完全子会社となる会社の株主に対して交付する完全親会社となる会社の株式等以外の財産の帳簿価額の合計額の総計）が，存続会社の純資産額（会社法施行規則190条）の20％以下である場合には，完全親会社となる会社について株主総会の特別決議を経ずに株式交換をするこ

とができる（簡易株式交換。会社法796条3項）。

簡易株式交換の場合，完全親会社となる会社は株式交換の効力発生日の20日前までに，すべての株主に対して，株式交換をする旨ならびに完全子会社となる会社の商号および住所を通知しまたは公告しなければならない（会社法797条3項，2項2号，4項）。

株式交換に反対の株主は所定の期間内に書面で反対を通知して，株式の買取りを請求することができる（会社法797条1項）。法務省令で定める数の株式（会社法施行規則197条）（株式交換承認決議において議決権を行使することができるものに限る）を有する株主の反対があった場合には簡易手続によることはできない（会社法796条4項）。この場合は，原則に戻り，株主総会の承認決議が必要となる。

(iii) 略式組織再編手続

先述した合併の場合と同様，支配従属関係のある会社間で組織再編行為等を行う場合においては，その組織再編行為等に係る株主総会の承認決議等の社内手続が成立されることはある程度確実であり，よって，これらの事務手続を省略してもその弊害はほとんどない。

そこで，当事会社の総株主の議決権の10分の9以上を他方当事会社および当該他方当事会社が発行済株式の全部を有する株式会社その他これに準ずるものとして法務省令で定める法人が有している場合においては，原則として被支配当事会社においては株主総会の特別決議による承認を受ける必要はないとされている（会社法784条1項，796条1項）。

ただし，株式交換対価の全部または一部が譲渡制限株式等である場合であって，被支配当事会社である消滅会社が公開会社でありかつ種類株式発行会社でない場合には，株式譲渡制限を新設する定款変更とのバランスから，被支配会社において株主総会の特別決議による承認を得なければならないとされる（会社法784条1項但書）。

また，株式交換対価が譲渡制限株式等である場合であって，被支配当事会社が公開会社でない場合にも，譲渡制限株式に係る新株発行の手続等とのバランスから，被支配会社において株主総会の特別決議による承認を得なければならないとされる（会社法796条1項但書）。

なお，被支配当事会社の株主の利益保護のために，特別の差止制度が認められている（会社法784条2項，796条2項）。

(3) 各手法の比較

① 実行後の会社支配の程度

株式譲渡を用いる場合には譲渡に応じない株主を排除できない。

また，第三者割当てによる新株発行の方法は，既存株主の有する株式はそのままであることから，同額の買収資金を使用した場合において株式譲渡の場合と比較して，支配権を獲得できる割合は低くなる場合が多い。

一方，株式交換は株主総会の特別決議によって強制的にすべての株式が完全親会社となる会社の株式と交換されるため，少数株主の排除が可能である点に特徴がある。ただし，完全子会社となる会社の株主は，株式交換後は，完全親会社となる会社において少数株主となる。

② 対価の違い

株式取得（株式譲渡，新株発行）の場合には譲渡代金，株式の払込代金という形で現金を要するのが原則であるが，株式交換の場合には通常完全親会社となる会社の株式が対価とされ（ただし，会社法下ではそれに代わる金銭等の交付も可能となっている），現金を使用する必要がない点に特徴がある。

③ 手続の容易性

株式取得においては既存株式の取得の場合には特に対象会社の機関決議は必要なく，また新株発行の場合にも公開会社の場合には，原則としては取締役会決議のみで実現可能であり手続的には簡易である。一方，株式交換の場合には株主総会の特別決議が必要であり，手続的に若干厳格であるといえる。

④ 損害賠償請求の可否

株式譲渡の場合には取引行為であることから，仮に当該取引に瑕疵があり，買手側に損害が生じた場合においても，売主に解除や損害賠償を請求することで金銭的解決を図れる。

一方で、株式交換の場合には、交換子会社に支配株主が存在する場合にはその者から金銭的な賠償を求めることは可能であるが、そのような者が存在しない場合には金銭的な解決を図ることは難しいものと思われる。

3 持株会社による統合に利用できる制度

(1) 株式移転

① 株式移転とは

株式移転とは、会社が他の会社の100％子会社（完全子会社）となる組織再編であり、その親会社（完全親会社）となる会社を新設する場合をいう（会社法772条、774条1項）。

株式移転においては、完全子会社となる会社のすべての株式を新設する完全親会社が取得する。完全子会社となる会社の株主は、その対価として新設する完全親会社の株式等を取得する。株式移転は、複数の会社が共同して持株会社を作り、持株会社を通じて子会社を支配する形へのグループ編成にも利用される手法である（共同株式移転）。

図表2-3-7 株式移転

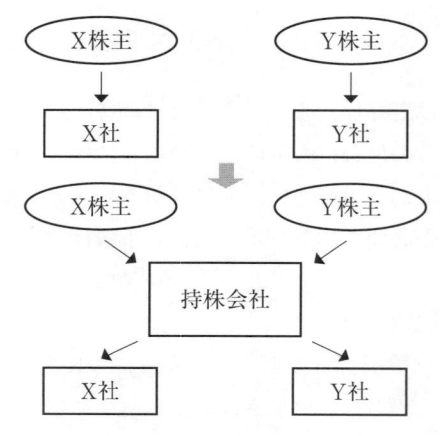

② 株式移転後の法律関係

株式交換と同様，株式移転によって完全親子会社関係が生じる。各当事会社の権利義務関係や財産は移動せず，株主のみが変動する。

③ 株式移転に必要な手続
（ⅰ）原　　則

株式移転を行う場合には，以下の手続を経る必要がある。

（ア）株式移転計画の作成

株式移転をする場合には，当事会社は株式移転計画書を作成しなければならない（会社法772条）。

株式移転計画においては，完全親会社となる会社が株式移転の際に発行する株式の総数や株式移転比率などの株式移転の条件，株式移転に際して就任する完全親会社の取締役・監査役などの新設会社または承継会社の組織，進行手続に関する事項等を記載しなければならない（会社法773条）。

（イ）事前開示

完全子会社となる会社は，新設合併契約等備置開始日（会社法803条2項参照）から効力発生日後6ヵ月を経過する日までの間，株式移転計画の内容その他法務省令で定める事項（会社法施行規則206条）を記載し，または記録した書面または電磁的記録をその本店に備え置かなければならない（会社法803条1項）。

また，完全子会社となる会社は，株主総会の承認決議の日から2週間以内に，株主に対して株式移転をする旨等を通知しまたは公告しなければならない（会社法806条3項・4項）。

さらに，完全子会社となる会社は，その新株予約権者に買取請求権の機会を保障するため，株主総会の承認決議の日から2週間以内に，株式移転をする旨等を一定の新株予約権者に対して通知する必要がある（会社法787条3項・4項，808条3項・4項）。

（ウ）株主総会の特別決議

設立会社が持分会社である場合を除き，完全子会社となる会社は，株式移転計画について，株主総会の特別決議による承認を経る必要がある（会社法804条1項，309条2項12号）。

(エ) 反対株主の株式買取請求権

株式移転承認決議に反対した株主は，株式移転計画が株主総会の特別決議において承認された場合，会社に対して自己の有する株式を公正な価格で買い取るように請求することができる（会社法806条1項）。

(オ) 効力発生・登記

以上の手続を経た後，新設完全親会社はその本店所在地において設立の登記をする（会社法925条，商業登記法89条の4）。これによって株式移転は効力を生じ，新設完全親会社は完全子会社となる会社の株主となる。完全子会社となる会社の株主は新設完全親会社の株主となる（会社法774条1項）。

(カ) 事後開示

完全子会社は，完全親会社成立の日後遅滞なく，完全親会社と共同して，株式移転により完全親会社が取得した完全子会社の株式の数その他の株式移転に関する事項として法務省令で定める事項を記載し，または記録した書面または電磁的記録を作成し（会社法811条1項），完全子会社および完全親会社は，完全親会社の成立の日から6ヵ月間，当該書面または電磁的記録をその本店に備え置かなければならない（会社法811条2項，815条3項3号）。

④ 株式移転の特徴

株式移転の特徴としては，容易に持株会社の設立ができる点にある。

特に共同株式移転の手法で複数の会社による共同持株会社を設立した場合には，持株会社を通じて複数の子会社を支配する形のグループ編成に利用することが可能となる。

2 M&Aの目的とPMIの観点からのM&A諸手法の目的適合性

(1) 総　論

自らが一定の事業を営む事業会社がM&Aを行う場合には，通常スケールメリット（調達コストの低下，シェアの拡大）の実現や事業の多角化といった何らかの企業戦略上の目的が存在する。

事業会社は独自の経営努力によってこのような目的を達成することもできるが，一方で既存の他企業が有している事業や経営資源を効果的に取り入れることで，より短期間かつ容易にその目的を達成できることに価値を見出してM&Aを検討することとなる。

　しかしながら，仮に既存の事業や経営資源を取得したとしても，それを取得後に効果的に取り込むことに失敗することになれば，当初予定していた実現シナジーの獲得が不可能となってしまう。

　つまり，M&Aを行う際には，いかにして他社の資源を自社化するのかという観点からの検討を行うのみならず，いかにして当該自社化した資源を統合させるのかという観点からの検討を行うことが不可欠であるといえる。

　そして特にM&A後に生じる組織形態はその統合に大きな影響を与える重要なファクターとなりうる。

　つまり，一般的には買手と売手の統合の程度が高ければ高いほどスケールメリットやシナジーの増加等をより実現できるものと考えられるが，M&Aの目的によっては多角化目的のように必ずしも企業の統合＝シナジーの実現とならないような目的のM&Aもありうる。

　そこで，本章ではM&Aを目的別に分類し，その分類ごとに選択すべき手法はどうあるべきかということについての検討を行うものとする。

　なお，以下で述べる選択基準は必ずしも絶対的なものではなく，M&Aにおいては各個別の案件ごとにさまざまな事情が存在し，本来最もシナジーを発揮するであろう統合形態がありながらも，あえて別の形態の手法を選択するということも場合によっては必要である。例えば，本来であれば合併という一体化する手法が適切でありながらも，会社の文化等の違いから短期間での一体化は困難であるとの判断から，当初は子会社化して管理するなどのゆるやかな結合にとどめておき，段階的に一体化していくといったケースも多い。

　以下では，このように原則論から軌道修正を余儀なくされるファクターについてもいくつかとりあげて説明する。

（2） M&Aの目的別分類とその手法選択

　事業会社がM&Aを行う目的はさまざまであり，以下に述べるような分類が

必ずしも妥当しない場面もあるとは思われるが，ここではPMIにおいて一定の相違が生じると思われる，①選択と集中による買収型，②水平統合型，③関連事業，新規事業進出型に便宜的に分類し，検討を加える。

① 選択と集中による買収型

　選択と集中を目的としたM&Aは，近年の大企業のリストラクチャリング等と関連して増加している形態のM&Aである。

　具体的には，中核事業としての位置づけから外れた不採算事業部門や子会社などを分離しようとする企業から，同事業を中核事業として強化しようとする企業が買収するものを指すとされている。

　このような形態のM&Aにおいては，当該取得対象が買収会社のコア部門としてすでに存在しているため，例えば一定の価値あるノウハウ等を吸収する必要性がある場合などにおいて，別法人のままのM&Aでは人材等を組織の中に取り込むことができず目的が達成できないため，その人材を従前の機能別組織の中に取り込んで企業としての力を強化する方向での一体化が要求される場合が多い。つまり，結合の程度が高ければ高いほどスケールメリットやシナジーの実現をより獲得できる場合にあたるものと考えられる。

　加えて，このような選択と集中型の場合には，買収の相手方は当該事業部門を切り離そうとしているのであり，したがって，例えば人事制度，システムなどといったPMIにより一体化される事項については，通常の場合，方向性として譲受側に一致させる方向でよく，譲渡側に配慮した統合を強いられることはそれほど多くないものと思われる。

　よって，事業譲渡や吸収分割，または合併といった会社が企業体として一体化する手法を用いることが実現シナジーを獲得できる手法として適切であるといえる。

　このような統合の典型例としては，以下のものがある。

図表2-3-8 選択と集中による買収型例

用いた手法	当事者	概要
事業譲渡	ジャパンエナジー	ジャパンエナジーが医薬品部門から撤退するに伴い，事業の一部を住友製薬に事業譲渡
	住友製薬	
吸収分割	パワードコム	パワードコムが自社の電話事業を営むフュージョンコミュニケーションズに対して，自己の電話事業部門を切り出してフュージョンコミュニケーションズへ吸収分割させ過半数株式を取得
	フュージョンコミュニケーションズ	
合併	KDDI	KDDIは，テレマーケティング事業を営む伊藤忠テクノサイエンス子会社のシーティーシー・クリエイトを同種の業務を営む自己の子会社のKDDIエボルバと合併
	シーティーシー・クリエイト（伊藤忠テクノサイエンス子会社）	

② 水平統合型

　水平統合型のM&Aとは，同じ事業分野において活動する企業同士が，自社に不足する機能の補完といった事業活動におけるシナジーの追求や，購買力強化に伴う調達コストの低下や新たな資金負担に耐えうるような研究開発の実現等といったスケールメリットの確保，事業の効率化などを目指し行うM&Aである。

　具体的には，近年の国際競争力強化のための鉄鋼業界，製薬業界の再編や，金融機関などのグループ同士の統合といったものが挙げられる。

　このような形態のM&Aにおいては，従来同一の事業分野において単独企業として活動していた企業が，同じく単独企業として活動していた相手方の多くの経営資源を一挙に手に入れることになるため，その結果重複する組織が数多く生じるとともに，従業員についても重複による余剰人員が多く生じることになる可能性が高い。

　そして事業の効率化を目指すためには，これら重複する組織，人材をいかに効率よく統合するかが企業価値をさらに高める大きな要因となると考えられ，また一方で，統合によって同一組織内での人材の交流，ノウハウの共用化がされれば，より発展的な技術や製品を提供することが可能となる。

図表2-3-9 水平統合型による買収型例

用いた手法	当事者	概　要
合　併	エニックス	ゲームソフト制作の大手であるエニックスとスクウェアが成長維持を図るため合併
	スクウェア	
共同新設分割	藤沢薬品工業	藤沢薬品工業と山之内製薬が，それぞれ一般用医薬品事業を新会社に承継させる共同新設分割により，ゼファーマを新設
	山之内製薬	
共同株式移転	セガ	アミューズメント業を営むセガと，パチンコ・パチスロ事業を営むサミーとが，共同持株会社セガサミーホールディングスを創設。なお，両社は当初合併の構想があったが一度破談している
	サミー	

　すなわちこのような水平型統合においても，結合の程度が高ければ高いほど効率化や実現シナジーの獲得できる可能性があるということができる。

　よって，一般的には企業全体が統合する合併や，企業の一部同士を統合させる共同新設分割等を採用することがシナジーを最大限発揮できるという観点からは適切であるといえる。

　もっとも，前述した選択と集中型と異なる点は，水平的統合の場合には，両当事者が双方にM&A後の企業体に対して影響力を有することとなるため，相手方の企業組織に配慮した形の統合を目指す必要があるという点である。

　つまり，効率化からいえば，合併等の一体化を目指す手段を用いてより強い結合を実現して最大限のシナジーを追求すべきであると考えられる場合においても，相手方の企業経営の歴史から生じた企業理念，伝統，人事制度，経営方針等の企業文化を尊重した緩やかな一体化をとらざるを得ないケースもあろうかと思われる。

　このような場合においては，いったん，株式移転等の方法で持株会社を設立し，親会社を介した戦略の一体化等によるスケールメリット，相互補完の実現を行うと同時に人事制度，システム等の調整，企業戦略の一本化を行っていくという暫定的な統合形態を選択することもやむを得ないものと思われる。

図表2-3-10 関連事業，新規事業進出型

用いた手法	当事者	概要
株式譲渡	富士写真フイルム	写真事業を営む富士写真フイルムが，全国に600店のDPEチェーンを有するジャストフォートを株式取得の方法で買収
	ジャストフォート	
新株発行	明治機械	明治機械が，半導体関連機器開発販売のラップマスターエスエフティを，第三者割当増資で75％の株式を取得する方法によって買収。明治機械は半導体関連の新規事業に乗り出す
	ラップマスターエスエフティ	
株式交換	ディップ	アルバイト情報サイトを運営するディップが転職情報サイトを運営する求人情報サービスを株式交換の手法によって買収し，中途転職求人市場に参入
	求人情報サービス	

ただし，この場合には，最終的なシナジー実現に向けたその後の企業の再編成手続についても具体的に前倒しして検討しておくことが必須であると考えられる。このような検討が不十分であった場合には，重複部門の整理統合が不十分，進行しないといった事態を引き起こしかねず，結局無駄が多いのみの統合に終わるリスクもある。

③ **関連事業，新規事業進出型**

関連事業，新規事業進出のためのM&Aとは，事業の相互補完によるシナジー効果や，服する事業の所有によるリスク分散を目的として，企業が現業と異なる分野の事業に進出を目指すM&Aである。関連・新規事業に進出するために企業が一から独力で当該事業を立ち上げるよりも，既存会社の人材，資産，顧客基盤などの経営資源を利用した方が迅速かつ効率的な事業進出が可能であるという考慮から行われる。

このような形態のM&Aにおいては，当該M&Aの対象とする事業について，買収会社はもともと重複する事業部門というものを有していないのが通常であり，よって既存の自社の事業部門との融合によるシナジーの追求という方向性

は必ずしも必要ではない。

　また，異なる分野の事業体については，収益構造や利益率，従業員の勤務形態や賃金水準，設備投資の多寡や償却年限，製品開発の態様，キャッシュフローのあり方などに大きな差異があるため，安易な一体化をすることはかえって事業効率を悪化させる原因にもなりかねない。

　よって，株式譲渡や株式交換など子会社化を実現できるようなM&A手法を選択し，別法人のまま管理することが，M&Aの手法として適するということがいえる。

（3）　PMIへの配慮とM&A各手法の選択

　以上に述べたとおり，M&Aを行う際にいかなる手法を用いるかについては，獲得した資産をいかなる形で統合することが実現シナジーを獲得する統合形態であるかという点に対する配慮なしには決定できないものである。

　組織構造についての具体的な将来像を有しないままに，迅速かつ容易であるといったような理由から安易にM&A手法を選択してしまうことは，将来的な機能不全を引き起こしM&Aを失敗させる大きな一要因となりうる。

　当事者としては当初より最良のM&A手法の選択を行えるようお互いに十分議論をし，妥協のないプランを策定することが大切であると思われる。

3　再生型M&AとPMI

1　総　論

　近年において，バブルの崩壊やその後の不況といった経済情勢の大きな変動に伴って，経営破綻状態に陥った企業を対象とするM&Aが増加している。

　そして，その目的も，単に企業を救済するなどという消極的なものではなく，買収側の企業が，通常の事業目的のM&Aの場合と同様に，選択と集中や事業の多角化などを目的としてM&Aを行う例が増えている。

　買収側からすれば，経営破綻企業であれば比較的安価な金額で買収すること

も可能であり，また，優良部門を買収できれば短期間で事業の拡大や業務の補完ができるという点に魅力があるものと思われる。

もっとも一方で，経営破綻企業をM&Aする際において，通常のM&Aと同様に株式取得や合併を行ったとすれば，その有する多額の債務（簿外債務，偶発債務等）を承継することとなってしまい非常に大きなリスクを抱えることになる。

このような事情から，破綻企業のM&Aについては，一般的には承継する資産，負債の選択が可能でありリスクを最小限化できる事業譲渡の手法が好まれる傾向にあるが，たとえ事業譲渡を利用したとしても詐害行為取消権（民法424条）や破産，民事再生，会社更生手続に伴う否認（破産法160条から162条，民事再生法127条から127条の3，会社更生法86条から86条の3）の対象になるリスクが存在するため，併せて私的整理や法的倒産手続の利用を検討することは不可欠の要請であるといえる。

さらに，すでに述べたとおり，統合後の企業価値を最大化するという視点から考察した場合においては，必ずしも事業譲渡により実現される統合形態が最適なものであるとは限らない。また，一方で，民事再生や会社更生手続においては会社法上の原則が簡略化された形でのM&Aを可能とする法的整備がなされており，それらの制度を利用することでより適切な統合形態を効率的に実現することも可能であると思われる。

そこで以下においては，特に事業会社が再生型のM&Aを行う場合において検討の対象となりうるM&Aの各手法について説明することとする。

2　再生型M&Aの具体的手法とその分類

(1) 法的倒産手続利用の場合のM&A手法

現在，法的倒産手続として法が定めるものには，破産法に基づく破産，民事再生法に基づく民事再生，会社更生法に基づく会社更生および会社法に基づく特別清算の4つが存在する。

これらの手続は，その手続が最終的に経営不振企業の再建を目指すのか，そ

れとも清算を行うのかによって，再建型，清算型に区別することが可能である。

図表2-3-11 法的倒産手続

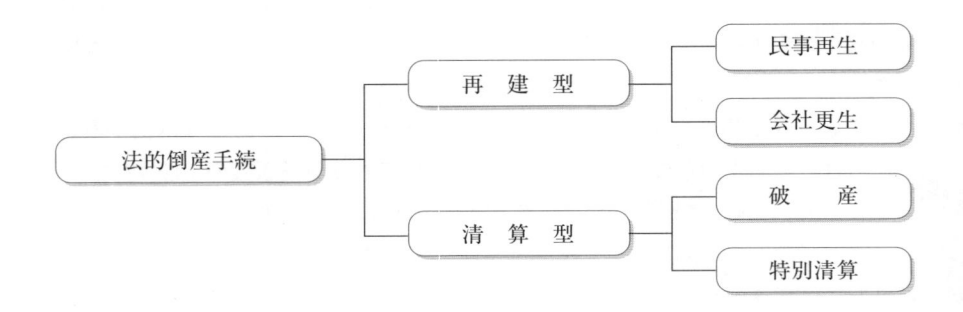

```
                        ┌─ 再 建 型 ─┬─ 民事再生
法的倒産手続 ─┤            └─ 会社更生
                        └─ 清 算 型 ─┬─ 破　　産
                                      └─ 特別清算
```

再建型手続は企業の再生を目指す手続であり，M&Aになじみやすいものといえるが，清算型手続についても，事業譲渡等と組み合わせることで，経営不振企業の優良部門を安全に譲り受けるための手法として用いられることも多い。

これら法的倒産手続は，前述したM&Aの各手法とあいまって実に多彩なM&Aの手法を生み出すこととなる。

① 再建型手続の利用

再建型の法的整理手続としては株式会社のみをその対象とする会社更生と株式会社を含む全ての法人，個人をその対象とする民事再生の2つが存在する。

会社更生法と民事再生法はいずれもこれまでの事業を継続すると同時に，過去に負った過大な負債の減免を受けることで返済の負担を軽くして会社の再建を図る手続である。

もっとも，会社更生法による再建手続と民事再生法による再建手続とは以下のような差がある。

■ 権利変更の対象について

会社更生法は担保権者も含めた全債権者を拘束する強力な手続であるのに対して，民事再生法は担保権者を除く債権者しか拘束できない手続であるため，担保権者である別除権者とは再生法の枠外で個別に債務の弁済等についての取

決め（別除権協定と呼ばれる）を締結する必要がある。

■ 企業再編制度の要件の変容

会社更生手続では更生計画の定めによって減資，増資，事業譲渡，会社分割，合併，株式移転・交換，新会社の設立（第二会社方式）が可能であるが，この場合には，特別決議，債権者保護手続などは不要とされており（会社更生法210条，212条ないし225条。取締役会も不要）会社法上の原則と比較して，手続が非常に簡略化されている。

一方，民事再生手続では事業譲渡と減資について手続簡略化のための特別の規定がある（民事再生法43条，166条1項，154条3項）が，その他は，一般の会社法上の手続が必要とされる。

■ 経営陣の変更

会社更生手続においては，通常は経営責任のある経営者は追放され，裁判所が任命した管財人が業務を執行することとなる。管財人は裁判所の監督のもとに財産を保全し，債権の認否を行い，業務を執行し，更生計画を策定することになる。

一方で民事再生手続においては旧経営陣がそのまま残る場合が多く，申立後も旧経営者が引き続き経営や業務の執行を行う。裁判所からの監督についてはその任命する監督委員を通した間接的な形となる。

そして，以上のような特質を有する会社更生，民事再生をM&Aに利用する方法としては，以下のような形態が存在する。

> 会社更生法を用いるスキーム

（ア）会社更生の手続概要

会社更生手続は，当該会社または債権者が裁判所へ会社更生の申立てを行うことで開始し，これを受けた裁判所は更生の見込みがあるかなどについての審理を行うとともに，債務の弁済や会社財産の処分などについて保全管理人による管理を命じる保全処分を行う。

保全管理人は当該企業の経営権や財産の処分・管理権を有し（一部裁判所の定めた事項については裁判所の許可を得て管理を行う），事業を継続しつつ当

図表 2-3-12 会社更生と民事再生の相違

	権利変更対象	計画の可決要件	経営者	増減資手続	事業譲渡
会社更生	更生債権者 更生担保権者	更生債権者および更生担保権者それぞれの決議による計画案可決および裁判所の認可 可決要件は債権総額の2分の1以上、更生担保権者の3分の2以上の同意	原則退任	更生計画における定めにより増資・減資両方可能（原則100%減資）	更生計画で可能。また開始決定後であれば裁判所の許可でも可能
民事再生	再生債権者	再生債権者の決議。議決権を行使できる出席債権者の2分の1かつ総債権額の2分の1の同意	任意	債務超過であれば裁判所の認可を得て再生計画の定めにより可能。増資は通常の会社法上の手続	再生計画で可能。また開始決定後であれば裁判所の許可でも可能

該企業の更生の見込みを裁判所に報告し、更生の見込みがあると認められれば会社更生手続の開始決定がなされ、保全管理人の職務は終了し、更生管財人が選任されることとなる。

その後更生管財人は債務者企業の経営権および財産の処分・管理権を有することとなり、事業を継続しながら更生計画案の策定を行う。

更生計画案は債権者集会で更生担保権者の組、更生債権者の組といった債権の性質ごとに区分けされた組でそれぞれ多数により可決された場合（更生債権者の組では2分の1、更生担保権者の組では3分の2の多数）には、裁判所の認可決定を経て更生計画として発効することとなる。

当該更生計画には会社の組織・資本・事業に関する部分と、債務の弁済に関する部分があり、その後当該企業は、当該更生計画に従って組織変更・債務の弁済を行うことになる。

図表 2-3-13 会社更生スケジュール

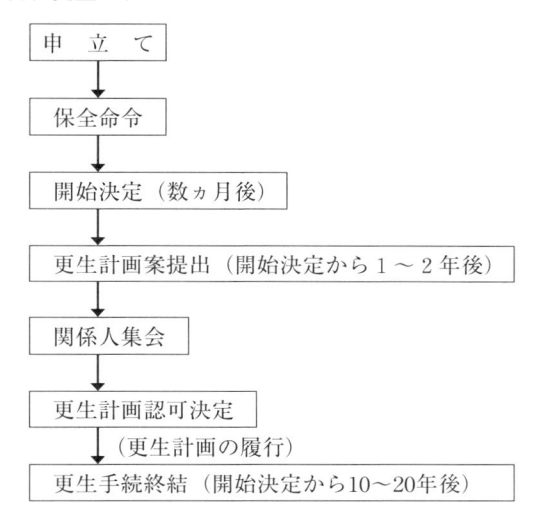

```
申立て
  ↓
保全命令
  ↓
開始決定（数ヵ月後）
  ↓
更生計画案提出（開始決定から1～2年後）
  ↓
関係人集会
  ↓
更生計画認可決定
  ↓（更生計画の履行）
更生手続終結（開始決定から10～20年後）
```

　以上が，会社更生手続の概略であるが，会社更生法においては組織再編を容易にするために，すでにM&A手法として挙げた事業譲渡，合併，会社分割，株式移転等を行う際の会社法上の要件が変容されており，より簡易にM&Aを行えるような措置が採られている。
　以下，会社更生手続内で利用できるM&A手法について具体的に説明する。

（イ）**事業譲渡型**
　事業譲渡方式による場合には，買手側は過大な債務を承継することなく安全に資産の譲渡を受けることができ，また，優良資産のみを選択して譲渡を受けることができるため再生型案件では非常によく用いられる手段である。
　そして，事業譲渡を受けるタイミングとしては，i）更生手続計画の中で事業譲渡を受ける方法と，ii）更生手続開始後において裁判所の許可を得て行う方法の2とおりがあり，後者は特にプレパッケージ型の案件で主に使用される。
　ii）の更生計画によらない事業譲渡については，旧法では実務上は認められていたものの明文の規定はなかったが，会社更生法の改正により，明文をもって認められることとなった（会社更生法46条2項）[17]。

どちらのタイミングで事業譲渡を受けた場合でも，譲受後の権利関係は，当該事業が買収会社の資産の一部となることに変わりはない。

もっとも，プレパッケージ型の場合，更生手続開始決定前の原因によって生じた負債（債権）については，これを事業譲渡の対象とすることは原則としてできない。これを行うことによって債権者間において弁済額に不平等が生じるためである。

図表2-3-14 事業譲渡型

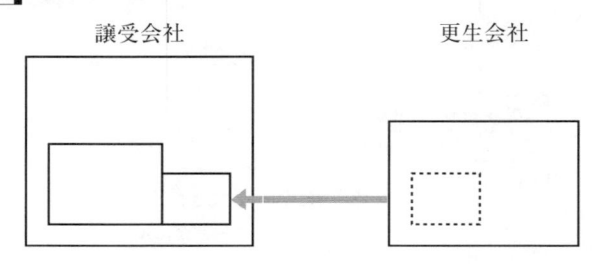

譲受会社　　　　　　　　更生会社

更生計画の中で事業譲渡を行う場合，会社法上必要とされる取締役会決議や株式総会の特別決議（会社法467条1項）は免除される（会社更生法210条）。

（ウ）増減資スキーム型

スポンサー企業にとって，既存の更生会社について減資と第三者割当てによる増資を組み合わせて当該更生会社を取得することは，契約当事者の変更がないことからその移転手続が不要であり，また，許認可の移転や再取得の問題もなく比較的容易にM&Aを実現できる手段であるといえる。

特に，会社更生は担保権者を含むすべての債権者を巻き込む強大な拘束力ある手続であることから，このような形態のM&Aにとってはなじみやすい手続であるといえる。この場合には従前の企業の法人格そのままに事業を続ける形になる。

そして，増減資スキームによるM&Aの場合には，既存株主について責任追及の観点から100％の減資を行い，その後にスポンサーによる第三者割当てによる増資が行われ，スポンサーが支配株主となる。

この際の減資の手続については，会社法上の要件が緩和されており，取締役

会決議，株主総会の特別決議は不要となっている。また，資本減少無効の訴えもできない。

一方で，スポンサーによる第三者割当てによる増資についても会社法上の要件が緩和されており，定款の定めにかかわらず株主総会，取締役会といった会社機関による決議は不要である（会社更生法210条）。

また，現物出資を行う場合の検査役の検査（会社法207条1項）についても不要である（会社更生法215条6項）。

図表2-3-15 増減資スキーム型

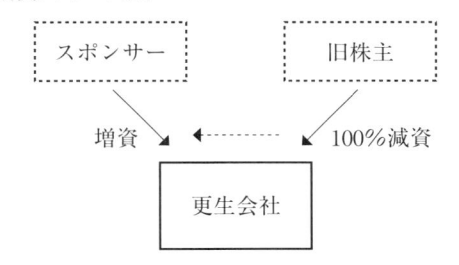

```
    ┌─────────┐              ┌─────────┐
    │ スポンサー │              │  旧株主  │
    └────┬────┘              └────┬────┘
         │                         │
      増資 ▼ ◄ ‥‥‥‥‥‥ │ 100%減資
         ┌─────────┐
         │  更生会社  │
         └─────────┘
```

(エ) 第二会社方式

第二会社方式とは，更生手続内において新会社を設立し，更生会社の財産の全部または一部を事業譲渡の方法により新会社に承継させ，以後，新会社で事業を継続する方法をいう。

買収会社は，新設会社が設立にあたり発行する株式を引き受けて新設会社の株主となり，当該新設会社が更生会社から事業の譲渡を受けることになる。

第二会社が設立されると，当該第二会社の経営自体は取締役の権限に属することになるものの，その第二会社についての更生計画の実行に関しては，管財人が監督権を有することになる。

図表 2-3-16 第二会社方式

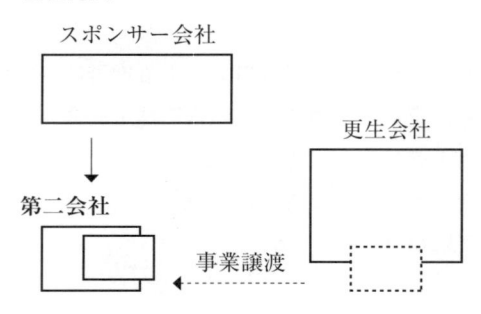

```
        スポンサー会社
        ┌──────────┐
        │          │
        └────┬─────┘
             │
             ▼                    更生会社
         ┌──────┐             ┌──────────┐
         │第二会社│             │          │
         │┌────┐│  事業譲渡    │          │
         ││    │◄┄┄┄┄┄┄┄┄┄┄┄│  ┌────┐ │
         │└────┘│             │  └────┘ │
         └──────┘             └──────────┘
```

　第二会社を設立する手続は，会社更生法においては，通常の設立手続と比較してかなり簡略化されており，会社法上に定められるさまざまな規定（発起人＝管財人（会社更生法225条1項）の株式引受義務（会社法25条2項），電磁的記録による定款の作成（会社法26条2項），定款の必要的記載事項としての発起人の氏名または名称および住所の記載（会社法27条5号），公証人による定款の認証（会社法30条），出資に関する規定（会社法32条ないし37条（ただし37条3項を除く）），設立時役員等の選任および解任に関する規定（会社法38条ないし45条（ただし39条を除く）），設立時取締役等による調査（会社法46条），設立時代表取締役等の選定等に関する規定（会社法47条，48条），株式引受人の権利に関する規定（会社法50条），引受けの無効または取消しの制限に関する規定（会社法51条），発起人等の責任に関する規定（会社法52条ないし56条），設立時募集株式に関する事項の決定に関する規定（会社法58条），創立総会の招集（会社法65条1項），募集設立時取締役等の選任および解任に関する規定の一部（会社法88条ないし90条），募集設立時取締役等による調査に関する規定（会社法93条および94条（これらの規定中93条1項1号および2号に掲げる事項に係る部分に限る）），発起人の責任等に関する規定（会社法103条））の適用はない（会社更生法225条6項）。

　（オ）会社分割型

　会社分割には，事業譲渡と異なり，個別な権利移転行為が不要であり，また，登録免許税等の移転コスト等も軽減される等のメリットがある。

　そして，会社更生法を利用した会社分割を行う場合においては，会社法所定

の手続（株主総会（会社法783条１項，804条１項））を履践する必要はない（会社更生法210条）。

会社法上必要とされる分割計画・契約等に関する書面等の備置会社法上必要とされる分割計画・契約等に関する書面等の備置（会社法782条１項，803条１項），反対株主の株式買取請求（会社法785条１項，806条１項），新株予約権者の新株予約権買取請求（会社法787条１項），債権者保護手続（会社法789条，810条），個別催告をしなかった債権者に対する弁済責任（会社法759条２項・３項，764条２項・３項），分割無効の訴えの規定（会社法828条１項９号・10号）の適用もない（会社更生法210条，222条，223条）。

ただし，事業譲渡と異なり，更生計画外における会社分割については会社更生法上明文の規定はない[18]。

具体的なM&Aスキームとしては，更生会社が物的新設分割を行って，その新設会社の株式を買収会社が譲り受けて，株式譲渡代金を支払う方法があげられる。

図表２-３-17 会社分割型

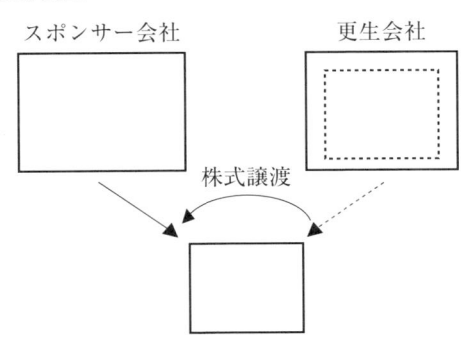

```
    スポンサー会社          更生会社
    ┌──────┐          ┌╌╌╌╌╌╌┐
    │      │          ╎      ╎
    │      │          ╎      ╎
    └──────┘          └╌╌╌╌╌╌┘
         ＼     株式譲渡    ／
           ＼           ／
            ┌──────┐
            │      │
            └──────┘
```

また，事業譲渡と類似の形で買収会社に物的吸収分割を行って買収対象事業部門を一体化することも考えられるが，この場合には更生会社が買収会社の株式を受け取ることとなり，買収会社がその株式の現金化が難しい非上場会社である場合には，買収対価を弁済金に充てることができないため困難な点はある。但し，会社更生法においては，更生計画で会社分割が行われる際において債権者に対して吸収会社となる会社の株式を付与すること（デット・エクイティ・

スワップ）も可能となっており，これによって債権者の賛同を得るということも考えうる。

(カ) 合併型

更生手続においても，買収会社が更生会社との間で合併を行うことはまれである。

これは，倒産企業は通常経営状態の悪化から非効率な部門や偶発債務を抱えていることが予想され，買収側が合併にリスクを感じているためであると思われる。

もっとも，スケールメリットを求めることがシナジーの追求につながる場合には，合併という手法選択をとることも考えうる。

なお，吸収合併した後においては，買収側が新債務者となって更生債権者等に対して弁済を行うことになる。

ただし，通常の合併とは異なり，更生会社の株主に株式が発行されることは債権者等の理解が得られないので，あらかじめ100％減資を行い，さらにスポンサー企業に第三者割当てをして100％子会社化し，その後に合併するという方法等がスキームの選択肢として考えられる。

この場合，増減資については，既に述べたとおり，会社更生法上，会社法とは異なった特別な規定があり，また，会社法の合併に関する規定の適用は一部除外され，合併契約に関する書面等の備置（会社法782条1項），株主総会の特別決議（会社法783条1項），反対株主の株式買取請求権（会社法785条1項），新株予約権者の新株予約権買取請求（会社法787条1項），債権者保護手続（会社法789条）は不要となる（会社更生法210条，220条）。

図表2-3-18 合併型

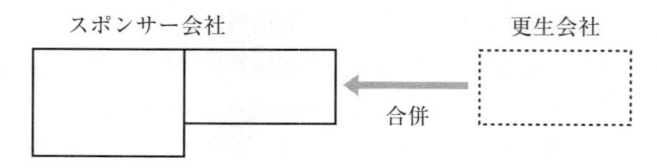

また，上記吸収分割の場合と同様に，会社更生法においては，更生計画で吸

収合併を行う際において，債権者に対し吸収会社となる会社の株式を付与することも可能となっているため，そのような手法を用いて債権者の賛同を得るということも考えうる。

(キ) 株式交換

債務超過の会社に関して株式交換を行っても当該更生会社の財務状況には変化はない[19]ため，単に100％親子会社化して親会社となる会社の株式を更生会社の株主に付与する通常の株式交換では債務の減免等についての債権者の同意を得ることは難しいものと思われる（もっとも，更生会社の旧株主の保有する株式価値は現実的にはゼロであるとして，完全親会社の新株が旧株主に付与されることは実務的には行われていない[20]）。

もっとも，会社更生法においては，更生計画で株式交換が行われる際において債権者に対して完全親会社となる会社の株式を付与することが可能となっている（会社更生法182条の3第1項2号）。

そこで，考えられるスキームとしては，買収を行おうとする企業が自社の株式をいわば債権者への弁済の一部として付与し，完全子会社化するという形で用いられることがありうるといえる。

図表2-3-19 株式交換型

```
┌──────────┐      ┌──────────┐
│ 更生債権者  │      │スポンサー旧株主│
│ 更生担保権者 │      └──────────┘
└──────────┘           │
       │                │
       ↓                ↓
     ┌ ─ ─ ─ ─ ─ ┐
     │ スポンサー │
     └ ─ ─ ─ ─ ─ ┘
           │
           ↓
      ┌────────┐
      │ 更生会社 │
      └────────┘
```

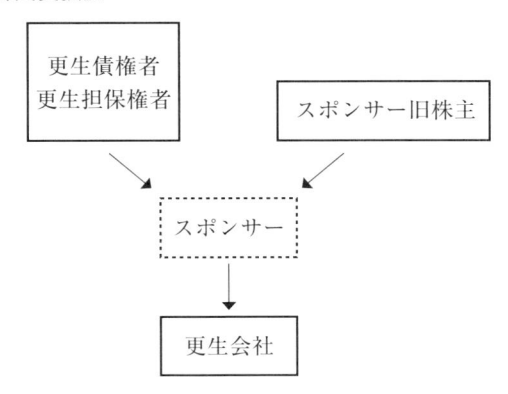

そして，更生計画で株式交換を行う場合においては会社法上必要とされる株式交換契約の内容に関する書面等の事前開示（会社法782条1項），株主総会の

特別決議（会社法783条1項）は不要であるし，反対株主の株式買取請求権（会社法785条1項），新株予約権者の新株予約権買取請求（会社法787条1項）も認められないとされている（会社更生法210条，224条）。

また，更生会社の利害関係人は株式交換無効の訴え（会社法828条1項11号）を提起することもできない（会社更生法210条3項）。

> 民事再生を用いるスキーム

（ア）民事再生の手続概要

民事再生手続は，当該会社や債権者によって申し立てられることで開始し，裁判所は当該申立てを受けて債務の弁済禁止などを内容とする保全処分を出すことになる。

そして申立ての後，約15日で民事再生手続開始の決定がなされることとなり，当該手続開始の後は一般債権者（担保権者は除かれる）による権利行使は禁じられることとなる。

その後，債権届出・調査・確定などの手続が進められることになるが，これと平行して当該再生企業は再生計画案を策定し，裁判所に提出することになる。

そして，当該再生計画案は，債権者集会において，届出債権者の過半数，再生債権者の議決権総額の2分の1以上の多数で可決され（民事再生法172条の3第1項），裁判所が不認可事由のないことを確認し認可をした場合に成立し，発効することになる。

当該再生計画には再生債権の変更や減資等について定められ，当該企業は，当該更生計画に従って債務の弁済・減資等を行うことになる。

以上が，民事再生手続の概略であるが，民事再生法においても事業譲渡，減資の手続が簡略化されるなどより簡易な形でM&Aを行えるような措置が採られている。

以下，民事再生手続内で利用できるM&A手法について具体的に説明する。

（イ）事業譲渡

民事再生手続においても会社更生手続と同様に，事業譲渡方式によるM&A

図表2-3-20 民事再生スケジュール

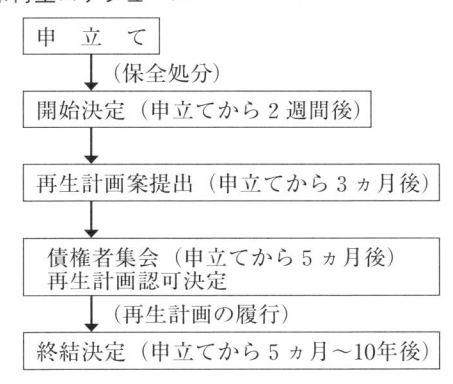

```
        申　立　て
           ↓（保全処分）
    開始決定（申立てから2週間後）
           ↓
    再生計画案提出（申立てから3ヵ月後）
           ↓
    債権者集会（申立てから5ヵ月後）
    再生計画認可決定
           ↓（再生計画の履行）
    終結決定（申立てから5ヵ月～10年後）
```

の手法は非常によく用いられる。

　事業譲渡を受けるタイミングとしては，i）民事再生計画の中で事業譲渡を受ける方法と，ii）再生手続開始後において裁判所の許可を得て行う方法の2とおりがあり，この点においては会社更生の場合と異ならない（再生計画によらない事業譲渡については民事再生法42条）。なお，裁判所の代替許可決定を得れば，株主総会の特別決議を省略することが可能である（民事再生法43条）。

　さらに，会社更生と比較して民事再生の場合には，手続開始決定後においても旧経営陣が引き続き会社の経営を行うため，当該経営陣が周到に準備を行ったうえで開始決定を申し立てれば迅速な事業譲渡を行うことが可能であり，プレパッケージ型の事業譲渡においては特に有効である（一方で，会社更生手続の場合には，開始決定直後に保全管財人が選任されることになるが，当該管財人が旧経営陣が準備してきた事業譲渡を実行するとは必ずしも限らず，客観的妥当性を重視して競売等を選択することもありうるため，当初のM&Aの買収側の意図を必ずしも実現できるとは限らないことになり，使用したコスト等が無駄になるおそれがある）。

　事業譲渡後の権利関係については，会社更生の場合と同様である。

図表 2-3-21 事業譲渡型

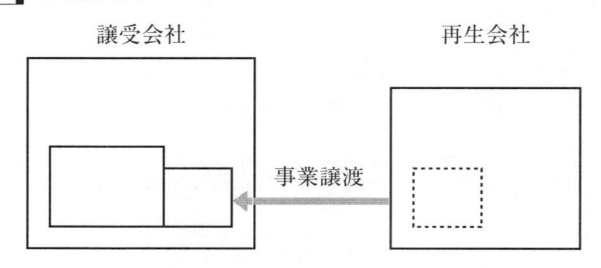

```
     譲受会社              再生会社
  ┌──────────┐        ┌──────────┐
  │          │        │          │
  │ ┌──────┐ │ 事業譲渡 │ ┌┄┄┄┄┐ │
  │ │      │◄┼────────┼─┤    ┊ │
  │ └──────┘ │        │ └┄┄┄┄┘ │
  └──────────┘        └──────────┘
```

（ウ）増減資型

　民事再生においても，会社更生と同様に増減資型によるM&Aが可能である。

　スポンサーが出資するうえでは，会社更生の場合と同様に，既存株主について責任追及の観点から100％の減資を行い，その後にスポンサーによる第三者割当てによる増資が行われることが多い。

　この点，減資手続については，会社更生法と同様に会社法上の要件によらず，裁判所の許可により再生手続で行うことが可能である旨の規定がある（民事再生法166条1項，154条3項）ものの，増資の手続については特にそのような規定はなく，会社法の定める手続に従って行われる必要がある。

　なお，会社更生と異なり，民事再生の場合には従業員の未払給与，退職金等の優先債権や担保権付債権の権利変更を行うことはできない。

　これらの債権については出資後も存続することになるため，スポンサーとなるうえでは十分な配慮が必要である。

図表 2-3-22 増減資型

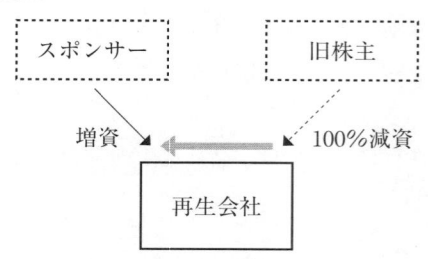

```
   ┌┄┄┄┄┄┄┄┄┐         ┌┄┄┄┄┄┄┄┄┐
   ┊ スポンサー ┊         ┊  旧株主  ┊
   └┄┄┄┄┄┄┄┄┘         └┄┄┄┄┄┄┄┄┘
         │ 増資          │ 100％減資
         ▼               ▼
         ┌──────────────┐
         │   再生会社    │
         └──────────────┘
```

(エ) 会社分割型，合併型，株式交換型

　民事再生手続においてもM&Aの手法として会社分割，合併，株式交換を用いることは可能である。

　もっとも，会社更生法と異なり，民事再生法においては会社分割，合併，株式交換についての特別な規定は設けられていない。

　すなわち，会社分割を行う際には，会社法に定められる種々の手続を履践することが必要（対内的なものとして株主総会の特別決議（会社法783条，804条），対外的なものとしては債権者保護手続（会社法789条，810条），労働者保護手続（労働契約承継法）等）である。

　また，合併を行う際にも，会社法に定められる種々の手続（対内的なものとして株主総会の特別決議（会社法783条，804条），対外的なものとしては債権者保護手続（会社法789条，810条）等）を履践することが必要である。

　株式交換についても同様に会社法に定められる種々の手続（株主総会の特別決議（会社法783条）等）を履践することが必要となっている。

　加えて，民事再生の場合には吸収会社，存続会社，完全親会社となる会社の株式を債権者に付与することも認められず，よって債権者から当該各手法を用いることについてどのように賛同を得るのかという点についての選択肢も限定されることとなる。

　これらのことからすれば，再生手続内でこれらの手法を用いることは会社更生の場合以上に困難なことが予想され，仮にこれらの手法を用いる必要性が生じた際には慎重に検討することが必要であると思われる。

② 清 算 型

　清算型の法的整理手続としては破産と特別清算がある。

　このうち，破産手続とは，債務者が経済的に破綻し，その負っている債権額のすべてを返済することが不可能な状態に陥った場合に，債務者のすべての財産を換価し，それぞれの債権者が保有する債権の順位や金額に応じて公平に配分する制度である。

　一方，特別清算は，解散後の株式会社について，清算の遂行に著しい支障をきたすべき事情があると認められる場合や債務超過の疑いがある場合に債権者，

清算人等の申立てにより開始される特別の清算手続である。

　破産も特別清算も，本来，当該経営不振会社を清算し消滅させる制度であるが，これらの手続は経営不振企業の営んでいる事業のうち，事業性の高い事業を事業譲渡すると同時に破産あるいは特別清算するということによって事業を譲渡するという形でM&Aに用いることも可能である。

　ただし，破産と特別清算においては以下のような点において差があるため，それぞれの使用される場面には一定の差がある。

■ 手続を遂行する者の違い

　破産においては裁判所が選任する破産管財人によって手続が進められるのに対して，特別清算では当該企業の株主総会で選任された特別清算人が清算業務を行うことになり，通常は取締役等が行うことになる。つまり，破産については破産管財人の主導で手続が進むのに対して，特別清算の場合にはあくまで当該経営破綻企業が主導で清算を進められることになる。

■ 債権者の関与

　破産手続の場合には破産管財人が配当表を作成し，当該配当表が裁判所によって認可された場合にそれに沿う形で債権者に弁済がなされることになり，債権者が手続に参加することはほとんどない。

　一方で特別清算の場合には債権者集会において出席債権者の過半数かつ議決権を行使できる債権者の総債権の3分の2以上の多数の同意によって協定案を可決することになっており，債権者関与の程度が大きい。

■ 否認の有無

　破産の場合には公正な手続を確保するために経営破綻企業が破産手続開始前に行った債権者に損害を与える一定の行為について破産手続開始後に効力を否定して減少した財産を回復させる否認権の制度が採用されており，破産前になされた財産の売却については無効とされるリスクがあるのに対して，特別清算の場合にはそのようなリスクがない。

図表 2 - 3 -23 破産と特別清算

	手続遂行者	債権者の関与	否認権
破　産	破産管財人 （裁判所が選任）	破産管財人が作成した配当表に従って債権が弁済される（債権者の同意は不要）	あり
特別清算	特別清算人 （株主総会で選任）	特別清算人が協定案を作成し，債権者集会で議決する（出席債権者の過半数かつ議決権を行使できる債権者の総債権の3分の2以上の多数の同意が必要）	なし

　そして，これら破産，特別清算を利用した場合には当該企業は債務超過でかつ清算により消滅してしまうため，M&Aスキームとしては事業譲渡が適することになる。

　以下，特別清算，破産それぞれについて事業譲渡を行う際の問題点等について検討する。

特別清算手続の利用

（ア）特別清算の手続概要

　特別清算手続は，当該会社の株主総会で解散決定がなされ，取締役会にかわって清算業務を行う清算人が選任され，この清算人等が裁判所に特別清算の申立てを行うことによって（または裁判所の職権によって）開始されることになる。

　当該申立てを受けて，裁判所が要件を満たすと判断した場合に特別清算が開始されることになる（なお，清算人は特別清算人となる）。

　そして，特別清算人は財産の換価を行うとともに，清算案（協定案）を作成し，この協定案が債権者の多数（出席債権者の過半数かつ議決権を行使できる債権者の3分の2以上）によって可決され，裁判所の認可を受けると成立し，その後は特別清算人が協定に従って清算を進めることになる。

図表 2 - 3 -24 特別清算スケジュール

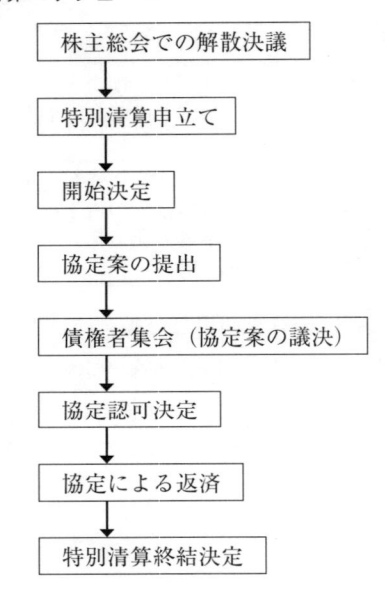

```
株主総会での解散決議
      ↓
 特別清算申立て
      ↓
    開始決定
      ↓
   協定案の提出
      ↓
債権者集会（協定案の議決）
      ↓
   協定認可決定
      ↓
   協定による返済
      ↓
  特別清算終結決定
```

（イ）具体的手法

　特別清算手続において，事業譲渡を用いてM&Aを行う手法としては，①経営破綻企業が主要な事業を買収会社に事業譲渡した後に経営破綻企業を特別清算する方法，または②経営破綻企業が特別清算を申し立てた後に，協定案の内容を「主要な事業部分を事業譲渡によって買収会社に譲渡し，残余財産を換価のうえ，合わせて債権者に配当する」という形で事業譲渡を行う方法が考えられる。

図表 2 - 3 -25 特別清算手続

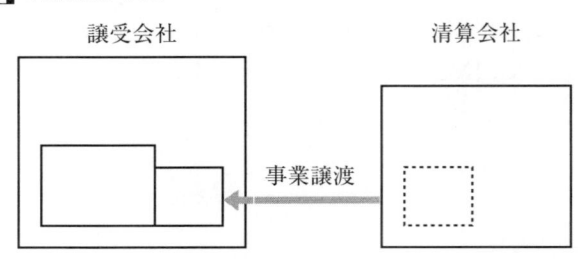

これらの手法によるM&Aが成立するためには債権者集会による特別清算の協定案の決議が不可欠であるといえる。

　特に①の方法により事業譲渡をする場合には，仮に債権者集会において協定案が否決されてしまい法的倒産手続の破産へと手続が移行した場合には，民法上の債権者取消権または破産法上の否認権によって当該事業譲渡が無効とされるおそれがあるため注意が必要である。

　よって，当該手法を行ううえでは，小口の債権である事業債権についてはすべて譲受人が承継することとし，また大口の金融債権については，すべての金融債権者との間で事前に話し合ったうえであらかじめの同意を取得しておくなどの対策が不可欠であると考えられる。

破産手続の利用

（ア）破産の手続概要

　破産手続は当該会社自身または債権者が裁判所に対して破産の申立てをすることで開始され，申立てがなされると裁判所は審理を行って破産開始決定を出すことになる。

　そして，破産宣告を受けた会社は，その後債権者集会を開催し債権届出・調査・確定の手続を行うが，これと平行して破産管財人は当該会社の資産の換価を進めることになり，その後債権者に対しての配当がなされ，会社財産がすべて分配された後に破産手続は終了する。

（イ）具体的手法

　破産手続において，事業譲渡を用いてM&Aを行う手法としては，①破産申立て前に事業譲渡を行い，その後破産申立てを行って会社を清算する方法，または②破産申立て前に事業譲渡の大枠を決定しておき，破産宣告の直後に事業譲渡を行う方法が考えられる。

　このうち，①については，破産に伴う否認権との関係で，たとえ譲渡価格が適正であったとしても，費消，隠匿が容易な金銭に換価したという理由で事業譲渡が否認されるおそれがある[21]ため，採用することについては問題がある。

図表 2 - 3 -26 破産スケジュール

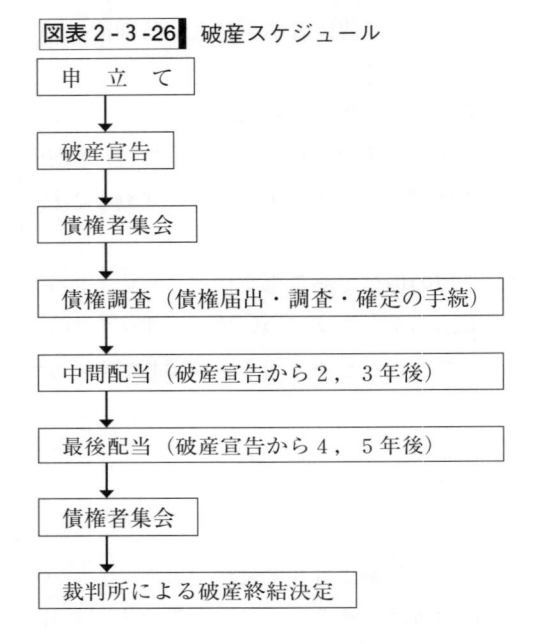

```
┌──────────┐
│ 申 立 て  │
└────┬─────┘
     ↓
┌──────────┐
│ 破産宣告  │
└────┬─────┘
     ↓
┌──────────┐
│ 債権者集会 │
└────┬─────┘
     ↓
┌─────────────────────────────────────┐
│ 債権調査（債権届出・調査・確定の手続）│
└────┬────────────────────────────────┘
     ↓
┌─────────────────────────────────┐
│ 中間配当（破産宣告から2，3年後） │
└────┬────────────────────────────┘
     ↓
┌─────────────────────────────────┐
│ 最後配当（破産宣告から4，5年後） │
└────┬────────────────────────────┘
     ↓
┌──────────┐
│ 債権者集会 │
└────┬─────┘
     ↓
┌──────────────────────┐
│ 裁判所による破産終結決定 │
└──────────────────────┘
```

　一方②の方法については否認権のリスクについては回避できるものの，上記のとおり，あくまで当該破綻企業の財産を換価する権限を有するのは破産管財人であり，仮に当事者間で話合いができていたとしてもそれをそのまま破産管財人が実行するとは限らないというリスクがあり事前に破産管財人に選任される者を特定し，その者との間で周到な打ち合わせをしておくことが必須であるといえる。

図表 2 - 3 -27 破産手続

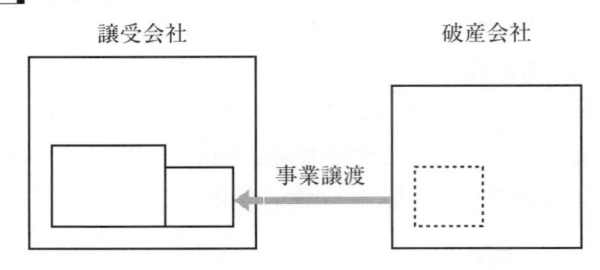

譲受会社　　　　　　　　　　　　破産会社

　　　　　　　　← 事業譲渡

また，破産の申立てをした場合には，当該企業の資産は急速に劣化することとなるため，取引先等に対する十分な説明等の対策を講じるなどといった事前の根回しの作業も非常に重要である。

（２）私的整理を用いたM＆A手法

① 私的整理の特徴

　私的整理とはいわゆる法的手続によらず，当事者間で合意のうえ行われる倒産処理をいう。具体的には，債務者である経営破綻企業が主要債権者に対して個別に債務の返済繰延，債務免除，債務の株式化等を依頼してこれを受託してもらうことで実現されるものである。

　このような私的整理を行うメリットとしては，一般的に，①倒産というレッテルを貼られないですみ，資産の急速な劣化を防ぐことができること，②債権カットが一律でなくてもよく，金融機関，大口債権者との間でのみ債権カットを行ってもらい零細債権者には負担をかけずにすむこと（つまり，連鎖倒産を避けることができること），③場合によっては上場を維持したままのリストラクチャリングが可能であること等が挙げられる。

　もっとも，一方でデメリットとしては，①手続の透明性が低いこと，②債権者ごとの個別の合意に基づくものであることから個別な利害調整を図る必要性があること，③私的整理の場合には法的整理の場合と異なり弁済禁止等の保全処分はなく，債権者の担保権行使に対する対抗策はないこと，④増減資や事業譲渡等について，通常の会社法上の手続を履践する必要があり，法的倒産手続に見られるような手続の簡略化等の恩恵を受けることはできないことなどが挙げられる。

　このような特徴を有する私的整理を再生の手段として採用するためには，友好的なメインバンクが存在し，他の取引先金融機関との間で，ある程度利害を調整できる状況にあることが必要であると考えられる。

② 私的整理ガイドライン

（ⅰ）特　徴

　私的整理ガイドラインとは経営困難企業の再建およびそれに伴う債権放棄に

関する原則を確立することを目的として、金融界および産業界の代表、弁護士、公認会計士、金融アナリスト、学者等の学識経験者を委員とし、また、財務省、金融庁、経済産業省、国土交通省、日本銀行、預金保険機構の担当者をオブザーバーとして組織された「私的整理に関するガイドライン研究会」において議論、検討された結果、2001年9月に発表された指針である。

本ガイドラインの特徴は、法的拘束力がないという点にあり、あくまでも私的整理の際の紳士協定として位置づけられるものとなっている。

また、私的整理ガイドラインが適用される対象となる企業については限定的にとらえられており、①多数の金融機関に対して過剰債務があること、②本業もしくは主たる事業では収益力があるにもかかわらず、上記過剰債務により経営困難に陥り、自力では再建が困難であると認められること、③法的整理による場合、事業基盤が著しく毀損され再建そのものに支障をきたすおそれがあること、④債権者にとっては、私的整理により再建することに経済合理性が認められることが必要である、とされている。

すなわち、本ガイドラインはあくまで一定の要件を満たすもののみが対象となり、取引金融機関が少なく通常の私的整理による協議で合意が可能な場合には、当該ガイドラインに沿った処理を強制されるものではない。

この私的整理ガイドラインによる私的整理については再建計画についての要件が厳格である、また、失敗した場合にはそのまま法的手続に移行するといったような若干不自由な制約はあるものの、債務免除に関しての税務上の取扱いについての優遇などのメリットもあり、今後、公平性、透明性の観点からもガイドラインに従った形での私的整理が増えてくることが予想される。

(ii) 具体的手続

経営破綻企業からガイドラインに基づく私的整理の申出を受け再建計画の提示を受けた主要債権者は、その再建計画の内容を検討することになる（なお、再建計画については、ガイドライン上一定の制約がある[22]）。そして、最終的に主要債権者が実行可能性があり、対象債権者の同意を得られる見込みがあると判断した場合には、主要債権者全員の合意を経て、一時停止の通知が発せられることになる（一時停止とは私的整理期間中において、対象債権者が個別的な権利行使や債権保全措置等を差し控える旨の一種の要求である）。

この一時停止から2週間以内に第1回債権者会議が開かれることとなり，そこで再建計画案の内容の説明，一時停止期間の決定，債権者委員会を組成することの是非，公認会計士，弁護士等の専門家アドバイザーの選任等が行われることになる。

第2回以降の債権者会議では，主要債権者から専門家アドバイザーによる再建計画についての調査検討結果の報告があり，対象債権者からは当該再建計画案を受けるかどうかの意見が表明される。対象債権者全員からの同意書が得られれば，私的整理は成立し，不成立の場合は，法的整理等に移行することになる。

③ 私的整理の場合のM&A手法

私的整理の方法はケースバイケースでさまざまであるが，これらはあくまで私的な債務超過の解消手続であり，それゆえ用いることのできるM&A手法は通常時のM&Aの場合と変わらない。

もっとも，通常時のM&Aの場合と異なり，再生型の場合には，ターゲットとなる会社は経営構造，財務状況等に多大な問題点を有していることが明白であり，そのような問題ある資産をいかに切り分け，自社財産化していくかについてより慎重に検討し，適切なスキームを選択することが重要である。また，スキーム選択のうえで否認権，債権者取消権等に対して十分な配慮を行うことも不可欠であるといえる。

（3） 再生型案件における特有の問題点

法的倒産手続（特に民事再生手続）を利用したプレパッケージ型事業譲渡は，プレパッケージという観点から資産の劣化を最小限にとどめることができ，また，事業譲渡を用いるという観点から偶発債務の切断，資産を選択して譲渡を受けられることが大きなメリットとなり，民事再生をはじめ，会社更生，破産，特別清算といった法的倒産手続を使用したM&Aにおいて非常に有効な手段であるといえる。

もっとも，実務においては，必ずしも当初の予定どおりに事業譲渡が進まなかったケースも存在する。

例えば経営不振の東ハトからユニゾンキャピタルが菓子事業を譲り受けたケースでは、資産の劣化をできる限り防ぎ、また否認リスクを回避するなどの考慮から民事再生手続を利用したプレパッケージ型事業譲渡が選択され、当事者は事前に入念な打ち合わせを行い、事業譲渡契約を締結のうえ、民事再生手続の開始を申請したが、他の債権者から事業譲渡価格についての異議が出て当初の目論見どおり進まない事態が生じた。

この後、再度入札がされ、結局ユニゾンキャピタルは再入札でも落札して東ハトを買収することとなったが、多額の追加買収資金が生じるという事態になった。

このケースでは、民事再生手続前にも入札が行われており、ユニゾンキャピタルは当該入札の結果選出されたという、手続的には公正性を裏づける根拠のある譲受人であったにもかかわらず、このような事態が生じている。

もっとも、本件では当初の入札においては対象事業の価格自体についてはユニゾンキャピタルよりも他の入札グループの方が高い価格をつけており、ユニゾンキャピタルは他の条件面で優っていたことを理由として落札者となったという経緯がある。

結局はこの点をとらえて他グループが異議を唱え、また、民事再生の監督委員もこれにより再入札を行うことを促したということになるものと思われる。

このように、プレパッケージ型に適すると一般的に考えられている民事再生手続においても、やはり法定の手続であるという点から通常のM&Aの場合とは異なり、たとえ当事者が綿密な準備をしていたという認識でいたとしても、必ずしも当初の思惑が実現できることになるとは限らない。

このような理由から、当事者の予測可能性を最大限担保できる任意整理や特別清算を利用した方法（事業譲渡の後、会社が特別清算する形態）が、いまだ好まれる傾向にある。

しかしながら一方で、私的整理においては、M&Aに選択できる手法が限定的であり（金融機関等の債権放棄と組み合わされることが多く、必然的に事業譲渡を利用せざるを得ないことが多い。また、その他にも債務超過の会社による利用が制限されるなど法的な障害もある）、かつ、取引先との交渉や社内手続（株主総会等での決議）などの点でも手続的に煩雑な場合が多く、企業再編

といった他の観点を考慮した場合には法的整理を利用せざるを得ない場合もあると思われる。

　結局，法的整理にも任意整理にも一長一短があり，買収側としてはその両方の可能性を常に検討する必要があるが，その際には当該対象会社自身，その株主，債権者という直接的な関係者のみならず，他の競合する買収者といった間接的に取引を与えるものの行動についても十分に把握して手法を選択することが望ましいといえる。

3　再生型案件とPMI

　以上のとおり，再生型のM&Aにあたっては，非常に多くの選択しうる手法があるとともに，留意すべきさまざまな問題点がある。

　M&Aを企図する企業としては周辺事情へのさまざまな配慮を行ったうえでこれらの中から最も適切な手法を選択することとなるが，事業会社としてはあくまでも実現シナジーの獲得を目的として当該M&Aを行う以上は，通常時のM&Aの場合と同様に，シナジーを最大化できる方向でのM&A手法を選択すべきであることはもちろんである。

　もっとも，通常時のM&Aの場合と異なり，再生型の場合には，ターゲットとなる会社は経営構造，財務状況等に多大な問題点を有していることが明白であり，仮にスポンサーなどの形で株式を取得して子会社化した場合などにおいては，当該会社の経営刷新を行うために人材を派遣し，また適宜採算の取れない不良事業部門を売却して健全化していくなど，継続的な支援を行う必要性が生じることは必然であり，PMIに多大な困難が生じる。また，信用面，資金面のめどがたたなければ，人材の流出を招くおそれもあり事業継続の困難も生じる。

　さらに，再生型の案件では，短期間において当該M&Aを行うか否かを検討，調査，判断しなければならないため，事前調査では確認できなかったさまざまな問題点がM&A後に顕在化してくることも十分考えられることである。

　したがって，特別な事業再建のノウハウを必ずしも有しない事業会社としては，問題点をできる限り限定した形でのM&Aを行うことが望ましく，一体化

の場合には事業譲渡や吸収分割，別法人による統合の場合にも別法人への事業譲渡や新設分割などを用いることによって，対象会社の資産のうち優良部門のみを自社の一部または子会社として譲り受けられるような方法を選択することが望ましい。

● 注

(1) 会社法においては，旧商法と異なり，消滅会社の社員に対して株式以外の金銭等を交付することも認められることとなった。詳細については第2部第5章参照。
(2) 消滅会社については会社法施行規則182条，存続会社については会社法施行規則191条。
(3) 会社法においては，旧商法と異なり，新株予約権者に法律上の買取請求権が認められることとなった。詳細については第2部第5章参照。
(4) 存続会社が持分会社である場合等に生じる。この場合持分等の割当を受ける株主全員の同意を要することになる。
(5) 特別決議においては，総株主の議決権の過半数を有する株主が出席し（定款で総株主の議決件数の3分の1まで軽減することができる），その出席株主の3分の2以上の多数で決定する（定款でこれを上回る割合を定めることができ，また，一定数以上の株主の賛成を要する旨を加えてもよい）（会社法309条2項）。
(6) 吸収分割会社については会社法施行規則183条，吸収分割承継会社については会社法施行規則192条，新設分割会社については会社法施行規則205条。
(7) 吸収分割会社については会社法施行規則189条，吸収分割承継会社については会社法施行規則201条，新設分割会社については会社法施行規則209条。
(8) 法務省令で定める方法により算定される。吸収分割については会社法施行規則187条，新設分割については会社法施行規則207条。
(9) 法務省令で定める方法により算定される。会社法施行規則135条。
(10) なお，会社法施行に伴い，旧商法において要求されていた検査役の調査は廃止されることとなった。詳細については2部第5章参照。
(11) 法務省令で定める方法により算定される。会社法施行規則137条。
(12) この点，旧商法では「事業」（一定の事業目的のために組織化された機能的財産）の承継が必要とされており，どのような場合に事業の承継といい得るかと関連して譲渡対象の選択に一定の制約が存在したが，会社法では「事業に関して有する権利義務」の承継という表現が用いられており，譲渡対象についての事業性が必ずしも要求されていないと解釈することも可能である。

(13) 公開買付け（TOB）とは、不特定かつ多数の者に対し、公告により株券等の買付け等の申込みを行い、有価証券市場外で株券等の買付け等を行うことをいう。

対象会社の株式を取得することによって対象会社の支配権を掌握するためには、特別決議に対して拒否権として働く対象会社の株式の3分の1を超えて株式を取得するのが通常であるが、市場外で公開会社の株式を3分の1を超えて取得する場合には、原則として公開買付手続による必要がある（証券取引法27条ノ2第1項）。

(14) 第三者割当増資の取扱いに関する指針（平成15年3月11日）：発行額は当該増資に係る取締役会決議の直前日の価額（直前日における売買がない場合は、当該直前日からさかのぼった直近日の価額）に0.9を乗じた額以上の価額であること、ただし、直近日または直前日までの価額または売買高の状況等を勘案し、当該決議の日から発行価額を決定するために適当な期間（最長6ヵ月）をさかのぼった日から当該決議の直前日までの間の平均の価額に0.9を乗じた額以上の価額とすることができる。

(15) 株式交換完全子会社については会社法施行規則184条、株式交換完全親会社については会社法施行規則193条。

(16) もっとも、株式交換の対価が持分等である場合には、持分等の割当を受ける株主全員の同意を要することになるため、当該株主に対する通知は不要である（会社法785条3項）。

(17) 会社更生法46条は事業譲渡は更生計画によって行うことを原則としつつも（1項）、当該会社の事業の更生のために必要であると認められる場合には、裁判所の許可をもって事業譲渡を行うことができる旨定める。

(18) これは旧商法下において会社分割をなす場合に差損が生ずる場合を想定した規定が設けられておらず、よって債務超過の会社について会社分割等を行うことは認められないとする見解が有力であったこととも関連するが、会社法においては、会社分割等による差損等が生ずる場合が認められることとなったため、債務超過の会社においても会社分割等を行うことが原則として認められる。なお、債権者、株主等の保護については、合併等の際の備置書面等において所要の開示をすること、株主総会において差損が生じる点についての説明をすることを義務付ける（会社法795条2項）などの規定により対応することになっている。したがって明文のない更生計画外における会社分割が許容されないか否かについては必ずしも明らかではない。

(19) なお、旧商法の下においては、交換親会社となる会社の資本等の増加の限度額について交換子会社となる会社の純資産額を基準していたことから、交換子会社の貸借対照表が債務超過状態である場合株式交換はできなかった。これに対して会社法下では、平成18年4月実施の「企業結合に係る会計基準」において株式交換、株式移転の際の計算方法としてパーチェス法（被結合企業から受け入れる資産、負債の取得原価を対

価として交付する現金及び株式等の公正価格とする方法）が採用されたことに伴い，「組織再編行為に関する法務省令」において，当該会計基準に則した計算方法が規定されることとなった。これにより，株式交換において交換子会社の貸借対照表が債務超過状態である場合であっても，交換子会社の株式に経済価値がある以上，通常どおり株式交換を行うことが可能となった。ただし，対価の柔軟化によって交換親会社の財産が拠出される場合においては，交換親会社債権者に一定の影響を与える可能性があることから債権者保護手続が定められており，加えて交換親会社の既存株主の保護の観点から取締役に株主総会において差損が生じる点についての説明をすることを義務付ける（会社法795条2項）等の措置が採られている。

(20) 事業再生研究機構編『更生計画の実務と理論』36頁参照。

(21) 先例として，例えば東京地判決昭46.12.24は債務超過状態にある会社がホテルの譲渡をし，その後会社更生手続開始決定がなされた事案であるが，判例は「営業の売却は‥企業の重要な構成分子を失わしめ，企業として有する価値を害する行為というべきであり，‥‥譲渡代金が時価より廉価であるかどうかを論ずるまでもなく，申立人は，右譲渡を否認することができるといわなければならない。」と，譲渡代金の妥当性についての判断をするまでもなく否認を認めている。

(22) ①3年以内の実質債務超過解消，②3年以内の黒字化，③支配株主の権利消滅，既存株主の希薄化などの株主責任の追及，④経営者の退任等経営責任の追及，⑤計画期間は5年以内等。

第4章

M&A各手法とその選択
──税務上の見地から

【本章は，会社法対応の税法の法令・政令・通達の施行前に書いたものであるため，その全てについて会社法対応の条文・通達を示しているものではない点留意してほしい】

1 M&Aタックスプランニング

(1) M&A各手法の税務上の取扱いの概観

　PMIのアプローチにおいては，その採用しようとするM&Aの手法について，第3章で述べたの法務上の検討に加えて，税務上の最適化も検討する必要があることはいうまでもない。この観点から各手法ごとの税務上の取扱いを概観すると図表2-4-1のとおりである。

　この図を見るとわかるように，税務上の取扱いは，少なくとも，株式譲渡，株式交換・移転，合併・分割，営業譲渡といった各カテゴリーごとに異なっている。

(2) M&Aタックスプランニングとは

　「租税」あるいは「税金」の性格づけはさまざまであるが，とりわけM&Aの世界においては各案件ごとに，あるいは各取引の代替案検討時に，精緻なキャッシュフロー分析を行うところ，「租税」の効果であるキャッシュアウトフロー（資金の社外流出）に着目し，これを積極的にコスト（すなわち税務コス

図表 2-4-1

		株式譲渡		株式交換	株式移転	合　　併	会社分割	営業譲渡
		既存株	新　株					
資金の要否		○	○	×	×	×	×	○
課税繰延措置		×	×	○	○	○	○	× (現物出資・事後設立は○)
欠損金の引継措置		—	—	—	—	○	△ (合併類似)	×
営業権の計上		×	×	△※1	△※1	○	△※2	○
消費税		—	—	—	—	—	—	○
印紙税		—	○ (株券の発行)			○ 合併契約書	○分割計画書・分割契約書	○ 営業譲渡契約書
			最高2万円			一律4万円（一通）		最高60万円
登録免許税	設立等	—	—	—	0.7%×資本金（最低3万円）	0.15%（0.7%）×資本金（最低3万円）	0.7%×資本金（最低3万円）	—
	移転不動産	—	—	—	—	0.2%×固定資産税評価額	0.2%×固定資産税評価額	1%×固定資産税評価額
不動産取得税		—	—	—	—	×	△ (要件あり)	○ (3%)※3

※1　会社法施行後における企業結合会計基準の適用下において，パーチェス法の対象となる場合には，会計上の「のれん」が計上される局面が生じる場合がある。
※2　旧商法下においては，吸収分割についてのみ営業権の計上が認められていたが，会社法施行後における企業結合会計基準の適用下において，パーチェス法の対象となる場合には，会計上の「のれん」が計上される局面が生じる場合がある。
※3　平成18年税制改正により，店舗，事務所等の住宅以外の家屋については，平成18年4月1日から平成20年3月31日までの2年間は3.5%となり，以後は4％（本則税率）となる。
(出所) 近藤浩ほか著，『M&A各手法の特徴と選択基準』，季刊事業再生と債権管理秋号（平成16年10月5日），社団法人金融財政事情研究会，51頁～54頁の図をもとに作成。

ト）と性格づける結果，税法の枠内において，できる限り税務コスト（および税務リスク）を最小化しようとするモチベーションが働くことは否めない。そのため，M＆Aの手法に関する税務上の取扱いを把握することはそのM＆Aのディールを成功させるための「必要条件」となっている。

「タックスプランニング」とは「経営者が租税支払いを減少させることを考えながら企業活動を計画すること」を意味する[1]。税金をコストの一種であると位置づけるのであれば，利潤あるいは企業価値の最大化を命題とする営利企業にとって，税務コストをできる限り最小化することは，経営者に課された受託責任の1つといっても過言ではない。

なお，類義語として「タックスマネジメント」という言葉がある。これは，その言葉どおり「税務コスト（およびリスク）をうまく管理する」ということである。純粋な言葉の意味としては，両者の差はほとんどなく，これらを区別する実利はない。他方，わが国においては，「節税，租税回避，脱税の境界線」が曖昧であることから，とりわけ課税庁側の見地からは，「タックスプランニング」ないし「タックスマネジメント」を，「より積極的に租税支払いを減少させようとする行動様式」として「租税回避」とオーバーラップさせて捉え，これを少なくとも倫理的に非難する傾向があることもまた事実である。しかし，本書で用いる「タックスプランニング」という用語は，もっぱら中立的な意味における「タックスプランニング」を意味していることに留意してほしい。これは，本章本節以下の目的が「もっぱら租税目的のM＆A」について解説することではなく，IIPにおいて，「いかに税務コストおよび税務リスクを合法的かつ安全に最小化するか」という観点からのものであるからである。

（3） M＆Aタックスプランニングの難しさ

しかし，M＆Aの遂行にあたっては，「タックスプランニング」だけでは「十分条件」ではない。なぜならば，限られた一定の場合を除き，必ずしも税務上のメリットのみを追求することがM＆A取引の唯一の命題ではないからである。

例えば，営業譲渡という手法においては，法務上の観点では，譲受会社においては簿外債務・偶発債務などの潜在リスクを引き継がないという重要なメリ

ットを有するが、税務上の観点からは、原則として、譲渡会社において営業譲渡による含み益の顕在化に伴う譲渡益課税が生じるというデメリットを有している。

図表2-4-2

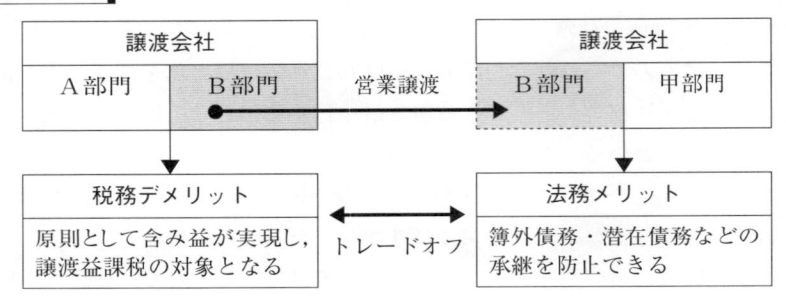

譲渡会社		→ 営業譲渡 →	譲渡会社	
A部門	B部門		B部門	甲部門

税務デメリット	←トレードオフ→	法務メリット
原則として含み益が実現し、譲渡益課税の対象となる		簿外債務・潜在債務などの承継を防止できる

　この「理論上の」法務と税務のトレードオフ関係は残念ながら避けることはできない。他方、もし譲渡会社が譲渡益を吸収できるだけの充分な税務上の繰越欠損金を有しているのであれば、結果的に譲渡益課税は生じない。すると、税務デメリットは無視できることで、結果的に障害なく法務メリットを享受できることになる。「再生型」のM&Aにおいて主として営業譲渡が行われるのは、税務の観点からは繰越欠損金の有効利用ということになる。また、同じ事例において、譲渡会社としてはどうしても現金の流入が必要であるということであれば、譲渡益課税を受けることはそれほど大きな障害とはならないであろう。このように、税務上のデメリットにはあくまで理論上のものに過ぎないものもあり、詳細な分析を施すことにより、現実には問題とならない場合もありうる。

　また、株式譲渡の場合には、図表2-4-3のように法務・税務のメリット・デメリットが錯綜する場合がある。

　最終的には、各取引の個別具体的な性格に則して、法務上・税務上のメリット・デメリットを比較衡量したうえで、経営判断として（あるいは交渉上のバーゲニングパワーの結果として）意思決定を行うことになる。よって、これらの税と法務の問題は、この経営判断などの局面において、意思決定を行う際に、

図表2-4-3

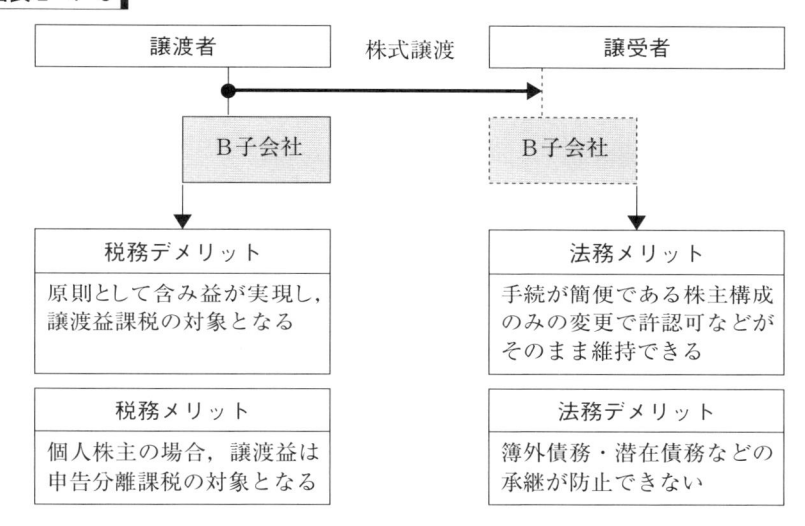

```
   譲渡者      株式譲渡      譲受者
     ●─────────────▶
     │                          ┆
  B子会社                    B子会社
     │                          │
     ▼                          ▼
```

税務デメリット	法務メリット
原則として含み益が実現し，譲渡益課税の対象となる	手続が簡便である株主構成のみの変更で許認可などがそのまま維持できる

税務メリット	法務デメリット
個人株主の場合，譲渡益は申告分離課税の対象となる	簿外債務・潜在債務などの承継が防止できない

「必要条件」となるに過ぎない。ここにM&Aタックスプランニングの難しさがある。しかし，M&A（PMIを含む）を遂行するうえで，税務上の取扱いを全く無視することはできない。「必要条件」という意味においてM&Aタックスプランニングは極めて重要となる。

以下においては，上記のカテゴリーに沿って，IIPにおけるM&Aタックスプランニングに必要となる要点を説明していくこととする。

2　株式譲渡のタックスプランニング

(1) 譲渡者側の税務－譲渡益課税の概要

M&Aの手法として，株式譲渡を用いた場合，原則として，株式の譲渡者は譲渡益を認識すべきことになる。この譲渡益については，譲渡者が個人の場合には所得税課税の対象となり，法人の場合には法人税課税の対象となる。所得税課税と法人税課税の違いは図表2-4-4のとおりである。

図表2-4-4

	譲渡者が個人の場合		譲渡者が法人の場合
	申告分離課税		通常の法人税課税 実効税率 42.05％または40.87％
	上場株式	その他	
適用税率	10％（所得税7％＋住民税3％）（～平成19年） 20％（所得税15％＋住民税5％（平成20年～）	20％（所得税15％＋住民税5％）	※法人税の実効税率は，法人の規模等により地方税率が異なるため，2種類ある。たとえば，東京に所在する法人の実効税率は表のとおりである。なお，外形標準課税の対象となる法人の場合には，実効税率は引き下げられる（39.54％）が，実効税率の枠外でも税負担が生じる点は留意する必要がある。
特　例	●緊急投資優遇措置 ●上場株式等の取得費の特例	なし	なし
譲渡益の計算	譲渡所得＝売却代金－（株式の取得価額＋譲渡経費） ※株式の取得価額とは，株式を購入した時の価額で，購入の際の取得経費があればこれを加算した金額をいう。ただし，株式の売却代金の5％とみなすことも可能（概算取得費制度）。		譲渡益＝売却代金－（株式の取得価額＋譲渡経費） ※株式の取得価額は個人株主とほぼ同じ扱いだが，概算取得費の規定は適用できない。
譲渡益の損益通算	●他の株式譲渡損との通算可（要確定申告） ●他の所得の損失との通算不可		●損益通算可
譲渡損	3年間の繰越控除可	繰越控除不可	原則として損金算入 青色申告法人の欠損金は7年間の繰越控除可

　上記表中における緊急投資優遇措置とは，平成13年11月30日から平成14年12月31日までの間に購入した上場株式等を引き続き保有し，平成17～19年に譲渡した場合には，購入額が1,000万円までのものに係る譲渡益は非課税とする措置をいい，上場株式等の取得費の特例とは，平成13年9月30日以前から引き続き所有していた上場株式等（平成13年10月1日において上場株式等に該当していたものに限る）を平成15年1月1日から平成22年12月31日までの間に譲渡した場合には，その上場株式等の譲渡の際の取得費を，その上場株式等の平成13年10月1日における価額の80％相当額とすることができる特例をいう。また，個人の場合の譲渡損の繰越控除は，平成15年1月1日以後の譲渡による損失の金額のうち，その年に控除しきれない金額については，翌年以後3年間にわたり，株式等に係る譲渡所得等の金額からの繰越控除ができるというものである。

（2） 個人 → 法人の株式譲渡のタックスプランニング

　上記のように，譲渡者が個人であるか法人であるかにより課税関係が異なることから，個人株主である会社の営業のM&Aにおいて，譲受側としては，営業の大部分を営業譲渡により取得しようと考えていたとしても，譲渡者側としては，課税上の差異（つまり手取り額の差異）から，株式を譲渡することを希望する場合がある。なお，同様の発想により，株式譲渡と会社分割を組み合わせる場合もある。要するにいずれも「所得税率」と「法人税率＋所得税率」の差を利用するものであるが，今のところこのような方法について租税回避として否認された公表事例はない。

図表2-4-5

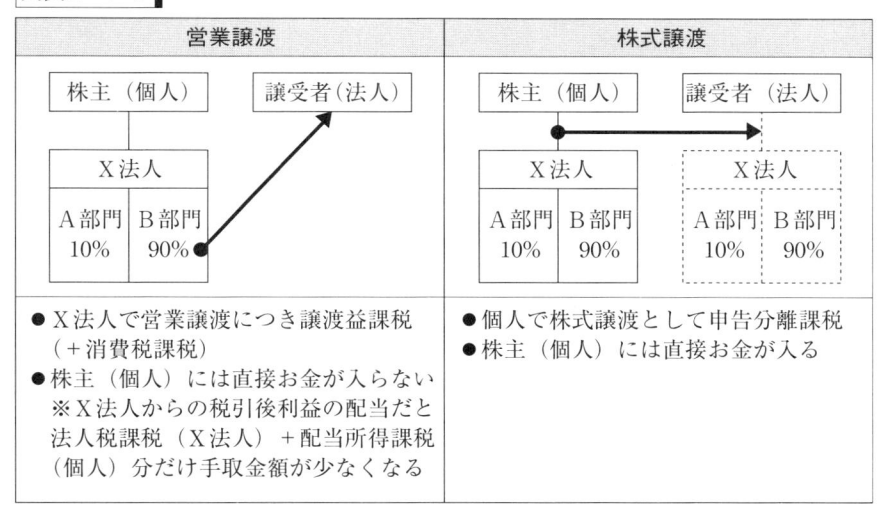

営業譲渡	株式譲渡
株主（個人）　譲受者（法人） X法人 A部門 10%　B部門 90%	株主（個人）→譲受者（法人） X法人　　　　　X法人 A部門 10%　B部門 90%　A部門 10%　B部門 90%
● X法人で営業譲渡につき譲渡益課税（＋消費税課税） ● 株主（個人）には直接お金が入らない ※X法人からの税引後利益の配当だと法人税課税（X法人）＋配当所得課税（個人）分だけ手取金額が少なくなる	● 個人で株式譲渡として申告分離課税 ● 株主（個人）には直接お金が入る

　これに関連する問題として，X法人の株主（個人）がX法人の役員である場合には，株式譲渡の直前あるいはほぼ同時に役員を退任し，X法人はその役員に役員退職金を支払うという方法が考えられる。こうすることで，その役員（株主でもある）は退職所得の優遇的な取扱いを受けることができ，株式の譲渡益だけの場合と比べて比較的多い手取り額を得ることができるというメリッ

図表 2 - 4 - 6

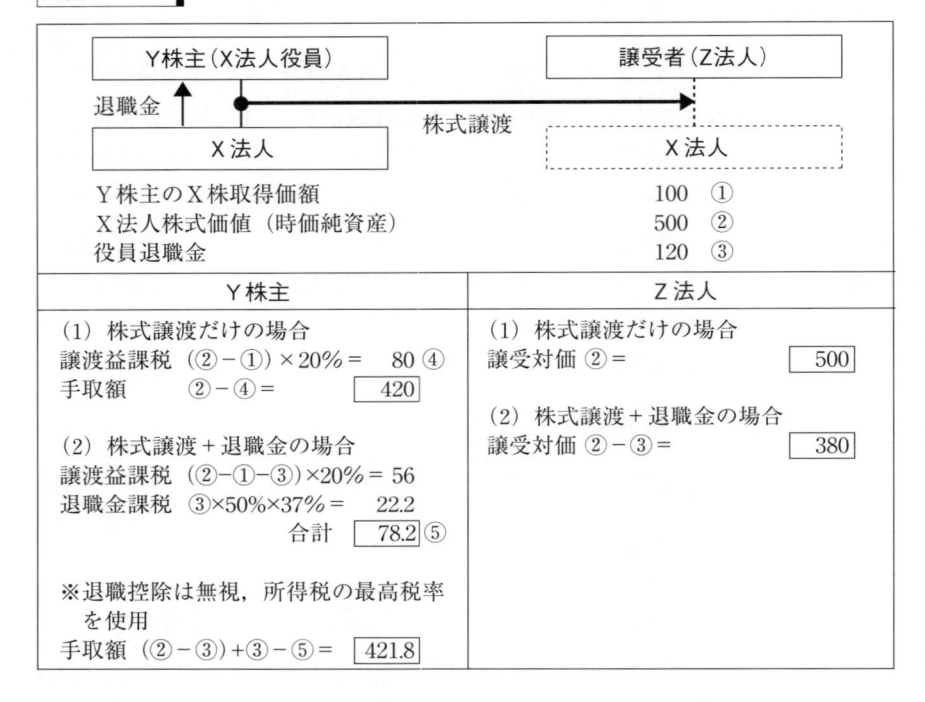

Y株主（X法人役員）　　　　　　　　　　譲受者（Z法人）	
退職金 ↑ ●――――株式譲渡――――→	
X法人	X法人

Y株主のX株取得価額	100	①
X法人株式価値（時価純資産）	500	②
役員退職金	120	③

Y株主	Z法人
(1) 株式譲渡だけの場合 譲渡益課税 （②-①）×20％＝　80　④ 手取額　　②-④＝　　　　　420	(1) 株式譲渡だけの場合 譲受対価 ②＝　　　　　500
(2) 株式譲渡＋退職金の場合 譲渡益課税 （②-①-③）×20％＝ 56 退職金課税 ③×50％×37％＝　22.2 　　　　　　　　合計　　　78.2 ⑤ ※退職控除は無視，所得税の最高税率を使用 手取額 （②-③）+③-⑤＝　421.8	(2) 株式譲渡＋退職金の場合 譲受対価 ②-③＝　　　　380

トがある。これは，所得税法上，退職所得の金額は「（退職金の収入金額 - 退職所得控除額）×50％」という算式で計算されるためである。この退職所得控除額は勤続年数により異なるが，退職所得控除額控除後の50％が課税所得となるため，結果的に適用税率が半分になるのと同じ効果がある。つまり，退職所得については，所得税率が最高税率（37％）の半分（18.5％）以下となり，非上場株式譲渡益の税率20％を下回るため，手取り額が増えるというわけである。

また，この方法では，株式譲渡価額の計算上，役員退職金を控除することができれば，株式譲渡価額が少なくなるため，譲受者側にも，（営業譲渡より対価が安くなる可能性があるという）メリットがある。要するに，対価の一部をX法人が負担する形とすることで，譲渡側・譲受者側双方にメリットが生じることになるということである。この方法の留意点としては，法人税の取扱い（X法人）において過大な役員退職金は損金不算入となるため，役員退職金額

の算定について留意をする必要があることである。なお，ここ最近の税制改正の項目に退職所得の優遇的な取扱いを縮小する動きがあるので，そもそもこの方法論では退職所得の優遇的な取扱いを前提としているため，今後は，税制改正によりメリットが薄れる可能性もある。

（3） 法人 → 法人の株式譲渡のタックスプランニング①

法人同士の株式の譲渡に関しても，譲渡者，譲受者側双方にメリットのある方法として，株式譲渡前に配当を行うという方法がある。これは，法人税法における受取配当の益金不算入の取扱いを利用したものである。同制度においては，法人税引後の利益の配当に対し，再度株主法人において法人税が課税されるという経済的二重課税を緩和するためのものである。株式譲渡だけの場合には，その譲渡益全額が譲渡法人において課税所得となるのに対し，株式譲渡前

図表2-4-7

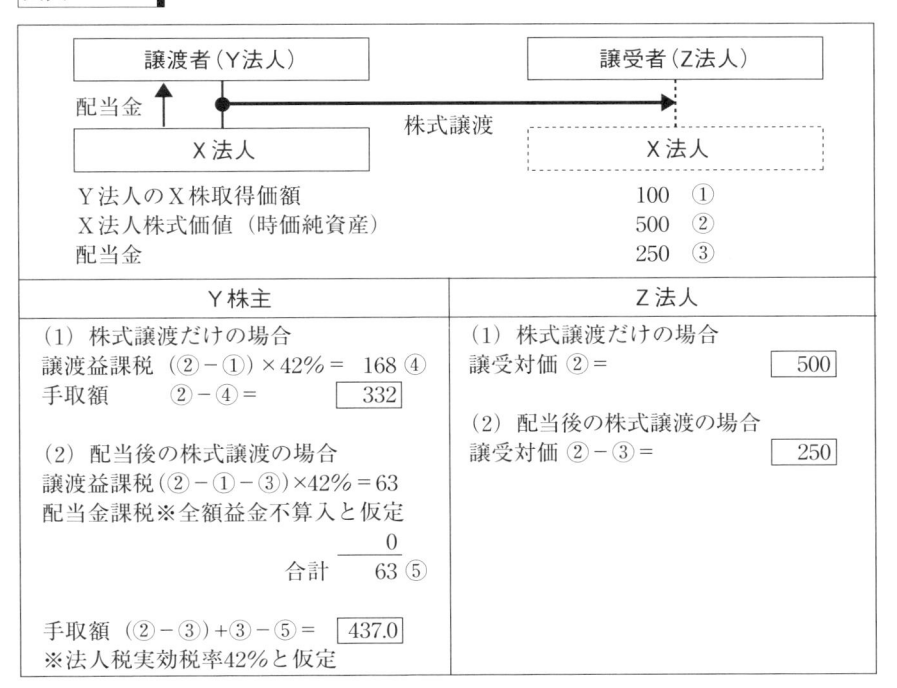

```
          譲渡者（Y法人）                譲受者（Z法人）
        配当金 ↑  ●――――――――――――→┐
             ┌―――――┐    株式譲渡    ┌―――――┐
             │ X法人 │                │ X法人 │
             └―――――┘                └―――――┘
```

Y法人のX株取得価額   100 ①
X法人株式価値（時価純資産） 500 ②
配当金   250 ③

Y株主	Z法人
（1） 株式譲渡だけの場合 譲渡益課税 （②－①）×42％＝ 168 ④ 手取額　　②－④＝　　　　332 （2） 配当後の株式譲渡の場合 譲渡益課税 （②－①－③）×42％＝63 配当金課税※全額益金不算入と仮定 　　　　　　　　　　　　　　0 　　　　　　　　合計　　63 ⑤ 手取額 （②－③）+③－⑤＝ 437.0 ※法人税実効税率42％と仮定	（1） 株式譲渡だけの場合 譲受対価 ②＝　　　　　500 （2） 配当後の株式譲渡の場合 譲受対価 ②－③＝　　　250

に配当を行う場合には，配当部分について受取配当の益金不算入の対象となり，その配当分だけ株式譲渡価額（通常はその法人の時価純資産額）が減少するため，譲渡益課税の対象となる金額が少なくなる。その結果，譲渡法人での手取り額が増加するとともに，譲受法人としては株式譲受対価を少なくできるという点で双方にメリットがある。

この方法によれば，受取配当の額は会計上は収益になり，税務上のみ益金不算入となる。そのため，会計上の利益を減らすことなく税負担が減るという意味で，譲渡者である法人にとっては好ましい結果となる。なお，税法上のみなし配当も益金不算入の対象となる。減資や株式消却などもみなし配当の対象になるため，この方法の類型として，配当に代えて減資や株式消却などを用いることも考えられる。

この方法については，実務上，大手企業などが共同事業を解消する際に採用されているようである。なお，今のところこの方法論について否認事例はなく，むしろ受取配当等の益金不算入の立法趣旨を鑑み，これを否認すべきではないとする見解もある[2]。しかし，上図のようにダイナミックに税負担を減らすことができる方法であることから，否認リスクを避けるために，少なくとも，配当決議等の「私法上の法律構成」[3]についてこれを私法上有効とすべく，適正な手続を経る必要がある。

他方，譲渡法人が日本に恒久的施設を有しない外国法人である場合には，租税条約で本邦での譲渡益課税が免除される場合があるのに対し，配当に係る源泉税課税は免除されない（ただし軽減税率の適用はある）場合がある。このような外国法人には受取配当の益金不算入の規定の適用はないため，上記の規定を利用した方法にメリットはなく，逆に租税条約上の譲渡益課税の非課税措置を積極的に利用しようとするモチベーションが働くことがある。

（4）法人 → 法人の株式譲渡のタックスプランニング②

株式の譲受者側では，原則として時価による株式譲渡である限り，課税関係は生じない。しかし，譲渡価格が時価を上回ったり（高額譲渡），下回ったり（低額譲渡）する場合には，課税関係が生じることになる。

図表2-4-8

高額譲渡の課税関係 簿価50,時価100の株式を300で譲渡			
譲渡者（法人）		譲受者（法人）	
受贈益課税		寄附金課税	
借方	貸方	借方	貸方
現金　　　300	株式　　　50 譲渡益　　50 受贈益　　200	株式　　　100 寄附金※　200	現金　　　300
		※損金算入限度額あり	

低額譲渡の課税関係 簿価100,時価100の株式を50で譲渡			
譲渡者（法人）		譲受者（法人）	
寄附金課税		受贈益課税	
借方	貸方	借方	貸方
現金　　　50 寄附金※　50	株式　　　100	株式　　　100	現金　　　50 受贈益　　50
※損金算入限度額あり			

　なお，高額譲渡（譲受者は法人）の場合において，企業支配の対価と認められる部分については寄附金課税の対象にはならない（法人税法基本通達9-1-15）。一般的に，企業支配の対価とは，その株式の発行会社の企業支配をするための対価（コントロールプレミアム）をいう。ただし，企業支配の対価部分についてはその後の評価損の計上において一定の制約がある。

　ちなみに，個人から法人への高額譲渡，低額譲渡の課税関係は，図表2-4-9のとおりである。

（5）売却価額（時価）をめぐる問題

　上記（4）のように，税務上は，株式の譲渡が時価で行われていない場合には譲渡者側・譲受者側双方で課税関係が生じることになる。時価については，公開株式であれば客観的な時価を株式市場に求めることができるが，非公開株式の場合には何をもって時価とするかの判断は困難である。税務では，「利害

図表 2-4-9

高額譲渡の課税関係	
譲渡者（個人）	譲受者（法人）
一時所得または給与所得 ※譲渡益のうち，時価と売買価額の差額について（譲渡益の残りの部分＝適正分は譲渡所得として申告分離課税）	寄附金または賞与

低額譲渡の課税関係	
譲渡者（個人）	譲受者（法人）
時価譲渡課税 ※ただし，時価の1/2以上の譲渡で同族会社以外へのものについては時価課税はない	受贈益課税

関係のない第三者間で成立した価格は時価である」との考え方がある。よって，非公開株式について，よほど実態からかけ離れた株価でない限り，利害関係のない第三者同士で成立した株価であれば税務上は時価取引として尊重されると考えることができる。

法人税における株式の時価算定の優先順位は図表2-4-10のとおりである。これは，法人である譲渡者，法人である譲受者に適用される。

なお，税務上の時価は，上記の法人税法上の時価に加えて，所得税法上の時価（個人から法人への譲渡，法人から個人への譲渡について適用される），および相続税法上の時価（個人間の譲渡について適用される）がある。

(6) 有利な発行価額による新株発行の税務

株式譲渡に代えて，新たに新株を発行する場合がある。この場合には資金は株主ではなく株式を発行する法人に入ることになる。新株発行の場合，発行価額が有利であるときには，既存株主に対して平等に割当を行う場合を除き，新株の払込期日における時価を取得価額とすることが税法上求められている（法人税法施行令119条1項3号）。つまり，有利発行を受ける者が法人の場合，(4)の低額譲渡における受贈益の認識と同様の処理が求められることになる[4]。

図表2-4-10 法人税における株式の時価算定の優先順位(法人税法基本通達9-1-13)

①売買実例のあるもの	期末前6ヵ月間に売買が行われたもののうち適正と認められる価額
②一定の要件を満たす公開途上にあるもの	入札後の公募等の価額等を参酌して、通常取引されると認められる価額
③類似会社の時価があるもの	売買実例がないもので、評価対象会社と事業の種類、規模、収益の状況等が類似する他の法人の時価があるものは、その価額に比準して推定した価額
④上記以外のもの	期末時点における1株当たりの純資産価額等を参酌して、通常取引されると認められる価額
⑤特例	上記④については、原則に代えて、課税上の弊害がない限り、一定の条件のもと、相続税評価通達の取引相場のない株式の評価により評価することができる ※一定の条件とは、①株式所有者が中心的な同族株主の場合には、評価方法は、純資産価額方式（ないし純資産価額方式50％＋類似業種比準価額方式50％）に限られること、②純資産価額の算定上、土地・有価証券は相続税評価額ではなく一般の市場価額により評価すること、および③純資産価額の算定上、相続税上認められる法人税額等相当額は控除しないことである（法人税法基本通達9-1-14）

ただし、新株発行会社においては資本取引に該当するため、原則として課税関係は生じないと解されている[5]。

この発行価額が有利かどうかは、新株の発行価額を決定する日の現況におけるその発行法人の旧株式の時価に比べて、社会通念上相当と認められる価額を下回る価額をいい、その判定は、旧株式の価額と新株の発行価額との差額が、旧株式の時価のおおむね10％相当額以上かどうかということで行われる（法人税法基本通達2-3-7、所得税法基本通達23〜35共-7）。そのため、税務上においては、旧商法・会社法上の有利発行に該当するかどうかというのではなく[6]、この10％基準により有利発行かどうかが判定されることになる。また、この発行価額が有利かどうかの判定は、通常その決定を行う取締役会決議の日（ないし株主総会の特別決議の日）になるが、その決定日と実際の払込期日が離れているため、発行価額と実際の払込期日の価額の差としては10％以上であるとしても、その決定日の発行価額が適正であれば、有利発行には該当しないと解さ

れる[7]。

(7) 公開買付（TOB）の税務

株式譲渡の1つとして公開買付（TOB）がある。公開買付は，不特定多数の者に対し買付価格・買付期間・買付株数について公告を行い，市場外で上場株式の買付を行うものであり，企業買収や対象企業の完全子会社化，あるいは組織再編前の持株関係の整理などに活用されている。

公開買付に関する税務は，公開買付を行う企業と買付の対象となる企業が一致するかどうかにより，またこれに応じる株主が個人か法人かどうかにより次のように異なっている。

図表2-4-11

個人株主		法人株主	
買付企業 ＝買付対象企業	買付企業 ≠買付対象企業	買付企業 ＝買付対象企業	買付企業 ≠買付対象企業
●買付企業にとっては自己株式の取得となる ●株式を売却した株主は譲渡益課税（みなし配当なし）[※1] ●譲渡損失の繰越はできない[※2]	●株式を売却した株主は譲渡益課税（みなし配当なし） ●譲渡損失の繰越ができる[※3]	●買付企業にとっては自己株式の取得となる ●株式を売却した株主は譲渡益課税とみなし配当課税[※4]	●株式を売却した株主は譲渡損益を認識する[※5]

※1 租税特別措置法9条の6。なお，市場を通じた自己株の購入についてもみなし配当は生じないが，株主との相対取引の場合には，みなし配当が生じる（所得税法25条1項5号）。
※2 租税特別措置法37条の12の2の適用はない。
※3 租税特別措置法37条の12の2。
※4 公開買付については法人株主においてはみなし配当が生じる。なお，市場を通じた自己株の購入についてはみなし配当は生じないが，株主との相対取引の場合には，みなし配当が生じる（法人税法24条1項5号）。みなし配当については受取配当益金不算入の対象とすることができる。
※5 譲渡損益は譲渡契約日の属する事業年度（法人税法61条の2第1項）あるいは継続適用を条件に引渡日（法人税法基本通達2-1-23）において計上する。

公開買付を行う企業と買付の対象となる企業が一致する場合において、法人株主においては譲渡損益とみなし配当を認識することになるが、譲渡収入金額から、譲渡株式に対応する資本等の金額を所定のプロラタ算式で控除した額がみなし配当の額となり、譲渡収入金額からみなし配当の額、取得費の額、譲渡費用の額を控除した金額が譲渡損益となる。そのため、場合によっては、受取配当益金不算入の対象となるみなし配当と株式の譲渡損失が生じるという（税務上有利な）場合もありうる。なお、このように、みなし配当（益金不算入）と同時に有価証券の譲渡損失（損金算入）を認識することとなる場合には、結果として法人税の税負担を軽減することができるが、これは現行税制上認められた取引であり、（個別具体的な否認規定のないまま）これを租税回避行為として否認することは難しいのではないかというのが現行の通説的な立場[8]である。ただし、このような取引に起因して、上記（5）で述べた「有価証券の譲渡が時価で行われたかどうか」という取引の時価をめぐる問題については別途精査の対象となる点に留意する必要がある。

3　株式交換・株式移転のタックスプランニング

(1) 株式交換とは

株式交換とは、既存のA社を持株会社、既存のB社をその子会社としようとする場合に、B社の株主が持っているB社株式とA社株式を交換することをいう。要するに、B社の株主はB社株式をA社に渡して、それと引き換えにA社株式（新株割当ないし自己株式の譲渡による）を受領するということである（図表2-4-12参照）。

その結果、A社が持株会社である親会社となり、B社がその傘下の完全子会社となる（すなわち、株式交換においては、A社の株主が保有していたA社の株式を、ある意味「強制」的にB社の株式に「交換」させてしまう）。

このように株式交換制度を利用することで、そもそもA社とB社との間には資本関係が存在しない場合であっても、B社はA社の全株主にB社の株式を割り当てて、A社をB社の完全子会社にできることになる。

図表 2 - 4 -12

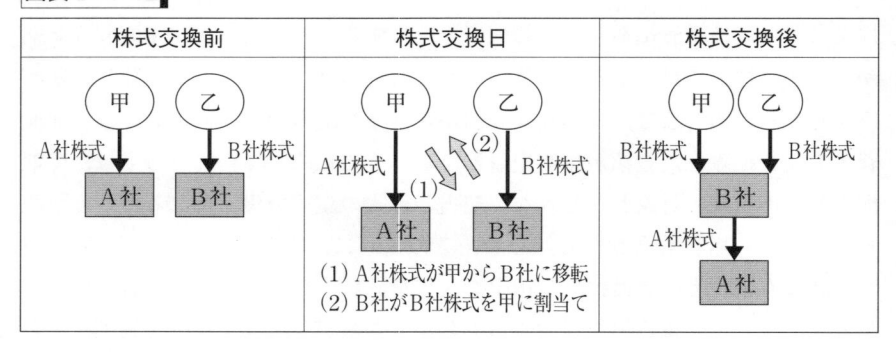

株式交換前	株式交換日	株式交換後
甲─A社株式→A社　乙─B社株式→B社	甲　乙　(1) A社株式　(2) B社株式／A社／B社　(1) A社株式が甲からB社に移転　(2) B社がB社株式を甲に割当て	甲─B社株式→B社　乙─B社株式→B社　A社株式→A社

　株式交換では，自社の株式を対価とした買収が可能であり，新たな買収資金調達が不要となるという特徴がある。これは，株式譲受や営業譲渡の場合と比べて，M＆A資金が必要とならないということを意味する。

（2） 株式交換の税務

① 特定子会社の株主に対する課税

　株式交換においては，単に所有している株券のみが交換され，通常金銭の移動を伴わない。しかし，税務では，交換も譲渡の一種であると捉えており，株式交換については「所有している株式を譲渡し，現金を受取り，その金銭で新たな株式を購入する取引」と擬制して考える。そのため，原則的には，株式交換に応じた株主には売却益に対する課税がなされることになる。

　他方，実際には金銭を伴わない点を鑑み，株式交換に応じた株主の担税力を配慮し，一定の要件を満たす株式交換については売却益課税が行われないこととしている。このような原則的な考え方と（担税力への配慮等による）例外規定という点は税法においては至るところで見受けられる。以下の要件を満たす場合，株式交換に応じた株主に対する譲渡益課税は行われない。

〈株式交換の課税の特例の要件〉～平成18年9月30日まで

特定子会社の株式交換前の株主数が50人以上の場合	特定子会社の株式交換前の株主数が50人未満の場合
次の要件をすべて満たす場合に限り，売却益課税は行われない 1．株式交換の際の交付金銭等の割合（交付金銭等の交付株式の時価と交付金銭等の合計額に占める割合）が5％以下であること 2．株式交換企業（特定親会社）における株式受入価額が特定子会社の簿価純資産価額以下であること	次の要件をすべて満たす場合に限り，売却益課税は行われない 1．株式交換の際の交付金銭等の割合（交付金銭等の交付株式の時価と交付金銭等の合計額に占める割合）が5％以下であること 2．株式交換企業（特定親会社）における株式受入価額が，特定子会社の株主の株式交換前の取得価額合計額以下であること

※なお，特例が受けられる場合でも現金交付部分については譲渡益課税が行われる。

〈株式交換の課税の特例の改正点〉～平成18年10月1日以降

　平成18年度税制改正により，株式交換および株式移転に係る税制について次のような改正が行われることとなった。これらの改正は，平成18年10月1日以後に行われる株式交換および株式移転について適用される。

①	交付金銭等割合5％基準の廃止	株式交換（株式移転を含む。②において同じ）に係る完全子法人の株主は，その完全親法人の株式以外の資産の交付を受けていない場合には，その完全子法人の株式の譲渡損益の計上を繰り延べる。
②	時価課税の対象となる株式交換・株式移転	企業グループ内の株式交換および共同事業を営むための株式交換のいずれにも該当しない株式交換が行われた場合には，その完全子法人が有する資産（固定資産，土地等，有価証券，金銭債権および繰延資産（これらの資産のうちその含み損益が資本等の金額の2分の1または1,000万円のいずれか少ない金額に満たないものを除く）とする）について，時価評価により評価損益の計上等を行う。

　株式交換・株式移転についての税制は，これまで租税特別措置法にその規定があったが，平成18年税制改正により，法人税法に規定がある企業組織再編税制（合併・分割・現物出資・事後設立）に統合されることになった。これに伴い，平成18年10月1日以後に行われる株式交換・株式移転については，合併・分割等の場合と同様の適格要件（下記4で後述する）を満たした場合に限り認

められることとなった。その結果，これまで「一種の割り切り」として認められていた「現金等の交付金についての5％」ルールが廃止されることとなった。

したがって，平成18年10月1日以後は一部でも交付金銭等があれば，株式の譲渡益課税の繰延べは認められない。ただし，適格要件を満たさない場合でも，みなし配当課税は行なわれない。

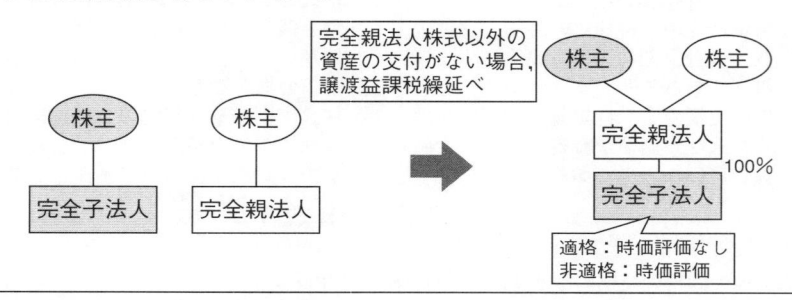

```
               完全親法人株式以外の
               資産の交付がない場合，      株主    株主
               譲渡益課税繰延べ
    株主    株主                          完全親法人
                              ⇒                   100％
   完全子法人  完全親法人                  完全子法人
                                         適格：時価評価なし
                                         非適格：時価評価

適格要件（合併税制と基本的に同様）
  ① 企業グループ内の株式交換
     完全親法人株式以外の資産の交付がないこと，100％または50％超の支配関係の継続，
     事業継続（50％超のグループ内）
  ② 共同事業を営むための株式交換
     完全親法人株式以外の資産の交付がないこと，事業の関連性，事業規模または役員，株
     式の継続保有等
```

出所：財務省資料より

② マイナスの資本積立金

とりわけ平成18年9月30日までの税制下（現行制度下）において，株主が50人未満の場合，商法においては，特定親会社において特定子会社の株式を簿価純資産で受け入れることを求めているのに対し，上述のように，税務上の課税の特例の要件を満たすためには，特定子会社の旧株主の直前の旧特定子会社株式の簿価で受け入れなければならない。この差異をどう考えるかという問題があるが，この差異については，特定親会社の法人税法申告書において，①特定子会社株式を直前の旧特定子会社株式の簿価まで減額し，②同額について資本積立金を減額するという調整を行うことで課税の特例の要件を満たすことになるという課税庁担当者の見解がある[9]。

この調整により，資本積立金の金額は商法上の資本準備金の額と乖離することになる。この乖離は，旧特定子会社に巨額の未処分利益などの剰余金がある

場合には著しいものとなる。

また，この調整の結果，将来特定親会社が特定子会社株を売却する場合には，特定子会社株式の税務上の簿価が相対的に低くなっていることに伴い，税務上相対的に大きな譲渡益が認識されることになる（特定子会社株式の譲渡によりその分の申告調整は消滅する）。またマイナスの資本積立金を認識することで，税務上の資本積立金が商法上の資本準備金より少なくなる（この調整は特定親会社が存続する限り永久に残る）ことに伴い，以後の有償減資や清算などの局面において税務上のみなし配当額が自動的に算出される可能性がある。

そのため，タックスプランニング上は，株式交換後において，この商法と税法の調整，すなわち，特定子会社株式の税務上の簿価とマイナスの資本積立金をコントロールすることが重要となる。このマイナスの資本積立金は，商法上合併比率や分割比率が時価を基準として決定されるのに対し，組織再編税制における適格合併や適格分割型分割の場合には簿価純資産額を基準として資本の部が決定されるため，これらの場合にも生じる場合がある。

③ 特定子会社に対する課税

特定子会社にとっては株主の変更が起こっただけに過ぎないため，特に課税関係は発生しない（現行制度下）。ただし，平成18年10月1日以後に行われるもので，適格要件を満たさない場合には，その有する資産について時価評価損益を計上すべきことになる（法人税法62条の9）。

④ 株式交換企業（特定親会社）に対する課税

特定親会社にとっては株式交換比率が適正である限り，特に課税関係は発生しない（現行制度下）。この点は，平成18年10月1日以降も同様となる。

（3） 株式移転とは

株式移転では，A社を新たに設立してA社はB社の株主に対してA社株式を発行し，逆にB社の株主が有するB社株式をA社に移転する。株式移転の効果は，株式交換とほぼ同様であるが，株式交換の場合にはA社が既存の会社であるのに対して，株式移転の場合は持株会社となるA社を新たに設立する点に特

徴がある。

図表2-4-13

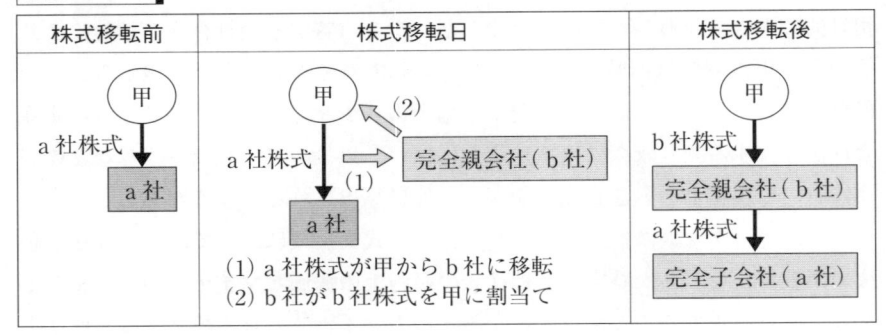

株式移転前	株式移転日	株式移転後
甲→a社株式→a社	甲→a社株式→a社、(1) a社株式が甲からb社に移転、(2) b社がb社株式を甲に割当て、完全親会社(b社)	甲→b社株式→完全親会社(b社)→a社株式→完全子会社(a社)

（4） 株式移転の税務・特例

　株式移転の税務は，上記（2）の株式交換の場合と原則として同様である（上記（2）①，③および④で述べた平成18年税制改正も同様に適用となる）。なお，株式移転の特殊性（新設法人である点など）を鑑み，現行制度下（平成18年9月30日まで適用）では右頁表のような特例が設けられている。

　株式移転時の孫会社の子会社化における譲渡益の特例は，完全親会社の持株会社化に際しての孫会社株式の譲渡益課税に対する配慮である。この特例の適用を受ける場合，完全親会社における子会社化した孫会社株式の簿価は特定子会社の税務上の簿価となるため，以後その株式を譲渡する場合には，税務上において譲渡益が生じる可能性がある。また，特定子会社側では，完全親会社にその孫会社株式を譲渡した場合，会計上では譲渡益が生じるが，この譲渡益を申告調整で減算し課税所得には含めない処理を行う。

　なお，この特例は，孫会社株式に株式譲渡益が生じる場合のものであって，逆に譲渡損が生じる場合には適用がないため，譲渡損が生じる場合には，特定子会社で損金として認識されることになる。

　特定子会社からの受取配当の特例については，株式移転後に完全子会社株式を75％以下処分しても他の要件を満たす限り適用がある。旧孫会社からの受取

〈株式移転の特例〉

株式移転時の孫会社の子会社化※1における譲渡益の特例※2	完全子会社・旧孫会社からの受取配当金の特例	
特定子会社の有する100％子会社を株式移転後に，完全親会社から見た場合の孫会社から別の完全子会社とする場合の譲渡益を繰り延べるもの	受取配当益金不算入の計算に関する特例	
要　件 1．株式譲渡益が生じること 2．完全親会社が孫会社株式を完全子会社の税務上の簿価で受け入れること 3．対象となる孫会社株式は，株式移転による完全親会社設立の1年以上前から完全子会社が100％有しているものであること 4．孫会社株式を，完全親会社設立から1年を経過する日を含む完全親会社の事業年度末までに全て譲渡すること	完全子会社からの配当※3	旧孫会社からの配当※4
	株式移転後最初の配当決議が行われるまでに25％以上所有していれば配当の全額を益金不算入の対象にする（通常の場合の所有期間要件6カ月は適用しない）	受取配当益金不算入の判定上，完全親会社の設立以後1年以内に完全子会社から譲り受けた株式については，完全子会社の所有期間を通算して判断する

※1　旧租税特別措置法67条の9の4。
※2　旧租税特別措置法67条の10，67条の11。
※3　法人税法施行令22条の2，1項2号。
※4　法人税法施行令22条の2，1項6号。

配当の特例については，株式移転時の孫会社の子会社化における譲渡益の特例の対象とならない場合であっても適用がある。

4　組織再編税制のタックスプランニング

　組織再編税制は，各種適格要件を含め相当複雑な制度となっているとともに，後述するように組織再編税制だけのための包括的な租税回避規定も創設されている。そのため，これを「積極的な」タックスプランニング目的に用いるというよりむしろ，制度をよく理解し，あくまで組織を活性化するための組織再編の手段としてのタックスプランニングに用いるという利用方法が好ましい。以下の説明においては，制度の理解という観点を中心に組織再編税制の概要を説明する。

(1) 組織再編税制の範囲とその趣旨

　組織再編税制は，平成12年の会社分割法制に対応する形で，平成13年税制改正において創設された制度であるが，その範囲は会社分割だけに限ったものではない。これは，制度創設に際し，合併，現物出資，事後設立といった既存の組織再編手法に係る税制の問題点，および，これらと会社分割との類似性を考慮し，これら既存の手法を含む統一的な税制を創設したためである。

企業組織再編税制の範囲			
会社分割	合　併	現物出資	事後設立
	従前の税制の問題点		
	●時価以下主義による恣意的な課税繰延べが可能 ●被合併法人の欠損金が引き継げない（逆さ合併）	●含み益は圧縮記帳により繰り延べられるが，含み損は損金となる（税収上不利）	
	分割との類似性		
	分割型分割≒部分吸収合併	分社型分割（吸収）≒現物出資による増資	分社型分割（新設）≒現物出資による子会社設立・事後設立

　現行税法では，合併や分割も資産の移転と性格づけている。そのため，これらは，原則として，譲渡損益を認識すべきこととなる。しかし，組織再編税制ではその例外として，一定の要件を満たす適格合併，適格分割に限り，税務上資産の移転に伴う譲渡損益の認識を繰り延べることとしている。

　組織再編税制における適格要件の基本的な考え方は，「移転した資産の支配がなお継続しているかどうか」という点であり，逆にいえば，資産の支配が継続しない状況においては，原則に立ち返り課税が生じることになる。

　なお，米国の組織再編税制においては，株主＝「法人の資産の所有者」という前提のもと，「株主の支配が継続（＝株主の投資価値が継続）しているかどうか」という価値判断があるが，日本の税制上は，「株主＝投資家」という前

提であるため「移転した資産の支配がなお継続しているかどうか」という価値判断となっていると解されている。

適　格			非適格		
譲渡損益を繰り延べる（強制）※1			譲渡損益を認識する（強制）※2		
グループ内組織再編		共同事業再編	移転法人の法人税	移転法人の株主課税	
100%	50%超	一定の要件あり	資産の移転は時価取引	旧株式の譲渡損益※3	みなし配当※4（源泉徴収の問題）
一定の要件あり					

※1　法人税法62条の2。
※2　法人税法62条。
※3　法人税法61条の2，租税特別措置法37条の10。ただし，株式のみが交付される場合には譲渡損益は繰り延べる。
※4　法人税法24条，所得税法施行令25条。交付株式のうち，資本等の金額を超える部分＝利益積立金額相当額についてみなし配当を認識する。

なお，平成18年度税制改正により，組織再編税制について次のような改正が行われることとなった。この改正は，会社法の施行の日以後に行われる非適格合併等について適用される。

①	非適格合併等の場合の退職金債務の取扱い	非適格合併等により資産等の移転を受けた場合には，その非適格合併等に伴って引き継いだ従業者の退職給与に係る債務に相当する金額等を負債に計上するほか，その資産および負債の純資産価額とその移転の対価の額との差額を資産または負債に計上し，これらの内容に応じた処理を行うものとする。
②	分割型分割の範囲	分割型分割の範囲等について，所要の整備を行う。

（2）　適格要件の概要

適格要件については，①100%グループ内組織再編，②50%超グループ内組織再編，③共同事業再編という3つの類型があり，これらの概要は次のとおりである。

適格要件のスタートラインは,「移転資産の対価として株式以外の金銭等の交付のないこと」である。この要件は,税制適格組織再編成の大前提であり,そこには,金銭を交付する場合には通常の売買と変わらない（∴担税力あり）という価値判断がある。交付金銭等とは,再編当事会社株式以外の資産をいい,三角合併における親会社株式の交付,分割時の負債創設に加え,未経過固定資産税の精算も交付金銭等に該当し,その支払いにより非適格となる。

ただし,例外として次のものはここでいう交付金銭等には含まれない。

「金銭等」に含まれないもの	ア．反対株主の株式買取代金
	イ．配当見合いの金銭（法人税法2条12号の8）
	ウ．端株の代り金

また,交付が認められる株式には,その法人のものである限り,商法上の「株式」に該当するものはすべて含まれる。よって,普通株のみならず,無議決権株式の交付があっても,原則として,税制適格組織再編成となる。この点,株式交換・移転の場合との違いは,金銭等の支払いがある場合には,金銭部分だけではなく,全体に対して譲渡損益が認識されるということである（図表2-4-14参照）。

反対株主の株式買取代金が交付金銭等から除かれているのは,通常,反対株主の買取請求は合併の前に行われるため,合併に伴う金銭等の交付とならず,適格性の判定上問題とならないと解されているためである。

また,配当見合いの金銭等が交付金銭等から除かれているのは,例えば,3月決算法人が4月に合併すると,被合併法人の株主総会が開催できず配当決議ができないことへの配慮である[10]。

なお,この配当見合いの金銭等の範囲に関して,国税不服審判所の裁決事例がある（国税不服審判所裁決平15・12・5）。これは,合併に際して支払った配当見合いの合併交付金について課税庁がこれを交付金銭等に該当するとして合併の税制適格性を否認した（これに伴いみなし配当課税を行った）というものである。

課税庁は,合併交付金を配当見合いの金銭とするためには,その旨合併契約

第4章 M&A各手法とその選択―税務上の見地から　**147**

図表 2 - 4 -14 組織再編成における移転資産等の譲渡損益課税

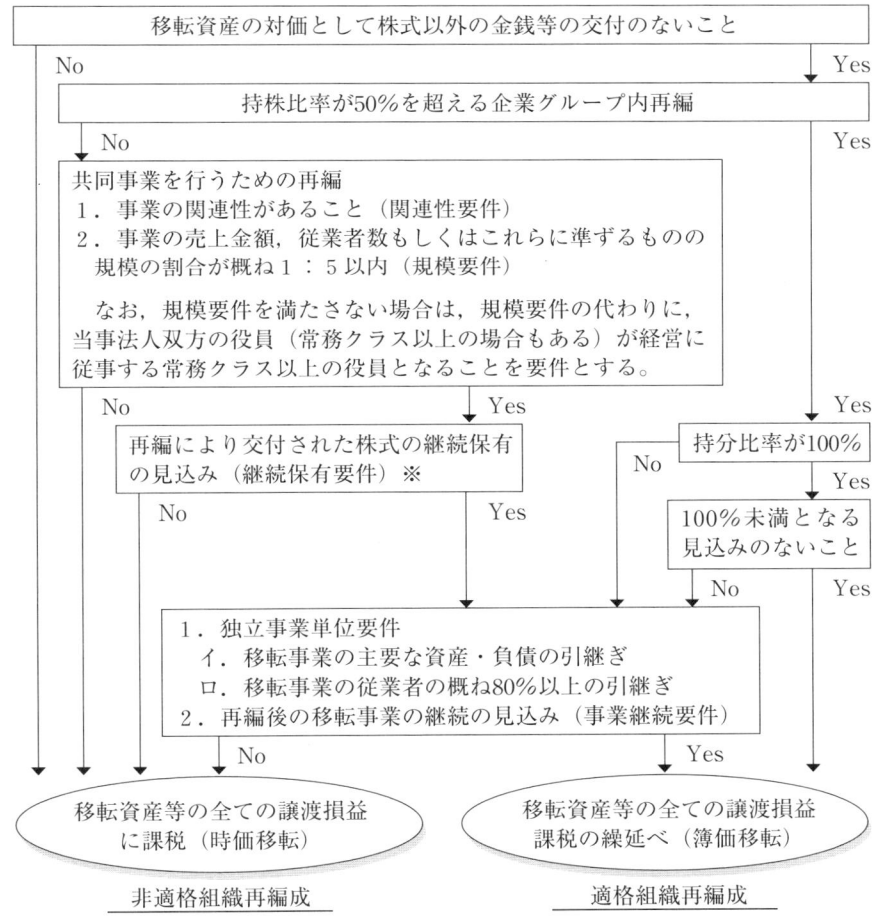

```
┌─────────────────────────────────────────────────────────┐
│      移転資産の対価として株式以外の金銭等の交付のないこと      │
└─────────────────────────────────────────────────────────┘
   No ↓                                              Yes ↓
         ┌───────────────────────────────────────────┐
         │     持株比率が50％を超える企業グループ内再編     │
         └───────────────────────────────────────────┘
            No ↓                                Yes ↓
┌──────────────────────────────────────────┐
│ 共同事業を行うための再編                     │
│ 1．事業の関連性があること（関連性要件）       │
│ 2．事業の売上金額，従業者数もしくはこれらに準ずるものの │
│   規模の割合が概ね1：5以内（規模要件）        │
│                                          │
│   なお，規模要件を満たさない場合は，規模要件の代わりに， │
│ 当事法人双方の役員（常務クラス以上の場合もある）が経営に │
│ 従事する常務クラス以上の役員となることを要件とする。  │
└──────────────────────────────────────────┘
    No ↓           Yes ↓                       Yes ↓
          ┌───────────────────────┐        ┌──────────────┐
          │ 再編により交付された株式の継続保有 │  No  │ 持分比率が100％ │
          │ の見込み（継続保有要件）※     │◀─────│             │
          └───────────────────────┘        └──────────────┘
           No ↓        Yes ↓                     Yes ↓
                                              ┌──────────────┐
                                              │ 100％未満となる │
                                              │ 見込みのないこと │
                                              └──────────────┘
                                               No ↓   Yes ↓
                ┌─────────────────────────────────┐
                │ 1．独立事業単位要件                │
                │   イ．移転事業の主要な資産・負債の引継ぎ │
                │   ロ．移転事業の従業者の概ね80％以上の引継ぎ │
                │ 2．再編後の移転事業の継続の見込み（事業継続要件） │
                └─────────────────────────────────┘
                     No ↓           Yes ↓
   ╭──────────────────╮        ╭──────────────────╮
   │ 移転資産等の全ての譲渡損益 │        │ 移転資産等の全ての譲渡損益 │
   │ に課税（時価移転）     │        │ 課税の繰延べ（簿価移転）  │
   ╰──────────────────╯        ╰──────────────────╯
      非適格組織再編成                   適格組織再編成
```

※分割法人・被合併法人の株主が50人以上である場合の当該株主が交付を受けたものを除く。
(出所) 経済団体連合会経済本部税制グループ編『新しい企業再編税制』税務研究会出版局（平成13年），44頁。

書等において明らかにしておく必要があり，本件の場合にはそうではないために適格合併とはならないと主張した。これに対し，国税不服審判所では，合併交付金が配当見合いの金銭であるかの判断においては，合併契約書等にその旨の明示または記載がない場合には，その合併交付金が支払われる経緯，支払い

を受けた株主の認識などを総合的に検討し，実質的に配当見合い金が存在するかどうかを判断するのが相当であるとし，本件の場合には，①合併比率を調整するための交付金とは認められないこと，②最終期の配当を行う実情・動機があったこと，③被合併法人の法人株主のうち調査した4社および個人株主であった全員が本件合併交付金を配当としてそれぞれ申告していること，④利益の配当として源泉徴収を行っていること，および⑤株主に対して配当である旨通知していることなどから，被合併法人の株主に対する最終期の配当見合いの金銭であると認めるのが相当であるとの判断を下している。

このように，国税不服審判所が配当見合いの金銭について実質的な判断を行っている点は評価できる。他方，納税者の生活の知恵としては，課税庁との不必要な議論を避けるためには，合併交付金が配当見合いの金銭である旨合併契約書等に明示または記載しておくことが好ましいことになる。しかし，合併契約書等への明示・記載があれば必ず配当見合い金銭等として認められるかというわけではなく，この場合にも実質判断が行われる点には留意する必要がある。

(3) 合併における適格要件

合併の場合，具体的には次の要件を満たす場合には適格合併に該当する（法人税法2条12号の8）。合併の場合，商法上被合併法人がすべての資産等を引き継ぐため，主要資産負債引継要件は規定されていない。

さらに，適格合併でさらに図表2-4-15に示す追加の要件を満たす場合には，欠損金の引継ぎが認められている。この欠損金の引継ぎは，合併に類似する分割の場合にも適用がある。逆にいえば，要件を満たさない場合には，欠損金の引継ぎが認められないという点で，この規定は一種の個別的な租税回避防止規定とも位置づけられている。

適格要件そのものについては，共同事業を行うための合併等の場合は，グループ内の合併等の場合より要件が厳しいのに対し，欠損金の引継ぎの要件に関しては，逆にグループ内の合併等の場合の方が，共同事業を行うための合併等の場合より要件が厳しくなっている。これは，欠損金の引継ぎの規定が，租税回避防止規定の一種でもあるところ，グループ内の合併等の場合には，租税回避行為の温床となりやすいためである。

持株割合が50%を超えるグループ内再編		共同事業を行うための再編
持株割合が100%の場合	持株割合が50%超100%未満の場合	
移転資産の対価として株式以外の金銭等の交付がないこと		
持株割合が100%未満となることが見込まれていないこと	(1)【従業員引継要件】被合併法人の従業員のおおむね80%以上が合併法人に引き継がれていること (2)【事業継続要件】合併法人が被合併法人の事業を継続する見込みであること	(1)【事業関連性要件】事業の関連性があること (2)【規模要件または経営参画要件】当事者の事業規模(売上高, 従業員数, 資本金等)の格差が1：5以下であること, または, 被合併法人の特定役員のいずれかと合併法人の特定役員のいずれかとが合併後に合併法人の特定役員となること(※特定役員＝常務クラス以上の役員で経営従事している者) (3)【従業員引継要件】被合併法人の従業員の概ね80%以上が合併法人に引き継がれていること (4)【事業継続要件】合併法人が被合併法人の事業を継続する見込みであること (5)【株式継続保有要件】合併により交付された株式を80%以上継続保有する見込みであること(被合併法人の株主が50人以上の場合を除く)
	※合併の場合には主要資産負債引継要件はない。	

※80%以上継続保有の見込みとは, 交付株式の80%以上を保有する株主が, 交付株式を継続保有する見込みをいう。すなわち, この要件は, 継続して保有している株式の割合ではなく, 全部を継続して保有している株主の株式の保有数の割合についてのものであり, 逆の言い方をすれば, 交付株式の1株でも手放す可能性のある株主の交付株式における持株割合が20%以下であることを求めている。この80%基準は, 分社型分割・現物出資の場合の株式継続保有要件(株式全部の継続保有の見込み)と比べて緩和されているが, これは, 合併(および分割型分割)の場合における会社の実質的な支配に影響を及ぼさない少数株主の存在を配慮したものと解されている。

図表 2-4-15 適格合併・適格分割型分割における欠損金の利用

従来：合併において繰越欠損金は一切引き継がない

改正後：原則—繰越欠損金を引き継ぐ
　　　　例外—租税回避防止の観点から，グループ内再編の場合の繰越欠損金の利用に限り一部制限

※事業全部が移転し分割法人が遅滞なく解散することが確実な分割型分割（合併類似適格分割型分割）も同様。なお，現物出資，分社型分割，分割会社が存続する分割型分割においては，分割会社・現物出資会社に残存する。

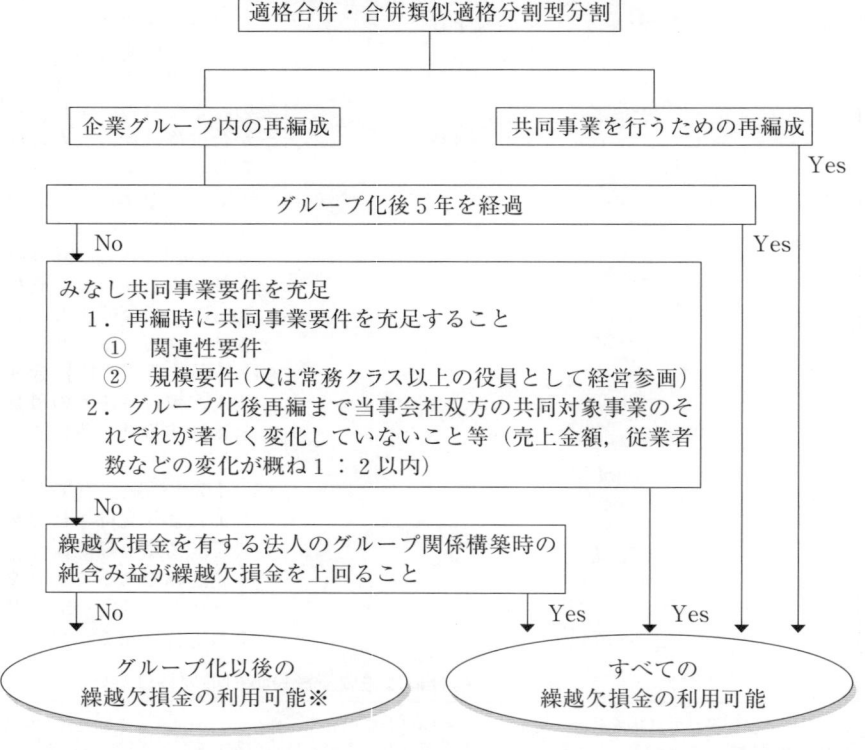

```
                    適格合併・合併類似適格分割型分割
                              │
              ┌───────────────┴───────────────┐
    企業グループ内の再編成              共同事業を行うための再編成
              │                                │
              │                               Yes
              ▼
    ┌─────────────────────────────────────┐
    │      グループ化後5年を経過            │
    └─────────────────────────────────────┘
         │ No                    │ Yes
         ▼
    ┌─────────────────────────────────────┐
    │ みなし共同事業要件を充足              │
    │  1．再編時に共同事業要件を充足すること │
    │    ① 関連性要件                      │
    │    ② 規模要件（又は常務クラス以上の   │
    │       役員として経営参画）            │
    │  2．グループ化後再編まで当事会社双方の │
    │     共同対象事業のそれぞれが著しく変化 │
    │     していないこと等（売上金額，従業者 │
    │     数などの変化が概ね1：2以内）      │
    └─────────────────────────────────────┘
         │ No
         ▼
    ┌─────────────────────────────────────┐
    │ 繰越欠損金を有する法人のグループ関係   │
    │ 構築時の純含み益が繰越欠損金を上回ること│
    └─────────────────────────────────────┘
         │ No              │ Yes      │ Yes
         ▼                 ▼          ▼
   ╭──────────────╮        ╭──────────────╮
   │グループ化以後の│        │   すべての   │
   │繰越欠損金の利用│        │繰越欠損金の利用│
   │   可能 ※    │        │    可能     │
   ╰──────────────╯        ╰──────────────╯
```

※グループ化以前から有する資産のグループ化後の譲渡等による損失により生じた繰越欠損金の利用は不可。

（出所）経済団体連合会経済本部税制グループ編『新しい企業組織再編成税制』税務研究会出版局（平成13年），49頁。

第4章 M&A各手法とその選択—税務上の見地から

図表2-4-16 買収した欠損法人を利用する租税回避行為への対応措置（案）

> 買収した欠損法人を利用する租税回避行為を防止するため，欠損法人がその買収後5年以内に，買収前の事業の全部廃止，その事業規模を大幅に超える資金受入れを行うこと等一定の事由に該当するときは，欠損法人の欠損金の繰越控除と資産譲渡等損失の損金算入を制限する。
>
> 欠損金　　　　　…一定の事由に該当する日の属する事業年度前に生じた欠損金の繰越控除の不適用
> 資産譲渡等損失　…上記事業年度開始の日から3年以内（買収後5年が限度）に生ずる資産譲渡等損失の損金不算入
>
> （注）
> 1．企業再生と区別するため，債務免除等の債務処理が行われる場合等は適用除外
> 2．欠損金については平成18年4月1日以後に買収される場合について適用し，資産譲渡等損失については平成18年4月1日以後に終了する事業年度について適用

○買収
　欠損法人の株式取得等によって特定の株主の株式保有割合が50％超となったこと（支配の取得）
○一定の事由（例）
① 欠損法人が休業法人である場合に，買収後に事業を開始すること
② 買収前事業のすべてを廃止する場合に，買収前事業の規模の概ね5倍を超える事業資金を受け入れること
③ 特定の株主等によって欠損法人に対する債権が取得されている場合に，買収前事業の規模の概ね5倍を超える事業資金を受け入れること
④ 買収前の特定役員の全員退任及び使用人の相当程度の退職等があった場合で，買収前の従業者が従事しない事業の規模が買収前事業の規模の概ね5倍を超えること　等

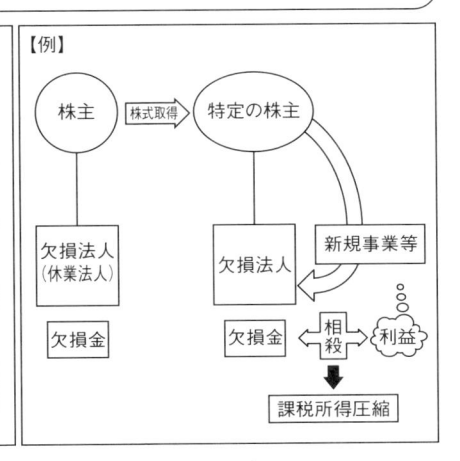

【例】
株主 →[株式取得]→ 特定の株主
欠損法人（休業法人）／欠損金
欠損法人／欠損金 ↔ 新規事業等／利益　相殺
→ 課税所得圧縮

出所：財務省資料より

　注意したいのは，欠損金の引継要件を充足しない適格合併の場合，被合併法人の欠損金だけではなく，合併法人の欠損金も制約を受けてしまうということである。ただし，改正前の取扱いとの平仄を保つため，平成13年3月31日以前に終了した事業年度の合併法人の繰越欠損金には制限は生じないとする経過措置が講じられている。これに対して，非適格合併の場合には，合併法人の欠損金についての制約はない。そのため，合併法人の欠損金を有効利用するという

観点からは，経過措置が利用できるかどうか，あるいは，非適格合併を目指すことを検討する必要がある。

　非適格合併の場合に欠損金の制限がない理由としては，非合併法人の資産負債が時価で合併法人に引き継がれ，非合併法人の欠損金は合併法人に引き継げないため，被合併法人の含み益に対して合併法人の欠損金を利用することがありえない（そもそも租税回避行為が行なえない）ためである。ただし，経過措置の適用を受ける合併法人の欠損金・被合併法人の欠損金については，その経済的合理性のいかんによって，従前の判例における「逆さ合併」における繰越欠損金の否認の対象になる可能性がある。

　なお，欠損金に関連して，平成18年税制改正により，買収した欠損法人を利用した租税回避行為が規制されることとなった（図表2-4-16参照）。

（4） 分割における適格要件

　分割の場合，具体的には次の要件を満たす場合には適格分割に該当する（法人税法2条12号の11）。会社分割には，これまでの類型としては分割型分割（人的分割）と分社型分割（物的分割）がある（さらに，新設分割，吸収分割という区分もある）が，分割型分割（人的分割）の場合には，適格分割は，分割法人の株主の持分割合に応じて株式が交付されるもの（すなわち按分型の分割型分割）に限られている。なお，会社法では分割型分割という概念がなくなり，分社型分割に統一され，分割型分割は，分割対価が間接交付されるもの（分社型分割＋現物配当）として整理されることになるが，税法では元々分割型分割は「分割対価を間接的に交付する」ものとして考えられているため，定義規定の改正を除き現行の取扱いが維持される。

　いわゆるMBOや上場企業の分割型分割は，原則として適格分割に該当しないことになる。MBOについては，そもそもグループ内分割の適格要件を充足できず，また，受け皿となる分割法人が分割承継事業と関連する事業をあらかじめ営んでいる場合を除き，共同事業としての分割の適格要件を充足することは難しい。上場企業の分割型分割は，通常，共同事業としての分割の適格要件を充足できず，また，50％以上の支配株主が存在することは比較的稀であることから，グループ内分割に係る適格要件を充足することが難しい。この適格分

持株割合が50%を超えるグループ内再編		共同事業を行うための再編
持株割合が100%の場合	持株割合が50%超100%未満の場合	
移転資産の対価として株式以外の金銭等の交付がないこと		
持株割合が100%未満となることが見込まれていないこと	(1)【主要資産負債引継要件】分割事業の主要な資産および負債が分割承継法人に引き継がれていること (2)【従業員引継要件】分割事業の従業員のおおむね80%以上が分割承継法人に引き継がれていること (3)【事業継続要件】分割承継法人が分割対象事業を継続する見込みであること	(1)【事業関連性要件】事業の関連性があること (2)【規模要件または経営参画要件】当事者の事業規模（売上高，従業員数等）の格差が1：5以下であること，または，分割前の分割法人の特定役員のいずれかと分割承継法人の特定役員のいずれかが分割後に分割承継法人の特定役員となること（※特定役員＝常務クラス以上の役員で経営従事している者） (3)【主要資産負債引継要件】分割事業の主要な資産および負債が分割承継法人に引き継がれていること (4)【従業員引継要件】分割事業の従業員の概ね80%以上が分割承継法人に引き継がれていること (5)【事業継続要件】分割承継法人が分割対象事業を継続する見込みであること (6)【株式継続保有要件】分割事業の対価として交付された所定の株式を継続する見込みであること（分割法人の株主が50人以上の場合を除く）

※分割型分割（人的分割）の場合には，合併の場合と同様に，少数株主の存在に配慮し，80%以上継続保有の見込み（交付株式の80%以上を保有する株主が，交付株式を継続保有する見込み）が必要となる。他方，分社型分割（物的分割）の場合には，交付株式の全部を継続して保有する見込みが必要となる。

割の要件という観点から考えると，日本においては，適格分割型分割は行いにくいということになる。実際，公表されているわが国の分割の事例には，圧倒的に分社型分割が多い。

（5） 現物出資における適格要件

現物出資の適格要件は基本的に分割の場合と同様である。ただし，外国法人に対し国内にある資産や負債を現物出資する場合は適格とはならない（持株割合25％以上の外国法人株式を現物出資することは適格要件に抵触しない）。また，外国法人の日本支店による現物出資については①その日本支店の事業継続要件，および②その日本支店における現物出資後の株式管理要件といった追加要件がある。国内においては，現物出資より会社分割の使い勝手がよいが，国外向け，例えば海外支店の現地法人化など国外にある資産や負債の現物出資としては依然として現物出資の使い道がある。

持株割合が50％を超えるグループ内再編		共同事業を行うための再編
持株割合が100％の場合	持株割合が50％超100％未満の場合	
移転資産の対価として株式以外の金銭等の交付がないこと		
持株割合が100％未満となることが見込まれていないこと	(1)【主要資産負債引継要件】 (2)【従業員引継要件】 (3)【事業継続要件】	(1)【事業関連性要件】 (2)【規模要件または経営参画要件】 (3)【主要資産負債引継要件】 (4)【従業員引継要件】 (5)【事業継続要件】 (6)【株式継続保有要件】

※現物出資の場合には，分社型分割（物的分割）の場合と同様に，交付株式の全部を継続して保有する見込みが必要となる。

（6） 事後設立における適格要件

事後設立については，次の要件を満たす場合に適格事後設立に該当する。事後設立については，持株割合50％超の場合，共同事業を行うための場合への適用はない。

- 事後設立法人が被事後設立法人の株式を100％保有すること
- 被事後設立法人設立後6ヵ月以内に事業を一括して譲渡すること
- 被事後設立法人の資本金がおおむね譲渡資産の価額相当であること
- 事業譲渡日に100％資本関係を維持すること
- 事後設立後資本関係が100％未満になることが見込まれないこと

（7） 租税回避防止措置

　組織再編税制には，「税負担を不当に減少させる結果となる」場合には課税の繰延べ等の税制上の特典を適用しないという「包括的否認規定」が設けられている。この包括的否認規定は，法人税法だけでなく相続税・所得税・相続税等の各税目にも設けられている。規定振りからは，適格組織再編を非適格組織再編として否認するだけでなく，非適格組織再編を適格組織再編として否認することもできることになっている。この「税負担を不当に減少させる」ことについては，不確定概念を含むため課税当局の裁量の余地があり，具体的にどのような事例に適用されるかということについては，画一的な適用基準はなく，また現段階では先例の蓄積もない。

　この点，課税庁出身者の解説書では，組織再編を利用した租税回避として次のような例が示されている。

① 繰越欠損金や含み損のある会社を買収し，その繰越欠損金や含み損を利用するために組織再編成を行うこと。
② 複数の組織再編成を段階的に組み合わせることなどにより，課税を受けることなく，実質的な法人の資産譲渡や株主の株式譲渡を行うこと
③ 相手先法人の税額控除枠や各種実績率を利用する目的で，組織再編成を行うこと
④ 株式の譲渡損を計上したり，株式の評価を下げるために，分割等を行うこと

出所：中村慈美他『必携・企業組織再編の法人税務』大蔵財務協会（平成16年），394頁

図表 2-4-17　企業組織再編成における含み損の取扱い

```
原　則：随時の実現可能
例　外：租税回避防止の観点から，グループ内再編の場合の含み損の実現
　　　　に伴う損金算入を一部制限
```

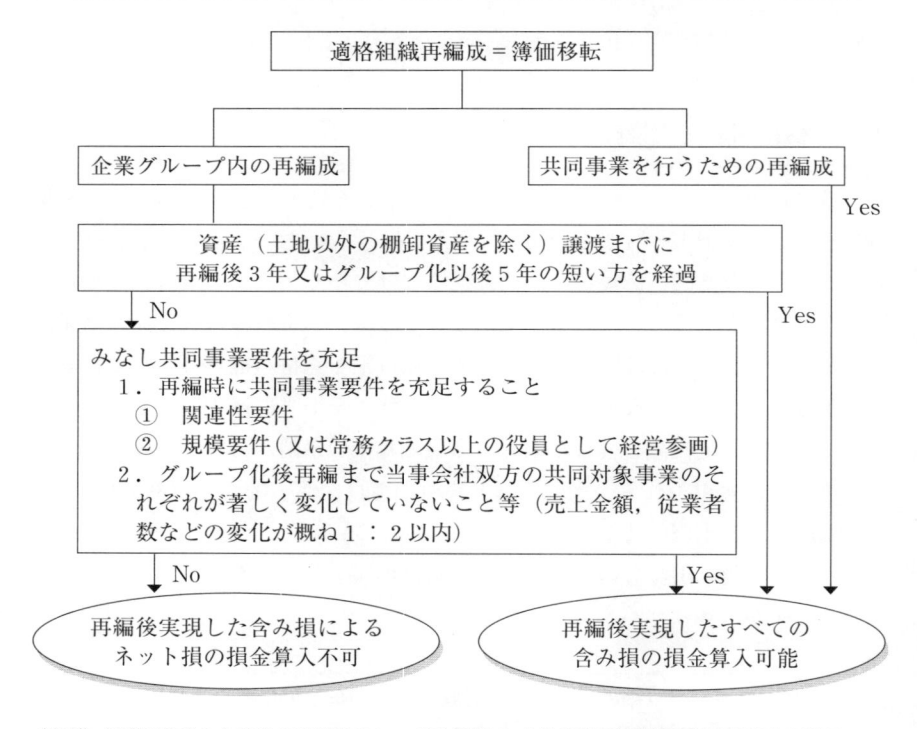

```
              適格組織再編成＝簿価移転
                    │
        ┌───────────┴───────────┐
   企業グループ内の再編成        共同事業を行うための再編成
        │                              │
        │                              │ Yes
   資産（土地以外の棚卸資産を除く）譲渡までに
   再編後3年又はグループ化以後5年の短い方を経過
        │
      No│          Yes
        │           │
   みなし共同事業要件を充足
   1．再編時に共同事業要件を充足すること
     ①　関連性要件
     ②　規模要件（又は常務クラス以上の役員として経営参画）
   2．グループ化後再編まで当事会社双方の共同対象事業のそ
     れぞれが著しく変化していないこと等（売上金額，従業者
     数などの変化が概ね1：2以内）
        │                │
       No               Yes
        ▼                ▼
   再編後実現した含み損による    再編後実現したすべての
   ネット損の損金算入不可        含み損の損金算入可能
```

(出所)　経済団体連合会経済本部税制グループ編『新しい企業組織再編税制』税務研究会出版局
　　　（平成13年），55頁。

　実務上，合併する前に株式保有関係を事前に整理し，100％子会社にしたうえで合併をするという事例が多い。法人税法の規定振りでは，適格要件は合併の直前の持株比率で判定するため，このような事前の持株関係の整理も，原則として，税務上容認される。しかし，このような事前調整がもっぱら税目的であるような場合には，租税回避防止条項が発動される可能性があることに留意を要する。例えば，休眠会社を買い取ったうえでの合併は，税務上は租税回避

とみなされる可能性がある。事前の株式保有関係の整理そのこと自体について，税目的以外の経済的合理性を具備しておく必要がある。この点，従来より50％超の保有関係がある場合，合併直前に100％保有関係にして合併することについて，課税庁は「50％超の関係も満たして100％保有関係の要件も満たせば問題がない」と回答しているようである[11]。

さらに，株式交換・株式移転と合併・分割を組み合わせた取引についても，租税回避の嫌疑が生じないようにするため，事前の慎重な分析を要する。この点については，第1段階の株式交換・株式移転に経済的合理性があるかどうか（すなわち第2段階の合併・分割に至る過程において，その株式交換・株式移転が単独で意義を有するかどうか）ということがポイントとなるものと考える。

また個別的否認規定としては，先に説明した合併等における欠損金の引継ぎに関するものに加えて，次のような含み損の利用に関する制限がある。これは，グループ化以前から有する資産の含み損を合併後の利益と損益通算することを制限するためのもので，欠損金の引継ぎの制限規定とは，ある意味でコインの表裏の関係にあるためである。ただし，この規制の対象となる資産からは，棚卸資産（土地等を除く），売買目的有価証券，グループ化時点で簿価1,000万円未満の資産，グループ化時点で含み損のない資産は除かれている（法人税法施行令123の8⑥）。

（8）組織再編税制の課税関係の概要

税制適格・非適格における課税は，主として①移転法人における移転資産の譲渡損益，②移転法人の株主における課税という2つの段階があるが，各再編別の課税関係をまとめると図表2-4-18のとおりである。

（9）適格と非適格どちらを目指すべきか

一般的には適格要件を満たすことが有利である。特に，M＆Aの対象資産に含み益がある場合には，タックスプランニング上適格組織再編を積極的に活用することが重要となる。また，実務上の問題として，特に上場会社など株主が多数にわたる場合，非適格組織再編とすると，交付金銭等がない場合であっても，株主におけるみなし配当課税が生じ，多数の株主に税負担を生じさせる結

図表 2 - 4 -18

			適 格	非適格
移転法人			譲渡損益を繰り延べる	譲渡損益を認識する
移転法人の株主	分割型分割・合併	金銭交付あり	N／A	株式の譲渡損益＋みなし配当
		金銭交付なし	課税関係なし	みなし配当
	分社型分割・現物出資・事後設立		課税関係なし	
承継法人			課税関係なし	
承継法人の株主			課税関係なし	

果となる可能性がある。このような株主へのみなし配当を避けるという目的で，適格組織再編を目指すということも行われている。また，適格組織再編成の場合には，受取配当等の益金不算入の取扱いにおける特定株式にかかる株式の保有期間の判定においては，合併法人等がその株式を継続して保有していたものとする（すなわち，移転法人の株式の保有期間を移転を受けた法人の保有期間とみなす）ことになる（法人税法施行令22条の2②）。

他方，例えば，会社再建上含み損を顕在化させる必要がある場合などは，100％グループ内の分割であっても非適格分割にした方が好ましい局面もある。逆に，もっぱら税務上の観点を重視し，無理矢理に適格要件（例えば共同事業としての分割および欠損金の引継ぎにおける経営参画要件）を充足させるような場合には，M＆A後における事業のあるべき姿などについての経済的合理性を欠いてしまい，その結果事業の業績の改善に繋がらず，適切な企業戦略とはいえない場合もありうる。そのため，適格要件を簡単に充足することが難しい事案においては，適格要件を充足させた場合，充足させなかった場合，それぞれの局面における税金以外での費用対効果を衡量したうえで，方向性を決定する必要がある。

（10） 非適格でも受けられる租税の優遇措置

消費税については，合併・分割においては，適格・非適格にかかわらず不課税である。ただし，現物出資や事後設立については，消費税の対象になる。ま

た，合併において不動産取得税は非課税であるところ，分割の場合には，主要資産負債引継要件，従業員引継要件，事業継続要件を充足すれば非課税となる（地方税法73の7，地方税法施行令37の4）。つまり，分割の場合には株式継続保有要件を充足せず法人税法上非適格分割となる場合であっても，不動産取得税は非課税となる場合がある。なお，不動産取得税に関しては，現物出資・事後設立についても一定要件のもと，非課税措置が講じられている。

（11）M&A税制グレーゾーンをめぐる対応

先に述べたように，組織再編税制については，制度が創設されてまだ間もないことから，租税回避として否認された事例は公表されていない。そのため，タックスプランニング上不確実性が残っている。PMIの視点からは，この不確実性も一種の統合阻害事由である。以下においては，上記で触れていないグレーゾーンとこれに対する対処法について説明する。

① 海外での組織再編

商法上（あるいは会社法上），内国法人と外国法人との合併ないし会社分割の規定はない（原則として想定されていない）ため，これらを適格合併ないし適格分割とすることはできないと解されている。他方，外国法人への現物出資・事後設立は，上述の所定の要件を満たせば適格となりうる。

株式交換・株式移転は，現行制度下では，租税特別措置法に規定があり，企業組織再編税制は法人税法に規定がある。株式交換・株式移転に関する税の優遇措置は，本邦商法上の株式交換・株式移転（日本企業同士の株式交換・株式移転）を前提としているため，外国における株式交換・株式移転については適用がない。ただし，平成18年税制改正により，株式変換・移転の取り扱いは法人税法に組み込まれた上で，税法独自の定義規定を設けている（法人税法2条12号の16）ため，その範囲についての考え方が変わる可能性がある。

他方，企業組織再編税制は，「商法上（あるいは会社法）の合併・分割」のみに限定していない。したがって，例えば，外国子会社の合併についても本邦企業組織再編税制の適格要件を充足する限り，適格分割として取り扱われる可能性がある。ただし，外国においては適格（非課税）となる組織再編成であっ

ても，組織再編税制の基本理念・各種要件の違いにより，それが日本において適格（非課税）となるかどうかについては不確実性が残る。

②　多数当事者の組織再編

たとえば，3社以上の合併においては，その合併が全体として1つの合併ということであれば，すべての法人において適格要件を満たす必要があり，原則として一部でも非適格となれば全体として非適格合併となると解されている[12]。しかし，例外として，ケースバイケースの取扱いが認められる余地もあるようであるが，いかなる基準が用いられるかは不明である。なお，この点は，後述する個別照会制度の対象となる見解も示されている[13]。

③　多段階の組織再編

例えば，合併が連続することが見込まれている場合（当初の合併の合併法人が次の合併で消滅してしまう場合）の株式継続保有要件をどうするかという問題がある。この点は，平成15年の税制改正で手当てされ，例えば，当初の合併に続き，その後に次の組織再編が見込まれているような場合には，その予定されている組織再編を見込んだところで適格判定を行うこととされている。また，分割型分割の後に分割法人を吸収合併する場合の当初の分割の適格性の判断においても，その分割から適格合併の直前までの株式保有関係の継続性で判断できるとされている（法人税法施行令4条の2④ニ）。また，この場合の適格性の判定は，それぞれの組織再編ごとに別々に行うことになる。

④　組織再編税制と租税条約

例えば，日本法人が行う会社分割（適格分割）に伴い，分割事業の傘下にある外国法人の株式も分割承継法人に移転する場合，その外国法人の所在地国での課税関係がどうなるかという問題がある。株式の譲渡益課税については，租税条約ごとに異なる規定を設けているため，課税取扱いは適用される条約により異なる結果となる。また，租税条約がない国に所在する外国法人の株式の場合には，現地の税務取扱いを確認する必要がある。すなわち，このような場合には，本邦税法上の適格性に加えて，現地税法および適用される租税条約の検

討も要することになる。

この点，日仏租税条約では，唯一組織再編に関連してこれに伴う株式の移転に関する規定を設けている。同条約13条②bでは，例えば，日本法人が，組織再編に関連してフランス法人の株式の譲渡益が生じる場合には，日本の税務当局が，その組織再編に係る譲渡に関し，日本の税法上課税の繰延べが認められることを証明する証明書を発行する場合には，フランスでの課税は生じないことを認めている。ここでは，証明書の発行が要件となっている。

しかし，現行のわが国の税法では，このような証明書を発行する手続規定を設けていないため，この条約上の取扱いの適用を受けることができるのか不確実性が残る。一説では，フランスにおいては証明書制度があり，日本にはないため，上記の例ではこの規定は「空振り」となり，もっぱら上記と逆のケース（すなわちフランス法人がフランスの組織再編に関し日本法人株式の譲渡益が生じる場合における日本での課税の免除）のみに適用されるという見解もあるようである。しかし，租税条約に定める規定が，国内法の未整備により適用されないというのもおかしな話であり，手続規定の整備が望まれているところである。なお，日仏租税条約については改正交渉が行われているところである。

⑤ 事前回答制度の活用

以上に掲げたグレーゾーンの例はあくまで例示であって，これ以外にも個別案件ごとに，組織再編税制の適用において不確実性が生じる場合がありうる。

この点の配慮から，組織再編税制に関して，各国税局・国税事務所では事前相談窓口を設けている。担当となるのは，東京，大阪の各国税局では，課税第一部審理課，札幌，仙台，関東信越，金沢，名古屋，広島，高松，福岡，熊本の各国税局では，課税（第一）部審理官，沖縄国税事務所では，法人課税課または調査課である。なお，原則として匿名での電話相談には応じておらず，事前にアポイントをとったうえでの面談での照会となる。その際には，事前に取引の概要と資本関係に関する書面を用意しておくと，照会をスムーズに運ぶことができる。それぞれの連絡先は図表2-4-19のとおりである。

図表2-4-19 国税局および国税事務所

名　称	郵便番号	所在地	電話番号
札幌国税局	060-0042	札幌市中央区大通西10丁目 札幌第二合同庁舎	011-231-5011
仙台国税局	980-8430	仙台市青葉区本町3丁目3番1号 仙台合同庁舎	022-263-1111
関東信越国税局	330-9719	さいたま市中央区新都心1番地1 さいたま新都心合同庁舎1号館	048-600-3111
東京国税局	100-8102	千代田区大手町1丁目3番3号 大手町合同庁舎3号館	03-3216-6811
金沢国税局	920-8586	金沢市広坂2丁目2番60号 金沢広坂合同庁舎	076-231-2131
名古屋国税局	460-8520	名古屋市中区三の丸3丁目3番2号 名古屋国税総合庁舎	052-951-3511
大阪国税局	540-8541	大阪市中央区大手前1丁目5番63号 大阪合同庁舎第3号館	06-6941-5331
広島国税局	730-8521	広島市中区上八丁堀6番30号 広島合同庁舎1号館	082-221-9211
高松国税局	760-8578	高松市天神前2番10号 高松国税総合庁舎	087-831-3111
福岡国税局	812-8547	福岡市博多区博多駅東2丁目11番1号 福岡合同庁舎	092-411-0031
熊本国税局	860-8603	熊本市二の丸1番2号 熊本合同庁舎1号館	096-354-6171
沖縄国税事務所	900-8554	那覇市旭町9番地 沖縄国税総合庁舎	098-867-3101

5　営業譲渡のタックスプランニング

(1) 営業譲渡の税務

　営業譲渡については，税法上営業（有機的一体として機能する組織的財産）の一括譲渡として取り扱われ，企業組織再編税制の対象外となるため，原則として，時価に基づき譲渡損益を認識すべきことになる。譲渡対価の適正性につ

いては，実務上，とりわけグループ会社間の営業譲渡について後日税務調査において精査の対象となるので留意が必要である。

その意味において，特に土地の時価については，不動産鑑定士による鑑定評価書，売買実例，公示価格を参考に算定することが実務上必要となる。営業譲渡における低額譲渡・高額譲渡の場合の課税取扱いは，株式譲渡の場合とほぼ同様である。なお，営業譲渡の対象として含み益を有する資産がない場合には，原則として譲渡益課税は生じないこととなる。ただし，この場合であっても，簿外資産（例えば，少額減価償却資産として取得時に損金処理を行っている場合）の譲渡については，その簿外資産を特定したうえで，適正な簿価に基づく譲渡益を認識すべきことになる。

また，課税資産（例えば，棚卸資産，有形・無形固定資産）の譲渡については消費税の対象になる（金銭債権，有価証券，土地等は消費税が非課税となる）。営業譲受法人における営業譲渡に係る消費税額は，免税事業者の場合，課税売上割合が95％未満の場合，あるいは簡易課税を採用している場合を除き，原則として仕入れ税額控除の対象になるため，営業譲渡対価支払い時における一時的なキャッシュフローの問題と考えることができる。

なお，営業譲渡に伴う退職給与引当金の引継ぎに関して課税が生じる場合がある。原則として，譲渡側では退職給与引当金の引継ぎについて結果的に課税は生じないが，譲受側では，退職給与引当金の受領に関し，これを益金として計上することになるものの，引当金繰入額の損金算入限度額を超える金額は損金不算入となるため，課税が生じる場合がある。この問題は，営業譲渡時に従業員に退職金を支払う場合には，生じないが，勤続年数を引き継げない点で従業員に不利となるという問題がある。

（2） 営業権の税務

営業譲渡の場合には，各譲渡資産・負債の時価を把握する必要がある。上記の土地に加えて，特に注意しなければならないのは営業権である。営業権とは，事業の超過収益力をいい，その評価方法として，DCF法，年倍法（過去の平均年利益に基づくもの），EBITDA倍率法（税引後利益から償却費などの非支出費用を控除した金額に基づくもの）などの方法がある。

これまでの実務においては，法人が営業権を計上している場合に，営業権に実態（超過収益力）がないとして，課税庁がその計上および以後の償却を否認する可能性はあるものの，逆に法人が営業権を認識していない場合に，今のところ課税庁による積極的な営業権の認定課税は行われていないようである。これは，営業権の評価方法として確定的な方法が存在しているとまではいえず，上記のような方法で算出される営業権の額には相当の幅が生じるためであると推測される。ただし，今後は，営業権の認定課税リスクが全くないとまではいいきれない。一見して営業権を認識しないことが不合理であると考えられる場合には，営業権の認定課税が行われる可能性がある。

　なお，営業権の算定方法について法人税法には規定がないため，実務上は，次のような相続税財産評価通達における営業権の評価方法をいわゆるセーフハーバーとして用いることもある。なお，この評価方法が唯一無二の評価方法というわけではなく課税庁が前述の他の評価方法を採用する余地も大いにありうるという点には注意を要する。

〈相続税財産評価通達165（営業権の評価）〉

　営業権の価額は，次の算式によって計算した価額と課税時期を含む年の前年の所得の金額（営業権の価額が相当高額であると認められる著名な営業権については,その所得の金額の３倍の金額）とのうちいずれか低い金額に相当する価額によって評価する（平11課評２－12外・平16課評２－７外改正）。

　　平均利益金額×0.5 －企業者報酬の額－総資産価額×営業権の持続年数（原則として，10年とする。）に応ずる基準年利率＝超過利益金額

　　超過利益金額×$\dfrac{\text{上記の営業権の持続年数に応ずる}}{\text{基準年利率による複利年金現価率}}$＝営業権の価額

※　企業者報酬の額の最高額は平均利益金額の10％とされている（財産評価基本通達166（３））。
※　財産評価通達では，営業権の持続年数は原則10年としている。また，平成16年に適用される基準年利率（昭和39年４月25日付直資56・直審（資）17「財産評価基本通達」（法令解釈通達）の４-４に定める基準年利率）では，長期７年以上の基準年利率（平成16年12月）は1.5％である。

このうち最初の算式を因数分解すると次のようになる。

平均利益金額＝x
総資産価額＝y
企業者報酬の額＝0.1 x
基準年利率＝1.5%
0.5 x － 0.1 x －0.015 y ＞ 0
0.4 x ＞ 0.015 y
x ／ y ＞ 0.015／0.4＝3.75%

　この計算は，総資産利益率が3.75%以上の場合には，この算式上営業権の額が算出されることになることを意味している。したがって，ある営業の総資産利益率がこれを上回る場合には，現行の相続税財産評価通達の算式では，比較的容易に営業権が認識されうるということになる。この場合に課税庁側から営業権の認定課税が行われるかという問題がある。

　上記の算式は，事業が黒字の場合に妥当する。したがって，原則として収益性のある事業についてのみ営業権（超過収益力）が計上されるということになる。しかし，事業が赤字の場合であっても，官庁の許認可等を有していたり，赤字の原因となった研究開発や先行投資に資産性が認められる場合には，営業権の認識が認められている事例もある（法人税法基本通達 7－1－5，国税不服審判所裁決昭和46.8.13，同裁決昭和54.7.13）。

　営業権は，譲受会社側において5年で均等償却を行うことになる。この点は，期中の営業譲受であっても，初年度に5分の1の償却が認められている。

　なお，企業結合会計の導入により，平成18年4月1日以降の合併については，パーチェス法（被結合企業の資産・負債を時価で引き継ぐとともに，その取得原価を，対価として交付する現金および株式等の公正価値とする会計処理方法）または持分プーリング法（すべての結合当事企業の資産，負債および資本を，それぞれの適切な帳簿価額で引き継ぐ会計処理方法）が適用されることとなる。合併についてパーチェス法が適用される場合には，①被結合企業から受け入れる資産・負債については時価評価を行った上で，②上記①の取得価額と，これ

とは別途算出される時価評価ベースの純資産額との差額を「のれん」（①＞時価評価ベースの純資産額の場合）もしくは「負ののれん」（①＜時価評価ベースの純資産額の場合）として計上すべきこととなる。

この点，平成18年税制改正では，「のれん」を「資産調整勘定」と，「負ののれん」を「負債調整勘定」とした上で，非適格合併等の場合に認識されたこれらの「のれん」・「負ののれん」を5年均等減額（「のれん」は損金算入，「負ののれん」は益金算入）することとされた（会社法施行日以降の非適格合併等について適用）。

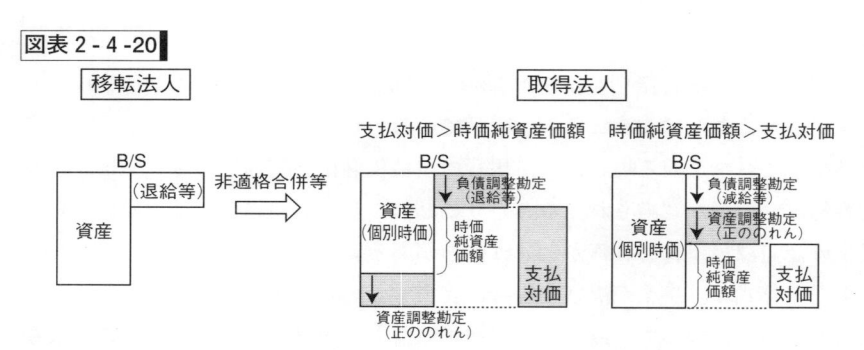

図表2-4-20

移転法人　　　　　　　　　取得法人
　　　　　　　　　　　支払対価＞時価純資産価額　　時価純資産価額＞支払対価

（注）1．非適格合併等は，①非適格合併と②非適格分割，非適格現物出資又は事業譲受のうち一定のもの
　　　2．②の対象は退職給与債務，短期重要債務（移転事業の利益に重大な影響を与える将来債務で，その履行が概ね3年以内に見込まれるもの）
　　　3．会社法施行日以後に行う非適格合併等について適用

出所：財務省資料より

なお，「営業権」と「のれん」については，これまで税務上同義語として考えられてきたが，上記の企業結合会計では，これらを区別して考えている節がある。「営業権」と「のれん」の区分については明らかではないが，あくまで相対的な比較という意味では，「営業権」は権利性が強いもので，「のれん」は権利性が弱いものであると漠然と整理することもできる。会計上「営業権」と「のれん」は異なるという考え方が今後定着してくるとなると，それが税務取扱いにどのような影響を及ぼすか注目されるところである。

6　PMIをめぐるM&A税務の留意点

(1)　PMIと税務の関係

　基本的にM&Aの税務取扱いは事前における検討を中心とするものであるが，税に関しては，通常，①納税義務の成立，②納税義務の確定，③納付義務の発生，④納付義務の履行というプロセスを経たうえで，さらに申告納税方式の税目については，かかる税額の確定が，法律の規定に従っているかどうかという点に関し，税務調査が行われることになる（国税通則法16条①一）。そのため，事前における課税取扱いの検討が正当であることについて，後日税務調査において，納税者は原則として立証責任までは負わないものの，少なくとも疎明ができるようにしておく必要がある。この問題は特に，税法では原則として時価に基づく取引を求めているところ，一物一価ではない経済活動の世界においてピンポイントでは決まりにくい取引の時価について必要となる。

　また，上述のように，組織再編税制における適格要件には，再編実行後における「見込み」を要件としているものがある。その意味では，税務上の観点においてのPMIの留意点が存在しているということができる。

　以下においては，この時価の疎明の問題，適格要件の問題および租税徴収上の問題について述べる。

(2)　PMIをめぐる税務上の時価の留意点

　株式譲渡，営業譲渡，非適格株式交換・株式移転，非適格組織再編に関しては，取引後の税務調査において，低額譲渡・高額譲渡の場合の課税取扱い（寄附金・受贈益課税と呼ぶ場合もある）に照らして，その取引が時価で行われたかどうかについて精査されることになる。そのため，取引価額の算定方法，交渉経緯，最終的に採用した価額に至った経緯に関する各種書面を，疎明資料として保存しておく必要がある。

　営業譲渡，非適格組織再編の場合には，譲渡対価総額のみならず，個々の譲渡資産の価額の時価性（正当性）を示した資料が必要となる。例えば，非償却

資産（例えば土地）を償却資産（例えば建物や営業権）に転換し，以後の償却を通じてタックスメリットを得るといった方法については，税務上否認されることになる。

（3） PMIをめぐる組織再編税制上の適格要件の留意点

① 経営参画要件に関する留意点

共同事業再編において，規模要件の代替として適格要件の1つである経営参画要件に関しては，特定役員という概念が登場する。特定役員とは，社長，副社長，代表取締役，専務取締役，またはこれらに準じる者で法人の経営に従事している者をいう。各再編ごとの特定役員の要件は次のとおりである。

合 併			分 割			現物出資		
合併前		合併後	分割前		分割後	現物出資前		現物出資後
合併法人	被合併法人	合併法人	分割法人	分割承継法人	分割承継法人	現物出資法人	被現物出資法人	被現物出資法人
特定役員a	特定役員b	特定役員ab	役員c	特定役員d	特定役員cd	役員e	特定役員f	特定役員ef

上記のように，適格合併の場合には，合併前の合併法人側の特定役員が，合併後の合併法人の特定役員となることが求められているが，分割や現物出資の場合には，再編前（分割前・現物出資前）の法人側（分割法人・現物出資）では特定役員でなくとも，役員であればよいことになっている。

この点，特定役員の任期をどう考えるかという問題がある。特定役員の任期については税法では触れておらず，任期に関しては，①最低1期は必要で統合後最初の任期を全うすべきとする説，②任期の制限はないとする説，③当初から1期だけであれば非適格となるとする説，および④特定役員の就任期間は内規に従って就任することが原則とする説など，諸説存在するが，税目的だけのために短期間だけ特定役員とする場合には，不自然なものとして，包括的租税回避防止規定の対象となる可能性がある。この点については，将来の税務調査においては，役員会議事録や調査官との面談などで，実際にある特定役員が経営に参画しているかという精査が行われることが予測され，そこでは実質に基

づく判断が行われることになるものと考える（その意味では上記諸説のいずれも正しいということになる）。

②　株式保有継続要件に関する留意点──保有関係の継続の「見込み」

　株式継続保有要件については，共同事業を行うための再編（および欠損金の引継ぎにかかるみなし共同事業）において要件となっている。グループ内再編の場合には，適格要件の条文そのものとしては示されていないが，そもそもの100％グループ内再編や100％未満50％超グループ内再編の定義規定そのものに同様の趣旨が内包されていることに留意する必要がある。なお，持株割合の判定上，自己株式は分母の発行済株式から除かれる（すなわちカウントしない）。しかし，従業員持株会は分母から除くこととしていないため，この場合には100％グループ内再編とはならないことになる。また，名義株は実質的な株主で判断することになる。

　この保有関係の継続については，合併などそれぞれの再編の時に株式保有の継続の見込みを判断することになる。例えば，100％グループ内分割において，100％の保有関係の継続の「見込み」が要件となっている。この100％の保有関係が継続するかどうかは分割の時点で判断することとなっている。そのため，分割後の後発的事由については，原則として分割の税制適格性には影響を及ぼさない。しかし，後発的事由により100％の保有関係が継続できないこととなった場合については税務調査の局面では悩ましい問題を惹起する可能性もある。

　通常，税務調査は分割した数年後の場合が多い。そのため，100％の保有関係が継続できなかったことが後発的事由に基づく場合には，それについて分割交渉時の記録などで，疎明なり立証できるようにしておかなければならない。

③　組織再編後における株式公開・株式売却

　上記②に関連して，分割後にIPOないし株式の譲渡を予定している場合はデリケートである。理論的には，その予定の程度により判断されることになると解される。すなわち，既にその計画があり既に計画が実行に向けて進行している場合，例えば，上場準備期間に既に入っている場合などには，100％の保有関係の継続の「見込み」がない（非適格）と判定されるが，他方で，単なる将

来の希望（ゆくゆくは上場したいなど）という点について，上場の予定という表現を使っている場合には，その蓋然性についての総合判断上，分割時においてはなお100％の保有関係の継続の「見込み」がある（適格）と解される場合もありうる。

しかし，実務上は，分割時点における将来の上場計画（ないし株式譲渡計画）については，税務調査において精査の対象になり，その適格性に不利に作用する可能性があると考えておいた方が賢明であろう。なお，近年では50％超の株式保有を維持したままIPOを行う事案が増えているようである。有価証券報告書等公表されている情報からは明確な理由までは判断できないが，分割の適格要件（50％超グループ内の分割）と何らかの関係があると推測される。

ちなみに，株主に投資ファンド（投資事業組合）がいる場合の株式保有継続要件については，投資事業組合の存続期間との関係で，保有関係の継続の「見込み」がないと解される。

一方，100％グループ内の分割であっても非適格分割にした方が好ましい局面（例えば，会社再建上含み損を顕在化させる必要がある場合など）には，上記で述べたことの逆で，分割時点において100％の保有関係の継続の「見込み」がないこと（例えば，株式売却の計画が既に存在し，交渉も既に進行していること）を明確にしておく必要がある。

④　組織再編後における事業の継続

組織再編後の事業継続要件についても，あくまで再編後の後発事由により事業を廃止する場合にはこれに抵触しないことになる。この事業の継続に関して，公表されている事例として，親会社にだけ不動産を賃貸している資本関係50％超100％未満の子会社を親会社に合併する場合には，合併により子会社の不動産賃貸業が消滅してしまう点で，事業継続要件を満たさないことになる（非適格合併となる）という事例がある。そのため，もっぱら親会社に対して事業を行っているような子会社の合併については留意が必要となる。

⑤　組織再編後における従業員の退職

従業員の引継要件においては，その範囲として，対象事業に従事している役

員，従業員，出向受入者，パート，アルバイト，派遣社員を含むが，専属下請先の従業員，他社への出向者は含まれない。また，日雇の者はこれを従業員に含めないことが認められている。分割や現物出資の場合，対象事業とそれ以外の事業の双方に従事している従業員については，どちらの事業に主として従事しているかで判定することになる。

合併や分割前に人員削減を行うことについては，人員削減計画が組織再編前から進行しておりその結果手続開始までに従業員が減少している場合には，その減少後の従業員数をもって従業員引継要件を判定することになる[14]。これに対して，事前の人員削減が，もっぱら適格要件における従業員引継要件を満たす目的であれば，租税回避防止規定が発動される可能性があると解される[15]。

この従業員引継要件についても，あくまで再編後の後発事由により従業員が退職する場合にはこれに抵触しないことになるが，退職の形態（自己都合退職なのか会社都合退職なのか）によってはデリケートな問題となる可能性もある。この点は，従業員の退職が後発事由であることについて一定の書面を残しておく必要がある。

(4) PMIをめぐる徴収上の留意点

① 組織再編税制と連帯納付責任

法人が合併した場合には，合併法人（または合併新設法人）は，被合併法人に課されるべき，または被合併法人が納付し，もしくは徴収されるべき国税を納める義務を承継するとされている（国税通則法6条）。また，法人が分割（分社型分割を除く）をした場合には，分割承継法人は，分割法人の次に掲げる国税（その附帯税を含む）について，分割法人から承継した財産の価額を限度として，連帯納付責任を負うこととされている（国税通則法9条の2）。

●分割の日前に納税義務の成立した国税（消費税等のうち保税地域（関税法（昭和29年法律第61号）第29条（保税地域の種類）に規定する保税地域をいう。以下同じ。）からの引取りに係る消費税等および課税資産の譲渡等に係る消費税以外のもの（次号において「移出に係る酒税等」という。）並びに航空機燃料税を除く。）

> ●分割の日の属する月の前月末日までに納税義務の成立した移出に係る酒税等および航空機燃料税

　したがって，合併・分割型分割の場合には，被合併法人・分割法人の納税義務が合併法人・分割承継法人に継承されることに留意する必要がある。分社型分割がこの連帯納税義務の対象とされていないのは，分社型分割では，分割法人は，分割承継法人に移転した純資産の額を表章する分割承継法人の株式等を取得することになり，分割法人の財産は減少しないためである[16]。

②　低額譲渡の場合の第二次納税義務等

　上述のように，株式譲渡，営業譲渡が時価よりも高額あるいは低額で行われた場合には，譲渡者・譲受者側双方において課税関係が生じること（納付すべき税額が確定し（国税通則法15条③，16条①ニなど），その税額の納付を要する（国税通則法34条，35条））ことになる。この税額の納付がなされない場合には，原則として，納付のための督促（国税通則法37条）が行われ，その後国税徴収法等の規定により滞納処分（国税通則法40条）が行われることになる。この滞納処分のうち，資産の低額による譲渡に関連する主なものとして，第二次納税義務（国税徴収法32条，39条）と詐害行為の取消し（国税通則法42条，民法424条）がある。

（ⅰ）　第二次納税義務

　第二次納税義務とは，形式的には第三者に財産が帰属している場合であっても，実質的には，納税者にその財産が帰属していると認めても公平を失しないようなときにおいて，形式的な権利の帰属を否認して，私法秩序を乱すことを避けつつ，その形式的に権利が帰属している者に対して補充的に納税義務を負担させることにより，徴税手続きの合理化を図るために認められている制度である。これは，本来の納税義務者の財産につき滞納処分をしてもなお徴収すべき国税に不足すると認められる場合に限り，その者と一定の関係がある者に対し，第二次的にその納税義務を負わせようとする制度である[17]。

　具体的な第二次納税義務の規定は以下のとおりである。

- 無限責任社員の第二次納税義務
- 清算人等の第二次納税義務
- 同族会社の第二次納税義務
- 実質課税額等の第二次納税義務
- 共同的な事業者の第二次納税義務
- 事業を譲り受けた特殊関係者の第二次納税義務
- 無償又は著しい低額の譲受人等の第二次納税義務

このうち，資産の無償または低額による譲渡が行われた場合における第二次納税義務に関しては，次のような規定がある。

〈国税徴収法39条（無償又は著しい低額の譲受人等の第二次納税義務）〉
　滞納者の国税につき滞納処分を執行してもなおその徴収すべき額に不足すると認められる場合において，その不足すると認められることが，当該国税の法定納期限の一年前の日以後に，滞納者がその財産につき行った政令で定める無償又は著しく低い額の対価による譲渡（担保の目的でする譲渡を除く。），債務の免除その他第三者に利益を与える処分に基因すると認められるときは，これらの処分により権利を取得し，又は義務を免かれた者は，これらの処分により受けた利益が現に存する限度（これらの者がその処分の時にその滞納者の親族その他の特殊関係者であるときは，これらの処分により受けた利益の限度）において，その滞納に係る国税の第二次納税義務を負う。

〈国税徴収法施行令14条（無償又は著しい低額の譲渡の範囲）〉
　法第39条（無償又は著しい低額の譲受人等の第二次納税義務）に規定する政令で定める処分は，国および法人税法第2条第5号（公共法人の定義）に規定する法人以外の者に対する処分で無償又は著しく低い額の対価によるものとする。

また，著しく低い額の対価などに関しては次のような通達が定められている。

〈国税徴収法基本通達39条関係6（著しく低い額の対価の判定）〉
　法第39条の「著しく低い額の対価」によるものであるかどうかは，社会通念上，通常の取引に比べ著しく低い額の対価であるかどうかによって判定する。
（注）1　値幅のある財産については，特別の事情がない限り，時価のおおむね2分の1に満たない価額をもって著しく低いと判定しても差し支えない（昭和54.4.24大阪高判）。
　　　2　対価が時価の2分の1を超えている場合においても，その行為の実態に照らし，時価と対価との差額に相当する金員等の無償譲渡等の処分がされていると認められる場合があることに留意する。

〈国税徴収法基本通達39条関係7（著しく低いかどうかの判定の時期）〉
　法第39条の「著しく低い額の対価」によるものであるかどうかの判定は，原則として，その譲渡等の処分の基因となった契約が成立した時の現況による。したがって，条件付契約，予約契約，効力発生要件が別にある場合の契約等，契約が成立した時とそれに基づき譲渡等の処分がされた時（権利を取得し，又は義務を免れた時）が異なる場合であっても，契約が成立した時の現況により判定する。

　第二次納税義務における著しく低い額の対価については，時価を大幅に下回る価額であればよく，必ずしも時価の2分の1に満たない価額である必要はないとされている。なお，国税徴収法基本通達39条関係6の注においては，各裁判例の考え方が反映されているが，裁判例では，値幅のある財産については，特別の事情がない限り，時価のおおむね2分の1に満たない価額をもって著しく低いと判定しても差し支えないとしているもの（大阪地判昭和52.12.7）や，時価の51％での譲渡が著しく低い額の対価に当たるとされているもの（広島地判平成2.2.15）もある。なお，最近の裁決例では，時価の61％で譲渡を著しく低い額の対価ではないとしている（国税不服審判所平成12.5.31）。

（ii）詐害行為の取消し

　詐害行為の取消しとは，債権者が自己の債権の十分な弁済を受けるために，

債務者の一般財産を不当に減少させる債務者の詐害的な法律行為を取り消す権利をいい，民法423条の債権者代位権とともに，債権の対外的な効力とされている。国税通則法42条ではその準用規定を設けており，これを国税の徴収に関していえば，納税者の不当な法律行為により，国税の引当てとなる一般財産から流出した財産がある場合において，債権者である税務官庁が，その不当な法律行為を取り消し，流出した財産を一般財産のうちに復帰させ，これをもって国税の保全を図ることを意味している。

　国税徴収において，詐害行為取消権を行使するためには，納税者が国税を害する法律行為をしたこと（客観的要件），ならびに納税者および受益者または転得者が悪意であること（主観的要件）という2つの要件を充足する必要がある。資産の低額譲渡が行われた場合には，その譲渡段階において納税義務が成立した未納税額が存在しているときに詐害行為の取消問題が生じることになるが，近年の裁判例では，厳密な意味では債権が発生していなくても，その発生を見越して，予め財産を処分して強制執行を免れる行為がなされた場合などには，後に発生した債権を被保全債権として取消権の行使を認めようとする考え方が採用されている（東京高判昭和29.7.31，最高裁判昭和46.9.21）。そのため，資産の低額譲渡が行われた場合には，後日納税義務が成立する税額についても，詐害行為取消しの目的となり得る場合があることに留意する必要がある。

(iii) 詐害行為の取消しと第二次納税義務の関係

　滞納者の行った法律行為が，詐害行為取消権の要件と，第二次納税義務の成立要件の双方を満たす場合には，いずれにもよることができると解されている。無償または著しい低額の譲受人等の第二次納税義務が生じる譲渡等においては，前述の詐害行為の取消しの要件を充足する場合が多いことを考えると，第二次納税義務に関する特別な規定は必要ではないようにも考えられる。しかし，詐害行為の取消しは，民事上の訴訟を待って処理するのに対し，第二次納税義務の場合には，直接受益者に第二次納税義務を負わせることができる。

　このように，詐害行為の取消しと第二次納税義務は，納税者の詐害行為に対し租税徴収を確保する措置として競合関係にあるが，実質的には，第二次納税義務が詐害行為の取消しよりも優先的に適用されることになる。なお，両者の

法律上の要件等における差異をまとめると次のとおりとなる[18]。

	詐害行為の取消し	第二次納税義務（国税通則法39条）
詐害の意思	絶対要件	要件ではない
納税者の行為	制限はない	無償または著しい低額の譲渡による場合に限定
納税者の処分の時期	制限はない	その国税の法定納期限の1年前の日以後にされたもの
処分財産が費消された場合	時効によって消滅しない限り制限はない	適用されない
手　　続	必ず訴訟によって行う	課税庁の処分でできる（簡便迅速）

　上述の国税徴収法39条において「処分」が「当該国税の法定納期限の1年前の日以後」であるかどうかについては、タックスプランニングに関し問題となる場合がある。例えば、会社をいったん解散させ、その所有する土地建物を処分し、その処分益をもって役員退職金等を支給した場合において、税務調査において過大役員退職金との指摘を受け、修正申告を行ったものの、その修正申告に係る法人税額の納付を行わなかった事案において、その役員に対して国税徴収法39条の第二次納税義務が負わされたという事例（東京地判平成9.8.8）がある。

　この事案では、土地建物の処分と役員退職金の支払いが期末に行われているため、「国税の法定納期限の1年前」に抵触しない。しかし、仮に、期首において土地建物の処分と役員退職金の支払いを行っていたような場合には、第二次納税義務を負わないことになる。ただし、このような場合であっても、上述のように、詐害の意思いかんによっては、詐害行為の取消しの対象になる可能性がある点にはさらに留意を要する。

● 注
(1)　中里実『金融取引と課税』有斐閣（平成10年）37頁。
(2)　手塚仙夫ほか『自己株式・資本の会計・税務』清文社（平成15年）399頁。
(3)　租税回避行為についての否認方法の1つで、私法上無効である取引について、税務

上もその法律効果を無効とするものである。
(4) 有利発行を受ける者が個人の場合には，その受贈益は，その発行会社との雇用関係等により，給与所得，退職所得または，雑所得などとなる。
(5) これに対して，有利発行とは逆のケースとして，債務超過会社に対し親会社が高額のプレミアム付きで増資を引き受けた後に，その株式を時価（その増資額に比べ低額となる）で譲渡し，多額の譲渡損を計上した事案について，寄附金の損金不算入（法人税法37条）と同族会社の行為計算の否認（法人税法132条）を適用し，寄附金課税を行った課税処分がある（名古屋高判平成14.5.15，東京地判平成12.11.30など）。
(6) なお，10％未満の割引率でも，有利な発行価額での第三者割当増資について，損害賠償請求訴訟が提起され，可能性は少ないものの万一その訴訟の判決で有利発行であるとされた場合には，税務上も有利発行と判定されることになると解されている（渡辺淑夫ほか編『法人税基本通達の疑問点・三訂版』ぎょうせい（平成15年）163頁）。
(7) 渡辺淑夫ほか編『法人税基本通達の疑問点・三訂版』ぎょうせい（平成15年）169頁。
(8) 八ッ尾順一「みなし配当と租税回避」税務事例（2006.1）。
(9) 椎谷晃「法人税関係の改正について（下）」税務通信2576号（平成11年）32頁。
(10) 旧商法上，合併交付金には配当見合いの性格を有するものと合併比率を調整するために交付するものの2つがある。
(11) 北爪雅彦「組織再編税制のフレームワークと実務上の留意点」租税研究（2005.3），133頁。
(12) 谷口勝司「組織再編税制の概要と申告上の留意点」租税研究（2005.4），32頁。
(13) 五枚橋實「企業再編税制にかかる誤り事例と留意点について」租税研究（2004.8），67頁。
(14) 渡辺淑夫「合併前に人員削減計画を実施する場合の適格合併の従業員要件」国際税務，95頁。
(15) 谷口勝司『組織再編税制の概要と申告上の留意点』，租税研究（2005.4），33頁。
(16) 志場喜徳郎他『国税通則法精解』大蔵財務協会（平成16年），180～181頁。
(17) 吉国二郎他『国税徴収法精解　平成14年度版』，大蔵財務協会，300頁。
(18) 品川芳宣「資産の無償等譲渡をめぐる課税と徴収の交錯（5）」，税理（2004.5），14頁～15頁。

第5章

会社法施行がもたらす
プラン作成プロセスの柔軟化と複雑化 [1]

1 総論

　第3章では，IIPにおいて検討，すなわち初期プランニング段階で検討されるべき，M&Aの各種法的手法について論じたうえで，M&Aの目的ごとにとられることが多い手法を分析した。具体的には，①選択と集中による買収型（以下，「選択・集中買収型M&A」という）では，営業（事業）譲渡，吸収分割および合併，②水平統合型（以下，「水平統合型M&A」という）では，合併，共同株式移転および共同新設分割，③関連事業，新規事業進出型（以下，「関連事業・新規事業進出型M&A」という）では，株式譲渡および株式交換が，それぞれ典型的な手法であると結論づけた。

　他方，平成18年5月1日に施行された会社法が商法に取って代わり，会社に関する制度設計は商法上の制度から大きく変動し，さらに，M&Aの観点からは，大きな規制緩和として，①合併等対価の柔軟化，②簡易組織再編行為の拡大・略式組織再編行為の創設による株主総会決議不要類型の拡大，③SPC設立の簡易化が実現された。このような規制緩和によって，商法上許容されていたM&Aの各手法において不都合とされた問題点あるいは不明確であった事項が解決または整理され，上記の3つの目的によって分類される各手法の形態が柔軟化されるに至った。

そこで本章では，会社法施行による影響のうち，PMIの観点から重要と思われる事項に的を絞って概説したうえで，会社法の施行によりM＆Aの手法の選択がどのように変化し，PMIを考えるうえで留意すべき事項について論じることとしたい。

2　会社法の概要

（1）会社法制定から施行までの概略

　会社法の現代化については，法務省の審議会等で作業が進められ，平成17年6月29日に会社法として成立し，平成18年5月1日に施行された（以下，単に「会社法」という）。会社法現代化の具体的な内容としては，①明治32年の制定以来片仮名で規定されていた会社関連の法律を平仮名化するという形式的な作業に加えて，②従前の商法のうち株式会社に関する部分，株式会社の監査等に関する商法の特例に関する法律および有限会社法，の3つを1つの法律に統合するという実質的な改正の作業も含まれている。その後，平成18年2月7日に「会社法施行規則」（平成18年法務省令第12号），「会社計算規則」（同法務省令第13号）および「電子公告規則」（同法務省令第14号）が公布されている。

（2）会社法における実質的な改正事項

　会社法における大きな実質的な改正事項として以下の5つの事項がある。

①　有限会社制度の廃止・株式会社への統一

　会社法では，有限会社制度が廃止され，株式会社制度に統一された。そのため，会社法施行後は新たに有限会社を設立することができなくなる。これに対し，旧商法下で設立されていた有限会社は，会社法の施行に伴う関係法律の整備等に関する法律（以下「整備法」という）の施行により，法律上自動的にすべて株式会社になる（整備法2条）。もっとも，会社法の施行後も，商法下の有限会社は，「株式会社」の名称を用いる商号変更（整備法45条1項）を行わない限りは，「有限会社」という名称を用いなければならない（整備法3条1項）。

整備法の適用を受ける有限会社は「特例有限会社」と呼ばれ（整備法3条2項），会社法に加えて整備法（有限会社法の規制とほぼ同一）の規制下に置かれる。これに対して，「株式会社」の名称を用いる商号変更を行うとその時点から整備法の適用はなくなり，通常の株式会社として会社法のみの規制下に置かれることとなる。

なお，整備法は，有限会社から会社法への経過措置として定められているが，有効期限が特に定められていない。したがって，今後の法改正がない限り，特例有限会社はいつまでも「有限会社」という名称で存続することが可能だが，その法的性質はあくまでも株式会社である。

② 日本版LLC制度（合同会社）の創設および有限会社の廃止

会社法では，日本版LLC（リミテッド・ライアビリティ・カンパニー）とも呼ばれる，合同会社という新たな会社形態が導入された（会社法576条4項）。合同会社は米国におけるLLC（Limited Liability Company）を原型にするといわれている[2]。米国におけるLLCとは，一言でいえば，会社でありながらその所得に法人税がかからず，その所得の課税関係は組合同様の構成員課税になるという事業形態である[3]。かかる利便性に着目し，会社法現代化の作業において，日本版LLCとして合同会社が導入されることとなった。しかしながら，わが国の法人税法では，合同会社はあくまでも「法人」と該当すると解されるため，構成員課税の実現には問題が残る（江頭〔Ⅰ〕・前掲12頁（注7））。

なお，有限会社の廃止に伴い，従前の物的会社は株式会社に統一化されたが，その一方で，従前の合名会社，合資会社といった人的会社は会社法施行後も存続している。会社法ではこれらに加えて合同会社という新しい人的会社が導入され，合名会社・合資会社・合同会社の3つを併せて「持分会社」と呼称する（会社法575条）。したがって会社法では，株式会社と持分会社の2本立てという事業形態の構成となっている。

③ 組織再編行為の自由化

会社法では，組織再編行為の自由化が行われた。これはM＆Aに直接影響を及ぼす部分である。そのうち重要項目は，（ⅰ）対価の柔軟化，（ⅱ）簡易組織

再編行為の拡大，(iii) 略式組織再編行為の創設，(iv) 事後設立・現物出資・財産引受けについての規制緩和の4点である。

これらの自由化，すなわち規制緩和がなされた背景としては，①日本企業が国際的な競争力を獲得するために会社法が認める企業買収の法的手法をグローバル・スタンダード化することで，国境を越えたＭ＆Ａの円滑化を図り，ひいては外国企業による対内直接投資を推進する（江頭〔Ⅰ〕・前掲7頁参照），あるいは，②経営資源の再分配による効率的な経営を行うため，親子会社を含めた関連企業の再編をスムーズに実施することを可能にする，といったわが国における要請が存在する。もっとも，これらのうち，対価の柔軟化は，会社法施行後1年間，施行が延期され（会社法附則第4項），平成19年5月に施行される予定である。

④ 剰余金分配手続の自由化

会社法では，剰余金分配手続等が自由化された。従前は年1回または中間配当として2回に限り可能であった利益配当が，会社法では株主総会決議によりいつでも何回でも分配が可能となった（会社法454条）。また，株主総会特別決議により現物配当も可能になった（会社法454条1項1号・4項，309条2項10号）。すなわち，分配可能額の枠内においては，いつでも何回でも配当財産の種類を問わずに剰余金の分配ができるという自由化がなされた[4]。

⑤ 会計参与制度の創設

会社法では，会計参与制度が創設された。これは従前の監査役とは違い，取締役ないし執行役と共同して会社の計算書類等を作成する機関であり（会社法374条1項・6項，会社法施行規則102条），株主総会決議によって選任される（会社法329条1項）。株式会社は，その規模や機関設計を問わず，定款で定めることにより，会計参与を設けることができる（会社法326条2項）。会計参与には資格制限があり，公認会計士もしくは監査法人または税理士もしくは税理士法人のみが選任される（会社法333条1項）。

本項では，以下順を追ってＭ＆ＡおよびＰＭＩの観点から重要と考えられる改正点について網羅的に解説する。

3 対価の柔軟化

(1) 従来の制度の概要および改正の背景

　従来の商法では，①選択・集中買収型M&Aで吸収分割および吸収合併，②水平統合型M&Aで吸収合併，③関連事業・新規事業進出型M&Aで株式交換を行う場合，消滅する会社の株主に対しては存続する会社の自社株を交付していた（旧商法409条2号（吸収合併），374条ノ17第2項2号（吸収分割），353条2項2号（株式交換））。すなわち，合併等の対価は原則として株式であった[5]。

　他方，産業活力再生特別措置法（以下「産業再生法」という）によって，商法の原則に対する特例として「合併等に際してする特定金銭等の交付に関する特例」（産業再生法12条の9）が定められており，認定事業者が認定計画に従って，上述のM&Aの目的別3類型による株式交換，吸収分割または吸収合併を行う際に，新株の発行に代えて金銭または他の株式会社の株式を交付することができるとされていた（三角合併および交付金合併）。しかし，産業再生法の適用を受けるには，事業者が事業再構築計画等を所管官庁に提出して認定を受ける必要があり，認定取得までの期間[6]を考慮せざるをえないため，迅速な組織再編の要請には必ずしも応えられていなかった[7]。

　このような従来の制度については，企業買収，事業統合等を含む企業活動の国際化等の事情を背景として，事業再構築のために金銭や親会社株式等，存続会社の株式に限定しない柔軟な対価を用いた事業再編・企業買収を望む声が国内外から高まっていた。会社法における対価の柔軟化は，こうした内外の要請に応えた規制緩和である。

(2) 対価柔軟化の1年間凍結

　対価柔軟化は会社法の内容に含まれており，当初は一体の法律として平成18年中の施行が予定されていた。しかし，対価柔軟化の部分に限り，会社法施行後1年間，早くて平成19年まで施行が延期された（会社法附則第4項）。これは，ライブドアによるニッポン放送株式取得問題などを背景として，政府・与党内

に，対価柔軟化を利用して外資による日本企業の買収が加速するという懸念が急速に広まった結果である[8]。

　対価の柔軟化が認められると，後述する「三角合併」という手法が可能となり，外国企業による日本企業の買収が容易になることが注目されている。外国企業による日本企業の買収の容易化については，従来から政界や経済界から慎重論が存在していた。ニッポン放送株をめぐるライブドアとフジテレビとの攻防が，こうした慎重論に拍車をかけたことは周知のとおりである。また，敵対的買収防衛策に対する社会的意識が非常に高く，具体的な防衛策を導入する企業も増えている。そこで政府・与党は，買収防衛策を必要と考える企業に対して，本年または来年以降の定時株主総会における定款変更その他の方法により買収防衛策の実現を図る機会を提供するため[9]，対価の柔軟化に関する会社法の施行は，法律施行の日から1年後とされたのである[10]。

　このように，対価柔軟化規定は平成19年5月に施行予定となったが，対価柔軟化によって可能となる新たなM&Aの手法，または対価柔軟化に関連する法律上の問題点について現段階から理解を深めておくことは重要であり，会社法施行後の過渡期における①選択・集中買収型，②水平統合型，③関連事業・新規事業進出型といった各M&Aの目的別類型に応じたPMIプラン策定および実行を容易にすることができるだろう。

(3)「対価」として交付することが可能となるもの

　対価柔軟化における対価としては，自社の株式だけでなく，社債，新株予約権，新株予約権付社債，金銭その他のあらゆる種類の財産（以下，「金銭等」という）を対価として交付することが認められた。このように広範な種類の金銭等が対価として認められているが，実際には，存続株式会社等においても消滅株式会社等においても後述のように株主総会決議による承認が必要になる。そのため，対価となる金銭等は株主が承服できるものでなければならず，日本円，親会社の上場株式，社債等の利用が予想されるが[11]，対価の公正性の観点からは，実務上の判断基準としては流通性があり換金可能な財産とすることが望ましい。

　会社法上，すべての組織再編行為で対価の柔軟化が可能なわけではなく，以

下の場合に金銭等を対価として交付することが認められた。

　ⅰ　吸収合併で，存続会社が，消滅株式会社の株式を受け取る対価として，消滅株式会社の株主に交付する場合（会社法749条1項2号ロないしホ）

　ⅱ　吸収分割で，承継会社が分割会社に対する対価として交付する場合（会社法758条1項4号ロないしホ）

　ⅲ　株式交換で，完全親会社が，完全子会社の株式を受け取る対価として，完全子会社の株主に対して交付する場合（会社法768条1項2号ロないしホ）

　また，会社法では，これらの吸収合併，吸収分割，株式交換に限らず，新設合併，新設分割，株式移転にも一定の場合に対価の柔軟化を認めている。すなわち，これらの手続で設立される新会社の社債，新株予約権または新株予約権付社債を，新設合併で消滅する会社の株主（会社法753条1項8号），新設分割の分割会社（会社法763条8号），または株式移転で完全子会社となる会社の株主（会社法773条1項7号）に交付することができるようになる。

　これをM&Aの目的別類型に応じて分類すると，①選択・集中買収型の吸収分割，新設合併および吸収合併，②水平統合型の吸収合併，新設合併，共同株式移転および共同新設分割，③関連事業・新規事業進出型の株式交換について，それぞれ上述の内容の対価の柔軟化が可能となっているといえる。

（4）対価柔軟化の決議要件

①　原則―株主総会特別決議

　会社法では，原則として，対価柔軟化の決議要件は株主総会特別決議による承認である。対価柔軟化の決議要件については議論があったが[12]，会社法では，消滅株式会社等（吸収合併消滅株式会社，吸収分割株式会社，株式交換完全子会社の総称。以下この章において同じ。会社法782条1項）の手続としては，原則として株主総会特別決議（議決権を行使可能な株主の議決権の過半数を有する株主が出席し，出席株主の議決権の3分の2以上の賛成による決議）で十分である（会社法783条1項，309条2項12号）。従来の商法でも許容されている存続会社の株式を交付する場合のほか，金銭等を交付する場合も，原則として当事会社双方の株主総会特別決議で吸収合併契約等が承認されれば，実行可能となる（存続株式会社等[13]の決議要件も株主総会特別決議。会社法795条1項，309条

2項12号)。

　このように，対価柔軟化の決議要件は，後述する特殊な対価を交付する場合を除き，株主総会特別決議で必要十分であるという原則が会社法においては明文化された。したがって，交付金合併により少数株主を排除する場合であっても，消滅株式会社等で要求される手続は，つねに株主総会特別決議で足りる。

　ただし，交付金合併の場合には，買収者が合併等の当事者の地位と買取対象会社（以下，単に「対象会社」という）の支配株主の地位を兼ねるので，合併等を承認する対象会社の株主総会決議では特別利害関係人として，買収者による議決権行使によって「著しく不当な決議」（会社法831条1項3号）がなされることも考えられる。この場合は，3分の2という決議要件とは別に，株主総会決議取消事由の存否を判断する観点から承認決議の正当性が問題となる（本章第3（9）①（iii）で詳述）[14]。この点に関する問題を除けば，後述するように，少数株主排除の結果となる組織再編行為で旧商法上問題とされていた事項をほとんどクリアできるため，対価柔軟化の施行はM&Aの実務上大きな意義を有するといえよう。

② 例　外

　会社法は，消滅株式会社等の属性および対価の種類によって，消滅株式会社等および存続株式会社等のそれぞれの決議要件に例外を設けている。

（i）消滅株式会社等が種類株式発行会社[15]でない場合（会社法783条2項）

　対価の全部または一部が「持分等」[16]となる場合，消滅株式会社等の株主総会特別決議では足りず，総株主の同意を要する（会社法783条2項）。

　消滅株式会社等が種類株式発行会社ではない場合というのは，消滅株式会社等の発行するすべての株式の内容が均一である場合である。一般に想定されるのは普通株式しか発行していない場合であり（会社法2条13号），普通株式を保有する株主に持分等が交付されるケースが想定される。この場合，消滅株式会社等の株主には，普通株式を手放す対価としてより流動性の低い持分等が交付されることになるので，株主保護の見地から，株主全員の同意を要求した趣旨と考えられる。

（ii）消滅株式会社等が種類株式発行会社の場合（会社法783条3項）

この場合には，通常の株主総会特別決議による承認に加えて，消滅株式会社等の株主が受け取る対価の種類によって以下の手続が必要となる。

　a　対価の全部または一部が譲渡制限株式等[17]の場合

　　譲渡制限株式等の割当てを受ける種類の株式（譲渡制限株式を除く）の種類株主を構成員とする種類株主総会（当該種類株主に係る株式の種類が2以上ある場合は，当該2以上の株式の種類別に区分された種類株主を構成員とする各種類株主総会）の特殊決議（当該種類株主総会で議決権を行使できる株主の半数以上であって，当該株主の議決権の3分の2以上の賛成による決議）が必要となる（会社法783条3項，324条3項2号，会社法施行規則186条）。対価が譲渡制限株式等の場合は，種類株主を保護すべき要請は，持分等が交付される場合ほどは高くない。しかし，種類株式を手放す対価として譲渡制限株式等の交付を強制されるので，種類株主総会の特殊決議を要求して種類株主の保護を図る趣旨と考えられる。

　b　対価の全部または一部が持分等の場合

　　持分等の割当てを受ける種類の株主全員の同意が必要となる（会社法783条4項）。

消滅株式会社が種類株式発行会社の場合は，種類株主に対して持分等が交付されることが想定される。対価が持分等の場合については，上記（i）と同じ理由で種類株主全員の同意が必要になる。

(iii) 存続株式会社等が種類株式発行会社の場合（会社法795条4項）

種類株式発行会社である存続株式会社等の手続としては，通常の株主総会特別決議による承認に加えて，以下のそれぞれの場合における種類株式の株主で構成される種類株主総会の特別決議（議決権を行使することができる株主の議決権の過半数を有する株主が出席し，出席株主の議決権の3分の2以上の賛成による決議）が必要となる（会社法324条2項6号）。これは，存続株式会社等における既存の種類株主を保護する趣旨であろう。なお，この場合の種類株式は譲渡制限株式であることを要する（会社法795条4項）。

　a　吸収合併で，消滅する株式会社の株主（または持分会社の社員）に交付する金銭等が存続株式会社の種類株式である場合は，当該種類株式（会社法749条1項2号イの種類株式）の株主で構成される種類株主総会の特別決

議

b　吸収分割で，分割会社の株主に交付する金銭等が承継株式会社の種類株式である場合は，当該種類株式（会社法758条1項4号イの種類株式）の株主で構成される種類株主総会の特別決議

c　株式交換で，完全子会社の株主に交付する金銭等が完全親株式会社の種類株式である場合は，当該種類株式（会社法768条1項2号イの種類株式）の株主で構成される種類株主総会の特別決議

（5）対価の組合せおよび交付方法

①　数種の対価の組合せ

　会社法では，上述のとおり，対価の範囲を拡大するとともに，対価の交付方法の改正が行われた。すなわち，数種類の対価を組み合わせて消滅株式会社等の株主に交付できる（吸収合併は会社法749条1項2号3号，株式交換は768条1項2号3号）。

　欧米ではM&Aの対価として現金と株式を組み合わせるケースも多く，会社法でもこうした組合せが許容されている。具体的には，対価として株式と現金の組合せも可能となり，買収者は，自己の会社の財務状態に鑑み，キャッシュリッチなら現金の比率を高くし，そうでなければ親会社株式等の比率を高めることも可能である[18]。

　また，対価が現金の場合は資金調達の費用も発生する。したがって，買収完了後の会社の財務状態として望ましい現金と株式のバランスを検討する必要がある。さらに後述のとおり，対価の選択次第では，少数株主の排除および消滅株式会社等の株主による買収完了後の会社への関与を軽減できるため，上述のM&Aの目的別類型でも，それぞれの類型で目指すべきガバナンス体制をも念頭に対価の種類および比率を検討することが，PMIのスムーズな遂行に非常に重要となる。

　この対価の組合せとしては，消滅株式会社等の株主の保有する株式数に応じて均等に金銭等の対価を交付するものとされている（会社法749条3項，768条3項）。

② 対価の交付方法

　会社法では，消滅株式会社等が種類株式発行会社である場合は，ある種類の株主に対して金銭等の割当てを行わないことも可能であり（会社法749条2項1号，768条2項1号），株式の種類によって交付する対価の内容に相違を設けることも可能とされる（会社法749条2項2号，768条2項2号）。ここで注意すべきは，株式の種類に応じた異なる取扱いは可能だが，同種類の株式を保有する株主ごとに対価の交付方法の組合せや比率を変えることはできない点である。また，交付方法としては，対価の割当て理由として開示が必要となることにも注意が必要である（本章3（9）②で後述する）。

（6）三角合併（Triangular Merger）

　M&Aにおける対価の柔軟化の具体的な活用方法としては，主として，三角合併（Triangular Merger）と交付金合併（Cash-out Merger）という2つの買収手法が議論されている。交付金合併は後述するとして，まず，三角合併の仕組みおよび利用方法について論ずる。

　三角合併とは，買収者が買収を目的とした会社（以下，「買収目的会社」という）を子会社として設立または既存の子会社を利用して，買収目的会社と対象会社と合併する過程で，対象会社の株主に買収者の株式を交付して，対象会社株主と対象会社との法律関係を消滅させる買収手法である。三角合併では買収目的会社と対象会社が合併するが，合併手続において買収目的会社が存続する場合を正三角合併（Forward Triangular Merger）といい，対象会社が存続する場合を逆三角合併（Reverse Triangular Merger）という[19]。この三角合併については，M&Aの目的別3類型に応じて分類すると，①選択・集中買収型における吸収分割，吸収合併および新設合併，②水平統合型における吸収合併および新設合併といった取引類型において利用が可能となる。

　三角合併が認められると，外国企業による日本企業の買収（「国際株式交換」），または日本企業による外国企業の買収が容易になるといわれており[20]，三角合併は企業間の国際的M&Aを促進するツールとして注目されている[21][22]。

　さらに持株会社の傘下にある100％子会社が同業他社を吸収合併するときなど持株会社の上場株式を使えるというメリットもある[23]。以下，三角合併の

概要・問題点について論ずる。

① 外国企業による日本企業の買収（「国際株式交換」）

対価柔軟化によって可能になる三角合併では，外国企業による日本企業の買収が容易になるが，この意味での三角合併は「正三角合併」である。例えば，外国企業をA社，対象会社である日本企業をB社と仮定しよう。この場合，三角合併は以下のような流れで行われる。

　i　A社が買収目的会社として日本子会社（完全子会社）を設立（A'社）。
　ii　A社がA'社に対して自社株を発行する。その結果，完全子会社であるA'社が，完全親会社であるA社の発行株式を保有する株主となる。
　iii　A'社とB社との間で，A'社を存続会社，B社を消滅株式会社とする吸収合併契約を締結し，各社において会社法上必要な機関決定を経る。
　iv　A'社とB社が合併し，B社は吸収され，消滅する（正三角合併）。
　v　ivの過程で，B社の株主は，合併で消滅するB社の株式の対価として，A'社からA社発行株式の交付を受け，B社株主としての地位を失う。旧B社株主は，A社の株主となり，B社から完全に離脱する。
　vi　以上より，外国企業A社が，その日本子会社A'社に吸収された日本企業B社の完全親会社となり，他方，旧B社株主はA社の株主となる。

以上の流れを図示すれば，図表2-5-1のようになる。

(ⅰ)「国際株式交換」と呼ばれる理由

三角合併を用いた外国企業による日本企業の買収は，「国際株式交換」とも呼ばれている。従来の商法でも会社法でも，外国企業と日本企業との間では株式交換契約を締結できないが[24]，三角合併を用いた外国企業による日本企業の買収は，国際企業間で株式交換を行った場合と同様の効果をもたらすため，「国際株式交換」とも呼ばれる。

もし外国企業と日本企業との間で法律上株式交換が可能ならば，外国企業（図表2-5-1の例ではA社）は日本企業（B社）の完全親会社となり，旧B社株主はA社の株主となるはずである。他方，三角合併を用いた外国企業による日本企業の買収でも，上記①で説明されるように，外国企業A社が，その日本子会社A'社に吸収された日本企業B社の完全親会社となり，他方，旧B社株

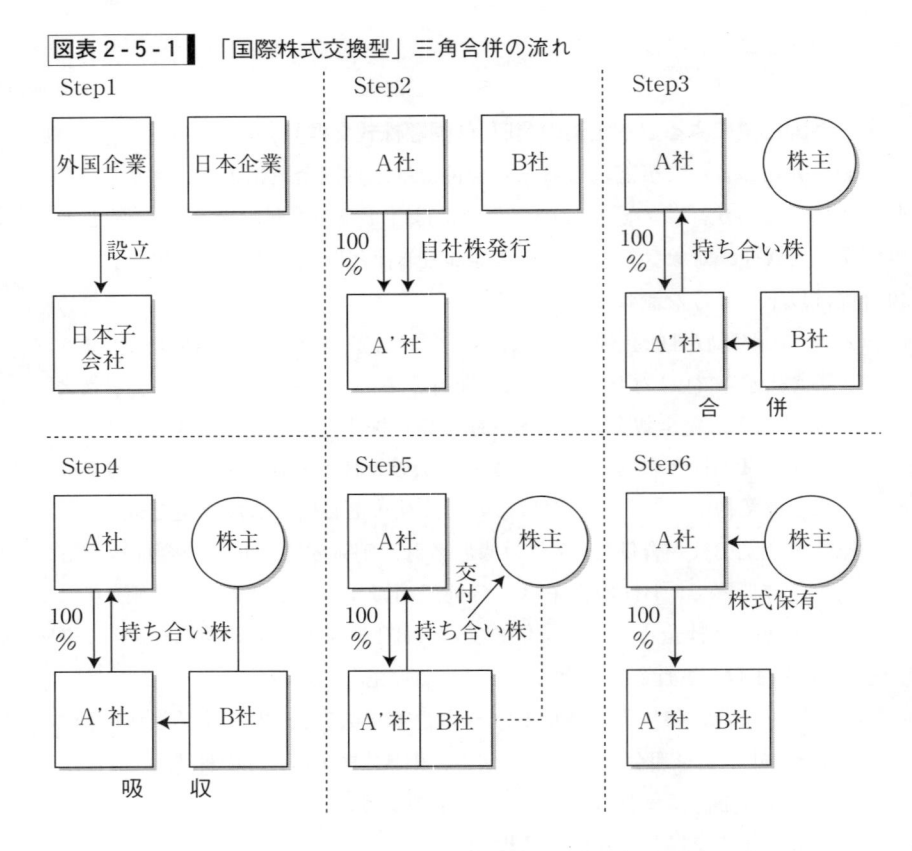

図表 2-5-1 「国際株式交換型」三角合併の流れ

[Step1: 外国企業 → 設立 → 日本子会社／日本企業]
[Step2: A社 100% → A'社（自社株発行）／B社]
[Step3: A社 100% → A'社 ←持ち合い株→ B社（合併）／株主]
[Step4: A社 100% → A'社 ←持ち合い株― B社（吸収）／株主]
[Step5: A社 100% → A'社・B社／株主（交付）・持ち合い株]
[Step6: A社 100% → A'社・B社／株主（株式保有）]

主はA社の株主となる。これは、あたかも、外国企業であるA社と日本企業であるB社とが株式交換を行った場合と同じ結果をもたらす。

このように、外国企業による三角合併は、外国企業と日本企業との間で直接的に株式交換が認められないことから生み出された代用手段とも評価できる。

(ⅱ) 正三角合併と逆三角合併

「国際株式交換」型の三角合併は正三角合併（上記の例ではA'社が存続）として構成される[25]。これに対して、逆三角合併では機能しない。

では、なぜ逆三角合併では機能しないのだろうか。上記の例を逆三角合併（すなわちB社を存続会社とする）として考えると、A'社とB社が合併する際に、存続会社であるB社が、消滅株式会社であるA'社の株主であるA社に対し

て何らかの対価を交付する。その場合，B社株主は合併後に存続するB社の株主として残る。B社がA社に交付する対価が（ⅰ）金銭その他B社株式以外の財産ならば，A社はA'社・B社との資本関係から完全に離脱し，また，（ⅱ）B社であっても，A社も合併後のB社の株主として残る。いずれのケースにおいても，逆三角合併とすると，「国際株式交換」としてはまったく機能しない。

（ⅲ）子会社による親会社株式取得の規制緩和

「国際株式交換」型の三角合併を行うためには，対価の柔軟化を利用して買収目的会社（上記の例では日本で設立されるA'社）が親会社である外国企業（A社）の株式を保有し，これを対価として対象会社（B社）の株主に交付する必要がある。あくまでも吸収合併の当事者は，A'社とB社だからである。上記の例では，（ⅱ）の段階で，外国企業A社が日本の子会社A'社に株式を発行することを想定している。

従来の商法では，このような株式の発行は，子会社による親会社株式取得の禁止（商法211条ノ2）に違反するおそれが払拭しきれなかった[26]。しかし，会社法では，子会社による親会社株式取得について規制が緩和され，上記の例における子会社日本法人A'社による外国親会社A社株式の取得が，日本法上明確に許容されることとなった（会社法135条1項）[27]。

このように，「国際株式交換」型の三角合併は，対価の柔軟化だけでなく，子会社による親会社株式取得の規制緩和があってはじめて実現可能となる。

（ⅳ）三角合併は敵対的買収を容易にするか

上述のとおり，対価の柔軟化は1年間施行が延期された。その理由としては，三角合併などによって外国企業による日本企業に対する敵対的買収が増加するという懸念が大きい[28]。しかし，三角合併自体は原則として敵対的買収ではなく，こうした指摘はやや誤解を含んでいるので注意が必要である。

上記の例では，ⅲの段階でA'社（外国企業の買収目的会社）とB社（対象会社となる日本企業）との間で合併契約が締結される。「国際株式交換」型の三角合併では（日本法人同士の通常の合併でもそうだが），買収目的会社と対象会社との合併を経るため，両者間の合併契約が必要不可欠となる。当然の事ながら，合併契約は買収目的会社と対象会社との合意がない限り締結されないので，「国際株式交換」型の三角合併は，対象会社の了解が必要であり，原則と

して買収者と対象者の間に友好的関係が存在する友好的買収である[29]。

　もっとも，このような敵対的買収による三角合併も理論的には不可能ではない。例えば，外国企業X社が対象会社Y社（日本企業）株式を公開買付により総議決権の3分の2以上を敵対的に取得し，対象会社Yの取締役を入れ替える。そのうえで外国企業X社の完全子会社である日本法人X'社と対象会社Y社を合併させ，対象会社Y社を消滅させる。この合併に際して，前もって外国親会社X社が日本子会社X'社に発行していた外国親会社株式を，対象会社Y社の少数株主に交付すれば，対象会社Y社の少数株主は外国親会社の株主となる（図表2-5-2参照）[30]。

　しかし，このような敵対的な三角合併は，公開買付によって対象会社の敵対的買収に成功することが大前提であり，対価柔軟化や三角合併そのものが敵対的買収を促進するものではない。対価柔軟化が1年間凍結されるのは，三角合併そのものを避ける目的ではなく，敵対的な三角合併の前提となる上場企業の敵対的買収（公開買付を想定）について防衛策を準備する期間を日本の上場企業に与えることを目的としている[31]。したがって，この準備期間に防衛策を備える上場企業に対して，買収行為を行おうとする場合には，買収交渉を行うにあたって，このようなスキームがありうることを考慮する必要がある[32]。

(ⅴ) 合併承認決議要件の問題

　「国際株式交換」型の三角合併では，消滅する日本企業の株主に外国親会社の株式が交付されるので，消滅株式会社の合併承認決議の要件は，消滅株式会社の株主にとっては重要な問題となる。対価柔軟化が解禁された後は，原則として株主総会特別決議があれば，消滅株式会社の株主に金銭等を交付する合併が可能となる（会社法783条1項）。しかし，消滅株式会社の株主に交付される外国会社の株式が，会社法にいう「持分等」に該当する場合は，消滅株式会社の株主全員の同意がなければ合併できなくなる（会社法783条2項，会社法施行規則185条）。

　「持分等」の定義は，「持分会社の持分その他これに準ずるものとして法務省令で定めるものをいう。」であり，法務省令に委ねられている。もし外国会社の株式が「持分等」の定義に含められるとすれば，「国際株式交換型」の三角合併について消滅株式会社の株主全員の同意が要求されるため，実務上の大き

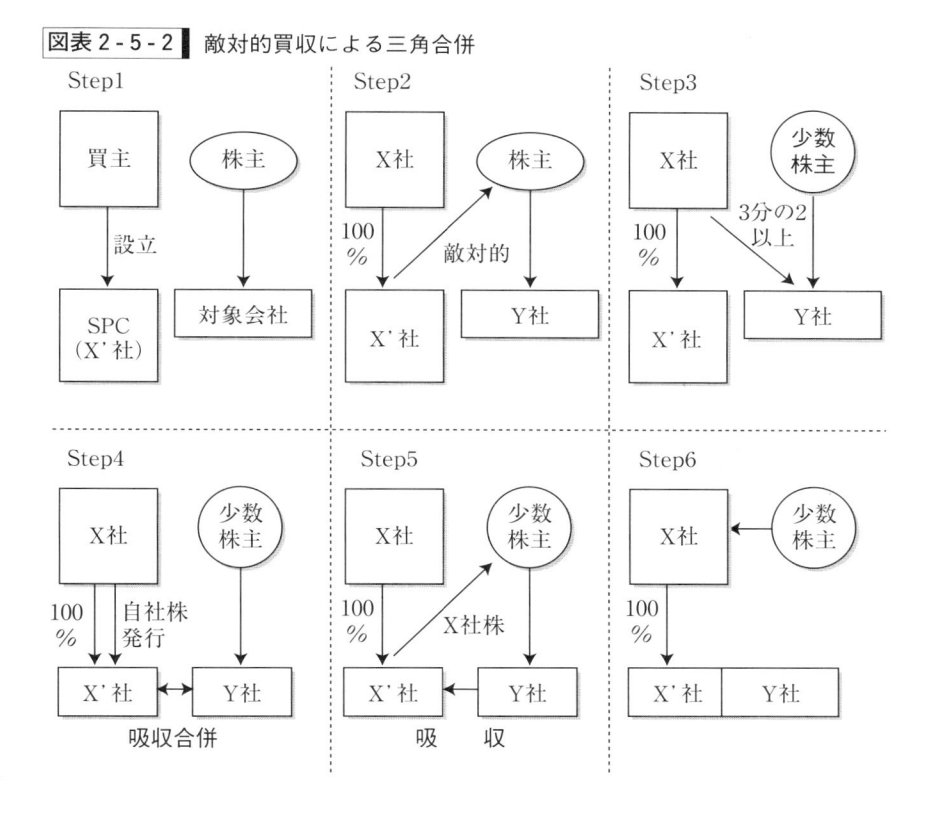

図表 2-5-2 敵対的買収による三角合併

Step1: 買主 → 設立 → SPC（X'社）／株主 → 対象会社

Step2: X社 100% → X'社／X社 →（敵対的）→ 株主／Y社

Step3: X社 100% → X'社／X社 → 3分の2以上 → Y社 ← 少数株主

Step4: X社 100% → X'社 ←（自社株発行）→ Y社 ← 少数株主（吸収合併）

Step5: X社 100% → X'社 ← Y社 → X社株 → 少数株主（吸収）

Step6: X社 100% → X'社｜Y社 ← 少数株主

な障壁となりかねないと思われた（家田ほか・前掲，267頁以下〔関口〕）[33]。この点，会社法施行規則185条では，「持分等」の定義について，「権利の移転又は行使に債務者その他第三者の承諾を要するもの（持分会社の持分及び譲渡制限株式を除く。）」と定める。この文言を素直に読む限り，外国会社の株式であっても，その権利の移転または行使につき債務者（発行体である外国会社）その他第三者の承諾が要求されない限り，「持分等」に該当せず，したがって，「国際株式交換」型三角合併において消滅株式会社等の総株主の同意は要求されないことになる。ただし，この定義は，合併等対価の柔軟化が解禁される平成19年5月を目処として内容が再検討される予定であるため（会社法施行規則附則9条），なお「国際株式交換」型三角合併の障壁は完全に払拭されてはいないということができよう。

② 持株会社の子会社による三角合併

上述のように，三角合併は，「国際的株式交換」型において外国会社による日本法人に対する買収の文脈で議論されることが多い[34]。しかしながら，三角合併は，全当事者が日本法人同士である組織再編行為での利用も考えられる。①選択・集中買収型，②水平統合型，③関連事業・新規事業進出型といったM&Aの目的別3類型それぞれの類型でも，日本法人間での三角合併の手法がとられる場面はありうる。

旧商法下では，持株会社の傘下にあるコア会社である100%子会社が他社を買収し，または吸収合併する場合のステップとしては，①持株会社が対象会社をいったん株式交換で買収して100%子会社として，対象会社の株主に持株会社の株式を交付し，②持株会社の下にある2つの100%子会社同士を合併させる，という2段階の手続が必要とされていた（図表2-5-3参照）。

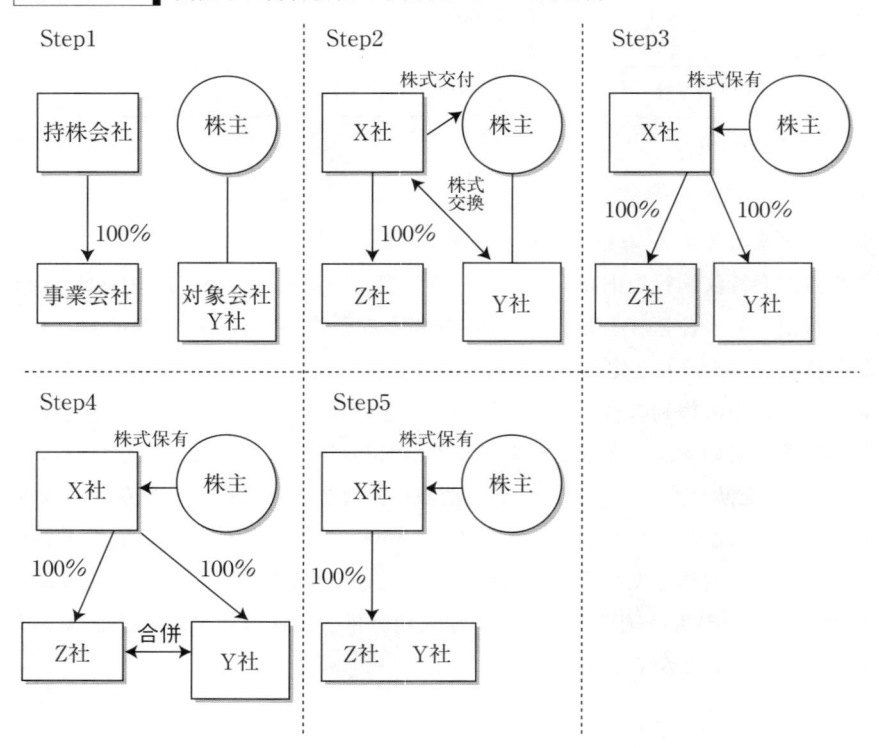

図表2-5-3 商法下の持株会社の子会社による三角合併

このような2段階での手続が必要であったのは，子会社の株式には流通性がないので，対象会社の株主に交付することが困難であり，しかも子会社株式を対象株主に交付すると持株会社の保有比率の100％を維持できず，持株会社としての意義が失われることによる[35]。また，旧商法下では，これを実現するには，株式交換と吸収合併という2度の組織再編行為が必要であったので，交換比率と合併比率の算定など手続が煩雑となり，スケジュールとしても長期となる可能性があった。

これに対して，対価の柔軟化の解禁により，持株会社が100％子会社に対して株式を発行し，子会社はかかる株式を対価として，対象会社との間で吸収合併を行うことが認められる。この方法によれば，持株会社が上場会社の場合には，子会社は流通性のある上場株式を利用でき，しかも，対象会社の株主に親会社株式を交付するので，持株会社と子会社の完全親子会社関係も維持できる。

上述のとおり，子会社による親会社株式を利用する三角合併では，子会社による親会社の株式取得が必須となるが，子会社による親会社株式取得禁止（会社法135条1項）の例外として，組織再編行為によって子会社が親会社株式を取得することができる場合が規定されている（会社法135条2項，会社法施行規則23条各号[36]）。また，吸収合併消滅株式会社もしくは株式交換完全子会社の株主，吸収合併消滅持分会社の社員又は吸収分割会社（以下，「消滅会社等の株主等」という）に交付する金銭等の全部または一部が存続株式会社等の親会社株式である場合は，当該存続株式会社等による当該親会社株式の取得を吸収合併等に際して消滅会社等の株主等に対して交付する当該親会社株式の総数を越えない範囲において可能とし，子会社による親会社株式の取得を認めている（会社法800条1項）。

この三角合併の手法は，完全子会社だけでなく，関係会社等による他の会社の株式を利用した合併が可能となるという観点から，日本国内における組織再編においても利用価値は高いものといえよう。

（7）交付金合併（Cash-out Merger）

交付金合併とは，対象会社の少数株主に対して，対象会社の株式の対価として買収者が金銭を交付することによって，少数株主と対象会社との法律関係を

消滅させる買収手法である。例えば，買収者をA社，対象会社をB社として，B社には議決権の3分の2超を保有する支配株主C社がいるものと仮定しよう。この場合，交付金合併は以下のような流れで行われる。

　i　A社が買収目的会社を設立（A'社）。
　ii　A'社とC社が株式譲渡契約（または公開買付に関する覚書）を締結。
　iii　A'社が，C社との契約に基づいて，相対取引または公開買付によってB社の議決権3分の2を超える株式を取得する。
　iv　A'社とB社との間で，A'社を存続会社，B社を消滅株式会社とする吸収合併契約を締結し，各社において会社法上必要な機関決定を経る[37]。
　v　A'社とB社が合併し，B社がA'社に吸収され，消滅する。
　vi　vでの合併の過程で，B社の少数株主は，合併で消滅するB社の株式の対価としてA'社から金銭の交付を受け，B社株主の地位を失う。かかる少数株主は，A'社に対して株主としての法律関係を持たず，A'社・B社から完全に離脱する。

以上の流れを図示すれば図表2-5-4のようになる。

旧商法下では，Ⅴでの合併の過程で，産業再生法の適用がない限り，B社の少数株主に対してA社の株式を交付するほかなかった[38]。そのため，マネジメント・バイアウト（MBO）のように，投資家やスポンサーが対象会社を買収する過程で，その完全子会社化を図る場面では，金銭交付によって少数株主を排除することができないという不都合があった[39]。

こうした不都合を解決するべく，実務上さまざまな工夫が生み出されてきたが（本章3（9）①（i）で詳述），今回の会社法制定によってこうした不都合が立法的に解決され，上述のM&Aの目的別3類型のうち，①選択・集中買収型，②水平統合型，③関連事業・新規事業進出型の各類型においても，交付金合併を利用することによるメリットを享受しうる。交付金合併の解禁により，MBO等における少数株主排除が容易になるだけでなく，キャッシュフローが潤沢な会社では，合併等に際して株式数を増やすことなく合併等が可能となる（江頭ほか・前掲9頁〔西川元啓発言〕）。また，A社がSPCである場合でも，A社の株式ではなく，現金を交付することにより合併等が可能となった。

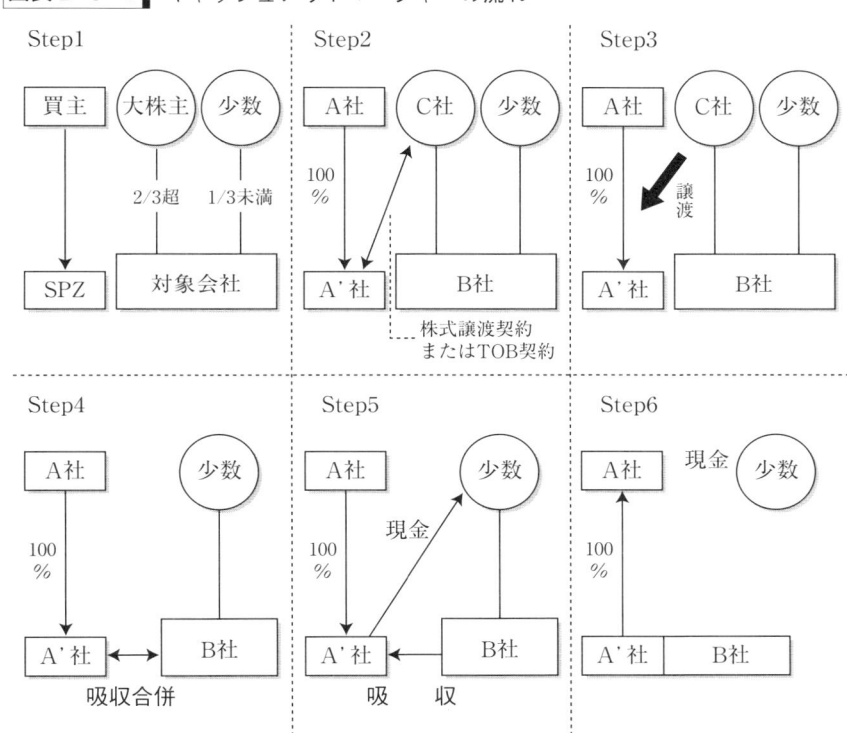

図表 2-5-4　キャッシュアウトマージャーの流れ

Step1／Step2／Step3／Step4／Step5／Step6

（Step2下部に「株式譲渡契約またはTOB契約」の注記。Step4下部に「吸収合併」、Step5下部に「吸収」の注記。）

（8）外国会社とM&A

外国会社が日本企業とのM&Aに関与するケースとしては，上記の「国際的株式交換」のような三角合併を含む，①日本国内におけるM&Aに外国会社が関与するケースと，これとは逆に，②日本企業が海外で外国会社に対してM&Aを行うという2つのケースがありうる。

① 日本国内におけるM&Aに対する外国会社の関与

日本国内のM&Aへの外国会社の関与については，これまで述べてきたとおり，会社法でも直接のM&Aは新たに認められなかった。国際的M&Aでは，外国会社が直接日本の会社との間で，合併や株式交換を行うことができるかど

うかという問題がある（江頭憲治郎『第4版株式会社・有限会社法』694頁注4）。合併の場合には，登記をどのように行うのかという問題があり，また，株式交換では登記の問題はないが，外国会社に要求すべき手続について問題があり，会社法現代化の審議過程では，結論は出ず，会社法上も明文規定はない。ただ，商法下においては認めるという見解も多く，解釈論としての問題はなお残っているといえよう。現時点では直接のM&Aの可否は不明確といわざるをえない。しかし，対価の柔軟化解禁との関係では，上述の「国際株式交換」としての三角合併が，直接のM&Aの代替手段として期待される。その意味でも，法務省令において外国会社株式を対価とする合併を許容するような立法が望まれる。

② 外国会社に対する日本会社によるM&A（京セラ方式）

会社法の施行によって，日本企業が外国企業を買収する場合にも三角合併が使えるようになる，ともいわれている（藤縄＝田中・前掲23頁）。ここで想定される手続は，以下のとおりである。

i 日本企業（ア社）が，対象会社（ウ社）の設立準拠国に買収目的子会社を設立（イ社）。
ii ア社がイ社に株式を発行（子会社による親会社株式取得）。
iii ウ社とイ社との間で吸収合併に相当する手続を行う。
iv iiiの合併類似手続の過程で，ウ社の株主に，イ社がア社の株式を交付。
v ア社がウ社を完全子会社化し，旧ウ社株主がア社の株主となる。

かつて京セラがこのようなスキームで外国企業を買収したことから，「京セラ方式」と呼ばれている（前注参照。江頭ほか・前掲7頁）。これは，まさに海外版「国際株式交換」であり，日本企業と外国企業との間での直接的な株式交換が禁止されていることから生み出される代替手段と評価できる。

京セラ方式における日本法上の問題点は，子会社による親会社株式取得の禁止の例外にあたるか，という点である。上記の（iii）（合併類似の手続）および（iv）（対価の柔軟化）については，外国での手続問題であって日本法の問題ではない。したがって，会社法における対価柔軟化の解禁とは無関係である。

商法上は，上記（ii）のイ社によるア社発行株式の取得が子会社による親会

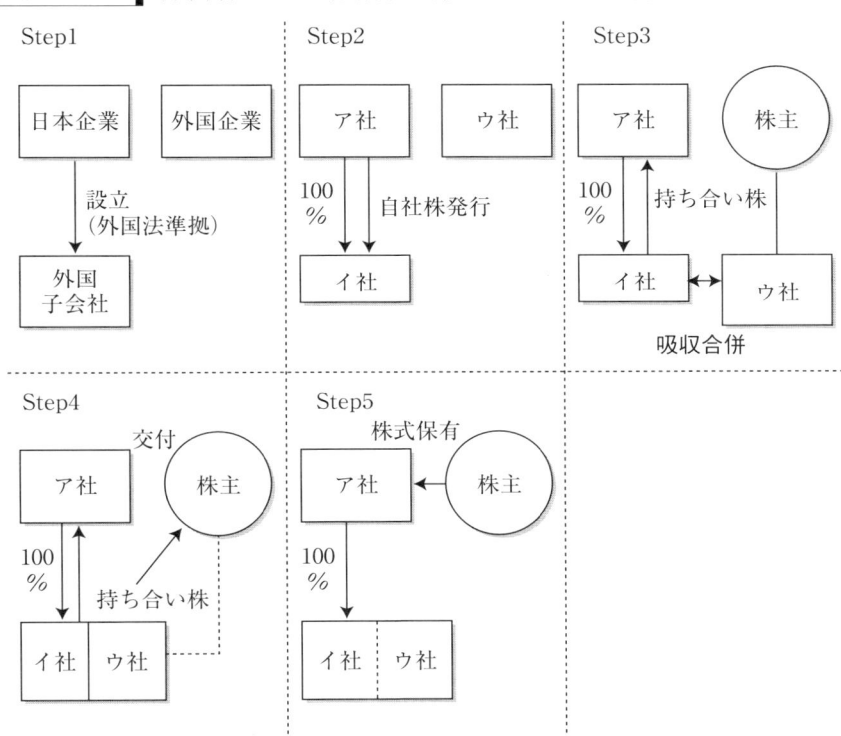

第5章 会社法施行がもたらすプラン作成プロセスの柔軟化と複雑化   **199**

図表2-5-5　日本会社による外国会社に対するM&Aの流れ（京セラ方式）

Step1　日本企業 → 設立（外国法準拠）→ 外国子会社　　外国企業

Step2　ア社 —100%→ イ社　自社株発行　ウ社

Step3　ア社 —100%→ イ社 ←持ち合い株→ ウ社　株主　吸収合併

Step4　ア社 —100%→ イ社・ウ社　交付　株主　持ち合い株

Step5　ア社 —100%→ イ社・ウ社　株式保有　株主

社株式取得の禁止に抵触するかという点について，適法性に疑義があった（藤縄＝田中・前掲23頁参照）。

　会社法では，会社法135条1項が「子会社[40]は，その親会社である株式会社の株式を取得してはならない」と規定され，京セラ方式の外国子会社による日本親会社株式の取得は，原則的には日本親会社が株式会社である限り禁止される。しかし，同条項の例外として，上記のivにおいてウ社の株主に合併対価として交付すべき株式数を超えない限り，イ社（外国子会社）によるア社（親株式会社）の株式を取得することが明文上認められることとなった（会社法135条2項5号，合併について会社法施行規則23条8号ロ，新設分割および吸収分割について同号ハ，株式交換について同号ニ）。外国会社が日本企業を買収する三角合併（上記「国際株式交換」型）が平成19年5月の合併対価柔軟化の解禁まで

利用することができないのに対し，京セラ方式は，そのような凍結に関する措置はおかれておらず，少なくとも会社法のレベルでいえば，平成18年の会社法施行によって解禁されると思われる。

（9）少数株主排除スキームへの影響

　会社法施行後，特に対価柔軟化の解禁によって最も大きな影響を受けるのは少数株主の排除を伴うM&A（吸収合併などの組織再編行為において，消滅する株式会社の少数株主に，金銭その他の財産をもって強制的に排除するというような取引）であろう[41]。このような取引類型としては，上述のM&Aの目的別3類型のうち，①選択・集中買収型における吸収分割，吸収合併，新設合併，②水平統合型における吸収合併，新設合併，③関連事業・新規事業進出型における株式交換といった取引類型が想定され，具体的には，プライベート・エクイティー・ファンド（買収ファンド，バイアウト・ファンドともいう）による非上場企業のMBO，上場企業のゴーイング・プライベートや事業再生などが想定される。これらの場合には，対象会社の株主は対象会社株式を失うことになるので，少数株主の保護が問題となる。商法下では少数株主を排除するような組織再編行為の可否が議論され，会社法施行前は不明確な状況にあったが，会社法ではこれが許容されることが明文化された。

　このように少数株主の排除が可能な場合の問題は，①対価の公正性はどのように確保されるか（どんな対価でもよいのか，どんな割当方法でもよいのか），さらに，②反対株主の救済手段のあり方（株式買取請求権のあり方など）という問題であり，会社法ではこれらの問題について手当てがなされている。

　以下ではまず，少数株主排除に関する会社法施行前の議論を整理し，会社法上での手当てについて概説する。そのうえで，対価の公正性確保の手段および反対株主の救済手段について詳述する。

①　少数株主を排除する法的手法論―新旧法の比較
（ⅰ）会社法施行前において可能な手法

　会社法施行前においては，商法上合併等の対価が存続会社の株式に限定されていたため（合併交付金を除く），少数株主の株式の保有が前提とされており，

組織再編行為において少数株主を排除するための手法は限られていた。実務上さまざまな工夫がなされてきており，主要な手法は以下に大別される[42]。

a 対象会社の議決権3分の2超取得＋株式移転＋株式譲渡＋清算（清算型）

具体的な手続は以下のとおりである。

① 買収者が，公開買付または相対取引により対象会社の議決権3分の2超の株式を取得（支配権取得）。
② 株式移転により対象会社が完全親会社を新設（対象会社の少数株主が，買収者とともに新設親会社の株主となる）。
③ 新設完全親会社が対象会社の全株式を買収者に譲渡（新設親会社に譲渡代金が入る）。
④ 新設親会社を解散，その株主に金銭を交付。

清算型の問題点は，(a) 支配株主である買収者が特別利害関係人になることによる総会決議取消のリスクがあること（藤縄〔下〕・前掲80頁），(b) 上記③の株式譲渡は，純粋持株株式会社たる新設親会社の唯一の資産である対象会社株式の譲渡なので，営業全部譲渡として新設親会社で総会特別決議を行うのが実務の趨勢であるが（藤縄〔下〕・前掲84頁・注14），その場合，譲受人であり新設親会社の支配株主でもある買収者が特別利害関係人になってしまうこと，(c) 上記③の株式譲渡について，譲渡益の認識による莫大な課税の可能性があること（内間，野田・前掲83頁），(d) 上記③で買収者が支払う譲渡代金は，清算によってほとんど買収者に還流されるため，その部分の返済利息などが余分な資金調達コストとなること，などが考えられた。

なお，買収資金の調達その他の便宜により，買収者が完全子会社である買収目的会社を準備して当該スキームを行う場合も特に事情は変わらず，上記の問題点の解決とはならない。買収者が特別利害関係人となるリスクや，余分な買収コストがかかる点は，買収目的会社が買収者の立場になっても変わらないからである。

b 対象会社の議決権3分の2超取得＋端株処理（端株型）

① 買収者が，公開買付または相対譲渡により対象会社の議決権3分の2超の株式を取得（支配権取得）。
② 買収者と対象会社が株式交換または合併を行い，対象会社の少数株主に

割り当てられるべき端株をまとめて発行する買収者の新株を，旧商法220条に従って売却し[43]，対象会社の少数株主に金銭を交付する（藤縄〔下〕・前掲79頁）。

端株型の問題点は，(a) 少数株主に一切株式を交付しないため，旧商法上の通説が認めていないと考えられている現金合併を実質的に行うことになり，旧商法上不適法と判断されるおそれがあること，(b) 少数株主の保有株式を端株にするために，極端な合併または交換率を設定する必要があること，(c) 他の手法に見られる特別利害関係人の問題が解消されないこと，などがあった（内間，野田・前掲83頁および88頁注6参照）。

c 対象会社の議決権3分の2超取得＋産業再生法による金銭交付株式交換（産業再生法型）

① 買収者が，公開買付または相対取引により対象会社の議決権3分の2超の株式を取得（支配権取得）[44]。

② 買収者が産業再生法の事業者認定を取得。

③ 買収者と対象会社が産業再生法による株式交換を行い，対象会社の少数株主に金銭を交付。

産業再生法型は，(a) 買収者に還流する買収代金が存在せず，無駄な買収コストをかけずに済み，(b) 更に，③の株式交換では対象会社の株主総会の承認が不要になるので，他の手法に見られる特別利害関係人の問題が存在しない点で前記aの手法よりも優れている。しかし，産業再生法の事業者認定を取得しなければならない点が問題となる。M&Aの実務では無駄のないスケジュールの策定が重要なポイントとなるが，この手法を円滑に進めるには，上記①の株式取得を完了する前に産業再生法の認定を取得しておく必要がある。ところが，認定を取得するには申請の準備段階も含めて2ヵ月程度かかるため，買収者としては，売主との買収交渉がまとまるか否かというリスクがある中で，認定の申請手続を平行して行わなければならない[45]。また，事業者認定を受けるために提出する計画では，①から③およびその他の産業再生法上の特別措置等を盛り込む必要があり，当初予想しなかった事情により不測の事態が生じた場合に，対応が硬直的とならざるを得ない可能性がある。しかも，監督官庁が必ず事業者認定を下すという保証は存在しない[46]。ただ，こうした問題があ

るにせよ,商法で交付金合併が認められていない状況下では,前記aおよびbの手法との比較で言えば,この産業再生法型が最も問題の少ない手法ということができ,実際に平成17年に行われた上場会社のＭＢＯによる非公開会社化の事例(株式会社ポッカコーポレーションおよび株式会社ワールド)でもこの手法が用いられている。

(ⅱ) 会社法で可能となる手法

　会社法施行後も対価の柔軟化が1年間凍結されるため,交付金合併を利用することはできない。そのため,対価柔軟化が解禁されるまでは,従前の商法において可能であった手法と同様の手法によってのみ少数株主排除が可能となる。この点,会社法では清算の手続が簡素化されるので,清算型には会社法施行によるメリットがある[47],とはいうものの,清算型の4つの問題点は依然として解消されないので,会社法施行後も産業再生法型が実務上は最善の選択肢になるものと思われる。

　しかし,これも平成18年9月末までのことであり,同年10月以降は,産業再生法型は実務上利用されなくなるものと予想される。すなわち,平成18年税制改正[48]では,①株式交換(株式移転を含む。②において同じ)に係る完全子法人の株主は,その完全親法人の株式以外の資産の交付を受けていない場合には,その完全子法人の株式の譲渡損益の計上を繰り述べる,②企業グループ内の株式交換および共同事業を営むための株式交換のいずれかにも該当しない株式交換が行われた場合には,その完全子法人が有する固定資産,土地等,有価証券,金銭債権及び繰延資産(これらの資産のうちその含み損益が資本等の金額の2分の1または1,000万円のいずれか少ない金額に満たされないものを除く)について時価評価により評価損益の計上等を行う,とされ,この扱いは,平成18年10月1日以後に行われる株式交換・移転について適用される予定となっている。したがって,平成18年10月1日に行われる産業再生法型における現金交付による株式交換については,買収者の株式譲渡益の課税が繰り延べられず,かつ,対象会社に含み益がある場合には,これに対して時価ベースで課税されることになってしまう可能性がある。そのため,会社法のレベルでは問題がもっとも少ないと思われる産業再生法型のスキームは,税務上の取扱いの観点からは,平成18年10月以降は事実上利用価値が低下するものと思われる。

(ⅲ) 対価柔軟化解禁後の手法

対価柔軟化が解禁された後は，従前の手法に加えて以下の手法が可能となる。

a 対象会社の議決権3分の2超取得＋交付金合併

この手法は，対象会社が非上場であり，臨時株主総会を迅速に招集できる場合に適すると思われる。交付金合併はすでに説明したが（本章3（7）参照），少数株主排除として従来の商法上可能とされてきた手法との比較のため，再述する。

(ア) 買収者が，公開買付または相対譲渡により対象会社の議決権3分の2超の株式を取得。

(イ) 買収者と対象会社の間で，買収者を存続会社とする吸収合併を行い，消滅株式会社となる対象会社の株主に買収者が金銭を交付する。

この手法は，商法および対価柔軟化解禁前の会社法において可能な手法と比べて次のようなメリットがある。

① 清算型では，支配権取得後に株式移転，株式譲渡（営業全部譲渡），および解散と，株主総会特別決議を3回経由しなければならないが，この手法では，金銭交付による吸収合併を承認する株主総会決議を1回経れば手続が完了する[49]。

② 清算型で必要となる余分な買収コストは，この手法では不要。

③ 産業再生法型で必要となる事業者認定が不要。

④ 対象会社の少数株主が保有する株式の割合にかかわらず金銭交付できるため，端株型のような競売手続が不要。

対価柔軟化が解禁されれば，商法および対価柔軟化解禁前の会社法において可能な少数株主排除の手法に内在する問題点のほとんどが克服されると考えられている。しかし，依然として合併契約を承認する対象会社の株主総会決議において買収者が特別利害関係人になる，という問題は解消されない。これは，買収者が，対象会社の支配株主であると同時に合併契約の当事者だからである。そのため，買収者が当該株主総会決議で議決権行使することによって「著しく不当な決議」がなされた場合は，総会決議取消事由となる（会社法831条1項3号）。

会社法における交付金合併の決議要件は株主総会特別決議であり，定款で別

の定めをしない限り議決権の3分の2である(50)。したがって、対象会社の株主総会では、支配株主である買収者の賛成票だけで交付金合併は会社法上は可能となる。しかし、買収者による議決権行使によって「著しく不当な決議」がなされた場合は、後日反対株主から株主総会決議取消しの訴えが提起され、当該総会特別決議が取り消される可能性がある。そこで、いかなる場合に「著しく不当な決議」といえるかが問題となる。

この問題については、買収者の主観を問題にする考え方(51)、あるいは少数株主の利益が客観的に害される程度を問題にする考え方(52)がありうるが、端的に、合併条件が少数株主の利益を不当に害するか否かを問題にすべきである。会社法は、反対株主の株式買取請求の対価として「公正な価格」、すなわち合併のシナジーを織り込んだ価格を要求するとともに、交付金合併においては、少数株主に合併によるシナジーの分配を享受させる趣旨である(53)。そのため、交付金合併において消滅株式会社株主に交付される対価の額が、合併によるシナジーを考慮せずに不当に低く設定された場合は、会社法が保護する少数株主の利益が害される。したがって、かかる不当な合併条件を、消滅株式会社の支配株主たる買収者が特別決議によって少数株主に強制する場合は、「著しく不当な決議」に該当すると考えられる(54)。

このような問題を考慮すれば、買収者が交付金合併を企図する場合は、消滅株式会社の株主に交付する金銭が合併によるシナジーの分配を考慮するべく、交付金の算定においては、投資銀行などの専門家による評価を前提にするなど、合理的な算定を行うことが必須の要件となるであろう（この点は下記②で詳述）。

b　対象会社の議決権90％取得＋金銭交付による略式吸収合併

近時注目を浴びている上場会社のMBOのように、上場会社や継続開示会社を完全子会社化する場合は、交付金合併を行うために対象会社の臨時株主総会を開催する手間が省ければ便宜である。そこで、こうした取引では、aの手法よりも次の手法を利用する意義は大きいと思われる。

①　買収者が、公開買付により対象会社の議決権90％以上の株式を取得。
②　買収者と対象会社の間で、買収者を存続会社とする吸収合併契約を締結し、合併に際して、消滅株式会社となる対象会社の株主に対して買収者が金銭を交付する(55)。

この手法では，消滅株式会社たる対象会社での株主総会決議が不要となるため，買収者が特別利害関係人になるという問題が克服される。ただし，略式吸収合併には被支配会社（ここでは消滅株式会社たる対象会社）の株主による差止請求権があり，法令定款違反や著しく不当な条件による略式吸収合併は差止めの対象となる（会社法784条2項）。したがって，この手法をとる場合でも，交付金の額は，当事者同士のシナジーの分配を考慮した合理的な条件にする必要があるだろう。

② 対価の公正性

交付金合併によって少数株主を排除する過程では，排除される少数株主の保護が考慮されなければならない。この点でまず検討の対象となるのは，少数株主に交付される対価が公正であるか否かという点であろう。公正さを欠く対価を交付して少数株主を排除することが横行すれば，少数株主の保護にまったく欠ける取引となり，少数株主を排除するスキームそのものが不公正なものとなってしまうからである。

特に会社法で柔軟化される対価については，組織再編後の事業価値の算定，交付される財産自体の評価などが困難となることから，対価の交付を受ける消滅株式会社等の株主の利益の保護の観点[56]からも，交付される財産の評価の合理性をいかに担保するかが問題となる。まず，旧商法においては，割当比率が適正であることの理由を記載した書面の開示を求めていた（旧商法354条1項2号，374条ノ18第1項2号，408条ノ2第1項2号）[57]。

これに対して，会社法では，消滅株式会社等の株主に金銭等を交付する場合，合併契約等において以下の事項を定めることを要求する。

  i 金銭等の内容および数もしくは額またはこれらの算定方法（会社法749条1項2号ロないしホ，753条1項8号，758条4号ロないしホ，763条8号，768条1項2号ロないしホ，773条1項7号）。
  ii 当該金銭等の割当てに関する事項。ただし，消滅株式会社等の株主に割り当てる場合は，かかる株主の有する株式の数に応じて金銭等を交付することを内容とする（会社法749条1項3号・3項，753条1項9号，763条9号，768条1項3号・3項，773条1項8号）。

iii 消滅株式会社等が種類株式発行会社である場合，この会社が発行する種類株式の内容に応じ，金銭等の割当てに関する事項として以下の事項を定めることができる（会社法749条2項，768条2項）。
　　a ある種類株式の株主に割当てをしない場合，その旨および当該株式の種類。
　　b その他割当てについて株式の種類ごとに異なる扱いをする場合は，その旨および異なる取扱いの内容。

　会社法では，合併契約等のほか，その他法務省令で定める事項を記載・記録した書面または電磁的記録を，所定の期間，本店に備え置くことも要求していることとされているが（会社法782条1項），この「法務省令で定める事項」において「対価の内容の相当性」についてiの金銭等の内容および数もしくは額またはこれらの算定方法の相当性およびiiの当該金銭等の割当の相当性に関する記載が要求されている（会社法施行規則182条1号イ，同183条1号イ，同184条1号イ）。「対価の内容の相当性」に関してはこのように相当性を説明する必要のある対象事項は特定されているが，実際にどの程度までの内容および説明を要求されるかは，実務上の大きな問題になるであろう。

③　反対株主の株式買取請求

　旧商法では，株主が組織再編行為に反対する場合には，かかる株主は「合併等の決議がなかった場合の公正な価格」にて株式の買取りを会社に対して請求することができるとされていた（旧商法245条ノ2，355条1項，358条5項，371条2項，374条ノ3，374条ノ31第3項，408条ノ3，413条ノ3第5項）。この場合の買取価格は，合併等が起こった場合の相乗効果（シナジー）を織り込まない価格，すなわち，合併前の企業評価に基づいた公正な価格と解されている（藤縄＝田中・前掲20頁）。

　会社法においても，組織再編行為に反対する少数株主の救済手段として株式買取請求権が認められている[58]。しかし，会社法における買取価格は，単に「公正な価格」とされた。これは，対価柔軟化により消滅株式会社等の株主に対し金銭等が交付される場合の公正な合併比率は，シナジーの分配をも考慮することを要求する趣旨とされる[59]。すなわち，①合併等の決議がなかった場

合の公正な価格のみならず，②組織再編後のシナジーにより生じる企業価値を反映した価格をも考慮して，「公正な価格」が決定されることとなる。この立法趣旨としては，買取価格が組織再編後のシナジーを反映しない価格とすれば，組織再編行為で生じるシナジーを存続会社株主が独占することになり，消滅株式会社株主がシナジーの配分に与れないという不都合が指摘されており，これを克服する要請からかかる立法がなされた[60]。

もっとも，「公正な価格」を買取価格にするとしても，その運用には問題もあり得る。従来裁判所は純資産方式などで買取価格を算定してきたが，買収者側としては，合併等のシナジーを織り込んだ価格を算定するにあたり，投資銀行などの専門家による分析が必要と思われる[61]。買収者側からすると，対象会社の株主に対して，自己の設定する買取対価の合理性を説得するのみならず，買収者自身の株主に対する説明が要求されるという観点からも，買収対価の算定は専門家による分析を行ったうえで，決定するべきであろう。

なお，株式買取請求後の請求の取下げについては，会社の承諾を要するものとされた（会社法785条6項）。これは，株式買取請求の濫用的な行使がなされる懸念があるためである。すなわち，消滅株式会社の株主としては，とりあえず買取請求をしておいて，その後の市場の株価次第では，裁判所が決定する価格よりも市場で売却する方が有利な場合に，請求を取り下げて市場で売却するといった行動を取ることがあり得るため，これを防止する趣旨とされる[62]。こうした懸念は旧商法下でもあり得たが，会社法では，裁判所が決定する買取価格がシナジーを織り込むことから，買取請求を行う株主の増加が予想され，権利濫用の懸念がより現実味を帯びるために施された措置と思われる。

(10) 対価柔軟化に関するその他の留意点

① 株式を使った公開買付

対価の柔軟化によりM&Aの手法が拡大することになるが，公開買付の対価を株式とする公開買付は可能であろうか。公開買付といえば現金を対価としてでなされるのが通常であるが，従来の商法上でも，証券取引法上は，株式を対価とした公開買付は可能とされていた[63]。巨額の買収を行う場合には，買収資金をすべて現金でまかなうことは難しく，対象会社の株主に交付する対価と

しては現金だけではなく，株式を利用することができれば，巨額の買収の実現性も高まることになる。しかし実際に日本国内において実施されたケースはこれまでに存在しない。

まず，外国会社株式を対価とする公開買付の問題点として，①公開買付に応募して売却した株主に対して課税の繰延べが認められていないこと，②証券取引法上，継続開示義務が生じてしまうこと[64]，の2点が挙げられる（三苫・前掲46頁）。

また，日本の上場会社が自社株式を対価とする公開買付を行う場合には，既に継続開示義務を負っているので，②の問題はない。問題となるのは，上場会社である公開買付者が自社株式を対価として利用する場合に，新株発行により行うと，新株発行の払込みの対象が対象会社の株式ということになるので，現物出資に該当することになり，検査役の調査が必要となっていた点にあった。しかし，会社法施行後は現物出資に関して市場価格のある有価証券については市場価格を超えない場合には，検査役の調査を不要としている（会社法33条10項2号）。また，公開買付の場合には買付価格にプレミアムがつくのが通常であるが，この点が有利発行の問題となるため，株主総会特別決議が必要となってしまう[65]。上場企業においては，臨時株主総会を開催するのは，招集手続にかかる費用もかさみ，煩雑であるので，機動性に欠き，さらに公開買付の際に対抗的公開買付者が存在するような場合に，対抗的公開買付者を上回る買付価格に引き上げる場合にもその都度臨時株主総会を開催するのは現実的ではない。

このように，法律上可能であるとしても，諸々の問題があり，株式による公開買付は実際には行われてこなかったのであるが，会社法においてもこれらの問題は明確には解決されていない模様である。したがって，日本におけるM&A取引において，公開買付が必要となるようなケースにおいては，公開買付の対価としては依然として現金を用意することになるのが現実的な選択ではないかと考えられる。

② **株主の課税時期の問題**

会社法自体の問題ではないが，三角合併を含む組織再編行為において対価を

取得する株主に対する課税の繰延べの問題がある（詳細は第4章6参照）。すなわち，株式交換等において完全子会社となる会社の株主に対して親会社株式や金銭等を対価として交付する場合，（強制的にではあるが）株式を売却させられたのと同じ結果になり，この時点でキャピタルゲイン課税がなされてしまう可能性があるという問題である。これについては，現在財務省において課税制度の見直しを行っているとの動きも見られるが，対価柔軟化の凍結決定に伴い，現段階では先行きが不透明となっている[66]。

③ 支配株主による株式売渡制度

現代化要綱試案では，ある会社が他の者にほぼ完全に支配されているときは，他の会社との組織再編行為によらずに，同様の効果を生じさせる制度として，①他のある株主が新たに9割以上の議決権を保有することとなった場合における，他の少数株主から当該支配株主または会社に対する株式買取請求制度，②ある株主が9割以上の議決権を保有する場合の当該支配株主から他の株主に対する株式の売渡請求制度を設けるかどうかについての検討がなされた（現代化要綱試案第7　3（注1）および（注4））。

これが認められれば，組織再編行為によらずとも少数株主を排除することができたはずだったが，現代化要綱案・会社法のいずれにおいても採用されず，この方法による少数株主の排除は認められないことになった。この点会社法では，後述する略式組織再編制度が創設され，ある株主が9割以上の議決権を保有する場合に当該会社における株主総会特別決議を不要としている。したがって，この意味において，90％以上の株式を有している場合には少数株主の排除が可能となる。

4　簡易組織再編・略式組織再編

（1）簡易組織再編

① 改正の経緯

簡易組織再編行為とは，存続株式会社等における株主総会決議が不要な組織

再編行為をいう。これは，経営資源の選択・集中による効率的な経営が求められている状況下で，存続会社の既存株主に与える影響が軽微な場合は，組織再編行為に存続会社での株主総会決議を不要とし，M&Aの促進を図る制度である。

従来の商法では，会社が吸収合併，会社分割，株式交換などの組織再編行為を行う場合で，その対価が存続会社，分割会社・承継会社，または完全子会社の総資産の5％以下である場合（存続会社等が発行する新株の総数がその会社の発行済み株式総数の5％を超えない場合）は，存続会社等の株主総会決議は不要とされていた（簡易合併，簡易分割，簡易株式交換）[67]。すなわち，M&Aの目的別類型においては，①選択・集中買収型における吸収分割および吸収合併，②水平統合型における吸収合併，③関連事業・新規事業進出型における株式交換において簡易組織再編行為が認められていた。

これに対し，産業再生法では商法上の特例が定められており，株式交換，会社分割，合併などの組織再編行為については商法上の5％という基準が20％に緩和されている（産業再生法12条の4第1項，12条の5第1項，12条の6第1項，12条の7第1項）。また，営業譲受・譲渡について，商法上認められない簡易組織再編手続が規定されている（産業再生法12条の2第1項，12条の3第1項）。しかし，産業再生法の適用を受けるためには監督官庁の認定を受ける必要があり，迅速な組織再編の妨げになっている。

そこで会社法では，存続会社の株主総会決議を不要とする範囲をさらに拡大すべきであるという実務上の要請に応え，産業再生法並みの水準まで簡易組織再編として株主総会を省略できる範囲を拡大した。

② **会社法における簡易組織再編行為の内容**

会社法では，旧商法の「存続会社等が発行する新株の数が発行済み株式総数の5％を超えない場合」という対価の基準を20％まで引き上げ，かつ，産業再生法における特例を会社法上の制度として導入した。整理すれば，以下のとおりである。

（ⅰ）吸収合併の存続会社・吸収分割の承継会社・株式交換の完全親会社
　　（以下「存続株式会社等」）の場合

消滅株式会社等の株主等（吸収合併消滅株式会社・株式交換完全子会社の株主，吸収分割会社等）に対して対価として交付する，①存続株式会社等の株式数に1株当たりの純資産額を乗じて得た額と，②存続株式会社等の株式以外に交付する財産の簿価との合計額が，存続株式会社等の純資産額の20％以下の場合には，存続株式会社等における株主総会決議は不要（会社法796条3項[68]）。

（ⅱ）会社分割（吸収分割・新設分割）における分割会社の場合

承継させる財産の簿価の合計額が，分割会社の総資産額の20％以下の場合には，分割会社における株主総会決議は不要（会社法784条3項[69]，805条[70]）。

（ⅲ）事業全部の譲受けにおける譲受会社の場合

譲り受ける事業全部の対価として交付する財産の簿価が，譲受会社の純資産額の20％以下の場合には，譲受会社における株主総会決議は不要（会社法467条1項3号，468条2項[71]）。

（ⅳ）事業の重要な一部の譲渡における譲渡会社の場合

譲渡する資産の簿価が，譲渡会社の総資産額の20％以下の場合には，譲渡会社における株主総会決議は不要（会社法467条1項2号[72]）。

これらを商法との比較においてまとめると図表2-5-6のとおりである。

③ 譲渡制限株式の発行・移転を伴う場合

従来の商法上は，株式譲渡制限会社が通常の第三者割当による新株発行を行う場合には，既存株主の持株比率を保持するための機会を与えるべきとの要請から，株主総会特別決議を必要としていた（旧商法280条ノ5ノ2）。しかし，これに対して，簡易合併等の要件を満たす場合には，株式譲渡制限会社であっても株主総会の承認を経ずに消滅株式会社等の株主に対して新株発行して交付することができる。このように，簡易組織再編における新株発行も通常の新株発行と同様に持株比率維持の要請があるにもかかわらず，株主総会決議が不要とされていたのは立法の不備という指摘があった（江頭〔Ⅶ〕・前掲12頁）。

そこで，会社法では，株式譲渡制限会社においては，譲渡制限付株式の発行または移転を伴う組織再編行為については，簡易組織再編の要件を満たす場合でも，当該株式譲渡制限会社における株主総会決議を必要とした。すなわち，簡易組織再編の要件を満たす吸収合併・吸収分割・株式交換において[73]，存

図表 2-5-6 簡易組織再編行為の要件の緩和

簡易組織再編行為（適用会社）	要件（旧商法）	要件（会社法）
① 株式交換（完全親会社となる会社） ② 物的吸収分割（承継会社） ③ 吸収合併（存続会社）	① 発行する新株の数が発行済株式総数の「5％以下」，かつ ② 分割交付金の額が純資産額の「2％以下」	消滅会社等の株主等に対価として交付する存続株式会社等の株式数に1株当たりの純資産額を乗じて得た額と，存続株式会社等の株式以外に交付する財産の簿価との合計額が，存続株式会社等の純資産額の「20％以下」
① 物的新設分割（分割会社） ② 物的吸収分割（分割会社）	承継させる財産の簿価の合計額が最終の貸借対照表上の総資産の「5％以下」	承継させる財産の簿価の合計額が分割会社の総資産の「20％以下」
① 営業譲渡（譲受会社）	営業譲受けの対価として交付する財産の簿価が最終の貸借対照表上の総資産の5％以下	譲り受ける事業全部の対価として交付する財産の簿価が，譲受会社の純資産額の20％以下
① 営業譲渡（譲渡会社）	なし	譲渡する資産の簿価が，譲渡会社の総資産額の20％以下

続株式会社等が交付する対価の全部または一部が同社の譲渡制限株式の場合で，かつ，存続株式会社等が公開会社でない場合は，当該存続株式会社等でも株主総会特別決議を要する（会社法796条3項但書，796条1項但書，309条2項12号）。これにより，旧商法上の不均衡は回避されることとなった。

なお，上記と同じく簡易組織再編の要件を満たす吸収合併・吸収分割・株式交換において，存続株式会社等が交付する対価が同社の種類株式であり（この場合の存続株式会社等は種類株式発行会社），かつ，当該種類株式について譲渡制限をしている場合についても，やはり株式譲渡制限会社と同じ理由で，当該種類株式にかかる種類株主総会の特別決議を要するものとされた（会社法795条4項[74]，324条2項6号）。

④ 簡易組織再編行為の異議要件

従来の商法においては，簡易組織再編行為に対する株主からの異議要件は，

総株主の議決権の6分の1であった（旧商法358条8項，374条ノ23第8項，413条ノ3第8項）。これは総会の特別決議の定足数が総株主の議決権の2分の1の場合に特別決議を阻止できる議決権割合を確保する趣旨である。しかし，平成14年商法改正により，特別決議の定足数が，定款の定めにより総株主の議決権の3分の1まで引き下げることが可能となった（旧商法343条）。

　これに対して，会社法では，「法務省令で定める数の株式」（会社法796条4項，468条3項）と定めて法務省令に異議要件を委任しており，法務省令によれば，会社法上，特別決議の定足数の総株主の議決権に対する割合は，原則的には，株主総会が開催された場合に当該組織再編行為にかかる議案が否決される可能性が生ずる数に相当する数になるが（会社法施行規則197条1号ないし3号，会社法309条2項），会社法施行規則197条4号によれば，更に定款で定めた数をも比較していずれか小さい数とするとされているので，定款の定めをおけば，異議要件を極端に引き下げることも可能となる。

⑤　実務上の論点―複数の簡易組織再編行為を同時進行する場合

　簡易組織再編行為については，同一会計年度中あるいは同一の機関決定において複数の再編行為を同時進行する場合，「5％要件」の算定をどのように考えるべきかという点が実務上問題となっていた（藤縄＝田中・前掲24頁）。

　すなわち，旧商法の「5％要件」においては，会計年度末までに複数の再編行為を同時進行させる場合，「5％要件」の算定について，複数の再編行為を合算して考慮するのか，あるいは個々の再編行為について5％要件を考えるのか，条文上不明確であり，解釈上も定説がなかった。このような組織再編行為の同時進行については，大規模なグループ内再編行為において見られるケースが多い。会社法では「5％要件」が20％に拡大されたが，上記の論点については条文上不明確なままであるため，会社法においても解釈に委ねられることになると思われる[75]。

　会社法の文言上は，同一の機関決定で決議される簡易組織再編行為あるいは当該株式会社の同一会計年度に付議される簡易組織再編行為で交付される株式等の簿価，といった観点から「20％要件」を問題とする文言はない。そのため，文言上は「合算」ではなく個別案件ごとに算定すると解する方が自然かもしれ

ない。しかし，簡易組織再編行為という制度が存続会社株主へのインパクトの大小を問題にしている以上，場合によっては，簡易組織再編行為の潜脱となる場合もあると思われる[76]。

（2）略式組織再編

① 改正の経緯

略式組織再編行為とは，ある株式会社（特別支配会社）が他の株式会社（被支配会社）の総株主の議決権の90％以上を保有している場合には，被支配会社における株主総会決議なくして被支配会社と特別支配会社との間で行う組織再編行為をいう。商法には存在せず，会社法で新たに創設される制度である。これは，米国におけるShort Form Mergerなどを参考にしたものであろうが[77]，グループ会社間の組織再編の手続を簡素化することで，かかる再編を促進する目的と思われる。

なお，会社法施行前は産業再生法によってこれと類似した制度が認められていた。すなわち，認定事業者が他の株式会社の議決権の3分の2以上を保有している場合，当該認定事業者と当該子会社（特定関係事業者）との間で組織再編行為を行うようなグループ内での組織再編行為の場合は，特定関係事業者における株主総会決議は不要とされていた（産業再生法12条の2第2項，12条の3第2項，12条の4第2項，12条の5第2項，12条の6第2項，12条の7第2項）。さらに，産業再生法では，特定関係事業者同士の合併等についても，各特定関係事業者の株主総会決議が不要とされていた（産業再生法12条の7第2項）。

② 略式組織再編行為の内容

会社法においては，以下の会社が，他の株式会社（被支配会社）の議決権の90％以上を保有している「特別支配会社」[78]である場合には，特別支配会社と被支配会社との間で行う吸収合併，吸収分割，株式交換または事業譲渡・譲受等の手続において，被支配会社の株主総会特別決議は不要である（会社法784条1項，796条1項，468条1項，467条1項1号ないし4号）。

（a）吸収合併，吸収分割，または株式交換の一方当事者。

（b）事業全部の譲渡，事業の重要な一部の譲渡，事業全部の譲受け，また

は事業全部の賃貸・経営委任等の一方当事者。

M&Aの目的別類型との関連で整理すれば，①選択・集中買収型の事業譲渡，吸収分割および吸収合併，②水平統合型の吸収合併，③関連事業・新規事業進出型の株式交換で利用される可能性はあるが，相手方会社の株式を90％以上保有することが前提となるので，M&A取引の第1段階として株式取得のステップを取ることが必要となる。

③ 例外—株式譲渡制限会社の場合等

上述したように，簡易組織再編行為では，組織変更に伴って存続株式会社等が譲渡制限株式を交付する場合は，既存株主の持株比率保持の要請から，存続株式会社等における株主総会の決議が要求される。こうした要請は略式組織再編行為にも当てはまるため，会社法でも同様の規定が設けられている。すなわち，存続株式会社等が被支配会社であって，消滅株式会社等の株主に交付される対価の全部または一部が譲渡制限株式の場合で，かつ存続株式会社等が公開会社でない場合は，当該存続株式会社等でも総会決議を要する（会社法796条1項但書）。

なお，立法趣旨は異なるが，被支配会社が消滅株式会社等となる吸収合併または株式交換について，被支配会社の株主を保護する観点から次のような例外規定が設けられている。すなわち，吸収合併・株式交換における消滅株式会社等が被支配会社であって，その株主に交付される対価の全部または一部が譲渡制限株式等の場合で，消滅株式会社が公開会社であり[79]，かつ種類株式発行会社でないときは，当該消滅株式会社等でも総会決議を要する（会社法784条1項但書）[80]。

④ 略式組織再編行為の差止め

会社法で創設された略式組織再編行為の手続では，被支配会社の株主総会決議が不要となるため，被支配会社における反対株主の救済措置として，株主総会決議取消しの訴えを利用できない。そこで，これに代わる救済措置として，被支配会社の株主に略式組織再編行為の差止請求権が認められた。

すなわち，吸収合併等が略式組織再編の要件を満たす場合でも，当該吸収合

併等が法令・定款に違反するか，または著しく不当な条件で行われることにより，被支配会社の株主が不利益を受けるおそれがあるときは，被支配会社の株主は，被支配会社に対し，吸収合併等をやめるよう請求できる（会社法784条2項，796条2項）。なお，存続会社・消滅株式会社を問わず，略式組織再編行為について，被支配会社の反対株主の株式買取請求権が認められている（会社法785条，797条）。

5　産業再生法との関係

（1）産業再生法におけるM&Aに関する特別支援措置

　産業再生法上のM&Aに関する特別支援措置としては，①民法上の措置，②税制上の措置，③その他の措置の3種類に大別できる。①および②の特別措置ごとの分類は以下のとおりである。

① 民法上の措置
　　i 財産価格調査の免除の特例
　　ii 簡易組織再編の特例
　　iii 特定株式等の交付に関する特例[81]
　　iv 合併等を行う場合の対価の柔軟化に関する特例
　　v 会社分割に際してする社債権者に対する催告に関する特例[82]
　　vi 減資に関連する手続の簡素化に関する特例[83]
　　vii 営業譲渡の場合の債権者の異議の催告等[84]

② 税制上の措置
　　i 登録免許税の減免（会社新設・資本増加…0.7%→0.25%等）
　　ii 革新的新規設備投資に対する特別償却
　　iii 欠損金の繰越期間延長・繰戻還付の対象拡大
　　iv 共同現物出資時の譲渡益課税繰延べ，商法上の組合（匿名組合契約）を用いた設備廃棄損の親会社通算

ⅴ　営業譲渡に係る不動産取得税の減免

（2）旧商法，会社法と産業再生法の比較，会社法下における産業再生法の存在意義

産業再生法における特例措置に関して，旧商法，会社法との比較は図表2-5-7のとおりである。

①　対価の柔軟化

会社法と産業再生法の比較については，簡易組織再編および対価の柔軟化に関しては，会社法では産業再生法の特例と同様の制度に改正されているが，対価の柔軟化については，上述のとおり平成19年中の施行が予定されている。もっとも，平成18年税制改正により，株式交換の対価が完全親会社株式の場合にのみ株主の課税繰延および完全子会社の適格要件が認められるようになるとされており，この税制改正は平成18年10月1日以後に行われる株式交換に適用される予定である（詳細は本章3（9）①（ⅱ）を参照されたい）[85]。したがって，平成18年10月1日以降産業再生法に基づく対価の柔軟化を利用した株式交換を行う場合には，親会社株主の課税繰延が認められず，完全子会社の適格要件を満たさないこととなってしまう。この点において，それまでになされるM&A取引においては産業再生法を利用する価値はなお高いということができるものの，平成18年10月以降は対価の柔軟化の観点からは利用価値は低くなるということができる[86]。

②　被支配会社の株主総会が不要となる要件

被支配会社の株主総会決議が不要となる要件について，会社法の方が産業再生法よりも厳格である。そのため，（ⅰ）買収者が対象会社の議決権の3分の2以上だが90％未満しか取得できない場合の対象会社との組織再編行為や，（ⅱ）親会社が議決権の3分の2以上を有する子会社（特定関係事業者）同士の合併については，会社法施行後も産業再生法の利用価値があろう。

第5章　会社法施行がもたらすプラン作成プロセスの柔軟化と複雑化　219

図表 2-5-7　旧商法，会社法，産業活力再生法の比較

	項　目	旧　商　法	会社法	産業再生法
1	財産価格調査の免除の特例	・現物出資については，原則検査役の調査または弁護士等の証明書が必要。例外的に，①株式会社設立時の現物出資・財産引受において，財産の価額の総額が資本の5分の1を超えず，かつ500万円を超えない場合や，②取引所の相場のある有価証券については，検査役の調査を要しない（旧商法246条）。 ・事後設立については検査役の調査または弁護士等の証明書が必要（旧商法246条3項，173条2項3項）。	・現物出資，財産引受は原則検査役の調査または弁護士等の証明書が必要。しかし，①について資本の5分の1という規制を廃止し，②について「市場価格」のある有価証券については，検査役の調査を要しない（会社法33条10項1号・2号，会社法施行規則6条，募集株式の発行については会社法207条9項2号・3号，会社法施行規則43条）。 ・新株発行における現物出資は，会社に対する金銭債権のうち履行期が到来しているものを当該債権額以下で出資をする場合は，検査役の調査が不要（会社法207条9項5号）。 ・事後設立の検査役の検査制度廃止。その代わり，会社が成立後2年以内に成立前より存在する財産で事業のために継続して使用するものを，当該会社の純資産額の5分の1以上の対価をもって取得する場合に限り，株主総会決議を要する（会社法467条1項5号，会社法施行規則135条）。	・認定計画に従った現物出資，財産引受，事後設立の場合の検査役の調査不要（産業再生法10条，11条）。 ・新株発行における現物出資は，検査役の調査が不要（産業再生法12条）。
2	簡易組織再編行為（適用会社） ●株式交換（完全親会社となる会社） ●物的吸収分割（承継会社） ●吸収合併	③　発行する新株の数が発行済株式総数の「5％以下」，かつ ④　分割交付金の額が純資産額の「2％以下」（商法358条1項，374条	消滅会社等の株主等に対価として交付する存続株式会社等の株式数に1株当たりの純資産額を乗じて得た額と，存続株式会社等の株式以外に交付する財産の簿価との合計額が，存続株式会社等の純	①　発行する新株の数が発行済株式総数の「20％以下」かつ ②　分割交付金の額が純資産額の「10％以

	（存続会社）	ノ23第1項，413条1項）	資産額の「20％以下」（会社法796条3項，会社法施行規則196条）	下」（産業再生法12条の4，12条の6，12条の7）
	●物的新設分割（分割会社） ●物的吸収分割（分割会社）	承継させる財産の簿価の合計額が最終の貸借対照表上の総資産の「5％以下」（旧商法374条ノ6，374条ノ22）	承継させる財産の簿価の合計額が分割会社の総資産額の「20％以下」（会社法784条3項，会社法施行規則187条，会社法805条，会社法施行規則207条）	承継させる財産の簿価の合計額が最終の貸借対照表上の総資産の「20％以下」（産業再生法12条の5）
	営業譲渡（譲受会社）	営業譲受けの対価として交付する財産の簿価が最終の貸借対照表上の総資産の5％以下（旧商法245条ノ5第1項）	譲り受ける事業全部の対価として交付する財産の簿価が，譲受会社の純資産額の20％以下（会社法467条1項3号，468条2項，会社法施行規則137条）	営業譲受けの対価として交付する財産の簿価が最終の貸借対照表上の総資産の20％以下（産業再生法12条の2）
	営業譲渡（譲渡会社）	なし	譲渡する資産の簿価が，譲渡会社の総資産額の20％以下（会社法467条1項2号，会社法施行規則134条）	営業譲受けの対価として譲渡する財産の簿価が最終の貸借対照表上の総資産の20％以下（産業再生法12条の3）
3	特定株式等の交付に関する特例	なし（旧商法295条ノ3により規制されている）	現物配当が可能（会社法454条）	取締役会決議で子会社の株式を自己の株主に交付することを認める（産業再生法12条の8）
4	合併等を行う場合の対価の柔軟化に関する特例	対価は株式のみ	株式以外の金銭等	株式以外の金銭等（産業再生法12条の9）
5	会社分割に際してする	なし。債権者に対して個別の催告を行わ	なし。債権者に対して個別の催告を行わないと，	無記名債権者であっても，社債

	社債権者に対する催告に関する特例	ないと，分割会社と承継会社の連帯債務となる（旧商法374条ノ10，374条ノ26第1項）。	分割会社と承継会社の連帯債務となる（会社法759条2項3項）。	管理会社に催告すれば連帯債務にならない（産業再生法12条の10）。
6	減資に関連する手続の簡素化に関する特例	なし。株主総会必要。	なし。株主総会必要。	減資・法定準備金減少と同時にこれを上回る増資を行う場合には，取締役会決議でよい（産業再生法12条の11）。
7	営業譲渡の場合の債権者の異議の催告等	なし。個別の同意を得る必要あり。	なし。個別の同意を得る必要あり。	個別の債権者に一定期間内に異議を述べるべき旨を催告したにもかかわらず期間内に意義がない場合には債務譲渡に同意したものとみなす（産業再生法13条）。

③ 子会社の反対株主の保護

子会社における反対株主の救済措置の点で，産業再生法よりも会社法の方が保護に厚い。産業再生法では，特定関係事業者の反対株主は株式買取請求権を有するが（産業再生法12条の7第3項），特定関係事業者での株主総会決議が不要のため，総会決議取消事由に該当する場合には救済手段が存在しない。しかし会社法では，略式組織再編行為の差止請求権を創設している点でより子会社株主の保護に厚い。

④ 営業譲渡に対する債権者の異議の催告

営業譲渡（事業譲渡）については，旧商法上，会社法上ともに債権者保護手続はないが，営業譲渡は債務引受けを通常含むので，商法，会社法上の建前で

は個別の債権者の同意が必要である。これに対して営業譲渡の場合にも，産業再生法では異議催告を行って期間内に異議がなければ債務引受けに同意したとみなされるので（産業再生法13条），債権者の個別の同意をとる必要がない。したがって，M&A取引のストラクチャーとして，①選択・集中買収型で事業譲渡を選択する場合には，従来の商法，会社法と比較しても簡便な手続によることができるため，産業再生法の利用価値がある。

⑤ 会社分割の社債権者に対する催告

旧商法上および会社法上，債権者に対して個別の催告を行わないと，分割会社と承継会社の連帯債務となる（旧商法374条ノ10，374条ノ26第1項および会社法759条2項3項）。これに対して，産業再生法では，社債権者に対する催告について，無記名債権者であっても，社債管理会社に催告すれば連帯債務にならず（産業再生法12条の10），M&A取引で，①選択・集中買収型で吸収分割，または，②水平統合型で共同新設分割のストラクチャーを選択する場合には，産業再生法の利用価値はあるといえる。

⑥ 減資手続の簡素化

旧商法，会社法では，会社が減資や法定準備金の減少と同時にこれらの金額を上回る金額の増資をする場合であっても，株主総会の開催を必要とし（旧商法289条2項，375条1項，会社法447条，448条），債権者保護手続として個別の催告が必要である（旧商法376条1項，289条4項，会社法449条）。これに対して，産業再生法では，減資・法定準備金減少と同時にこれを上回る増資を行う場合には，株主総会特別決議を不要で取締役会決議のみで行うことを認め（産業再生法12条の11第1項），債権者への個別催告は不要となった（産業再生法12条の11第4項）。この点においても，旧商法，会社法下においても産業再生法は利用価値があるといえる。

⑦ 登録免許税の特例

実務上のコスト面の観点から重要なのが登録免許税の特例である。すなわち，会社の設立および資本増加の際の登録免許税としては，通常の場合は設立額ま

たは資本増加額の0.7％であるのに対し，産業再生法では0.25％（平成18年4月1日以降平成20年3月31日までに認定された事業計画が対象となる。これ以前は0.15％であった）である。M&A取引において多額の増資等を行う場合には，コスト負担を軽減でき，産業再生法を利用する大きなインセンティブになろう。

⑧ 産業再生法を利用する場合の留意点

これまで述べたように産業再生法は，会社法施行・対価柔軟化解禁以降もM&A取引で想定されるスキームにも利用可能と想定されるが，商法，会社法施行後もタイムスケジュールに十分留意する必要があることに変わりはない。

すなわち，産業再生法上の計画の認定までのスケジュールとしては，事業計画の申請から認定までの期間は，原則1ヵ月であるが（産業再生法施行規則5条），実際には数日から数週間かかることが多い。また，認定を行う主務大臣の所轄省庁に対して申請前に事前相談を行う必要もあり，事前相談期間を含めると早くて1ヵ月半から2ヵ月といわれている。主務大臣が経済産業大臣の場合は，他の主務大臣の場合よりも短期間になる傾向があるということであるが，事前相談および申請の時点で産業再生法上の計画を作成する必要があるので，スケジュール面からは不確定要素となりうるので留意が必要である。

このように，産業再生法を活用する場合のスケジュールの不確定性から，M&A取引のスキームを計画する段階で産業再生法を利用するか否かを検討する際には，スケジュールに十分な余裕があるかどうかを検討する必要がある。

また，産業再生法は，平成20年3月までに廃止を含めた見直しが予定されており（産業再生法附則2条），時限立法的な側面もあるが，現段階では少なくとも対価柔軟化が解禁される平成19年春以降の約1年間については，産業再生法型の利用価値があるものと思われる（但し，現金交付型の株式交換は除く）。

6　事後設立および現物出資規制

（1）事後設立

従来の商法では，事後設立[87]に該当する場合には，株主総会の特別決議

に加えて，裁判所が選任する検査役による調査を要するとされていた（旧商法246条1項）。

これについては，平成14年商法改正で，弁護士等の証明などで検査役の調査に代えることができるようになり（旧商法246条3項，173条2項3号），また，産業再生法では，認定計画に従った事後設立では検査役の調査の省略が認められるなど（産業再生法11条），一定の規制緩和がなされてきた。

これに対して，会社法467条1項5号では，①事後設立の検査役調査制度を廃止するとともに，②事後設立規制の適用範囲について，株主総会決議の要否を画する基準は簡易組織再編行為の基準に合わせることとし，さらに，③新設合併，新設分割または株式移転による会社の設立は，事後設立に該当しないことが法文上明確にされた[88]。③については，そもそも事後設立規制の目的であった現物出資・財産引受規制の潜脱の防止・資本充実といった事情を考慮する必要がないケースなので，事後設立規制の対象外とされる[89]。

会社法では，上記②の点について，会社が成立後2年以内に成立前より存在する財産で事業のために継続して使用するものを，当該会社の純資産額の5分の1以上の対価で取得する場合に限り，株主総会決議を要する（会社法467条1項，会社法施行規則135条）。

以上の改正によって，M&A取引において買収目的会社を新設することについて法的な障害がなくなった（詳細は後述）。

（2）現物出資・財産引受け

現物出資・財産引受けについては，会社法では，会社設立時において検査役の調査が不要となる場合が拡大するが[90]，M&Aとの関連で重要なのは，むしろ現物出資における金銭債権の取扱いの改正である。

すなわち，現物出資による新株発行では，会社に対する履行期到来金銭債権を当該債権額以下で出資をする場合は，検査役の調査が不要となる（会社法207条9項5号，会社法施行規則43条）。これは，再建型組織再編でよく見られる債務の株式化（デット・エクイティ・スワップ，DES）を簡便に行いたいという要請に応える趣旨である[91]。

(3) 買収目的会社を用いるM&Aへの影響

　M&A取引において，①他の会社の経営に関与する目的で買収目的会社に当該会社の株式を取得させる場合や，②他の会社の営業を譲り受けようとする場合に，買収者が買収目的会社（「受皿会社」あるいは「SPC」ともいう）を利用する場合がある[92]。M&Aの目的別類型に応じて整理すると，①選択・集中買収型の事業譲渡，③関連事業・新規事業進出型の株式譲渡といったストラクチャーをとる場合が想定される。買収目的会社として新設会社を設立し，対象会社の支配株主から対象会社の議決権の過半数を表章する株式，あるいは他の会社の営業を買収するケースでは，ほとんどの場合は上述の事後設立の要件に該当してしまい[93]，株主総会特別決議のほか，裁判所が選任する検査役による調査，または弁護士等による証明書を取得する必要があった。

　しかし，検査役調査は，それ自体が時間と費用を要する[94]。また，弁護士等による証明書を求めるにしても，弁護士は株式や営業（暖簾など）の評価のノウハウを持たないため，かかる証明書の価値には限界がある[95]。そこで実務上は，かかる時間的・経済的コストを回避するため，設立後2年以上を経過した休眠会社を調達して買収目的会社として利用する方法が取られている。ただし，休眠会社を買収するには，(a) 買収目的会社に適する会社を見つける手間がかかり，(b) 休眠会社の簿外債務や法的問題の有無についてデュー・デリジェンスを行う必要があるため，そのコストを要し，さらに (c) 買収そのものに代金の調達を要するという問題があった。

　会社法施行前では以上のような問題があったが，会社法では，事後設立に該当する取引であっても検査役による調査が不要となる。そのため，会社法施行後は，買収者は買収目的会社として子会社を新設することにより，対象会社の議決権の過半数を占める株式の取得や他社事業の譲受けを行うことができるようになる。この場合，検査役調査も弁護士等による証明書も不要であり，かかる手間やコストを回避するために休眠会社を調達する必要もなくなる。

　また，会社法では，最低資本制度が撤廃され，資本金1円での株式会社設立も可能となった（会社法445条1項）[96][97]。これにより，会社の設立が容易となり買収目的会社として利用されるSPCを設立しやすくなった。

これらの点は，M&A実務上大変便利な規制緩和であり，M&Aの目的別類型に関して，買収目的会社の設立および利用が容易になることにより，①選択・集中買収型の事業譲渡，③関連事業・新規事業進出型の株式譲渡といったストラクチャーを選択するケースも増えてくると考えられる。

もっとも，会社法施行後も，買収目的会社による株式取得・事業譲受けが事後設立に該当する場合は，買収目的会社では株主総会特別決議を要する（会社法467条1項5号，309条2項11号）。会社法では，事後設立であっても，当該株式会社の純資産額の20％以下に相当する譲渡代金で株式や事業を取得する場合は，例外的に株主総会特別決議は不要となるが，取引完了直前では買収資金が買収目的会社の唯一の資産であるから，株主総会特別決議を省略できるケースはほとんどあり得ないだろう。しかし，買収目的会社が買収者の完全子会社であることを前提にすれば，株主総会特別決議を得ることの実務上の負担は軽い。したがって，旧商法と比較しても，買収目的会社の使い勝手がよくなり，機動的な買収活動が期待される。

7 債務超過会社のM&A

（1）旧商法上の議論および問題の所在

旧商法上のM&Aにおける論点として，債務超過会社（合併差損が生じる場合）の組織再編行為（消滅株式会社または被吸収分割会社とする合併や会社分割）が認められるか，という問題がある。M&Aの目的別類型において整理すると，①選択・集中買収型の吸収分割および吸収合併，②水平統合型の吸収合併を行う際にしばしば問題となる。

この「債務超過」には，さまざまなケースが含まれる。例えば，簿価上では債務超過であっても，時価ベースでは債務超過ではない場合，時価純資産額としては債務超過でも，将来収益を考慮すると債務超過ではない場合，将来収益を含めて考慮しても債務超過ではあるが，組織再編行為等による統合の結果シナジー効果が発生し，債務超過でなくなる場合[98]，というように債務超過のレベルもさまざまである。従来の商法上のこのような債務超過会社の組織再編

行為の可否については，明文規定がなく，一般的な見解としては否定されていた。また，債務超過の会社を解散会社とする合併は資本充実の観点からできないとするのが，商法下における法務省の見解であるとされている[99]。これに対し，完全親会社が存続会社となる場合のように，無増資合併（新株発行のない合併）であれば，実務上のニーズから認めても差し支えないとする見解もある[100]。

従来の商法上の実務では，合併差損等を生じる場合には組織再編行為は認められないということを前提としつつ，旧商法の規定は時価以下主義であるとして，差損の発生を防止すべく，簿価上はマイナスである承継純資産額をプラスに評価替えするなどして（具体的には，資産の再評価，暖簾計上などによる）組織再編行為を実施してきた[101]。

このような取扱いについては，資産等の任意の評価替えの余地を認めない海外の厳格な会計基準導入の流れに逆行するという問題がある。今後「企業結合に係る会計基準」が適用されるようになると，このような便宜的な会計処理はできず，差損の発生を回避できない場合が生じうる[102]。また，平成19年に対価柔軟化が導入されると，対価の存続会社における簿価が承継純資産額よりも上回るという状況も想定される。

（2）会社法における改正およびM&Aにおける利用方法

① 合併差損が発生する場合の組織再編行為

上述のような状況から，会社法では，合併差損等が発生しうることを前提として，合併差損等が生じる以下の場合にも組織再編行為が可能となった。

　i　存続会社等[103]が承継する消滅株式会社等[104]の債務の額（承継債務額）として法務省令で定める額[105]が，存続会社等が承継する消滅株式会社等の資産の額（承継資産額）として法務省令で定める額[106]を超える場合（会社法795条2項1号，会社法施行規則195条1項ないし4項）

　ii　存続会社等が消滅株式会社等の株主等または吸収分割会社の株主に対して交付する金銭等（存続会社等の株式等を除く）の帳簿価額が，承継資産額から承継債務額を控除して得た額を超える場合（会社法795条2項2号）

　iii　株式交換において完全親会社が完全子会社の株主に対して交付する金銭

等(完全親会社の株式等を除く)の帳簿価額が、完全親会社が承継する完全子会社株式の額として法務省令で定める額[107]を超える場合(会社法795条2項3号、会社法施行規則195条5項)。

もっとも、これら以外の場合、すなわち、本節の冒頭で説明した実質的な債務超過であるような場合の組織再編行為の可否については依然として不明確であり、解釈上の問題が残る[108]。

会社法では、従来適法性に関して問題があるとされてきた債務超過会社が消滅株式会社等になるM&Aについて、一定の基準を満たせば組織再編行為の法的安定性を確保できるという意味において、意義のある改正といえよう。

② 合併差損がある場合の組織再編行為における手続

上記①のような組織再編行為が認められるとしても、株主総会で承認するかどうかを判断する株主にその内容を十分に吟味させるべく、取締役は合併差損が発生することを株主総会で説明する義務を負い(会社法795条2項、会社法施行規則195条)、株主に対する適切な情報の開示が要求される。

また、旧商法上は、資産の評価替えや暖簾計上により差損発生を回避していたケースでも、会社法下では便宜的な会計処理が許されないため、合併差損が生じる場合には、当該組織再編行為が簡易組織再編行為の要件に該当するときであっても、株主総会決議が必要となった(会社法796条3項但書)。この点は、従来のケースと比較して厳格となっており、注意が必要である。

③ 今後のM&Aにおける利用方法

以上のような手続を経ることで、合併差損がある場合の組織再編行為が明確に認められた。しかし、会社法下では、合併対価の柔軟化により新株・代用自己株の発行が一切行われないケースや、新株等を発行するとしても、資本金・準備金の額を増加しないケースもありうるので[109]、資本金・準備金の額を増加させない債務超過会社を対象会社とする組織再編行為の、資本充実の原則に基づく一律禁止には疑問がある。確かに、債務超過会社を対象とする組織再編行為については、取締役の善管注意義務違反・忠実義務違反の責任が発生するおそれがある。しかし、このような組織再編行為は子会社救済などの経営上

の必要性に基づくケースも多く，取引実行には株主総会の決議，反対株主の株式買取請求権，債権者の異議申立手続が要求されるので，厳格な解釈・運用は好ましくない，という見解もある。

そこで，この点を実務上どう扱うべきかが問題となる。M&A取引の交渉の際に相手方の債務超過が判明した場合には，かかる会社を対象とする組織再編の可否について解釈上不明確であることからすれば，買収者としては，相手方の法律顧問から，買収者およびその法律顧問が合理的に満足する内容の適法意見書を取得するべきであろう（第3部第1章2（1）①（ⅰ）参照）。特に，買収者側が金融機関から資金調達する場合には，買収者側の法律顧問が金融機関に対して，買収スキームの適法性に関する法律意見書を通常要求されるので，買収者側の法律顧問と相手方の法律顧問の間で事前に十分に検討したうえで，法律意見書の作成者（被買収者側または買収者側のいずれの法律顧問）が，前提条件および留保事項を調整する必要がある[110]。

8　M&Aにおける新株予約権および新株予約権付社債の承継

（1）新株予約権の承継

旧商法上は，株式交換および株式移転の場合には，完全親会社への新株予約権の承継が明文で規定されていたが（旧商法352条3項，364条3項）[111]，合併や会社分割の場合については明文がなく，新株予約権者の地位は不明確であった。会社法では，上述のような指摘を踏まえ，株式交換および株式移転における新株予約権の承継（会社法768条1項4号イ，773条1項9号イ）に加えて，合併または会社分割に際して，消滅株式会社または分割会社が発行している新株予約権の承継を認めた（会社法749条1項4号（吸収合併），758条5号（吸収分割），763条10号（新設分割））。

（2）新株予約権付社債の承継

旧商法上は，株式交換および株式移転において完全子会社となる会社が発行した新株予約権付社債を完全親会社となる会社が承継するための手続は法定さ

れていなかった（旧商法352条3項括弧書き，364条3項括弧書き）[112]。しかし，新株予約権付社債の新株予約権も，完全子会社が行使すれば当事者間の完全親子会社関係が崩れるため，新株予約権付社債に付された新株予約権についても承継を認めるべきであるという批判がなされていた。

　会社法では，上述のような批判を踏まえ，株式交換および株式移転に際して，完全子会社が発行している新株予約権付社債を完全親会社が承継することを認めた（会社法768条1項4号ハ，773条1項9号ハ）。この承継を認めるのと同時に新株予約権付社債権者の保護手続も導入されているが，これについては次節で詳述する。

(3) 新株予約権者および新株予約権付社債権者の買取請求権

　組織再編行為に関して，以下の新株予約権を保有する者は，組織再編行為に対して買取請求権を行使できることとなった（会社法787条1項（吸収合併，吸収分割，株式交換），808条1項（新設合併，新設分割，株式移転））。

　　i　新株予約権の発行条項に承継する定めがある場合の新株予約権について，当該定めの内容に沿わない取扱いがなされる場合の新株予約権
　　ii　新株予約権の発行条項に承継に関する定めがない新株予約権であって，組織再編行為により他の株式会社に承継されることとなる新株予約権

　また，新株予約権付社債権者についても，上記iまたはiiに該当する新株予約権が付せられた新株予約権付社債権者は，原則的に新株予約権と社債を分離することなく買取請求を行うことが認められた（会社法787条2項（吸収合併，吸収分割，株式交換），808条2項（新設合併，新設分割，株式移転））。

9　会社法における債権者保護手続

(1) 旧商法上の手続

　会社法におけるM&A関連の改正点は商法上の規制緩和を目的としたものが多いが，会社法ではM&Aに関する規制強化も同時になされている。規制強化に関する改正点としてもっとも注目すべきものは，株式交換・株式移転におけ

る債権者保護手続の導入である。旧商法では，株式交換におけるいずれの当事会社にも債権者保護手続は要求されない。これは，旧商法下の株式交換ではいずれの当事会社においても会社債権者の利益が害される危険がなかったためである[113]。

（2）会社法上の手続

　会社法では対価の柔軟化が導入されるので，完全親会社から流出する財産の価値いかんでは会社債権者の保護を考慮する必要が生じる。そこで会社法は，以下の場合には，完全親会社における債権者保護手続を要求する（会社法799条1項3号）。

　　i　完全親会社が，当該株式会社の株式（1株未満の端数に相当する金銭を含む）以外の財産を，完全子会社となる会社の株主に交付する場合[114]

　　ii　株式交換に際して完全子会社が発行する新株予約権付社債を完全親会社が承継する場合（会社法768条1項4号ハ）

　会社法では，株式交換だけでなく，株式移転に際しても，完全子会社が発行する新株予約権付社債の完全親会社による承継が認められたが（会社法773条1項9号ハ），かかる場合は，上記iiと同様に債務者が交代するので，当該新株予約権付社債権者に対する債権者保護手続も要求される（会社法810条1項3号）[115]。

　債権者保護手続の要否については，新設分割（およびこれに伴う新設会社株式の全部譲渡）と事業譲渡の比較でも同様の問題がある。両者は経済的な効果が同一であるにもかかわらず，前者は債権者保護手続を要し，後者は不要である[116]。経済的実態は同一だが，一方は最低1ヵ月の債権者保護手続を要し，他方は不要となるという法制度は，ユーザーの立場からすれば，分かりにくさ，使い勝手の悪さが感じられるであろう[117]。今後の法改正では，会社分割と事業譲渡の比較，株式交換と株式買収の比較について意識した議論が期待される。

10 事業譲渡への影響

(1)「営業譲渡」から「事業譲渡」へ

従来の商法では「営業譲渡」と称されていた取引が，会社法では「事業譲渡」と改称された[118]。

(2) 株主総会決議が不要となる範囲の拡大

旧商法では「簡易営業譲受」は存在したが（旧商法245条ノ5第1項），「簡易営業譲渡」という制度は存在しなかった。これに対して，会社法では，事業の重要な一部の譲渡も，簡易組織再編行為として株主総会決議が不要となる類型が創設されている（会社法467条1項2号，会社法施行規則134条）。また，略式事業譲渡制度も創設されたので，株主総会決議が不要となる事業譲渡の範囲が一層拡大された。こうした規制緩和は，特に上場企業が自ら当事者となる事業譲渡・譲受けの手続を容易にする点で，実務上有益であり，M&Aの目的別類型の①選択・集中買収型の営業譲渡で利用されうる。

事業譲渡類型に関する株主総会決議の要否については，図表2-5-8のように整理される（なお，この表でも明らかなように，会社法において，事後設立は事業譲受の一種として位置づけられる）。

(3) 競業禁止

旧商法では，営業譲渡の当事者間で競業禁止義務について何も合意していないと，営業譲渡人は法律上当然に同市町村および隣接市町村内では20年間の競業禁止義務を負うとされていた（旧商法25条1項）。また，当事者間の合意により営業譲渡人の競業禁止義務を加重できたが，その上限は，同府県および隣接府県内で，かつ，30年以内とされていた（旧商法25条2項）。こうした商法の規制は，①営業活動地域が広域化した現代において競業禁止義務の範囲として狭すぎる[119]，②20年間はデフォルト・ルールとしては長すぎる[120]，といった批判があった。

図表2-5-8　事業譲渡における株主総会決議の要否の比較表

取引内容	商法	会社法
事業全部譲渡	譲渡会社では総会特別決議が必要。	簡易事業譲渡については規定なし。
		略式事業譲渡では被支配会社の総会不要。
事業の重要な一部の譲渡	譲渡会社では総会特別決議が必要。	譲渡財産（簿価）が，譲渡会社の総資産額の20％以下（これを下回る割合を定款で定めた場合にはその割合）の場合，譲渡会社では不要。
		略式事業譲渡の場合，被支配会社では総会不要。
事業全部の譲受け	譲受対価が，譲受会社の純資産額の5％以下の場合，譲受会社では不要。	譲受対価（簿価）が，譲受会社の純資産額の20％以下（これを下回る割合を定款で定めた場合にはその割合）の場合，譲受会社では不要。
		略式事業譲渡の場合，被支配会社では総会不要。
事業全部の賃貸・経営委任など	賃貸人・委任者では総会特別決議が必要。	簡易事業譲渡の規定なし。
		略式事業譲渡の場合，被支配会社では総会不要。
事後設立	譲受会社では総会決議と検査役調査が必要。	取得対価（簿価）が，譲受会社の純資産額の20％以下（これを下回る割合を定款で定めた場合にはその割合）の場合，譲受会社では不要。

　この点，会社法では，旧商法25条1項のデフォルト・ルールは維持されたままであるが（会社法21条1項）[121]，競業禁止特約の上限について「同府県および隣接府県内」という限定は廃止されている（会社法21条2項）。また，会社法21条が会社分割にも準用ないし類推適用されるのかという問題については明確にされていない[122]。いずれにせよ，会社法施行後に事業譲渡契約書を作成する際は，デフォルト・ルールを排除するためには，従前の実務と同様に競業禁止特約を規定する必要がある。

11 株券の取扱い─株式譲渡のクロージング手続への影響

(1) 旧商法上のクロージング手続

　旧商法では，株式譲渡には原則として株券の交付を要するとされていた（旧商法205条）。そのため，従前のM&A実務では，株式譲渡のクロージング（譲渡完了）手続として，譲渡代金の支払と引き換えに株券の交付を行ってきた。しかし，平成16年商法改正により，同年10月以降は株式譲渡制限会社では原則として株券発行が不要となり（旧商法226条1項但書），株式譲渡にも株券交付が不要となった（旧商法227条2項）。株式譲渡の対抗要件としては，会社および第三者との関係で株主名簿上の名義書換を要するとされていた（旧商法206条1項，206条ノ2第1項）。株式譲渡による名義書換手続は，株主（株主名簿上の名義人）と株式取得者が共同して行うとされていた（旧商法206条ノ2第1項）。

(2) 会社法上想定されるクロージング手続

　これに対して，会社法では，株式会社では株券不発行が原則となり，株券を発行する場合にその旨を定款で定める（会社法214条）。そして，公開会社でない会社の定款に株券を発行する旨が定められていても，株主からの請求があるまでは，株券を発行する必要はない（会社法25条4項）。

　また，株式譲渡に関する規制も，旧商法の株券不発行会社並みの規制が原則化する。すなわち，株式譲渡の要件は，株券発行会社（株券を発行する旨の定款の定めがある株式会社（会社法117条6項））以外は株券交付が不要となる（会社法127条，128条1項）。株式譲渡の対抗要件は，株券発行会社以外は，会社および第三者との関係で株主名簿への記載が必要となり（会社法130条），株式譲渡による名義書換手続は，原則として，株式取得者が株主名簿上の株主と共同して行う（会社法133条2項，会社法施行規則22条）。

　このように，旧商法上の株券不発行会社，および会社法上の株券発行会社以外の株式会社の株式譲渡では，株主名簿への記載が重要となり，そのため，今後の株式譲渡契約書では，対象会社が株券を発行していない限り，株式譲渡の

クロージング手続として，対象会社に対する名義書換請求を売主・買主が共同して行うことを定めることになるものと思われる。

（3）株券の発行と担保設定

M&A取引がLBO（レバレッジド・バイアウト）の手法を用いたMBOなどによって行われる場合は，株式譲渡のクロージング直後に，対象会社がレンダー側に対して対象会社株式に担保設定するのが通常である。対象会社が株券発行会社でない場合は，株式質入れの成立要件として株券交付は不要であり，対抗要件も株券の継続占有は不要となり，株主名簿への記載のみで足りる（会社法147条1項）。株主名簿への記載手続は質権設定者である株主の請求によりなされ（会社法148条），株主名簿に記載された質権者が登録株式質権者となる（会社法149条1項）。

このように，会社法では，株式質入れについても株主名簿の重要性が増すことから，会社法施行後の株式質権設定契約では，質権設定者（シニアローンの借入人）となる対象会社株式の買主に対して，契約上の義務として，株主名簿への記載手続を対象会社に請求する義務を負わせることになると思われる。

（4）非上場企業の買収における株式譲渡クロージングのあり方

以上のようなクロージングのあり方は，非上場企業の買収に合致しない場合もありうる。非上場企業では，商法上株主名簿を作成する義務があったが，実際には作成していない例が多かった。そのため，非上場企業を買収しようとする者としては，対象会社の株主名簿に信頼が置けず，自分の権利が株主名簿の記載にすべて依拠することを嫌うこともあり得るだろう。そのような場合は，株式譲渡契約書で売主側の表明保証事項として，①譲渡対象株式全部について完全な所有権および処分権限を有すること，②対象会社の株主名簿の作成名義および内容が真正であること，などを盛り込むことで契約技術的な対応は可能であろう。

しかし，それでも買主側の不安が解消されない場合は，売主との交渉の中で，対象会社を事前に株券発行会社に変更し，現実の株券交付をもってクロージングとすることを買主側が要求することも考えられる。また，例えばLBOスキ

ームを用いたMBO案件などでは，売買の当事者間では株式譲渡契約書における表明保証で対応する旨合意できるとしても，LBOファイナンスを提供する金融機関が満足せず，株式への質権設定のために株券の交付を求める場合もある(123)。その場合も，対象会社を事前に株券発行会社に変えておくように買主が売主に求めていくことになるだろう。

● 注

(1) 本章は，家田崇＝五十嵐恵美子＝大杉謙一＝近藤浩＝佐山展生＝関口智弘＝永沢徹＝中東正文共著『M&A攻防の最前線～敵対的買収防衛指針』（きんざい）の第2章「新会社法とM&Aの今後の展望」のうち，関口の著作である1「M&Aに関連する新会社法の概要」および2「M&Aの実務への影響」の部分を，折原とともに加筆修正したものである。

(2) 合同会社の導入の経緯については，江頭憲治郎「「会社法制の現代化に関する要綱案」の解説〔Ⅰ〕」旬刊商事法務1721号6頁。

(3) 米国のLLC制度については，関口智弘「米国ベンチャービジネスにおけるLLCの活用法－日本版LLC制度の導入に向けて－」旬刊商事法務1683号24頁以下参照。

(4) ただし，配当を行う株式会社の株式の配当は許されない。会社法454条1項1号。

(5) 例外として，合併等交付金が対価とされる場合があるが，これは合併比率を調整するための措置であり，合併等の対価として金銭の交付が許容されるのは合併交付金の範囲内に限られる（商法408条4号，374条ノ17第2項4号，353条2項4号）。

(6) 一般的には，事前相談から計画の申請，認定まで2～3ヵ月程度とされている。

(7) 産業再生法の概要および認定実績については，経済産業省のホームページの説明が詳しい。http://www.meti.go.jp/policy/business_infra/index.html

(8) 平成17年3月11日付日本経済新聞朝刊など。インターネットでは，
http://www.nikkei.co.jp/news/main/20050311AT1E1001B11032005.html

(9) 敵対的買収防衛策に関しては，平成16年9月に内閣府経済社会総合研究所が主宰する「M&A研究会」が報告書を公表し，平成17年3月には経済産業政策局長の私的研究会である「企業価値研究会」が「わが国の企業社会が共有すべき，敵対的買収に関する公正なルールの形成を促すこと」を目的として「敵対的買収防衛策（企業価値防衛策）の整備」と題する論点公開の骨子を発表し，同年5月27日，総括的な「企業価値報告書」（以下，「報告書」という）を公表し，経済産業省は，法務省と共同で「企業価値・株主共同の利益の確保又は向上のための買収防衛策に関する指針」を公表している。これに対し，東京証券取引所が各上場企業の防衛策が過剰防衛となって証券

市場の流動性を害する弊害の発生を予防する目的のもと，平成17年4月21日付けで「敵対的買収防衛策の導入に際しての投資者保護上の留意事項」と題する声明を公表しており，平成18年1月24日には「買収防衛策の導入にかかる上場制度の整備等について」と題する制度要項が発表され，3月には上場制度の変更が行われている。
(10)　旬刊商事法務編集部「「会社法案」の国会提出と概要」旬刊商事法務1728号9頁（注4）参照
(11)　江頭憲治郎ほか「＜座談会＞会社法の現代化でM&Aはどう変わるか」マール2005年1月号5頁〔江頭憲治郎発言〕
(12)　対価柔軟化のための決議要件については，いかなる対価の場合も総会特別決議の承認で十分かという問題があり，会社法現代化要綱を検討する過程でも議論があった。まず，金銭交付によって少数株主を排除することはいかなる場合も問題なしとするのではなく，ヨーロッパなどの立法例に倣って90％以上の議決権を有する株主から他の少数株主に対する売渡請求等について検討するものとされていた（要綱試案第4部，第7，3（注4））（藤縄憲一＝田中信隆「新会社法の実務上の要点（7）組織再編行為－対価の柔軟化，簡易組織再編行為，略式組織再編行為－」旬刊商事法務1724号18頁）。しかし，現代化要綱案ではこのような厳しい決議要件とすることは見送られた（江頭ほか・前掲8頁〔江頭憲治郎発言〕）。これに対して，会社法の解釈としては，3分の2という比較的低い割合の賛成で金銭交付による少数株主の排除を許容する趣旨ではなく，金銭交付による合併等を行うには，単に少数株主を排除する目的ではなく，何らかの正当な事業目的を要する，とする考え方もある（藤縄＝田中・前掲18頁。なお，米国の判例法では，単に少数株主を排除（Squeeze-Out）する目的で交付金合併を行うことは許されず，「正当な事業目的（valid business purpose）」がなければ少数株主を排除するような合併を認めない傾向にあった。デラウェア州の裁判所では，1977年から1983年にかけて，かかる「事業目的テスト（business purpose test）」を採用してきたが，Weinberger事件を契機にこの基準を廃止している。）
(13)　吸収合併存続株式会社，吸収分割承継株式会社または株式交換完全親株式会社の総称である。会社法794条1項。以下同じ。
(14)　会社法の法文上で交付金合併に関する3分の2という決議要件が明確となった以上，3分の2の決議要件に加えて「正当な事業目的」を要求する見解は，株主総会決議取消事由の有無を検討するうえで「正当な事業目的」を要求する趣旨と解される。
(15)　種類株式発行会社とは，会社法108条1項各号に掲げる事項について内容の異なる2以上の種類の株式（いわゆる種類株式）を発行する株式会社をいう（会社法2条13号）。
(16)　「持分等」とは，①持分会社の持分（会社法783条2項）に加え，②「権利の移転

又は行使に債務者その他第三者の承諾を要するもの（持分会社の持分及び譲渡制限株式を除く。）」を意味する（会社法施行規則185条）。ただし，対価の柔軟化が解禁されるまでの間である（会社法施行規則附則9条）。

(17) 「譲渡制限株式等」とは，①譲渡制限株式（会社法2条17号）に加え，②会社法施行規則186条各号に掲げる組織再編行為の区分に応じ，各号に定める会社の取得条項付株式（当該取得条項付株式にかかる会社法108条2項6号ロの他の株式の種類が当該各号に定める会社の譲渡制限株式であるものに限る）又は取得条項付新株予約権（当該取得条項付新株予約権にかかる会社法236条1項7号ニの株式が当該イからニまでに定める会社の譲渡制限株式であるものに限る）を意味する（会社法施行規則186条）。ただし，「持分等」と同様に平成18年度内に再検討される予定である（会社法施行規則附則9条）。

(18) 江頭憲治郎ほか「＜座談会＞会社法の現代化でM&Aはどう変わるか」マール2005年1月号5頁〔米正剛および西川元啓発言〕

(19) 正三角合併・逆三角合併の分類につき，Samuel C. Thompson, Jr.; BUSINESS PLANNING FOR MERGERS AND ACQUISITIONS (2001)，194頁以下参照。同290頁以下によれば，米国では，税務上のメリットの点で，正三角合併よりも逆三角合併の方が好んで用いられている。

(20) 藤縄憲一＝田中信隆「新会社法の実務上の要点（7）組織再編行為－対価の柔軟化，簡易組織再編行為，略式組織再編行為－」旬刊商事法務1724号22，23頁，宮廻美明「国際的M&Aとわが国の会社法（1）会社法の現代化と組織再編の概要」旬刊商事法務1730号4頁以下，三苫裕「国際的M&Aとわが国の会社法（3）外資による日本企業の買収と対応策」旬刊商事法務1731号44，50頁など。

(21) 三角合併が解禁されても，株主レベルでの課税繰延べが実現しなければ実務上利用されないという指摘がある。この点財務省は，かかる繰延べを広く認める方向で検討する見解を示したが，対価柔軟化の凍結に伴い，その態度が不明確となっている。三苫・前掲44頁，平成16年10月19日日本経済新聞朝刊1面，
http://www.lotus21.co.jp/data/news/0504/news050413_02.htmlなど。

(22) 実務上利用されるかどうかについては，外国親会社株式についての継続開示の負担の問題もある。藤縄＝田中・前掲22頁，26頁。外国会社等の英文による継続開示については，平成17年3月11日に閣議決定され，証券取引法の一部を改正する法律案に盛り込まれているが，英文による継続開示に関する改正部分の施行日は平成21年3月31日までの政令で定める日とされており，不明確である。

(23) 持株会社株式を利用した三角合併の利用について，「座談会会社法の現代化でM&Aはどう変わるか」マール2005年1月号7頁など。

(24) 会社法現代化部会での審議の結果，外国会社との株式交換制度の導入は見送られた。江頭憲治郎「「会社法制の現代化に関する要綱案」の解説〔Ⅰ〕」旬刊商事法務1721号7頁。宮廻美明「会社法の現代化と組織再編の概要」旬刊商事法務1730号5頁

(25) 会社法において柔軟化された合併対価は，吸収合併で存続する会社から，吸収合併で消滅する会社の株主に対して交付されるものである。そのため，上記の例では，存続会社であるA'社が，消滅株式会社の株主であるB社株主に，柔軟化された対価としてA社株式を交付することになる。上記ⅱの段階でA社がA'社に対して株式を発行する必要があるのは，その後に予定されている吸収合併において，消滅株式会社の株主であるB社株主に対して，A'社が，B社株式の対価としてA社株式を交付するためである。対価の柔軟化を生かして三角合併を行うには，このような買収目的会社と対象会社との間の吸収合併の過程で対象会社が消滅するような構成，すなわち正三角合併のスキームを用いる必要がある。

(26) 親会社が外国会社である場合にも，日本法人である子会社がなす親会社株式の取得には日本商法の禁止が及ぶとする有力な見解がある。稲葉威雄『改正会社法』（金融財政事情研究会）117頁。商法211条ノ2第1項では，「親会社」に外国会社を含むかどうかが不明確であり，含まれるのであれば，親会社が外国会社である場合には，取得が禁止されることとなる。

(27) 会社法135条1項は，「子会社は，その親会社である株式会社の株式（以下，この条において「親会社株式」という）を取得してはならない。」と規定し，株式会社である親会社の株式を取得することを原則として禁止している。ここで禁止されるのは，株式会社である親会社の株式の取得であって，親会社が株式会社でなければ当該規制は適用されない。ここでいう「株式会社」とは，日本の会社法に準拠して設立される株式会社を意味するので，外国会社である親会社は規制の対象外となる。

(28) 前節注8参照。

(29) 神田秀樹「M&A法制の国際比較とわが国の会社法」旬刊商事法務1731号34頁。

(30) 企業価値研究会『論点公開』（平成17年4月22日）35頁注49は同趣旨。

(31) 中川昭一経済産業大臣は，公開買付による敵対的買収の可能性がある以上，まずはこれに対する適切な防衛策を導入する機会を設け，合併対価の柔軟化につき，我が国企業が買収防衛策を準備する期間を1年間確保した上で施行することとしたとの見解を示した（平成17年5月18日参議院本会議答弁参照）。

http://www.sangiin.go.jp/japanese/joho1/kaigirok/daily/select00/main.html

(32) 上場企業による敵対的買収防衛策に関しては，家田ほか・前掲，第2章3以下〔近藤〕

(33) 当該外国会社株式が，日本法における持分と同様に流動性を欠くようなものであれ

ば「持分等」に含めるべきであろうが，外国の有力な証券取引所で取引されている株式をこの概念に含めることは適切ではないであろう。

(34)　日本企業同士では株式交換が可能なので，三角合併を行う必要性は外国会社が関与する場合に限定されるという見解もある。藤縄＝田中・前掲22頁。

(35)　持株会社株式を利用した三角合併の利用について，「座談会会社法の現代化でM&Aはどう変わるか」マール2005年1月号7頁など。

(36)　会社法施行規則23条各号においては，「会社法以外の法令（外国の法令を含む）」に基づく組織再編行為に相当する行為を含む組織再編行為によって親会社株式の割当を受ける場合も含むとされており，子会社による親会社株式取得の例外は広く規定されている。

(37)　この段階で，A'社はB社の議決権3分の2超を保有するので，B社における株主総会特別決議はA'社の議決権だけで実現可能である。なお，会社法でも吸収合併の手続は株主総会特別決議である。存続会社につき会社法795条1項，消滅株式会社につき会社法783条1項。それぞれが309条2項12号を準用する。

(38)　例外として，合併等交付金が対価とされる場合がある。ただし，これは合併比率を調整するためであり，合併等の対価として金銭の交付が許容されるのは合併交付金の範囲内に限られる。

(39)　江頭憲治郎ほか「＜座談会＞会社法の現代化でM&Aはどう変わるか」マール2005年1月号9頁〔米正剛発言〕

(40)　「子会社」には，会社法上の日本の会社のみならず，外国会社も含まれる（会社法2条3号，会社法施行令3条1項）。

(41)　藤縄憲一「検証・M&A法制（2）企業再編における実務上の課題と取組み〔下〕」旬刊商事法務1656号81頁によれば，少数株主排除のニーズとして，①公開買付け後に対象会社が上場廃止した場合は1000名超の株主が残存するのが普通だが，かかる多数の株主の管理コストを削減する要請がある点，②株主総会を全員出席総会の形で実行することによる意思決定の迅速化が可能となる点，③証券取引法上の継続開示義務の履行や商法上の株主総会手続等を通じて会社情報が競争会社に流れるリスクを遮断する要請がある点，などが挙げられる。

(42)　少数株主の排除に関する手法および問題点については内間裕，野田昌毅「ゴーイング・プライベートの法的手法と留意点」旬刊商事法務1675号81頁以下，谷川達也，福沢美穂子「産業再生法を利用したゴーイング・プライベートの実務」旬刊商事法務1676号22頁以下

(43)　商法220条は，株式の発行，併合または分割によって生じた1株の100分の1未満の端数は，原則として会社が株式にまとめて売却・換価し，売得金を従前の株主・端株

主に分配することを定める。
(44)　買収者が上場企業あるいは買収ファンドの場合は，買収資金の調達の便宜や，株式交換を確実に可決するため，産業再生法型を用いるとしても，完全子会社である買収目的会社を準備して行うのが通常であろう。
(45)　特に上場企業の買収の場合は，売主と公開買付に関する合意を締結した後も，公開買付の成否が定まらないうちに認定申請手続を同時進行しなければならない。
(46)　ポッカコーポレーションがMBOにより非公開会社化を行うことを公表した際のプレスリリースでは，産業再生法型を第1次的なスキームとしつつも，認定が得られない場合に備えて，第2次的に清算型と行う予定であることを公表していた（平成17年8月22日付プレスリリース参照）。その後，産業再生法上の計画の認定が行われ（平成17年10月7日付プレスリリース），金銭交付による簡易株式交換が行われている。
(47)　会社法では，株式会社の清算手続について，裁判所による監督制度の廃止，清算人会設置義務の限定（会社法477条2項・3項），監査役設置義務の限定（同条4項），公告制度の簡略化（同法499条）など，清算手続が簡素化される。江頭憲治郎「「会社法制の現代化に関する要綱案」の解説〔VII〕」旬刊商事法務1728号18頁以下参照。
(48)　自由民主党平成17年12月15日付「平成18年度税制改正大綱」による。
(49)　買収目的会社が対象会社の株式を取得する場合は，事後設立に該当することから，交付金合併の総会決議に加えて，買収目的会社において事後設立に関する株主総会決議を要する可能性もある。
(50)　正確に言えば，当該株主総会において議決権を行使することができる株主の議決権の過半数を有する株主が出席し，出席した当該株主の議決権の3分の2以上に当たる多数の賛成による決議である。会社法783条1項，309条2項12号，同条項本文。
(51)　江頭憲治郎教授は，「たとえば少数株主を正当な理由なく締め出す（squeeze-out）目的で多数派によりこの手続きが用いられる場合にも，総会決議の取消事由（商法247条1項3号）になりえよう。」と述べる。江頭〔VII〕・前掲20頁。
(52)　藤縄憲一弁護士は，完全子会社化には社会的に評価すべき積極的な価値があるという問題意識から，完全子会社化がもたらすプラスの面と排除される少数株主が失う利益との衡量の結果，排除される少数株主の負担が客観的に「著しく不当」と評価される場合にのみ，総会決議取消事由になると考えるべきだ，との見解を示す。さらに，同弁護士は，株主権の濫用が問題になりうるのは，少数株主排除に適正な対価が払われなかったことを理由とする場合がほとんどであり，実務家の間では，「上場会社において特定株主の持株比率がきわめて大きい場合において，特定株主が，商法上利用可能な手段を組み合わせて少数株主を排除することは，少数株主が保有する株式について適正な対価が支払われる機会が与えられている限り，株主権の濫用とはならない」

という考えが支配的になりつつある，と述べる。藤縄〔下〕・前掲82，83頁参照。

(53) 江頭憲治郎「「会社法制の現代化に関する要綱案」の解説〔Ⅴ〕」旬刊商事法務1725号9頁。

(54) かかる解釈は，略式吸収合併の差止請求権が総会決議取消訴訟の代替措置として導入され，かつ，かかる差止請求権が，著しく不当な「条件」による略式吸収合併について認められている点と平仄が取れていると思われる。

(55) 吸収合併契約の承認手続は，買収者では株主総会特別決議，対象会社では取締役会決議となる。対象会社は継続開示会社という前提であり，会社法上では株式譲渡制限のない会社，すなわち公開会社が前提となる（会社法1条5号）。公開会社は取締役会の設置が要求される（会社法327条1項1号）。略式吸収合併では，被支配会社である消滅株式会社における株主総会特別決議が不要となるが（会社法784条1項），取締役会を設置する株式会社では，取締役会決議が必要と思われる（会社法362条2項1号）。

(56) 少数株主がこうむりうる不利益としては，①公正な対価を下回る価格での株式の売却又は交換を強制される不利益，②情報不足のうちに株式の売却を強制される不利益，③売却を望んでいないにもかかわらず，これを強制される不利益が想定される。内間，野田・前掲84頁。

(57) 現代化要綱第2部，第7，1（注）。なお，こうした書類の虚偽記載の制裁については，今回の改正では見送られた。江頭憲治郎「「会社法制の現代化に関する要綱案」の解説〔Ⅶ〕」旬刊商事法務1728号11頁以下。

(58) 事業譲渡につき会社法469条，吸収合併・吸収分割・株式交換につき同法785条，797条，新設合併・新設分割・株式移転につき同法806条。

(59) 江頭憲治郎「「会社法制の現代化に関する要綱案」の解説〔Ⅴ〕」旬刊商事法務1725号9頁。

(60) 前注参照。

(61) こうした専門家による分析が信頼に足るものか否かについては，別途議論の余地がある。一般的に言えば，現状のM＆A実務においては他に代わるべき評価基準がない以上，こうした専門家の分析に依拠せざるを得ない。ただし，個々の分析内容（前提となる数値条件の相当性，算定手法自体の妥当性など）に問題がある場合は，いかに専門家の分析であっても，その結果として交付される対価は「公正な価格」とは言えないと思われる。

(62) 前注参照

(63) 三苫・前掲46頁および江頭憲治郎ほか「＜座談会＞会社法の現代化でM＆Aはどう変わるか」マール2005年1月号9頁〔川端発言〕

(64) 外国会社が継続開示会社でない場合には，自社株式の売り出しまたは募集に該当す

るので,継続開示義務が発生し,これまでは英語による継続開示が認められていなかったので,継続開示のコストの負担が非常に大きくなる。三苫・前掲46頁参照。もっとも,外国会社等の英文による継続開示については,平成17年3月11日に閣議決定され,証券取引法の一部を改正する法律において改正されている。

(65) 三苫・前掲46頁および江頭憲治郎ほか「＜座談会＞会社法の現代化でM&Aはどう変わるか」マール2005年1月号9頁〔江頭発言〕。もっとも,有利発行か否かについては,江頭教授は当座談会において「公開買付の場合にはプレミアムはつくのは当然であって,こうゆう場合は有利発行でない,と裁判所が新しい解釈を示す可能性もなきにしも非ずです。」とコメントしている。

(66) 注21参照

(67) 旧商法358条,374条ノ6,374条ノ22,374条ノ23,413条ノ3。簡易分割については,物的新設分割の場合の分割会社(承継させる財産の簿価の合計額が総資産の5％以下),物的吸収分割における分割会社および承継会社(①発行する新株の数が発行済み株式総数の5％以下かつ②分割交付金の額が純資産額の2％以下),並びに人的吸収分割における承継会社に認められている。

(68) 純資産額の計算については,会社法施行規則196条を参照。

(69) 総資産額の計算については,会社法施行規則187条を参照。

(70) 総資産額の計算については,会社法施行規則207条を参照。

(71) 純資産額の計算については,会社法施行規則137条を参照。

(72) 総資産額の計算については,会社法施行規則134条を参照。

(73) 簡易分割における分割会社は譲渡制限株式を交付しないし,事業譲渡・譲受の場合は現金取引なので,いずれの場合も既存の譲渡制限株式の株主を保護する要請はない。

(74) 会社法795条4項は,簡易組織再編行為の要件を定める796条3項において適用が排除されていない。そのため,簡易組織再編行為の要件に該当する場合でも,会社法795条4項所定の種類株主総会の特別決議が必要となる。

(75) この点については,5％という要件が20％と大幅に緩和されたことを重視し,「合算して20％」と扱う方が実務上は無難ではないかという考え方もある。前注参照。

(76) 例えば,存続会社の純資産額の15％に相当する株式を発行する株式交換と,存続会社の純資産の20％に相当する株式を発行する合併が,存続会社において同一の取締役会で付議された場合,同時期に,合計で,存続会社の純資産の30％に相当する株式が発行される組織再編行為が,株主総会なしに実行されることになる。会社法による規制緩和として,存続会社株主へのインパクトとして最大限許容する範囲が20％と設定されている以上,合計で30％の株式が発行される場合は,存続会社株主に意思決定に関与する機会を与えるべきともいえる。

(77) デラウェア州会社法253条（a），ニューヨーク州会社法905条（a），カリフォルニア州会社法1110条（a）など。
(78) 「特別支配会社」の正確な定義は，「ある株式会社の総株主の議決権の10分の9（これを上回る割合を当該株式会社の定款で定めた場合にあっては，その割合）以上を他の会社および当該他の会社が発行済株式の全部を有する株式会社その他これに準ずるものとして法務省令で定める法人が有している場合における当該他の会社」である。会社法468条1項，会社法施行規則136条。
(79) ここにいう「公開会社」とは証券取引所等で株式を公開している会社ではなく，会社法上の定義では，「その発行する全部または一部の株式の内容として譲渡による当該株式の取得について株式会社の承認を要する旨の定款の定めを設けていない株式会社」を意味する（会社法1条5号）。いわゆる株式譲渡制限会社の逆の概念である。
(80) 消滅株式会社が公開会社であり（株式譲渡制限がない），かつ種類株式発行会社でない（普通株式しか発行していない）にもかかわらず，議決権の90％を保有する特別支配会社が存在するというケースは，現実にはあまり想定できない。特別支配会社が存在するケースにおいては，証券取引所によっては上場廃止基準を満たしてしまう可能性もある。該当類型のひとつとして考えられるのは，株式譲渡制限会社が公開買付によって上場会社の議決権90％を取得したうえで略式吸収合併をするようなゴーイング・プライベートのケースであろう。しかし，対価柔軟化が解禁されれば，ほとんどの略式吸収合併は交付金合併で行われるはずなので，合併の対価として譲渡制限株式が交付されるケースはあまり見られなくなると予想される。そうなると，会社法784条1項但書が適用される場面は事実上ほとんどなくなるのではなかろうか。
(81) 認定事業者が認定計画に従って，取締役会の決議により子会社（議決権の3分の2以上を保有しているもの）の株式を，自己の株式に交付することを認めている（産業再生法12条の8）。商法では，子会社を兄弟会社として再編することはできないが（商法295条ノ3の中間配当により規制されている。），特例として子会社株式を交付することで再編が可能となる。ただし，交付できる限度は，子会社株式の中間配当の場合と同様に，配当可能利益の範囲内に限られる。
(82) 認定事業者が認定計画にしたがって会社分割を行う場合に，無記名社債等の社債管理会社に催告をすれば，その無記名社債等が連帯債務ではなくなるという制度である（産業再生法12条の8）。商法上，会社分割に際しては債務を引き継ぐ会社を債権者に催告することになるが，無記名債権者には催告が不可能なので，分割会社と承継会社の連帯債務となっていた。これに対し，社債管理会社に対して催告すれば，連帯債務とならないことが明確化された。
(83) 認定事業者が，減資や，法定準備金の減少と同時にこれらを上回る増資を行う場合

に必要な株主総会決議を不要化して取締役会決議で可能とし，債権者保護手続のうち個別の催告も不要とする（産業再生法12条の11）。また，この減資と同時に株式併合を行う場合，株主に影響がない場合においては，株主総会の特別決議は不要である。
(84) 認定事業者が認定計画にしたがって営業譲渡を行う際に債務も譲渡するとき，債権者に対して催告し，それに対して回答がない場合には債務譲渡についての同意があったものとみなすという制度である（産業再生法13条）。商法，民法上においては，営業譲渡については個別債権者と交渉して同意を得る必要があるが，個別債権者が膨大にわたる場合にはコストがかさみ，時間もかかることから，特例として認められた。
(85) 自由民主党平成17年12月15日付「平成18年度税制改正大綱」による。
(86) 平成18年4月より施行された改正所得税法第57条の4など。
(87) 事後設立とは，会社が成立後2年以内に成立前より存在する財産で営業のために継続して使用すべきものを資本の20分の1以上の対価をもって取得する契約をする場合をいう。
(88) 会社法467条1項5号で対象となる「当該株式会社」は，同法「第25条第1項各号に掲げる方法により設立したものに限る。」と規定され，発起設立・募集設立によって設立された株式会社に限定される。
(89) 宮廻美明「国際的M&Aとわが国の会社法（1）会社法の現代化と組織再編の概要」旬刊商事法務1730号7頁。
(90) 旧商法173条2項では，①株式会社設立時の現物出資・財産引受けにおいて，財産の価額の総額が資本の5分の1を超えず，かつ500万円を超えない場合や，②取引所の相場のある有価証券については，検査役の調査を要しないとされていたが，会社法では，①について資本の5分の1という規制を廃止し，②について「市場価格」のある有価証券に拡大している。会社法33条10項1号・2号，募集株式の発行については同207条9項2号・3号。
(91) 江頭憲治郎「「会社法制の現代化に関する要綱案」の解説〔IV〕」旬刊商事法務1724号12頁，宮廻・前掲7頁
(92) 藤縄憲一「検証・M&A法制（2）企業再編における実務上の課題と取組み〔上〕」旬刊商事法務1655号13頁
(93) 前注参照
(94) 藤縄〔上〕・前掲13, 16頁（注1）では，検査役選任申請から調査報告書の提出まで50日程度，費用は大きな営業譲受案件では数百万円かかると指摘されている。
(95) 弁護士等による証明制度の問題点については，藤縄〔上〕・前掲14頁が詳しい。
(96) 従来の商法下でも，最低資本金制度の例外として，中小企業の新たな事業活動の促進に関する法律（以下「中小企業等事業促進法」という）に基づいて，資本金1円で

設立できる「確認会社」の制度が導入されていた。もっとも，確認会社が株式会社である場合には，設立後5年以内に追加出資により資本金を出資するか，会社が計上した利益を資本金として組み入れることにより資本金を1000万円以上とする必要がある。また，確認会社は毎年決算書を経済産業局に提出する必要があるので，最低資本金制度の例外ではあるが，完全な撤廃ということではなく，過渡的な方策である。

(97) もっとも，債権者保護の観点からは，下限額の撤廃に伴い，資本金の額にかかわらず純資産が300万円未満の場合には，剰余金があっても，これを株主に分配することができない規制が新たに設けられている（会社法458条）。

(98) 江頭憲治郎ほか「＜座談会＞会社法の現代化でM&Aはどう変わるか」マール2005年1月号11頁〔西川発言〕

(99) 昭和56年9月26日法務省民事4第5707号民事局第4課長回答。なお，会社分割については，債務超過会社が分割会社となる会社分割は「債務の履行の見込み」がないため，認められないと解するのが通説である。江頭憲治郎『第4版株式会社・有限会社法』765頁注4。

(100) 江頭憲治郎『第4版株式会社・有限会社法』702頁注8。この場合には，合併に反対する存続会社の株主は株式買取請求ができるし，債権者は債権者保護手続において異議を申し立てることができる。

(101) 三苫裕＝玉井祐子＝内海健司＝石井文晃「新会社法の実務上の要点（8・完）組織再編行為（続），清算，株式会社以外の会社類型，外国会社」旬刊商事法務1725号20頁

(102) 前注参照。

(103) ここでは，吸収合併存続株式会社または吸収分割承継株式会社を指す。以下同じ。

(104) ここでは，吸収合併消滅株式会社または吸収分割会社を指す。以下同じ。

(105) 会社法施行規則195条1項によれば，債務の額としては，①吸収合併または吸収分割の直後に存続会社等の貸借対照表の作成があったものとする場合における当該貸借対照表の負債の部に計上すべき額から消滅株式会社等の株主に対して交付する金銭等につき会計帳簿に付すべき額を減じて得た金額から，②存続会社等の貸借対照表の作成があったものとする場合における当該貸借対照表の負債の部に計上すべき金額を減じて得た金額をいう。

(106) 会社法施行規則195条2項によれば，資産の金額としては，①存続会社等の貸借対照表の作成があったものとする場合における当該貸借対照表の資産の部に計上すべき金額から②存続会社等の貸借対照表の作成があったものとする場合における当該貸借対照表の資産の部に計上すべき金額から消滅株式会社等の株主に対して交付する金銭等の帳簿価額を減じて得た金額会計帳簿に付すべき額を減じて得た金額をいうとされ

(107) 会社法施行規則195条5項によれば，当該金額は，会社法795条第2項第1号及び第2号に掲げる額の合計額から第3号に掲げる額を減じて得た額をいうとされている。
(108) 江頭憲治郎ほか「＜座談会＞会社法の現代化でM&Aはどう変わるか」マール2005年1月号12頁〔江頭発言〕
(109) 会社法445条5項では，組織再編の際の資本の増加額については，法務省令で定めること（会社法施行規則116条9号，会社計算規則第2編第3章）とされているが，企業結合会計に係る議論を踏まえた上で資本金または準備金を増加しないということも，認められるということである。現代化要綱第7　6（2）参照。
(110) 例えば，債務超過である売主が新設物的分割を行った上で，買主が新設会社の発行全株式を取得するような場合は，売主における会社分割には買主はなんら関与しないので，買主側としては，売主の法律顧問から当該会社分割に関する適法意見書を取得するように要請していくことになろう。
(111) 完全子会社となる会社の債務は，株式交換又は株式移転の後においても原則的に完全子会社に残るが，かかる規定は新株予約権が完全子会社となる会社に残るとすると，当事会社間の完全親子会社関係が崩れることになってしまうので，例外的に新株予約権の承継を認めていたことによる。後藤慎吾「第Ⅱ部　株式会社関係　6　組織再編行為関係」臨時増刊税経通信2005年4月号147頁
(112) 商法においては株式交換および株式移転に債権者保護手続が要求されていないため，社債にかかる金銭債務を完全親会社に承継させることは，完全親会社の債権者保護の観点から適当ではないことによる。前注参照。
(113) 完全子会社となる会社については，株主が交代するだけであり，会社財産の流出はあり得ない。完全親会社となる会社については，完全子会社となる会社の株式・新株予約権を承継することはあっても，金銭債務は増加しないし，他方，完全親会社となる会社から流出する資産は，端数調整のための株式交換交付金や代用自己株ぐらいなので，債権者保護手続を要求するほどのことはない。以上，江頭〔Ⅶ〕・前掲14頁以下。
(114) 現代化要綱第2部，第7，5，（1），①。会社法799条1項3号では，「株式交換完全子会社の株主に対して交付する金銭等が株式交換親株式会社の株式その他これに準ずるものとして法務省令で定めるもののみである場合以外の場合」としている。債権者保護手続が不要となるケースについて，会社法施行規則198条で具体化されている。
(115) このような法改正については，組織再編行為によって会社債権者の利益が害されるおそれがある以上は他の制度との均衡上債権者保護手続を課す必要があるとする見解（今回の改正の立法趣旨に相当）と，金銭を対価とする株式交換は完全親会社とな

る会社としては株式の買収と経済的には同一なので，かかる株式交換の場合だけ債権者保護手続が必要となるのは株式買収との比較で不均衡であるとする見解がある。江頭〔VII〕・前掲15頁，藤縄＝田中・前掲25頁，弥永真生ほか『ゼミナール会社法現代化』（商事法務）224頁〔増田健一発言〕など。

(116) 組織再編行為に関する商法・会社法の建付けとしては「取引法上の行為」と「組織法上の行為」という峻別で手続の規定振りが分けられており，後者の方が画一的処理・一回的処理が重視されると思われる。新設分割では債権者保護手続が要求される反面，営業譲渡で求められるような個別の資産移転手続（営業譲渡には債権者の同意の取得が必要であり，これに時間がかかるケースもある）は不要となる，という点である種のバランスが取れているのかもしれない。

(117) 株式交換に債権者保護手続を導入することについて，債権者が異議を述べた場合の対応の手間を除けば，いわゆる二重公告によって債権者への個別催告を省略できるのだから手続的にはさしたる負担ではない，とする見解もある（藤縄＝田中・前掲25頁）。確かに手続の負担は重大ではないが，M&A取引では日程計画（スケジューリング）が極めて重要な意義を持っており，1ヵ月の債権者異議申述期間の有無は，M&A取引の当事者にとって相当なインパクトを与えかねない点を見逃してはならない。

(118) 会社法第二編第七章「事業の譲渡等」。「営業」と「事業」で文言は異なるが，基本的には同じ意味で使用されていると考えられる。

(119) 西村総合法律事務所（現西村ときわ法律事務所）『M&A法大全』（商事法務研究会）129頁

(120) 三苫裕ほか「新会社法の実務上の要点（8・完）組織再編行為（続），清算，株式会社以外の会社類型，外国会社」旬刊商事法務1725号21頁

(121) 「市町村」の定義については，東京都の特別区の存する区域および地方自治法所定の指定都市にあっては区と明示された。

(122) 旧商法25条については会社分割の場合にも類推適用する見解が有力であり，少なくとも旧商法26条（商号続用営業譲受人の責任）については会社分割の場合にも類推適用するのが登記実務のようである。三苫ほか・前掲21頁。

(123) 買収資金を提供する金融機関は，自ら対象会社をデュー・デリジェンスする立場ではない。たとえ買主によるデュー・デリジェンスの結果の開示を受けたとしても，そもそも非上場企業では株主名簿が整備されていない例がほとんどなので，買収話が出てから対象会社が急遽作成したような株主名簿の記載には信頼が置けない，と金融機関が考えたとしても，無理もないように思える。

第6章

経営判断およびガバナンス

1　M&Aにおける経営判断の正当化根拠

(1) はじめに

　M&Aが破談した場合または統合が失敗した場合はもちろん，M&A取引自体の実行は完了したものの，その手続上の問題や対価（譲渡価格，合併比率など）の設定をめぐって必ずしも実現シナジーを獲得できない場合においても，取締役（委員会設置会社における執行役を含む。以下，同じ）の経営責任が問題となり得る。この取締役責任論は通常，IIPのプロセスで検討されるべき課題ではないが，企業がM&Aというその命運を左右しかねない重要な経営判断を行う場合，その裏づけとして，当然，その取引を正当化する根拠が必要となる。

　本節においては，まず，取締役責任の一般的な枠組みについて概観したうえで，M&Aにおいて取締役責任が問題となり得るケースについて事例を紹介しつつ説明し，最後に，取締役責任追及に関する最近の傾向と，そのリスク軽減のための対策について検討することとしたい。

（2）取締役責任の枠組み

① 取締役の責任

　取締役の責任には，刑事責任（会社法960条などのほか，独占禁止法などの刑罰規定を含む法令による責任）と民事責任があり，後者はさらに会社に対する責任（会社法120条4項，423条，462条，464条，465条）と第三者に対する責任（会社法429条）に大別できる。M&Aにおいては，上記のすべての責任が問題となり得るが[1]，このうち，特に問題となるのは会社に対する責任である。

　この点，会社法は，株式会社の取締役がその任務を怠った場合に，会社に対してその損害を賠償する責任を負う旨の規定を設けるとともに（会社法423条1項），競業取引（会社法423条2項），利益相反取引（会社法423条3項，428条），株主の権利の行使に関する利益供与（会社法120条4項），剰余金の配当等（会社法462条，465条）に関する取締役の責任については別途規定を設けている。これらのうち，M&Aにおいて問題になる取締役責任は，専ら任務懈怠責任（会社法423条1項）であり，その他の規定による責任が問題となることは稀であるので，以下，取締役責任としてこの任務懈怠責任を念頭において検討することとする。

　取締役は，会社に対して善管注意義務（会社法330条，402条3項，民法644条）および忠実義務（会社法355条，419条2項）を負っているため，これらの義務に違反した場合に任務懈怠責任を負うことになる。そして，取締役の経営上・業務執行上の判断の誤りは，善管注意義務・忠実義務違反を構成するものであるので，取締役は，経営上・業務執行上の判断の誤りについて，会社法423条1項に基づき損害賠償責任を負うことになる。また，取締役が法令または定款に違反した場合も，任務懈怠にあたる。

　では，取締役は，いかなる職務に関して善管注意義務・忠実義務を負うのであろうか。この点，会社法の規定する取締役の職務は，取締役会設置会社か否かおよび委員会設置会社か否かによって多少異なるが，基本的には，業務執行の決定と職務執行の監督の2つである（会社法348条，362条，416条）。そこで，

以下，業務執行に関する意思決定と職務執行の監督責任について，それぞれ，どのような場合に，取締役が善管注意義務・忠実義務違反の責任を負うことになるのかを検討する。

② 業務執行に関する意思決定について

会社経営においては，不確実な状況で迅速な決断をせまられる場合が少なくなく，しかも，会社の業績を伸ばすためには，一定のリスクを負ってでも積極的な事業展開を行うことが不可避であることが多い。したがって，業務執行上の判断が，事後的に観察すれば誤っていると評価される場合に，取締役が常にその誤りについて責任を負わなければならないとすると，取締役の業務執行上の判断に対して萎縮的効果を及ぼし，会社の経済活動が阻害されることになりかねない。このため，取締役の業務執行上の判断については，一般に，結果として会社に損害が生じた場合であっても，当該判断が，当時の状況に照らして，合理性を確保し得る一定の要件のもとに行われたと認められる場合には，取締役の責任を直ちに問うべきではないと考えられている（いわゆる「経営判断の原則」[2]）。

上記のような考え方は，日本の下級審裁判例においても広く浸透しており，業務執行上の判断に関して取締役に広い裁量の幅が認められることを判示する裁判例は数多く存在する。取締役の業務執行に関する意思決定がかかる裁量権を逸脱するか否かの判断基準については，確立した最高裁の判例が存在しないため，裁判例によって，提示する枠組みが多少異なる。しかし，その多くは類似する判断基準を提示しており，「経営判断の前提となった事実の認識に重要かつ不注意な誤りがあったか」，また，当該経営判断の時点において，「その意思決定の過程，内容が企業経営者として特に不合理，不適切なものであったか」という基準により，経営判断に関する取締役の裁量権の逸脱の有無を判断する裁判例が一般的といえる[3]。

さらに，判断の前提となる情報収集・分析については，取締役は，すべての情報を自ら収集する必要性はなく，その信用性を疑わせるような特段の事情が存在しない限り，ほかの取締役・従業員，または外部の専門家などの情報に依

拠して判断を行うことが許されるとされている（いわゆる「信頼の権利」）。これは，企業においては，業務効率の合理化のために，その規模が大きくなるほど企業内で職務の分担が進んでいることが通常であるところ，職務分担が進んだ会社において，下部組織が求める決裁について，取締役が，自ら新たに情報を収集・分析し，その内容をはじめから検討し直すことは現実的ではなく，会社の効率的な運営を害するからである。かかる信頼の権利を認めた裁判例としては，東京地判平14・4・25判タ1098号84頁などがあるが，同判決は，「取締役は，特段の事情のない限り，各部署において期待された水準の情報収集・分析，検討が誠実になされたとの前提に立って，自らの意思決定をすることが許される」とし，さらに，かかる信頼の権利が適用されない特段の事情の有無は，「当該取締役の知識・経験・担当職務，案件との関わり等を前提に，当該状況に置かれた取締役がこれらに依拠して意思決定を行うことに当然に躊躇を覚えるような不備・不足があったか否かにより判断すべきである」と判示している[4]。

　また，業務執行上の意思決定にあたっては，専門外の知見を補うため，弁護士，会計士，技術者そのほかの専門家の意見を聴取することが少なくないが，かかる専門家の知見についても，上記と同様に信頼の権利が適用されるべきであり，当該専門家の能力を超えると疑われるような事情があるなど，その信用性を疑わせるような特段の事情が存在しない限り，これを信頼しても善管注意義務違反とはならないと考えるべきである。

　なお，自らまたは下部組織を使用して，どの程度までの情報収集・分析を行うべきであるかについては，意思決定の対象となる事項の性質，会社にとっての重要性，内容の複雑性などに応じて大きく左右されるものであるので，一般的な基準を示すのは困難である。しかし，例えば，一定のM&Aを行うか否かに関する意思決定であれば，当該M&Aのメリット・デメリット，具体的には，当該M&Aによって達成される効果と要する費用の比較，予想される問題点，問題点の顕在化の可能性，その場合に被る損害，当該M&Aを行わなかった場合に会社が逸するビジネスチャンス，代替的方法の有無などのさまざまな事情の総合考慮が必要であると思われ，これらの事項について判断するに足りるだけの情報を収集・分析する必要があるであろう。

また，取締役の善管注意義務の程度は，その地位，状況にある者に一般的に要求される平均人の能力に応じて決定されるものであるが，特に専門的能力を買われて取締役に選任された者については，その専門分野に関して，要求される善管注意義務の水準が高くなると解されている[5]。したがって，例えば，会計士としての経験を買われて取締役に選任された者であれば，会計に関して要求される情報収集・分析の水準は，ほかの取締役より高くなると考えられる。

③ 監督責任について

前述したとおり，取締役は，業務執行を担当する代表取締役および業務担当取締役の職務の執行を監督する義務（会社法362条）を負っている。

このような取締役の職務は，基本的には，取締役会に上程された事項が不合理・不適切でないかという点の監督によって行われものであるが，これに限られるものではなく，取締役は，「代表取締役が行う業務執行につき，これを監視し，必要があれば，取締役会をみずから招集し，あるいは招集することを求め，取締役会を通じてその業務執行が適正に行われるようにする職責がある」とされている（最三小判昭48・5・22民集27巻5号655頁）。

しかし，このような監督義務は，日常の業務すべてについて，取締役が常に監督を行うことまでを要求するものではない。上記のような日常的な監督は，規模の大きい会社になるほど困難であり，このような監督義務を取締役に課すことは，不可能を強いることになりかねないからである。下級審裁判例においても，取締役会に上程されていない日常業務の監督義務については，取締役が，不合理・不適切な行為が行われていることを知り，またはそのような行為が行われていることを容易に推認できるような特段の事情がある場合，すなわち予見可能性が肯定できる場合を除いて，責任を否定するものが多い[6]。

また，会社法は，株式会社の業務の適正を確保するために必要な体制（いわゆる内部統制システム）の整備という概念を導入し（会社法348条3項4号，362条4項6号，416条1項1号ホ，株式会社の業務の適正を確保する体制に関する法務省令），大会社の取締役または取締役会に対して，内部統制システムの決定を義務付けている（会社法348条4項，362条5項，416条2項）。これは，規模の大きい会社においては，業務執行が多数の従業員を使用して組織的に行われてお

り、取締役・従業員による違法行為の可能性を個別に監督することは事実上不可能であるため、違法行為を有効に防止し得る報告・管理体制を構築することが、会社業務の適正確保にとって、極めて重要になるからである。このような内部統制システムの構築については、会社法制定以前から、取締役の善管注意義務の内容として要求されるという見解が有力であったが[7]、会社法はこれを明文で規定している。この結果、大会社において取締役が監督義務を尽くしたか否かを判断するにあたっては、適切な内容の内部統制システムが構築されているか否かに重点がおかれ、取締役が適切な内容の内部統制システムを構築し、当該システムに基づいて監督を行っていた場合には、個別具体的な違法行為を探知できなかったとしても、原則として、監督義務は尽くされたと判断されることになると考えられる[8]。

（3）M&Aにおいて問題となり得る取締役責任

①　M&Aの意思決定についての取締役責任

　M&Aにはさまざまな形態があるうえ、M&Aの目的、買手および買収対象会社を取り巻く具体的な状況などによって、とるべき手続、検討するべき問題点もさまざまであるため、M&Aにおいて取締役の経営責任が問題となり得る場面は、多種多様である。

　まず、本書第1部第2章などで説明してきたとおり、M&Aに関連する法規制は多数存在するところ、これらに関する法令違反があり、その結果、M&Aの中止・延期そのほかの具体的損害を会社が被った場合には、取締役の経営責任が問題となる。

　また、合併の場合の合併比率、事業譲渡の場合の譲渡対価、株式取得の場合の取得対価など、経済的対価が不相当・不公正であり、その結果会社が損害を被った場合も、取締役の経営責任が問題となり得る[9]。さらには、当初の検討不十分またはM&A開始後の手続の不備によって、最終的にM&Aを断念せざるを得なくなったようなケースにおいても、それまでにかけた多額の費用と手間が無駄になるため、取締役の責任が追及される可能性があるし、M&Aに関する当初のプラン策定が不十分であったことに起因して、最終的にM&Aによってもたらされる効果が費用を下回った場合も、責任追及の対象となる可能

性は否定できない（もっとも，実際には，経営判断の原則が適用されるため，責任が肯定されるケースは稀であろう）。

また，買収監査などの結果，買収に一定の潜在的，あるいは既に顕在化した問題点が存在することが判明した場合にも，当該問題点による損害をいかにして最小化するか，あるいは買収を中止するべきであるのかといった判断が要求されるが，その判断のミスに関しても取締役責任は追及され得る。

② 実際には限られる裁判例

このように，M&Aにおいて取締役の経営責任が問題となり得る場面は理論的にはかなり多いが，実際には，これまで，M&Aに関する意思決定について取締役責任が追及された裁判例は限られており，責任追及がされた場合であっても，取締役の責任が否定されている事例が大半を占める。以下，いくつかの裁判例について，概要を簡単に紹介する。

（ⅰ）セメダイン株主代表訴訟事件

まず，買収の決定自体の当否が争われた事例として，セメダイン株主代表訴訟事件（東京地判平8・2・8資料版商事法務144号111頁）がある。上記事件は，セメダインが経営不振に陥った米国の合弁会社（アメリカセメダイン）を合弁相手から買収した結果，会社が買収代金などに相当する損害を被ったとして，株主が当時の取締役に対して6億9,400万円余の損害賠償を求めたものであり，純粋なM&Aというよりは，グループ会社支援策としての側面が強いものである。

東京地裁商事部は，本件に関して，経営判断の「前提となった事実の認識に重要かつ不注意な誤りがなく，意思決定の過程・内容が企業経営者としてとくに不合理・不適切なものといえない限り，当該取締役の行為は，取締役としての善管注意義務ないしは忠実義務に違反するものではない」との判断基準を提示したうえで，米国の合弁会社の倒産という事態に至れば，それまでに注ぎ込んだ資金の回収が不能になるだけではなく，企業としての信用失墜などセメダインの事業全体に著しい悪影響を及ぼす反面，買収によりセメダインが全権限を握れば取引銀行等の協力も得られ，経営改善の見込みがあるという経営上の判断に基づいて本件買収が行われたこと，銀行のM&A部門，在日米国人弁護

士，海外事業コンサルタントの意見を求め，その賛成を得ていることなどから，事実の認識に重要かつ不注意な誤りがあり，意思決定の過程・内容も特に不合理・不適切なものであったと認めるべき証拠はないとして，取締役の責任を否定している。

（ⅱ）朝日新聞社株主代表訴訟事件

次に，経営判断の原則に関して上記事件と同様の基準を用いて取締役の責任を否定した事例として，朝日新聞社株主代表訴訟事件（大阪地判平11・5・26資料版商事法務185号228頁，大阪高判平12・9・28資料版商事法務199号328頁）がある。

上記事件は，ソフトバンクらが全国朝日放送の株式を取得し，朝日新聞社が求める株主間協定の締結も拒否したため，朝日新聞社がソフトバンクらの取得した株式を同社の取得価格と同価格で買い取ったところ，同社株主が，本件株式の取得の必要性はなかったこと，株式取得価格が適正価格を超える不当な価格であることなどを理由に，朝日新聞社の取締役に対して，適正価格との差額190億円余の賠償を求めたものである。

裁判所は，一審・控訴審とも，セメダイン株主代表訴訟事件とほぼ同内容の判断基準を提示したうえで，プロジェクトチームを組織して慎重に情報を収集し，複数回にわたって専務会，常務会，取締役会の承認を得つつ買取交渉を進めていること，朝日新聞社の長期的な経営目標達成のためには全国朝日放送との緊密な連携が必要との観点から買取りを決定していること，非上場株式の譲渡価格は相対交渉で決定されるものであるうえ，本件のような取引においては，取得価格の決定は，取得の必要性を考慮しつつ長期的な視野に立って諸事情を総合的に考慮して行うものであり，取締役に広い裁量が認められることなどを考慮して，取締役の責任を否定している[10]。

（ⅲ）ニッポン放送株主代表訴訟事件

また，M&Aそのものではないが，企業結合の解消または希釈化に関する裁判例として，ニッポン放送株主代表訴訟事件（東京地判平10・9・24金商1063号39頁）がある。

上記事件は，ニッポン放送がフジテレビジョン（以下，「フジテレビ」）の株式を51.1％保有していたところ，フジテレビの株式上場の過程でニッポン放送

の持株比率が50％を下回ったことについて，ニッポン放送の株主が，同社のフジテレビに対する過半数株主の地位を維持する方法があったにもかかわらず，第三者割当増資に賛成するなどして，ニッポン放送の上記地位を喪失させたことは，取締役としての善管注意義務・忠実義務に違反するものであるとして，提訴したものである。

　裁判所は，①親会社または支配的地位にある会社の取締役に支配株を固定的に維持すべき一般的義務は存在しないこと，②企業の結合またはその解消もしくは希釈化は，その目的，企業の結合の生成過程，結合企業間の関係および株式保有の分散状態，結合企業の経済状況，結合企業を取り巻く社会経済事情などによって決せられるものであり，子会社に資金需要が生じた場合において，子会社が資金調達のため株券の上場を図るにあたっては，親会社の資金調達力，子会社におけるほか株主の意向，資本市場の動向なども考慮する必要があるので，その判断は高度な経営判断であることを判示したうえで，③経営判断原則の基準を提示し，フジテレビの新社屋建設の巨額の資金を借り入れまたは既存株主の増資で賄うのは困難であったこと，株式会社ニッポン放送は依然として筆頭株主の地位を確保していること，意思決定にあたり各種調査を実施し，監査法人や弁護士の意見を徴するなどしていることから，本件経営判断は著しく不合理なものとはいえず，裁量の範囲を逸脱しないと判示して，取締役の責任を否定している。

　なお，合併比率が不相当であることを理由に，取締役の責任が追及された株主代表訴訟も複数あるが[11]，いずれも，合併比率が不当であっても，株主間に不公平が生じるだけであって，会社自体には損害は生じないとして請求が棄却されている。

　以上のように，M&Aに関連して取締役責任が追及された裁判例においては，経営判断の原則を適用して，その責任を否定するものがほとんどであるが，上記で紹介した3つの裁判例においては，いずれも，当該業務執行行為の目的を認定している点，取締役の責任を否定する要因として外部専門家の意見聴取が考慮されている点が特徴といえよう。

(4) 取締役の責任追及の拡大傾向とその対応策

　前項で述べたとおり，M&Aに関する意思決定について取締役責任が追及された裁判例は少なく，責任追及がされた場合であっても，取締役の責任が否定されている事例が大半を占めている。しかし，このような傾向が今後も継続すると考えてよいかという点には疑問がある。

　そもそも，株主代表訴訟の提起自体が少ない理由としては，①従前の日本の投資家には投機目的で投資を行う者が多く，株主こそが会社の所有者であるという意識が必ずしも強くなかったこと，②株主代表訴訟においては証拠が会社側に偏在していることが多く，訴訟追行には相当の手間と時間を要すること，③株主代表訴訟に勝訴しても，賠償金は会社に対して支払われるのであり，提訴した株主自身が直接利益を得られるわけではないことなど[12]，さまざまな要因が考えられる。しかし，バブル崩壊後，会社の不祥事が相次いで発覚したことなどもあり，株主の会社所有者としての意識はその後急速に高まっており，最近では株主代表訴訟の件数は急増している。その内訳としては，金融機関の融資または事業会社のグループ会社支援に関する貸倒れの責任を問うものが多く，M&Aに関する意思決定について取締役責任が追及された事例は依然として多くはないものの，全体として株主代表訴訟が増加する傾向にあることは間違いないと思われる。

　また，経営判断の原則を適用した場合の認定についても，以前は株主代表訴訟自体が少なく，経営判断の内容が不合理とはいえないとする理由として，長期的な経営目標や会社としての社会的信用など抽象的な利益を挙げる裁判例が多かった。しかし，最近は裁判例の集積が進みつつあり，より詳細な事実認定が行われるようになっている。特に，前述した貸倒れの責任を問う代表訴訟の裁判例においては，融資を実施した場合のリスクと，実施しなかった場合のリスクについて，詳細な資料に基づいて極めて具体的かつ緻密な利益衡量を行う裁判例が多くなっている。

　このような傾向は，今後，融資関係以外の代表訴訟にも広がっていくと思われ，社会全体において，コーポレートガバナンスの重視傾向がますます強まっていることと相まって，善管注意義務を尽くしたといえるためには，経営判断

に際してより具体的な利益衡量を行うことが要求されるようになりつつあると思われる。

（5）取締役が取るべき対応策

このように取締役責任の追及傾向が高まりつつある中で，M&Aに関連して責任が追及される可能性を可及的に軽減していくためには，取締役は，どのような対応を行うべきであろうか。

この点，まず挙げられるのは，本書のテーマでもある，初期段階での具体的なプラン（IIP）の検討の重要性であろう。第1部第2章でも述べたとおり，最近の事例を見ると，統合準備段階において，十分なプランを練ることなく，経営者の理念のみで統合決定が先行し，対外的発表まで行いながら，事後的に障害が発生または判明して破談となるケースが少なくないが，破談は，統合を目指した相手方との関係悪化，社会的信用の失墜などにより株価の低下を招くことが多いうえ，それまでに費やした費用と手間も無駄になるなど，企業に一定の損害をもたらす可能性が高い。そして，これらの損害について取締役の善管注意義務違反の責任が追及された場合，経営判断の前提となる事実の認識（情報の収集・分析）に問題があったとして，取締役の責任が肯定される危険性は否定できない。したがって，初期段階から，プロジェクトチームを編成し，十分な情報を収集・分析して，具体的なプランを検討することが重要である。

また，買収監査などの結果，買収に一定の潜在的あるいは既に顕在化した問題点が存在することが判明した場合に，IIPをいかに修正するか（そしてそれをいかにFIPに反映させるか）の検討も重要である。IIP策定にあたっては，まだ問題点が十分には特定されていないことが多いため，どちらかというと十分な情報収集・分析という経営判断の前提・過程に重点が置かれるが，問題点が判明した後においては，当該問題点による損害をいかにして最小化するためにどのようにプランを変更するか，あるいは買収を中止するべきであるかといった経営判断の内容に重点が置かれる。かかる内容に関する判断は，まさに経営判断の原則が直接的に適用され，広範な裁量が認められる部分ではあるが，具体的な問題点が特定されている以上，当該問題点の及ぼす不利益の程度の検討，および当該不利益とM&Aによって得られる利益の衡量などを行ったうえ

で決定を行う必要がある。

　また，上記のような検討に関して経営責任追及の可能性を可及的に軽減していくためには，弁護士，会計監査法人などの専門家の積極的な活用を行うことも重要である。M&Aは，会社の日常的な業務とは異なる視点も要求されるため，取締役が，関連するすべての事項について，十分な情報の収集・十分な専門的な知見に基づく判断をできない可能性がある。そこで，弁護士，会計監査法人などの専門家を活用して，不足している知見を補う必要があるのである。具体的には，法務監査による対象会社の問題点の洗い出し，M&Aの手法の選択を含む全体のスキームの検証，発見された問題点に対する対応，遵守すべき法令の検討，契約の具体的条項の検討，対価の相当性などに関して，専門家の意見を聴取するべきであろう。これらの専門家の意見は，法務監査報告書，フェアネスオピニオンなどの意見書などの形で文書化されるべきものであるが[13]，取締役は，前述した信頼の権利によって，その信用性に疑義を差し挟むべき特段の事情がある場合を除いて，これらの報告書・意見書の記載内容に依拠して経営判断を行うことが許されるため，善管注意義務・忠実義務違反の責任を問われる危険性を軽減することが可能となる。

　もっとも，すべての検討をこれらの専門家に任せればよいという訳ではないので，注意が必要である。これらの専門家は，法的分析の前提となるビジネス上の事項については必ずしも専門家とはいえないため，これらの点については，会社側で十分な分析・検討を行うことが要求され，専門家の意見に依拠するべき部分と，会社側で分析・検討を行うべき部分の切り分けが重要である。さらに，十分な内部統制システムの構築も重要である。もっとも，これはM&Aの場合に特に新たに必要となる訳ではなく，普段から十分な内部統制システムが構築されていれば，基本的には，同じシステムによってM&A担当チームの統制も可能である場合が多いと思われる。

　以上のように，初期段階から具体的なプランが十分に検討され，専門家による適切な意見聴取も経たうえで行われた意思決定については，その後，想定外の問題が発生して結果として会社に損害が生じたとしても，取締役の善管注意義務・忠実義務違反が認められる危険性は低いといえる。なお，取締役にとっては，最終的に責任が否定されたとしても，株主代表訴訟を提起され，応訴を

余儀なくされること自体が，経済的・時間的にかなりの負担となる。しかし，上記のような適切なプロセスを経ているという事実は，判断内容に問題がないことを推認させる事実であるため，このような適切なプロセスを経ていることについて株主などの関係者に対して積極的に情報開示を行うことによって，株主代表訴訟が提起される危険性自体を事実上軽減できる効果も期待できる。

2 統合後のガバナンス

(1) 統合後のガバナンス問題（意思決定機関の構造，役員の選定）

① ガバナンスの方式──統合後の会社の機関設計

　統合後のガバナンスのあり方において最も重要なのは，株主と取締役会の構成である。M&Aを株式の取得・保有による対象会社の支配権の取得と定義する場合があり，既発行株式のすべてを買い取る場合にはこのような定義が典型的に当てはまる。そして，そのような場合には，全株式を保有する株主が取締役を選任するので，ガバナンスについて事前に検討する必要は，基本的に，自己の指名・選任に係る取締役選任のタイミングとそれ以前に行われる可能性のある会社統治上の種々の意思決定についての態度決定をどうするのかという点に重点が置かれることになる。

　しかし，現実のM&Aの取引においては，対象会社の規模もしくはその時価総額または取引の規模が大きければ大きいほど，対象会社の株式をすべて取得・保有できる場合は少ない。また，証券取引所に上場されている公開会社の場合には，すべての株式を取得・保有すれば，上場廃止となるので，上場に係るメリットを重視する限り，すべての株式を取得・保有することはできないことになる。

　また，合併，共同株式移転のような場合には，そもそも，買収者または一方の当事者がすべての株式を保有するわけではない。したがって，株主の構成をどうするか，取締役会の構成をどうするか，買収者の案を取引相手方，関係者の同意を得られるかについて，取引を検討・実行する段階で平行して検討することになる。

（２）統合後のガバナンスの諸問題

① 単純買収型の場合

　上記のとおり，対象会社の株式のすべてを取得する場合には，会社統治上の支配権は，買収者が完全に掌握することになる。そして，対象会社の株式のすべてを保有していれば，買収者はただちに株主総会を開催することができるので，自己の指名に係る取締役をただちに選任することができる。したがって，買収のタイミングと会社統治における支配権の掌握に関してタイムラグが生じることはない。

　しかし，大規模の会社，特に公開会社が対象会社となる場合には，上場維持を意図するのならば，全株式を取得することはできない。さらに，全株式の取得を意図する場合には，買収資金もその分，多額になる。

　会社法上は，総議決権の過半数（50％超）を取得することにより，株主総会の普通決議を通すに足りる議決権数を有することになる。そして，その場合には，会社統治上最も重要な，取締役の選任権を把握することになる。さらに，総議決権の3分の2を取得すれば，会社統治または会社組織上の重要な意思決定[14]を支配することができることになる。

　しかし，公開会社の場合には，実際には，取締役選任権を把握するためには，過半数の議決権を取得する必要はない。公開会社の株主総会における株主出席率が70％から80％程度であることに鑑みれば[15]，総議決権の40％を取得すれば，取締役選任権は，現実的には取得できるといえる。また，同様の理由で，特別決議を通過させる支配権を欲する場合にも3分の2の議決権を取得する必要はなく，株主出席率が80％であるとすれば（これは出席率を相当に高く計算しているが），約54％を取得すれば足りる。逆に，株主総会における特別決議を阻止するためのいわゆる「拒否権」を確保するためにも，同様の出席率で考えると，約27％で足りることになる。

　したがって，対象会社の株式の51％を取得するという行為は，単純に取締役選任権を取得するという意味では，必要な行為ではないが[16]，会社法上の議決権保有割合からは象徴的な意味があり，さらに，現実的には，株主総会における特別決議を通す支配権もほぼ掌握したという意味合いがあるといえる。

公開会社の場合には，株主総会の開催コストはかなりの金額になるので，未公開会社で株主数が限られている会社の場合のように，取引のタイミングに合わせて随時，株主総会を開催するということはできない。したがって，やむにやまれぬ事情がない限り，株主総会の決議を必要とする事項は，定時株主総会において承認を受けるというスケジュールとなることが多い。その場合，買収者が自己の指名に係る取締役を選任するタイミングが，買収の取引の実行よりも常に遅れることになる。

　単純買収型において，対象会社の会社統治を支配する株主が存在し（公開会社である子会社の親会社が典型的な場合である），この者との間において合意に基づき株式取得が行われる場合には，通常は，対象会社の取締役も売主の意向に応じる行動を取るので，買収者が指名する取締役が選任される前も，対象会社の運営は，売主と買収者との合意に基づき行われることになる[17]。

　しかし，上記のような売主が存在しない場合には，買収について対象会社の経営陣の同意が得られない場合がある。この場合に，買収者から見て一番問題となるのが，経営陣が買収の防衛策を実施する場合である。新株発行等のエクイティ証券を対象会社が発行する場合には，発行差止めの仮処分の申立てという方法によることになるが，それ以外の防衛策（例えば，重要な資産の賃貸，売却等）の場合には，取締役の違法行為の差止めの仮処分の申立ての方法によることが考えられる[18]。

　しかし，いずれも株主であることを申立て資格の要件としているが，特に後者については6ヵ月間（これを下回る期間を定款で定めた場合にあってはその期間）の事前の株式保有を要件としているため，買収の前から株主であった場合を除いてこの手段によることができない。また，取締役の違法行為の差止めについては，個別具体的な法令の違反ではなく，善管注意義務違反を根拠とする場合が多いであろうから，裁判所が取締役の経営判断における裁量を認める可能性が高く，買収者側からの防止手段として有効に機能しない可能性が高い。さらに，対象会社の経営陣が反対する場合には，「敵対的買収」のレッテルを貼られるので，対象会社の事業分野およびその企業グループの構造にもよるが，一般的には買収者のレピュテーションにおける大きなマイナス要因となりやすい。

対象会社に対する支配権を有する株主がいない場合に，上記のような事態を避けるためには，経営陣と買収について交渉するという方法がある。対象会社の株式を全く保有しない状態で対象会社の経営陣と交渉を開始することも考えられるが，一定比率を取得したうえで，経営陣と株式買収について交渉するという手法がある[19]。この方法は，対象会社の経営陣を交渉の席に着かせるという効果がある。そのうえで，公開買付の実施に賛成の意見表明を行う確約が得られれば最善であるが，取締役選任権を有することになる株主総会における普通決議を把握する株主が現れるということになると，現経営陣の処遇も必ず問題になる。

　したがって，このレベルまでの合意が無理である場合には，例えば，買付比率の低下（拒否権確保のための34％の公開買付に対する賛成の意見表明の確約），取締役の派遣等の代替的手段も検討することになると思われる。最終的な目的が対象会社の支配権の取得である場合には，将来の保有比率上昇を考慮に入れたうえでの，代替手段の検討となるが，取締役を派遣することに対象会社が同意すれば，対象会社の経営上の重要な意思決定を買収者は把握することになり，また，対象会社は，買収防衛策を検討する場合には，潜在的な買収者の認識する場でその検討を行うことになるので，その効果はかなり大きいと考える。

　逆に，対象会社の経営陣の同意を取り付ける過程で，買収者が総議決権の過半数を取得するにもかかわらず，一定期間，現経営陣の全部または一部の者の取締役としての留任に同意する場合もある。この場合には，買収者は，株主として本来有する会社支配権を，経営陣との合意により一定範囲自制する合意を行うことになる。

　上記に類似する方法であるが，対象会社に資金需要があり，なおかつ，買収金額が比較的小額であるかあるいは買収者の買収予算に余裕がある場合には，第三者割当増資の方法により買収者が対象会社の株式を保有する場合もある。既発行株式の買付けと比較して資金効率が悪いので（仮に過半数を時価発行で取得するとすれば，時価総額を上回る資金を要することになる），少数株主の地位を取得し（3分の1超の出資を認め，株主総会における拒否権を与えるかは交渉の1つの重要な議題となる），経営陣との合意により，取締役を派遣し，

会社運営上の一定事項については事前合意または事前協議を義務づけるという合意をすることが多い。

　ただし，対象会社の現経営陣と一定の合意事項を定める場合には，会社法上はその効力が原則として認められないという点に留意する必要がある。買収者の株式保有比率を一定レベルに保つ合意がある場合，通常，保有比率を固定する合意が結ばれるが，対象会社がこのような合意を無視して新株を発行しても，会社法上の行為としては有効であると一般に解されている。あるいは，取締役の一定人数を少数株主に止まる買収者の指名する者に割り当てる旨の合意も，取締役会がこれに反する候補者を取締役会に議案として上程することも，取締役選任行為としては有効であると解されている。

　契約法上のレベルでは，契約上の義務違反を理由として対象会社の債務不履行を構成するという議論も可能ではあるが，特定の株主との間においてこのような取決めを行うことが株主平等原則の観点からそもそも有効であるかという原理原則論からの反論があり，また，当該合意の後に選任された取締役がこのような合意に拘束されるのかという，取締役の善管注意義務，忠実義務の観点からの拘束力に対する反論もある。

　しかし，少数株主に止まることを合意した買収者としては，経営陣と正式の契約を交わせば，それが「紳士協定」の効力に止まるとしても，現経営陣はこのような合意を遵守するという心理的強制が働き，また，かかる合意を公表したにもかかわらず，現経営陣がその合意を無視すれば，買収者が再度の買付けを行う際に「敵対的買収者」ではないという主張の根拠を得ることになるので，このような契約を交わすことが実務上無意味であるとは解されないし，また，現実にこのような合意を締結している事例も存在する。

　公開会社を買収する場合に，上場廃止を惹起する株式保有比率までの買付けを行うかどうかは1つの考慮点である。上場を維持し，一般株主が存在する状態での経営は，対象会社の組織，営業に抜本的な変化を与えにくいので，上場を廃止し，可能であれば少数株主を完全に排除し，リストラクチャリングを実施したうえで再上場する方が望ましい場合があるという議論がある。しかし，実際には，会社法下では少数株主を直接完全に排除する方法がなく，また，再上場も容易ではない場合もあるので，上場を維持する例も多い。

メリットとしては，有価証券報告書を提出するため，営業内容について透明性があること，資金調達において公募を利用できること（未公開会社は有価証券届出書を作成する手間と費用を考慮すると，公募は実務的には難しい），間接融資においても，融資側も財務内容に関して相当程度の情報を事前に得られるため，融資実行の判断を行うための情報を得やすいこと，買収者が買付株式の売却を行う場合にこれが容易であること等が挙げられる。

未公開会社の場合には，経営陣その他の利害関係当事者が存在する等の例外的な場合を除き，買収者以外の少数株主が存在するような株主構成にはならないような取引に通常なる。これは，会社法上，会社は少数株主を強制的に排除する手段がないため，少数株主が株主総会の特別決議成立を阻止する拒否権に相当する比率の株式を保有していないとしても，支配株主は株主代表訴訟による経営責任追及の潜在的な危険に常に晒されることになり，さらに，株主名簿の管理，株主総会の開催等の株主管理費用がかかることになるため，このような事態を避けるためである。

② ジョイント・ベンチャー（JV）型の統合の場合

JV型の統合は，対象会社が未公開会社である場合である。これは，公開会社の場合には，一般株主が存在し，なおかつ，JVを構成する複数の主要株主が存在するという株主構成となることは極めて例外的であるからである。JV型の統合は，既発行株式の一部の買受けの場合，第三者割当増資による場合，合併の場合，会社分割の場合に典型的に発生する。

未公開会社のJVの場合には，典型的な場合として，2名の株主が対象会社の株式のすべてを保有する場合があるが，従前から存在する手法として，両者の保有株式比率に基づく会社法上の権利の強弱にかかわらず，株主間契約を締結し，取締役の構成を両当事者の合意した人数割合で割り振る，一定の重要事項に関する意思決定に関しては，両者の株式保有比率，取締役会における取締役構成比率にかかわらず，両者の同意を要する等の合意を行うものである。上記①において言及した，公開会社において買収者と経営陣が類似の合意を行うことは，公開会社においては，買収者の相手方となる株主が存在しないことからくる，株主間契約の変形版といえるものである。

このような株主間契約における合意事項との関係では，株主総会決議，取締役会決議の成立要件を加重する定款の定めは適法であるが（例えば，取締役の員数を5名とし，重要事項の決議については4名の賛成を要するとする等），各株主の選任に係る取締役両方が出席し，賛成する旨の要件を定款上定めることは，商業登記実務上，認められていない。したがって，株主間契約は，JV型統合の場合の対象会社の経営・運営について，詳細に規定できるというメリットがある。しかし，株主間契約の問題点は，株主間契約の有効性自体は承認されているが，支配株主が株主間契約に違反して会社法上の組織行為を行っても，会社法上は当該行為は有効となり，少数株主の救済は株主間契約に基づく契約法上の救済に止まり，なおかつ，その際の損害額の立証につき，少数株主に困難がある点である[20]。

平成14年の商法改正により，会社支配のもっとも重要な要素である取締役の選任については，種類株主を利用して株主ごとの選任を会社法上確保する規定が設けられた（旧商法257条ノ2）。また，平成13年商法改正により，株主総会決議事項および取締役会決議事項の全部または一部について，さらにある種類株式に関する種類株主総会の承認決議を要する旨，定款で定めることができるという規定が設けられた（旧商法222条9項）。これらは株主間契約の重要部分について会社法上の効力を有する措置を認めた規定であるが，株主間契約はより詳細に両株主間の権利義務関係を定めるのが通常であるので，依然として株主間契約が利用される状況にある。

上記のとおり，取締役会の構成比率について合意し，一定の重要事項については株主総会決議，取締役会決議における決議要件を加重し，実質的に少数株主の拒否権を確保するという定めを設けることが通常であるが，このように決議要件を加重すると，会社の意思決定がデッドロックに陥ることがあるので，デッドロック解消のための両株主間の協議の試みに関する規定（一定の段階を踏んで各株主の上級役職者の交渉を試みるエスカレーション条項），それでも解消されない場合に，相手方の株式を買い取るまたは自己の株式を売り付ける権利，その場合の価格決定方法等の手続に関する規定を設けることが重要になる点に留意を要する。

③ 事業譲渡型の統合の場合

事業譲渡は，対象会社の一定の事業を構成する資産，負債，従業員の譲受けであるので，JV型の統合の一部としてJV会社に対して事業譲渡が行われる場合，事業譲渡の対価として買収者が株式を売主に対して発行する場合等，例外的な場合を除くと，買収者が当該事業に関する会社支配権を有することになる。したがって，買収者の買収前の会社統治に関する体制が，基本的にその状態で買収後も継続することになる。

④ 親子会社創設型の統合の場合

上記①の単純買収型も親子会社型の統合の一類型といえるが，これ以外の場合としては，典型的には，株式交換を用いて対象会社を完全子会社化する場合がこれに当たる。株式交換は，対象会社を完全子会社化するという買収を組織法上の行為として実行できる点に特徴がある（既発行株式の買付けであれば，契約法上の行為となる）。株式交換の方法による場合には，会社統治の観点からもっとも留意すべき点は，買収者の株式の希釈化が生じ，少数株主が出現するという点である。株式交換においては，実質的にもっとも重要な要件は，株式交換およびその比率について，買収者と対象会社の両社において株主総会の特別決議による承認を経なければならない。そして，この承認が得られた場合には，買収者は対象会社の株式すべてを取得・保有することになるが，その代わり，株式交換比率に応じて，対象会社の株主に対して，新株発行または自己株式の処分により，自己の株式を割り当てなければならない。すなわち，対象会社の株主が自己の株主として会社統治に参加してくるということである。

会社法においては，このような対象会社の株主であった者に対して，現金を支払うことにより買収者の株主としての資格を与えないという方法も可能となっている。

この点，旧商法を前提にすると，このように買収者の株主となるものとの間で合意を締結できる場合でなければ，買収者が未公開会社の場合には，株式交換は原則的に用いることができないということになっていた。これは，未公開会社においては，株主構成が重要であり，個々の株主が誰であるかが会社経営において極めて重要な意味を持つので，排除することができない少数株主が買

収者に出現するということは，買収者の会社統治上，通常は望ましくない事態だからである。

したがって，株式交換をM&Aの一手法として用いることができるのは，原則として，買収者が公開会社であり，対象会社の株主を自己の株主としたとしても，買収者の株主構成に大きな変動を与えない場合，あるいは，買収者が未公開会社であって，対象会社の株主が自己の株主となるに際して，何らかの株主間契約が締結できる場合に限定されていた[21]。

完全子会社の会社統治については，買収者はその株式のすべてを保有するので，当然に取締役会を支配することになり，さらに，完全子会社は公開会社ではないので，買収者が取締役会の支配を確保するまでのタイムラグに対処しなければならないという問題も生じない。

⑤　共同持株会社設立型の統合の場合

共同持株会社の設立は，単体の会社の間ではなく企業グループのレベルにおけるM&Aの場合に用いられることが多い。会社同士の統合であれば，合併を用いれば足りるが，複数の会社を傘下に抱える企業グループの場合には，グループ全体の統合には時間がかかる。また，共同持株会社の設立の場合には，同一または類似業種間の統合が多いので，グループの統括会社のレベルについても，重複する機能が多々存在する場合が多い。この場合に，重複する各部門の統合も検討，合意のうえ，合併を実行しては，合併に多大の時間を要し，合併実行の不確定要素が多くなり，合併の実行自体が失敗に終わる可能性もある。

この場合には，グループの統括会社は，通常，公開会社であり，なおかつ，公開会社でも大規模の会社である場合が多いので，統括会社の会社統治を支配するという意味での大株主は存在しないのが通常である。したがって，この場合には，会社統治は，共同持株会社の取締役の構成比率にかかることになる。したがって，共同株式移転比率，各企業グループがシナジーにもたらす寄与度，将来のキャッシュフローの予測等を交渉の際の根拠としながら，当事会社間の交渉により決まることになる。ただし，大規模の公開会社であるために，会社統治においても，株価に対する影響を重視しなければならないので，共同株式移転比率の設定に際しても，一定の裁量は認められるものの，合理性がなけれ

ば市場から評価されず，そして，役員の構成比率についても，共同株式移転比率に準じない場合には，市場から否定的な評価を受けるので，株主そのものによる会社統治はないものの，市場の評価がこれに代わる機能を果たしているといえる。

なお，共同持株会社設立型の統合の場合，上述のとおり，統合の迅速性を重視し，まず，統括会社の上に持株会社を設立する場合，グループ内の会社において機能が重複する会社が複数存在することが多いので，通常は，一定の時間をかけて，合併，会社分割等の手法を用いて，最終的には同一業種の会社は一社に収斂させる措置を取ることが通常である。

●注
(1) 例えば，取締役が，独占禁止法に関して，第2部第5章で説明したような適切な対応を行わず，結果として私的独占（同法3条）に該当すると判断された場合には，取締役が刑事責任を負うし（同法89条1項1号，95条の2），悪意重過失による任務懈怠により会社以外の第三者に損害を与えた場合には，当該第三者に対して会社法429条により損害賠償責任を負う。
(2) 「経営判断の原則」という用語は，米国において19世紀以降判例を通じて生成・発展してきた法理である「Business Judgment Rule」の日本語訳に由来するものである。日本における取締役責任限定の議論は，かかる米国の経営判断の原則に近い基準で判断するものの，両者は必ずしも同じ枠組みによる判断を行うものではない。このため，日本における取締役責任限定の議論について，経営判断の原則という用語は使わない学者も少なくないが，日本においても，取締役の業務執行上の判断に関する責任を限定しようとする法理を広く「経営判断の原則」と呼ぶことが一般的であるので，ここでもその用例による。
(3) 例えば，りそなホールディングス株主代表訴訟事件（大阪地判平15・9・24判タ1144号252頁）は，「取締役に対し，過去の経営上の措置が善管注意義務および忠実義務に違背するとしてその責任を追及するためには，その経営上の措置を執った時点において，取締役の判断の前提となった事実の認識に重要かつ不注意な誤りがあったか，あるいは，その意思決定の過程，内容が企業経営者として特に不合理，不適切なものであったことを要する」旨を判示している。同様の基準を提示する裁判例は，セメダイン株主代表訴訟事件（東京地判平8・2・8資料版商事法務144号111頁，中部電力事件（名古屋地判平10・3・19判タ987号236頁）など，多数存在する。

(4) 同趣旨の規範を提示する裁判例はほかにも存在するが、札幌地判平16・3・26判タ1158号197頁は、特段の事情の有無の判断につき、「当該状況に置かれた取締役がこれらに依拠して意思決定を行うことに躊躇を覚えるような不備・不足があったか否かにより判断すべきである」と判示し、「当然に躊躇」という部分の「当然に」を取り、前掲東京地判平14・4・25よりも裁量の幅を限定した基準を提示している。
(5) 江頭憲治郎『株式会社・有限会社法（第4版）』370頁、また、監査役に関する検討ではあるが、ジュリスト865号111頁も参照されたい。なお、善管注意義務は、その地位・状況にある者に一般的に要求される平均人の能力に応じて決定されるものであるため、同じ地位・状況にある取締役について善管注意義務の水準に差が出るのはおかしいとする議論も予想される。しかし、この点については、「特に専門的能力を買われて取締役に選任された者」として、他の取締役とは異なる地位・状況にあると説明することが可能であろう。
(6) 札幌地判昭51・7・30判タ348号303頁は、取締役が、「代表取締役の業務すべてについてその監督権限を行使することは事実上不可能であるから」、取締役会に上程されない事項については、取締役の監視義務違反の責任は、「代表取締役の業務活動の内容を知ることが可能である等の特段の事情がある場合に限って認められる」旨を判示して、監督義務違反を否定している。他に、東京高判平7・5・17金商1002号15頁は、会社が第1回の手形の不渡りを発生させたことに鑑み、不渡り後の業務について、監督義務責任を肯定している。
(7) 内部統制システムの構築が取締役の善管注意義務・忠実義務の内容の一部となることを正面から認めた裁判例として、大阪地判平12・9・20判時1721号3頁がある。
(8) 会社法施行以前の裁判例においても、例えば、ヤクルト本社株主代表訴訟判決（東京地判平13・1・18判時1758号143頁）では、副社長のデリバティブ取引による巨額損失に対する取締役の監督義務違反の判断にあたって、監査法人による監査のほかに個別報告書によるチェックを行うなどの一応の管理体制がとられていたことを認定し、原告側から、かかる管理体制では不十分であるなど、監督義務を裏付ける事実についての主張立証がないとして、監督義務違反責任を否定している。もっとも、構築すべき内部統制システムの内容は、会社の規模、業務内容、当該会社において過去にリスクが現実化したことがあるか否かなどによって大きく異なると考えられ、どのような体制を構築すれば、監督義務を果たしたと言えるのかは、今後のさらなる裁判例の蓄積を待つ必要があると思われる。
(9) ただし、合併比率については、後述する裁判例においても認定されているとおり、会社に損害ないとして、株主代表訴訟での責任追及ができない場合が多い。
(10) 裁判所の認定した要因は多岐にわたるため、その詳細については、資料版商事法務

185号228頁または資料版商事法務199号328頁を参照されたい。
(11) 新王子製紙株主代表訴訟事件（東京地判平6・11・24資料版商事法務130号89頁），レンゴー株主代表訴訟事件（大阪地判平12・5・31判タ1061号246頁）など。
(12) もちろん，会社の業績が向上する結果，株主は，配当または株価の上昇という形で間接的に利益を得られるが，相当程度の大株主でない限り，上記利益は，代表訴訟の手間・費用に値するものではないと思われる。なお，代表訴訟に要した弁護士報酬等の費用は，「相当と認められる額」の範囲で会社に対して請求することができる（会社法852条1項）。しかし，相当額の範囲についての明確な基準はなく，株主と会社との間で相当額の認識に齟齬が生じた場合には，株主は実際に支払った弁護士報酬等の費用を全額回収できない可能性もあり，この点でも代表訴訟を提起する株主の負担は重いといえる。
(13) これらの意見書はもちろん，その他の検討の経緯，内容についても，可能な限り記録に残しておき，後日紛争が生じた場合に，証拠を適切に提出できる状態にしておくことが必要である。なお，検討の経緯，内容を示す書面としては，取締役会，経営会議などの議事録が重要であるが，これらの書面は，株主代表訴訟になった場合には，文書提出命令などによって株主側からも提出を求められることが多い。特に，取締役会議事録のように，法令上作成が義務付けられている書面については，文書提出義務が否定される「自己使用文書」（民事訴訟法220条4号ニ）には該当しないと判断される可能性が高いため，取締役が任意の提出を拒否しても，文書提出命令によって，訴訟に提出せざるを得なくなることを覚悟する必要がある。したがって，取締役会，経営会議などの議事録は，普段から，外部の目にさらされることを意識して作成しておくべきであろう。
(14) 定款変更，新株，新株予約権の有利発行，合併，株式交換，株式移転等。
(15) 商事法務研究会のまとめた「株主総会白書」によると，東京，大阪，名古屋等全国5証券取引所に上場されている国内会社約2000社〜2500社を対象に定時株主総会に関するアンケート調査を行った結果，委任状，議決権行使書，電磁的方法および現実株主を含む全出席株主が所有している議決権数の総議決権数に対する割合（つまり，総議決権数のどの程度の割合の議決件数が行使されているのかの比率）は70％超80％以下であると回答した会社の割合が最も高かった（株主総会白書2000年版旬刊商事法務1579号102頁，同2001年版旬刊商事法務1613号96頁，同2002年版旬刊商事法務1647号98頁，同2003年版旬刊商事法務1681号101頁，同2004年版旬刊商事法務1715号100頁）。
(16) 会計原則上も，財務，営業，事業，人事等一定の意思決定支配関係があれば，議決権の40％の保有で子会社と取り扱われており，過半数の保有が絶対的な基準とはなっていない。

(17)　買収契約において，対象会社の営業は通常の営業の範囲内とし（リスクのある新規事業への進出，多額の借財等は禁止する），さらに，一定基準額以上の投資または費用負担を伴う意思決定については，事前に買収者の同意を得ることを義務づけるという内容の誓約を課すことが通常である。

(18)　発行差止めについて，会社法210条。取締役の違法行為の差止めについて，会社法360条。

(19)　なお，保有比率が5％超となれば，大量保有報告書の提出義務が生じるので，開示が行われることになる。

(20)　このような契約は，一般的に議決権拘束契約として整理され，債権契約としては有効であるが，これに違反する株主としての議決権行使自体の影響はないと解されている。原則的に有効とする裁判例として，東京高判平11・10・12（判時1750号169頁）。債権契約としては有効である場合に，株主間契約に違反して支配株主が取締役候補を指名し株主総会において承認しようとする場合に，少数株主は株主間契約上の自己の権利の存在および損害の発生のおそれを根拠に仮処分を行うことが認められるのかについても，明確ではない。

(21)　なお，株式交換を利用する一つの手法として，いわゆる「ジャパニーズ・スクイーズ・アウト」という手法がある。買収者が公開会社である対象会社を買収する場合に，まず，買収のための道具としての会社を設け，この会社を用いて公開買付けの手法により対象会社の株主総会特別決議を確保するに足る株式数を取得し，道具としての会社と対象会社との間で株式交換を行い，さらに，道具としての会社の保有する対象会社全株式を買収者の譲渡し，株式交換により道具としての会社の株主となった対象会社の株主に対しては，株式譲渡の売却代金を原資として残余財産分配を行い，道具としての会社は解散するという手法である。しかし，この手法は，公開買付手続の実施を要すること，税務上の負担が重いこと，敵対的買収として実施する場合には，レピュテーション・リスクの分析を要すること等，利用には慎重な検討を要する手法である。

第7章

初期プラン（IIP）/最終プラン（FIP）実施のタイミングに影響を及ぼす各種法的規制

1　はじめに

　M&A取引開始から最終的な統合完了までの一連の流れにおいて，究極の目的である円滑な統合を実現するための一要素として，情報の管理の重要性が挙げられる。ある情報が尚早に公に漏洩すれば，株価への悪影響が生じ，従業員に対する不安や混乱が惹起され，取引先あるいは競合相手先への影響が予想される等，さまざまな問題が生じうる。情報管理の体制の甘さを突いて当該情報を悪用し，インサイダー取引によって不法な利益を得る者の出現も防がなければならない。統合プラン（ここでは，IIP/FIP双方を含む取引およびその後の統合計画を総称する）の内容，方法，そのタイミング等によっては，好ましくない段階で統合プランの公表が必要になってしまう場面にも直面するであろう。

　また逆に，当該情報を最終段階まで厳格に一握りのメンバーのみに共有させ続け，突如として統合プランを公表するような方法をとれば，事前の根回し不足に起因する役員間の意見の相違や，株主，取引先，従業員といった各種ステークホルダーとの摩擦の問題が生じえよう。

　こうした点を疎かにすれば，円滑なPMIを期待することはできない。すなわち，このような情報管理の問題に適切に対応するためには，証券取引法のインサイダー規制や適時開示規制を正しく理解したうえで，これらの規制が統合プ

ラン実施のどのようなタイミングで問題となってくるのかという点に留意しつつ、プロジェクトを進めていくことが重要である。

統合プラン実施のタイミングに影響を及ぼす法的規制はインサイダー規制や適時開示規制ばかりではない。統合プランの内容によっては、友好的であると敵対的であるとを問わず、徐々に資本参加あるいは買収を開始するような方法もありうる。しかしながら、証券取引法はそのような手法に対して5％ルール（大量保有報告書制度）や公開買付規制といった開示制度を通じた監視、あるいは株主その他の利害関係人の利益に配慮した制度を設けており、これらの制度は統合プランの公正さを担保するような役割を果たしている。統合プランを実施する当事者がこうしたルールを無視した結果、後日当局からの処分を受け、あるいは世間の批判を浴びることとなっては、円滑なPMIの実現の直接的あるいは間接的障害となろう。

また、合併をはじめとするM&A案件に際しては、公正取引委員会への事前相談や独占禁止法の報告制度等について正確に理解したうえで、適時かつ適切な処理を行うことも、後日の当局からの指導を予め防ぐという観点から円滑なPMIのための重要な作業ということができる。

さらに、M&Aに関わる当事者の業種や投資家の属性等によっては、統合プラン実施のスケジュールを見計らいながら、外為法、銀行法をはじめ各種規制の事前届出や報告等を適切に行う必要や、既存の各種ライセンスの円滑な引継ぎの方法等を検討する必要、あるいは個人情報保護法への対応の必要も生じてくる。本章では、統合プラン実施のタイミングという視点を適宜念頭に置きつつ、こうした証券取引法、独占禁止法その他の各種規制を概観する。

2 インサイダー規制と適時開示規制

（1）各規制の概要

既に述べたように、M&A後の円滑な統合を究極の目的とした統合プラン実施にあたっては、インサイダー規制およびこれと表裏の関係をなす適時開示規

図表 2-7-1 統合プラン実施のタイミングと情報管理のイメージ

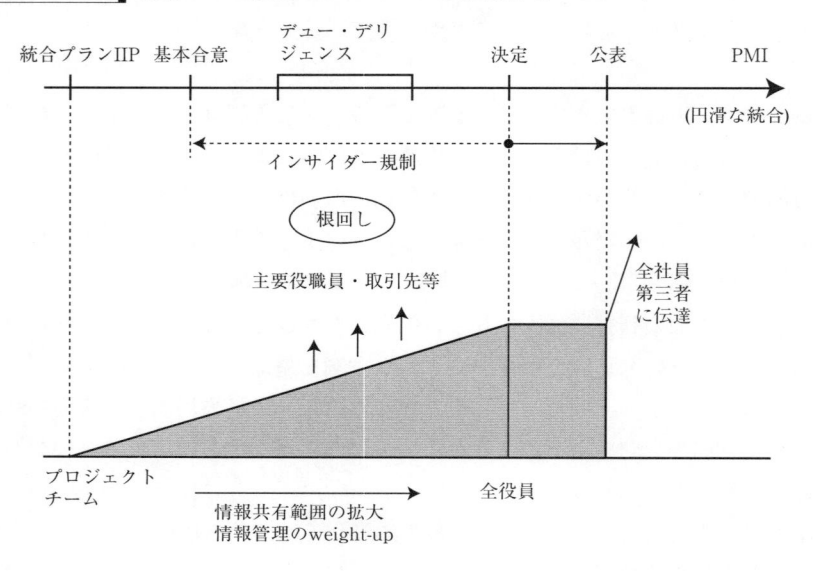

統合プランIIP　基本合意　デュー・デリジェンス　決定　公表　PMI

（円滑な統合）

インサイダー規制

根回し

主要役職員・取引先等

全社員
第三者
に伝達

プロジェクトチーム　　全役員

情報共有範囲の拡大
情報管理のweight-up

制との関係を踏まえる必要がある。すなわち，上場会社等がかかわるM&Aの過程においては，デュー・デリジェンスおよび統合プランの策定と，これらについての対外的公表の先後関係は，後述する情報管理体制のあり方にも影響するとともに，ひいてはM&A後の円滑な統合の成否にも関わる重要な問題となる（第2部第9章参照）。

インサイダー規制とは，上場会社等の業務等に関する重要事実を一定の方法で知った会社関係者[1]は，当該重要事実が公表[2]されるまでは，当該上場会社等[3]が発行する有価証券の売買等を行うことができないとする規制である（証券取引法166条）。

上場会社等の株価は，当該会社の公表する情報により変動するが，一般投資家は当該会社による公表があって初めてこのような投資判断上重要な情報を知り得る立場にとどまる一方で，当該会社の役職員のように公表前に情報を入手することが可能な立場にある者もいる。このように未公開情報を入手した者が当該情報の公表前に当該会社の発行する株式等の売買ができるとした場合には，

その有利な立場を利用することが可能となる。このような取引を許容すれば情報の格差を利用した不正な取引が横行し，ひいては証券市場への信頼が損なわれることとなるため，不正な取引から投資者を保護し，証券市場への信頼確保の見地からインサイダー規制が定められたものと考えられている。

　他方，適時開示規制とは，上場会社等に重要な会社情報が発生した場合には，当該上場会社は直ちにその旨を公表しなければならないとする規制であり，具体的には各証券取引所が上場会社等を対象としてこれを定めている（株式会社東京証券取引所「上場有価証券の発行者の会社情報の適時開示等に関する規則」2条等）。インサイダー規制上「重要事実」に該当する「会社情報」が発生した際に，上場会社等が適時開示規制に従って直ちに公表すれば，当該重要事実を知る一定の会社関係者に適用のあるインサイダー規制が解除される効果を有する点で，適時開示規制はインサイダー規制違反を事前に予防する機能を有し，両規制は相互に表裏の関係にあるということができる[4]。もっとも，適時開示規制の対象とする「会社情報」とインサイダー規制の対象とする「重要事実」とはその項目にずれがあるため，インサイダー取引を禁止すべき段階が到来していない場合であっても，適時開示規制のルールの文言上，適時開示が必要となってしまう場合がある点にも留意すべきであろう。

（2）重要事実の「決定」の意義

　M&Aの過程においては，統合に向けたさまざまな事項が取締役会の決議によって決定されるだけでなく，代表取締役による統合に対する意見の表明や，関連する部署の判断，常務会や経営委員会といった各種レベルでの合意等，さまざまなステップを踏むことが多い。この点に関連して問題となるのは，証券取引法166条2項が規定する「業務執行決定機関」による「決定」の意義である。

　インサイダー規制を定める証券取引法166条2項は，株式の発行，合併，会社分割，営業譲渡，新製品の企業化，業務提携，新たな事業の開始等の事項について，「業務執行決定機関」が「決定」した一定の事実を重要事実とし，インサイダー規制の対象としている。また，適時開示規制もこれに対応してこれらの事項について，「業務執行決定機関」が「決定」した場合に，直ちにその

内容を開示するよう定められている。「業務執行決定機関」とは商法上通常は取締役会を指すものと考えられ（会社法362条（商法260条1項）），また「決定」とは取締役会における決議を指すものと考えられる。また実務上も，取締役会決議のあった日にこれらの決定事実が公表されるという扱いが慣行になっている。

しかしながら，商法上の建前に関わらず，上場会社等が一定の事項について意思決定を行ったと評価できる場合は各会社によってさまざまであり，例えば代表取締役の意思の表明があれば，あるいは常務会での決定があれば，その後の取締役会で覆滅される可能性が事実上少ないような実態の会社もあろう。「業務執行決定機関」の「決定」には，会社としての意思決定があったと評価できるような事情が存する場合における代表取締役の表明や常務会の決定が含まれると解され，判例もそのような立場を取っている[5]。

このような解釈を前提とした場合，長期間にわたる検討が行われることもありうる上場会社等のM&Aの過程にあって，取締役会における決議がなくとも，実際に会社の意思決定があったと評価できるような実態があった場合には，その時点でインサイダー規制の対象になりうると解釈したうえで，情報管理を行い，あるいは公表を検討することが必要になると思われる。

なお，重要事実とは，法が列挙する事象の決定や発生があればこれに該当するものではなく，投資者の投資判断に及ぼす影響が軽微なものとして定める数値基準等[6][7]を満たす場合には重要事実に該当しないことに留意する必要がある。

また，情報の格差を利用した不正な取引の防止および市場の信頼確保というインサイダー規制の趣旨が妥当しない取引は，同規制の適用除外とされていることにも留意する必要がある（証券取引法166条6項）。例えば，新株予約権の行使に伴い株券を取得する場合や，インサイダー同士の市場外での売買であって，その後さらにインサイダー規制に違反して売買等が行われることはないとの認識で売買が行われる場合[8]等である（図表2-7-2参照）。

（3）重要事実の成熟度について

M&Aの過程において決定される，統合に向けたさまざまな事項は，決定の

図表 2-7-2　重要事実の類型

分　類	重要事実の項目例
① 決定事実	株式の発行，自己株式の取得，株式交換，株式移転，合併，会社分割，営業譲渡，新製品の企業化，業務提携等
② 発生事実	主要株主の異動，親会社の異動，主要取引先との取引の停止，債権者による債務免除等
③ 決算情報	業績予想の大幅な修正
④ その他（バスケット条項）	上場会社の運営，業務または財産に関する重要な事実であって投資者の投資判断に著しい影響を及ぼすもの
⑤～⑧ 子会社に係る重要事実	①～④に対応

内容が極めて抽象的であったり，相手方の承諾等の条件付きで決定されたものであったりすることもありうる。対象となる事項の準備を会社として行う旨の決定や条件付きの決定も重要事項となりうると判例上考えられているが[9]，事実上白紙に等しい内容の決議等があったに過ぎない場合にまで広汎にインサイダー規制の適用があるか否かについては慎重な判断が必要な場合もありうる。この点において，インサイダー規制の対象となるべき重要事実にはある程度の「成熟度」が前提となっているものと考えられる。

　例えばM&Aの過程において，当事者間の了解事項を事実上確認する趣旨でLOIが締結されることがあるが，その内容が資本提携および業務提携について前向きに検討を開始する等の抽象的な内容を定めたに過ぎないような場合，その締結またはこれに先立つ当事者の内部における機関決定につき，インサイダー規制との関係で実務上どのように取り扱うべきであろうか。

　LOIの形態としては，基本合意書といった名称が用いられ，原則としてその締結当事者に法的拘束力が与えられない旨明記するものが多い[10]。このように法的拘束力を欠くにもかかわらずLOIが締結されるのは，一般に締結当事者を事実上あるいは心理的に拘束する効果があり，またM&Aに向けての1つのステップを目に見える形に具現化し，いかなる点を前提に真剣な交渉をするのか大枠を決めることで議論の照準を明確にする効果があるものと思われる。

　逆にいえば，そのような効果を十分与えればLOIの目的が達せられるのであ

るから，そこに盛り込まれる合併，株式交換，業務提携その他のM&Aに関する了解事項は，極めて概括的なものにとどまり，場合によってはいくつかの選択肢を含む流動的な色彩が強い内容になる傾向にある。

　これを証券取引法166条2項の文言に照らして考えてみると，各決定事実の挙げ方が「株式交換」「合併」等となっており，これらのうちのいかなる要素が決定されれば足りるのか詳細を規定するものではなく，解釈によらざるを得ない。この点については上述のとおり証券取引法166条2項の文言が「行うことについての決定」と広く規定している点を考慮すれば，成熟性の点を余りに強調して「株式交換」や「合併」に関する全ての事項が決定される必要があると考えることは妥当ではなく，結局は各事項の特質ごとに重要な要素は何かを念頭に置きつつ，均衡の取れた対応を行っていく必要があるものと思われる。

　前述したように，M&Aの交渉過程でしばしば見られるステップとして，法的拘束力のないLOIの締結（未公表）→ デュー・デリジェンスの実施 → 統合プランその他の重要事実の公表という一連の流れが存する。この場合であっても，法的拘束力のないLOIの締結の段階で既にインサイダー規制上の重要事実が発生したと考えられる場合は，デュー・デリジェンスを経て公表に至るまでの間は，当該重要事実の情報管理，当該重要事実を知った者のインサイダー取引防止の問題が重要な考慮点となる[11]。

　また，LOIの締結の段階で必ずしもインサイダー規制上の重要事実の発生があったとは解されない場合であっても，会社情報に関する保守的な解釈・運用，情報管理の問題，株価への影響，風説等の払拭その他諸般の事情により適時開示を前倒しに当該LOI締結の段階で行う場合もありうるだろう。その場合は，逆に後述する早期に失する開示のリスクについての問題が重要な考慮点となる。

　さらに，重要事実についていったん公表した後は同一の事項につき一切インサイダー規制の問題が生じないと断ずることも問題がある。例えば合併交渉において，段階を追って新たに重要事実が追加されると解すべき場合もありうる。例えば，合併比率が確定する以前の段階で，合併当事者の相手方その他の主要な事項について先に公表した場合において，その後に合併比率が決定された時は，当該合併比率は合併当事者双方の株価を左右する重要な情報と思われることから，これも重要事実と解し，未公表の合併比率を知った会社関係者が合併

比率の公表に先んじて当該合併当事者の発行する株式の売買を行った場合は，インサイダー規制の問題を惹起するものと考えられる[12]。

図表 2-7-3 基本合意の段階における公表例

> 会社名　株式会社XYZ
> 代表者　代表取締役　甲野太郎
> （コード○　○証）
> 問合せ先　取締役経営管理本部長　乙野　花子
> （TEL　03-XXXX-YYYY）
>
> 合併に関する基本合意書締結に関するお知らせ
>
> 　平成18年○月○日開催の当社取締役会において，当社は，株式会社ABC（○証第○部：証券コード○　本社：東京都千代田区）と，平成17年○月○日を期日（予定）として合併する旨の基本合意書の締結を決議いたしましたのでお知らせいたします。
>
> 記
>
> 1．合併の趣旨
> 　株式会社ABCは，○業を展開しており…。当社は株式会社ABCとの合併により…市場に早期に参入するとともに，同社の持つ顧客に対して…の提案を推進して参ります。
>
> 2．合併の要旨
> 　（1）合併の日程
> 　　　合併契約基本合意書承認取締役会　　平成18年○月○日
> 　　　合併契約基本合意書調印　　　　　　平成18年○月○日
> 　　　合併契約書承認取締役会　　　　　　平成18年○月○日（予定）
> 　　　合併契約書調印　　　　　　　　　　平成18年○月○日（予定）
> 　　　合併契約書承認株主総会　　　　　　平成18年○月○日（予定）
> 　　　合併期日　　　　　　　　　　　　　平成18年○月○日（予定）
> 　　　合併登記　　　　　　　　　　　　　平成18年○月○日（予定）
>
> 　（2）合併方式
> 　　　株式会社XYZを存続会社とする吸収合併方式で，株式会社ABCは解散いたします。

> （3）合併比率および合併交付金
> 　　　　合併比率等につきましては合併契約の詳細が決定され次第お知らせします。
>
> なお，上記の内容は基本合意であるため，変更される可能性があります。
>
> 3．合併当事会社の概要
> 　　（略）
>
> 4．合併後の状況
> 　　（略）

（4）「重要事実」発生前の開示

　証券取引法166条2項の「重要事実」が将来発生する可能性が見込まれるものの，未だその段階に達していない場合あるいはその点に疑義が残る場合でも，IIP策定の過程において，これを前倒しに公表を行うことも考えられる。インサイダー規制を厳格に解釈・運用した結果として早期の公表をしたという合理的に説明できる場合も多いが，早期公表については，事情によっては慎重な判断を要する場合もあろう。

　例えば，上場会社A社が他の上場会社B社に対し業務提携を目指してアプローチをかけたとする。B社へ働きかけることについてA社において取締役会決議を経ている場合，証券取引法や適時開示規制の文言上業務執行決定機関が「（業務上の提携）を行うことについての決定」をしたものと解し，A社はその旨を公表すべきであるという考え方もありうる。

　しかしながら，相手方のB社がA社との業務提携に現状関心がないという場合はどうであろうか。仮にそのような段階でB社と業務提携を行うことを決定した旨A社により一方的に公表されてしまった場合，B社としては対応に苦慮するであろう。あるいは両社の株価や取引先との関係その他利害関係人への影響も少なからぬ場合もあろう。重要事実を構成しうる対象事項自体が将来に実施される場合に，当該事項について会社としての意思決定があったと評価すべき時点から決定事実という類型を設けてインサイダー規制の網にかけようとし

た証券取引法166条2項1号の趣旨に照らせば，当該対象事項自体が将来に実施される可能性が極めて低い場合には，これを対象とする業務決定機関による決定があったとしても，規制されるべき決定事実の前提を欠いていると解すべき場合もあると思われる。

さらに，上記の例でA社としてはB社に業務提携の申入れを断られる可能性が高いことを認識しながら，A社の株価への影響を期待してそのような公表を実行するならば，逆に相場の変動を図る目的をもって風説の流布という禁止行為（証券取引法158条）に該当していると解される可能性もある。実務上はその線引きは難しいところではあるが，決定事実の中にもIIPにおける相手方の存在を前提とする事項（合併，業務提携等）については相手方において当該事項について賛同しているかまたはその可能性がある場合に初めて「決定」の実質が備わり規制のトリガーが発動されると捉え[13]，また市場への影響に鑑みれば，相手方が同様に適時開示規則に服する上場会社等である場合，公表にあたって相手方と開示内容・開示の程度について予め擦り合わせ，開示をほぼ同時に行う，といった配慮を行うのが相当である。

3 その他の証券取引法上の規制—保有株数に応じた主な規制

(1) 3％以上保有の段階—インサイダー規制

既に触れた点であるが，インサイダー規制の規制主体の類型の1つとして帳簿閲覧権を有する大株主という類型があることに留意する必要がある。商法上は総株主の議決権の3％以上を保有する株主であればかかる帳簿閲覧権が与えられている。

(2) 5％超保有の段階—5％ルール（大量保有報告書制度）

IIP/FIPを実現する過程には実に多様な形態がありうるが，例えば上場している対象会社に対する初期投資または資本提携をその要素とするような場合は，その保有株数に応じて所定の証券取引法上の規制が存することに留意しなければならない。その第1段階として捉えられるのが5％ルールである。これは，

上場されている株式等につきその株券等保有割合が5％を超えた者（大量保有者）は，大量保有者となった日から5日以内に（土，日，祝祭日等を除く），内閣総理大臣（法令上の権限委任規定により管轄財務局長宛）に所定の様式の大量保有報告書を提出しなければならないものとする制度である[14][15]。株を買い集めて発行体に高値で肩代わりをさせるグリーンメーラーによる株価の乱高下といった事象に対応すべく，一般投資者にこれらに関する情報を提供させて，市場の公正性および透明性を高めるところにその趣旨があるとされる[16]。

5％ルールに関して，留意しなければならない点として「共同保有者」の範囲がある。すなわち，買付けを行う本人の保有分だけでなく，当該本人と共同して当該株券等を取得，譲渡，または議決権行使を行うことに合意している他の保有者がいる場合は，その他の保有者は「共同保有者」に該当し，その保有数を加算して5％を超えるか否かを算定しなければならない。共同して数名（数社）で各々5％に達しないように買い集めるといった行為により，上記規制の趣旨が潜脱されるのを防ぐための規定と解されるが，実務上は「共同して」と解されるか判定が難しい事例もある[17]。

(3) 5％超保有の段階—公開買付制度との関係

5％超保有に際して，別途留意すべき点として公開買付制度がある。本章の文脈上，詳細には立ち入らないが，原則として60日以内に10人を超える者から上場株券等を市場外で買い集め，その結果としてその株券等所有割合（所有する株券等に係る議決権の数の割合）が5％超となる場合には公開買付制度によらなければならず，公開買付届出書，公開買付開始公告を始めとする所定の開示手続に則り，他の株主にも処分の機会を与える方法で手続を実行しなければならないものである。

大量保有報告書制度における「共同保有者」と同様，ここでも類似する論点として実務上「特別関係者」の範囲が問題となる。大量保有報告書制度における規制と類似するが，規制の趣旨が潜脱されるのを防ぐための規定と解される。すなわち所有割合5％超の算定に際しては，買収者本人の所有分だけでなく，同人と共同して当該株券等につき取得，譲渡，議決権行使，または買付後に相

互に譲渡・譲受けすることを合意している他の所有者や，当該本人と人的関係や資本関係が緊密なその他の所有者がいる場合は，当該その他の所有者は「特別関係者」としてその所有分を加算し，所有割合が5％を超えるか否かを算定しなければならない。実務上は，ここでも「共同して」といえるかどうか判定が難しい事例がある。

また，5％以上の所定の買集め行為は，公開買付等の実施に関する事実として，証券取引法166条に定める規制とは別個のインサイダー規制上の重要な事実を構成し，これに関する公表がない段階では当該事実を知る所定の関係者は対象会社の上場株式の売買が制限されることにも留意する必要がある。

(4) 10％以上保有の段階―売買報告制度・短期売買利益返還制度

次のステップとして念頭に置く必要があるのは，上場株式につきその議決権を10％以上保有した場合における売買報告制度（証券取引法163条）および短期売買利益返還制度（証券取引法164条）である。

すなわち，自己または他人名義で上場会社の議決権の10％以上を保有[18]した株主は「主要株主」と定義され，主要株主となった月以降，翌月15日までに当月における売買の内容について内閣総理大臣（法令上の権限委任規定により管轄財務局長）に所定の報告を行わなければならない[19]。また，主要株主となった以降は，6ヵ月の期間内に短期売買による利益を上げた場合，発行会社からの請求があれば，これを返還しなければならない。主要株主は類型的に上場会社の未公表の重要事実を知り得る立場にあるとして，法がいわば「みなしインサイダー取引」としての効果を与え，実際に重要事実があったか，あるいはそれを認識していたかを問うことなく，短期売買の利得を発行会社に還元させることとした趣旨の規定である。

(5) 10％以上保有の段階―臨時報告書・適時開示

上場会社は，議決権を10％以上保有した主要株主が現れた場合には，これを認識した後（主要株主と発行会社が事前に連絡を取っていない場合は，大量保有報告書の送付等を通じて認識することとなる），遅滞なく臨時報告書（企業内容等の開示に関する内閣府令19条2項4号）および証券取引所における適時開

示により主要株主の異動について開示しなければならない。

（6）3分の1超保有の段階―公開買付制度との関係

　議決権の3分の1超保有の段階で留意すべき点として，公開買付制度との関係に再び留意する必要がある。すなわち，公開買付制度の重要な例外規定として，60日以内に10人以内の者から上場株券等を市場外で買い集め，その結果として株券等所有割合が3分の1以下に留まる場合には公開買付手続が免除される（証券取引法27条の2第1項5号）。

　3分の1超保有の結果となる場合は原則に戻って公開買付手続が必要となるが，ここで留意すべきは規制の対象が市場外での購入とされている点である。平成17年2月に行われたライブドアによるニッポン放送株の買収劇[20]を機として，証券取引法が改正され，市場内取引であっても，立会外（時間外）取引のうち相対取引に類似する取引については，買付け後の株券等所有割合が3分の1を超える場合には新たに公開買付手続の規制の対象とされた（証券取引法27条の2第1項4号）。

図表2-7-4 公開買付規制の適用範囲の見直し－証券取引法改正概要図

公開買付制度：上場会社の株券等につき，取引所市場外で，一定の買付け（買付後の所有割合が3分の1超など）を行う場合には，買付者に買付価格等を予め提示することを義務づけ，株主に平等に売却の機会を与える制度

区分	取引所市場内取引		取引所市場外取引
	立会取引	立会外（時間外）取引 （ToSTNeT-1取引(東証)の場合）	
取引時間	9:00 - 11:00 12:30 - 15:00	8:20 - 9:00 11:00 - 12:30 15:00 - 16:30	随時
取引方法	オークション方式	ネットワーク上で相対交渉による取引可能	相対取引
公開買付規制の適用	なし	なし ↓ あり	あり

> 改正の概要：立会外取引のうち，相対取引に類似する取引については，買付後の株券等保有割合が3分の1を超える場合に公開買付規制を適用する。

(出所) 金融庁ホームページより

なお，公開買付規制はセカンダリー取引による株式等の買集めに対する規制であって，プライマリー取引である第三者割当増資の方法により資本参加を行うプランでは，その結果3分の1超の議決権保有者となる場合でも公開買付規制の問題は生じない。

図表2-7-5 保有株数に応じた証券取引法上の主な規制

保有株数	証券取引法上の主な留意すべき規制内容
3％以上議決権保有	インサイダー規制（会社関係者の一類型：株主帳簿閲覧権の行使等における情報受領）
5％超株券等保有割合	大量保有報告書制度
5％超株券等所有割合	公開買付制度（市場外であり，かつ「60日以内で10人以下」に該当しない場合） 買集め行為に関するインサイダー規制
10％以上議決権保有	主要株主売買報告制度 短期売買利益返還制度 主要株主の異動に関する臨時報告書・適時開示
3分の1超株券等所有割合	公開買付制度

(7) 円滑なプランニングと開示の関係

前述のとおり，M&Aの過程で初期投資や資本提携のステップとして，上場株式を一定割合以上保有する場合，大量保有報告書，主要株主の異動に関する臨時報告書や適時開示等を通じてその事実が公衆の縦覧に供されることが証券取引法で定められている[21]ことを十分に認識する必要がある。

例えば，対外的公表が時期尚早となるような何らかの事情がある場合がある。例を挙げれば，当該保有の事実が明るみになる以前に，当該M&Aプランの内容について，主要な社員・従業員や主要取引先等のステークホルダーに対する

根回し等を先行して行うべき事情がありうる。このような場合，適切な時期まで公表が法令上必要とされない状態を維持するために，買取者は保有割合を当面は5％未満に留める等の配慮が，後日の円滑なPMIのプランニングを実現するうえで重要である。

（8）金融商品取引法制定に伴う影響

2006年3月13日，金融商品取引法案を含む，証券取引法等の一部を改正する法律案が国会に提出された[22]。本章との関連で当該法律案が影響すると思われる事項としては，従来企業開示ガイドラインで開示対象から除外されていた合併や株式交換等の組織再編成により発行される未開示の有価証券[23]に関し届出義務が定められた点，一定期間内に市場内外の取引を組み合わせて3分の1超の株券等の買付けや買付者が競合する場合の一定の買付けを新たに公開買付の規制の対象とした点，5％ルールの特例報告の提出頻度が3ヶ月に1回から毎月2回以上へ厳格化された点，組合形態で上場株式の10％以上を保有する場合に組合の執行者に対し報告書の提出を義務付けた点等が挙げられる。現段階ではこれらの規定に関する取扱いの詳細に踏込むことは差し控えるが，当該改正はM&Aの手法に大きく影響を与えるものとして非常に注目される。

4　独占禁止法

（1）統合阻害要因となりうる独占禁止法の規制

PMIの典型的統合阻害要因となりうるものに，独占禁止法上の規制が挙げられる。まず，IIPの段階では，相手方情報は，公表情報および市場調査会社等の公的に入手可能なパブリック情報しか入手することはできない。この時点では，公的に入手可能な情報等から，市場シェア等を検討・分析し，独占禁止法に抵触する危険性の有無を判断することになる。そして，他の障害事由の有無をもあわせて検討した結果，当該統合が可能と判断できれば，世間への公表となるだろう。いかなる場合に，独占禁止法上，規制されるかについては，後記（2）で詳述する。

次に、FIPの段階では、相手方情報の精度はかなり高まり、独占禁止法に抵触するか否かは、IIPの段階よりも一層詳細に検討し、分析することが可能になる。通常、公的に入手可能な情報のみからは判断できないときであっても、相手方から開示された情報をもとに、独占禁止法上の障害事由は解消されると当事会社で判断されると世間に公表される。

もっとも、公正取引委員会によって独占禁止法上抵触しないと判断されたものではなく、当事会社は、通常、公表後に、事前相談を経ずに事前届出等の独占禁止法の手続を行うか（後記（3）で詳述）、または、公正取引委員会に対し事前相談を申請し（後記（4）で詳述）、公正取引委員会の判断を仰ぐことになる。もっとも、IIPの段階での情報分析の結果、またはFIPの段階での情報分析の結果に至っても未だ相手方情報から、独占禁止法に抵触するか否かの判断ができず、公表前に公正取引委員会の判断を仰ぐこともある。

事前相談の申請時では公表されていることは要求されていないが、公正取引委員会による詳細審査においては、取引先等へのヒアリング、アンケート等が行われるため、公表していることが条件となる。詳細審査の段階に至っても公表されていない場合には、公正取引委員会に対し未公表である旨を申し出て、事前相談をいったん中止することになる。

公正取引委員会が事前相談において市場シェア等の要件に抵触するおそれがあると判断した場合、当事会社は、自ら提案した問題解消措置、または、公正取引委員会から提案された問題解消措置の実施を検討することになる。公正取引委員会の問題解消措置については、後記（8）において詳述する。

他方、問題解消措置の実施を行ったのでは、当該M&Aの目的が十分に達成できない場合には、世間へ公表しながらも、結局、当該M&Aの計画を断念せざるを得ない。事前相談において公正取引委員会から問題点を指摘され、結局M&Aの計画を断念した事例も最近見かけられる。これについては、後記（7）において詳述する。

（2）独占禁止法における規制

独占禁止法は、経済上の効率を損なう独占状態を禁止し、経済に自由競争を定着することを目的としている。企業は、経済情勢の変化に対応し、経営の効

率化，企業規模・事業範囲の拡大等を目指し，M&Aを図ろうとする。しかし，このM&Aにより，市場が単一の企業に集中し，市場支配力を形成・強化する結果となるときには，独占禁止法は，このようなM&Aを認めない。さらに，国際的な競争力を向上させるために企業結合を図ろうとすることもあるだろう。しかし，公正取引委員会が日本国内における市場の独占化が生じると判断すれば，独占禁止法違反を理由に，結局，企業は統合を断念せざるを得ない。

　独占禁止法は，第4章において，企業結合に関する規制を定めている。概括すると以下のとおりである。

①　一般集中規制

　まず，独占禁止法は，一般集中規制として，事業支配力が過度に集中することになる会社の設立・転化を禁止し[24]，さらに（ア）持株会社については6,000億円，（イ）金融会社については8兆円，（ウ）一般事業会社については，2兆円を超える場合には，毎事業年度終了後3ヵ月以内に当該会社および子会社の事業報告書を提出すること，および，当該会社の新設について設立後30日以内に届け出ることを義務づけている（独占禁止法9条）。

　また，銀行と保険会社の株式保有を制限する（独占禁止法11条）。銀行の株式保有に関し，銀行は，他の国内の会社の議決権を5％を超えて取得，または保有することは禁止されている。保険会社について，同様に，10％を超えて取得，または，保有することはできない。もっとも，担保権の行使，代物弁済の受領，経営改善計画に基づく取得の場合等一定の場合には，例外的に議決権の保有が許されている。

②　市場集中規制

　次に，特定の市場における企業の集中を禁止し予防する観点より，合併，会社分割（共同新設分割または吸収分割），営業譲受け等（営業譲受け，固定資産の譲受け，営業の賃借，経営の委任，および営業上の損益を共通にする契約），株式保有，役員の兼任等の方法による企業結合が以下のいずれかに該当する場合，禁止されている。

　（ア）一定の取引分野における競争を実質的に制限することになる場合

（イ）合併が不公正な取引方法によるものである場合

現状では，（イ）に該当する場合はほとんど見られず（河村穣「企業結合の規制（その2　合併・営業の譲受等，届出義務その他）」公正取引629号56項），どのような企業結合が一定の取引分野における競争を実質的に制限することになる場合に該当するかについては，後記（5）において詳述する。

（3）独占禁止法の手続

独占禁止法は，一定の企業結合について公正取引委員会への事前の届出，または事後の報告を要し，公正取引委員会は，これを審査して，独占禁止法に抵触する疑いがあれば，勧告または審判開始決定をし，最終的には審決をもって措置をするという仕組みをとっている。

① 事前届出制度

合併，会社分割，営業の譲受け（以下，併せて「合併等」という）を実施する場合，当事会社（企業結合を計画している会社または個人をいう）のいずれか1社とその親会社と子会社の総資産の合計額が100億円を超え，他の当事会社の1社とその親会社と子会社の総資産の合計額が10億円を超える場合，原則として，当該合併等に関する計画を公正取引委員会に届け出なければならない。例外として，親子関係または兄弟関係にある会社同士の合併等の場合には，事前届出をする必要はない（独占禁止法15条，15条の2，および16条）。この届出をした会社は，届出受理の日から30日間は合併等をしてはならないが，公正取引委員会が必要があると認める場合には[25]，この期間は短縮されることもある。

公正取引委員会は，この届出の結果，独禁法上問題となり得る可能性のある合併等については，当事会社に対し，必要な報告，情報，または資料の提出を求めることができる。

事前届出・事後報告制度の手続は，図表2-7-6の流れで行われる。

図表 2-7-6 企業結合計画に関する事前届出制度の手続フローチャート

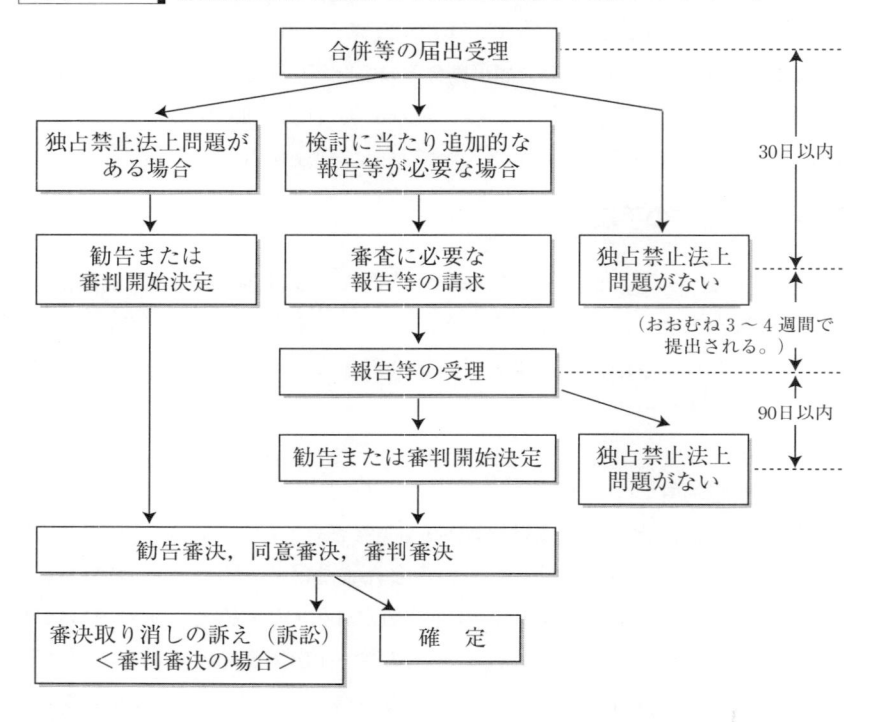

```
                    ┌─────────────────┐
                    │  合併等の届出受理  │──────────────┐
                    └─────────────────┘              │
              ┌──────────┼──────────┐                │
              ▼          ▼          ▼                │
       ┌──────────┐ ┌──────────┐ ┌──────────┐       │ 30日以内
       │独占禁止法上│ │検討に当たり│ │独占禁止法上│       │
       │問題がある │ │追加的な報告│ │問題がない │       │
       │場合      │ │等が必要な │ └──────────┘       │
       └────┬─────┘ │場合      │                    │
            │       └────┬─────┘                    │
            ▼            ▼                         │
       ┌──────────┐ ┌──────────┐                   │
       │勧告または │ │審査に必要な│                   │
       │審判開始決定│ │報告等の請求│                   │
       └────┬─────┘ └────┬─────┘                   │
            │            ▼                        
            │       ┌──────────┐    (おおむね3～4週間で
            │       │報告等の受理│     提出される。)
            │       └────┬─────┘  ─────────────────
            │       ┌────┴──────┐                   │
            │       ▼           ▼                   │ 90日以内
            │  ┌──────────┐ ┌──────────┐            │
            │  │勧告または │ │独占禁止法上│            │
            │  │審判開始決定│ │問題がない │            │
            │  └────┬─────┘ └──────────┘            │
            │       │                              
            ▼       ▼
       ┌────────────────────┐
       │勧告審決，同意審決，審判審決│
       └──────┬─────────┬───┘
              ▼         ▼
      ┌──────────────┐ ┌──────┐
      │審決取り消しの訴え│ │確 定 │
      │(訴訟)         │ └──────┘
      │<審判審決の場合>│
      └──────────────┘
```

(出所) 公正取引委員会HPより

② 事後報告制度

　株式の取得または所有について，総資産の額が20億円を超え，かつ，当該会社とその親会社および子会社の総資産の合計額が100億円を超える会社は，①総資産10億円超の国内の会社の議決権を新たに10％，25％または50％を超えて保有することとなる場合，または，②国内の子会社および営業所の最終貸借対照表と共に作成した損益計算書による売上高が10億円超である外国会社の議決権を新たに10％，25％または50％を超えて保有することとなる場合には，原則として，公正取引委員会に当該株式の取得または所有から30日以内に報告をしなければならない。例外として，会社を設立して設立と同時に発行済株式の全部を取得する場合には報告をする必要はない（独占禁止法10条）。

図表2-7-7 独占禁止法の手続

	M&Aの手法	要件
事前届出	合併 会社分割 営業の譲受け	① 当事会社のいずれか1社とその親会社と子会社の総資産の合計額が100億円超の場合 　　かつ ② 上記①以外の当事会社の1社とその親会社と子会社の総資産の合計額が10億円超の場合
事後報告	株式取得・保有	① （ア）総資産の額が20億円超の会社 　　かつ 　　（イ）上記（ア）の会社とその親会社および子会社の総資産の合計額が100億円超の会社 ② （ア）総資産10億円超の国内の会社の議決権を新たに10％，25％または50％を超えて保有することとなる場合 　　または 　　（イ）国内の子会社および営業所の最終貸借対照表と共に作成した損益計算書による売上高が10億円超である外国会社の議決権を新たに10％，25％または50％を超えて保有することとなる場合

　事後報告後はいつでも，公正取引委員会は，正式事件調査をして排除措置等の法的措置をとることになる。この事後報告であるゆえ，当事会社としては，事前相談を申し出ず株式取得をし，世間に公表し，その後公正取引委員会が審査を開始して，然るべき措置を講じることもある。

③ 事前届出による公表事例

　後記（4）において述べるが，独占禁止法上の規制が懸念される事案において，事前相談を受けず，法定の事前届出をするケースは少ない。ケース1の事例は，事前相談を申し出ることなく，営業の譲受けについて計画届出書を提出したものである。公表された事案の中で，直接事前届出がなされ，かつ，問題解消措置の実施を前提として承認されたものは初めての事案とされている。

ケース1　HOYAによる日本板硝子からの磁器ディスク用ガラス基板事業の譲受け（平成16年2月18日公表）

事案の概要

本件は，日本板硝子が同社の事業再編の一環として撤退を決めたガラス基板事業を，HOYAに対し譲渡することを計画し，公正取引委員会に計画届が提出され審査したものである。

事案の流れ

本件は，次の流れで進められた。

平成15年9月17日	日本板硝子，ガラス磁気ディスク事業をHOYAへ譲渡することを発表
平成16年2月18日	公正取引委員会が営業譲受計画についての判断を公表
平成16年3月1日	営業譲受けの計画届出書上，営業譲渡の予定日

公正取引委員会の判断

公正取引委員会は，ガラス基板のみしか使用されていないモバイル製品用ガラス基板分野における競争に及ぼす影響を重点的に審査した。

平成14年度におけるモバイル製品用ガラス基板の販売数量は，日本板硝子が約40%で第1位，HOYAが約10%で第4位であり，本件営業譲渡により販売数量の約50%をシェアすることになる。

平成14年度における同分野の販売数量のシェアは図表2-7-8のとおりである。

図表2-7-8　平成14年度モバイル製品用ガラス基板の販売数量シェア

平成14年度

日本板硝子　約40%	A社　約35%	B社　約15%	HOYA　約10%

PMI

HOYA 約40%	約10%	A社 約35%	B社 約15%

これに対し，公正取引委員会は，以下の要素を考慮のうえ，本件営業譲受けは，一定の取引分野における競争を実質的に制限することにはならないと判断した。

第7章　初期プラン（IIP）／最終プラン（FIP）実施のタイミングに影響を及ぼす各種法的規制　**295**

（ア）有力な競争事業者の存在

モバイル製品用ガラス基板分野には，販売数量約35％を有する競争事業者の他，10％を超えるシェアを有する競争事業者も存在している。

（イ）ユーザーに価格交渉力があること

ガラス基板メーカーと，そのユーザーであるHDDメーカーとの取引は，一般に長期契約に基づくものではなく，HDDのモデルチェンジごとに取引先変更の機会が生じるものゆえ，ユーザーは容易に取引先を変更できること，ユーザーは安定調達の確保および低価格調達の実現のために分散発注を基本としていることより，ユーザーの価格交渉力は強い。

（ウ）川下市場からの強い競争力が働いていること

最終製品であるパソコン市場は，極めて激しい競争が行われ，パソコンの販売価格は顕著に下落しており，この影響でガラス基板メーカーも値下げ要求を受けている。

（エ）計画届出書の内容

HOYAは，本件営業譲受けに関する計画として以下の措置をとることを明記した計画届出書を提出した（後記（8）参照）。

- 本件営業譲受け後も基板材料の生産を続ける日本板硝子からの供給はHOYAのみとする契約条項の削除
- 他社からガラス基板事業に関連して保有する特許権の実施許諾の要求があれば，適正な条件で応じること

以上を考慮のうえ，公正取引委員会は，一定の取引分野における競争を実質的に制限することにはならないと判断し，日本板硝子は，HOYAに対するガラス基板事業の譲渡にあたって，独占禁止法の規制をクリアした。

（4）公正取引委員会への事前相談

上記の独占禁止法で規定する手続義務とは別に，企業は，自主的に，公正取引委員会に対し，当該企業統合が独占禁止法に違反しないか否かの事前相談をし，公正取引委員会から指導を受けることができる（現在約1,200件の届出・報告のうち，約100ないし150件（届出件数の約10％）で事前相談が申し出られている（村上政博「最近における企業結合規制とその課題―欧米並みの企業結合審

査に向けて」公正取引654号23項))。

　事前届出義務が課されている企業であっても，実際には，独占禁止法上問題となりそうな案件について，多くの場合，当時会社が事前に公正取引委員会に相談し，問題がないとの判断を受ければ，当該結合について，上記（3）の届出または報告をし，統合を無事完了することができる。他方で，問題があると指摘されると，公正取引委員会との相談を重ね，計画を修正，指摘された問題解消措置の実施，または統合計画の断念をせざるを得ないことになる。

① 事前相談の条件

　事前相談に関し，公正取引委員会は，「企業結合計画に関する事前相談に対する対応方針」（平成14年12月11日。以下，「事前相談ガイドライン」という）を公表している。事前相談ガイドラインによれば，事前相談は，次のすべての条件を具備する場合に受け付けられる。

　　（ア）相談の対象となる企業結合計画を実施しようとする当事会社からの申し出であること
　　（イ）将来自ら行うことを予定している企業結合に係る具体的な計画内容を示すこと
　　（ウ）詳細審査を行った場合，事前相談にかかる事実および回答内容について公表することに同意していること

　ここで，上記（ウ）の公表に同意していることは，事前相談の時点で当該企業結合計画について公表していなくともよいが，公正取引委員会が詳細審査を必要と判断した場合，競争業者，取引先，当該業界の専門家等に対するヒアリング調査，アンケート等が必要となるため，詳細審査を行う時点で公表することに同意していることが要求されている。

② 事前相談で準備する資料およびそのタイミング

　事前相談ガイドラインでは，事前相談にあたって「企業結合計画の具体的内容を示す資料」を要求している。「企業結合計画の具体的内容を示す資料」として，以下の資料を例示的に列挙する。

- 当事会社の概要（会社名，事業内容）を示すもの
- 企業結合計画の具体的内容（結合目的，結合方法，結合対象事業の範囲，日程，当事会社による結合計画の公表資料）
- 対象の品目・役務とその概要を示すもの（商品の特性，競合品，代替品の存在，流通経路，取引形態）
- 当事会社の市場における地位（各当事会社の市場シェア，競争事業者の市場シェア）

  ここで，市場シェアは，当事会社が競争関係にある取引の場として適当と考える市場について示せば足りるが，どのような資料に基づいて算出したものであるかの根拠を示す必要がある。

  また，当事会社が議決権保有比率10%を超えて出資する会社および当事会社の議決権保有比率10%を超えて出資する会社がある場合，これらの市場シェアを合算したものを提出する必要がある。

- 結合対象品目・役務について，企業結合ガイドラインに記載のある具体的判断要素のうち，当事会社からみて，競争上の判断に及ぼす影響が大きいと考えられる要素およびその根拠となる資料（例えば，「輸入」の場合，輸入量・輸入量の増加傾向・国内価格が海外価格と連動していることを示す資料等）
- 以上のほか，当事会社において提供すべきと考える資料

以上の資料を，事前相談の申し出にあたって公正取引委員会へ提出し，これらの資料の提出を受けた時点で，公正取引委員会はまず書面審査を開始する。

③ 事前相談の効果

公正取引委員会は，事前相談において独占禁止法上問題がない旨の回答をした後，法定の届出等において，事前相談の対象とされた企業結合計画と同一内容の届出等が行われた場合には，法定の措置をとることはないものとするとしている。

（5）事前相談のタイミング

　公正取引委員会は，企業結合審査について，一層の迅速性の向上に努めるとしている。以下，事前相談ガイドラインにおいて示されているタイミングの原則，と迅速審査が行われる企業・産業再生事案における迅速審査について述べる。

①　事前相談ガイドライン

　かつては，時間がかかるとの悪評があった事前相談だが（例えば，三井化学株式会社と住友化学工業株式会社による汎用合成樹脂事業の統合では，事前審査に約1年かかった。2000年11月に両社は統合を発表したが，統合会社が発足したのは，2002年4月だった），現在では，事前相談ガイドラインにおいて，事前相談のタイミングについての方針を定めている。

　ア．事前相談の申し出から詳細審査の要否の回答まで（書面審査期間）

　企業結合計画の具体的内容を示す資料が提出された日から，原則として，30日以内に，当事会社に対し，独占禁止法上問題がない旨，または，詳細審査が必要な旨を通知する。詳細審査が必要な旨を通知する場合には，審査対象となる品目・役務や地理的範囲，および調査のポイント等を説明したうえで，詳細審査を行うために必要な資料の提出が要請される。なお，この場合には，原則として，公正取引委員会が当該企業結合について詳細審査を行うことが公表される。

　イ．詳細審査のための資料提出から公正取引委員会の回答まで（詳細審査期間）

　詳細審査が行われる場合，詳細審査に必要な資料がすべて提出された日から，原則として，90日以内に，審査結果について，理由も含め，回答される。この回答とともに，審査結果は公表されるものとされている。

　上記アおよびイの例外として，事前相談ガイドラインは，資料提出後，当初の企業結合計画が変更された場合，および当事会社から通知・回答期限を別の期日とするよう申し出があった場合には，上記の回答・通知期限は，適用されないものと明示する。

また，詳細審査に加え，独占禁止法の問題の指摘後に問題解消措置が提示される場合，企業結合の規模より調査が多岐にわたる場合等には，さらに上記アおよびイの期間を超えることになる。

事前相談の手続は，図表 2 - 7 - 9 の流れで行われる。

図表 2 - 7 - 9 企業結合計画に関する事前相談への対応フローチャート

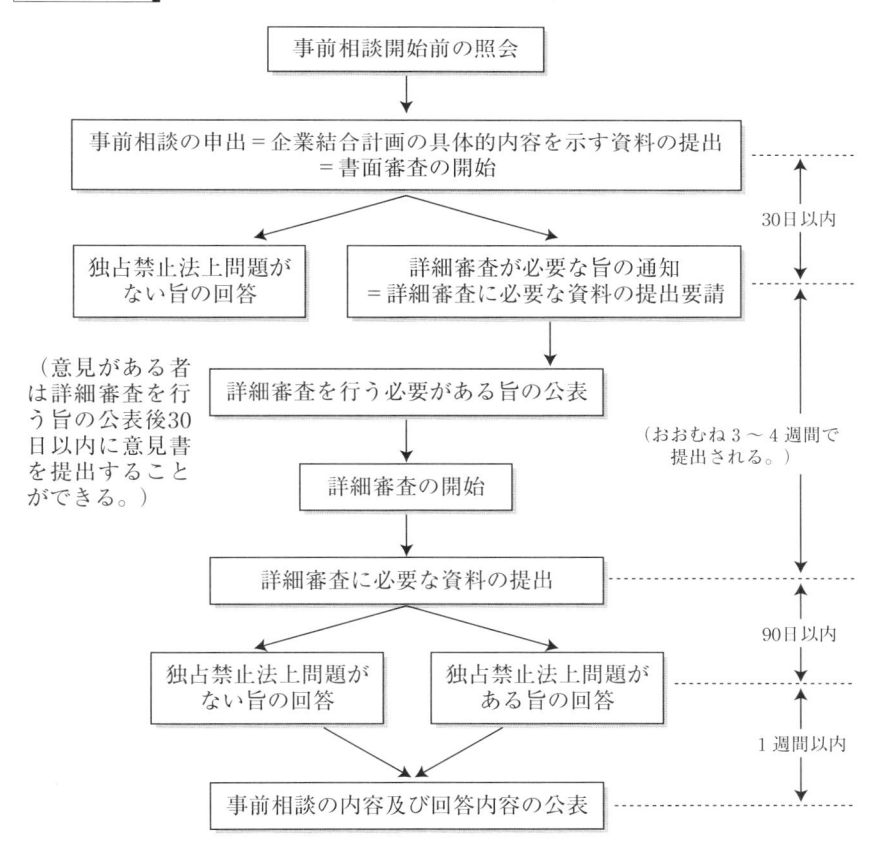

```
           ┌─────────────────────────┐
           │   事前相談開始前の照会   │
           └────────────┬────────────┘
                        ↓
  ┌──────────────────────────────────────────────┐
  │  事前相談の申出＝企業結合計画の具体的内容を  │
  │  示す資料の提出＝書面審査の開始              │       ─┐
  └──────┬──────────────────────┬────────────────┘        │
         ↓                      ↓                          │
  ┌──────────────┐   ┌──────────────────────────┐         │ 30日以内
  │独占禁止法上問題│   │詳細審査が必要な旨の通知 │         │
  │がない旨の回答 │   │＝詳細審査に必要な資料の │         │
  └──────────────┘   │ 提出要請                │         │
                     └────────────┬─────────────┘        ─┘
                                  ↓
(意見がある者      ┌──────────────────────────────┐
は詳細審査を行     │詳細審査を行う必要がある旨の公表│
う旨の公表後30     └──────────────┬───────────────┘
日以内に意見書                    ↓                 (おおむね 3 ～ 4
を提出すること     ┌──────────────────────────────┐  週間で提出される。)
ができる。)        │       詳細審査の開始          │
                   └──────────────┬───────────────┘
                                  ↓
                   ┌──────────────────────────────┐  ─┐
                   │   詳細審査に必要な資料の提出 │   │
                   └──┬────────────────────────┬──┘   │
                      ↓                        ↓      │ 90日以内
          ┌────────────────────┐  ┌────────────────────┐│
          │独占禁止法上問題が │  │独占禁止法上問題が │ │
          │ない旨の回答       │  │ある旨の回答       │ │
          └──────────┬─────────┘  └─────────┬─────────┘─┘
                     ↓                      ↓          ─┐
                   ┌──────────────────────────────┐     │ 1 週間以内
                   │事前相談の内容及び回答内容の公表│    │
                   └──────────────────────────────┘    ─┘
```

(注) 独占禁止法上問題がある旨の回答を行う場合において，当事会社から問題解消措置の申出があったときは，この申出内容を踏まえて回答を行う。
(出所) 公正取引委員会HPより

② 企業・産業再生事案における迅速審査

公正取引委員会は，産業活力再生特別措置法の対象となる案件に対する企業結合審査のより一層の迅速化等を図るべく，再生型の企業結合に関し，「企業・産業再生に係る事案に関する企業結合審査について」（平成15年4月9日。以下，「再生型企業結合ガイドライン」という）を公表した。

再生型企業結合ガイドラインでは，企業・産業再生に係る事案に関する企業結合審査は，特に迅速な審査が必要とされる点に鑑み，独禁法上問題となる可能性が低く，迅速に審査しても問題が少ないとみられる企業結合事案を5つに類型化し，この類型のいずれかに該当する場合には，通常30日以内とされている書面審査を，原則として，15日以内で行うこととしている。

再生型企業結合ガイドラインで挙げられている5つの類型は，図表2-7-10のとおりである。

図表2-7-10 迅速審査対象となる類型

類 型	企業結合後のHHI	当事会社グループの市場シェア	競争者の市場シェア	10％以上の市場シェアを有する競争者の数	企業結合による当事会社グループの市場シェアの増加分	左以外の事由
第1類型	1,000未満	25％以下				
第2類型	1,800未満	25％以下	10％以上	1以上		
第3類型	1,800未満	35％以下	10％以上	2以上		
第4類型				1以上	結合によるHHIの増加分が100未満	
第5類型		50％以下（※1）		1以上		債務超過等（※2）

※1 この場合，市場シェアの算定にあたっては，輸入分は，原則として，競争者として扱う。
※2 当事会社の一方が実質的に債務超過に陥っているかもしくは，運転資金の融資が受けられない状況であって近い将来において倒産し市場から退出する蓋然性が高い場合，または，当事会社の一方の企業結合の対象となる事業部門が著しい業績不振に陥っており，近い将来において市場から退出する蓋然性が高い場合において，企業結合により救済することが可能な事業者で他方当事会社による企業結合よりも競争に与える影響が小さいものと認めがたいとき。

（6）独占禁止法上，M&Aが許容されるか否かの判断基準

① 新企業結合ガイドライン

　公正取引委員会は，平成10年12月21日「株式保有，合併等に係る『一定の取引分野における競争を実質的に制限することになる場合』の考え方」（以下，「旧企業結合ガイドライン」という）を公表していたが，企業結合審査の透明性を一層確保し予見可能性を一層高めるために，平成16年5月31日，上記ガイドラインを廃止し，新たに「企業結合審査に関する独占禁止法の運用指針」（以下，「新企業結合ガイドライン」という）を発表した。

　新企業結合ガイドラインの主な特徴は，次の点にある[26]。

（ア）企業結合審査の対象とならないグループ内再編の例の拡大

（イ）一定の取引分野の画定方法の明確化

（ウ）企業結合の形態を3分類（水平型・垂直型・混合型）したうえ，単独効果，強調効果を通じて競争制限をもたらすシナリオを明示し，考慮要素を明確化

（エ）セーフハーバーの拡大（新企業結合ガイドラインは，競争を実質的に制限することとならない場合の基準を明示している）

（オ）問題解消措置の提示

　では，企業結合が禁止されるか許されるかの判断にあたっての「一定の取引分野」および「競争を実質的に制限することになる場合」とは，具体的には，どのような意味か。以下，各要件について新企業結合ガイドラインの基準・解釈を概説する。

②「一定の取引分野」を確定するにあたっての判断基準

　新企業結合ガイドラインでは，「一定の取引分野」は，次の観点から画定されるとしている。

（ア）商品・役務の範囲

（イ）取引の地域（地理的範囲）

　すなわち，企業結合により結合関係が形成・維持・強化されたすべての会社（以下，「当事会社グループ」という）が行っている事業すべてについて，まず，

（ア）その取引対象商品を列挙し，それぞれの商品範囲を確定したうえで，次に，その１つ１つについて，（イ）地理的範囲等を確定していく。さらに，その他の取引段階，特定の取引の相手方等を画定していくとされている。

まず，（ア）の商品・役務の範囲の確定にあたっては，用途，価格水準の違い，価格・数量の動き，需要者の認識・行動等を考慮のうえ，需要者からみて取引対象商品と機能および効能が同種である商品ごとに画定される。

次に，（イ）の取引の地域（地理的範囲）の確定にあたっては，供給者の事業地域や供給能力，需要者の買い回る範囲，商品の鮮度の維持の難易，破損のしやすさや重量物であるかどうか等の商品の特性，また輸送手段，輸送にかかる費用など，需要者が通常どの範囲の地域から当該商品を購入することができるかという観点より考慮される。この一定の取引分野の地理的範囲は，日本国内における需要者から見た代替性を考慮したうえで画定され，グローバルな競争状況は，競争の実質的制限において，日本の需要者に影響する範囲で（例，輸入圧力）を考慮される（「企業結合審査に関する独占禁止法の運用指針」（原案）でのパブリックコメント参照）。

以上に加え，その他取引段階，特定の取引の相手方，２種類の商品がある場合に両商品の生産設備や販売網等の切替えに要する時間，費用等の取引実態をも考慮し，「一定の取引分野」は画定される。

③「競争を実質的に制限すること」の判断基準

新企業結合ガイドラインでは，M&Aの形態による差異に着目し，競争に与える影響がより直接的であり競争を制限する可能性が大きい水平型企業結合と，通常一定の場合を除いて競争を制限することとならない垂直型・混合型に分類したうえで，それぞれについて，単独行動による場合と協調的行動による場合とで，競争の実質的制限についての判断要素を示している。

また，新企業結合ガイドラインでは各類型において競争を実質的に制限することとならない場合として，国内の他社の市場シェアや統合後の当事会社の国内の市場シェアを基準として示している。これに対し，経済産業省は，将来における大企業同士の再編を踏まえ公正取引委員会が統合を認める目安とする国内の市場シェアを50％に上げるべきと指摘している。さらに，輸入品との競合

状況など審査にあたって重視する項目は具体的な基準を明確にするよう求めている（NIKKEI NET 平成18年1月16日）。

図表 2-7-11 M&Aの形態ごとの競争の実質的制限の判断にあたっての検討事項

	水平型		垂直型・混合型	
	単独行動	協調的行動	単独行動	協調的行動
当事会社グループの地位・競争者の状況	● 市場シェアおよびその順位 ● 当事会社間の従来の競争の状況 ● 共同出資会社の扱い ● 競争者のシェアとの格差 ● 競争者の供給余力および代替性	● 競争者の数等 ● 当事会社間の従来の競争の状況等 ● 競争者の供給能力 ● 共同出資会社の扱い	水平型単独行動と同一	水平型強調的行動と同一
輸入圧力	● 輸入量の推移や輸入品・国内品の価格差と輸入量の増減との関係 ● 価格・品質等の面における輸入品の競争力の程度 ● 物流・貯蔵設備の問題やいわゆる使い慣れ等の問題の有無 ● 主な需要者の輸入品を使用した経験の有無 ● 海外における有力な事業者の存在等による輸入の蓋然性や当該事業者の数，供給余力等 ● 輸出国の需給状況 ● 輸入品，輸出品および国内品の価格形成の要因や価格差の程度 ● 関税その他の輸入に係る税制や法制度上の規制の状況等			
参入の容易性・可能性	● 法制度上の参入規制 ● 実態面での参入障壁 ● 生産設備への重要な変更なく供給可能か ● 他の事業者による参入計画の有無 ● 外国事業者の国内市場への参入の蓋然性			
隣接市場からの競争圧力	● 機能・効用が類似する競合品市場の存否 ● 地理的に隣接する市場の状況 ● 次の取引段階の状況			
総合的な事業能力	原材料調達力，技術力，販売力，信用力，ブランド力，広告宣伝力等		水平型単独行動と同一	
効率性	M&Aによる規模の経済性，生産設備の統合，工場の専門化，輸送費用の軽減，研究開発の効率化等の効率性の改善の有無			
当事会社グループの経営状況	業績不振等の有無			

取引の実態		● 取引条件 ● 需要動向，技術革新の動向等 ● 過去の競争の状況		水平型強調的行動と同一

（7）公正取引委員会が問題点を指摘し，M&A計画を断念した事例

　以上の規制がある独占禁止法によって阻止されることなく，予定しているM&A後の統合を計画どおり成功させるためには，いかなる点に留意する必要があるか。

　以下では，公正取引委員会から問題点を指摘されM&Aを断念した事例について，公正取引委員会の公表に基づき分析を行いたい。以下の事例では，公正取引委員会は，市場を狭く捉えたことや，国内競争を第一次的に判断し，将来的な国際競争力については補助的に考慮した点で当事会社との見解と離齬が生じ，結果として断念せざるを得なかったものである。

　公表しながらも，後に公正取引委員会からの問題点の指摘されることにより計画を断念することは避けたいところである。計画断念を予防するために，公正取引委員会が，どのような要素を考慮のうえ，問題点の指摘に至っているかの検討を行い，事前にどのような対処方法を具備しておく必要があるか，また，どの時期においてかかる対処方法を準備しておくべきか等の対策を講じる必要がある。

ケース1　日本フエルト，市川毛織および日本フイルコンによる統合の断念（平成14年12月27日公表）

事案の概要

　日本フエルト，市川毛織および日本フイルコンとは，<u>株式移転により共同持株会社を設立</u>する方法による統合することを計画した。

　これに対し，公正取引委員会は，紙の製造工程で，紙の繊維に残った水分を吸い出すのに使われるフエルトに注目し，<u>フエルトの取引分野において</u>競争を実質的に制限することとなるおそれがあると指摘した。公正取引委員会の指摘の結果，3社は，統合を断念したものである。

第7章 初期プラン（IIP）／最終プラン（FIP）実施のタイミングに影響を及ぼす各種法的規制　　305

事案の流れ

平成14年4月15日	基本合意を発表（この時点では，平成15年4月1日を統合予定日とする）
平成14年6月	公正取引委員会は，詳細審査が必要である旨指摘
平成14年10月	公正取引委員会は，独占禁止法上の問題点を指摘
平成14年12月16日	日本フエルト，市川毛織，日本フイルコンは統合の取りやめを発表

一定の取引分野の画定

本件において，当事会社と公正取引委員会とでは，市場の捉え方で見解の相違があった。当事会社の主張および公正取引委員会の判断は以下のとおりである。

<u>a　当事会社の主張</u>

欧米メーカーの場合，フエルト，ワイヤー，およびベルトなど主要な製紙用具を一括して受注・生産しており，日本においてもユーザーは，今後，これらの製紙用具を1つのメーカーからまとめて購入する方向にある。フエルト，ワイヤー，およびベルトなどの製紙用具全体で一定の取引分野を画定すべきであると主張した。同一市場と見れば，統合による市場シェアは60％程度にすぎない。

平成12年度　製紙用具販売数量シェア

日本フエルト・市川毛織・日本フイルコン　合計　約60％	海外メーカー約40％

<u>b　公正取引委員会の判断</u>

フエルト，ワイヤー，ベルトは，それぞれ機能・効用が異なり相互に代替性はないこと，ユーザーによれば，製紙用具を「フエルト」に注目。製紙用具を1式としてまとめて購入することはなく，それぞれの製品ごとに購入先を選択していることを理由として，公正取引委員会は，各製品ごとに一定の取引分野を画定した。

平成12年度　フエルト販売数量シェア

日本フエルト　約45％	市川毛織　約45％	

　　　　　　　　　　　　　　　　　海外メーカー（輸入）約10％

平成12年度　ワイヤー販売数量シェア

	日本フイルコン　約65％	海外メーカー　約30％

日本フエルト　約5％

平成12年度　ベルト販売数量シェア

市川毛織　約65%	海外メーカー 約25%

↑日本フエルト　約5％

　さらに，公正取引委員会は，フエルト分野については，取引実態，販売価格において，大手・中堅製紙メーカー向け取引と，中小製紙メーカー向け取引とでは有意な差が認められることを理由に，それぞれを取引分野とした。

競争の実質的制限するか否かの考慮事項およびその見解

　公正取引委員会は，以上のように一定の取引分野を画定したうえ，ワイヤーおよびベルトについては，輸入圧力が働いていること，シェアの増加分が小さいことを理由として，競争を実質的に制限することとはならないとの見解を示した。

　これに対し，フエルトについては，統合後のシェアがきわめて高いこと，増加分も大きいこと（各自が約45％→約90％と倍になる）から詳細審査を行い，以下のとおり見解を示した。

　a　大手・中堅製紙メーカー向け取引分野

　公正取引委員会は，ユーザーの購買行動の観点からは，競争を制限する方向に働かないとするが，統合後のシェアの大きさ，および輸入が有意な競争圧力とならないと判断し，大手・中堅製紙メーカー向け取引分野における競争を実質的に判断することになるおそれがあるとの見解を示した。

　（ア）統合後の市場における地位

　統合後の合算販売数量シェアは約90％であり，国内のフエルトメーカーは1社のみとなる。

　（イ）ユーザーの購買行動

　ユーザーは，主として日本フエルトおよび市川毛織から複数購買し，ユーザーの価格交渉力が強く，価格も低下傾向にあると認めた。

　（ウ）輸入圧力

　輸入品との品質差は少なく，ユーザーの中には今後輸入品をさらに購入しようとする動きがあるが，現状の輸入品のシェアは約10％にすぎないこと，過去5年間のシェアの推移に大幅な増加はないこと等より輸入が増加する蓋然性が大きいとはいえないとした。

b　中小製紙メーカー向け取引分野

公正取引委員会は，以下の事情より，中小製紙メーカー向け取引分野における競争を実質的に判断することになるおそれがあるとの見解を示した。

(ア)　統合後の地位

本分野においての当事会社の合算販売数量シェアは，99％超えとなる。

(イ)　ユーザーの購買行動

ユーザーは，1社購買がほとんどであり，海外メーカーからの購入はほとんどない。また購買価格にもあまり変化がなく，ユーザーの価格交渉力は強いとはいえないとした。

(ウ)　輸入圧力

本分野における輸入品のシェアは，1％未満に過ぎず，中小製紙メーカーが購入しているフエルトは，海外メーカーでは製造していないものが多いため，輸入圧力は期待できないと判断した。

(エ)　ユーザーからの懸念

ユーザーである中小製紙メーカーの一部から，統合後国内メーカーが1社となることに対し，購入先の選択ができなくなること，価格がさらに硬直化する等の懸念があった。

分析

本件は，事前相談ガイドラインの発表前の事案である。事前相談ガイドライン発表以前から公正取引委員会は独占禁止法上の審査前の任意の相談を受け，調査のうえその見解を示していた。本件は，この相談の結果，結局，M&A計画が断念された事案である。

また，本件は，新企業結合ガイドラインの公表前の事案でもあり，問題解消措置の導入を検討したのか明確でないが，公正取引委員会と当事会社とでは，一定の取引分野の捉え方を異にしたことが，公正取引委員会により認められなかった一因であり，また断念の原因となっている。

本件では，合計した市場シェアが高いことが問題点として指摘されているため，詳細審査に入る前の書面審査段階で問題点を指摘し，世間への公表を避けられることができたのではないかとも考えられる。しかしながら，一定の取引分野の画定によって，結論が異なっており，当事会社は，一定の取引分野を広く捉えるよう主張し，これに基づく公正取引委員会の判断を期待したのに対し，公正取引委員会は一定の取引範囲を狭く捉え，競争の実質的な制限になると判断しており，一定の取引分野の画定および競争の実質的な制限の有無の判断のためには，やはり詳細審査に進まざるを得ず，その詳細審査のためにも公表が不可欠だったと思われる。

ケース2　三菱化学および東海カーボンによるカーボンブラック事業の統合の断念（平成17年1月24日公表）

事案の概要

　三菱化学と東海カーボンは，共同出資会社を設立し，この新会社に三菱化学のカーボンブラック（以下，「CB」という）<u>事業を譲渡</u>することによって，CB事業の統合を計画したものである。

　これに対し，公正取引委員会は，本件統合により，<u>単独行動または競業者との協調的行動により</u>，一定の取引分野における競争を実質的に制限することとなるおそれがあると指摘した。三菱化学および東海カーボンは，問題解消措置等の検討をし，詳細審査の回答期限の延長を要求していたが，結局，平成17年1月25日，統合を断念することとし，事前相談を取り下げた。なお，本事例は，公正取引委員会が，平成14年12月に事前相談ガイドラインを発表し，事前相談を受けた場合の対応を制度化されて以後，当該制度に基づき公表された提携が実現前に解消された初めての事例である（平成17年1月25日　中日新聞朝刊8頁）。

事案の流れ

平成16年7月12日	公正取引委員会は，詳細審査の開始を公表
平成16年7月13日	三菱化学と東海カーボンは，CB事業の統合を発表（平成17年4月1日に統合予定）
平成17年4月1日	三菱化学と東海カーボンは，統合の断念を発表

一定の取引分野の画定

　ユーザーにとって，機能・効用が同種であるか等の観点から，タイヤ用CB，一般工業用CB，中高級着色用CB，導電用CBの4製品の製造販売分野を本件における一定の取引分野と画定した。

　このうち，本件統合後の市場状況，販売数量シェアおよび順位から，特に競争に及ぼす影響が大きいと考えられるタイヤ用CBおよび一般工業用CBの2分野について，詳細審査を行った。

タイヤ用CB

　a　考慮事項
　（ア）市場の状況

平成14年度の当事会社の合算販売数量シェアは約45%で第1位となる。他の国内メーカーには、供給余力がない。また、シェア10%以上の主要な競争業者が4社から3社に減少し、市場集調度を示すHHIが約3,100となること、さらに、タイヤ用CBは、汎用グレードに適合した均質的な製品が多く、費用条件も類似していることから国内メーカー間での協調が行われやすい状況にある。

図表2-7-12 平成14年度　タイヤ用CB販売数量

東海カーボン　約30%	A社　約25%	輸入品 約15%	三菱化学 約15%	B社 約15%

（イ）輸入圧力

平成16年以降、輸入品は、国内受給の逼迫に対応して、数量は増加しているが、輸入価格は上昇し、ユーザーは高値でも輸入品を買わざるを得ない状況にあるため、国内市場の価格形成に対し輸入圧力は十分に機能していない。

（ウ）ユーザーの価格交渉力

ユーザーであるタイヤメーカーは、価格交渉力は強いが、国内外での需給逼迫により、国内メーカーおよび輸入品ともに供給余力がない状況が当分の間続くと考えられることから、ユーザーの価格交渉力が十分機能している状況でない。

b　競争の実質的制限の評価

（ア）単独行動による競争の実質的制限の評価

上記を考慮し、公正取引委員会は、国内競争業者には、供給余力がないために、近こうな牽制力を持っていないこと、アジア地域においても受給が逼迫していることから輸入品による輸入圧力が認められないこと、および、ユーザーの価格交渉力が十分機能していないことより、本件統合により当事会社は約45%を超える非常に高いシェアを有することになるため、単独で一般工業用CBの価格その他取引条件をある程度自由に左右することができる状態が容易に現出されると評価した。

（イ）強調的行動による競争の実質的制限の評価

上記と同様、このような状況のもと、本件統合により、主要な競争業者が4社から3社に減少し、一層高度に寡占的な市場となるため、当事会社と競争業者が強調的行動をとることにより、一般工業用CBの価格その他取引条件をある程度自由に左右することができる状態が容易に現出されると評価した。

一般工業用CB

a 考慮事項

（ア）市場の状況

平成14年度の当事会社の合算販売数量シェアは約40％で第１位となる。他の国内メーカーには，供給余力がない。また，シェア10％以上の主要な競争業者が４社から３社に減少し，市場集調度を示すHHIが約2,600となること，さらに，一般工業用CBも，汎用グレードに適合した均質的な製品が多く，費用条件も類似していることから国内メーカー間での協調が行われやすい状況にある。

図表２-７-13 平成14年度　一般工業用CB販売数量

D社 約25%	東海カーボン 約25%	三菱化学 約15%	輸入品 約15%	E社 約10%	F社 約10%

（イ）輸入圧力

タイヤ用CBと同様，平成16年以降，輸入品は，国内受給の逼迫に対応して，数量は増加しているが，輸入価格は上昇し，ユーザーは高値でも輸入品を買わざるを得ない状況にあるため，国内市場の価格形成に対し輸入圧力は十分に機能していない。

（ウ）ユーザーの価格交渉力

ユーザーである自動車部品メーカー，産業機械用のゴムメーカー等には，その川下に購買力に非常に強い自動車メーカーがあるが，タイヤ用CBと同様に，自動車メーカー等の価格交渉力が十分機能している状況でない。

b 競争の実質的制限の評価

（ア）単独行動による競争の実質的制限の評価

上記を考慮し，公正取引委員会は，国内競争業者には，供給余力がないために，逝こうな牽制力を持っていないこと，アジア地域においても受給が逼迫していることから輸入品による輸入圧力が認められないこと，および，ユーザーの価格交渉力が十分機能していないことより，本件統合により当事会社は，約40％の非常に高いシェアを有することになるため，単独で一般工業用CBの価格その他取引条件をある程度自由に左右することができる状態が容易に現出されると評価した。

（イ）強調的行動による競争の実質的制限の評価

上記と同様，このような状況のもと，本件統合により，主要な競争業者が５社から４社に減少し，一層高度に寡占的な市場となるため，当事会社と競争業者が強調的行動をとることにより，一般工業用CBの価格その他取引条件をある程度自由に左右することができる状態が容易に現出されると評価した。

ケース3　ＰＳジャパンおよび大日本インキ化学工業による ポリスチレン事業の統合の断念（平成17年4月1日公表）

事案の概要

　ポリスチレン樹脂国内第1位のPSジャパン（以下，「PSJ」という）と同第4位の大日本インキ化学工業（以下，「大日本インキ」という）は，PSJが大日本インキからポリスチレン事業（以下，「PS事業」という）を譲受け，大日本インキがPSJに対し出資を行うことにより，両社のPS事業を統合することを計画した。

　これに対し，公正取引委員会は，本件統合により，<u>単独行動または競業者との協調的行動</u>により，一定の取引分野における競争を実質的に制限することとなるおそれがあると指摘した。

　PSJおよび大日本インキは，問題解消措置等の検討もし，詳細審査の回答期限の延長を要求していたが，結局，平成17年4月1日，統合を断念することとし，事前相談を取り下げた。

事案の流れ

　平成16年6月23日　　PSJと大日本インキは，PS事業の統合を発表（平成16年10月1日に統合予定）

　平成17年4月1日　　PSJと大日本インキは，統合の断念を発表

一定の取引分野の画定

　GPPS（一般成形用の汎用PS）およびHIPS（GPPSにゴム成分を加えた耐衝撃性PS）は，ほぼ同一の用途での使用が可能であること，基本的な製造工程は同一であり，製造設備に重要な変更を加えることなく生産可能であることから，商品の範囲は両者を併せたPSの製造・販売分野とした。また，地理的範囲は，全国市場として確定した。

　したがって，本件の一定の取引分野は，比較的広い範囲で画定されたものといえる。

考慮事項

　a　市場シェアおよびその順位

　本件統合により，当事会社の合算販売数量シェアは約50％で，第1位となる。また，国内競争業者3社でシェア95％超を占めるようになる。

　b　輸入圧力等

　輸入品は，国内品よりも品質面でユーザーの評価が低いこと，通常1回あたりの取

引単位がコンテナ単位と大きいため，ある程度使用量の多いユーザーでなければ輸入品を購入することは困難であること，供給の安定性に対する不安をもっているユーザーもいること，輸入品と国内品との価格差が輸入量の増減に影響を与えていないこと，日本へのPSの主な輸出国である韓国・台湾等で生産されたPSの多くが中国向けに輸出され，日本への輸出は増加していない状況にあること等を考慮のうえ，輸入圧力となる蓋然性は低いと判断した。

競争の実質的制限の評価

これらの事情を考慮のうえ，公正取引委員会は，単独行動または協調的行動のそれぞれによる競争の実質的制限の評価をし，既に国内PS業界は4社体制となっており，統合により，価格をある程度事由に左右できる環境が生まれるとし，競争を実質的に制限することになるおそれがあるとの見解を示した。

a　単独行動による競争の実質的制限の評価

現在の国内の製造業者は4社であること，これら国内の競争業者に供給余力がほとんどないこと，輸入品については品質および供給面の問題より代替性がないユーザーがいること，アジア市場の受給が逼迫していることにより輸出国に供給余力がない状態が当分の続くこと，新規参入および隣接市場からの十分な競争圧力がないこと，これらの事情より，ユーザーにおいて取引先を自由に変更することが困難であること，ユーザーに十分な価格交渉力がない。公正取引委員会は，以上をもとに，新会社のシェアが約50％となり，下位メーカー2社との格差が拡大し新会社の価格引き上げに対する他の競争業者の牽制力は弱くなると評価した。

b　強調的行動による競争の実質的制限の評価

輸入品，新規参入および隣接市場からの十分な競争圧力があるとは認められないこと，高度に寡占的な市場であるところ，各社は相互に生産能力を容易に知り得る状況にあり，生産費用に占める共通の原材料の割合が大きく，費用構造が類似していることより，競争業者が互いの行動を予測することがほぼ可能な状況にある。公正取引委員会は，かかる国内市場の状況のもと，本件統合により，原材料の調達状況が異なる競争業者が1社減少し，より一層高度に寡占的な市場となるため，当事会社と競争業者は強調的行動をとることにより，PSの価格等をある程度自由に左右することができる状態が容易に現出されることになると評価した。

[ケース2とケース3の分析]

　この2つの事例に対する公正取引委員会の判断に対しては，国内ではなく海外勢との競争の時代に入っており，国内で過当競争をしていると世界市場においては排除される，グローバル時代における国際競争力の確保という視点からは説得力に欠けるという批判がある。また，新企業結合ガイドラインの原案公表時にも，商品・役務によっては，「市場」として国境を越えて需給関係が成立することが普遍的に認められ，「世界市場」が成立する場合には，全世界あるいは東アジアなどの国境を越えた地域を一定の取引分野として画定しなければ競争政策の有効な運用も困難であるとパブリックコメントにおいて意見が出されている。

　これに対し，同パブリックコメントへの回答において，公正取引委員会は，独占禁止法の保護すべき競争はあくまでも日本国内の競争であるから，一定の取引分野を画定するうえでも，国内の取引先の事業活動を中心としてみるとし，地理的範囲の特定にあたっては，国際的な競争状況は，輸入圧力等の日本の需要者への影響の範囲で考慮するという姿勢を明確にしている。

　この2つのケースに対する公正取引委員会の判断は，このような見解を貫いたものであり，独占による国内市場へ悪影響がないようにとの姿勢は一貫したものといえる。しかしながら，この2つのケースに対する公正取引委員会の判断に対し，現在のところ国内への輸入は少ないものの海外において大規模な製造拠点の設備が計画されており，近い将来において輸入圧力が働く可能性が高く，公正取引委員会の判断は，国際競争力を阻む懸念があるとの批判もされている（平成17年5月11日　日本経済新聞朝刊5頁）。

(8) 問題解消措置の実施を前提として公正取引委員会が問題なしと判断した事例

　公正取引委員会から問題を指摘された場合，上記のように断念せざるを得ないのであろうか。公正取引委員会は，新企業結合ガイドラインにおいて，公正取引委員会は，企業結合が一定の取引分野における競争を実質的に制限することとなる問題が生じると指摘した場合においても，一定の適切な措置を講じることにより当該問題を解消することができる場合があると明示する。

図表2-7-14 問題解消措置の類型

措置の類型	具体的方法
営業譲渡等の措置	新規の独立した競争者の創設，あるいは，既存の競争者が有効な牽制力を有することとなるよう強化することが最も有力な措置である。 ● 当事会社グループの事業部門の全部または一部の譲渡 ● 当事会社グループと結合関係にある会社の結合関係の解消（例：議決権保有の取りやめ，議決権保有比率の引下げ，役員兼任の取りやめ）（事業部門の全部または一部の譲渡を行う場合には，当該企業結合の実行前に譲受け先等が決定していることが望ましい。決定していないときにはに，譲受け先候補会社等について事前に公正取引委員会の了承を得ることが必要となることがある） ● 競争者に対し，商品の生産費用に相当する価格での<u>長期的な供給契約</u>の締結
輸入・参入促進措置	需要の減少傾向等の状況から，営業の譲受け先を探すのが困難な場合には，営業譲渡等の措置を講じることはできないので，輸入・参入を促進すること等によって競争制限の問題を解消する。 ● 当事会社が保有する輸入のための<u>貯蔵設備等を輸入業者が利用</u>できるようにする。 ● 当事会社が有している特許権等の知的財産権について，競争者や新規参入者の求めに応じて<u>適正な条件で実施許諾等を付与</u>する。
当事会社グループの行動に関する措置	● 当事会社グループ相互間で特定の情報の交換を遮断する。 ● 事業を行ううえで不可欠な設備の利用等について，結合関係にない事業者を<u>差別的に扱うことを禁止</u>する。

　ここでは，新企業結合ガイドラインによって示された問題解消措置方法を簡潔に説明したうえで，公正取引委員会から指摘された問題点を踏まえ，問題解消措置の申出をし，当該問題解消措置の実施を前提として公正取引委員会が問題なしと判断した事例を紹介する。

① 問題解消措置の類型

いかなる問題解消措置が適切かは，もちろん，個々の結合に応じて具体的に検討されるべきである。基本となる考え方は，当事会社グループが価格等を自由に左右することができないよう，結合によって失われる可能性のある競争を回復することができるものであることが必要である。新企業結合ガイドラインで示している問題解消措置の類型は次のとおりである。

なお，問題解消措置を講じる場合には，このような問題解消措置を講じる期限が適切かつ明確に定められていることが必要となる。

② 各事案において講じられた問題解消措置

ケース1　HOYAによる日本板硝子からの磁器ディスク用ガラス基板事業の譲受け

前記（3）③において紹介したとおり，本件営業譲受けにおいて，HOYAは，本件営業譲受け後も基板材料の生産を続ける日本板硝子からの供給はHOYAのみとする契約条項を削除し，また，他社からガラス基板事業に関連して保有する特許権の実施許諾の要求があれば，適正な条件で応じることとする参入促進措置を講じた。

ケース2　三井化学および住友化学工業の統合
（平成14年12月16日公表）

[事案の概要]

両社は，両社の親会社となる持株会社を設立し，その後，当該持株会社および両社が合併し，単一会社となることを計画した。

重点的に検討を行った9品目のうち，国内市場シェアが80％ないし90％となるアニリン等基礎化学分野の3品目について以下の問題解消措置を講じることを前提として，実質的に競争を制限することになるおそれがないと回答した。

[問題解消措置]

（ア）原価ベースでの引取権の設定

統合後もアニリン等3品目の製造を続けるが，新会社発足後2年以内に，商社または競争業者に対し，製造品の一部を原価ベースでの引取権として設定（長期的供

給契約の締結）する。
（イ）貯蔵タンクの提供

アニリンについて，商社または競争業者による輸入販売を容易にするため，商社等の求めに応じて新会社の貯蔵タンクを実費で提供する。
（ウ）実施状況の報告

上記（ア）が適正に履行されるよう，その設定内容，運用方法等について，引取権の設定時に公正取引委員会に報告すると共に，上記（ア）および（イ）の実施状況について公正取引委員会に報告をする。

なお，平成14年12月に公正取引委員会が本件統合を承認したが，両社は，統合比率・人事・組織等の点で合意に至らず，結局，平成15年3月31日，統合は白紙撤回された。

ケース3　日本ポリケムおよび日本ポリオレフィンのポリエチレン事業の統合（平成15年5月22日統合）

事案の概要

本件は，日本ポリケム（以下，「JPC」という）と日本ポリオレフィン（以下，「JPO」という）が共同出資会社（新会社の名称は，「日本ポリエチレン（以下，「JPE」という）」）を設立することにより，両者のポリエチレン事業の統合を計画したものである。

JPC，JPO等の資本関係は，図表2-7-15のとおりである。

図表2-7-15　資本関係

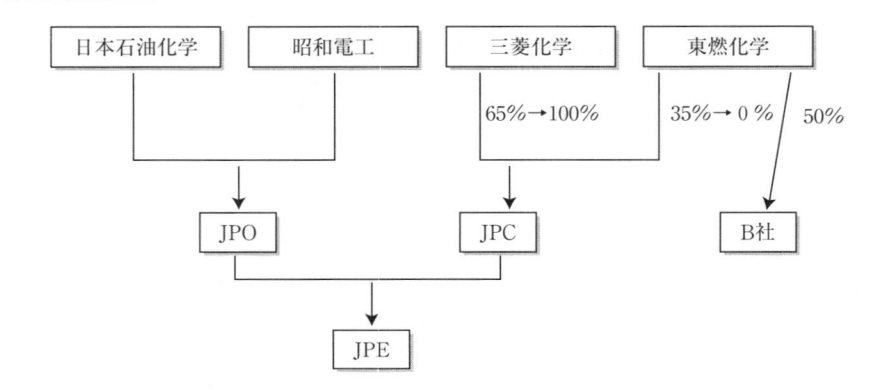

```
日本石油化学    昭和電工        三菱化学         東燃化学
     |            |            65%→100%        35%→0%    50%
     └────┬───────┘              |                |        |
          ↓                        ↓                         ↓
        JPO                       JPC                       B社
                                   |
                                   ↓
                                  JPE
```

公正取引委員会は，低密度ポリエチレン（以下，「LDPE」）に着目した。LDPEの販売数量シェアは図表 2 - 7 -16のとおりである。

図表 2 - 7 -16 LDPE販売数量

A社 約25%	JPO 約15%	JPC 約15%	B社 約15%	D社 約10%		輸入 0 — 5 %

C社 約10%　E社 約10%

以上の事実をもとに，公正取引委員会は，LDPEについて，今後輸入圧力が十分に働く蓋然性が高いとは認められないこと，当事会社であるJPCとB社との結合関係より，当事会社のシェアは，約45%，上位 3 社累積シェアは，約80%となることから，LDPEの取引分野における競争を実質的に制限するおそれがあると問題点を指摘した。

問題解消措置

上記公正取引委員会からの問題点の指摘後，JPCの親会社である三菱化学が東燃化学からJPCの株式（出資比率35%）をすべて譲受け，JPCを完全子会社にしたことから，JPCとB社との結合関係が解消された。この措置により，公正取引委員会は，本件統合により競争を実質的に制限することとはならないと判断した。

ケース 4　昭和電工および協和発酵工業による酢酸エチルの共同生産会社の設立（平成15年 6 月27日公表）

事案の概要

本件は，昭和電工と協和発酵工業が，共同出資により酢酸エチルの共同生産会社の設立を計画したものである。新会社設立後，協和発酵工業は，酢酸エチルの自社生産を中止するが，昭和電工は従来どおり継続する。

これに対し，公正取引委員会は，本件行為により当事会社の酢酸エチルの合算販売数量シェアは約45%，第 1 位となること，また，本件行為後の当事会社全体の製造力シェアは，約85%となるが，当事者が高ずることとしている措置等が着実に実行されるのであれば，本件行為により，酢酸エチル等の取引分野における競争を実質的に制

問題解消措置

当事会社は，情報遮断措置を着実に実施したうえで，新会社設立後においても販売事業は独立して行うこととし，また，合弁基本契約において，協和発酵工業が新会社から購入する酢酸エチルの数量は一定の数量を上限にしてその範囲内の必要数量が必ず確保されることにより，当事会社の販売事業は独立して行っていく。

ケース5　ユアサコーポレーションおよび日本電池の経営統合
（平成15年11月7日公表）

事案の概要

本件は，ユアサコーポレーション（以下，「ユアサ」という）および日本電池が，両社の親会社となる持株会社を設立することにより経営統合を計画したものである。

これに対し，公正取引委員会は，新車用および補修用の二輪車用鉛蓄電池の取引分野については，当事会社のシェアが大きい複占の状態となること，輸入圧力が十分に働いているとはいえないこと，参入の蓋然性も乏しい状況にあることから，当該取引分野における競争を実質的に制限するおそれがあると問題点を指摘した。

問題解消措置

当事会社は，公正取引委員会からの問題点の指摘を受けて，以下の対応策を申し出た。

（ア）コストベースでの引受権の設定

二輪車用鉛蓄電池市場で製造または販売を営もうとする事業者（競争業者や商社）に対し，新会社発足後2年以内に，平成14年度の当事会社の販売数量のうち，新車用か補修用のいずれか少ない方に相当する量を上限として，コストベースでの引受権（長期的供給権）を付与する。また，引受権者からの要求があれば，市場概要等の情報も提供する。

（イ）物流サービスの提供

引受権者からの求めに応じ，当事会社が保有する物流サービスを実費で提供する。

（ウ）実施状況の報告

上記（ア）および（イ）が適正に実行されるよう，措置の具体的条件および運用に

ついて，逐次，事前に公正取引委員会に報告する。また，公正取引委員会からの求めに応じて，すべての対応策の実施状況を報告する。

これらの対応策が申し出されたことに対し，公正取引委員会は，対応策が実施された場合には，本件統合により減殺されることとなる競争単位に相当する供給が独立して行われること，製造設備等への投資を行うことなく容易に市場に参入できるようになることから，当事会社の販売価格の設定に有意な影響を及ぼし得る競争単位を生み出すことが可能になり，統合後に当事会社への牽制力が働くことにより，競争を実質的に制限することにならないと判断した。

ケース6　大塚化学と三菱瓦斯化学による水加ヒドラジン事業の統合
（平成16年1月9日公表）

事案の概要

本件は，大塚化学と三菱瓦斯化学が，当事会社の関連会社に対し水加ヒドラジンの製造販売にかかる部門を譲渡することによって事業統合することを計画したものである。

これに対し，公正取引委員会は，競争関係にある国内の水加ヒドラジン販売業者との取引に関する当事会社からの申し出は，競争事業者の減少による影響を最小限にする効果があること，川下市場についても当事者の申し出た措置が有効に機能すれば，水加ヒドラジンの取引分野における競争を実質的に制限することとはならないと判断した。

問題解消措置

当事会社が申し出た対応策は次のとおりである。

（ア）当事会社は，競争関係にある国内の水加ヒドラジン販売業者と売買契約を締結するときには，仕入先および取引数量を限定しない。

（イ）統合会社から販売業者への売買価格は，製造原価をもとに合理的に算出した価格とする。

（ウ）水加ヒドラジンの川下市場において競争関係にある当事会社の子会社との間で販売情報を遮断するための必要な措置を講じる。

ケース1　大日本インキ化学工業と旭化成ライフ＆リビングによる二軸延伸ポリスチレンシート事業の統合（平成16年7月21日公表）

事案の概要

本件は，大日本インキ化学工業と旭化成ライフ＆リビングが共同出資会社を設立し，当事会社の二軸延伸ポリスチレンシート（以下，「OPSシート」という）の製造販売にかかる部門を譲渡することによって事業統合することを計画したものである。

公正取引委員会は，統合後の市場における地位が著しく高まるうえ，市場に十分な供給能力がなく，輸入・参入の蓋然性も認められない等の問題点を指摘した。

問題解消措置

当事会社は，公正取引委員会からの問題点の指摘を受けて，以下の問題解消措置をとることを申し出た。

（ア）OPSシート製造設備の譲渡等の措置

競争業者に製造設備の一部を譲渡する措置を講じる。また，設備譲渡先が見つからない等譲渡が行えない場合には，生産費用に相当する価格で長期引取権を設定する措置を講じる。

（イ）海外メーカーへの技術支援

海外メーカーの品質向上を図るため技術等の支援を実施することにより輸入を促進するための措置を講じる。

（ウ）ユーザーによる新規参入に対する支援

ユーザー側の技術的参入障壁を除去するため，ユーザーの内製化意思決定後の技術支援等の新規参入を促進するための措置を講じる。

（エ）情報遮断措置

ポリスチレン部門の役員と新会社の役員の兼務禁止等の情報遮断措置を講じる。

（オ）公正取引委員会への報告

上記（ア）ないし（エ）の問題解消措置に対する履行状況等について公正取引委員会に報告をする。

これらの当事会社の申し出た問題解消措置を含めて総合的に勘案すると，本件統合により，当事会社が単独でまたは他社と協調して，一定の取引分野における競争を実質的に制限することとはならないと判断した。

ケース8　三井化学と出光興産のポリオレフィン事業の統合
（平成16年12月7日公表）

事案の概要

本件は，三井化学と出光興産が，共同新設分割により共同出資会社を設立し，両社のポリオレフィン事業の統合を計画したものである。

これに対し，公正取引委員会は，ポリオレフィンのうち，ポリプロピレン（以下，「PP」という）の製造販売分野では，当事会社の市場シェアは約40％，第1位となること，上位2社が著しく高いシェアを有すること（合算すると約75％），また国内事業者に十分な供給余力がないこと，アジアでの需給の逼迫，原料であるナフサ価格の上昇等により，輸入品の価格メリットが減少していること等から輸入圧力が十分に働いているとはいえない等の問題点があることから，本件統合により当事会社が単独でまたは他社と協調して競争を実質的に制限するおそれがあると問題点を指摘した。

問題解消措置

公正取引委員会からの問題点の指摘を受け，当事会社は，以下の問題解消措置を講じることを申し出た。

（ア）第三者へのコストベースでの長期的引取権の付与

商社または競争業者（以下，「商社等」という）との間で，コストベースでの長期（5年間または相手方との協議によりそれ以上の期間）の生産受委託契約を締結し，3万t／年のPP引取権を付与し，さらに商社等が引取数量の増加を希望する場合には，同一条件でこれに応じることとし，PPを継続的に国内市場に供給する。

（イ）国内外メーカーへの技術ライセンス供与

国内外のメーカーに対して，PPの技術ライセンス供与を積極的に行い，市場への供給量を増加させるとともに，供与先に日本市場のユーザーが一般的に要求するものと同程度の高い品質のPPが生産できるよう技術指導を実施することにより，輸入を促進するための措置を講じる。

（ウ）グレードの削減

当事会社の現在のグレード（銘柄）数を3年間で2割以上削減する。

（エ）コンプライアンスの徹底

統合後の新会社において，具体的に以下のとおり，さらなるコンプライアンス体制の徹底を図る。

● 就業規則に，法令に違反するなど会社の名誉または信用を傷つける重大な行為

図表 2 - 7 -17　企業結合審査のフローチャート

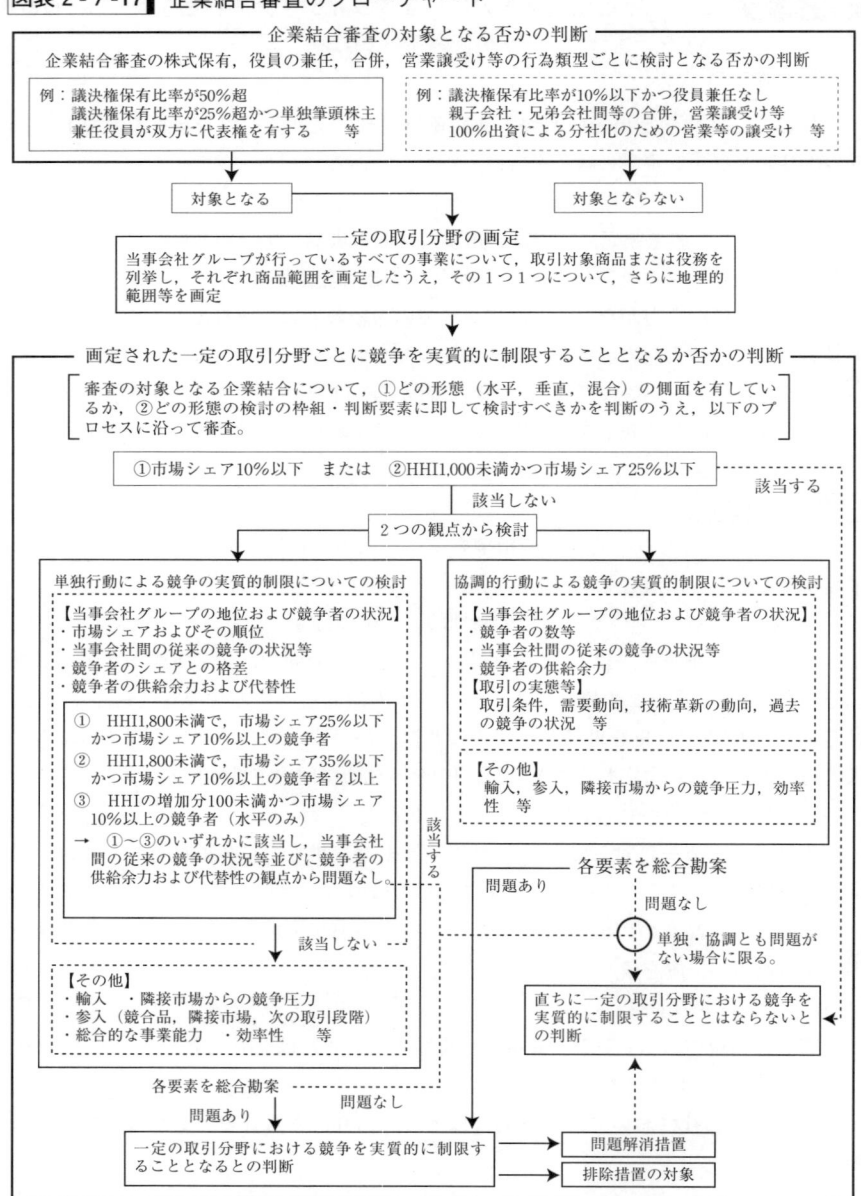

――― 企業結合審査の対象となる否かの判断 ―――
企業結合審査の株式保有，役員の兼任，合併，営業譲受け等の行為類型ごとに検討となる否かの判断

例：議決権保有比率が50%超
　　議決権保有比率が25%超かつ単独筆頭株主
　　兼任役員が双方に代表権を有する　　等

例：議決権保有比率が10%以下かつ役員兼任なし
　　親子会社・兄弟会社間等の合併，営業譲受け等
　　100%出資による分社化のための営業等の譲受け　等

対象となる　／　対象とならない

――― 一定の取引分野の画定 ―――
当事会社グループが行っているすべての事業について，取引対象商品または役務を列挙し，それぞれ商品範囲を画定したうえ，その1つ1つについて，さらに地理的範囲等を画定

――― 画定された一定の取引分野ごとに競争を実質的に制限することとなるか否かの判断 ―――
審査の対象となる企業結合について，①どの形態（水平，垂直，混合）の側面を有しているか，②どの形態の検討の枠組・判断要素に即して検討すべきかを判断のうえ，以下のプロセスに沿って審査。

①市場シェア10%以下　または　②HHI1,000未満かつ市場シェア25%以下

該当しない　／　該当する

2つの観点から検討

単独行動による競争の実質的制限についての検討

【当事会社グループの地位および競争者の状況】
・市場シェアおよびその順位
・当事会社間の従来の競争の状況等
・競争者のシェアとの格差
・競争者の供給余力および代替性

① HHI1,800未満で，市場シェア25%以下かつ市場シェア10%以上の競争者
② HHI1,800未満で，市場シェア35%以下かつ市場シェア10%以上の競争者2以上
③ HHIの増加分100未満かつ市場シェア10%以上の競争者（水平のみ）
→ ①〜③のいずれかに該当し，当事会社間の従来の競争の状況等並びに競争者の供給余力および代替性の観点から問題なし。

該当しない

【その他】
・輸入　・隣接市場からの競争圧力
・参入（競合品，隣接市場，次の取引段階）
・総合的な事業能力　・効率性　　等

協調的行動による競争の実質的制限についての検討

【当事会社グループの地位および競争者の状況】
・競争者の数等
・当事会社間の従来の競争の状況等
・競争者の供給余力
【取引の実態等】
取引条件，需要動向，技術革新の動向，過去の競争の状況　等

【その他】
輸入，参入，隣接市場からの競争圧力，効率性　等

各要素を総合勘案
問題あり　／　問題なし
○　単独・協調とも問題がない場合に限る。

直ちに一定の取引分野における競争を実質的に制限することとはならないとの判断

各要素を総合勘案
問題あり　／　問題なし

一定の取引分野における競争を実質的に制限することとなるとの判断

→ 問題解消措置
→ 排除措置の対象

（公正取引委員会HPより）

があったときは懲戒解雇に処する旨（情状により減給，出勤停止等）の規定をすると共に，全営業担当者等から，独占禁止法を遵守し，違反があった場合は就業規則に則り厳正な処分を受けても異存はない旨の誓約書をとること。
- 同業者と打合せが必要な業務については，原則営業部門以外の部門の業務区分とすること。
- 営業担当者等が同業者と面談することが必要な場合には，担当取締役から事前の承認を得るとともに，同取締役に対し事後報告を行う。

（オ）公正取引委員会への報告

以上の措置が適正に実行されるよう，措置の具体的条件および運用について，逐次，公正取引委員会に報告する。また，公正取引委員会の求めに応じ，本措置すべての履行状況について報告する。

PPの分野に関し，公正取引委員会は，上記の当事会社が申し出た対応策が着実に実行された場合には，競争を実質的に制限することとはならないと判断した。そのうえで，公正取引委員会は，今後，当事会社が申し出た問題解消措置の履行を確実なものとするために，必要に応じて，当事会社から報告を受けること等により，その履行状況を監視するとともに，一定の取引分野における競争状況についても十分に把握・監視していくこととする，とのなお書きを付言している。

5 許認可について

(1) 総　　論

許認可とは，法律上一義的に定義がなされている用語ではないが，差し当たり本書においては，「国民の安全・福祉，円滑・健全な経済活動の実現等を目的として，行政機関によって，国民（自然人および法人を含む）が一定の活動を行うことに対して，行政機関の許可，認可，検査，認証，承認等または行政機関に対する通知，届出等が義務付けられること」をいうと定義する。企業が事業を営むためには法律上要求されるさまざまな許認可を取得することが必要であり，また，業種によっては合併，会社分割等の組織法上の行為を行うこと自体に監督官庁等の許可，認可等が必要とされる場合もある。このように企業

の活動はさまざまな許認可によって規制されており、いわゆる規制緩和の流れにより必要となる許認可の数自体は減少しているが[27]、依然として許認可の存在が企業活動に対する制約となる場合が多い[28]。

また、上記「許認可」の定義には必ずしも含まれないが、許認可と同様に企業活動を制約し得るものとして、法律上必ずしも明確な根拠を持たない通達、行政指導、事務連絡等、または業界団体における自主規制、自主ルール等も挙げられる。

円滑なM&Aの実施およびM&A後の円滑な事業の遂行のためには、M&Aの実施自体に必要となる許認可およびM&A後に行うことを予定する事業において必要となる許認可について事前に詳細に調査、検討したうえで、当該許認可の取得に支障がある事情がないかにつき調査、検討する必要がある。

具体的には、（ア）M&Aの実施およびM&A後の事業の遂行に必要となる許認可の存否、（イ）法律上の根拠を持たない通達、行政指導、事務連絡等、または業界団体における自主規制、自主ルール等の存否、（ウ）合併や買収を行う場合、対象会社が事業に必要な許認可を適法に取得しているか、（エ）対象会社が保有する許認可がM&A後も利用可能か否か、（オ）許認可を取得（または再取得）する必要があるか[29]、（カ）許認可を取得（または再取得）する必要がある場合、取得（または再取得）の手続、それに要する時間（特に行政機関に対する事前相談の必要性の有無）、（キ）許認可の取得（または再取得）のために必要な要件の充足可能性、（ク）許認可の取得（または再取得）に障害となり得る事実の有無、それに対する対応策等について、調査、検討する必要がある。

（2）許認可の種類

許認可は、行政機関によって（実質的な）審査がなされ、当該審査の結果として行政機関が許可、認可、承認等を付与することによって許認可が取得できる許可制と、行政機関は実質的な審査を行わず、行政機関に対する届出さえ行えば許認可が取得できる届出制の2種類に大別される。さらに許可制は、行政機関に実質的な審査権があり、許可、認可、承認等の付与に行政機関に裁量権が認められる形式のものと、予め一定の不許可事由が定められており、当該不

許可事由に該当しない場合には必ず許可，認可，承認等を付与しなければならない形式のものに大別される[30]。

届出制の許認可については，届出の要件さえ満たせば足りるので，申請に際しても特段の問題はないと思われる。これに対して，許可制の許認可については，予め許可の要件を充足し得るように綿密な準備が必要であり，許認可の種類によっては，申請前に監督官庁に対する事前相談，打合せ等が必要となるものもある。また，許認可の取得にどの程度の時間を要するかにつき予想したうえで，円滑なM&Aの実施およびM&A後の円滑な事業の遂行に支障がないよう，許認可の取得に関するプランニングを行う必要がある[31]。なお，M&Aの計画の公表前に行政機関に事前相談を行う必要がある場合には，情報管理の点で格別の注意を要する。

（3）代表的な業種における許認可について

以下では，代表的な業種における主要な許認可について概観する。ただし，当該業界において必要となる許認可をすべて網羅するものではないので，この点にはご留意いただきたい。

① 金融業界

銀行，証券会社，保険会社については，その事業活動が国民の生活に与える影響が多大であることから，いずれも内閣総理大臣の免許・登録が必要とされている（銀行法4条1項，証券取引法28条，保険業法3条1項）。また，行い得る事業の範囲についても厳格な規制がある（銀行法10条・11条等，証券取引法2条8項・34条等，保険業法97条・98条・99条等）。また，合併等のM&Aを実現するための行為自体にも規制がある（銀行法30条等，証券取引法54条等，保険業法167条等）。

銀行に対する買収型のM&Aを実現するにあたっては，5％超の保有の段階で銀行議決権保有届出書提出（銀行法52条の2等）[32]，その後の1％以上の増減の段階で銀行議決権に関する変更報告書提出（銀行法52条の3等），主要株主基準値（原則として20％）[33]以上の保有の段階で銀行主要株主に関する事前の認可取得（銀行法52条の9等）[34]，銀行を子会社とする段階で銀行持株会社

にかかる事前の認可取得（銀行法52条の17）等の規制があることに留意する必要がある[35][36]。

貸金業についても，内閣総理大臣または都道府県知事の登録が必要とされている（貸金業の規制等に関する法律3条1項）。同法上，合併等を直接規律する規制はないが，合併等により登録事項の変更が生じた場合には，変更の届出が必要となる（貸金業の規制等に関する法律8条）。

② 医薬品製造・販売業界

医薬品等[37]の製造を業として行うためには，厚生労働大臣の許可が必要であり（薬事法12条1項），また医薬品（薬事法2条1項）の販売を行うためには，薬局開設者または医薬品の販売業の許可が必要である（薬事法24条1項）。医薬品製造・販売も，国民の安全に与える影響が極めて大きいことから許可制が取られている。合併に関しては，地位承継の規定が設けられている（薬事法14条の8）。

③ 食品業界

食品衛生法施行令35条に定められる営業を行うためには，都道府県知事の許可が必要となる（食品衛生法52条1項）。その他，食品業界においては，国民の安全という観点からさまざまな許認可が必要であり，また，実際に製造・販売等を行う品目によっては業界の自主規制等も存在する。

④ 通信業界

電気通信事業[38]を行うためには，一定の場合を除き，総務大臣の登録が必要となる（電気通信事業法9条）。電気通信事業は公益に関わる事業であることから，電気通信事業法上契約約款に関する規制（19条），利用料金に関する規制（21条），禁止行為（30条）等さまざまな規制が設けられている。また，合併に関しては，地位承継の規定が設けられている（電気通信事業法17条等）。

なお，電気通信事業法においてはかつて第一種電気通信事業，第二種電気通信事業の区分が設けられていたが，平成16年4月1日施行の「電気通信事業法及び日本電信電話株式会社等に関する法律の一部を改正する法律」によって当

該区分が廃止され，また参入退出規制について許可制が廃止され，登録制・届出制が採用される等，規制緩和が一段と進んでいる。

⑤ 建設業界

建設業を行うためには，原則として国土交通大臣または都道府県知事の許可を受けることが必要となる（建設業法3条）。建設業法上，合併等を直接規律する規制はないが，合併等により届出事項の変更が生じた場合には，変更の届出が必要となる（建設業法11条）。

（4）外国会社とのM&Aについて

M&A後において国外でもビジネスを営む場合は，国外における許認可についても調査，検討の対象となる。

また，外国会社による国内会社の株式の取得，金銭の貸付，私募債の取得等いわゆる対内直接投資等（外国為替及び外国貿易法（以下，「外為法」という）26条2項）については，原則として事後報告で足りるが（外為法55条の5第1項），以下の①のいずれかに該当する対内直接投資等，または②もしくは③に該当する対内直接投資等を行おうとする外国投資家は，事前に事業目的，金額，実行の時期その他の政令で定める事項につき届出を行わなければならない（外為法27条）。

① 業種による規制（対内直接投資等に関する政令3条2項1号）[39]

 i 国の安全保障または公の秩序維持等に支障をきたすことになるおそれがある業種

  航空機・武器・火薬・原子力・宇宙開発産業，麻薬製造業，警備業，ワクチン製造業等

 ii 経済協力開発機構の資本移動の自由化に関する規約第2条bの規定に基づき自由化を留保している業種

  農林水産業，鉱業（一部），石油業，皮革・皮革製品製造業等

② 国または地域による規制（対内直接投資等に関する政令3条2項2号）

対内直接投資等に関しわが国との間で条約その他の国際約束がない国または地域からの対内直接投資（対内直接投資等に関する政令別表第1に掲げられていない国または地域）

③ 外国為替令11条1項の規定による財務大臣の指定に係る資本取引に当たるおそれがあるものとして主務省令で定める対内直接投資等（対内直接投資等に関する政令3条2項3号）

平成18年1月1日現在，省令で定められたものはない。

6 個人情報保護法

（1）事業承継に伴う個人情報の承継にまつわる個人情報保護法の規定

M&Aを計画している各企業は，当然のことながら，各事業内容に応じた顧客情報や従業員情報をはじめ数多くの個人情報を保有している。個人情報取扱事業者は，あらかじめ，本人の同意を得ないで，個人データを第三者に提供してはならない（個人情報保護法23条1項）。同意の取得にあたっては，事業の性質および個人データの取扱い状況に応じ，本人が同意にかかる判断を下すために必要と考えられる合理的かつ適切な範囲の内容を明確に示すことが必要である。

ただし，第2部第2章に記載のとおり，個人情報保護法は，例外として「第三者」に該当しない場合として，以下の3つを規定している。各要件の詳細については第2部第2章を参照されたい。

① 個人データの取扱いを委託する場合
② 企業結合の場合
③ 共同使用をする場合

上記例外に該当しない場合には，個人情報を第三者へ開示することは許されないので，本人の同意または，オプトアウトの措置をとる必要がある。もし，このような手続を怠ると，所轄大臣より勧告・命令がなされ，これに従わないときには，さらに刑事罰（6ヵ月以下の懲役または30万円以下の罰金）が科さ

れることになる。また，かかる措置をとっていないことがマスコミ等により世間に公表された場合，予定していたM&A自体，破綻することになりかねない。

図表 2-7-18 第三者に当たらない場合　個人情報保護法23条4項

---

① 委託先への提供（第1号）
（例）○データの打ち込みなど，情報処理を委託するために個人情報を渡す場合
　　　○百貨店が注文を受けた商品の配送のために，宅配業者に個人情報を渡す場合
など

---

② 合併等に伴う提供（第2号）
（例）○合併・分社化により，新会社に顧客情報を渡す場合
　　　○営業譲渡により，譲渡先企業に顧客情報を渡す場合
（※）譲渡後も，個人情報が譲渡される前の利用目的の範囲内で利用しなければならない。

---

③ グループによる共同利用（第3号）
（例）○金融機関の間で，延滞や貸倒れ等の情報を交換する場合
　　　○観光・旅行業など，グループ企業で総合的なサービスを提供する場合
（※）共同利用者の範囲，利用する情報の種類，利用目的，情報管理の責任者の名称などについて，あらかじめ本人に通知し，または本人が容易に知り得る状態に置かなければならない。

（2）第三者への提供に関する問題

　M&Aの実施に先立って行う法務監査（デュー・デリジェンス）にあたって，相手方企業の顧客情報，従業員情報等の個人情報の開示を受ける場合の留意点については，第2部第2章を参照されたい。

(3) PMIにおける個人情報保護法への対応

利用目的の変更がある場合の留意点

個人情報保護法では，事業承継後に個人情報を承継会社に提供することは，第三者提供に該当せず，同意を得る必要はない。しかし，その利用目的が，社会通念上，本人が想定することが困難でないと認める範囲を超えて，変更する場合には，変更した利用目的を本人に通知するか，または公表する必要がある（個人情報保護法18条3項）。

この点，PMIにおいて，従前の個人情報を承継するにあたり，従業員等の雇用関係の個人情報については，社会通念上，本人が想定することが困難でないと認める範囲を超えて変更することは，ほとんどないと考える。他方，業務に関係する顧客情報等については，従前の利用目的と異なることになる場合もあるので，この場合には，個人情報の利用目的の変更について公表する必要があると考える。

●注
(1) 「会社関係者」とは，①当該上場会社等（当該上場会社等とその親会社及び子会社を含む）の役員等（役員，代理人，使用人その他の従業者），②当該上場会社等の帳簿閲覧権（総株主の議決権の3％以上）を有する者，③当該上場会社等に対する法令に基づく権限を有する者，④当該上場会社等と契約を締結している者または締結交渉中の者（法人の場合はその役員等を含む），⑤②または④が法人の場合におけるその役員等と定められている（証券取引法166条1項）。これらの「会社関係者」がそれぞれの立場を利用して重要事実を知った場合（例えば①および⑤の役員等は「その者の職務に関し知ったとき」）にインサイダー規制の対象者となる。また「会社関係者」から重要事実の伝達を受けた情報受領者（当該情報受領者が法人に属している場合は当該法人の役員等も含む）もインサイダー規制の対象者となりうる（証券取引法166条3項）。
(2) 「公表」とは，上場会社等の代表取締役等が重要事実を所定の報道機関の2つ以上に公開してから12時間の周知期間が経過した場合，②上場会社等が上場する証券取引所に重要事実を通知し，当該証券取引所において電磁的方法により当該重要事実が公衆縦覧に供された場合，または③証券取引法25条1項に規定する書類（臨時報告書等）が提出され公衆縦覧に供された場合をいう（証券取引法施行令30条）。
(3) 上場会社等には，証券取引所に上場されている有価証券の発行会社のみならず，店

頭取扱有価証券の発行会社も含まれる（証券取引法163条 1 項）。
(4) インサイダー規制および適時開示規制のいずれも，M&Aの当事者が日本における上場会社またはその子会社である場合に問題になるものであり，未公開会社同士のM&A案件では直接的には問題とならない。
(5) 日本織物加工事件（最判平11.6.10（判時1679号11頁））では「業務執行を決定する機関」とは，商法所定の決定権限のある機関には限られず，実質的に会社の意思決定と同意されるような意思決定を行うことのできる機関であれば足りる旨を判示している。
(6) 会社関係者等の特定有価証券等の取引規制に関する内閣府令 1 条の 2 以下。例えば株式の発行は発行価額の総額が 1 億円未満と見込まれる場合は重要事実に該当しないと定める。
(7) 軽微基準としての数値基準等はインサイダー規制の表裏の関係にある適時開示規制においても同様に定められている。
(8) このようなインサイダー同士の売買であっても，買主の株券等所有割合が 3 分の 1 を超過する結果となるような場合には公開買付規制の適用除外条項（証券取引法27条の 2 第 1 項 5 号）によることができず，公開買付手続による必要が生じてくることにも注意する必要がある。
(9) 前掲最判平11.6.10は株式の発行の事例について，「株式の発行に向けた作業等を会社の業務として行う旨を決定したことをいう」と判断している。
(10) Letter of Intent の実際の形態は簡単な交渉の意思を確認するに近いものからM&Aプランの詳細を定めるものまで様々であり，秘密保持義務条項を併せて盛り込む場合は少なくともかかる条項には法的拘束力を持たせるべきであろう。
(11) 実務上は，代表権のない取締役限りでLOIに調印する場合には機関決定がないとの理由付けで開示を行わず，最終契約書案につき機関決定がなされた段階で開示をすることにより，契約交渉の秘密保持を維持することが多い。
(12) この場合は証券取引法166条 2 項 1 号ヌ「合併」の重要事実について追加決定があったと解される。
(13) 日本織物加工事件（前掲最判平11.6.10）は会社として準備作業に向けた意思決定があれば足りるとしている。なお，業務提携のように相手方の意向を前提とする取引の場面と，本判例のような株式の発行の場面とで，多少の差異を認めることもできるであろう。
(14) 大量保有報告書はその写しを証券取引所および発行会社にも送付する必要がある（証券取引法27条の27）。また，大量保有報告義務が存する限り，それ以降その株券等保有割合に 1 ％以上の変動があった場合，その他大量保有報告書に記載すべき重要な

事項についての変更があった場合は所定の様式の変更報告書の提出が必要となる（証券取引法27条の25）。
(15)　5日以内の提出という要件については，証券会社，銀行その他所定の者が事前に届け出ることにより，年4回の基準日時点で5％超であるか否かを判断すれば足り，提出期限も各基準日の翌月15日までとされる特例制度が存する（証券取引法27条の26）。業務上頻繁に証券売買が行われる証券会社その他所定の者における事務手続上の煩雑さに対する配慮を図った趣旨と解されるが，開示が適時に行われないことが批判されており，制度の改正について検討が行われている。
(16)　旧大蔵省発表資料 http://www.mof.go.jp/kankou/hyou/g464/464_b.pdf
(17)　「共同して」に該当するか否かは事実認定の問題であり諸般の事情に照らしてケースバイケースで判断するしかないであろう。また，現実に共同して取得・譲渡・議決権行使の合意があったか否かを問わず，買収者本人と人的関係や資本関係が緊密な者は「みなし共同保有者」とされ，その保有分が加算される。
(18)　主要株主としての保有割合の算定においては議決権の数がカウントされるのに対し，大量保有報告制度における株券等保有割合の算定においては新株予約権等の潜在株式を含めた保有株式数が注視されており，算定方法は異なる。
(19)　「主要株主」だけではなく「役員」も売買報告書の提出義務対象者となる。
(20)　ライブドアが平成17年2月8日，子会社を通じてニッポン放送株式を東京証券取引所の開設するToSTNeT-1による立会外取引の方法により買い集め，1日にして発行済株式総数の3分の1超の筆頭株主となったことで注目を浴びた案件である。当該立会外取引が相対類似の取引であり，公開買付の趣旨に照らして適切な取引ではないとの批判があったが，その後同年3月11日に出されたニッポン放送の新株予約権の差止仮処分を巡る東京地方裁判所の決定（東京地決平17.3.11（金商1213号2頁））において，「…仮に，明文により規制の対象となっていない取引について，事後に法解釈を拡張することにより規制の対象とするとすれば，市場参加者の予測可能性を欠き，ひいては我が国の証券流通市場の公正性や透明性を損なうおそれもあろう。そうであれば，…立法論はともかく，現行法の下においては，本件ToSTNeT取引が証券取引法27条ノ2の規定に違反するものであるということはできない。…」として当該立会外取引が違法ではない旨を判示した。
(21)　証券取引法27条の28は，大量保有報告書および変更報告書につき，内閣総理大臣（関東財務局および管轄財務局）および証券取引所は，提出後5年間にわたりこれを公衆縦覧に供しなければならないと定めている。
(22)　http://www.fsa.go.jp/common/diet/164/02/youkou.pdf（金融庁ホームページ内）に金融商品取引法案を含む証券取引法の一部を改正する法律案の要綱が示されている。

(23) 「企業内容等の開示に関する留意事項について」2-4④は「合併，株式交換又は株式移転により株式を発行する場合」を「有価証券の募集」に該当しないものとし，証券取引法の開示規制の対象から除外している。
(24) 公正取引委員会は，「事業支配力が過度に集中することになる会社についての考え方」（平成14年11月12日）において，以下の3類型を事業支配力が過度に集中する会社として示している。
  第1類型 会社グループの総資産の額の合計額が15兆円を超え，かつ，5以上の主要な事業分野のそれぞれにおいて別々の大規模な会社（単体総資産の額が3000億円を超える会社）を有する場合
  第2類型 大規模金融会社と金融または金融と密接に関連する業務を営む会社以外の大規模な会社を有する場合
  第3類型 相互に関連性のある相当数の主要な事業分野のそれぞれにおいて別々の有力な会社を有する場合
(25) 新企業結合ガイドラインによれば，原則として，以下の要件を充たす場合に，禁止期間の短縮を認めることができるとする。
  （ア）一定の取引分野における競争を実質的に制限することとはならないことが明らかな場合
   事前相談において公正取引委員会から当該合併等を行うことについて問題がない旨の回答を得ている場合において，その内容と同じ内容の届出を行うときが該当する。
  （イ）禁止期間を短縮することについて合理的な理由がある場合
   一定期日までに合併をしなければ，当事会社の営業に支障が生じる蓋然性がある場合（会社の倒産，従業員の離散，得意先の喪失等）などが該当する。
(26) 詳細は，公正取引委員会経済取引局企業結合課長　山田昭典「「企業結合審査に関する独占禁止法の運用指針」について」公正取引645号2項を参照。
(27) また，以前と比べて許可要件や認可要件が緩和されているものも多い。
(28) もっとも，許認可の存在によって，当該業種における過度の競争が抑制されるという側面もあり，許認可の存在が企業活動にとってメリットとなることもある。
(29) （エ）および（オ）は，許認可の種類の他，M&Aにつきどのようなスキームを選択するかにかかわる。一般的に，合併等の包括承継の場合は対象会社が保有する許認可をM&A後も利用することができる場合が多く，営業譲渡等の個別承継の場合はM&A後において再度許認可を取得しなければならない場合が多い。
(30) ただし，不許可事由の有無の判断につき行政機関の裁量が認められている場合には，前者の形式のものと実質的には相違がないこととなる。

(31) なお，法令や監督官庁のホームページ等において標準審査期間等が記載されているものもあるが，事案によっては当該期間を大きく超えることもあるので，注意が必要である。

(32) 銀行議決権大量保有者は一般的な5％ルールに基づく大量保有報告を行う場合と異なり，金融庁による立入検査を受ける（銀行法52条ノ8），対象会社である銀行も届出が必要となる（銀行法53条1項7号）といった特別の規制を受けている。

(33) 主要株主基準値は原則として20％とされるが，銀行の財務及び営業の方針の決定に対して重要な影響を与えることが推測される事実が存在するとして所定の要件を満たす場合には15％とされる（銀行法2条9項）。

(34) 銀行の主要株主は銀行の業務の健全かつ適正な運営を損なうおそれがないことや銀行の業務の公共性について十分な理解があること等の所定の基準への適合が要求され（銀行法52条ノ10），金融庁の立入検査（銀行法52条ノ12）に加え，改善命令等を受ける（銀行法52条ノ14）等，一層厳格な規制下に置かれる。

(35) 銀行の議決権取得にはこのような厳しい規制があるところから，銀行の普通株式の取得という方法には事実上の限界がある。

(36) 証券会社を対象とする株式取得にあっては主要株主となった時点（原則として20％以上保有）の段階で対象議決権保有届出書の提出が要求され（証券取引法33条ノ2），所定の基準を満たさないものは主要株主でなくなるための措置が命じられる（証券取引法33条ノ3）。

(37) 医薬品（薬事法2条1項），医薬部外品（同法2条2項），化粧品（同法2条3項），医療機器（同法2条4項）が含まれる。

(38) 電気通信役務（電気通信設備を用いて他人の通信を媒介し，その他電気通信設備を他人の通信の用に供すること）を他人の需要に応ずるために提供する事業（放送法52条の10第1項に規定する受託放送役務，有線ラジオ放送業務の運用の規正に関する法律2条に規定する有線ラジオ放送，有線放送電話に関する法律2条1項に規定する有線放送電話役務，有線テレビジョン放送法2条1項に規定する有線テレビジョン放送及び同法第9条の規定による有線テレビジョン放送施設の使用の承諾に係る事業を除く）を意味する（電気通信事業法2条4号）。

(39) ただし，対内直接投資等が本邦企業への金銭の貸付による場合は，貸付額が10億円に相当する額未満の場合は，①の規制は及ばない。

第8章

初期プラン（IIP）策定段階における人事労務上の問題点

1 総 論

（1）IIP策定段階における人事労務の検討

　第1部第2章「5　統合障害事由」において紹介したとおり、IIP策定段階において検討すべき最も重要な要素として、対象会社の企業文化・気質がある。企業文化は、その会社の経営陣の性格・動向、意思決定構造、人事労務制度、システムなどさまざまな形で、具体化して現れるが、本章ではその中核となる人事労務制度にスポットをあてる。

　かつては、人的資源は計量化することが難しかったために、人事労務上の問題点が、PMIの重要な要素としてクローズアップされることは少なかった。しかしながら、人的資源は、企業価値の最も重要な中核的要素であることは明らかであるし、統合阻害要因としてもたびたび現れるものであるだけに、IIP策定段階においても検討すべき優先度は高い。IIP策定段階における人事労務上の問題点の検討が十分でなかったことが、統合の過程で、または実際の統合後に人事労務面の問題として表面化し、統合阻害要因となることは少なくない。

　また、多くのM&Aにおいて、まず統合ありきで話が進み拙速な統合をした後に、初めて人事統合の方法を検討するという事例や、統合後しばらく時間を

置いてから人事統合に着手するという事例も多い。従来のわが国における企業統合（日本国内の合併等）の事例においては，企業文化の衝突を回避するために，そもそも人事統合をせずに，それぞれの当事会社の人事制度を温存するということも行われてきた。例えば，1970年に旧八幡製鉄と旧富士製鉄の合併で誕生した新日本製鐵はその典型例といわれる。合併後，両者の人事部がそのまま併存し，全く分離した人事運用が7年間も続いた。人員は単純に倍増し，ポストの数を増やし，各ポストも画一的な「たすき掛け人事」を行ったという。しかし，当時のような高度経済成長期であればともかく，画一的な1社2制度という合理性を度外視した体制で各社の人事制度を温存するのでは，現在の熾烈な競争の時代において生き残れないことはいうまでもない。

わが国における日本国内のM&Aでは組織の統合に3年以上かかる場合が多いといわれる[1]。他方で，後述の「4　ケース・スタディ」の項で紹介するJFEグループの統合のように，人事統合計画を早い段階で作成し，統合後は，すでに相当詳細に定まった人事統合計画に従って統合を実行していくだけというケースも既に出てきている。人事の統合の遅れは，しばしば統合後の組織がその能力を十分に発揮することを阻害し，そのM&Aの実現シナジーの獲得を減殺するおそれがある。いかにしてこのような人事統合を迅速に進めるかという視点は，「良い統合」を目指すためにはIIP策定段階から必要になるはずである。

（2）企業価値の維持と事業の効率化・合理化

IIP策定段階において，M&Aの各類型を人事労務との関連で検討するにあたっては，①企業価値の維持と②事業の効率化・合理化という2つの大きな要請をいかに調整するかという視点が有効である。

すなわち，人的資源も企業が有する価値の重要な要素の1つである以上，対象会社の企業価値を維持しようとするのであれば，できる限り，人的資源を現状のまま保存すべきということになる。

他方で，M&Aに際しては，その目的が何であるかにかかわらず，全く同じ役割を担う部署，従業員等の人的資源の重なり合いが，大なり小なり生じることが避けられない場合が多い。したがって，M&Aに伴って行われる事業の効

率化・合理化の見地からは，そういった重複した人的資源は不合理な余剰資源とみなされ，いわゆる人員削減の対象となる。このようにM&Aにおいては不可避的な余剰人員が発生する可能性がある。

また，このような不可避的な余剰人員のみならず，単にM&Aを契機として，もともと対象会社に発生していた余剰人員を整理し，可及的に対象会社の合理化を進める場合も多い。このように，M&Aに伴って行われる事業の効率化・合理化の一環としての人員整理には，不可避的なものと可避的（積極的）なものがある。

これらの，①企業価値の維持と，②事業の効率化・合理化という2つの要請は，人員削減・整理をするか否か，行うとすればいかにしてどの程度行うかを検討する場面において，互いに相反する要請として現れる。そして，これらの一見して相反する要請をどのように調整していくかは，M&Aの目的は何にあるか，すなわち，いかなる類型のM&Aであるかによって異なってくる。

（3）M&Aの類型化からの視点

①　選択と集中型，水平統合型と新規事業進出型

第1部第3章においては，M&Aの目的について，選択と集中による買収型（以下，本章において「選択と集中型」という），水平統合型および関連事業・新規事業進出型（以下，本章において「新規事業進出型」という）にカテゴリー分けした。

選択と集中型は，特に，不合理であった事業を買い取って合理化するものである場合，人事労務面においては，まず人員削減・人員整理がクローズアップされやすい。すなわち，人事労務面の効率化・合理化が，単に重複しており余剰資源として削減する必要がある不可避的な人員削減にとどまらず，M&Aを契機として，より一層の人的資源の整理を図り，できる限りの合理化を図ろうとする，積極的な人員整理を行うことが多いのである。その意味では，選択と集中型は，一般には，「企業価値の維持」よりも「事業の効率化・合理化」が重視される類型であると評価できる。

水平統合型において，典型的な対等合併のような場合は，「企業価値の維持」と「事業の効率化・合理化」をいかに調整するかは非常に難問である。シナジ

ーを獲得できるような「企業価値の維持」と「事業の効率化・合理化」のあり方，すなわち「企業価値の維持」を最大限実現しながら，真に無駄・余剰な部分のみを「事業の効率化・合理化」の対象とするようなM&Aが理想的として追求されることになる。

新規事業進出型は，自社と事業が重複しない企業を取得するため，「企業価値の維持」を図りやすい類型といえる。また，事業が重複しないため，不可避的な余剰人員が発生しにくく，人事労務における「事業の効率化・合理化」の要請も必ずしも強くは働かない。しかしながら，実際には買収を契機として，積極的な余剰人員について人員整理を行い，事業の合理化を進める場合が少なくない。他方で，第1部第2章で紹介した日本電産のように，「企業価値の維持」を最大限重視し，基本的には対象会社の人員整理は行わないという方針のもと，成功を収めている例もある。

図表2-8-1 M&Aの各類型と人員整理の視点

類型	企業価値の維持VS事業の効率化・合理化	人員整理
選択と集中型	企業価値の維持＜事業の効率化・合理化	不可避的な人員整理 ＋ 積極的人員整理
水平統合型	さまざまなあり方が考えられる。 シナジー効果の最大限の実現のための企業価値の維持と事業の効率化・合理化の調整が必要。	不可避的な人員整理 ＋ （積極的人員整理）
新規事業進出型	企業価値の維持＞事業の効率化・合理化	（積極的人員整理）

② 対等型と非対等型

①で取り上げた類型化とは異なる視点で，M&Aが対等型と非対等型に分類されることがある。すなわち，M&Aを行う当事者が対等な地位である場合を対等型，当事者の力関係の優劣が明確である場合を非対等型とする分類である。

対等型においては，明白な優劣関係がないために，企業文化の正面衝突が起こり，統合がスムーズにいかない例が多い。それぞれが相手方当事者に対して配慮するあまりに，「事業の効率化・合理化」が不徹底になることが少なくな

く，不可避的な人員整理ですら不十分なものに終わる可能性もある。

　非対等型においては，一方が他方に対して主導権を有するため，大幅な人員削減策を打ち出しやすく，「事業の効率化・合理化」を実現しやすい。また，優劣関係があるために企業文化が正面から衝突せず，対等型に比べれば企業文化の融合も比較的実現しやすい。しかし，非対等型においては，主導権を握る側が自己のサイドの人的資源を維持するような動機が働きやすく，「事業の効率化・合理化」の建前のもと，本来維持しておくべき，対象会社の人的資源を損なってしまい，本来の企業価値を毀損してしまうおそれがある点に注意する必要がある。

　このように，計画しているM&Aがそのビジネスの目的においていかなる類型であるかにより，IIP策定段階における人事労務上の問題点，特に人員整理をどのように行うかという視点が異なってくる。本章においては，これらのM&Aの目的・類型に応じて，人事労務上の問題点の処理にどのような相違が出てくるかを意識しつつ，IIP段階において人事労務上検討が必要になる事項について取り上げる。

2　IIP策定段階における人事労務上の各要素の検討

　IIP策定段階での人事労務上の各要素の検討が十分でなかったことが，統合の過程で，または実際の統合後に人事労務面の問題として表面化し，M&Aの成功を妨げる1つの要因となるようなこともある。以下では，M&Aの類型を視野に入れつつ，IIP策定段階において，人事労務上いかなる要素について，どのような検討をすべきかを分析する。

(1) 組織全体

　IIP策定段階での人事労務上の検討の出発点は，対象会社の組織全体のレビューである。組織をレビューすることで，対象会社にいかなる部門が備わっており，備わっていないかを把握することになる。

　選択と集中型または新規事業進出型のM&Aを指向しているのであれば，企業価値の維持の観点から，その企業がビジネス上本当に必要な事業・部門が備

わっているか，事業の効率化・合理化の観点から，不要な事業・部門があるかを見ることになる。

他方，水平統合型であれば，管理部門に限らず，多くの組織が重なり合うであろうから，どの限度で事業・部門が重なり合い，どの部分が重ならないかを把握することになろう。どの類型においても，もし，全く不要な事業・部門がある場合には，人員整理を考える以前に，その事業・部門を取得することなくM&Aを遂行するためのストラクチャーを検討しなければならない。不要ではないが，重複するような事業・部門については，事業の効率化・合理化の観点から，人員削減の検討対象となる。

他方で，企業グループに属している特定の会社が対象会社である場合には，特に管理部門については親会社等の他の企業に委託している場合が多く，1つの独立した企業としての組織を完全に具備していない場合が多いので注意を要する。

また，事業・部門のみならず自社と対象会社のポスト数を比較しておく必要もあるであろう。自社の方がポスト不足である場合には，中間管理職以上の賃金水準の高いレベルの従業員に余剰が生じることが予想されるため，人員整理を検討する必要があり得る。

（2）従業員数

組織全体と併せて，各部署にどれだけの人員の従業員数がいるかを調査する必要がある。従業員数を把握したうえで，自社と対象会社で重複している部署については，余剰の人数を弾き出して人員整理の対象とするということが通常行われる。ただし，人員整理を行うにあたっては，企業価値の維持と事業の効率化・合理化の観点からの，慎重な検討が必要であることはすでに述べたとおりである。具体的には「3　IIP策定段階における人事統合・人員整理の戦略」において検討する。

（3）キーパーソン

対象企業の中に非常に重要な役割を果たして存在する従業員がいる場合がある。例えば，重要な特定の地域で顧客群との強い関係を築いている営業担当者

や，主要製品の開発を担った実績のある研究者等である。場合によっては，企業がM&Aの検討前の段階で，そうした従業員の存在に関する情報を有しており，その従業員を支配下におくことが，そのM&Aを行う目的の1つであることすらある。そこまで極端な場合でなくとも，IIP策定段階で，対象会社の事業において，どの従業員が，対象企業において主要な役割を果たしており，対象企業の企業価値の維持の観点から，不可欠な存在であるかを把握することは重要である。

このような調査を通じて対象会社の"キーパーソン"であると認定された従業員については，M&Aに伴い対象会社を離職することがないようにする必要がある。基本的には，そのような引き止め工作は，取得会社の意を受けて対象会社で行うべきことであるが，統合発表後は，取得会社の方でも，働きかけを行う必要がある。

なお，統合前の段階での従業員の個人情報の収集については，個人情報保護法の規制により制限されることがある点については第2部第2章2「相手方提示情報へのアクセス」の項を参照されたい。

（4）従業員の平均年齢

対象会社の平均年齢を各部門ごとに調査・把握する必要がある。そして，対象会社の従業員の平均年齢が高い場合には，賃金・退職金原資を含む人件費全体の高さの要因になっている場合があるため，その理由・背景を調査しなければならない。平均年齢が高いことが，単なる年功序列的人事制度に基づくものであり，それが合理的な根拠なく人件費の高さに結びついているのであれば，人員整理を検討する必要があろう。

他方で，その部門の職務内容が長年の経験で培われた技能が必要である場合や，顧客と長年の信頼関係を醸成してきた営業部門であるような場合に，特定部門の平均年齢が高いということもあり得る。このような場合は，その部門自体が重要な企業価値であり，人員整理よりもむしろその部門全体の最大限の現状維持を図った方がよいこともあろう。

また，退職金に関連して，定年退職を控えている従業員が多い場合には，相応の退職金給付債務を見込んでおかなければならないが，それに関しては退職

金の項で後述する。

(5) 従業員の平均就業年数・定着率

　従業員の平均勤続年数・定着率の高さ等に関する情報から分析できる事項から判明することは少なくない。これらは，対象企業の従業員の忠誠心の高さを図る物差しでもあるが，反面，対象企業の企業文化が強固で色濃いものであり，また保守的な企業文化の存在を示唆する場合もある。また，平均就業年数・定着率が高い場合には，労働条件や福利厚生が充実しており，人件費が高コスト体質が存在する場合であることも多い。他方で，直近の年度で退職者が増えているような場合には，その原因を調査して把握しておかなければならない。

(6) 賃金水準

　賃金水準については，実際には，福利厚生の条件と併せて人事制度・労働条件全体の大枠で見ていく必要があるが，ここでは賃金水準単体に着目して検討する。

　選択と集中型のM&Aにおいては，対象会社または事業の業績が良好でない場合，事業の効率化・合理化の見地から，賃金水準の切り下げが当初からの前提とされることがある。しかしながら，その賃金水準が業界の一般的な水準と比較して特に高い水準ではないにもかかわらず賃金水準の切り下げを行えば，重要な人材の流出等により，既存の企業価値が毀損してしまうおそれがある。したがって，その賃金水準が業界の一般的な水準と比較して，合理性のないほど高い水準であるか否かを一応慎重に検討する必要はある。

　水平統合型のM&Aにおいては，いかなる過程を経るにしても最終的には，対等である両当事会社の賃金水準を統合しなければならないため，それぞれの賃金水準を比較検討することが不可欠になる。理論上，賃金水準の統合は高い方にあわせるか，低い方にあわせるか，新しい第三の賃金体系を作り出すかのいずれかしかないが，具体的な統合の手法・あり方および法律上の問題点については後述する。

(7) 退職金制度

① 退職金制度の事前検討の必要性

　IIP策定段階において人事・労務に関する事項として検討すべき項目の中で最も重視すべきものの1つに退職金制度がある。

　その最大の理由として，第一に，財務諸表へのインパクトがあげられる。対象企業が抱える退職給付債務（ここでいう退職給付債務とは，一定の期間にわたり労働を提供したこと等の事由に基づいて，退職以後に従業員に支給される給付のうち認識時点までに発生していると認められるものをいい，割引計算により測定される）の見込みは，対象企業の財務諸表に大きく影響するものであるがゆえに，M&Aの取引価額に直接影響する。ここでいう退職給付とは，一定期間にわたり労働を提供したこと等の事由に基づいて，退職以後に従業員に支給される給付をいう。退職一時金および退職年金がその典型である（退職給付に係る会計基準の設定に関する意見書）。

　退職一時金と退職年金は，支給方法（一括払，分割払），積立方法（社内，社外）は異なるが，いずれも本来的には「従業員の労務提供の対価として支払われる賃金の後払い」的性質を有しており，勤務期間を通じ発生する点で差異はない。また，厚生年金基金や適格退職年金に積立不足が生じた場合には母体企業に補填責任があり，退職一時債務と同様に退職年金債務も企業の債務である。退職給付会計基準により退職一時金および退職年金ともに統一した基準で会計処理を行っていくことが必要となっている。

　退職給付債務については，全額オンバランス（＝負債，引当金計上）している企業と一部のみをオンバランス（＝負債，引当金計上）している企業とがある。全額オンバランスしている企業では，統合後の企業においての費用負担はその会計期間に発生している勤務費用（一定期間の労働の対価として発生したと認められる退職給付をいう）のみになる。

　一方，一部のみをオンバランスしている企業では，統合後の企業においての費用負担はその会計期間に発生している勤務費用の他に，退職給付債務のうちオフバランス（＝負債，引当金計上していない）していない部分にかかるオンバランスするための費用を計上する必要がある。退職給付債務のうちオフバラ

ンス（＝負債，引当金計上していない）していないものが多額にある場合には，統合後の会社の費用負担も多額に上るため，退職給付債務は統合の障害事由になり得る。その意味で，退職金制度は，まずIIP策定段階において，財務的インパクトという見地から検討を行う必要がある[2]。

　第二に，実際にM&Aを遂行するに伴って，退職金の統廃合を行われることが多くなってきている現状点があげられる。前述のように，退職金は，従来，「従業員の労務提供の対価として支払われる賃金の後払い」的性質を有していたが，昨今の労働に対する意識の変化，その結果としての人材の流動化を反映して，退職金制度自体への意識の変化が生じており，企業側としても，M&Aを契機として，制度のあり方自体を見直す気運が高まっている。このような動きを反映して，選択と集中型においては，事業の効率化・合理化の観点から，退職金給付水準の切り下げや退職金制度の改定・廃止という問題がクローズアップされることとなる。例えば，報酬の後払い的な性質の強い従来型の退職年金制度は，M&Aを契機として，業績に連動した形での退職年金制度に転換していく場面が増えている。

　また，水平統合型においても，両当事会社の異なる退職金制度をどのように統合するかという場面で，選択と集中型ほどではないにしても，やはり同様の問題が生じる。これら退職金の統廃合の問題は，労働条件の不利益変更として労働法上許されるかという法律上の問題と，制度設計および統合手続を具体的にどのように行うかという複雑な退職金制度設計に関する実務上の問題を含む。

　退職金制度は，以上のように，退職金給付債務の財務的インパクト，退職金制度の統廃合に関する法律上の問題および退職金制度統合を具体的にどのように行うかという実務的問題が絡み合うことによって，複雑な問題状況を呈する（図表2-8-2）[3]。

　以下では，より実務的に，IIP段階でどのように退職金制度の調査・検討をしていく。

② IIP策定段階での退職金制度の事前検討の実務

　IIP検討段階で，退職金制度に関する情報の詳細を入手することは難しい。しかし，第2部第2章で述べた有価証券報告書等から得られるパブリック情報

図表 2-8-2 退職金制度の検討の視点

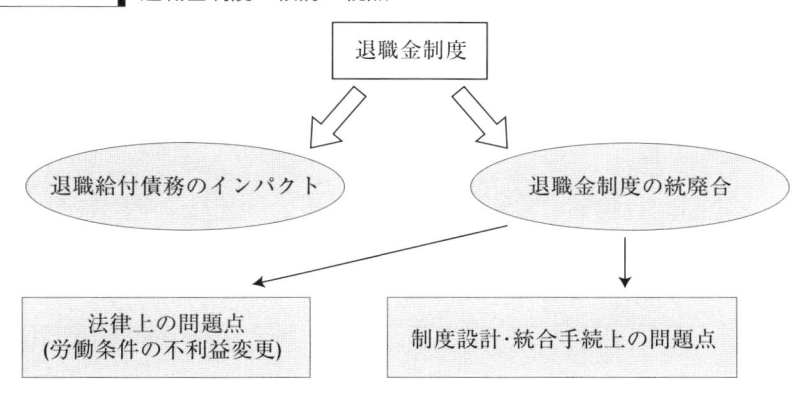

```
          退職金制度
         ↙        ↘
退職給付債務のインパクト    退職金制度の統廃合
         ↓              ↓
   法律上の問題点     制度設計・統合手続上の問題点
(労働条件の不利益変更)
```

からある程度の情報を比較検討することは可能である。比較の方法としては，数社の会社間で比較するものと時系列で数年分にわたって比較するものが考えられる。

例えば，会社間比較の場合，三共と第一製薬のケース（この2社は2005年10月の共同持株会社設立による経営統合が発表になっている）でみると，平成17年度3月期の各有価証券報告書の記載において，平均年齢，平均勤続年数，平均年間給与の項目については，値に大きな差異はないが，1人当たりの退職給付債務（退職給付債務÷従業員数）は，第一製薬の方が三共よりも約60万円も多額である。このことから，同じ年収の社員が退職した際の退職金制度は，第一製薬の方が手厚い内容であることが読み取れる。

また年金資産についてみても，第一製薬の年金資産の額は三共の3倍以上の額にのぼる。このことから，第一製薬の方が退職金を支払う際に資金不足になる危険性は少ないといえる。なお，ここでいう年金資産とは，企業年金制度に基づき退職給付に充てるため積み立てられている資産をいう（図表2-8-3参照）。

次に，時系列比較の場合，有価証券報告書で開示される平均年齢，平均勤続年数，従業員数，退職給付債務，退職給付引当金の項目に注目したい。

数年分のデータを比較した場合に，例えば従業員数が減少した場合には，過去にリストラ等の実施により従業員数を調整したことが判明する。平均年齢，

図表 2-8-3　三共と第一製薬の有価証券報告書データの会社間比較（平成17年度3月期）

	平均年齢	平均勤続年数	平均年間給与	従業員数	退職給付債務	1人当たり退職給付債務	年金資産
三共	39.1	16.4	約911万円	5,330	84,085百万円	約158万円	22,429百万円
第一製薬	37.9	15.0	約893万円	3,799	83,244百万円	約219万円	83,197百万円

　平均勤続年数，従業員数がほとんど変わらないが，退職給付債務が大きく変動した場合には，退職金制度の見直しが過去に実施されたことが判明する。平均年齢，平均勤続年数の変動は，会社の従業員の就業状況に何かしら変化があったことが予想され，FIPの段階で調査する重点項目を事前に把握することができる。

　HOYAのケースでみると，過去3年分のデータを比較した場合，従業員数に大きな変動はないが，平成15年3月期以降，退職給付債務，退職給付引当金ともゼロとなっていることがわかる。これにより平成15年3月期に退職金制度に変更があったことが容易に判明する。有価証券報告書によると，HOYAでは平成15年1月に厚生年金基金の解散の認可を受け，15年3月期に特別損失で厚生年金基金填補額14,949を計上している。その後，当該厚生年金基金は，平成16年5月に清算が完了している。

　上記のように，大きな差異が現れる項目については，事前に把握することが可能であり，FIPに向けた予備的なプランニングに役立てることができる。

図表 2-8-4　HOYAの有価証券報告書データの時系列比較

	14年3月期	15年3月期	16年3月期
平均年齢	38.2	38.6	39.9
平均勤続年数	11.9	12.9	13
従業員数	3,142	3,289	2,983
退職給付債務	66,510	—	—
退職給付引当金	7,311	—	—

(8) 労働組合

　対象会社に労働組合が存在する場合は，M＆A後の企業統合の過程において，その対策が欠かせない検討事項となる。対象会社の労働組合の支持をとりつけずにM＆Aを敢行することは法律上は不可能ではない。それもあって，労働組合に対してM＆A実行計画を開示するタイミングは，実務上はかなり遅く，既に機関決定がなされた後に，「協議」ではなく受け入れさせるべく，「説得する」フェーズとして現れるのが通常である[4]。

　しかしながら，対象会社の労働組合の支持を得ないまま敢行したM＆Aは，対象会社の企業価値の中核部分を占める人的資源が十分に機能しなくなる可能性を有する点で，企業価値の維持の観点からは問題が大きい。現実には，対象会社が労働組合を説得する段階で，労働組合に強く抵抗されるような場合には，それ以降，M＆Aを円滑に遂行させることは困難であろう。他方で，人事統合が円滑に遂行される事案では，労働組合の理解・協力を得られているケースが多い（「4　ケース・スタディ」参照）。その意味で，労働組合の説得・交渉によりその理解・協力を得ることは，M＆A後の企業統合を成功ならしめる1つの大きな要素といってもよい。

　また，特に水平統合型の場合には，自社の側に労働組合がある場合も，その労働組合の支持・理解が必要であることも同様である。

　労働組合対策の最大の目的は，そのM＆Aについて労働組合の支持と理解を取り付けることにあるが，その準備のためには，IIP策定段階で，労働組合の組織および傾向，従業員の労働組合への加入状況，労働組合と対象会社との間の紛争の有無等につき，あらかじめ調査しておく必要がある。また，それとあわせて，M＆Aに伴って労働組合をどのように統合するのかの具体的なプランをあらかじめ検討しておく必要がある。

(9) 小　括

　以上のように，IIP策定段階において，人事労務面で検討すべき主要事項について紹介した。上記に紹介した各事項は，具体的な事案によって，検討される時期もその重要度もまちまちである。

一般には，IIP策定のごく初期の段階で対象会社の組織全体，従業員数，労働組合の有無等，最も基本的な事項を調査し，基本方針の策定を行うことになる。その次に，賃金水準，退職金制度等の具体的な労働条件の検討に入り，統合後の人事制度の全体像を設計したうえで，さらに詳細な検討に入ることになる。これらの検討フローを図示すると図表2-8-5のとおりとなる。

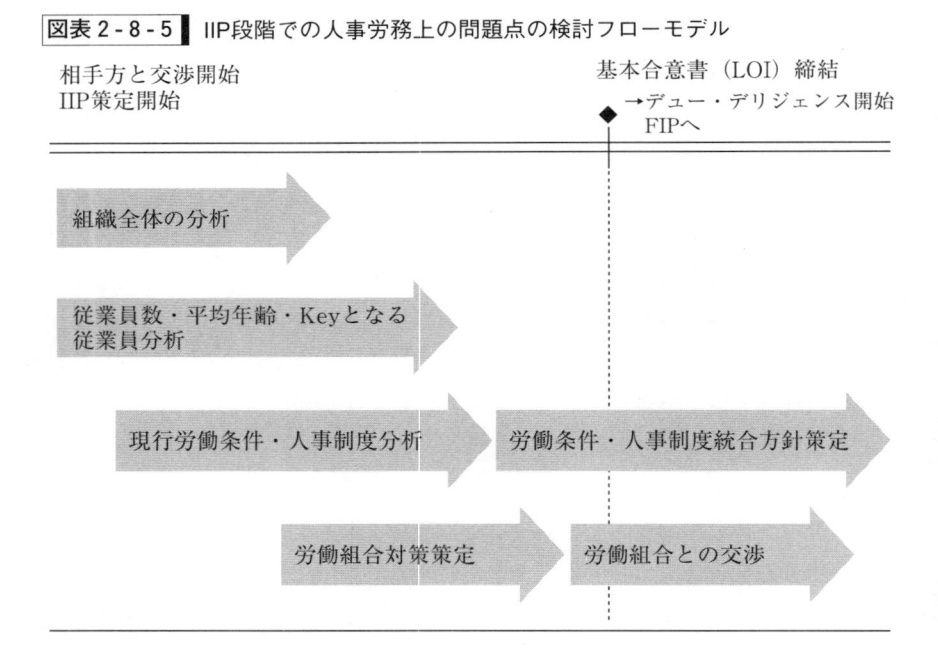

図表2-8-5 IIP段階での人事労務上の問題点の検討フローモデル

| 相手方と交渉開始
IIP策定開始 | 基本合意書（LOI）締結
→デュー・デリジェンス開始
FIPへ |

- 組織全体の分析
- 従業員数・平均年齢・Keyとなる従業員分析
- 現行労働条件・人事制度分析 → 労働条件・人事制度統合方針策定
- 労働組合対策策定 → 労働組合との交渉

3 IIP策定段階における人事統合・人員整理の戦略

（1）IIP策定段階における人事統合の戦略

① 人事統合の戦略の方針

人事統合のプラン策定においては，統合後の会社の人事戦略・方針を固めておく必要があるが，このような人事戦略を検討するうえでも，本章で検討した

M&Aの各類型分けが有用である。すなわち，選択と集中型のM&Aであれば，事業の効率化・合理化が強調されるために，人事制度も能力主義，コスト削減を基本理念として設計されることが多いであろう。水平統合型であれば，両当事者の企業文化の衝突が大きな統合阻害要因となり得るため，双方の企業文化の融合・調和に最大限の配慮をした人事戦略を立てる必要がある。また，新規事業進出型であれば，企業価値の維持の観点から，特定の維持しておく必要のある人的資源が存在するであろうから，そのような人的資源の流出を防止できるような人事戦略を練る必要があろう。

このように，人事統合のプランも究極的には，そのM&Aがビジネス上いかなる目的を有しているかという視点を常に意識して策定されなければならない。

人事統合のあり方は，M&Aが対等型か非対等型かによっても大きく異なる。

非対等型のM&Aにおいては，人事統合は，優越的な地位にある方の人事制度に統一する形（吸収型）で行われることが多い。選択と集中型または新規事業進出型において人事統合が問題になるような場合も，非対等な買収という形で行われる場合が多く，この型が多いであろう。他方，対等型のM&Aにおいては，典型的には，双方の人事制度を組み合わせて融合するタイプ（融合型）と，いずれとも異なる新たな人事制度を構築するタイプ（新制度型）とがある（図表2-8-6参照）。

図表2-8-6 人事統合の類型

人事統合の類型	内　容	M&Aの類型
吸収型	いずれか一方の人事制度に統一	非対等型 選択と集中型 新規事業進出型
融合型	両方の人事制度を組み合わせて融合	水平統合型
新制度型	両方のいずれとも異なる新しい制度を構築	水平統合型

実務上は，これらの人事統合のうちいずれを採用するかは，相手方の情報開示後に決定され，IIP策定段階では決定されないことも多い。しかしながら，統合実行段階で人事統合を円滑迅速に進めるためには，情報の限定されている

IIP策定段階においても，できる限り，いずれの型を採用するか方針が固まっていることが望ましい。また，統合発表時と時を経ずして，これらの人事統合の型のうちいずれを採用するかも併せて発表することができれば，当事会社の従業員に予測可能性を与え，無用の不安や混乱を与えることを防止することができる。

② 人事統合プラン策定の流れ

人事労務の実務担当者が人事統合プランを検討するにあたって想定する実際の統合の流れとしては，典型的には以下のように考えることができる。ここでは，IIP策定段階から，最終的なFIP策定段階にまたがって，人事統合プランを策定する時間軸を想定して検討することとする。

図表2-8-7 人事労務の実務担当者の役割・統合までの流れ

```
要員計画の作成
   ↓
短期的な人件費の試算
   ↓
要員計画実現のプラン作成
   ↓
労働条件の比較と調整
   ↓
従業員への説明会等の実施
   ↓
合併に伴う社会保険等の手続
長期的な人件費の試算
   ↓
新たな人事制度の構築
```

（ⅰ）要員計画の作成と短期的な人件費の試算

人事統合プランを策定するうえで，特に重要なものに，要員計画の作成と短期的な人件費の試算がある。要員計画を固める過程においては，組織図，役員名簿，従業員名簿などの情報をもとに，統合後に必要な部署，部署の人員構成，

余剰人員の有無などを分析・検討し，統合後の組織構成を決定するとともに，従業員の要員計画を策定する。

　統合後の組織構成・要員計画を策定することで，現在の賃金を基礎として，短期的な人件費を試算することが可能となる。この試算の結果いかんによって，新たに人員整理が必要となる場合もある。策定した要員計画を決定し実行するにあたって，統合・縮小した部署について，例えば部署の名称や人員削減の方法・態様などを決定しなければならない。

　また人員削減の実施にあたっても，具体的にどのような方法で行うのか検討していくことになる。なお，人事統合に伴う人員整理計画の策定については，4で述べる。

(ⅱ) 労働条件の比較・調整

　各当事会社の人事に関する情報を収集し，労働条件の各項目ごとに比較検討を行う。主なものとしては，就業規則，賃金規程，退職金規程がある。労働条件の内容としては，就業規則等の諸規程に加えて労働組合や従業員代表との労使協定がある場合も考えられる。労働組合がある場合には，その労働組合の組織の詳細，従業員の過半数を代表する労働組合であるかも確認しておく必要がある。そのうえで，統合後の各労働条件について具体的にプランを策定していくことになる。

(ⅲ) コミュニケーション・プラン

　また，統合後も従業員がその資質・能力を十分に発揮できるような人事統合を成功せしめるには，従業員の理解を得て統合作業に協力してもらうとともに，統合にあたり従業員が感じるであろう不安を解消していかなければならない。そこで，統合実行日までの間に，統合の理念・方針や統合後の労働条件・待遇の概要について，労働組合および従業員に対して説明会等を実施してコミュニケーションを図ることが必要になるが，いかなるスケジュール・内容で効果的にコミュニケーションを図るかのコミュニケーション・プランも作成する必要がある。

(ⅳ) 新たな人事制度の構築（賃金・退職金・評価制度を含む）

　IIP段階での制度設計が十分に行われていないと，統合後の1〜2年間は，短期的な視点で場当たり的に人事労務の問題に対応せざるを得ないことが多い。

実際には，両社の人事・評価制度をとりあえず統合することで対応したり，賃金制度についても，統合以前の給与額を保証することが主な目的となり，実質的な改革ができないで終わることがある。

　従来からの年功序列的な高コスト体質の人事制度を変革したいと考える企業は多いはずである。M&Aはこのような旧来の人事制度を改める絶好の機会でもあり，そのためにはできるだけ早い段階，すなわち，IIP策定段階での新人事制度を設計しておくことが望ましい。事前の検討と綿密な実行計画の策定があって初めて，統合後の円滑な新人事制度の導入が可能となる。

（2）IIP策定段階における人員整理の戦略

　M&Aには多くの場合，人員整理が伴う。すなわち，M&Aの目的とするシナジー効果の実現のためには，事業の効率化・合理化の見地から余剰人員とされた人員を削減する必要があるからである。M&Aの各類型によって，人員整理をどのような視点でとらえるべきかについては，本章1において説明した。本項では，IIP策定段階での人員整理についてどのような視点で検討すべきかについて述べる。

① IIP策定段階での検討の必要性

　本章の冒頭で述べたとおり，わが国では，先に法律上の意味での「統合」を実行してしまい，この「統合完了」後に，実質的な意味での組織としての統合を徐々に時間をかけて進めていくというパターンが多い。この点，人員整理も同様で，典型的には，クロージングの直前になってようやく，人員削減計画の大枠が決まり，早期退職制度利用者の募集等の人員削減計画が本格的に実行されるのは統合後になってからという事例が少なくない。また，人員削減の実行自体も3年から5年かかるケースも多い。

　しかしながら，M&Aにおける実現シナジーの獲得のためには，クロージング前後の段階で初めて人員整理を実行するのでは時期が遅すぎるし，人員削減も短期間に集中的に実行する必要がある。統合をスムースに実現し，統合後直ちにシナジー効果を実現させるためには，IIP策定段階の早い段階で具体的な人員削減計画を作成し，できればM&A実行前の段階で，それぞれ各当事会社

が人員削減に着手し，実行できることが望ましい。

② 人員整理計画策定における視点

次に，IIP策定段階における人員整理計画を策定するにあたって必要になる視点を整理する。

（ⅰ）不可避的か積極的か

本章1で述べたように，IIP策定段階で人員整理を検討し，人員整理計画を策定するにあたっては，①企業価値の維持と②事業の効率化・合理化の要請をどのようにバランスをとるかという視点が重要である。1つは，企業価値の維持に重点をおいて，統合に際して発生する全く同じ役割を担う部署，従業員等の人的資源の重なり合いが生じた場合のみ人員削減の対象とする，いわゆる不可避的な人員整理である。このアプローチを取った場合には，そもそも人員整理自体を行わないという選択肢も考えられる。

他方，M&Aを契機として，もともと対象会社に発生していた余剰人員を整理し，可及的に対象会社の合理化を進めるための，事業の効率化・合理化の一環としての積極的な人員整理を行う場合もある。このアプローチは，徹底したコスト削減・合理化により企業の収益性を高め，シナジー効果の実現を容易にすることを意図するものである。

（ⅱ）対等型か非対等型か

M&Aが対等型か非対等型かによって，実際の人員整理のあり方は大きく異なる。当事者間の優劣差がはっきりしている非対等型の場合には，優越する側（通常買収側）が，人員整理に関しても主導権を握り，しばしば立場の弱い方を対象として積極的な人員整理が果断に行われる。この場合，対象会社の企業価値を必要以上に毀損しないように留意する必要がある。

他方，当事者間の優劣関係がはっきりしない対等型の場合には，問題はより複雑である。M&Aに際して，企業はどうしても自己保存本能が働くが，対等型の場合には上から押さえつける力がないために，組織の自己保存本能の対立が露骨に表れる場合がある。その結果，たすきがけ的人事のような悪しき均等論が用いられたり，業務の重複があるにもかかわらず必要な人員整理が行われないなど，業務の効率性・合理性が犠牲になり，シナジー効果を容易に発揮で

きなくなる。また，人員整理が実行されたとしても，結局どちらの側がより多く意思決定権のあるポストを占めるかというパワーゲームにより人員削減対象が決まり，企業価値を最大限維持しながら業務の合理化を進めるという視点からの「良い人員整理」の実現には相当の困難が伴う。

(ⅲ) 引止め策と適切な「人のデュー・デリジェンス」

　a　人材の流出

通常M&Aを実行することが社内に発表された時点で，多かれ少なかれ人材の流出が起きる。正式に発表になっていないにもかかわらず，憶測や噂に基づいて人材の流出が始まることもあり，また，一度人材の流出が始まるとそれは加速度的に広がっていく傾向がある。しかも，M&Aに際しては，優秀な従業員ほど流出する確率が高いといわれている。他社にとっても，同業他社の大掛かりなM&Aというのは，流出する優秀な人材を募集する良い機会と捉える向きもある。そこで，M&Aに伴って既存の企業価値を維持するという観点からは，その従業員が辞めてしまえば対象企業の価値を毀損してしまうような重要な従業員をピックアップし，IIP策定段階の初期の段階から，引止め策を講じ，可能な限り必要な人材の流出を食い止めることも不可欠となる。また，特に対等型の場合には，対象会社のみならず自社の従業員に対しても，引止め策を講じなければならない。

　b　人のデュー・デリジェンス

引止め策を適切に行う前提として，まず，どの人材またはどのチーム・部署が，対象企業にとって重要な存在であるか，キーパーソンを適切に選別する作業が前提となる。人的資源を徹底的に数量化し，スピードを非常に重視して行うような，特に外資系企業の買収に見られるようなタイプの人員削減策においては，この前提となる人のデュー・デリジェンスが乱雑になる場合がある。例えば，人件費削減のため単純に報酬の高い者をターゲットに削減するよう指令が出された場合，営業部門において，時間をかけて作り上げた顧客との強いパイプをもった売上高の高い営業部員が削減の対象となり，その者が退職することで，その部署全体の営業力・収益力に大きく影響するようなことが考えられる。

したがって，統合デュー・デリジェンスの一部と性格づけられる「人のデュ

ー・デリジェンス」は，単に人件費をコストとして評価するのでなく，各従業員の有する技能・能力を基礎に，その者の組織の中での影響力・コミュニケーション力，将来性・潜在力，会社への忠誠心等のさまざまな要素を加味して慎重に判断しなければならない。

　c　引止め策の策定

　人のデュー・デリジェンスによって会社にとって残って欲しい人材を選別したら，できるだけ早く引止め策を策定して実行に移したい。引止め策の要諦は，その人材にその企業にとどまるだけのモチベーションとインセンティブを与えるかにある。近時は，昇給させたり，臨時ボーナスを出したり，給与・報酬の引上げにより対応する例もあるようである。その人材が流出することによって会社が被る損害に比べたら少ない出費に過ぎないのであれば，経済的合理性の観点からも是認できる手段であろう。ただし，従業員個人ごとに会社に求めているものは異なり，特に若くて優秀な従業員にはえてして報酬の多寡では左右されない者も多いので，慎重な考慮が必要である。

　また，優秀な人材の流出は，人員整理の過程における早期退職者募集において生じることも多いため，早期退職者募集も工夫が必要になる。詳しくは第3部第4章で検討する。

(ⅳ) 人員整理の方法としていかなる手法を使うか

　「人員整理」という言葉は，得てして（整理）解雇のイメージに結びつきやすいが，周知のとおり，わが国の労働法制上，整理解雇はその適法性を確保するハードルは非常に高く，米国のレイオフに見られるような機動的で柔軟な人員整理の実施は非常に困難である。

　したがって，実際には，解雇以前に，配置転換，出向・転籍，早期希望退職者募集，退職勧奨等のさまざまな「解雇回避措置」の組合せにより人員整理が先行されるのが通常であり，M&Aに伴って最終的な手段である整理解雇までが実行される例は稀である。これらの手段の組合せの中でも，通常，早期希望退職者募集が人員整理計画の中心となる。それに加えて，当事者企業のそれぞれのポストの状況または関連会社の有無・状況によって，出向・転籍が利用されることもある。また，直接の人員整理の手段ではないが，雇い止めや給与水準等労働条件の切り下げ等も，解雇を回避するための手段として人員整理計画

に付随して実施されることもある。

　これらの人員整理の各手段は従業員の労働法上の権利に関わる。したがって，これらの各手段が労働法上許容される限度はどこまでなのかを常に意識して人員整理計画を策定する必要がある。また，これらの人員整理計画を実行するにあたっては，ｃで述べた必要な人的資源の引止めというのも常に念頭においておかなければならない。企業の人事担当者としては，重要な人的資源の流出をできる限り防ぎながら，人員整理の各手法を，労働法令に違反しないよう，適法性を確保しつつ，適切に組み合わせて整理解雇を回避しつつ人員整理を進めるという前提で，人員整理計画を策定することが必要となる。人員整理の各手段を実際にどのように実行していくか，また法律上いかなる問題点があるかについては，第3部第4章において詳しく検討する。

4　ケース・スタディ

(1) 事　案

①　川崎製鉄と日本鋼管（JFEグループ）

　川崎製鉄と日本鋼管の経営統合が発表されたのは，2001年4月であった。具体的には，両社が持株会社を設立し，その傘下に事業別に再編した会社を設置する形での統合である。その直後に両社の労働組合に対して人事方針の説明が行われた。人事方針については，①重複部分の合理化を進めること，②たすきがけ人事は行わず適材適所を基本とすること，③人事制度は傘下の各事業会社ごとの制度を新たに構築すること，④雇用確保を守ることが発表された。その後，2001年12月に経営統合に関する基本合意書が締結された後，2005年までに両社で約3,000人の人員削減計画が発表された。具体的には，定年と自己都合退職と新規採用者の抑制による自然減による方法がとられることが明らかにされた。

　また，2002年7月には，各事業会社の人事制度の概要が発表された。両社の鉄鋼事業を統合したJFEスチールにおいては，従前の両社の制度を踏まえて職能資格等級制度を採用し，両社のエンジニアリング事業を統合したJFEエンジ

ニアリングにおいては，成果主義的な新たな賃金制度を採用することが発表された。これらの内容に対しては労働組合も肯定的な反応を示した。

そして，2002年10月から退職金・年金制度その他福利厚生制度の統合について，労働組合との交渉に入った。経営側のスタンスは，労働者の生活に直接影響を受けるようなものは維持し，恩恵的な制度等は整理を進めるといったものであり，最終的に労働組合と合意に至った。そして，2003年4月，すでに設立されていた持株会社の傘下会社の最終的な経営統合が行われたのである。

図表2-8-8 JFEグループの統合スケジュール

時　期	事　実
2001年4月	川崎製鉄と日本鋼管の経営統合発表 労働組合に対する人事方針の説明
2001年12月	川崎製鉄と日本鋼管の間で基本合意書締結 人員削減計画発表
2002年7月	新人事制度の概要発表
2002年10月	退職金・年金・福利厚生制度の統合につき労働組合と交渉開始
2003年4月	経営統合

② コニカ・ミノルタ

コニカとミノルタは，2003年10月1日に経営統合を行った。具体的には，持株会社を設立し，傘下において事業別に分社化した。基本合意書の締結は同年1月であったが，それと同時に統合に際しての人事方針を発表した。人事方針においては，実力主義と徹底した新しい人事制度の構築が強調された。経営トップは，人事理念を会社の隅々まで行き渡るように強いメッセージを発信し続け，出身会社のやり方に固執することを厳に戒めた。人事制度は，賃金を除く基本的な就業条件は統合前に統一され，その他賃金制度，職能グレード制度は労働組合との合意により，2005年4月に導入する旨の労使合意が早い段階で形成され，実際に同月統一が実行された。

(2) 検　討

JFEグループおよびコニカ・ミノルタの人事統合は，統合前に人事統合プラ

ンが具体的に練られていることに最大の特徴がある。

　JFEグループにおいては，統合計画が発表になった時点で，人事制度は各事業会社ごとに新制度を導入することや，雇用確保を遵守することなどの人事政策の基本方針はすでに決まっていた。それを労働組合に伝えることで従業員の動揺を抑え，その他の経営統合の目標をメッセージとして伝えることとあいまって，経営統合につき労働組合の理解を得ている。

　コニカ・ミノルタにおいても，基本合意締結時に，明確な人事理念を打ち出し，その後人事理念が社内に浸透するようにメッセージを発しつづけた。JFEは，さらに，賃金制度，職能制度のみならず，年金制度その他福利厚生制度に至るまで，すべて統合前に具体的なプランを練り，労使の合意を得ている。

　このように，人事制度全般にわたって先手を打って制度を策定することで，統合後に人事制度の統合作業を円滑迅速に進めることが可能になったのである。本事例は，持株会社方式を利用し発表から実際の統合まで期間をおくことによって，このような事前プランニングが可能になった側面もなくはないが，統合前の段階において人事統合が十分に検討された例として示唆に富んだケースである。

5　M&Aの各手法選択と人事労務問題との相関関係

(1) 総　　論

　M&Aを実行するに伴って必要となる人事労務関係の処理の方法および過程は，法律上いかなるスキームでM&Aが行われるかによって変化する。したがって，法的スキームの策定段階において，そのスキームを採用した場合に人事関係についていかなる処理が必要になるのか予測しておく必要がある。

　M&Aには多種多様な手法の選択肢があるが，以下では，最も典型的な手法として，合併，事業譲渡および会社分割を取り上げ，それぞれの手法における人事関係の処理について，雇用関係の承継，労働条件の変更，労働組合という各側面からその相違点を概観する。

（2）雇用関係の承継

　ここでは，合併，事業譲渡および会社分割において，それぞれの雇用関係の処理について述べる（図表2-8-10）。

① 合　　併
（ⅰ）合併による包括承継
　合併には，一方の会社が解散して他方の会社に吸収される「吸収合併」と，双方の会社が解散して新会社を設立する「新設合併」がある。会社法の定めにより，解散する会社（消滅会社）の権利義務は，合併契約書に定める効力発生日に包括的に存続会社に承継される（包括承継，会社法750条1項，752条1項，旧商法103条，416条）。この合併における権利義務の承継ルールを包括承継という。
　労働契約もこうした権利義務の1つなので，合併を行う場合には，消滅会社が従業員と締結している労働契約は存続会社に承継され維持される。その結果，消滅会社の労働者は合併後の存続会社に当然に承継される。また，合併前の会社は合併により消滅するため，労働契約の承継について労働者の個別同意は不要となる。このように，合併によって，消滅会社の労働者は，当該労働者の意思とは関係なく，消滅会社から存続会社に強制的に承継される。ただし，本来労働者は，自ら労働契約を解約する事由を有しているので，合併により雇用関係が当然に承継されるものとしても，労働者には実質的には不利益は生じないといえる。

（ⅱ）合併と人員整理
　（ⅰ）において述べたとおり，合併の場合には消滅会社の労働者は当然に存続会社に承継される。そこで，合併に際して人員整理を行うためには，
　① 合併前に，一方または両方の合併当事者において，退職者募集，解雇等の人員整理のための措置をとる。
　② 合併後の存続会社において，退職者募集，解雇等の人員整理のための措置をとる。

のいずれか一方または両方の手段をとることになる。合併後のシナジー効果を早期に発揮するためには①の段階で，できるだけ人員整理を達成できることが

望ましいが，現実には，法的な意味でのM&Aの実行はタイムリーに行わなければならないことから，人員削減は後回しになり，②の手段が主になることが多い。人員整理の具体的内容・方法については第3部第4章においてさらに検討する。

② 事業譲渡

事業譲渡とは，会社が有する事業の一部または全部を他社に譲渡することをいう。事業譲渡は債権契約による取引行為であるため，譲渡会社と譲受会社との間で締結される事業譲渡契約に従って権利義務が承継される。この事業譲渡のように当事者の合意する特定の権利義務が承継されることを「特定承継」という。したがって，労働契約，すなわち労働者も，譲渡会社と譲受会社との間で締結された事業譲渡契約の定めに従って転籍することにより承継されることになる。

（ⅰ）特定承継か包括承継か

労働者保護の観点から，事業譲渡に伴って労働契約は当然に譲渡会社から譲受会社に承継される場合があるのではないかという考え方がある。特定承継説に対して包括承継説と呼ばれることもある。

確かに，従来の営業譲渡に関する裁判例[5]には，譲渡会社・譲受会社間の合意や労働者の同意を必ずしも要求せずに雇用関係の承継を認めているかのように見えるものもある。ただし，これらの事案は，譲渡会社・譲受会社間の黙示の承継合意を認めるという構成を採っていたり，法人格否認の法理を使って譲渡会社と譲受会社の実質的同一性を認め，承継から排除された労働者を救済した事例であることが多く，特定承継の考え方と必ずしも矛盾するものではない[6]。「企業組織変更に係る労働関係法制等研究会」（平成12年2月10日）の報告においても，「近年においては，特定承継の基本ルールに則りつつ[7]，譲渡会社と譲受会社間の黙示の合意の推認や法人格の否認の法理等を用いることにより，個別的な事案に即して具体的に妥当な解決を図っている」と評価されている。

このように，承継から排除される労働者について個別的に具体的な救済を図っている事例としては，①譲渡会社と譲受会社の事業が実質的に同一性を有し

ている場合②不当労働行為や解雇権濫用の法理などの適用を免れる目的で，事業譲渡を行ったとみなされる事案に見られる。

(ⅱ) 事業譲渡と人員整理

　事業譲渡における人員整理で特徴的なのは，譲渡会社から譲受会社に特定の従業員を承継しないという形で実質的な人員整理を意図する場合がある点である。例えば，特定の従業員を不承継として譲渡会社に残し，事業譲渡後に当該譲渡会社を解散するような場合である。しかしながら，（ⅰ）で述べたとおり，事業譲渡において承継されない従業員は，裁判例において，実質的に救済が図られている。すなわち，事業譲渡を利用することで，解雇権濫用法理を潜脱することは認めないというのが基本的な判例のスタンスであるとも評価できる。したがって，事業譲渡が，合併等他の場合に比して人員整理が容易であるということには必ずしもならない点に留意が必要である。

(ⅲ) 事業譲渡における労働者の転籍

　事業譲渡により，労働者を譲受会社に承継させる場合は，通常の転籍とみなされ，民法第625条１項により，本人から個別に同意を得る必要がある。この転籍の方法としては，次の２とおりがある。

---

① いったん譲渡会社と労働者との間の労働契約を解消したうえで，譲受会社と労働者の間で新たに労働契約を締結する方法（再締結型）
② 譲渡会社が，労働者の個別的同意を得たうえで，労働契約上の一方当事者たる使用者の地位を譲受会社に譲渡する方法（地位譲渡型）

　再締結型においては，譲渡会社と労働者との間の労働契約の解約と，譲受会社と労働者との間の労働契約締結の両方について労働者の同意が必要になる。この転籍に伴って，労働者の同意を得て労働条件を切り下げることもある。

　地位譲渡型においては，譲渡会社，譲受会社および従業員の３者間の同意が改めて必要となるのが原則である。従業員の同意が事前のものでも許されるかについては，単に「転籍を命じる」旨の就業規則や労働協約上の包括的規定では足りず，転籍先企業を明示しての明確なものが必要である。また，そのような事前の承諾が有効になるためには実質的に労働者にとっての不利益性がない

場合に限るとされる。

労働条件は、企業年金や福利厚生制度などは会社によってまちまちであり、全く譲渡会社と同じような労働条件を譲受会社が準備することは困難であるため、労働条件も同一内容のまま移転する地位譲渡型が用いられることは少なく、再締結型が用いられるのが実務の主流である。

③ 会社分割

会社分割には、新たに設立した会社に分割を行う会社の事業に関する権利義務を承継させる「新設分割」と、他社に分割会社の事業に関する権利義務を承継させる「吸収分割」の2つがある。会社分割の権利義務の承継ルールは部分的包括承継とされる。具体的には、分割会社が所定の手続を経て作成した分割計画書または分割契約書（以下、「分割計画書等」という）に記載した権利義務が包括的に設立会社または承継会社（以下、「設立会社等」という）に承継される。労働契約も権利義務の1つであるから、分割計画書等の定めにより、分割会社の労働者の労働契約を設立会社等へ承継させるか、すなわち、どの労働者を会社分割に伴い設立会社等に転籍させるかを決定することが原則である。

ただし、会社分割に伴う労働契約の承継等に関しては、労働者保護のため、労働契約承継法が制定されており、同法の規律に従うことが前提となる。

(ⅰ) 会社の分割に伴う労働契約の承継等に関する法律（以下、「労働契約承継法」という）に従った承継の範囲

会社分割は部分的包括承継であるので、会社分割に伴い労働契約を承継する場合に承継の対象となる労働者の個別の同意は必要ない。しかしながら、同法は、一定の労働者に対しては、自分の労働契約が承継されること、または、承継されないことに対し、異議申し出を行う権利を与えている。同法は、労働者を、

---

a 分割により承継される営業に主として従事する労働者
b 分割により承継される営業に従として従事する労働者
c 分割により承継される営業に従事しない者

に分類し，それぞれにつき異なる取扱いを定めている。

　a　営業に主として従事する労働者

　承継される営業に主として従事する労働者は，分割計画書等の記載に従い，労働者の個別の同意なくして，当然に設立会社等に労働契約が承継される（同法3条）。他方，承継される営業に主として従事する労働者であるにもかかわらず，その労働契約が承継されない労働者は，一定期間内に[8]，分割会社に対して，書面により異議を申し出ることができる（同法4条）。異議を申し出た場合は，当該労働者は，設立会社等に労働契約が承継されることになる（同法4条1項，4項）。

　b　営業に従として従事する労働者

　承継される営業に従として従事する労働者は，分割計画書等に記載されることで，労働契約が設立会社等に承継される（旧商法374条ノ10第1項，同条ノ26第1項）。ただし，一定期限日までに分割会社に異議を申し出たときは，その労働者は分割会社に残ることになる（労働契約承継法5条1項，3項）。承継される営業に主として従事する労働者か従として従事する労働者かの判断は，原則として分割計画書等の作成時点でなされる（同法施行規則2条）。この具体的な判断基準については，「分割会社及び設立会社等が講ずべき当該分割会社が締結している労働契約及び労働協約の承継等に関する措置の適切な実施を図るための指針」（平成12年12月27日労働省告示127号）に運用基準が示されている[9]。

　c　承継される営業に従事しない労働者

　承継される営業に全く従事しない労働者については，分割計画書等に記載しても労働契約は設立会社等に承継されない。承継される営業に従事しない労働者の労働契約を設立会社等へ承継させるには，民法625条1項が適用され，転籍の手続，すなわち，分割会社と設立会社等との個別の合意と労働者の個別同意が必要となる（指針第2の2（3）ニ（ロ））。

（ⅱ）労働者・労働組合との協議・通知手続

　労働契約承継法においては，労働者の利益保護のために，また，労働者に異議を述べる機会を付与するために，分割会社において労働者・労働組合との協

議・通知義務を定め，労働者・労働組合に会社分割手続への関与を認めている。以下では，その手続の概略を述べる。

　　a　労働者の理解と協力を得る努力義務（労働組合等との協議）
　分割会社は，分割にあたり，そのすべての事業場で，その事業場の労働者の過半数を組織する労働組合があるときはその労働組合と，ないときは従業員の過半数を代表する者（以下，「労働組合等」という）との協議その他これに準じる方法によって，その雇用する労働者の理解と協力を得る努力義務を負う（労働契約承継法7条，同施行規則4条）。労働組合等との協議の実施時期は，遅くとも商法等改正法附則5条1項に基づく労働者との事前協議の開始までに開始し，その後も必要に応じて適宜行うことが必要とされる（指針第2の4（2）ニ）。

　協議事項は，

---
① 会社の分割を行う背景および理由
② 会社の分割後の分割会社および設立会社等の負担すべき債務の履行の見込み
③ 労働者が承継営業に主に従事する労働者に該当するか否かの判断基準
④ 労働協約の承継に関する事項
⑤ 会社の分割にあたり，分割会社または設立会社等との関係労働組合または労働者との間に生じた労働関係上の問題を解決するための手続

である（指針第2の4（2）ロ）。以上は，指針で示されている労働者に理解と協力を得る必要がある対象事項の例示であり，これ以外に必要なものがあれば対象事項に盛り込むことになる。

　　b　労働者との協議
　分割会社は，会社分割に伴う労働契約の承継等に関する法律第2条1項の規定による通知をすべき日までに，承継される営業に従事している労働者と，会社分割に伴う労働契約の承継に関して協議をしなければならない[10]。

協議事項は,

> ① 分割後に当該労働者が勤務することになる会社の概要
> ② 当該労働者が承継される営業に主として従事する労働者に該当するか否かの考え方等を十分説明し,本人の希望を聴取したうえで,当該労働者にかかわる労働契約の承継の有無
> ③ 承継するとした場合または承継しないとした場合の当該労働者が従事することを予定する業務の内容,就業場所その他の就業形態等

である(指針第2の4(1)イ)。
　aの労働者の理解と協力を得る努力義務が,分割会社の労働者全員を対象としているのに対し,bの労働者との協議は,承継の対象となる労働者のみが対象となっている点で異なる。また,会社が故意に協議を遅らせたり拒否した場合や協議には応じるが不誠実な態度で実質的な協議が行われなかった場合には,分割無効原因となりうる(指針第2の4(1)ヘ)。
　c　労働者・労働組合への通知
　●労働者への通知
　分割会社は,労働者が異議申し出を行うか否かを判断できるよう,所定の事項について,承継営業に主として従事する労働者およびそれ以外の労働者で分割計画書等に承継する記載がある労働者に対して,事前に書面で通知を行わなければならない(労働契約承継法2条1項,同法施行規則1条)。通知の時期は,分割計画書等を承認する株主総会等の2週間前までに労働者に到達しなければならない(同法2条1項)。
　●労働組合への通知
　分割会社は,労働協約を締結している労働組合に対して,労働者に対する通知と同様に分割会社から所定の事項[11]を文書で通知することが必要である。通知の時期は,分割計画書等を承認する株主総会等の2週間前までに労働組合に到達しなければならない(労働契約承継法2条1項,同法施行規則1条)。

(ⅲ) 会社分割と人員整理

　会社分割のみを理由とする解雇はできないとされている(指針第2の2(4)

イ(ハ))。したがって、会社分割に伴って、人員整理を行うとすれば、分割会社または設立会社等においてそれぞれ労働法に従って人員整理策をとることになる。

④ あたらしい問題～「新設分割＋株式譲渡型」における処理

会社分割法制の施行後、会社（A社）がある特定の事業を他社（B社）に売却する場合に、いったん新設分割を行ってその事業を完全子会社（C社）として分社化した上で、そのC社の株式をB社に売却するというスキームが用いられることがある（図表2-8-9）。この事業の売却を事業譲渡で行うとすれば、A社の従業員をB社に転籍する必要があり、従業員から個別に同意をとる必要がある。それに対して、新設分割＋株式譲渡であれば、会社分割において承継営業に従事していた従業員の承継にはその従業員の同意までは必要ないため、従業員から個別の同意を取得せずに、事業譲渡と同様の結果を招来することができるのではないかと考えられた。

図表2-8-9 新設分割＋株式スキーム

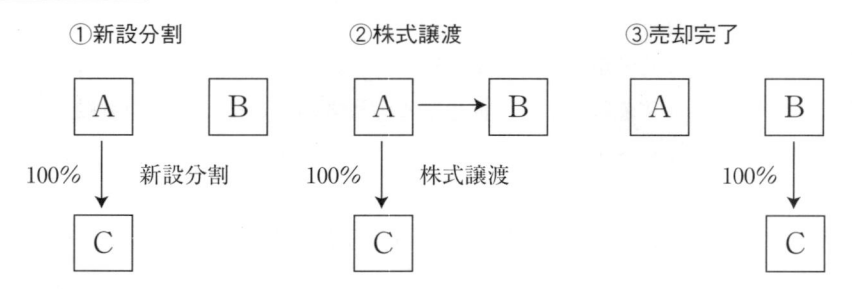

①新設分割	②株式譲渡	③売却完了
A　B	A → B	A　B
100%↓新設分割	100%↓　株式譲渡	100%↓
C	C	C

近時、この点が問題となり、訴訟にまで発展した事例がある。IBMと日立製作所は、日本IBMのハードディスク事業を日立に売却するに際してこのスキームを利用した。日本IBMは、平成14年12月25日、日本IBMのハードディスク事業を新設会社分割により100%子会社を設立して、同部門の従業員全員を新会社に転籍させた後、同月31日に、新会社の株式全部を日立系列企業に譲渡した。

日本IBM従業員は、日本IBMが同従業員の同意なしに新会社に転籍させたこ

とは無効として,同社を相手に,日本IBMの従業員たる地位の確認を求める訴訟を提起したのである。原告の主張は,①本件会社分割は,会社分割の形式を利用して営業譲渡と同じ結果を達成しようとしており,民法625条1項の適用を潜脱した脱法行為に他ならない,②日本IBMは,事前協議の指針に従っておらず,分割前の労働者の理解と協力を得る義務に違反しており,労働契約承継の効力は有しないというものである。

　本訴訟は現在いまだに係属中であり,未決着であるものの(平成18年3月現在),会社分割が従業員からの同意手続を取得する必要のない特別な制度であるという理解を行うことに警鐘を鳴らすだけのインパクトをこの訴訟は有しうる。指針の詳細な内容に従い,労働組合から争われる可能性を排除するだけの協議を,労働組合との間で尽くさなければならないとしたら,それは事業譲渡において従業員の同意を取得するのと,実質的に手間において大きな違いはないであろう。そのような意味で,従業員の同意取得の要否という点に関して,新設分割 ＋ 株式譲渡型が,事業譲渡に比して,必ずしも利用しやすいとは限らない点に注意が必要である。

図表2-8-10　M&Aの各手法と雇用関係の承継

手法	承継のルール	雇用関係の承継	人員整理
合　　併	包括承継	消滅会社の労働者は合併後の存続会社に当然に承継される	①　合併前に各当事会社において人員整理 ②　合併後の存続会社で人員整理
事業譲渡	特定承継 (12)	労働者の転籍の手続をとる ①　再締結型 ②　地位譲渡型	①　譲受会社に労働者を承継しない方法。ただし, ・譲渡会社と譲受会社の事業が実質的に同一性を有していると認められる場合 ・不当労働行為や解雇権濫用法理の潜脱と認められる場合 は不可 ②　事業譲渡前に譲渡会

			社または譲渡後に譲受会社で人員整理
会社分割	部分的包括承継	労働契約承継法に定められた手続に従う	① 設立会社等に労働者を承継しない方法。ただし，労働契約承継法の規制あり ② 分割前に分割会社または分割後に設立会社等で人員整理

(3) 労働条件（賃金・退職金等）変更

　M&Aは事業の効率化・合理化の観点から行われるために，労働条件の変更を伴うことが多い。以下では，合併，営業譲渡および会社分割における労働条件変更の取扱いについて検討する。

① 合　　併

　合併の権利義務の承継ルールは包括承継であり，消滅会社の有する権利義務はそのまま存続会社等に承継され維持されるため，賃金などのすべての労働条件が存続会社に承継される。ここでいう労働条件の内容には，就業規則，労働協約，労働契約に書面上定められた労働条件のみならず，確立した労使慣行も含む。また，福利厚生制度についても，会社と労働者との間の権利義務の内容となっていると認められるものについては，労働条件として承継されることになる。

　合併前に労働条件を統一するための労働条件変更の手続をしなかった場合には，合併後，存続会社では，複数の労働条件が併存する事態となる。この場合に，併存する労働条件を統合していく作業が必要になるが，労働条件を引き下げることは不利益変更の可否の問題として法律上の問題になる。不利益変更の問題を含めて，このような相異なる労働条件をどのように統合していくかについては第3部第3章で検討する。

② 事業譲渡

労働者が地位譲渡型により承継された場合，労働条件もそのまま譲受会社に承継される。その後，労働条件をどのように変更するかは労働条件の不利益変更の問題であり，詳細は第3部第3章において検討する。

では，再雇用型で承継された場合はどうか。この場合は，労働者・譲受会社間の個別の労働契約の再締結の過程において不利益変更が行われるわけで，法律上，いかなる労働条件で再雇用が行われるかは労働者と譲受会社の合意に委ねられる。したがって，労働者の同意があれば，譲受会社において以前より不利な労働条件にすることが可能である。実際に事業譲渡に際して労働条件の切り下げを行うことは少なくない。日本労働研究機構が平成13年に実施した「企業組織再編に伴う労働問題の実態調査」における組合調査によると，営業（事業）譲渡による転籍者につき25％が賃金の水準が低下したと回答している。ただし，労働者は労働条件の切り下げに不服であれば，転籍に同意しないことになるのであり，その意味で限界はあろう。

なお，事業譲渡においては，労働条件の併存が起きにくいため，労働条件の統一作業という面倒な作業が生じにくい点は，合併または会社分割に比して有利な点といえる。

③ 会社分割

会社分割では，分割計画書等に記載される等して承継される労働契約については，その労働条件も同一性を維持したまま設立会社等に承継されるのが原則である。したがって，設立会社等において労働条件を切り下げるとすれば，それも労働条件の不利益変更の問題となり，労使間の合意によるのが原則となる（指針第2の2（4）イ（ロ））。

なお，承継される労働条件の中でも，福利厚生制度の中には，例えば，分割会社が有する社宅の貸与制度，住宅融資制度または年金制度など承継先の設立会社等でそもそも採用されておらず，労働条件を維持できない場合も容易に想定できる。

そこで，労働契約承継法に基づく指針（平成12年労働省告示第127号）では，分割会社が労働者に対して分割後の取扱いに関する情報提供を行うとともに，代償措置などを含め，労働者と協議して，妥当な解決を図ることを義務づけて

いる[13]

　一方，恩恵的性格の福利厚生についても同指針により，分割会社が労働者に対して分割後の取扱いに関する情報提供を行うとともに，代償措置などを含め労働者と協議して妥当な解決を図ることとされている。

（4）労働組合

① 合　併

　消滅会社と存続会社のいずれも労働組合を有している場合には，合併による当然承継の結果，合併後の会社には消滅会社と存続会社の労働組合が併存する。そこで，かかる労働組合の併存状態をいかに解消または処理するかが問題となる。具体的には，いずれか一方を解散させて他方を存続させるか，両方を解散して新しい組合を組成することになるが，この取扱いについては第3部第3章で述べる。

　また，労働協約についても同様に承継されるため，消滅会社と存続会社の双方に労働組合がある場合，合併後は労働協約の並存の問題が生じる。したがって，併存する労働組合の処理とあわせて，労働協約の内容をどのように統一するかも問題となる。なお，労使協定は，事業所単位で締結されるものであるから，合併後，事業所単位に変動がない場合には従前の協定の効力は維持されるが，変動がある場合には新たに締結することが必要である。

② 事業譲渡

　譲受会社に転籍した従業員が譲渡会社の労働組合の組合員であって，その労働組合が譲受会社に雇用された後もその者の組合員資格を認める場合には，その労働組合は，譲渡会社の労働組合であると同時に，譲受会社の労働組合でもあることになる。その意味で労働組合の併存という状態は生じ得る。

　労働協約は，譲渡会社と従業員間の権利義務の定めであるから，特定承継である事業譲渡においては，労働契約と同様に，譲渡会社と譲受会社との間の合意で承継されるか否かが決まるのが原則である。ただし，労働協約のうち，労働組合法16条の「労働条件その他の労働者の待遇に関する基準」に該当する，いわゆる規範的部分については，労働契約の内容となるので，労働協約の承継

の合意とは関係なく,労働契約の承継に従って承継されると考えることができる(14)。

③ 会社分割

分割会社が組合員である従業員を会社分割に伴い設立会社等に転籍させた場合は,分割会社の労働組合は同時に設立会社等の労働組合でもあることになる。その意味では,吸収分割や共同新設分割の場合には,労働組合の併存が生じる可能性がある。なお,労働契約承継法においては,会社分割手続への労働組合の関与手続について定めているが,それについては本章4(2)③(ii)において述べた。

労働協約については,労働契約承継法が,規範的部分(労働条件その他労働契約の内容を定める部分)と,債務的部分(組合員の範囲を定める組合活動条項やユニオンショップなど組織としての組合の運営ルールについて定める部分)とに分けて規定している。規範的部分については,労働協約の対象となっている労働者について設立会社等に労働契約が承継されるときは,分割計画書等に記載されるか否かにかかわらず,会社分割の効力発生時に,設立会社等と労働組合の間で同一内容の労働協約が締結されたとみなされる(労働契約承継法6条3項)。他方,債務的部分については,分割会社と労働組合との間で,承継させる旨の合意があり,分割計画書等に記載した場合のみ,会社分割の効力発生時に,設立会社等に承継される(同法6条2項)。

● 注

(1) 「わが国のM&Aの動向と課題」8-2(M&A研究会サロン)
http://www.esri.go.jp/jp/mer/index.html
(2) 合併の際の退職給付会計に関して,井上雅彦「合併の際の退職給付会計」(経理情報2005.11.10(No.1099)40頁)
(3) やや性格の異なる問題として営業譲渡方式で部門売却が実施される場合の退職金問題の処理がある。従来はいわゆる「転籍型」の処理を行い,売却元企業を一旦退職し,その際に退職金を清算して支払いを行う方法が採られていたが,最近は「承継型」を含め,ケースに応じた柔軟な対応が採られているようである。(「企業合併M&Aで転籍・出向社員の退職金問題」賃金事情1999年10月20日(No.2351)3頁)

(4) 「わが国のM＆Aの動向と課題」9-5（M＆A研究会サロン）
http://www.esri.go.jp/jp/mer/index.html なお，労働組合への開示が遅くなっている事情としては，機密保持の要請や，インサイダー取引規制に対する対応も挙げられる。

(5) 東京地判昭25．7．6（済生会病院事件）（労民集1巻4号646頁），神戸地判姫路支部昭38.11.21（日伸運輸事件）（労民集14巻6号1434頁），横浜地判昭56．2．24（全労済事件）（労民集32巻1号91頁）など

(6) 荒木尚志「合併・営業譲渡・会社分割と労働関係」ジュリスト1182号18頁

(7) 近時の，特定承継の基本ルールを前提として従業員の承継を認めた裁判例として，東京高判平17．5．31（勝英自動車事件）（労判898号16頁），大阪地判平11.12.8（タジマヤ（解雇）事件）（労判775号25頁）など。

(8) 異議申出できる期間は，労働者が分割会社より書面の通知を受けた日から分割会社が定めた期限日までの期間とされている。期限日は，①分割計画書等を承認する株主総会の会日の前日までのいずれかの日とすること②労働者に書面通知がなされた日と期限日との間に少なくとも13日間あることの両方を満たしていなければならない。

(9) 分割契約書等の作成時点で承継される営業のみに従事する労働者はａの「承継される営業に主として従事する労働者」に該当する（指針第2の2（3）イ（イ））。他方，承継される営業と他の営業の両方に従事している労働者については，それぞれの営業に従事する時間，役割等を総合的に勘案して，当該労働者が承継される営業に主として従事しているか否かを決定する（指針第2の2（3）イ（ロ））。

次に，総務，人事等の間接部門に従事する労働者については，その間接部門で，承継される営業のためのみに従事している場合は，ａの「承継される営業に主として従事する労働者」となる。間接部門の労働者が，承継される営業以外の営業のためにも従事している場合には，それぞれの営業に従事する時間，それぞれの営業における当該労働者の果たしている役割等から主従を判断する。労働者が，いずれの営業のために従事するのかの区別なく間接部門に従事している場合で，上記の判断ができないときは，当該労働者を除いた分割会社が雇用する労働者の過半数労働者の労働契約が設立会社等に承継される場合に限り，ａの「承継される営業に主として従事する労働者」となる（指針第2の2（3）イ（ハ））。

なお，過去の勤務実態から判断して，その労働契約が設立会社等に承継されるべき，または承継されざることが明らかな労働者に対して，分割会社が合理的な理由なく会社分割後に当該労働者を設立会社等または分割会社から排除することを目的として，分割前に意図的に配置転換等を行った場合は，当該労働者の労働契約が承継されるか否かの判断については，当該過去の勤務実態に基づいて判断するものとされている（指針第2の2（3）ロ（ハ））。

(10) 整備法による改正後の商法等の一部を改正する法律（平成12年法律90号）附則5条1項。なお、会社法制定以前は、商法等改正法附則5条1項により、分割会社は、分割計画書等を本店に備え置くべき日までに協議を要するものとされていた。
(11) 通知事項は、①労働協約を設立会社等が承継する旨の分割計画書等中の記載の有無、②承継される営業の概要、③分割後の分割会社および設立会社等の名称、所在地、事業内容および雇用することを予定している労働者の数、④分割の時期、⑤分割後の分割会社と設立会社等のそれぞれがその負担すべき債務の履行の見込みがあることおよびその理由、⑥労働契約が承継される労働者の範囲およびその範囲の明示だけでは労働組合にとって労働者の氏名が明らかにならないときはその労働者の氏名、⑦設立会社等が承継する労働協約の内容である（同法2条2項、同法施行規則1条、3条）。
(12) 4（2）②で述べたとおり特定承継か包括承継かは議論のあるところである。
(13) 具体的には、①厚生年金基金・組合管掌健康保険については、設立会社等に基金がない場合、分割会社の基金・健保組合で加入資格・被保険資格の継続はできないため、条件を維持するには、設立会社等を基金・組合の設立事業所に追加する、または、設立会社等を設立事業所とする基金・組合を新設する必要があり（指針第2の2（4）ハ（イ））、②財形貯蓄契約は設立会社等で維持され、設立会社等は契約に基づく賃金控除・払込代行の義務を分割会社から引き継ぐことになり（指針第2の2（4）ハ（ニ））、③中小企業退職金共済契約は分割後も継続されるため、設立会社等は中小企業退職金共済機構との間で所定の手続きを行う必要がある（指針第2の2（4）ハ（ホ））。
(14) 荒木・前掲18頁

第9章

情報の管理とコミュニケーション・プラン

1 プロジェクトチームの結成

　すでに繰り返し述べたとおり，統合プランを策定し，それを実行するにあたり，プロジェクトチームの結成は不可避である。両当事会社間において基本的な諸条件について合意が成立するように，プロジェクトチームが情報の収集，自社内における計画の検討および意見調整，ならびに両当事会社間のコミュニケーションに従事することが重要である。さらに，両当事会社間において基本的合意が行われた後の円滑な統合，すなわちPMIの実施のためには，自社の各部門において統合後発生することが予測される具体的な問題点をプロジェクトチームが先導して調査し，検討を加えることが必要である。

　M&Aの実行および円滑なPMIの実施のためには，経営戦略の策定，円滑な事務運営，統合条件のタイムリーかつ効率的な検討，さらにはM&A情報のリークに起因する計画の失敗やインサイダー取引を防止する適切な情報管理等が不可欠であり，この点においてプロジェクトチームへの権限の集約が望ましい。

　M&Aの規模または秘匿性等によりその内容および時間的先後関係は異なるものではあるが，①M&Aが企図された後，取締役会による正式決定および対外的公表が行われるに至る過程，また対外的発表の先後を問わず，②相手先の情報開示を受け，具体的統合条件を確定させるまでの過程，ならびに③条件確

定の後に円滑なPMIを実施する段階それぞれについて，段階ごとに適切なメンバー構成によるプロジェクトチームを編成のうえ，各業務にあたらせることが望ましい。

当事会社の規模によって異なるが，一般的な例では，タームシートやLOIの締結，そして公表に至るまでは比較的限定された人数のプロジェクトチームが編成され，企図されるM&Aの基本条件およびスケジュール，IIPを決定し，取締役会等の業務執行機関に対し上程を行う。LOI成立後は，デュー・デリジェンスに基づき取得した相手先に関する情報を利用して，より拡大されたプロジェクトチームにより，時には事業部門ごとの専門部会を率いる形で，具体的に想定され得る実務上の問題点を検討する。

特に情報管理の点において，プロジェクトチームの編成は重要である。一般的に，M&Aの実行に際しては取引を仲介する金融機関が関与し，さらには財務および法律の観点から専門家がアドバイザーとして携わる例が多い。このように，社内外を問わずM&Aの実行にかかわる人員がともすると増大する傾向にあることから，情報の漏洩または悪用の可能性が高まる。

第3部第2章において触れるが，一般的に，①企図されるM&Aの計画自体についての情報（デュー・デリジェンスの開始などM&Aの計画を推認させる情報を含む），②M&Aの交渉上またはデュー・デリジェンスの実施により得た相手先の秘密情報，および③既に公表されたM&Aの成否に悪影響を及ぼす事実等の情報が外部に漏洩する危険性，ならびに上場会社の場合には，これらの情報を利用したインサイダー取引が行われる危険性が存在する。

また，M&Aの交渉が打ち切りとなる可能性もあるため，特にデュー・デリジェンスで得た相手先に関する秘密情報は，交渉打ち切り後においても漏洩の危険性が存在する。

これらの危険性を払拭するため，情報を共有する社内の関係者をプロジェクトチームのメンバーに限定したうえで，情報管理を徹底させ，インサイダー取引規制を周知徹底（場合によっては自社および相手先株式の売買の禁止も行う）させることが望ましい。

2 一般的な情報管理

(1) 情報管理責任者の設置

　上記のとおり，プロジェクトチームを編成するうえで，チームメンバーを対象に情報の適切な管理を行い，インサイダー取引規制についての周知徹底および取引管理を行うことが重要である。

　この場合，情報の共有をプロジェクトチームのメンバーに限定し，適切に情報が利用されていることを確認する責務を負う情報管理責任者の選任が望まれる。次項で述べるように，M&Aの交渉開始に先立ち，特にデュー・デリジェンスにより各当事会社による情報開示が行われることを念頭に，当事会社間において秘密保持契約が締結されることが多いが，その履行を確実にするためには情報管理責任者の設置が特に重要となる。相手先に関する秘密情報および自社のM&Aに関係する秘密情報がプロジェクトチームのメンバーのみにより共有され，秘密保持契約に基づく守秘義務がチームメンバーにより遵守されていることを確認し，同契約における義務内容およびインサイダー取引規制における禁止事項についてメンバーに対し十分に説明のうえ周知徹底させ，場合によっては当事会社の株式の売買を禁止するなど，情報管理責任者に求められる役割は多い。

　また，当事者が上場会社である場合は，証券取引所に対する公表等の連絡の窓口として，1名以上の「情報取扱責任者」を選任して，その氏名，役職名，連絡先を当該取引所に届出ることが必要とされており，基本的に「情報取扱責任者」もプロジェクトチームの当初メンバーに加えるべきであろう[1]。

(2) プロジェクトチーム内の情報管理

　基本的に情報の共有がプロジェクトチームのメンバーに限定された場合，情報管理責任者の主導のもと，チーム内における情報管理の徹底が要請される。特に，計画中のM&Aが対外的に公表されるまでの期間の情報管理は徹底して行われなければならず，さらにデュー・デリジェンスの段階に至ると，チーム

メンバーが目にする当事会社の秘密情報および統合計画に関する重要事実の量，そして情報を共有するメンバーの範囲が圧倒的に拡大するため，情報管理の手法には工夫を要する。

① 秘密保持契約

実務上一般に，M&Aの交渉に入る前には，当事会社間において「秘密保持契約」（Confidentiality Agreement ないし CA，あるいはNon-Disclosure Agreement ないし NDA等と称される）が締結され，あるいは誓約書の形で他方当事会社に差し入れられる。秘密保持契約とは，M&Aの検討・交渉過程において開示される当事会社の情報が，プロジェクトを遂行するために必要な範囲で利用されるように利用目的を限定するものである。情報を共有する者の範囲についても，これを「受領権者」として区別し，当該プロジェクトを遂行するために必要な限度に限定する例が多い。社内における「受領権者」の範囲を，プロジェクトチームの構成員に限定する旨を秘密保持契約上明記することもよく行われるが，場合によっては，秘密保持契約の本文または添付別紙において，部署名または個人名を列挙することにより特定することもある。社外に対しての情報開示を行う場面に関しても同様に法律顧問，公認会計士，ファイナンシャル・アドバイザー，関連会社など「受領権者」を限定して列挙する例が多い。

秘密保持契約上，受領権者の範囲がプロジェクトチームの構成員に限定されている場合には，統合計画に関する交渉の進展またはデュー・デリジェンスの進行に応じて情報を開示する対象者の範囲を拡大する必要性に従い，同契約の内容を修正のうえ，具体的に受領権者の範囲を拡大する方法や，新たに情報の開示を受ける者からプロジェクトチームに対し個別に誓約書を差し入れる方法などが検討されるべきである。

② 具体的な方策

M&Aの過程において，場合によっては，対外的公表を必要とするような法的拘束力のある合意の成立またはその他の重要事実の発生時点を先送りとし，先にデュー・デリジェンスを実施し，統合のプランの検討を急ぐことがある。

図表2-9-1 守秘義務誓約書の例

守秘義務誓約書

平成○年○月○日

東京都港区○
　株式会社ABC　御中

東京都千代田区○
株式会社X
取締役社長

　弊社は，貴社に対し，【プロジェクト名】（以下「本件取引」といいます）に関連して，貴社から弊社に対して開示される情報の取扱に関して，以下のとおり約します。

第1条（本件情報の定義）
　本書にいう「本件情報」とは，本件取引に関連して，文書・口頭その他提供される方法・形態を問わず，貴社から弊社に対して開示される全ての情報とします。但し，以下については「本件情報」に含まれません。
① 弊社が貴社より開示を受けた時点で既に公知であった情報
② 弊社が貴社より開示を受けた時点で弊社が既に保有していた情報（貴社より守秘義務の制約の下で開示された場合を除きます）
③ 弊社が貴社より開示を受けた後，弊社または受領権者（以下に定義します）の責めによらずして公知となった情報
④ 弊社が貴社より開示を受けた後，弊社に対する守秘義務に服しない第三者より守秘義務の制約なしに弊社が開示を受けた場合の当該情報

第2条（守秘義務）
　弊社は，貴社の事前の書面による同意を得た場合を除き，本件取引以外の目的のために本件情報を使用せず，かつ本件情報および貴社と弊社の間で本件取引に関する交渉が行われている事実について，貴社以外の第三者に対して開示しません。

第3条（適用除外）
1　前条の規定に関わらず，弊社は本件情報を，弊社の役員，従業員および専門的助言者であって本件情報を知る必要のある者（以下「受領権者」といいます）に対して，開示できるものとします。但し，開示に先立って弊社は受領権者に対して本件情報の機密性について十分に説明するものとし，受領権者が本書に基づく弊社の守秘義務と同等の守秘義務を貴社に対して負うことについて書面で合意することを条件とします。
2　前条の規定に関わらず，弊社は本件情報を，適用ある法令，裁判所の決定・命令，行政機関ないし監督官庁の命令・指示により，開示できるものとします。但し，弊社は貴社に対しかかる開示の要請があったことを直ちに書面で通知し，適用法令に鑑み，必要最小限の範囲・方法により，開示

> を行うものとします。
> 第4条（本件情報の返還）
> 　弊社は，本件取引が終了した段階または本件取引の実施の中止を決定した段階で，貴社の要求により，弊社または受領権者に対して提供されていた本件情報および本件情報が記録されている媒体（写しを含みます）の一切を貴社に速やかに返還し，返還不能なものについてはこれを廃棄処分するものとします。
> 第5条（本書の有効期間）
> 　本書は，調印後3年間を経過するまで存続するものとします。
> 第6条（損害賠償）
> 　貴社は，弊社が本書上の義務に違反した結果，貴社が損害，責任，費用等をこうむった場合（第三者による請求，訴訟等による場合を含みます）には，弊社に対してこれを賠償請求することができ，弊社はこれに応じるものとします。
> 第7条（準拠法および裁判管轄）
> 　本書は日本法に準拠し，日本法に従って解釈されます。弊社は，本書に起因して発生する紛争について，東京地方裁判所が管轄裁判所となることに同意します。
>
> 　　　　　　　　　　　　　　　　　　　　　　　　　　　　以　　上

　この場合には，両当事会社間における基本的な統合条件の検討および交渉を行うに際し，プロジェクトチームの構成員以外の当事会社の社員および外部の者に対していかなる情報の漏洩も行われないよう，具体的な方策を採用する必要がある。また，統合に関する対外的公表を行った後であっても，その後の両当事会社間における交渉の進展およびデュー・デリジェンスによる情報の開示に従い，プロジェクトチームの構成員以外の者への漏洩の防止が強く望まれる秘密情報が生じうるため，チームの外への情報漏洩を防ぐ具体的方策の実施が望まれる。

　例えば，統合に関する一切の書類はプロジェクトチームの構成員以外の者の目に一切触れることがないよう，チーム専用の部屋に保管し，入退室を管理し，書類の持ち出しおよび複製を原則禁止したうえで必要に応じ持ち出し・返却の管理を徹底することが考えられる。電子メールでのコミュニケーションは，情報漏洩の危険性が払拭しきれるものではないので，プロジェクト名を使用し，当事会社名を明記せずコード名で称呼することは必要である。また，電子ファ

イル文書についてはパスワード等による保護が有効であるほか，社内の他の社員がアクセスすることのできないよう，アクセス制限のかかった場所に保存されることが望ましい。

　特に統合プランにつき未公表の段階でデュー・デリジェンスが実施される場合には，自社および対象会社のいずれも，プロジェクトチームに所属しない一般社員に対し，デュー・デリジェンスの実施を感知させてはならない。そこで，監査の場所を社内または社外の所定の場所に限定のうえ，入退室を管理することが望ましい。当事会社間において監査対象書類の受渡しが必要となる場合には，複製の禁止および監査終了後の返却を徹底するべきである。

（3）秘密保持契約の例外規定

　秘密保持契約においては，例外規定として，法令上または証券取引所の規則上の理由や裁判所の命令等がある場合には，秘密情報を第三者に開示できる場合を定めることが多い。問題となるのは，M&Aプランの過程で重要事実が発生したと一方当事者のみが判断した場合である。公表に伴う関係者や市場への影響を考える時，相手方会社の意向を全く確認せずに公表を断行することは，後日の秘密保持契約の当該例外規定をめぐる紛争の原因となりかねず，ひいては円滑なPMIが見込めないこととなる。したがって，一方当事者が秘密保持契約の例外規定に該当すると判断する場合であっても，相手方会社と協議したうえで対応する旨秘密保持契約において定める例が多い。

（4）ストックオプションの行使時期の制限の可否

　ストックオプションの権利行使による株券の取得自体は，「新株予約権を行使することにより株券を取得する場合」（証券取引法166条6項2号）として，インサイダー取引規制の適用除外取引である。しかしながら，権利行使により取得した株券を売却する行為については，「売買その他の有償の譲渡若しくは譲受け」として，インサイダー取引規制による規律を受ける。

　株価と権利行使価格との差額を利益として取得するストックオプション制度の性質上，権利行使と株券の売却は近接して行われるのが通常である。問題となる典型的な場面としては，自社のプラス要因の重要事実が近いうちに対外公

表されることを知りながら，ストックオプションを行使のうえ，重要事実の公表後株価の上昇時に株券を売却した場合，あるいはマイナス要因の重要事実が公表されることを知りながら公表前に権利を行使し株券を売却した場合が挙げられる。

　M&Aの進行中，未公表の重要事実にも触れ得る立場にある役員または従業員によるストックオプションの行使については留意が必要である。したがって，秘密情報の受領者であるプロジェクトグループの構成員で権利の付与された者に対し，インサイダー取引規制について十分に教育を施し，取引の管理を行うことが重要である。また，ある事実が実際にインサイダー取引規制上の「重要事実」に該当するか否かは判断が難しいところがあるため，厳密には証取法上で定義される「重要事実」に該当しなくとも，一定の未公表の事実を知っている者が株券の売却を行った場合には，不適切な取引であるとの疑念を生じさせるおそれがある。そこで，より慎重にストックオプションの行使に伴う取引を管理するためには，プロジェクトチームの構成員に対し，計画中のM&Aの完了まで一切のストックオプションの行使を禁じることも一案である。

（5）個人情報の保護に関する法律

　デュー・デリジェンスの実施により，対象会社が第三者に対して守秘義務を負う情報の開示を受けることがありうる。さらにその中でも，個人情報保護法がその保護の対象としている個人データの開示を受けることがありえるため，同法に対する留意が必要になる。

　第2部第5章5において説明したとおり，個人情報取扱事業者は，一定の場合を除き，予め本人の同意を得ないで個人データを第三者に提供してはならない（個人情報保護法23条1項）。ただし，「合併その他の事由による事業の承継に伴って個人データが提供される場合」（同条4項2号）は，個人データの提供を受ける者は第三者に該当しない。しかしながら，契約締結前の交渉段階において相手会社から調査を受け，自社の個人データを相手会社へ提供する場合は第三者提供となり得るものとされている[2]。基本合意がなされた時点で「契約締結」と評価し得るのか，それとも最終契約の締結に至らない限り「契約締結」とは評価し得ないのか，事案ごとに検討する必要があるが，確実に「契約

締結」と評価し得る段階に至るまでは，個人を特定し得る形状でのデータの授受はこれを回避するべきである。統合にとって当該データの確認が必要である場合には，個人が特定できないようにデータを加工する等の工夫を相手会社に行わせるべきであろう。

3 インサイダー規制との関係における留意点

(1) インサイダー規制主体の範囲について

　インサイダー規制の概要については既に述べたとおりであるが（第2部第7章参照），具体的にプロジェクトチームを立ち上げ，情報の管理およびコミュニケーション・プランを検討するうえで留意しなければならない点としては，規制主体の範囲すなわち「会社関係者」（証券取引法166条1項）の範囲の問題が存する。

　「会社関係者」の範囲は，①当該上場会社等（当該上場会社とその親会社および子会社を含む）の役員等（役員，代理人，使用人その他の従業者），②当該上場会社等の帳簿閲覧権（総株主の議決権の3％以上）を有する者，③当該上場会社等に対する法令に基づく権限を有する者，④当該上場会社等と契約を締結している者または締結交渉中の者（法人の場合はその役員等を含む），⑤②または④が法人の場合におけるその役員等と定められている。これらの「会社関係者」がそれぞれの立場を利用して「重要事実」を知った場合（例えば①および⑤の役員等は「その者の職務に関し知ったとき」）にインサイダー規制の対象となる。

　また「会社関係者」から重要事実の伝達を受けた情報受領者（当該情報受領者が法人に属している場合は当該法人の役員等）もインサイダー規制の対象者となりうる（証券取引法166条3項）。

　上記のインサイダー規制主体の中において，情報の管理およびコミュニケーション・プランの文脈で特に関連し得る規制主体と根拠条文の関係は，以下のように整理されよう。

図表 2-9-2 プロジェクトチームとインサイダー規制主体

関連する主体	根拠条文
自社のプロジェクトメンバーである役員および従業員	証券取引法166条1項1号「会社関係者」上記①
M&A交渉相手方会社のプロジェクトメンバーである役員および従業員、主要取引先[(3)]	証券取引法166条1項4号[(4)]「会社関係者」上記④
M&Aアドバイザー、報道関係者、プロジェクトメンバーの家族や友人	証券取引法166条3項「情報受領者」

（2）インサイダー規制違反防止のための情報管理の徹底

　インサイダー取引防止のためには，平時からインサイダー取引防止に関する社内規程を作成し，情報取扱責任者の設置，情報伝達の方法，公表の決定方法，プロジェクト参加者に対する売買規制等の定めを置いて，周知を徹底することが必要になる。また，M&Aプランを策定して，プロジェクトメンバーを結成する際においては，メンバーに宛てた社内示達等を配布し，場合によっては誓約書を差し入れさせる等の措置を施し，各メンバーの注意喚起・遵法意識の向上の徹底を図ることが必要になると思われる。

（3）規制主体の限界―立ち聞きをした者

　M&Aやその後の円滑な統合計画を実施していくうえで，特にプロジェクトメンバーから次第に情報共有者の範囲が拡大していくにつれて，例えば，社内で契約社員が統合後の特定部署の廃止検討資料を発見した，親会社同士の合併後に今度は子会社同士の合併プランの資料が机上に放置されているのを社内でたまたま別の従業員が見てしまった，統合の過程で取引先との業務提携解消が検討されていることを商業ビルのエレベーターの中で他人が立ち聞きした，プロジェクトメンバーが通勤途中で網棚に忘れたかばんを盗んだ者が，中から重要なインサイダー事実を発見した，といった問題事例が次第に増えてくるリスクが高まる。

　しかしながら，インサイダー規制はこのような立ち聞きや盗人の例の場合におけるすべての者を規制対象にするものではない。間接的に情報を入手した者

図表2-9-3 プロジェクトメンバー宛の示達例

平成○年○月○日

プロジェクトメンバー各位

株式会社XYZ
経営企画部

出資・業務提携計画に伴う
株式売買自粛並びに秘密厳守のお願い

　ご案内のとおり，現在，当社による，㈱ABCへの出資及び同社への業務提携に向けて，関係各方面に手続を進めているところであります。これに伴い，当社株式及び㈱ABCの株式売買について，下記の点を厳守されますようお願い申し上げます。

　上記出資・業務提携計画は未だ公表されているものではなく，証券取引法のインサイダー取引の対象となる重要情報に該当しうるものであり，当該情報を知る当社役職員による当社株式または㈱ABC株式の売買は，同法の規制を受けることとなります。また，かかる売買行為は，当社が株価形成に参加し，その結果，当社による出資額に影響を与えようとしたものとの疑念を持たれる可能性が高く，当社としては，そのような疑いをかけられること自体，社会的信用に関わることと考え，下記のとおり，慎重を期したいと思いますので，各位とも周知徹底願います。

　また，上記出資・業務提携計画に関する情報が万一漏洩した場合には，当該計画の進行に多大な影響を与えることがあり，また当社の就業規則による処罰の対象ともなります。従って，当該情報に関しては，社外は勿論のこと，当社のプロジェクトメンバー以外の役職員にも文書・口頭・メールいずれの手段によっても漏洩することのないよう，秘密遵守の扱いとすべく，各位とも周知徹底願います。

記

株式売買の自粛
① 対象者　　当社プロジェクトメンバー（別紙のとおり）
② 期　間　　本日より上記計画が証券取引所を通じて公表されるまで（平成○年○月○旬予定）（計画が中止になった場合等の扱いは別途連絡します）

以　上

```
***********************************
           誓 約 書
 私は上記の内容を確認並びに理解し，且つこれを厳守することをここに誓
います。
    平成○年○月○日
                   署 名           印

(別紙)
  プロジェクトメンバー名または部署の表示
```

については，①各自の立場を利用して未公表の重要事実を知った「会社関係者」から直接当該重要事実の伝達を受けた者（「情報受領者」）の他は，②情報受領者がその職務上重要事実の伝達を受けた場合に，その情報受領者の所属する法人の役員等で，自己の「職務に関して」当該情報受領者から重要事実を知った者，に限り規制が及んでいるからである。またインサイダー規制違反は処罰の対象になる点から，制裁的な規定の謙抑的な解釈の要請からも，一定の限界を設けざるを得ない。もっとも「職務に関して」は広汎に解され，直接担当する職務の過程で知った場合に必ずしも限定されないと解しうる。

(4) 刑 事 罰

　インサイダー規制違反の刑事罰は，3年以下の懲役もしくは300万円以下の罰金に処せられ，またはこれらが併科される（証券取引法198条19号）。またインサイダー取引違反により利得を得ている場合は没収される（証券取引法198条の2第1項1号）。また平成17年4月より課徴金制度が施行され，相場操縦や有価証券届出書の虚偽記載等の違反取引と共にインサイダー規制違反取引について所定の課徴金を収めることとなった。

図表 2-9-4 課徴金納付命令までの流れ

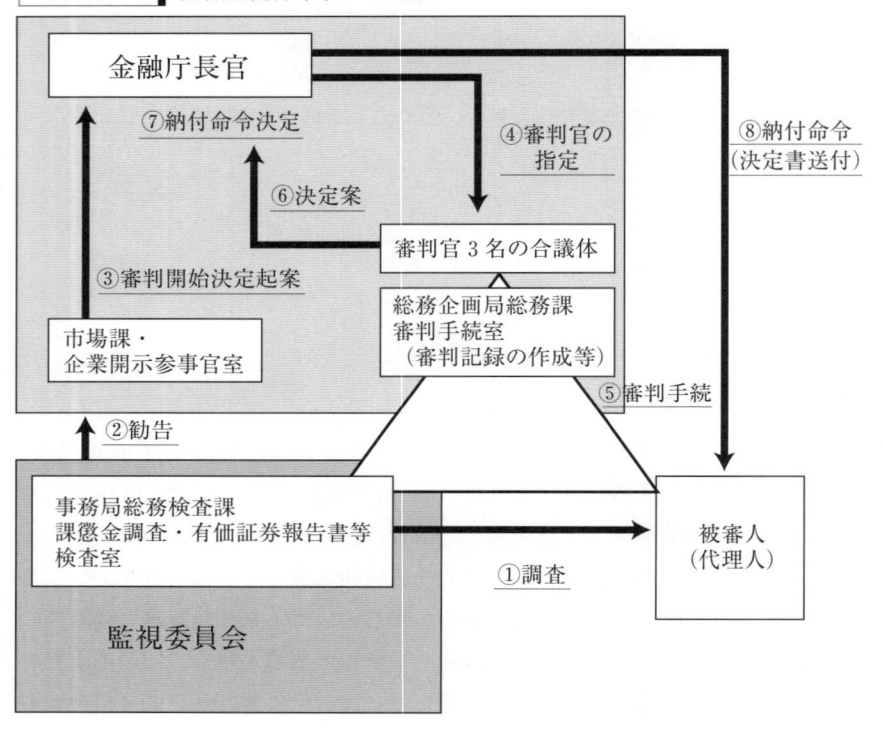

```
                    金融庁長官
         ⑦納付命令決定        ④審判官の指定      ⑧納付命令
                                               (決定書送付)
              ⑥決定案
                        審判官3名の合議体
      ③審判開始決定起案
                        総務企画局総務課
                        審判手続室
   市場課・                (審判記録の作成等)
   企業開示参事官室
                                    ⑤審判手続
            ②勧告

   事務局総務検査課
   課徴金調査・有価証券報告書等        被審人
   検査室                             (代理人)
                        ①調査
           監視委員会
```

（金融庁ホームページより引用）

● 注

(1) 株式会社東京証券取引所「上場有価証券の発行者の会社情報の適時開示等に関する規則」4条の3。社内規程などにもよるが、プロジェクトチームの情報管理責任者と、ここに言及される証券取引所に届け出るべき情報取扱責任者は必ずしも同一人物である必要はない。

(2) 個人情報の保護に関する法律についての経済産業分野を対象とするガイドライン（平成16年10月22日・厚生労働省・経済産業省告示第4号）

(3) 主要取引先が契約の履行又は交渉の過程でM&Aプランの存在を知るに至るケースがある。この場合は、証券取引法166条1項4号に基づき当該取引先は会社関係者となる。

(4) 証券取引法166条1項4号括弧書きにより、個人としての契約交渉相手方だけでなく、契約交渉相手方が法人である場合の役員等が含まれると定められている。

第3部

相手方情報開示後のプラン
最終プラン(FIP)の策定と修正

第3部においては，まず第1章において，IIPからFIPに成熟する過程で発見された統合阻害事由の対応・処理に関する特有の問題点を論じ，第2章以下においては，IIPの段階では対処できず，FIP策定時以降に対応すべく特有の事項について整理，検討を行う。

第1章

相手方による情報開示後
直ちにIIPを再検討・修正すべき事項

1 潜在シナジーと実現シナジーの「ズレ」

　第2部で詳細に議論したとおり，IIPといわれる初期プランニングは，M&A取引開始時点から着手され，デュー・デリジェンスによる相手方監査の過程を経て，そこで収集された情報に基づいて，最適なM&A取引の実施形態並びに当該時点で認識されたM&A後の統合の過程における問題点を洗い出し，それが統合阻害事由と認識された場合にはそれに対する対応を行う（一部は買収価格あるいは統合比率に反映され，その他は統合過程での作業事項と認識される）ことまでを含む広範なプロセスである。

　また，第2部で議論した各ツールを利用することにより，最適なM&A手法の選択から，統合実施の過程に実行せざるを得ない各事項について，相当の幅の広い範囲で事前に検討することが可能であることが明らかとなった。この初期プランニングの過程で，徐々に最終統合プラン（FIP）が組成され，この内容の確定とM&A取引クロージング（統合開始）時点がFIPの完成時期となるわけであるが，FIPとIIPは本質的に異なるものではなく，後者は前者の修正であり，その誤差が小さければ小さいほど，潜在シナジーと実現シナジーの「ずれ」も小さいこととなる。他方，現実の問題としては，この誤差が大きく生じるケースも多く，この場合に，誤差修正にいかに対応するかが問題となる。

この誤差が，IIPの段階で検証を行った各事項に関する「量的」な誤差であれば，予測可能な範囲内でのものとして処理することができるし，また，量的なものとしても，買収価格（統合比率を含む）の調整で処理できる場合にも理論的には問題は少ない（この点は本章で詳細に検討する）。

他方で，IIP段階での予測を大幅に上回る重大な統合阻害事由が発見された場合には，それがIIPの段階で発見し得なかったことを正当化しうる合理的な事情があることを条件として，経営判断としての「撤退」を選択することがやむを得ない場合もありえる。本章ではまず，IIPからFIPへ統合プランを成熟させていく過程で典型的に生じる問題のうち，法的な論点の処理の方法を考えていく。

このIIP修正プロセスのあり方は，株式譲渡・事業譲渡といった取引法上の行為によるM&Aの場合と，合併・株式交換といった組織法上の行為によるM&Aの場合とでは，様相を異にすることが多い。そこで，以下では，これらの場合を区別して論ずることとしたい。

2　取引法上の行為によるM&Aの場合

（1）基本合意事項の再検証，買収プランニングの修正

法務監査では，第2部第2章で示したような項目について対象会社に対して情報開示を求め，対象会社から提供された書類を精査して，そこから発見された疑問点・法的問題点について対象会社の役職員と質疑応答することによって，対象会社の法的な問題点を浮き彫りにしていく。法務監査を通じて発見される問題点にはさまざまな種類があるが，その全部がIIPの修正をもたらすわけではない。そこで，法務監査を通じて発見される問題点の類型を以下のように分類して，それぞれのリスクの程度について分析し，具体的に買収プランニングをどのように修正すべきかについて解説する。

① 取引遂行の法的障害となる事由

　この類型は，法律上当該買収の実行を妨げるような問題である。法務監査では，一般的にこうした重大な問題を発見することは稀であるが，実務上想定されるケースとして次のような例が考えられる。

（ⅰ）会社分割スキームにおける対象会社の債務超過

　ここで想定されるのは，売主の一事業を売却するのに事業譲渡を利用しないで，会社分割を利用する場合である。一事業を売却する場合，事業譲渡と会社分割（当該事業を分社化する新設物的分割とこれに伴う株式譲渡。以下，「会社分割スキーム」と略す）のいずれかが考えられるが，いずれが優位かはケース・バイ・ケースである。

　譲渡対象となる事業が多額の負債や多くの簿外債務を抱える場合は，買収対象の取捨選択が認められる事業譲渡の方が適切である。しかし，譲渡対象となる資産の中に大量の契約が含まれている場合は，クロージング日までに契約相手方全員から個々の同意を取ることが実務上困難な場合があり得る。また，事業譲渡では個々の雇用関係を承継するために従業員の個別同意が必要だが，会社分割ではそのような同意の取得が不要である[1]。そこで，多数の従業員や契約を抱える比較的大規模な事業を譲渡するケースでは，会社分割スキームを利用する方が合理的な場合がある。

　上記のようなケースで，会社分割スキームを利用することが当事者間の基本合意事項とされていたと仮定しよう。基本合意書締結後の会計デュー・デリジェンスの過程で，売主が債務超過であることが判明した場合，買主の法律顧問としてはどのような指摘をすることになるか。

　会社法上，会社分割については，分割会社および新設会社（または承継会社）の負担すべき「債務の履行の見込み」があることが適法要件とされているが（会社法782条1項，794条1項，803条1項，会社法施行規則183条6項，192条7項，205条7項），その解釈として，会社分割の結果として分割会社または新設会社（もしくは承継会社）のいずれも債務超過に陥ってはならないとされる。そのため通説では，分割会社がすでに債務超過の場合は，特段の事情がない限り会社分割を行うことができないとされる[2]。

　こうした解釈には異論もあり得るが，少なくとも，売主の債務超過が発覚し

た場合，買主の法律顧問は，この点を会社分割の遂行を法律上妨げる可能性のある事由として指摘し，依頼者たる買主に報告するだろう。

こうした事情が発見された場合は，IIPの修正として，会社分割スキームを事業譲渡スキームに修正するという選択肢があり得る。ただし，もともと会社分割スキームを選択した理由が，契約が大多数であるためにクロージング日までに相手方全員からの同意を得ることが物理的に不可能であるか，雇用関係の承継について従業員全員（少なくとも「キー・エンプロイー」と呼ばれる重要な従業員全員）の同意を得ることが困難な場合，あるいは売主が何らかの理由で会社分割スキームに拘泥するような場合は，会社分割スキームを修正することが難しい。こうした場合，以下のような対策が考えられる。

　a　株式譲渡代金を減額する。

株式譲渡代金を減額したからといって，会社分割が違法となるリスクが解消するわけではないが，現実の交渉の過程では，売主との間で代金減額という妥協を図る方法もあり得る。

　b　分割計画書作成時までに売主の債務超過を解消することを，株式譲渡契約（以下「SPA」という。）における売主の義務とする。

下級審判例では会社分割無効確認判決があり（名古屋地裁平成16年10月29日），債務の履行の見込みが存在すべき時点について，「債務の履行の見込みは，分割計画書の作成時点，分割計画書の本店備え置き時点，分割計画書の承認のための株主総会の各時点だけ存すればよいのではなく，会社分割時においてこれが存することを要する」と判示した。これを敷衍すれば，会社分割の適法要件として，遅くとも分割計画書作成時点までに，分割会社の債務超過が解消されているか，これに代わる何らかの措置が施されていることによって，会社分割後における分割会社・新設会社両者が負担する個々の債務の弁済について履行の見込みが客観的かつ合理的に裏付けられるべきだろう。

　c　SPAにおける売主の表明保証事項として，①クロージング日（または会社分割期日）現在において会社分割手続が適法に履践されたこと，②クロージング日（または会社分割期日）現在において当該会社分割手続に無効原因が存在しないこと，③クロージング日現在，売主が債務超過にないことおよび当該株式譲渡の実行によって債務超過に陥るおそれがないこと，

④クロージング日現在，売主にその債権者を害する意思がないことなどを盛り込む。

①，②は会社分割が無効となるリスクの手当てであり，③，④は株式譲渡そのものが詐害行為取消権などの対象とならないようにするための手当てである。

　d　クロージング書類として，売主の法律顧問から，会社分割手続の適法性に関する法律意見書を提出してもらう。

売主が新設物的分割を行う場合は，買主はかかる手続には何ら関与しないので，売主の法律顧問からこうした法律意見書を提出してもらう必要がある（第2部第4章参照）。

　e　クロージング後であっても，当該会社分割につき無効確認訴訟が提起され，無効確認判決が確定した場合，買主によるSPAの解除権を生じさせる。

通常のSPAでは，クロージング後の契約解除は許さない建付けとなっている[3]。しかし，会社分割が無効となるリスクがあるにもかかわらず，売主の都合により会社分割スキームを維持する場合は，例外的に買主によるクロージング後の契約解除権を認めてもらうように交渉すべきであろう。

　f　クロージング後の当事者の義務として，当該会社分割に関して無効確認訴訟を提起せず，かつ，その取締役および監査役をして提起させない。

「債務の履行の見込み」がない会社分割は無効であるが，会社分割を無効とする手段は，法律上は会社分割無効確認訴訟しか存在しない（会社法828条1項9・10号）。その提訴権者は，分割会社または新設会社の株主，取締役，監査役，清算人，破産管財人または分割を承認せざる債権者に限られる（会社法828条2項9・10号）。分割会社・新設会社の株主・取締役・監査役は，まさにM&Aの当事者なので，これらの者が無効確認訴訟を提起する可能性は極めて低い。ただ，実務上は，これらの者による提訴を抑制するために契約上の工夫をすることは無益ではない。

なお，強いていえば，現実に提訴する可能性があるのは破産管財人か分割を承認せざる債権者である。前者は，売主が破産したケースが前提になるので，事前に契約技術上予防することは困難である。後者は営業債権者と取引銀行が問題となる。もしこうした債権者からの異議がなかった場合は，会社分割後に売主が6ヵ月以内に破産しない限り，無効確認訴訟が提起されるリスクはほと

んど存在しない。異議があったとしても，会社法所定の弁済その他の措置（会社法810条，740条1項）が取られている限り，こうした債権者は提訴権を持たない[4]。

このように，会社分割スキームにおいて売主に債務超過があったとしても，会社分割後6ヵ月以内に売主が破産しない限り，当該会社分割が無効となるリスクはそれほど高くはない。

(ⅱ) 株式譲渡・株式交換スキームにおける株券不存在・潜在株式の存在

a 株券不存在について

平成16年商法改正以前は，株式譲渡には株券交付を要し（第2部第5章参照），株式交換には株券の提供が必要であった（旧商法359条）。そのため，従前のM&A実務では，法務監査の結果として株券が不存在であると判明した場合（非上場会社，特に同族会社にはよく見られる傾向にある）は，直ちに売主に対して株券の発行を要請していた。しかし，平成16年商法改正以降，定款で株券不発行の定めを設ける場合（会社法214条（商法227条1項・2項））は，株券が存在しなくても株式譲渡・株式交換を支障なく実行できるようになった[5]。

さらに，会社法では株券不発行が原則化されたので，そもそも株券が存在しなくても株式譲渡・株式交換が可能となる。したがって，これらのスキームにおいては，株券の不存在は原則として取引遂行の法的障害事由にはならなくなった（第2部第5章参照）。

b 潜在株式の存在について

対象会社が新株予約権・新株引受権・転換予約権付株式などの潜在株式を発行する場合は，株式譲渡や株式交換が法的に実現できない可能性がある。株式交換の場合，当事者が意図する取引は完全親子会社関係の創設だが，完全子会社となる会社（A社とする）が新株予約権を発行していた場合，商法が定める要件（商法352条3項但書[6]）を満たさない限り，株式交換が完了した後も，A社は当該新株予約権にかかる義務を負い続けた。

当該新株予約権を有する者は，株式交換後も行使条件が成就すれば権利行使することができ，これを行使した場合は，A社は当該権利者に新株を発行しなければならない。そうすると，完全子会社であるはずのA社に少数株主が発生することになってしまう。株式譲渡の場合でも，買主が対象会社の議決権の3

分の2以上の支配権取得を計画している場合に，対象会社が潜在株式を多数発行しているために，これらがすべて行使された場合に買主の持分比率が議決権の3分の2を下回る可能性があれば，取引遂行の法的障害事由になるだろう。

株式交換における新株予約権の承継については，商法では当該新株予約権の発行決議において将来の株式交換の実施において完全親会社に承継させることを決議していなければ，承継が認められなかった（商法352条3項但書）。そのため，対象会社の法務監査の結果，新株予約権の存在と発行決議における承継に関する決議の不存在が判明した場合は，株式交換の計画を断念せざるを得なかった。

しかし，会社法では，新株予約権の発行時にそのような決議がなかったとしても，株式交換契約で新株予約権を承継するメカニズムを規定すれば，承継が可能になった。すなわち，完全親会社になる会社（B社とする）がA社の新株予約権の権利者に対して当該新株予約権に代わるB社の新株予約権を交付することを定め，さらにA社の新株予約権が有する既存の予約権の内容，新たに交付する新株予約権の内容・数または計算方法を株式交換契約で定めれば，株式交換における新株予約権の承継が可能となる（会社法768条1項4号イ・ロ）。したがって，新株予約権が存在したとしても，取引遂行の法的障害事由とはならない（第2部第5章参照）。

他方，株式譲渡における議決権3分の2取得を目的とするスキームで潜在株式が存在した場合は，会社法でもこれを無制限に消却することを認めていない[7]。そのため，当該スキームにおける潜在株式の存在は，会社法下においても，取引遂行の法的障害事由となるだろう。

(iii) 事業譲渡スキームにおける資産の譲渡制限・契約の譲渡禁止特約

事業譲渡では，合併や会社分割とは違って，個々の資産・契約の承継について移転の手続と相手方の同意を要する。この点，法務監査を通じて，承継対象となる事業に含まれる資産や契約の譲渡が制限・禁止されていることが判明する場合がある。しかし，この点については，（i）当該資産・契約の重要性が低い場合は，承継対象資産から除外することで対応が可能であるし，（ii）重要性が高い場合は，売主のクロージング前のSPA上の義務として，こうした資産の譲渡制限を解消する義務，あるいは，譲渡禁止特約のついた契約の承継

につき，相手方全員からの同意を取得する義務を規定することで手当てすることができる。したがって，この点は，障害事由としてのリスクは低いといえる。

② 取引遂行の結果として生じうる法的問題

法務監査によって判明する問題の中には，当該買収スキームを妨げるものではないが，IIPとして策定された買収スキームを実行した後で，対象会社の経営に支障をきたすような問題があり得る。以下ではそのような類型の問題について説明する。

（ⅰ）支配権変更条項（Change-of-Control）が存在する契約

支配権変更条項とは，契約の一方当事者においてM&Aが生じた場合（支配株主の変動，合併，事業譲渡，会社分割，株式交換・移転など）には，その当事者に相手方当事者への報告義務が発生する，あるいは相手方当事者に契約上の解除権が発生する旨定める条項のことである。M&Aが比較的頻繁に行われている米国などでは，株主や親会社が変更することが日常的な問題として想定され，かかる支配株主の変更に伴う経営陣の変化によって契約の相手方に対する信頼が左右される。そのため，英文の諸契約には，解除事由として相手方の支配株主の変更（Change-of-Control）が定められている例が多い。

他方，日本の契約実務では，支配権変更条項はあまり見られなかった。これは，日本ではこれまでM&Aがそれほど頻繁ではなく，親会社・支配株主の変更や合併といった事態を契約の相手方リスクとして考慮してこなかったためだろう。しかし，わが国のM&A件数は毎年増加する一方であり，現在M&Aは，日本企業の事業戦略の一選択肢として市民権を得た感がある。そのため，ここ数年では，各種製品の取引基本契約，業務委託契約，請負基本契約といったごく普通の契約でも支配権変更条項が見られるようになった。

対象会社の主要な顧客との取引基本契約に支配権変更条項がある場合は，当該買収スキームの実行によって，契約の相手方である重要顧客から解除権を行使されるリスクがある。もしこうした契約が解除されてしまえば，対象会社の事業運営に支障をきたしかねず，企業評価（valuation）を左右することもあり得る。

そこで，こうした問題については，（ⅰ）問題が判明した早期の段階で，契

約の相手方に当該買収について説明してもらうよう，売主を通じて対象会社に要請し，相手方の理解を求める，または（ⅱ）SPA上の売主の義務として，クロージングまでに支配権変更条項のある重要な契約について，相手方全員から，当該買収について書面による同意（または当該買収を理由として契約解除権を行使しない旨の書面）を取得する，といった手当てが考えられる。

(ⅱ) 相手方の契約解除が容易な契約関係

a 相手方に一方的に有利な契約書

対象会社が締結する契約の中には，相手方が容易に解除できるようなものもある。たとえば，対象会社がメーカーの下請業者か，OEMその他これに類似の製造受託業者の場合は，大手メーカーを顧客とする取引基本契約は，通常大手メーカーの雛型に従って作成されている。こうした契約は，大手メーカーに有利に作られており，大手メーカーが広汎に契約解除権を行使できるようなケースもある。

こうした契約の相手方が対象会社の重要顧客である場合は，相手方から簡単に契約を解除されてしまえば，対象会社の事業価値が落ちるので，買主としては重大なリスクとして評価すべきである。

b 基本契約書がない取引関係

対象会社と仕入先・顧客との間で取引基本契約書が存在せず，受発注書のみで取引関係が成立しているケースがある。このように基本契約書が存在しないことについては，取引関係が容易に解消されやすいという法的リスクが考えられる。特に，受注の機会が製品需要がある場合に限られるために，定期的な受注が期待できない場合もある。こうした取引関係は，継続的な取引関係としての法的保護に値しないとされる可能性もある。

相手方が仕入先の場合は，仕入先が取引関係を解消するという事態は実際上想定されにくいので，仕入先との取引関係について基本契約書が存在しないことは，法的リスクとしては小さいといえる。他方，相手方が顧客の場合は，顧客から取引関係が解消された場合，対象会社の減収を引き起こすことになるので法的リスクは大きい。この場合の法的手当てとしては，重要な顧客との間で対象会社に取引基本契約を締結してもらうことに尽きるであろう。

（ⅲ）対象会社による契約解除が困難な契約

　対象会社の業種によっては，主要な契約がいわゆる継続的契約となっているものがある。継続的売買契約（取引基本契約など），フランチャイズ契約，代理店・特約店契約，販売委託契約・運送委託契約・その他業務委託契約，役務提供契約のように，一定期間にわたる契約関係が前提になる契約のことである[8]。

　継続的契約の中には，経営上非効率的であるため，買主としてはできれば買収完了後に解消したいものがあり得る。また，親子会社間取引について継続的契約がある場合で，当該M&A取引を契機に契約を終了する必要がある場合もあり得る。こうした契約解消の可否については，継続的契約関係において培われた当事者間の信頼関係を重視し，契約の相手方の保護を図る観点から，相手方からの契約解消を制限する判例が多数存在する。

　この点，親子会社間の取引については，当該M&Aを契機に親会社も取引の解消を希望するはずなので，たとえ継続的契約になっていても合意解約するのが通常である[9]。しかし，第三者と継続的契約がある場合は，その合意解除は比較的困難なため，一方的な解約の可否が問題となる。

　法務デュー・デリジェンスでは，対象会社に継続的契約が存在する場合は，対象会社からの契約解消が法的にどの程度可能なのか分析する必要がある。PMIの観点からすれば，買主としては，法律顧問と協議のうえで，まずは当該継続的契約が将来の事業戦略上重視すべきかという観点から検討し，次に，不要となる可能性のある契約関係について，契約解除・取引関係の解消の可否について検討すべきであろう。

（ⅳ）業務上必要となる許認可の承継・新規取得の必要性

　対象会社が規制業種の場合，企業価値を維持するために許認可の継続が必要なケースがある。株式譲渡や株式交換・移転を選択する場合は，対象会社の法人格が変わらないので，許認可の承継は問題にならない。しかし，事業譲渡，合併，会社分割では，対象会社とは別の法人を買主の支配下に置くことになるので，許認可の承継が問題となる。この点，業法によって差はあるが，これらのスキームを用いる場合は許認可が承継されない場合が多い。そのため，本契約（事業譲渡契約，合併契約，分割契約書（新設分割では分割計画書）がこれ

に相当する。英語ではDefinitive Agreementという。以下，株式譲渡契約を含めて，単に「本契約」という）において，事業譲渡の買主，合併の存続会社，または会社分割の新設会社もしくは承継会社が当該許認可を取得できるような手当てをしておく必要がある。

③ その他の問題

法務デュー・デリジェンスでは，取引の遂行自体や取引完了後の対象会社に影響を及ぼさないまでも，買収後に対象会社を運営していくうえで買主が留意しておくべき法的問題が判明することがある。以下，問題の類型ごとに説明する。

(ⅰ) 対象会社の法令遵守に関する問題

法務デュー・デリジェンスでは，労働法規・環境法規の不遵守，公正取引委員会からの排除勧告の存在，確定申告書の更正処分などが判明することがある。特に非上場企業の場合は，労働法規の遵守について，時間外労働の管理不十分，偽装請負の疑い，就業規則その他の内規の整備不十分といった問題が散見される。こうした問題は，たとえ法的瑕疵として軽微であっても，対象会社の法令遵守に対する企業文化の問題であるため，買主としては注意が必要である。

(ⅱ) 対象会社の企業価値に影響を与える問題

法務デュー・デリジェンスでは，財務・会計監査ほどではないにせよ，対象会社の企業価値に影響を与える問題が判明することがある。これは多分に法令の不遵守と関連するが，主な問題は，対象会社における偶発債務の発生リスクである。具体的には，①確定申告が不適切だったことによる追徴課税のリスク，②現在すでに発生している紛争または将来発生する蓋然性の高い紛争による賠償金・和解金支出のリスク，③過去勤務債務の清算，④環境法令上の土地の浄化義務・調査義務の履行による出費などがある。また，⑤非上場企業では，第三者の債務の保証や保証類似の念書や口約束などの存在が重要である（上場企業では債務保証は有価証券報告書で開示されるが，保証類似行為までは開示されないので，非上場企業と同様の注意が必要である）。

また，対象会社が知的財産権を多数保有し，事業運営にとって重要な役割を占めている場合（知的財産権の中でも，特許や商標が問題となるケースが多い）

は，個々の知的財産権につき，未登録であれば審査請求の期限が迫っていないか，登録済であれば更新期限が迫っていないかを調査する必要がある。適切に登録・更新されない場合は，対象会社の事業価値に悪影響を与えかねないからである。この点は，対象会社が自ら保有している知的財産権に限らず，ライセンスを受けているものについても同様の調査が必要だろう。

(ⅲ) 買収後における事業統合の支障となりうる事項

最後に，必ずしも法的な問題ではないが，買主と対象会社との統合を進めるうえで障害となりうる事項に注意すべきである。この問題は主に人事・労務の点で起こりうる。具体的には，①定款その他の内規における統治メカニズムの相違（役員任期の長短，経営会議といった法定外機関の有無など），②役員の報酬体系・退職慰労金内規，従業員の給与体系・年金システムなど退職金体系の著しい相違，③人事考課システムの相違，④顧問・契約社員の契約条件に関する問題などが想定される（これらの点についての対応は，第3部第3章にて詳述する）。

(2) 潜在的なリスクへの対処―追加監査，契約書による手当て等

① 追加監査

法務デュー・デリジェンスでは，限られた時間の中で資料を検討しなければならず，対象会社の担当者に直接質問する機会が与えられないままに依頼者に結果報告せざるを得ない場合もある。特に上場会社の買収案件では，入札によって買主候補を絞り込んでいく場合が多く，その場合には，一次入札を通過した数名の買収候補者がそれぞれ限定的な買収監査しか許されないのが通常である。

このように，買収監査が質量ともに不十分な場合は，追加の買収監査を行うことがある。追加監査が行われる段階は，買収候補者が一社に絞られているケースがほとんどであり，交渉の当事者間のバーゲニング・パワーもほぼ対等になりつつあるので，買主側としては，ある程度詳細な情報についても追加請求できる状況にある。

追加監査は，本契約締結前における情報収集の最後のチャンスであり，買主側としては，上述したようなリスクをできる限り洗い出しておく必要がある。

② 契約書による手当て

　第一次法務デュー・デリジェンスおよび追加監査を通じて，対象会社の法的リスクが洗い出された後は，本契約締結に向けて売主との交渉が始まる。本契約の起案作業は売主が行うケースが多いが，バイアウト・ファンドによる買収のような場合（特に入札案件でないようなケース）は，買主側が起案する場合もある。買主としては，売主が本契約の最初のドラフトを起案する場合であっても，できる限り対象会社のリスクを手当てするために必要な条項を盛り込み，あるいは売主の原案を修正する必要があるだろう。そこで，本契約において対象会社のリスクをいかに手当てすべきか述べる。

（ⅰ）譲渡価格

　買収監査を通じて，当該取引の遂行を法的に妨げる問題や，対象会社の企業価値に悪影響を与えるような問題が発覚した場合は，買主としては，その問題が対象会社の企業価値に与えうるインパクトに応じて，売主に対して譲渡価格の減額を求めるのが原則である。

　株式譲渡の場合は，譲渡対象の取捨選択ができないし，契約締結とクロージングの間隔が事業譲渡案件の場合よりも狭いため，クロージングまでの譲渡資産の価値に大きな増減が予定されないので，契約締結前に譲渡価格を確定させるのが通常である[10]。

　事業譲渡の場合は，譲渡代金の80％程度を初回のクロージングとして支払い，クロージング時点での財務状態を再度監査法人に調査してもらうことによって，対象会社の企業価値を再評価し，譲渡代金の調整を行うことにする。事業譲渡の本契約では，こうした価格調整に関する条項を設けることになる。

　なお，当事者間の交渉の結果，買収監査で判明した対象会社の問題点を譲渡価格に反映させなかった場合は，本契約の表明保証や補償条項において別途工夫が必要となるが，この点は次項以下で詳述する。

（ⅱ）表明保証

　a　例外事由の開示

　買収調査で何らかの異常事態を発見した場合，買主としては，本契約における売主の表明保証事項の中で例外事由として開示させる。例外事由として頻繁に見られる事項としては，契約締結日およびクロージング日現在において，①

労働紛争，知的財産権侵害，その他各種紛争の存在および将来発生する可能性（さらには，こうした紛争の結果として賠償金・和解金などを支出する可能性），②退職金その他過去勤務債務の支出の可能性，③追徴課税がなされる可能性，④環境責任のリスク（土壌汚染対策法における調査義務や浄化義務を履行するための費用の支出）の存在が考えられる。

b 補償条項との関係

本契約では，当事者が表明保証した事項の重大な点について正確ではなく，または真実ではなかった場合に，こうした問題に起因して相手方当事者が損害を被った場合は，相手方当事者は表明保証を行った当事者に対して損害賠償を請求できるようにすることが公平であろう。しかし，当事者が表明保証した事実状態が客観的事実と相違していたことについて，当該当事者が無過失の場合もあるので，契約上の債務不履行責任（民法415条参照）を追及することができないケースもある。

そこでM&Aの本契約では，こうした重大な表明保証違反についても損害の賠償を可能にするべく「補償（indemnity）」という概念を設け，こうした重大な表明保証違反に起因して相手方当事者が被った損害，損失などを補填することを，表明保証を行った当事者に対して請求できる条項（補償条項）を設けるのが通常である。

では，表明保証事項の例外事項を別紙で開示するような場合，こうした例外事項がクロージング後に現実化して，対象会社が実際に損害・損失を蒙った場合に，買主は売主に対して損害等の補償を請求させるべきであろうか。

買収監査を通じて判明した対象会社の問題点を理由として譲渡価格がいくらか減額された場合であれば，表明保証の例外事項として契約書で特定した事項は，すでに買主が認識しているリスクとして譲渡価格に織り込まれている。そのため，この場合に買主が売主に補償請求する合理性があるのは，買収監査では判明し得なかったリスクが実現した場合に限定すべきである。言い換えれば，契約書で特定された例外事項以外の表明保証違反が発生した場合に限るべきである。そこで，本契約では，売主の表明保証事項で開示されていなくても買主が知りまたは知りえた事項については表明保証違反にならない，すなわち補償請求できないという条項を盛り込むことが公平であろう。

逆に，買収監査で判明した対象会社の問題点が譲渡価格の減額要因として織り込まれないような場合は，表明保証事項の例外事項についてクロージング後に現実化したために対象会社に損失が生じることも見越して，こうした損失も補償の対象になるように本契約を設計すべき合理性がある。すなわち，本契約では，買主が知りまたは知りえた事項の表明保証違反についても，買主による補償請求を認めさせる合理性があると思われる。

したがって，買収監査の結果が譲渡価格の減額要因として反映されない場合において，売主側が「表明保証事項で開示されていなくても買主が知りまたは知りえた事項については表明保証違反にならない」という条項を本契約に盛り込むことを提案した場合は，買主としてはかかる条項の削除を申し入れるべきである（なお，表明・保証と補償事項について，第4部第1章参照）。

c 会社法との関係

本契約における各当事者の表明保証事項として，契約の締結・履行に関する内部意思決定が適法かつ有効に完了していることが通常盛り込まれる。この点，商法であれば，たとえば株式譲渡契約については各当事者の取締役会承認決議であり，営業譲渡契約については取締役会承認決議に加えて株主総会特別決議の承認が必要となるなど，法文からどのレベルの機関決定を得る必要があるのか明白だった。

ところが会社法では，定款自治を徹底する観点から機関設計が柔軟化されるため，当該本契約の締結・履行を承認するためにいかなる機関の意思決定が必要となるのか，定款や商業登記簿謄本を精査しなければ判別できない事態が想定される。そこで，会社法下においては，本契約における表明保証として，法令上要求される内部意思決定が完了していることを盛り込んでもらうことに加えて，対象会社の定款および商業登記簿の謄本および機関決定を証する議事録の謄本（いずれも代表者による原本認証付謄本が望ましい）をクロージングの際に相手方当事者に交付するような義務を負わせることも必要と思われる。

(ⅲ) クロージングまでの当事者の義務

買収監査を通じて，取引遂行によって生じうる法的問題が判明した場合は，クロージングまでにこうした問題が将来発生しないように手当てをしておく必要がある。そのため，本契約では，各当事者にクロージングまでに一定の行為

をなす義務を負わせることによって、問題発生を未然に防止することが有益な解決策となる。クロージングまでの当事者の義務としてすでに説明しているものもあるが、ここで改めて主な例を紹介しよう。

  a　支配権変更条項の発動による第三者の契約解除権が発生する場合

　対象会社の事業運営にとって重要な契約に支配権変更条項がある場合は、クロージングまでに契約の相手方から当該取引についての書面による同意を取得しておくことを、売主の義務として盛り込むべきである。かかる相手方が当該取引に同意した場合は、その後に支配権変更条項を理由に当該契約の解除権を行使したとしても、禁反言（信義則の一種、民法１条２項）あるいは権利濫用（民法１条３項）といった法理により、かかる解除権行使が許されなくなると思われる。

　なお、問題発生を予防する見地からは、契約の相手方から「当該取引が遂行されても、当該契約の解除権を行使しない」という直截的な文言が記載された書面を取得するのがもっとも望ましいが、実務上は、当該M&A取引の遂行に対する同意書を取得する運用がなされている。

  b　対象会社の重要な契約について相手方からの解除が容易な場合

　すでに述べたように、かかる場合の類型としては、①相手方に一方的に有利な契約内容になっている場合と、②基本契約書が存在しない場合が想定される（本節（1）②（ⅱ）参照）。こうした問題を解決するには、①については、クロージング日までに解除権発生事由の修正あるいは解除権を容易に発動しないよう書面による了解を取るなどの義務を売主に課す、②については、クロージング日までに基本契約書を締結する義務を売主に課すことが考えられる。

　しかし、①については、取引の相手方が経済的に強い立場にあるので、解除の条件内容を修正することは事実上困難な場合が多い。そのため、買主がかかる解決策を示しても、本契約に盛り込まれる可能性は低い。また、②については、対象会社と仕入先の間で取引基本契約書が存在しない場合は、相手方から取引関係を解消されるリスクが低いので、特に手当てする必要性がない。

　ただ、対象会社と重要な顧客との間で取引基本契約書が存在しない場合は、顧客から取引関係を解消されるリスクがあり、これを解決するために、対象会社に当該顧客との間で取引基本契約書を締結してもらうことが望ましい。しか

し、かかる契約の締結には条件交渉に相当の時間がかかるため、M&A取引の本契約締結からクロージング日までの短期間（非上場企業であれば通常は1ヵ月程度）で取引基本契約の条件がまとまる可能性は低いと思われる。また、かかる契約を締結するのは対象会社なので、本契約上の売主の義務は「対象会社をして当該顧客との取引基本契約書を締結させる義務」という間接的な義務になる。そのため、買主側が売主に対してかかる契約締結をクロージング日までの義務として負担するように要請しても、上記のような間接的義務を履行するべく最善の努力を尽くす義務にとどまる。

　　c　対象会社にとって不利な契約の解除が困難な場合

　継続的契約が解除困難であることはすでに説明した。ただ、対象会社における将来の経営戦略上、継続的契約の一部が非効率的あるいは不利であったとしても、M&Aのクロージングまでに必ずしも解除されていなければならないわけではない。むしろ、クロージングまでに解除しておかなければならないほど有害な契約というのは、通常ほとんど想定されないであろう。また、株式譲渡、合併、会社分割、株式交換といったスキームの場合は、対象会社の資産を取捨選択することはできないが、事業譲渡スキームの場合は、譲渡対象資産を選べるので、買主が不要と判断した契約を譲渡対象に含めなければ事足りる。

　そのため、M&Aの本契約では、ある特定の契約をクロージング日までに解除しておく義務を売主や対象会社に課している事例は、ほとんど見られない。結局、買主が不要と判断した継続的契約については、事業譲渡スキームでは譲渡対象から除外することで問題が解決し、それ以外のスキームでは、M&A取引が完了した後に契約相手方と解除に向けた交渉を始めることになる。

　　d　買収対象事業の運営に必要となる許認可が買主側に承継されない場合

　先に述べたように、事業譲渡、合併または会社分割をスキームとして選択する場合は、買収対象事業を運営するのに必要な許認可が買主側に承継されない場合がある。このような場合は、本契約において、事業譲渡の買主、合併の存続会社、または会社分割の新設会社もしくは承継会社（以下「買主等」と総称する）が当該許認可を取得できるような手当てが必要である。

　具体的には、①買主等が許認可を新規取得するのに必要な時間を確保するためにクロージング日を延期し、そのうえでクロージング日までに当該許認可を

取得する義務を売主または対象会社に負わせる、②上記のような処理が実務上困難な場合は、クロージング日までに許認可を取得するように最善の努力を尽くす義務を売主または対象会社に負わせたうえで、クロージング日後に買主等が当該許認可の申請などを行う際に、売主に合理的な協力（申請書類の準備の協力など）をしてもらう義務を課すといった方法が考えられる。

（ⅳ）クロージングの前提条件の設定

本契約において以上に述べたような手当てがなされた場合、こうした売主の表明保証事項がクロージング日現在において正確かつ真実であること、さらには、クロージング日までに売主の義務に違反がないことを、クロージングの前提条件として盛り込むことで、買収監査で判明した問題点がクロージング日までに解消するように促すことができる。

これらの条件に加えて、買主の利益を保護するためにクロージング日までに実現すべき事柄がいくつか考えられる。以下の事項は、必ずしも売主の義務と位置づけるのは適切ではないものの、クロージングにおける買主の代金支払義務の停止条件として位置づけることによって買主の利益保護に資するものである。

　a　クロージング日までに対象会社の企業価値に悪影響を及ぼすような事象が発生していないこと

ここで想定される事象は、対象会社における不祥事・事件の発生、天災による工場の損壊、対象会社の株価の暴落、大規模なストライキの発生といったような偶発的な事件・事故による対象会社の企業価値の減少である。かかる事項の発生は売主の帰責事由の範疇外なので、クロージングの前提条件にすることを売主側が嫌がることもある。しかし、買主にとっては、対象会社の企業価値が悪化した場合、経済合理性の見地からは、理由の如何を問わず買収しないという選択肢を残しておきたいであろう。

結局は、対象会社に関する不可抗力についていずれの当事者が危険を負担すべきかという問題であるが、かかる事由が買主の代金支払義務の停止条件として定められている事例の方が多いように思われる。

　b　株式譲渡案件で、事前に当事者間で特定したキーパーソンがクロージング日現在対象会社に所属していること

対象会社の企業価値を左右するほどに重要な従業員（キーパーソン）がいる場合，買主にとっては，キーパーソンが対象会社に在籍していなければ対象会社を買収する経済合理性がないという判断もあり得る。株式譲渡案件では，クロージングの前後で対象会社における雇用関係の承継に変化はないが，キーパーソンがクロージング前に退職する可能性もあるし，死亡または労働に支障をきたすような疾病・障害に見舞われる可能性もある。このような場合は，買主としてはクロージングを発生させないような選択肢を残したいだろう。

他方，売主としては，キーパーソンが退職するか否かをコントロールすることはできないし，その健康状態まで管理できないので，かかる事情の如何によってクロージングの有無が左右されることは好ましくない。結局，この問題も，上記（a）と同様に対象会社における不可抗力の危険負担の問題であり，最終的には当事者間の交渉によって決せられる問題である。

c 事業譲渡案件で，クロージングまでに対象事業に所属する従業員の全員（または一定比率の従業員）が売主を退職し，買主との間で労働契約を締結する合理的な見込みがあること

この点は，上記 b の問題を事業譲渡で考えた場合に想定される条件である。事業譲渡の場合，株式譲渡や合併と異なり，従業員の雇用関係の承継は個々の従業員の同意を要する。そのため，買主としては，従業員の雇用関係を確実に承継するためにこうした条件をクロージングの前提条件とする実益がある。

この問題は，上記 b よりは売主にとって受け入れやすい（または受け入れざるを得ない）と思われる。事業譲渡では従業員も譲渡対象資産となるので，その移転が確実でなければ，そもそも事業譲渡としての意味をなさない。したがって，c の条件は，事業譲渡の内容を構成する条件として，売主としてはある程度受け入れざるを得ないだろう。

3 組織法上の行為によるM&Aの場合

（1）組織法上の行為によるM&Aにおける本契約について

以上では，主に株式譲渡や事業譲渡といった取引法上の行為によるM&Aを

前提にしたIIPの修正について論じてきた。次に，合併，株式交換・移転，会社分割といった組織法上の行為によるM&Aに関するIIPの修正について検討する。

　組織法上の行為によるM&Aでは，本契約の内容はある程度定型化している。その理由としては，①組織法上の行為を定める契約の記載内容は，会社法で定められており，法定の必要的記載事項が定められていれば適法要件として必要十分であるため，表明保証事項などの余事を定めるインセンティブが少ないこと，②組織法上の行為は，当該行為を行うための手続が詳細に会社法に定められており，当事者のクロージング前の義務などを契約書で定める必要性が乏しいこと，③旧商法上では，組織法上の行為の対価は金銭ではなく，株式であるため，補償条項などを規定しても機能する余地が少なかったこと[11]，④組織法上の行為の効力を覆す方法は，法で定める無効確認訴訟に限定されているため，当事者間で解除の規定を設ける実益がないこと，⑤わが国の上場企業が組織法上の行為を行う場合は，実務上は，各種団体が公表する契約書の雛型をベースにして本契約を作成していること，といった点が考えられる。

　このように，組織法上の行為における本契約では，実務上は，条項が法定の必要的記載事項に限定され，買収監査を通じて判明した問題点を解決するための仕組みを盛り込むことは予定されていない。

　では，組織法上の行為では，買収監査を通じて判明した対象会社の問題点について，どのようにして解決するのであろうか。組織法上の行為を行う当事者にとって最も重要な契約内容は，合併比率などの統合条件である。そのため，対象会社に問題点があることが判明した場合は，買主は売主に対してより有利な統合条件にするように修正を迫るのが合理的と思われる。

　このように，合併等の統合条件は，本来であれば，相手方による情報開示後に直ちに再検討・修正すべきIIPの事項である。しかし，わが国ではそのような実務になっていないのが現状と思われる。そこで，わが国の現状が包含する経済的・法的問題点について分析を試みたい。

（２）わが国における統合条件の決定過程

①　対等合併について

組織法上の行為として実行されるM&Aはさまざまであるが，ここでは議論を簡素化するために，合併を取り上げる。

　日本で上場企業同士が合併する場合は，ほとんどのケースが「対等合併」とされる。対等合併とは，合併比率がほぼ1対1に設計される合併をいう。対等合併では，存続会社，新社長，新社名，本店所在地を合併当事会社間で均等に配分し，人事面でも，社員の対等意識を維持するために周到な配慮が必要とされる。合併後の会社における取締役比率は，ほとんど例外なく50対50となる。また，社長・会長といった経営トップを含めた主要な役職は，合併当事会社両社の出身者がほぼ当分に分け合うのが通例である（いわゆる「たすきがけ人事」）。対等合併が行われる場合は，両社の時価総額や収入が同程度であり，両社株主の合併会社の持分は，ほぼ50対50，乖離があっても大体40対60が最大限とされる[12]。

②　合併比率決定のプロセス

　では，こうした「対等合併」を典型例とするわが国の合併条件の決定はいかなるプロセスを経てなされるのであろうか。以下では，わが国の合併に顕著な特徴を説明しよう。

（ⅰ）早期の段階での対外発表

　わが国の合併の第一の特徴としては，合併比率を発表するかなり前の段階で，合併そのものを実行すること（対外発表では「統合」という表現が好んで用いられる）を対外発表する傾向にあるという点が挙げられる[13]。日本の上場企業が合併の条件交渉をする場合は，大人数で行う傾向にある。権限を委任されたトップが少数精鋭で意思決定するのではなく，あくまでもボトムアップでの意思形成を行うため，どうしても大人数での条件交渉になってしまう。本来，企業同士の合併という一大事は秘密裏に交渉されるべきであり，かかる機密性を維持するには，少人数で交渉を行った方が合理的であるが，ボトムアップで意思形成を行う場合は，そうもいかない。その結果，秘密管理に支障をきたすことをおそれ，情報漏洩してしまうよりも逆に自ら公表する方向を選択するために，早期の対外発表になるのが実態のようである。

　さらに，日本の上場企業の経営者の中には，事業統合を早期に発表すること

で株価を持ち直そうとする安易な発想があるのではないか，という点も考えられる[14]。確かに，近年の大型合併は，当事会社双方のシナジーを追求するという前向きな合併というよりは，双方いずれも内部的に問題を抱えており，経営に若干の危機が見え始めているところで，これを解決する手段として合併を選択しているという感がある。そうであるならば，経営に危機感が走り始めたところで，近い将来同業他社と合併するというニュースを公表することで，市場に対する安心材料を提供しようと考えるのも，あながち不合理ではないとも思える。

（ⅱ）統合までのスピードの遅さ

次に，統合までのスピードの遅さも特徴として挙げられる。この原因としては，①実質的な交渉がまとまらないままに基本合意書ないし覚書が締結される点，②意思決定のタイミングの遅さの２点が指摘されている[15]。

前者の点については，合併条件の中身がほとんど決まっていない段階で，基本合意書だけは締結されてしまうため，事務レベルは，実質的な交渉を続けながら統合準備を行うという一見矛盾する立場に置かれることになる。そのため，合併条件の交渉が遅々として進まなくなる。

後者の点については，経営陣がそもそも事業戦略のオプションとしてM&Aを念頭に置いていない，という問題がある。業績の悪化，あるいは相手先から突然に統合の申入れがあるなど，十分な準備・分析がないところからM&Aの決断を余儀なくされているのが実態のようである。このように切羽詰って合併を決定するため，通常の買収で踏むべきプロセスを経ないままに見切り発車的に基本合意をする羽目になるようである（この点は，前者の問題を惹起しているともいえよう）。

対等合併の多くは，「合併先ありき」的な意思決定のために，社内や株主・債権者などのステークホルダーを満足させるために，合併を正当化させるための情報収集に腐心せざるを得なくなる。この点，投資銀行やコンサルティング・ファームといった第三者的な財務アドバイザーを雇って，合理的な企業価値の評価を行えばよいではないか，という指摘もありうる。しかし，合理的な企業評価は，合併を破談させる材料を提供する可能性があるので，「合併先ありき」という命題の前では重視されない可能性がある。財務アドバイザーが

DCF法やマルチプル法といった専門的な企業価値評価手法を用いたとしても，基礎となる前提条件を調整することで，合併を正当化する算定結果をもたらしているのが実情のようである。

(ⅲ)「対等」へのこだわり

また，合併条件そのものの交渉に際しては，もっと困難な問題が存在する。合併当事会社同士のプライドや意地，双方の相手方への遠慮という要素である。合併条件において一方が他方に優先した場合に，劣後扱いされた勢力が抵抗するために，合併による統合に支障をきたすのでは，という感情的な懸念が想定される。そのため，当事会社双方で「対等」へのこだわりが生まれる。そして，「たすきがけ人事」を始めとする「対等」な条件を実現するために膨大な時間・経費がかけられていく。

わが国の合併交渉においては，経済的な相乗効果を合理的に検討するというよりも，こうした情実に絡む点がもっとも重視されるのかもしれない。

以上のように，わが国における合併は，「対等合併」として設計される場合が多く，本来ならばIIP修正項目として法務デュー・デリジェンスや企業価値評価の結果を踏まえて合理的に決定されるべき統合条件について，情実に左右された非合理的なプロセスを経て決定されているという実態がある。これは，本書で提言しているPMIの観点からは若干乖離のある実態であり，問題があるといえよう。

③　最近の統合事例にみる統合条件──適時開示例の分析

(ⅰ) 前提──適時開示ルールの要請

公開会社同士が行う近時の大規模統合事例においては，その形態として，①直接的に相手方と合併する方法，②共同株式移転によって共同持株会社を設立し持株会社を通した統合を行う方法のいずれかが用いられることが多い。

そして，これらの統合に際して，各社はそれぞれ適時開示規則に沿った形の適時開示を要求されることとなるが，東京証券取引所の適時開示規則に基づき，最低限開示すべき事項としては次のような事項が挙げられる。

	目的	要旨	当事会社の概要	合併後の状況	合併後の見通し
合併	合併の目的	・日程 ・合併方式 ・合併比率 ・合併交付金	・商号 ・事業内容 ・設立年月日 ・本店所在地 ・代表者 ・資本金 ・発行済株式総数 ・株式資本	・商号 ・事業内容 ・本店所在地 ・代表者 ・資本金 ・総資産 ・決算期	2事業年度分の単体，連結業績見通しを含む
共同株式移転	株式移転の目的	・日程 ・株式移転比率 ・株式移転の算定根拠 ・新設の完全親会社による上場申請に係る事項 ・移転交付金等	・総資産 ・決算期 ・従業員数 ・主要取引先 ・大株主および持株比率 ・主要取引銀行 ・当事会社の関係 ・最近3年間の業績	・商号 ・事業内容 ・本店所在地 ・取締役および監査役 ・資本金 ・発行予定株式数 ・単位株制度の採用の有無 ・決算期	

　これらの各事項については，決定次第，できる限り速やかに開示されていることが要請されているものの，中には性質上決定までに時間を要するものもあり（例えば合併比率，株式移転の比率等），一度にすべての事項を開示することが困難な場合が多い。

　そこで，実務的には，まず，統合が決定された時点で決定済の事項をすべて開示し，その後，統合へ向けた交渉に伴い随時決定されていく重要事項を決定時点で速やかに開示し追完していくという形がとられることがほとんどである。以下では，こうした適時開示の実例を挙げることとする。

（ⅱ）基本合意段階の直後に統合条件を開示する例

　この例に該当する代表例は，日本航空と日本エアシステムの経営統合である。両社は，平成13年11月12日，経営統合を前提に，株式移転制度を用いて共同持株会社を設立することで基本合意に達し，今後具体的な検討に入ることをプレスリリースにより発表した。この段階では，株式移転比率は「外部機関の評価結果等を踏まえて，可及的速やかに両者協議のうえ決定する」と発表された。

　そのわずか1ヵ月半後である平成13年12月26日，両社は株式移転比率に関し

て合意し，共同持株会社が日本航空普通株式1株と日本エアシステム普通株式1株にそれぞれ割り当てる株式の数の比率について，9対1としたことを，プレスリリースにより発表した。この比率の算定にあたっては，「日本航空はみずほ証券株式会社および監査法人トーマツの，また日本エアシステムは株式会社東京三菱銀行による株式移転比率算定結果を参考に，両社で慎重に協議を重ね，以下の通り合意致しました。」と発表されている（http://www.jal.com/ja/press/2001/122601/122601.html）。

（ⅲ）基本合意段階で統合条件を開示せず，本契約直前に開示する例

この例に該当する代表例は，住友銀行とさくら銀行の合併（三井住友銀行）である。両行は，平成11年10月14日，将来の統合を前提とした全面提携の実施について基本合意に達し，同日付で「さくら銀行と住友銀行の全面提携と統合について」と題する書面を発表した。この書面では「全面提携」の具体的な内容は明らかにされず，わずかに「平成11年度中に，両交換で発行済み株式の相互保有による資本提携を実施いたしますが，この具体的内容は別途発表いたします。」との記述があるだけであった。すなわち，この段階では，合併であることすら公表されていなかったことになる。

そのおよそ半年後である平成12年4月21日，両行は「対等の精神で合併することで合意」したことを発表し，平成13年4月1日付の合併と，合併比率として，さくら銀行の普通株式1株につき住友銀行の普通株式0.6株を割当交付することを発表した。

（ⅳ）破談事例

破談事例の代表例は，三井化学と住友化学の統合計画である。両社は，平成12年11月17日に「事業統合に関する基本合意書」を締結し，平成15年10月を目処に全面統合することを基本合意し，具体的な検討に入ることを明らかにした。その5ヵ月後である平成13年4月19日，両社は「三井化学および住友化学の全面的統合について」と題する書面を通じて，平成15年10月1日に共同株式移転による持株会社を設立，平成16年3月末に持株会社が三井化学，住友化学および三井住友ポリオフィレン（平成13年10月に設立予定だった合弁会社）を吸収合併することで全面的に統合することを発表した。

しかし，この段階でも株式移転比率や合併比率などは明らかではなかった。

そして，結局，平成15年3月31日，両社は「事業統合の見送りについて」と題する書面により，合併が破談となったことを公表した。2年半にわたる「具体的検討」の末の破談であった。この文書では，「最も重要な統合条件である統合比率」について「双方誠意を尽くして協議を継続してきましたものの，両社の隔たりが埋まらず」最終合意に至らなかったとされている。

（3）わが国の「習慣」に潜む問題点

①「対等合併」は株主無視か

わが国の合併の顕著な特徴は以上のとおりである。しかし，こうした「習慣」が法の建前や経済合理性に照らして適切なのか，あるいは今後も続くのかについては，議論が必要である。

経済的に考察すれば，株主価値（時価総額と言い換えてもいいだろう）の高い方の企業が合併比率1対1の合併を強いられた場合，その会社の株主は新会社の株主価値を享受する割合だけを見ても，希釈化する（すなわち，損をする）。合併後の新会社の取締役会では，本来は，株主価値が高い方の会社から多くの取締役を出すべきであるのに，双方の勢力がほぼ均等に取締役の席を分け合うので，株主価値が高かった方の会社の株主は，本来彼らが共有するはずであった会社の支配権を取得することができない[16]。

一方の当事会社の株主の利益を犠牲にした「対等合併」は，当事会社の役員・従業員のプライドや面子といった情実に左右されて，曖昧な意思決定プロセスを経て，株主総会に上程されてきた。従来は，上場企業の株主は，物言わぬ投資家であり，所有と経営の分離という格言どおりに企業の経営には無関心でいたので，こうした「対等合併」も何の問題なく可決承認されてきたのであろう。

しかし，近年では外国人投資家や村上ファンドに代表されるように，「モノを言う株主」が脚光を浴びつつある。対等合併を企図する上場企業に「モノを言う株主」が現れた場合，非合理的な意思決定プロセスによって提案された合併が株主全体の同意を得られるのか，疑問はある。対等合併による「損の無理強い」が否決される事例が出てきた場合は，合併のような組織法上の行為についても，取引法的な行為によるM&Aと同様に合理的な意思決定プロセスを経

たIIPの修正がなされるようになる可能性もある。

②　不当な統合条件の適法性

　以上述べてきたように，「対等合併」は株主全体の利益や企業価値の最大化という命題にとって必ずしも益するものではない。しかし「対等合併」を法で規制すべき合理性もない。合併は最終的には株主総会の特別決議を要するからである。「対等合併」が実現する場合は，合併当事会社両社のそれぞれの株主総会において，総議決権の3分の2以上の賛成を得ている。商法上会社の実質的所有者が株主とされており，かつその大多数の賛成を経てはじめて合併が有効に遂行されうる。そうであるならば，いかに「対等合併」が経済的に不合理であったとしても，所有者である株主の多数意見で承認している以上，法的にはこれを否定する理由はないはずである[17]。

　この点を法的な解釈論として言い換えれば，「合併比率が不当であっても，合併無効原因にはならない」となる[18]。これは商法の解釈上通説的な見解であり，今後，会社法の解釈論でも貫かれることが予想される。しかし，そのように解釈する合理性があるか否かは，不当な合併条件を押し付けられる反対株主（具体的には，対等合併の当事会社のうち時価総額が高い会社の株主の一部）に，かかる合併条件の強制から脱却できる合理的な手段が確保されていることが前提となると思われる。その意味では，商法で反対株主に認められた株式買取請求権などの救済手段が真に合理的な脱却手段として機能していたかが問われるべきである。

　この点，会社法では，合併対価の柔軟化の解禁とあいまって，対価の相当性を担保する措置が施されている。交付金合併がなされる場合は，対価の割当ての相当性のみならず，対価の相当性についても情報開示が要求される。また，反対株主が株式買取請求権を行使した場合は，合併後のシナジーも考慮した「相当な対価」で株式買取が実行されることになる（詳細は第2部第5章）。

　「対等合併」の経済的な当否はともかく，少なくとも法的にいえば，会社法を通じて，反対株主の救済手段が「不当な合併条件の強制からの脱却手段」として適切に機能してはじめて，「合併比率が不当であっても合併無効原因にはならない」といい得るのではなかろうか。

●注
(1) 以上，近藤浩＝川村彰志＝小林真一「M&A各手法の特徴と選択基準」季刊・事業再生と債権管理2004年10月5日106号42頁以下参照
(2) 原田晃治ほか「会社分割に関する質疑応答」別冊商事法務233号18頁，藤原総一郎「実践的リーガルプロセスのすべて 企業再生の法務」252頁
(3) 実務上そのような取扱いになっている理由につき，西村ときわ法律事務所『M&A法大全』540頁以下参照。
(4) 武井一浩＝平林素子『会社分割の実務』商事法務研究会109頁
(5) 旧商法227条2項は，株券不発行の定めある株式会社につき，株式譲渡に株券交付を要求する同法205条1項の適用を除外し，株式交換における株券提供公告に関する同法359条の適用を除外している。
(6) A社における新株予約権の発行決議において，①同社が株式交換によって完全子会社となるときは新株予約権にかかる義務を完全親会社に承継させる旨，および，②承継後の新株予約権の目的たる完全親会社の株式の種類・数および新株予約権の条件等の決定方針を定めることを要し，かつ，③株式交換契約書に定める承継後の新株予約権の目的である完全親会社の株式の種類・数および新株予約権の条件等が，②の決定方針の内容に沿うものであることが必要である。江頭憲治郎『株式会社・有限会社法（第4版）』730頁。
(7) たとえば，対象会社が普通株式に転換することができる無議決権優先株式を発行しているような場合，会社法では，事後的にかかる種類株式に取得条項をつけることによって，一定事由の発生により会社が当該種類株式を取得することができるようになる（会社法111条1項）。しかし，取得条項をつけるには，会社法上，当該種類株式の株主で構成される種類株主総会の承認決議を要する（会社法111条1項）。そうなると，かかる不利益な変更に同意する種類株主はいないはずなので，実際は以上のようなアレンジは実現困難であろう。
(8) 加藤新太郎編『判例Check 継続的契約の解除・解約』2頁以下。
(9) これとは逆に，従来の親会社が今後の重要な顧客または仕入先になることが予定されている場合は，むしろ従来の取引関係を維持することが重要になってくるが，ここではこの点は割愛する。
(10) 会社分割スキームでは，株式譲渡契約の締結からクロージングまでの間に会社分割の手続をはさむので，最低でも1カ月強はかかってしまう。そのため，クロージング時における対象会社の財務状態を改めて調査した上で，流動資産あるいは営業性流動資産に変動があれば，これに基づいた譲渡価格の調整を行うこともありうるだろう。
(11) 会社法では合併等の対価が柔軟化するので，別の考慮が必要となるだろう。

(12) わが国特有の対等合併に関する解説は，服部暢達『実践M&Aマネジメント』（東洋経済新報社）206頁以下が詳しい。
(13) 服部・前掲201頁以下
(14) 東條紀子「対等合併における合併比率決定の「あるべき姿」と実態」旬刊経理情報2003年7月10日号44頁以下参照。
(15) 東條・前掲47頁
(16) 服部・前掲208頁
(17) 対等合併は，当事会社のうち株主価値の大きい方の会社の株主の価値を希釈化する。かかる希釈化が法で是認されるのは，本文で述べるように，株主総会特別決議を経るからである。株主価値の「希釈化」という点については，いわゆる敵対的買収防衛策に関するニレコ事件決定（東京高等裁判所平成17年6月15日）でも問題となったが，この事案では，ニレコが取締役会決議で新株予約権を発行し，株主の意思が反映されていなかった。すなわち，株主総会決議を経ていなかった点で，対等合併とは明らかに異なる。従って，同じ「希釈化」であっても，対等合併とニレコ事件を同列に論ずることはできないであろう。
(18) 江頭憲治郎『株式会社・有限会社法（第4版）』有斐閣，697頁。

第2章

社内意思決定のプロセス
―社内開示手続

1 プランの社内承認取得手続―情報共有範囲の拡大

(1) デュー・デリジェンス後の情報共有の範囲・情報の質量の拡大

　前章で述べたとおり，M&Aの過程において，デュー・デリジェンスの段階を経た後は，その実施により開示を受けた相手方に関するさまざまな情報に基づいて，IIPの再検討および修正を行い，FIPの策定を目指す段階に進むこととなる。この過程においては，プランをより詳細かつ具体的に描いていき，その実行可能性を検討するために，既存のプロジェクト・チームの範囲を超えて，社内における主要な従業員，各関係部署の責任者や担当者をも関与させ，取得した相手先に関する情報の一部を開示したうえで，実務的見地からプランの実行可能性の検討を行わせる必要が生じる場合も出てくるであろう。

　その結果として，FIP策定の過程においては，情報共有範囲を拡大する必要が生じることが多く，情報共有の主体が社内において増加することとなる。それだけでなく，共有対象となる情報の質および情報の量の点においても，デュー・デリジェンスにより相手先から開示を受けて，秘密の（場合によっては価値の高い，あるいは場合によっては解決を要する問題を孕んだ）生きた情報を受領することになり，しかも情報量が一気に増大する可能性があることに留意

する必要がある。

　ここで問題となるのは，FIP策定のために情報共有範囲の拡大の要請が高まる一方で，情報共有の主体が増加するために，当該情報の漏洩の可能性が高まり，情報管理を徹底できなくなるリスクが増大しうることに注意しなければならない。その結果として，①秘密保持契約との関係，②インサイダー規制との関係が主なポイントになる。

　第2部第8章において前述したとおり，実務上，統合準備過程では，自社とM&A対象の相手方会社との間において，いわゆる「秘密保持契約」（Confidentiality Agreement）が予め締結ないし差し入れられる。プロジェクト・チームのメンバーや情報管理責任者は当該秘密保持契約の条項に従って情報管理の責任を負うが，デュー・デリジェンス後の段階に至ると，同契約が対象とする秘密情報の開示の量が増大するとともに，同契約に基づく責務もまた増大する。秘密保持契約では，秘密情報はプロジェクトを遂行するうえで必要な限度でのみ情報を共有する旨を条項に定めることが多く，場合によっては情報を共有することが許容される担当部署や担当者氏名を具体的に別紙に記載しこれを添付する形式を取る場合もある。このような場合，情報共有の範囲を拡大するに際しては，秘密保持契約で予定した範囲内での開示に留まっているか，あるいは必要に応じて相手方会社の事前の同意を取得する必要があるか，十分に留意して対応する必要がある。

　また，相手方会社から提供を受ける秘密情報は単に秘密保持契約の対象となるだけでなく，顧客情報等，個人情報保護法の対象となる情報も含まれることがありえる。そこで，個人情報保護の観点からも情報管理を適切に行えるよう留意しなければならない（第2部第5章参照）。

　さらに，M&A対象の相手方会社が上場会社である場合にのみ問題となる点であるが，デュー・デリジェンスにより相手方会社から開示を受けた各種の情報を検証する過程において，証券取引法上のインサイダー規制にいう未公表の「重要事実」（証券取引法166条2項）の存在が判明することも少なくないであろう。

このような場合には，重要事実を受領した者は，当該上場会社等と契約を締結している者または締結の交渉をしている者が当該契約の締結やその交渉または履行に際してかかる事実を知ったものとして，「会社関係者」に該当することになる（証券取引法166条1項4号）。さらに，このような情報の伝達を受けた他の社員も「情報受領者」（証券取引法166条3項）として，インサイダー規制の対象になるものと考えられる。したがってこのような場合には，情報を共有している社内の従業員等に対し，インサイダー規制の対象となる重要事実を自らが認識している旨を周知させ，不用意な情報の漏洩や，相手方の会社の株式売買に手を出す等の行為が発生しないよう，管理を徹底しなければならない。

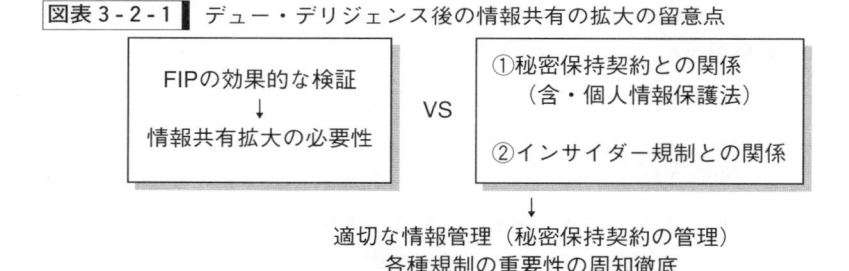

図表3-2-1 デュー・デリジェンス後の情報共有の拡大の留意点

```
  FIPの効果的な検証              ①秘密保持契約との関係
       ↓              VS           （含・個人情報保護法）
  情報共有拡大の必要性              ②インサイダー規制との関係
                                            ↓
                         適切な情報管理（秘密保持契約の管理）
                              各種規制の重要性の周知徹底
```

（2）共有情報の類型・整理の必要性

デュー・デリジェンスを経て相手先から開示を受けた情報は，一般に広汎かつ多岐にわたることとなるが，当該情報共有の範囲を社内で拡大させるに際しては，当該情報を「ごった煮」の状態で放置せず，速やかに類型化および整理を進め，各類型に合わせ濃淡の効いた適切な「社内開示」およびその後の管理が必要となるであろう。このような類型化の例として，①相手方が第三者に対して守秘義務を負う情報（顧客情報，取引先に関する一定の情報など），②相手方の業務等に関する非公開情報，および③現在検討中の相手方との統合の成否または遂行に影響を与えうる事実という分類をすることができる。

① **相手方が第三者に対して守秘義務を負う情報**

　相手方が有する顧客情報や相手方が業務の過程で知り得た取引先のノウハウや信用情報等は、この類型に入る。当該類型の情報は、相手方よりもむしろ当該顧客等の第三者が開示・漏洩について切実な利害を有する情報になりうるという点が特徴となる。まず、このような情報に接した場合は、相手方が第三者との間で当該情報についていかなる守秘義務を負っているのか、可能な限り確認する必要がある。実務上は、相手方と第三者との間で合意されている関連する秘密保持条項等において、当該第三者の同意なしに開示を行ってはならない旨が定められている[1]ことが多い。そこで、当該第三者の同意があるのか否かについても、確認することになる。

　自社と相手方との間のM&Aプランを巡る交渉について、LOIの段階における公表もなく、デュー・デリジェンスを含め交渉が秘密裡に進められている段階では、当該第三者の同意を得ずにかかる情報が開示されていることが多いであろう。第三者の同意なくして相手方が自社に対して当該第三者にかかる情報開示を行ったという点では、相手方は当該第三者との間の守秘義務違反に陥っているとの懸念が生じる。この点は実務上難しい問題であるが、デュー・デリジェンス等で情報開示を受けた事実自体も公表せず、厳重に情報管理を図り、万一M&Aプランが中止された場合は、当該情報を返還し、あるいは当該情報を記録した一切の書類や資料等の廃棄ないしデータ消去等の処理を行うことを約するなど、当該第三者から疑念が持たれないように対策を講じているのが実態であると思われる。

　逆に既にLOIの段階でM&Aプランにつき公表がなされている場合は、当該第三者に関する情報の相手方から自社への開示について、当該第三者の同意が取得されていることもありうる。その場合には、相手方と当該第三者との間で合意されている秘密保持条項が一般的なものである場合には、相手方が当該第三者に対して負担している秘密保持義務と同内容の義務を負担するよう自社も要求されることが予想される。

② 相手方の業務等に関する非公開情報

　子会社が近く解散することが予定されている，大幅な人員削減予定である，営業譲渡の予定がある，業績予想が上方修正される見込みである，相当の金額に及ぶ含み資産が発見された，隠れた簿外債務があった等といった相手方会社の未公表の情報は，この類型に入る。このような情報も自社と相手方会社との間の秘密保持契約の対象になると考えられるので，当該情報を厳重に管理する必要があることは当然である。

　また，特に相手方会社が上場会社である場合は，当該情報の内容が証券取引法上で定義される「重要情報」（同法166条1項）に該当する可能性があることにも注意する必要がある。その場合は，インサイダー規制の観点からの情報管理も必要になり，かかる情報について「社内開示」を受けた関係者の間で，上場会社である相手方会社が公表を行うまでは，当該相手方会社の株式を売買してはならないことを周知徹底しなければならない。事情によっては，相手方会社に対して当該重要事実について個別に公表することを促すことも検討するのも一案である。

　このような公表を積極的に行わせることにより，公表された事実が相手方会社の株価等に適切な形で反映されることが期待できるため，M&Aプランの策定において相手方会社の評価を適切に行ううえでも意義があるものと考えられる。また，相手方会社が合理的な理由なくしてこのような事実の公表を差し控えている場合に，自社もかかる相手方会社の対応に同調していれば，M&A後の統合の過程上こうした点が明るみになった時点で，当時「社内開示」を受けていなかった社内の従業員や自社の株主等から，相手方会社と共同して重要事実を隠蔽していたと批判されることにより，レピュテーション等に悪影響を受けるリスクも存することに留意すべきであろう。

③ 現在検討中の相手先との統合の成否または遂行に影響を与えうる事実

　法律上や許認可上の理由から，相手方会社において自社との合併等のM&Aが禁じられていることが判明した場合はもちろんとして，相手方会社の重要な取引先との契約に自社とのM&Aにより解除される可能性が高い条項が含まれ

ている(チェンジ・オブ・コントロール条項等)との事実や,相手方の従業員の重要メンバーが自社とのM&Aについて反対であるといった情報は,この類型に入る。かかる情報は,PMIを円滑に実現できるか否かを判断する材料として重要であり,その適切な評価を行うために外部アドバイザーのレビューおよび助言を必要とする場合も多い。この場合,当該情報も秘密保持契約上第三者への開示が禁止される秘密情報に該当する可能性があることに留意する必要がある。なお実務上は通常,秘密保持契約には,外部アドバイザーに対しての開示は必要性があれば情報開示者の承諾なくして可能であるという趣旨の規定が設けられていることが多い[2]。

インサイダー規制との関係では,自社ないし相手方会社が上場会社である場合に,統合の計画について対外的に公表済みである場合は,当該③の類型の情報すなわち相手方との統合の成否または遂行に影響を与えうる事実自体は,一般的には「重要事実」に該当しないことが多い。ただし,統合の決定を覆すことが確実な事象については「重要事実」に該当する場合もありえ,この場合にはインサイダー規制に関する留意が必要となる。

当該③の類型の情報が「重要事実」に該当しなくとも,真偽を問わず外部に漏洩することにより,取引先,債権者,さらには統合の遂行および成功にも影響を与えうるとともに,相手先および自社の株価をも左右し得る結果も考えられることに鑑みれば,当該情報が漏洩することのないよう適切な管理が必要である。

図表3-2-2 デュー・デリジェンス後の共有情報の類型化と留意点

情報の類型	留意点
① 相手方が第三者に対して守秘義務を負う情報	相手方が第三者から事前の同意を取得しているか否か
② 業務等の非公開情報	秘密保持契約の遵守,インサイダー規制
③ 統合の成否・遂行に関わる情報	秘密保持契約の遵守,専門家による情報の検証

（3）関係者への根回し

既に第2部第5章においても触れた点であるが，円滑なPMIの実現のためには，検討中のM&A統合プランについて対外的かつ正式に公表を行う前に，FIPの策定・検証を行う目的で，あるいは一種の「ガス抜き」の効果を図る目的で，大株主，債権者または主要な取引先等に事前に説明を行い[3]，了解を得ることが妥当な場合もありうる。PMIのプランの中に人員削減や給与体系の見直し等のコスト削減策が含まれている場合は，従業員組合等に対して事前の説明が必要になるケースもあるであろう。

なお，このような事前の根回しを行う場合には，根回し先に対して情報管理の徹底を依頼し，以後当該M&A当事会社の株式の売買はインサイダー取引規制に抵触する旨を説明する必要があり，決してインサイダー取引の温床を提供することがあってはならないことはいうまでもない。また，これらの関係者に対する情報開示の範囲は必要最小限にとどめるべきである[4]。

（4）役員レベルでの周知徹底

円滑なPMIの実現のためには，IIPの修正からFIP策定に至る過程において，当該M&Aの担当役員のみならず全役員間において知り得る情報の共有を行い，統合への障害となる事実を含め，現状の認識を共通のものとしておくことが望ましい。ただし，この場合でも情報共有範囲の拡大として，情報漏洩やインサイダー取引等を防止するための情報管理が必要になるのは当然である。

2　情報管理の方法

上述のとおりFIPを策定する段階になると，情報共有範囲の拡大に伴い情報管理の更なる徹底が必要となる。このように相手方に関する情報共有範囲が拡大した場合には，それに応じて関連する秘密保持契約の修正等が必要になることが多いと思われる。例えば，秘密保持契約上添付別紙に列挙する形で，情報の開示先が社内のプロジェクト・チームの構成員に限定されている場合には，

添付別紙の内容を修正してこれを具体的に拡大する方法や，新たに情報の社内開示を受けたメンバーから個別に誓約書をプロジェクト・チーム宛に差し入れさせる方法などが考えられる。

　また，情報を一定の範囲の社内で開示した後も，相手方会社の具体的な名称に言及することは極力避けてプロジェクト名やコードネームを用いる，ソフトファイルの管理についてはパスワードを使用する，関連資料については部外者によるアクセスが容易でない所に保管させる，といった厳重な情報管理は継続すべきであろう。

●注
(1)　秘密保持契約の中核をなす守秘義務条項の典型的な文言は「弊社は，貴社の事前の書面による同意を得た場合を除き，…本件秘密情報（契約書内で定義済み）を，貴社以外の第三者に対して開示しません」という事前・書面承諾型の形態が多い。
(2)　ただし，開示を受けたアドバイザーは当該秘密保持契約に定めるのと同等の守秘義務を負担する，開示は必要最低限の範囲に限るといった条件が付されることも多い。詳細は前掲第2部第8章に言及された秘密保持義務契約例及び説明を参照のこと。
(3)　かかる関係者は「情報受領者」（証券取引法166条3項）としてインサイダー規制の対象主体となりうる。なお対象会社の大株主が自社の競合相手である場合等，当該統合プランについて拒否的な反応が予想される相手に対する，情報開示を伴う根回しについては，そのリスクと効果を十分踏まえた上で慎重な対応が必要になるものと思われる。
(4)　情報管理については根回し先からの情報の漏洩のリスクを十分認識する必要がある。

第3章

人事統合の実行

　第2部第8章においては，M&Aの相手方の情報開示前の時点からデュー・デリジェンスを開始した時点までの段階，すなわちIIP段階における人事労務上の問題点について事前に検討しておくべき事項に整理を行った。

　本章では，相手方による人事労務に関する具体的な情報の開示がなされた後（典型的には，基本合意書締結後，一とおりのデュー・デリジェンスが終了した時点以後を念頭においている），すなわちFIP段階を念頭において，その情報を基に，人事統合プランを具体的に策定し，実際に人事統合を実行する過程において生じる問題点について検討を行うこととする。

1　人事統合上の法律上の問題点

　人事統合においては，双方の労働者の賃金，退職金等の労働条件について統一する必要が出てくる。M&Aにおいては，従業員の労働条件を切り下げることは往々にしてあり，労働条件の切り下げが，法律上許容されるのか，許容されるとすればいかなる場合にどの程度許容されるのかが問題となる。

　FIP策定においては，このような法律上の限界について念頭においておく必要がある。本項では労働条件の不利益変更の問題を中心に，人事統合に伴って生じる法律上の問題点について述べる。

（1）労働条件の不利益変更の方法

① 労働者からの個別同意

労働条件の内容の不利益変更の方法として，最も基本的で確実な方法は，各労働者から不利益変更につき書面で同意を得ることである。労働条件は人的に個別のものであるから，労働条件が不利益に変更される全ての労働者から個別に合意を取得する必要がある。なお，労働者の過半数代表者が，全労働者の同意を得ることなく，労働条件の不利益変更の同意をしたとしても，その代表者が代表していない労働者についても当然に同意したものとみなされるわけではないことに留意が必要である。

② 労働協約の締結

①の方法は，すべての従業員の個別同意が必要であるので，従業員の多い会社等の場合には現実的には困難である。そこで，労働組合のある会社においては，労働組合との労働協約において不利益変更の合意をする手段も考えられる。労働協約を不利益変更する合意に達した場合には，その合意内容が組合員に対して適用される（労働組合法16条）。さらに，各事業場の労働者の4分の3以上を占める圧倒的多数の労働者が加入する労働組合であれば，労働協約はその事業場の組合員以外にも効力が及ぶとされる（一般的拘束力，ただし，一般的拘束力は，非組合員にとって著しく不合理であると認められる特段の事情があるときは拡張適用されない（労働組合法17条））。

したがって，会社に労働者の4分の3以上を占める労働者が加入する労働組合があれば，その組合の協力を得ることにより，労働協約の不利益変更により労働条件を不利益変更することができる。

ただし，圧倒的多数の労働者が加入する労働組合がある場合でも，その他に少数組合があるときは，多数労働組合の労働協約の一般的拘束力は，少数組合の組合員には及ばないとする考え方が有力である。したがって，少数組合がある場合には，その少数組合の労働協約においても不利益変更の協力を得ることが必要になる点は留意する必要がある。

③ 就業規則等の不利益変更

①の従業員の個別同意を取得することが困難で、しかも労働組合が存在しないか、または、労働組合との交渉が妥結しない場合においては、就業規則等の不利益変更の方法が挙げられる。就業規則の不利益変更が労働法上いかなる場合にいかなる要件の下で許されるかは、古くから議論があり、また判例の集積もあるところであるが、詳しくは（2）で述べる。

|図表3-3-1| 労働条件の不利益変更の検討順序

労働者からの個別同意 ▷ 労働協約の締結 ▷ 就業規則等の不利益変更

（2）就業規則等の不利益変更

① 総　論

就業規則等の不利益変更の問題は、使用者が就業規則の規定を労働者の不利に変更した場合、変更後の規定がそれに反対の意思を表明する労働者を拘束するかという問題である。

この点は、多くの最高裁判例が出ており、判例は不利益変更の拘束力を変更の合理性の有無で判断するという枠組みを確定してきた[1]。一連の最高裁判決の判断の枠組みと基準を集大成したといわれる[2]第四銀行事件は、「合理性の有無は、不利益の程度、変更の必要性、変更後の就業規則の内容自体の相当性、代償措置その他関連する労働条件の改善状況、労働組合等との交渉の経緯、他の労働組合または他の従業員の対応、同種事件に関する我が国社会における一般的状況等を考慮して判断すべきである。」と判示している（図表3-3-2）。

なお、この合理性の判断においては、労働条件変更が代表的組合との交渉を経て行われている場合には、組合との合意達成に努力したことが十分に考慮されるべきであるとされる（図表3-3-3）[3]。逆に、多数組合があるにもかかわらず、その交渉を全く行っていないか、または、真摯に行っていないという場合には、合理性が疑わしいとされる[4]。したがって、労働組合が存在する

場合の不利益変更は，まず労働組合との交渉に尽力することになる。

図表 3-3-2 不利益変更の合理性の判断の枠組み

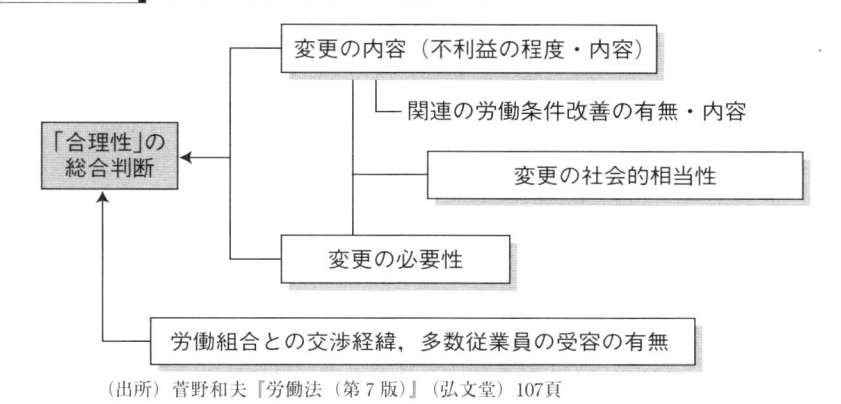

```
                          ┌─ 変更の内容（不利益の程度・内容）
                          │     └─ 関連の労働条件改善の有無・内容
   「合理性」の  ←────────┤        変更の社会的相当性
   総合判断               │
                          └─ 変更の必要性
        ↑
        └─ 労働組合との交渉経緯，多数従業員の受容の有無
```

（出所）菅野和夫『労働法（第7版）』（弘文堂）107頁

図表 3-3-3 代表的組合が存在する場合における合理性判断

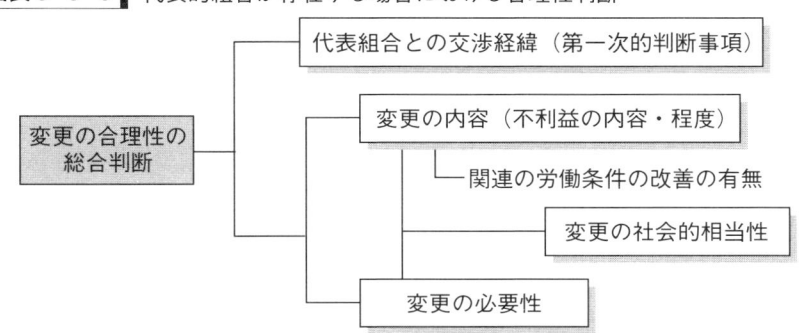

```
                              ┌─ 代表組合との交渉経緯（第一次的判断事項）
                              │
   変更の合理性の  ←──────────┤   変更の内容（不利益の内容・程度）
   総合判断                    │     └─ 関連の労働条件の改善の有無
                              │        変更の社会的相当性
                              │
                              └─ 変更の必要性
```

（出所）菅野和夫『労働法（第7版）』（弘文堂）111頁

② 人事統合に伴う不利益変更

人事統合に伴う労働条件の不利益変更は，具体的には，賃金制度の見直し，退職金・年金制度の廃止・改定といった形で問題となる。以下では，人事統合に伴って発生する典型的な不利益変更を各類型ごとに検討する。

（ⅰ）賃金制度

M&Aに伴う人事統合においては，年功重視型の賃金体系から能力主義・成

果主義型賃金体系への移行，職能資格・等級制度の導入・改定といった賃金制度の変更・改定が実施されることが多く，これに伴って，結果的に賃金の切り下げが行われることが多い。

a　成果主義賃金制度の導入

　成果主義賃金制度の導入に関しては，裁判例は，導入の高度の必要性を認めつつ，賃金の大幅な引き下げをもたらす事例では，企業が一定の下限額や経過措置を設けたり，人事考課制度の公正さを担保すること，労働組合との協議を経ていること等を合理性の要素と解して労働者の利益との調整を図っている[5]。

　例えば，ハクスイテック事件（大地判平12・2・28労判781号43頁）では，年功序列賃金から能力主義・成果主義への賃金制度の改定，給与規程の変更は，低評価者には不利益となるが，普通程度の評価者の場合は補償制度もあり，その不利益の程度は小さく，8割程度の従業員の給与が増額していること，必要性があったこと，労働組合と10数回に及ぶ団交を尽くしていること等から高度の必要性に基づいた合理性があるとしている。

　他に近時の裁判例としては，県南交通事件（東高判平15・2・6判時1812号146頁）がある。タクシー会社が行った賞与の廃止，月例給への一本化および年功給の廃止とそれに代わる奨励給の創設を内容とする就業規則の変更を，裁判所が有効であると判断した事例である。判旨は，有効であることの理由として，賃金制度の変更に伴って代償措置が採られたことや，労働生産性に比例した公平で合理的な賃金を実現するという利点を生じさせていること等を挙げている。他方，格別の代償措置・経過措置もないまま高齢者の給与や退職金を大幅に減額するなど，賃金・労働条件制度をもっぱら労働者の不利益に再編している事案では合理性が否定されている（大阪厚生信用金庫事件・大地判平12・11・29労判802号38頁等）。

　このように，人事統合の際に特定の従業員につき賃金切り下げを伴うような新たな賃金制度の設計を行う際には，経過措置・代償措置・労働組合との協議が重要となる。このうち，労働組合との協議は必須であるものの，代償措置を設けることが必要となると，人事制度改革の目的とするコスト削減・合理化が十分に達成できないのではないか，猶予措置を設けなければならないとすると，

迅速な人事統合の達成が阻害されるのではないかという疑問は残る。

b 職能資格・等級制度の見直し

同様にM&Aに際しての人事統合に伴い，従来の年功序列的な職能資格・等級制度を見直し，能力以上に格付けされていると認められる者の資格・等級を引き下げが実施されることが多く，その結果，賃金の切り下げが生じることがある。このように，職能資格を引き下げる措置は，既に到達した職務遂行能力を引き下げる措置であり，本来予定されていないものであるから，職務資格・等級の引き下げは，労働者との合意により契約内容を変更する場合以外は，就業規則の明確な根拠と相当の理由（人事考課の相当性）が必要である[6]。この点，アーク証券事件（東京地判平12・1・31判時1718号137頁）は，労働者の資格等級見直しによる降格・降級（職能資格・等級の引き下げ）には，労働者の合意により契約内容を変更する場合以外は，就業規則に基づく明確な根拠と相当の理由を必要としており，また，就業規則自体の不利益変更には高度の必要性を要するとされ，当該規則改正は合理的理由なしとして，減額を違法とした。

（ⅱ）退職金・年金制度

a 退職金・年金制度の不利益変更

人事統合に伴い退職金制度の統一するに際して，退職金制度の改定が，実質的な労働条件の引き下げとして問題になることがある。このような退職金制度の改定の適法性も，基本的に就業規則の不利益変更問題の枠組みを参考として判断されている。

退職金に関する大曲市農協事件最高裁判決[7]は，7つの農協の合併に伴う統一就業規則の作成に伴って退職金の支給率が下げられたという事案につき，変更の必要性が非常に高く，直接の代償措置とまでいえないが，給与額が増額されている等他の労働条件が向上していることを理由に合理性を肯定した。

また，企業年金に関する名古屋学院事件[8]は，過去の掛け金部分に相当する年金は一時金として支払うことなどを条件として企業年金制度の廃止を有効とした。財政状態からみて廃止に高度の必要性があり，代償措置が設けられ，廃止後も相当生活を維持できる収入が確保されているなど内容的にも相当性が認められるほか，手続的にも3年を交渉に費やした等の事情から不利益変更の合理性を認めている。

他方で，格別の代償措置，経過措置もないまま退職金を大幅に減額するなど，労働条件をもっぱら労働者の不利益に再編し，雇用延長などの見返りも見られない事案では合理性が否定されている[9]。

いずれも最高裁の不利益変更法理の枠組みで判断されており，退職金・年金制度の不利益変更についても，経過措置，代償措置および労働者・労働組合との交渉の有無がポイントとなることは，賃金の不利益変更と同様であろう。

b 企業年金の受給者減額

近時は，退職後の従業員が企業年金の受給を受けている場合にその給付額を減額するという，いわゆる企業年金の受給者減額が問題とされることが多い。りそな銀行，松下電器産業，TBS，NTTグループ各社など，受給者減額に納得できない年金受給者が会社を訴える受給者減額訴訟の例も増えている。在職者は現実には会社を訴えにくいうえに，受給者にとっては既に働いた分の対価である以上受給権は既得権であるとの意識が強いということもあり，退職金・年金制度の不利益変更に関する訴訟も，当面は受給者減額訴訟が主流であろう。

受給者減額は，既に年金の支給を受けている者の給付額が減らされているという点で現役従業員の労働条件の不利益変更の問題とは厳密には異なる。しかしながら，企業年金改革の進行が加速している今後は，M&Aに伴う人事統合の局面においても，企業年金の受給者減額が問題になる場面が出てくる可能性がある。受給者減額の要件については，基本的にその年金について規律する法律に定められている[10]。例えば厚生年金基金については，受給者減額を内容とする規約変更の場合には，厚生年金基金設立認可基準の定める要件を充足して厚生労働大臣の認可を得る必要があり，同基準に従い，年金の引き下げが真にやむを得ないと認められること，全受給者等の3分の2以上の同意を得ていること等の要件を満たす必要がある。ただし，厚生年金保険法等の法令が定める受給者減額の要件は，規約変更の承認・認可を取得する要件にすぎず，承認・認可を受けた規約が，規約の当事者でない受給者を当然に拘束するわけではない。受給者を法的に拘束するか否かは，結局，退職金規程や企業年金規程等の会社と受給者との契約の定めとその解釈によって決せられる問題である。

この点，松下電器産業事件（大津地判平16.12.6労判889号73頁）では，年金規程が福祉年金制度の規律としての合理性を有している限り，年金規程の具体的内容を知っていたか否かにかかわらず，年金規程によらない旨の特段の合意をしない限り，年金規程に従うとの意思で年金契約を締結したものと推定するのが相当で，その契約内容は年金規程に拘束されるとし，年金規程改定時の情勢は，年金規程の「経済情勢の大幅な変動」に該当するとして，年金規程の解釈を通じて，年金規程に基づく年金規程の改定を認めている。

2　人事統合の実行段階の実務上の留意点

本章1では，人事統合実行段階で発生する論点を法的観点から検討したが，以下では，主として実務上留意すべき点を検討する[11]。

（1）就業規則等の統合のチェック項目

①　就業時間

始業時刻，就業時刻，休憩時間，所定労働時間（1日単位，1週間単位）など，まずは本社のスタッフ部門から比較する。これらの項目が異なっている場合には理由を明確にしたうえで，どちらに統一するのか検討する。その後，同種の業務を行っている部署ごとに同様の作業を行う。

②　就業場所

支店の有無，配置など，実際には要員計画を作成する際に，検討してある項目であるが，さらに従業員にどの程度の配置転換が発生するのかを再確認しておくことは重要な作業である。無理な配置転換により，有能な人材が退職してしまうことは，避けなければならない。

また，常時10人以上の労働者がいる就業場所については，労働基準監督署へ就業規則を提出する義務があるため，この段階で確認しておくことができれば，実際に就業規則を提出する作業をスムーズに行うことができる。

③ 賃金制度

2つ以上の賃金制度の統合を行う場合，考えられるパターンは下記の3種類である。

図表3-3-4 賃金制度の統合パターン

種類	内容	運用	スピード
パターン1	当分の間，A社，B社両方の賃金制度を併用する	△	○
パターン2	A社，B社どちらか一方の賃金制度に統合する	○	△
パターン3	C社としての新たな賃金制度を構築する	◎	×

パターン1を選択した場合，作業的には単純なため，一番早く実行に移すことができる。ただし，1つの会社に2つの賃金制度が存在することとなるため，事務量が膨大で，管理・運用するのが困難である。さらに，給与水準が低い賃金制度が適用される従業員のモラールの低下をまねくおそれもあるため，注意が必要である。

パターン2を選択した場合，賃金体系を確認し，基本給，手当など個々の名称，賃金額，について比較したうえで，全体としての項目を再設定し，制度自体の統合を図るため，作業量は多くなる。

しかし，この段階では，画期的な賃金制度改革により賃金額を変更することよりも，賃金額を現状維持としたままで，統合後の会社において円滑に賃金管理事務を行うことが目的となることが多いこと，短期間での調整が可能なことから，現実的にはこの方法が選択されることが多い。

パターン3を選択した場合，合併後の賃金制度のあり方としては理想的なものをつくることができるが，問題となるのは期間である。新賃金制度の構築には，最低でも2年～3年はかかるケースが多い。

すべてのパターンに共通して必要なことは，統合を好機と捉え，年齢別・等級別の賃金水準や各種手当の内容などについて明確な定義づけを行い，公正で透明性の高い賃金制度に近づける意識を持つことである。さらに，従業員の労働意欲を高め，生産性を向上させる賃金制度の構築に向けた検討を開始する必

要がある。

　例えば，慣習的に支給されている扶養手当や住宅手当については，労使双方，特に労働者側が維持を望むことが多いが，厚生労働省のガイドライン（厚生労働省平成15年4月「男女間の賃金格差解消のための賃金管理及び雇用管理改善方策に係るガイドラインについて」）によれば，「配偶者を対象とする家族手当や住宅手当は現実には男性世帯主を中心に支給されており，男女間賃金格差を拡大しているため，公正な賃金制度の観点から，両手当を廃止するなどできるだけ縮小することが望ましい」とされている。

④　人事評価制度，資格制度

　まず，どのような人事評価制度，資格制度があるか確認し，現状の制度の内容を認識する。大抵の場合，人事評価制度および資格制度は賃金制度と連動している場合が多く，賃金制度の統合の内容によって，人事評価制度および資格制度の統合のあり方および内容が決定する。

　人事評価制度や資格制度はその会社によって独自性が強く，同一のものは存在し得ない。また，同じ用語を使用していてもその用語の意味するところは全く異なるなど，統合が困難な項目である。実際には，いずれか一方の制度を基本に調整し，新たな人事評価制度，資格制度を構築していくことが多い[12]。

⑤　退職金制度

　退職金制度の有無，退職金制度の内容について比較する。特に退職金制度の内容については，自社の退職金制度のみか，第三者機関の制度を併用しているかによって，統合の方法が大きく異なるため，注意が必要である。

（2）退職金制度の統合の実務

　退職金制度の統合には，統合が行われずに事前に清算の行われる「事前清算型」と，制度統合自体が実施される「統合（廃止を含む）型」の二種が存在する。

① 事前清算型

非対等型の統合においては，実際には，統合前に退職金を清算する方法が優先的に検討されることが多い。例えば，吸収合併の場合，消滅会社でその時点までの退職金を清算し支払いを済ませた状態で，新入社員として入社させる方法がある。営業譲渡に伴う転籍が実施される場合も同様である。この場合，勤続年数は通算されず，統合後の新会社の退職金制度上の算定においては，入社1年目からの換算とすることができるため，企業側にとって簡便な処理を可能とするメリットがある。他方，①消滅会社に退職金を清算して支払うだけの原資がある場合は良いが，そうでない場合にはこの方法が最良の方法だとしても実現は難しい。②また，この方法は退職一時金の処理としては適切であるが，企業年金の処理はむしろ清算ではなく継続が望ましく，一時金と年金の一元的処理という観点からはデメリットが大きい。③さらには，一時金についても，勤続年数の上昇に伴って退職給付係数の上昇に強い期待を有していた対象者にとって，入社1年目として処遇されることは相当の不利益を甘受させる結果となる。このように，事前清算型には問題も多い。

② 統　合　型

「退職金制度の統合」という場合，退職一時金制度部分の統合と退職年金制度部分との統合とがあるが，後者は特有の複雑な問題があるため，別途詳細に後述することとする。また，前者について「統合」という用語が使用されたとしても，統合当事会社が各々有する退職一時金制度が合一化するという意味で「統合」が使用される例は実務的にはほとんど存在せず，むしろ，当事会社のどちらか一方の制度の適用に一本化される現象をもって「統合」と呼ぶ例が多い。典型的には，A社がB社に吸収合併されて，以降，A社の従業員がB社の既存の退職一時金制度の適用を受ける場合をいう。この場合にも，①A社勤続期間にかかる退職給付はB社退職時に支払うが，B社においては新規雇用として取り扱う場合と（部分統合），②A社勤務期間をB社退職給付制度上，勤続年数を通算する場合（完全統合）の二種類のケースが考えられる。いずれの方法を採用するかは，税務・会計上の効果や，A社とB社の制度設計上の親和性や，対象従業員の勤続年数等，複数のファクターによって決定されるが，いずれも

図表3-3-5　退職金一時金制度の種類

制度の種類	導入のメリット	導入のデメリット	国の補助
自社のみ	会社の特性を活かし，自由に設計できる	退職理由による支払い制限を設定することができる：会社都合100％，自己都合40％など	なし
中退共	中小企業への退職金制度の普及を目的に創設されたため，国からの援助がある	退職理由による支払い制限を設定することができない：どのような理由でも全額支払	あり
自社＋中退共	両方のメリットを活用できる	退職金制度を変更する際，法的な問題に対して自社だけの対応で完結することができない	一部あり

図表3-3-6　中退共の対象となる範囲

業　種	常時雇用する従業員
卸売業	常時雇用する100人以下　または　資本の額または出資の総額が1億円以下
サービス業	常時雇用する100人以下　または　資本の額または出資の総額が5,000万円
小売業	常時雇用する　50人以下　または　資本の額または出資の総額が5,000万円以下
上記以外	常時雇用する300人以下　または　資本の額または出資の総額が3億円以下

技術的には大きな困難は存在しない。

　以上のような技術的・制度的な意味合いでの統合に対し，むしろ経営的な視点から，M&Aによる企業統合を契機として，退職金制度そのものを見直す，あるいは，より積極的な動きとして，雇用の流動化を背景として，退職金制度そのものを廃止し，これを現在価値に引き直し，賃金に反映させようとする動きをもって「統合」と呼ぶ新たな傾向もある。

　最近の退職金制度廃止の例として，松井証券株式会社が2002年3月に実施した例がある。退職金の「賃金の後払い」という性質が，同社が理想とする「会

社と社員の対等な関係である」という考えとは合わないとして，これまでに積み立てた退職金を支払ったうえで，退職金制度を廃止し，現行給与等への上乗せ（前払い）に変更したものである。中途入社の社員が多く，終身雇用制度が形骸化していることや社員の平均年齢が若く，将来の退職金よりも年収への上乗せの希望が強かったことも退職金制度の廃止を後押しする要因になった。

（3）社会保険の統合の実務

① 厚生年金保険と健康保険

一般的な厚生年金保険と健康保険に関しては，M&Aの当事者企業レベルでの統合という事態が発生しないため，特に問題は発生しない。

ただし，現在，社会保険の適用を受けている適用事業所を本店の所在地や名称を「変更」して，そのまま継続していくのか，それとも適用事業所を廃止して，「新規」に社会保険の保険関係を適用させるのかによって，異なる手続が必要となるため，実務担当者には留意が必要である。

具体的には，「変更」により対応する場合は，どちらか一方の会社の保険関係を変更することになるが，もう一方の企業の保険関係は不要となるため適用事業所の全喪届を提出し，保険関係を消滅させる必要がある。

他方，「新規」に保険関係を適用することで対応する場合には，双方の企業について適用事業所の全喪届を提出し，保険関係を消滅させたうえで，新たに新会社の保険関係を適用する必要がある。この場合は，新規に保険関係を適用させる手続になるため，添付書類も多くなり，社会保険審査官の審査を受ける必要も出てくる。

また，処理に要する時間も，変更の場合には（被保険者となる者の人数にもより健康保険被保険者証の発行に時間がかかるケースもあるが），1週間程度で完了できるが，新規の場合には，運用上，申請月の翌月1日から適用とされていることが多いため，申請のタイミングによっては1ヵ月以上の期間が必要とされることもある。

合併期日については，事前に決定しているものなので，その際の対応についても，管轄官庁に確認を取り，スケジュールの中に組み込んでおく必要があろう。

図表 3-3-7　「変更」による社会保険の手続

名　　　称	チェック欄
・適用事業所　名称・所在地変更届（管轄外・管轄内）	
・事業所関係変更届（事業主の変更・事業の種類の変更など）	
・資格取得届（消滅会社の従業員）	
・被扶養者異動届（消滅会社の従業員）	
【添付書類】	
新会社の法人登記簿謄本	
年金手帳，被扶養者の扶養の事実を確認できるもの	
その他，指定された書類	
・適用事業所　全喪届	
・被保険者資格喪失届（消滅会社の被保険者）	
【添付書類】	
廃止した会社の閉鎖に関する法人登記簿謄本	
その他，指定された書類	

図表 3-3-8　「新規」による社会保険の手続

名　　　称	チェック欄
・適用事業所　全喪届（両方の会社）	
・被保険者資格喪失届（両方の会社の被保険者全員）	
【添付書類】	
廃止した会社の閉鎖に関する法人登記簿謄本	
その他，指定された書類	
・新規適用届（その1）	
・新規適用事業所現況届（その2）	
・被保険者資格取得届	
・被扶養者（異動）届	
【添付書類】	
新会社の法人登記簿謄本（原本）	
賃貸契約書の写し	
保険料口座振替納付申出書	
出勤簿	
労働者名簿	

賃金台帳	
源泉所得税の領収書	
直近の決算書または確定申告書の控え	
その他，新規に適用にあたって指定された書類	

② 厚生年金基金

　厚生年金基金に加入している企業の場合でも，通常の場合は上記の手続と同様である。

　問題となるのは，その企業が厚生年金基金の母体企業であるケースである。統合後に，吸収した企業の従業員を厚生年金基金に加入させるのか，新会社として加入するのか，を決定し，さらに厚生年金基金の掛金の支払が福利厚生費としての会社のコストを増大させることによる会社の財政に与える影響などを検討する必要がある。

　厚生年金基金の解散あるいは代行返上も視野にいれた検討が求められるところである。

③ 健康保険組合

　健康保険組合の場合も，厚生年金基金と同様に，健康保険組合の解散まで視野にいれた検討が求められる。

　健康保険組合に加入している会社の場合でも，通常の場合は上記の手続と同様である。

　問題となるのは，厚生年金基金と共通で，その会社が健康保険組合の母体企業であるケースである。健康保険組合の場合，被保険者とその被扶養者に高齢者が多い場合など当然に医療費が増大し，健康保険組合の財政を圧迫する恐れもあるため，新規の加入に際して厳しい審査基準を設けているものもあるので注意したい。

（4）労働保険の統合の実務

① 労災保険・雇用保険の手続

　労災保険・雇用保険の手続で重要なものは，廃止した会社の労働保険料の清

算と新会社の労働保険料の増加分の申告である。

　例えば，吸収合併の場合，消滅会社の廃止手続に伴い労働保険料の清算が必要となる。統合する場合も，同様である。合併期日までの確定保険料を計算し，すでに納めている概算保険料と清算する。このとき年度の途中で合併が行われた場合には，還付金が発生する可能性がある。この場合，実際に還付金が支払われる時点では会社が存在しないこともあるため，関係部署と還付金の金額とその対応について協議する必要がある。

② 労災保険の「事業の種類」と「労災保険料率」

　労災保険は「事業の種類」により，「労災保険料率」がまったく異なるものである。例えば，建設業の場合などの本社事務と作業現場での適用が代表例である。ここで「事業の種類」に応じて適用される労災保険の適用が直接労災保険料に反映されるため，注意して確認する必要がある。

③ 雇用保険の「雇用保険被保険者離職票」

　雇用保険の代表的なものは，いわゆる「失業保険」といわれる退職時の給付である。退職した従業員がこの給付を受け取る際に必要な書類が「雇用保険被保険者離職票」である。その内容は，退職前6ヵ月分の賃金額と退職時の事業主の証明である。

　例えば，統合実行日以後，全従業員が新会社で6ヵ月以上在職していた場合には，何も問題は発生しないが，2ヵ月で退職した場合は，合併前の会社での4ヵ月の証明が必要となる。このようなケースを想定して対応を考えておかなければならない。この場合の対応には2とおりの方法がある。

（ⅰ）同一事業主の認定を受ける

　合併後に，A社とB社は，同一事業主の会社であるという認定を公共職業安定所で受ける方法がある。この場合，B社の賃金台帳などの労働者に関する書類はすべてA社に受け継がれるため，退職者が発生した場合には，A社で両方の期間の賃金を記入して「雇用保険被保険者離職票」を交付することができる。公共職業安定所としては，従業員の利益を守るという視点から，雇用を継続する（就業記録をすべて継続する）同一事業主認定を推進している。

手続の際の添付書類として，以下の書類の提出が必要である。

図表3-3-9　同一事業主認定の手続に必要な書類リスト

名　　　　称	チェック欄
合併契約書	
株主総会議事録	
取締役会議事録	
労働者の移籍に関する労働協約など	
営業譲渡契約書	
廃止した会社の登記簿謄本	
新会社の登記簿謄本	
移籍する労働者の名簿	
その他，指定された書類	

（ⅱ）全員に「雇用保険被保険者離職票」を交付する

同一事業主認定を受けない場合には，廃止される会社の従業員全員に「雇用保険被保険者離職票」交付しなければならない。従業員数が多い場合には，大変な作業量となるが，このケースを選択する会社も少なくないようである。

（5）企業年金の統合の実務

FIP策定段階において各企業の実務担当者を最も悩ます問題の1つに各企業年金の統合の問題がある。

①　企業年金とは

企業年金とは，企業が主に従業員の老後の所得保証を目的として行う私的年金のことをいう場合が多い。年金支払いは退職（確定拠出年金の場合は，60歳以上の退職）により開始されるため，企業年金の統合の実務上の処理を考える場合には，企業の退職金制度の見直しおよび統合を含めて検討を行う必要がある（ただし，福利厚生制度の1つとして，企業年金制度を導入している企業もあるため，すべてのケースが退職金制度と連動しているわけではない）。

図表3-3-10 年金の種類と特徴

年金の種類	具体的内容	特徴
公的年金	厚生年金 共済年金 国民年金	国が全国民を対象として運営する年金制度。国民皆年金のベースとなるもので国民は必ず加入
企業年金	適格退職年金 （平成24年廃止） 厚生年金基金 確定拠出年金 （平成13年導入） 確定給付企業年金 （平成14年導入）	企業（基金）が信託銀行または生保険会社との間で年金契約（適格年金の場合は，信託契約または生命保険契約）を結び，将来の退職金支払の原資を掛金として積み立てておき従業員の退職後に年金または一時金として退職者に支払う制度。公的年金を補完する重要な役割を担っており，老後の所得保障を目的として任意で加入
独自年金	自社の退職金規程による退職年金	退職金規程によって計算された退職金を退職時に一時金として支給するのではなく，退職後に年金として，数年間に分割して支給する制度

図表3-3-11 企業年金制度の導入割合

制度の種類	適格退職年金	厚生年金基金	確定拠出年金(企業型)	企業独自の年金	厚生年金基金と適格退職年金の併用	その他2つ以上の制度の併用
割合（％）	65.8	46.5	1.8	2.7	19.0	1.7

(出所) 厚生労働省「平成15年度就労条件総合調査」より抜粋
（複数の制度を併用して導入している企業があるため，合計が100％以上となっている。）

② 企業年金の統合の実務

　企業年金の統合についても，退職一時金制度の統合の問題と同様，企業統合（合併や会社分割）に伴って制度自体を「統合」する必要性と共に，統合時に制度そのものを見直す必要性の両者の問題が存在している。特に，後述するように，多くの企業が採用している適格年金制度が平成24年度で廃止されることが決定されているおり，その動きに拍車をかけている。後者の問題は，企業において，いかにして退職金制度を維持するかという問題を含む点において非常に重要である。

　多くの企業では，社内に自社の退職金制度を持ち，その退職金の原資を確保する手段として企業年金制度を導入している。

これらの企業の場合，従業員に退職金として支払う退職金の支払い額が確定しているにもかかわらず，適格退職年金制度の廃止により，その手段が奪われることになる。

積立不足を放置すれば，将来において生命保険会社等から支払われる退職金の額が法的に支払う義務のある退職金の額に満たないことになり，その差額について，企業が補填する必要がでてくる。それを避ける意味でも，企業が退職金に対してもっているコンセプト，その存在理由と目的を明確にしたうえで，退職金制度の統合に連動した形で企業年金制度の統合を考えていくことが必要である。

企業年金の統合は通常合併等の統合が実施されてから1年以内に行うこととされているが，前述してきたように他の多様な人事・労務制度の統合とあわせて，1年以内に企業年金の統合まで完了することすら困難である現状では，統合時に退職金制度のあるべき姿までの構築ができるケースはまれであり，とりあえずの制度の統合に落ち着くことが多い。その場合には，企業年金制度も調整作業のみで，見直しや移行といった作業は先送りとなる。

問題は，企業によっては，適格退職年金制度の廃止に伴い，自動的に自社の退職金制度を廃止することができると勘違いしてしまうことがあり，その場合，対応が遅れ，企業の退職金制度に基づく退職金の支払い義務だけが大きな負担となって残ってしまうことが考えられる。さらに，退職金制度の変更および廃止を実施するにあたっても，労働条件の不利益変更を伴うことも十分に考えられ，簡単に進めることはできず，企業年金制度と退職金制度を連動して対応を考えておく重要性は高い（図表3-3-12）。

③ 企業年金制度の導入状況

企業年金制度を導入している企業の割合は，図表3-3-11のようになっている。導入パターンは，同じ企業年金を採用しているもの（図表3-3-13）と異なる企業年金を採用しているもの（図表3-3-15）に大別することができる。

④ 企業年金統合の考慮要素

企業年金の統合は，統合において採用される法的ストラクチャーと統合当事

図表3-3-12 企業年金の統合フロー

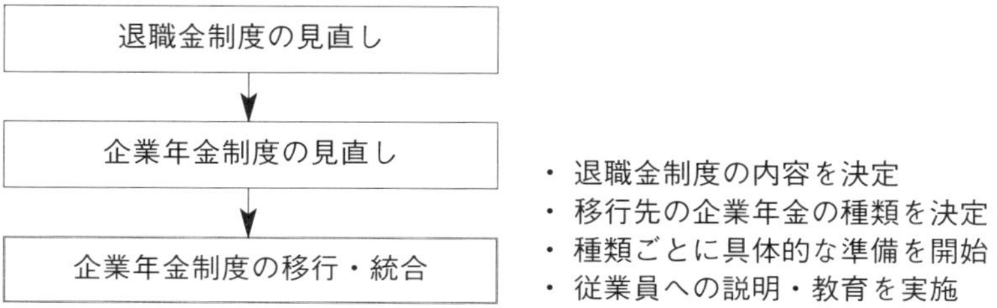

退職金制度の見直し
↓
企業年金制度の見直し
↓
企業年金制度の移行・統合

・退職金制度の内容を決定
・移行先の企業年金の種類を決定
・種類ごとに具体的な準備を開始
・従業員への説明・教育を実施

図表3-3-13 同じ企業年金制度のパターン

	想定される企業年金
パターン1	厚生年金基金　ＶＳ　厚生年金基金
パターン2	適格退職年金　ＶＳ　適格退職年金
パターン3	確定拠出年金　ＶＳ　確定拠出年金
パターン4	確定給付企業年金　ＶＳ　確定給付企業年金

者たる各企業が有する企業年金制度のパターンによって発生する論点（図表3-3-13）との2要素が最も重要なファクターとなる。

(ⅰ) 統合において採用される法的ストラクチャーとの関係

ⅰ　合併の場合

合併の場合に統合をどのような方針で処理するかは比較的単純である（特に，適格退職年金の場合）。吸収合併であれば，存続会社の制度をもって一元的に吸収・運用することになるであろうし，対等合併の場合であっても，適格退職年金は原則として新たな制度創設が許容されない以上，いずれかの制度を選択したうえで，両当事者企業の給付水準を勘案したうえで，一定の調整が行われることになろう。この給付水準の調整は，高い水準，低い水準，中間的な水準，いずれを選択するかによって，種々の問題を発生させるが，この点は後述する。

ⅱ　会社分割の場合

①　適格退職年金の場合は，会社分割にあたっては，労働契約承継法上，従前の労働契約を承継させて従前の労働条件をもって分割後も保護することが求められていることから，企業年金に関する従業員の権利もまた，保護されなく

てはならない。さらに,「分割会社及び設立会社等が講ずべき当該分割会社が締結している労働契約及び労働協約の承継に関する措置の適切な実施を図るための指針」(以下,「労働契約承継指針」という)によれば,適格退職年金は,多くの企業の場合,退職金制度を移行しており,権利義務が明確であるため,その受給権が労働契約の内容となっており,分割によって労働契約が承継される場合には,これを維持する必要があると定める。ただし,適格退職年金は平成14年4月以降,原則として新規創設が認められないため,この存続ができない場合には,確定給付企業年金や確定拠出年金へ移行する必要が生じることとなる。

図表3-3-14 合併・会社分割等による適格退職年金の存続の可否

取引形態	適格退職年金の実施の有無		適格退職年金の存続の可否
	A社	B社	
吸収合併(会社法749条,751条):A社とB社が合併し,A社が存続会社となる場合	有	有	存続可
	有	無	存続可
	無	有	存続不可
新設合併(会社法753条,755条):A社とB社が合併し,C社を新設する場合	有	有	存続可
	有	無	存続不可
	無	有	存続不可
事業の全部の譲渡(会社法467条1項1号):A社が存続し,B社が消滅する場合	有	有	存続可
	有	無	存続可
	無	有	存続不可
事業の重要な一部の譲渡(会社法467条1項2号):A社が譲受会社で,B社が譲渡会社である場合	有	有	存続可
	有	無	存続可
	無	有	A社存続不可・B社存続可
吸収分割(会社法757条):A社の1部門を分割して,B社に承継させる場合	有	有	存続可能
	有	無	A社存続可・B社新規創設
	無	有	A社存続不可・B社存続可
新設分割(会社法762条):A社の1部門を分割して,B社を新設する場合	A社 有 (A社がB社の株式保有20%以上)		存続可(共同委託契約)
	A社 有 (A社がB社の株式保有20%未満)		A社存続可・B社新規創設

② これに対して，厚生年金基金は，厚生年金基金法の規定に基づいて任意に設立された法人であるため，労働契約承継法では承継が義務付けられておらず，厚生年金基金の関係法令の定めるところによるとされている点に留意が必要である。この処理としては，適格退職年金の場合と同様，確定給付企業年金や確定拠出年金へ移行することも可能であるが，従来の給付を維持することを選択した場合には，厚生労働大臣の認可申請手続を経て，基金の規約変更，基金の新設，または，基金の分割等のいずれかを行うこととなる。

（ⅱ）統合当事者たる各企業が有する企業年金制度のパターンによって発生する論点―その１―同じ企業年金制度のパターン

ⅰ　パターン１の場合

図表3-3-13における同じ企業年金制度を導入している企業同士の統合を考えるにあたって，統合実行日までに対応しておかなければならないのはパターン１のケースである。１つの企業が２つの厚生年金基金に加入することはできないため，どちらかの厚生年金基金に全員加入するか，それぞれの厚生年金基金を全員脱退するかを決定し，手続きを準備しなければならない。仮に，全員脱退すると決定してもその企業が厚生年金基金を構成する母体企業である場合には，代行返上や基金型確定給付年金への移行など，受け皿となる制度を導入する必要があり，短期間で対応することは難しくなるため，早い段階で検討を始める必要がある。

ⅱ　パターン２の場合

合併当事者企業が双方とも適格退職年金を有している場合（さらに，特に両社とも適格退職年金に退職金制度を100％移行しているケースを想定）においても，両社の制度の給付水準に差異がある場合がある。この場合において，例えば，①被合併企業の給付水準が高い場合には，対象従業員が受ける不利益を回避するため，被合併企業の従業員の過去勤務期間をもって，合併企業の適格退職年金に加入していたものとして扱うことを基本方針としつつ（規約の改訂），被合併企業の適格退職年金廃止と同時に年金資産を合併企業の適格退職年金に過去勤務掛金として払込処理を行う方法が一般的である。ただし，この方法を取ると，理論的には，被合併企業従業員にとっては，給付内容の不利益変更の

問題が発生する可能性があること，また，合併企業における適格退職年金の責任準備金の規模が小さく，被合併企業従業員の過去勤務掛金をすべて受け入れる規模にない場合には，それを超過する部分は分配の問題が生じることに留意が必要である。次に，②合併企業の給付水準が高い場合においては，被合併企業の従業員にとっては，給付水準の引き上げとなるため，労働法上の問題は発生させない一方で，被合併企業の費用の持ち出しの問題を発生させる。これを回避するためには，合併企業側の水準を引き下げるか，中間的な給付水準を設定するか等の解決方法があり得るが，いずれのケースにおいても，合併企業側の従業員にとっては，給付の減額が発生するため，分配が発生するか，分配を回避するために，一時的に従前の基準による給付を補償するといった措置が採用されることとなろう。

他方，そもそもパターン2は，平成24年における適格退職年金制度の廃止を視野に入れた対応が必要となるため，一時的に統合したとしても，すぐに制度を見直す必要に迫られる。二度手間にならないためにも，この段階で将来の見直しの方向をある程度検討しておくことが望ましい。上記でも述べたように退職金制度の統合に連動することになるが，（イ）適格退職年金制度の税法上のメリットを継続することが目的であれば，時期的にも急ぐ必要はなく，極端にいえば平成24年3月の廃止を待って他の企業年金制度に移行すればよいこととなる。この場合に適格退職年金の代替制度として新設されたものが規約型の確定給付企業年金である。規約型の場合には，基金型と異なり，基金を設立する手間がなく，比較的簡単に導入することができる。（ロ）税法上のメリットを継続しつつ，過去の積み立て不足の補填，今後の積み立て不足の増大を避ける目的であれば，中退共（企業規模に制限あり）もしくは確定拠出年金への移行を検討することが考えられる。（ハ）適格退職年金制度の廃止後，他の企業年金への移行はせず，退職金制度の変更および廃止などの調整を自社で処理する方法もあろう。ただし，その場合，適格退職年金の解約に伴う分配金は従業員の一時所得となり，退職所得としての税制上の優遇措置が受けることができないため，従業員にかかる所得税や住民税および社会保険料の負担についても対応を考える必要がある。

ⅲ　パターン３，４のケース

　これらのケースでは，制度そのものが平成13年，14年に創設されたこともあり，企業年金制度そのものについての見直しはある程度検討されていると考えてよい。そのため，給付水準や給付内容など制度そのものをつき合わせて，統合作業を行うことが可能である。

（ⅲ）統合当事者たる各企業が有する企業年金制度のパターンによって発生する論点―その２―異なる企業年金制度のパターン

図表 3 - 3 -15　異なる企業年金制度のパターン

	想定される企業年金
パターン１	厚生年金基金 VS 適格退職年金
パターン２	厚生年金基金 VS 確定拠出年金
パターン３	厚生年金基金 VS 確定給付企業年金
パターン４	適格退職年金 VS 確定拠出年金
パターン５	適格退職年金 VS 確定給付企業年金
パターン６	確定拠出年金 VS 確定給付企業年金

　ⅰ　図表 3 - 3 -15における異なる企業年金制度導入している企業同士においては，統合実行日までに対応しておかなければならないのはパターン１，２，３の厚生年金基金に加入しているケースである。

　企業年金制度においては，１つの企業が複数の企業年金制度を併用して導入することには制約がないため，たとえば，厚生年金基金に全員加入させたうえで，もう１つの企業年金を継続するか，解約するか等を検討する方法を採用することも可能である。ただ，この方法を採用する場合には，当然，厚生年金基金の加入時は，過去勤務期間を考慮することはできないため，他方の企業年金の継続か廃止を検討する際，対象従業員がこうむる可能性のある不利益の補填を考える必要がある。

　ⅱ　また，パターン１，４，５は適格退職年金制度の廃止に関連するため，どちらにしても新たな企業年金制度のあり方についての検討に入る必要がある。例えば，パターン５において，適格退職年金を廃止して確定給付企業年金に統合を行う場合には，適格退職年金同士の統合の場合と同様，一方を解除したう

えで，年金資産を確定給付企業年金に払い込む方式の他，権利義務を適格退職年金から承継する権利義務承継方式も認められている（確定給付企業年金法附則25条）。この方法のメリットとして，適格退職年金の給付支給要件をそのまま適用できる点があげられる。

ⅲ　パターン6においては，両社とも比較的新しい制度が導入されて，制度上の手続が比較的整備されていること，また，歴史が浅いことから，過去を清算する必要が少ないため，その点においては，統合作業は比較的容易であるといえる。

（ⅳ）企業年金制度の見直し作業における厚生年金基金と適格退職年金の捉え方

ⅰ　厚生年金基金（母体企業の場合）

厚生年金基金を解散するにあたっては，代議員会の4分の3以上の決議あるいは基金の事業継続の不能を理由とする解散申請を厚生労働大臣が認可した場合に認められる（厚生年金基金法145条）。この場合，解散認可時において，基金の積立金の額が最低責任準備金を下回らないことが最低条件となっているが，平成16年度の年金制度改正で，積立金の額が最低責任準備金を下回る基金でも，不足金の分割納付（原則5年以内）により解散を認める特例措置が創設されたため，解散する厚生年金基金が相次いでいる。

退職給付の新会計基準により，厚生年金が国の厚生年金の一部を代行している部分も，企業の退職給付債務の対象となったことに加えて，確定給付企業年金法の創設により，厚生年金基金から支給することになっていた上乗せ部分を確定給付企業年金へ移行して年金制度を存続し，代行部分を国に返上することが可能となったこと，2000年から3年連続で年金資産の予定運用利率がマイナスとなっていることから代行部分の運用リスクが企業の大きな負担となっていたことも，厚生年金基金の解散に拍車をかける要因になっている。

さらに，厚生年金基金を解散して，その受け皿として確定拠出年金制度を導入する企業も増加している。最近の例では，2003年1月に株式会社伊藤園が厚生年金基金を解散し，確定拠出年金制度に移行する認可を厚生労働省から受けている。

ii 　**適格退職年金**

　適格退職年金制度は，昭和37年に法人税法等の改正により始まったもので，平成15年の厚生労働省「就労条件総合調査」によると65.8％の企業で導入されているが，前述のように平成24年3月で廃止が決定している。主な理由としては，根拠となる条文が税法であり制度の内容を直接規制する法律がなく，適格退職年金制度が破綻した時点で，十分な水準の年金資産が形成されていないケースがあり，退職金の原資が不足する問題が生じた場合にも対応ができず，従業員の権利を保護する観点からは問題があったためとされている。

　適格退職年金の場合，概ね予定利率5.5％以上で設計されているため，運用利回りの悪化に直接的に影響を受けるにもかかわらず，そのまま放置されて問題が先送りされてきた現状がある。さらに制度の導入当時は，予定利率を上回る運用結果を目の当たりにしてきた企業では，退職金額よりもはるかに少ない資金を事前に拠出することで十分に対応することができた。そのため，現実の運用利回りを受け入れにくく，いつかは運用が回復するという根拠のない期待，さらには，他の制度に移行する仕組みがなかったこともあり，これまで企業において積立不足に本格的に取り組む姿勢がみられなかった。このような複合的要因が重なり，制度廃止に追い込まれざるを得なかった背景事情がある。企業にとって，適格退職年金制度は，企業本体の業績が良くても，多額の退職金の支払いに対応できずに経営状態を悪化させる危険性がある。このような状況で，適格退職年金制度が廃止されるのは，確定拠出年金法および確定給付企業年金法の成立に伴い，他の企業年金への移行を含めて，退職金制度の抜本的な見直しを各企業に促す意図があるものといえる。

図表3-3-16 　適格退職年金の考え方

　　　　　　　事前の拠出金　　＋　　運用収益　　＝　　退職金

＜参考＞

　　確定給付型　拠出金 ↑　　＋　　運用収益 ↓　　＝　　年金給付（固定）
　　確定拠出型　拠出金（固定）　＋　　運用収益 ↓　　＝　　年金給付 ↓

| 図表 3-3-17 | 退職年金の支払準備形態別企業数割合 | | | | | | | | M.A.（単位：%） |

企業規模，年	退職年金制度がある企業	厚生年金基金のみ	適格退職年金					企業独自年金のみ	厚生年金基金と企業独自年金の併用
			計	適格退職年金のみ	厚生年金基金との併用	企業年金基金との併用	厚生年金基金と企業独自年金との併用		
企業規模計									
平成元年	〔50.7〕	100.0	8.7	80.7	65.1	13.8	1.4	0.4	8.5	2.2
5年	〔53.0〕	100.0	15.8	78.7	59.4	17.2	2.0	0.1	5.0	0.6
9年	〔52.5〕	100.0	20.3	74.9	52.3	21.4	0.7	0.5	3.2	1.6
15年	〔53.5〕	100.0	26.1	65.8	46.4	19.0	※	※	1.6	※
1,000人以上									
平成元年	〔86.4〕	100.0	29.9	67.0	45.7	18.0	2.6	0.7	1.8	1.4
5年	〔89.4〕	100.0	29.1	68.5	47.7	18.2	2.2	0.3	1.4	1.0
9年	〔90.4〕	100.0	28.4	70.8	46.0	22.9	1.5	0.4	0.7	0.1
15年	〔89.0〕	100.0	25.0	70.3	44.0	25.2	※	※	1.2	※
300～999人									
平成元年	〔73.1〕	100.0	7.7	89.8	71.5	17.2	0.5	0.6	2.2	0.2
5年	〔80.6〕	100.0	11.8	85.8	67.2	17.9	0.6	0.2	1.9	0.5
9年	〔82.4〕	100.0	13.3	84.5	61.0	22.6	0.2	0.7	0.8	0.9
15年	〔77.3〕	100.0	14.4	82.6	57.2	24.5	※	※	0.4	※
100～299人									
平成元年	〔59.2〕	100.0	8.3	84.6	65.0	17.7	1.8	0.1	5.6	1.5
5年	〔62.3〕	100.0	13.4	82.3	60.6	20.4	1.1	0.2	3.5	0.7
9年	〔64.8〕	100.0	13.2	83.9	57.9	25.0	0.9	0.1	2.7	0.3
15年	〔65.3〕	100.0	20.1	74.1	49.8	23.8	※	※	1.8	※
30～99人									
平成元年	〔44.3〕	100.0	7.6	78.3	65.3	11.2	1.4	0.4	11.3	2.8
5年	〔45.7〕	100.0	16.6	76.4	58.2	15.4	2.7	0.1	6.5	0.5
9年	〔43.9〕	100.0	24.4	69.0	48.3	19.3	0.7	0.7	4.2	2.4
15年	〔45.9〕	100.0	30.8	58.9	43.2	15.5	※	※	2.0	※

資料出所：
平成9年以前は，厚生労働省「退職金制度・支給実態調査」による。
平成15年は，厚生労働省「就労条件総合調査」による。
（注1）〔 〕内の数値は，退職金制度がある企業に対する何らかの形で退職金一時金制度がある企業数の割合である。
（注2）※は，集計を行っていないため，数値が不明であることを指す。

(ⅴ）廃止される適格退職年金の移行先の検討—確定給付型と確定拠出型

　2005年2月時点での厚生労働省の調査によると，廃止される適格退職年金は7,000件ある。また，この時点までに確定拠出年金を導入している企業は，約3,791社であり，多くの企業ではこれから移行先の検討を開始することが予想されることから，この数字がもっと増える可能性は高い。

　企業年金の種類には，適格退職年金や厚生年金基金に代表される「従来からの確定給付企業年金（DB）」，日本版401Ｋに代表される「確定拠出企業年金（DC）」，平成14年に導入された「確定給付企業年金法」により認められたハイブリッド型制度といわれるキャッシュバランス・プランなどがある。それぞれの比較については，図表3-3-16でまとめたとおりである。

　導入にあたっての視点は，資産運用によるリスク負担を企業と労働者のどちらが負担するかというところにある。

　確定給付企業年金は，給付が確定しているという点では従業員に有利なようにみえるが，長期的に考えた場合には，景気の変動や運用利回りの低下により積立金の補填が発生し，会社の経営を圧迫する危険性が高く，企業の発展を妨げる要因となり，ついては受益者本人である従業員の利益が損われる可能性がある。

　他方，確定拠出企業年金は，企業にとっては年金資金の補填が発生するリスクを回避することができる点で大きなメリットがある。従業員にとっても，年金の運用実績が悪ければ実際に受け取る金額が減ってしまう運用リスクが伴うとしても，転職などの柔軟な働き方に対応できるポータビリティが高い点で大きなメリットがあり，時代のニーズにあった制度といえる。

　労働者にリスクを与えずに企業側がリスクを負う大企業においては，リスクが中立的な確定給付企業年金が導入されやすく，労使双方がリスクに対して回避的な中小企業では確定拠出企業年金を導入する意義が大きいといえる。ただし，現実的な選択として，中退共を選択するケースが目立っているのも無視できない。この背景には，他の企業年金制度を導入する際の人事スタッフの負担が大きいことが挙げられる。

　たとえば，確定拠出企業年金の導入にあたっては，初期の段階から信託銀行

等の専門家の協力を得て、ある程度時間をかけて自社モデルを作成することになる。自社モデルの作成には税務、法務を含めた広い分野の知識が要求されるため、通常の人事スタッフだけでは負担が過多とも考えられる。

しかしながら、M＆Aを契機として、過渡期的な処理を行わず、あるべき企業年金制度を根本から見直す最善の機会と捉え、既存の企業文化や風土を勘案し、さまざまな制度の中から、企業がその特性により自社のニーズにあう柔軟な企業年金制度を選択し構築することが重要である。

図表3-3-18 企業年金の種類と特徴

項目	従来からの確定給付年金	確定拠出年金	確定給付企業年金ハイブリッド型年金
給付（年金額）	あらかじめ、確定している	確定していない・運用実績により変動する	確定していない・指標により変動する
拠出（掛け金）	上限なし 確定していない 運用収益が予定利回りに達しない場合、企業が不足分を補填する	上限あり 確定している	上限なし 確定していない 運用収益が予定利回りに達しない場合、企業が不足分を補填する
給付事由	退職等	60歳到達・死亡・障害等	退職等
退職時の一時金	規約に定めることにより、60歳前でも退職一時金として受給できる	60歳未満の場合、退職一時金の受給はできない	規約に定めることにより、60歳前でも退職一時金として受給できる
拠出（負担者）	企業と受益者本人	企業	企業
資産運用および責任（運用リスク）	企業が一括して運用を決定し、その責任を負う	個々の従業員が運用を決定し、その責任を負う	企業が一括して運用を決定し、その責任を負う
投資に関する従業員教育の義務	なし	あり 運用を決定するために必要な知識を教育	なし
メリット	長期間勤続を奨励する効果があるため、社内でのノウハウの蓄積や	人材の流動化を促進する効果があるため、積極的に雇用の	確定給付年金制度と確定拠出年金制度のデメリットを相互に

	人材の育成に力を入れている企業にとっては，魅力がある	流動化を促進したい企業にとっては，魅力がある	補完するため，長所を積極的に取り入れようとする試みがある
	年金の受取額が確定されているため，老後の生活設計がしやすい	企業側：拠出金額が確定しているため，費用試算がしやすい。 従業員側：複数の投資対象から自分で生活設計にあわせたプランを選択することができる	
デメリット	運用利回りが予定比率を下回る場合に，企業が積立不足を補てんするため，企業の追加負担が大きい 予定：5.5％で試算 実際：2.5％	運用リスクを従業員本人が負うことで，将来の給付が減るかもしれないという不安が大きい	米国で注目されている制度であり，日本での導入例が少ない
ポータビリティ	なし	あり，個人で継続も可能	あり，一定の制約あり（平17.10改正）
代表例	厚生年金基金・適格退職年金	日本型401K	キャッシュバランス・プラン

(ⅵ) 確定拠出年金導入の検討時の障害事由チェックリスト

　雇用の流動化が進み，従来の「就社」意識も「就職」意識へと変化している中で，ポータビリティを持ち，リスクを負うにしても従業員自らが自己責任において労働の対価を管理するという意味からも，「確定拠出企業年金」への移行を検討することには意義がある。

　また「確定拠出企業年金」の導入には，企業年金の全部を確定拠出型にするものと，その一部だけを確定拠出型にするものがあり，個々のケースに合わせて柔軟に内容を決定することも可能である。他方，適格退職年金が廃止された後の企業年金の移行先として，「確定拠出企業年金」が優先的に検討されるであろうとしても，現時点では以下のような各種の障害事由の発生が指摘されており，実務担当者にとっては，これらの障害事由の事前の検討とその対策の検

討が必須であろう。

1．積立金不足が生じている場合には，補填を行うことが導入の前提条件となっていること。
2．退職金制度として運用を行う場合でも，60歳未満で退職した場合に退職一時金の支払いができないこと。
3．資産管理機関や運営管理機関等に支払う手数料が割高であること。
　　この手数料費用額は，大企業においては加入者が多数となるため相対的には負担が少ないが，中小企業ほど1人当たりの負担が高くなる傾向がある。
4．導入時の説明，従業員への投資に関する教育・研修（企業の義務とされる），その他手続き等にかかわるコスト負担が必要となること。特に従業員への投資教育は導入した場合，これを半永久的に継続する必要があり，そのコストは従業員1人当たり年間数千円とも言われる。
5．株式市場が長期的に低迷した場合，多くの従業員にとって元本を維持することですら困難となることが予想できること。
6．郵便局の定額貯金には親しんでいるが一般的には株式投資等の習慣がなく，従業員教育を行ったとしても，その浸透には相当の時間がかかることが予想されること。
7．厚生年金基金等の確定給付型の企業年金制度加入者（厚生年金基金等の確定給付型の企業年金制度未加入者は4万6000円）の掛け金の上限が月額2万3000円（平成16年10月1日〜）と低く，大きな積立効果が期待できないこと。
8．従業員としては退職金の額面額は保証されているという認識が強く，増えることがあるとはいっても，目減りすることへの抵抗感が強いこと。
9．制度が導入されて間もないため，実際の導入例が少なく，成功例として参考にできる事例がなく，本当の成果や問題が発生してくるのはこれからであること。
10．退職金制度を見直すにあたっては，労働条件の不利益変更を伴うことが多いため，従業員との調整・説得が必須となり，慎重に行う必要があること。

図表3-3-19 確定拠出年金導入の流れ

```
┌─────────────────────────────────────────────┐
│ 確定拠出年金の詳細を決定／現行の退職金制度・企業年金制度の見直し │
└─────────────────────────────────────────────┘
                      ↓
┌─────────────────────────────────────────────┐
│         従業員への説明・合意を得る／既得権に配慮          │
└─────────────────────────────────────────────┘
                      ↓
┌─────────────────────────────────────────────┐
│    運営管理機関の選定／運営管理業務の全部または一部を委託     │
└─────────────────────────────────────────────┘
                      ↓
┌─────────────────────────────────────────────┐
│         資産管理機関の選定／資金管理契約の締結           │
└─────────────────────────────────────────────┘
                      ↓
┌─────────────────────────────────────────────┐
│       確定拠出年金規約の作成／厚生労働大臣の承認          │
└─────────────────────────────────────────────┘
                      ↓
┌─────────────────────────────────────────────┐
│      従業員への説明および導入にあたっての教育・サポート      │
└─────────────────────────────────────────────┘
```

(6) 労働組合の統合

① 労働組合の統合の実務

労働組合の種類には，会社の従業員のみで構成される会社別労働組合と，同業他社の従業員から構成される産業別労働組合がある。合併前に，労働組合の種類とその組合が従業員の過半数を代表しているかについて確認し，それぞれのケースによる対応策を検討しておく必要がある。

例えば，A社に従業員の過半数を代表する労働組合があり，B社に労働組合の過半数を代表しない労働組合があった場合（労働組合がない場合も同様），合併後に労働組合の統合を実施しても，従業員の過半数を代表しない労働組合となるため，労働協約の締結はできず，会社としても労働組合対策として対策を練る必要はない。他方で，特に労働組合対策が必要となるのは，A社，B社ともに過半数を代表する労働組合がある場合である。労働組合の統合が実施されると，発言力の強い労働組合が誕生するため，労働組合を説得できないような場合には，統合後に大幅な人事制度改革や人員整理を実行する意向があったとしても，その実現は困難となることが予想される。

② 労働組合統合の法律上の問題点

（ⅰ）労働組合の併存の処理

a 労働組合の合同

第2部第6章で述べたとおり，M&A実行後の会社には，例えば消滅会社の労働組合と存続会社の労働組合が併存するなど，労働組合が併存することが考えられる。そこで，こうした労働組合の併存状態をいかに解消または処理するかが問題となる。

労働組合の合同（合併）については，会社の合併と同様に，両組合が合併して新たな組合となる新設合同といずれか一方を解散させて他方を存続させるという吸収合同があり得る。ただし，新設合同は，労働組合の承継や財産の移転手続等問題が多く，実務上は，吸収合同が行われるのが通常である[13]。対等型のM&Aにおいては，実務上，いずれを存続させていずれを解散させるかが難しい問題となり得る。

b 合同の効果

合同の要件としては，両組合間における合併協定の締結後，各組合において合同の決議が必要であり，この合同の決議は解散の決議に準ずるとされている[14]。労働組合の解散決議は，組合員または構成団体の4分の3以上の多数による決議が必要とされている（労働組合法10条2号）。

合同前の両組合の積極財産，消極財産，それぞれの組合員との権利義務関係，それぞれの労働協約などは合同後の新組合または残存組合に承継されるのが原則であるとされる[15]。

労働協約については，合同前にいずれの労働協約を残すかを含め，労働協約の内容について，各労働組合と当事会社との間で交渉が行われることになる。残さないほうの労働協約は合同前に解約されることになる。

（ⅱ）団体交渉の相手方（「使用者」性）

合併に伴い会社内に労働組合が併存すると，団体交渉・労働協約の相手方も複数になり，また各労働組合の上部団体によっては，当該上部団体が新たに固有の団体交渉権を有するに至ることも考えられる。この場合，特定の労働組合及びこれに属する労働者を，他の労働組合およびこれに属する労働者との関係で差別的に取り扱うことは，「不利益な取扱い」（労働組合法7条1号）ないし

「支配介入」(同条3号) として不当労働行為に該当し得る。

また，近い将来における労働契約関係の可能性 (労働契約に隣接した関係) が，不当労働行為の「使用者性」を基礎づけうる[16]。すなわち，合併の過程で吸収会社が消滅会社の労働組合に対して，営業譲渡の過程で譲受会社が譲渡し会社の労働組合に対して支配介入を行った場合には，これらの吸収会社または譲受会社も「使用者」に該当し得る。

3 ケース・スタディ

以下では，人事統合を行った実例について紹介する。

ケース1　三菱レイヨン・日東化学工業

本事例は非対等型合併における，典型的な吸収型の人事統合である。大幅な賃金の切り下げも人員削減もなく比較的単純な人事統合例である。

[事案の背景]

1998年10月に三菱レイヨンが日東化学工業を吸収合併したケースである。当時，三菱レイヨンは，従業員約4,000名，売上高が約250,000百万円であったのに対して，日東化学は従業員約600人，売上高が約40,000百万円であった。三菱レイヨンの中核事業はアクリル繊維とアクリル樹脂であり，日東化学はその原料供給先であるという関係にあり，既存事業強化型の合併である。規模とその事業内容から判断して非対等型の合併と考えてよいであろう。

[基本方針]

1997年12月に合併が公表された直後から人事統合を担うチームを設置し，1998年3月統合基本方針が定まった。統合基本方針においては，①労働条件は三菱レイヨンの基準に合わせること②賃金・退職金については当分の間両制度併存とし，暫時統合をすすめていく③労働組合については，賃金・退職金の統合後に三菱レイヨン側労働組合を存続組合として合同することが定められた。

[統合作業]

1998年7月に上記基本方針で定めた事項につき労働組合が了承し，同年10月の合併

に際しては，勤務・福利厚生等の基本部分を同時に統合した。2000年1月に新賃金制度について日東化学労働組合と交渉を開始し，2000年9月処遇制度および賃金制度を三菱レイヨン基準に統一した。賃金制度については統合により，基本給が増減する場合には，個人別に調整給を設けて3年間で新制度に段階的に移行するような経過措置を設けた。2001年4月には退職金制度を三菱レイヨン基準に統合した。

ケース2　ネミックラムダ・日本電気精器（デンセイ・ラムダ）

本事例は，両者の既存の制度とは異なる新しい人事制度を構築した新制度構築型の例である。一部事業譲渡および希望退職者募集による人員整理を伴っている。本事例は，PMIプラン策定段階では，特に人事制度についての検討は行われていなかったにもかかわらず，統合後，新制度構築型としては非常に迅速に設計され導入されたケースである。

［事案の背景］

1999年10月，電源コンバータメーカーのネミックラムダと，無停電電源装置（UPS）メーカーの日本電気精器とが合併してデンセイ・ラムダ株式会社となった。本合併は，日本電気精器の親会社である日本電気グループのリストラクチャリングの一貫して行われたもので，選択と集中型および既存事業強化型のM&Aである。合併当時のネミックラムダの従業員数は約470人，日本電気精器が約860名であった。

［統合作業］

まず合併時に基本的な勤務条件を統合し，その後一部事業譲渡と希望退職者募集を行い，従業員をおよそ900名まで削減した。人事制度については，合併後しばらく両社の両人事制度が併存する形となっていたが，シナジー効果実現のために早急に統一的な新制度をつくる必要があるとの方針をかため，2000年3月頃新制度の概要を固めた。同年9月には両社の労働組合との間で，新制度についての合意がなされ，同年10月には，賃金制度，退職金制度，資格制度が統一された。2001年4月には，人事評価制度を統一し，合併後わずか1年半という短期間で新人事制度の構築に成功した。

［新人事制度］

ⅰ．資格制度

ネミックには明確な資格制度がなく，電気精器では年功序列的な職能資格制度が用いられていた。新制度では，各人の仕事の価値を基準としたグレード制度を設置し，新たに作り直した年功的な職能資格制度と併用することとした。

ⅱ．賃金制度

　ネミックでは，従業員の基本給はいわゆる総合決定給であり，個別に昇給を決定していたのに対して，電気精器では，年功序列的色彩をもつ職能資格に基づく賃金制度を採用していた。新賃金制度は，新グレード制度と連動させた役割給・仕事給を基調とし，成果主義的色彩を明確に打ち出した。

● 注

(1)　菅野和夫「労働法（第7版）」（弘文堂）106頁
(2)　菅野・前掲106頁
(3)　菅野・前掲111頁，最判昭58・11・25（タケダシステム事件）参照。
(4)　菅野・前掲111頁
(5)　菅野・前掲204頁
(6)　相当の理由が具体的に何を指すかは今後の議論と判例の集積に待つ必要がある。相当の理由があるといえるために，当該労働者が資格要件を充足しておらず，降格させることが妥当であることが事実に基づいて評価できることが必要であることにつき，日本労働法学会編集「講座21世紀の労働法」第4巻『労働契約』270頁。
(7)　最判昭63.2.16（判時1278号・147頁）
(8)　名古屋地判平3.5.31（判タ769号146頁），名古屋高判平7.7.19（労判700号95頁）
(9)　菅野・前掲109頁，大阪厚生信用金庫事件（大地判平12.11.29（労判802号38頁），八王子信用金庫事件（東高判平13.12.11（労判821号9頁））等
(10)　自社年金の場合は拠って立つ法律はないので減額の可否は退職金規程等の契約の解釈による。適格年金については，法令に減額の要件を定める規定が存在しないものの，実務上厚生年金基金の受給者減額の基準と手続に従うよう指導がされている。森戸英幸「企業年金の『受給者減額』」中嶋士元也先生還暦記念・労働関係法の現代的見解119頁
(11)　本章で取り扱う論点以外の論点として，財形貯蓄制度の統合処理の実務上の手続にも留意が必要である。達橋春夫「企業再編における財形貯蓄と企業年金」ビジネスガイド2002.11，10頁

(12)　みずほフィナンシャルグループの新成果主義人事制を詳細に解説した文献として，「再編契機に成果主義人事への全面移行が相次ぐ大手行」2001．8．6金融財政事情50頁
(13)　徳住堅治『企業再編・会社分割と雇用のルール』75頁
(14)　菅野・前掲485頁
(15)　菅野・前掲485頁
(16)　菅野・前掲591頁

第4章

人事統合に伴う人員整理

1　人員整理の目的

　第2部第8章で述べたように，M&Aにおいては企業価値の維持と事業の効率化・合理化という2つの大きな要請があるが，M&Aにおいて人員整理が行われるのは，事業の効率化・合理化という要請が重視される場合である。そして，事業の効率化・合理化という要請が重視され，M&Aに伴い人員整理が行われる場合，その目的には大きく分けて2つの場合，すなわち，複数の企業が統合することに不可避的に伴う部署や従業員等の人的資源の重なり合いを回避することを目的とする場合と，M&Aを契機として，もともと当事会社に発生していた余剰人員を積極的に整理することを目的とする場合がある。これらに加え，両目的が混在する場合もある。

　M&Aによる人事統合に伴う人員整理をFIPにおいて策定するにあたっては，このような人員整理の目的を明確にすることが必要である。人員整理の目的を明確にすることによって，FIPにおける具体的な人員整理の時期，規模，方法，対象者等を決定することが可能となる。また，後記2で述べるように，人員整理にあたってはその対象となる従業員の納得を得ることが1つのポイントとなるが，このような従業員の納得を得るには人員整理の目的を明確にした十分な説明が必要となり，その意味でも人員整理の目的を明確にしておくことは重要

である。

　当該M&Aに伴う人員整理の目的が，人的資源の重なり合いを回避することを目的とすることにあるのか，それともM&Aを契機とした余剰人員の整理にあるのか，また両目的がある場合にはどちらに重点を置くべきかについては，IIP策定に関し第2部第3章で述べた選択と集中による買収型，水平統合型，関連事業，新規事業進出型というM&Aの各類型による視点が有用であるが，FIP策定段階においては，さらにデュー・デリジェンスにより得られた対象会社に関する具体的情報を入手しているので，より明確な人員整理の目的，ひいては具体的な人員整理の時期，規模，方法，対象者等の決定が可能となるだろう。

2　人員整理の各手法と注意点

　事業の効率化・合理化という要請が重視され，M&Aに伴う人員整理が行われる以上，最終的には従業員との合意に至らなくても必要な人員整理を行うことができなければ，M&Aを成功させることはできない。

　しかしながら，後記5で述べるように，経営上の必要性という会社の都合で行う整理解雇にあたっては，判例理論により整理解雇の4要件が必要とされており，その1要件である解雇回避義務として，整理解雇以外の方法を用いてもなお解雇が必要であることが求められている。また，整理解雇にまで至ると裁判を提起されるリスクが高くなるが，M&Aに伴う人員整理において裁判沙汰になることは，その後の経営者にとって重い負担となる。

　そこで，M&Aに伴う人員整理を行う会社は，整理解雇を行う前に，配転・出向・転籍，希望退職者募集など整理解雇を回避するため解雇以外の方法で解決する努力をすることが必要である。特に，後の労使紛争を予防するには従業員の納得を得た形での人員整理が重要であり，従業員の自主的な退職を促す希望退職者の募集はそれ自体人員整理の手段として有用である。さらには，もともと当事会社に発生していた余剰人員を積極的に整理することを目的とする場合においては，配転・出向・転籍では目的を達成し得ない可能性があり，希望退職者募集は整理解雇を有効に実施するために必須の手続である。この点，解雇回避努力義務の検討は個別具体的な状況に応じてなされるので必ずしも希望

退職者の募集が有効な整理解雇の前提となるわけではないが，希望退職者募集をせずに整理解雇を行った場合に解雇権の濫用と判断する裁判例は多い。

　もっとも，希望退職者募集や整理解雇に比べ，配転・出向・転籍は従業員の生活に与える影響が少ないので，スムーズに人員整理を進めるには，まずそれらを検討するのがよい。

図表3-4-1　人員整理の典型的手順

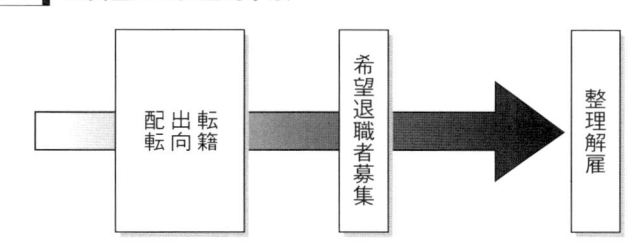

配転・出向・転籍 → 希望退職者募集 → 整理解雇

　このような各手法によってM&Aに伴う人員整理を行う場合において，第2部第8章で述べたように会社のキーパーソンであると認定された従業員を会社に引き止めることはM&Aの成功のために不可欠な要素である。M&Aにおいて人員整理が行われるのは，事業の効率化・合理化という要請が重視される場合であるとはいえ，優秀な人材が流出してしまってはもう1つの要請である企業価値の維持を実現できない。特に，優秀な人材ほど会社を見限り，転職して再出発する傾向が強くキーパーソンたる従業員の引止策は十分に検討する必要がある。

3　配転・出向・転籍

(1) 配転・出向・転籍の法的性質

　配転は，配置転換と転勤の両者を指し，同一会社内で職種，職場や勤務地を変更するもの[1]であって，特に労働契約の変更が生じるものではない。

　出向は，出向元の会社の従業員としての地位を有したまま，出向先の会社の

業務に長期間従事させるものであり、出向元の会社との労働契約は継続したまま、出向先の会社との間にも労働契約を生じさせるものである。すなわち、出向後は、出向元と出向先の会社のいずれにも労働契約が存在することになる。ただし、従業員は通常、出向先の指揮命令、就業規則等に服する。

転籍は、これまで従業員が在籍していた会社から、転籍先の会社へ籍を移す、すなわち従業員に再就職させるもので、元の会社との労働契約は合意解約により終了し、転籍後は転籍先の会社との労働契約のみが存在することになる。

（2）配転・出向・転籍を行う際の必要条件

① 元の会社と受け入れ先の会社間の合意

配転は同一会社内での異動であるから会社間の合意というものは考えられないが、出向と転籍はいずれも元の会社と受け入れ先の会社間の合意が必要[2]である。

② 従業員の同意

まず、配転の場合は、従業員との労働契約で配転が合意されていれば（職種や勤務地を限定している内容の労働契約を締結していなければ）、原則として従業員の個別の同意も不要である。なお、長期雇用システム下の正社員の場合は、従業員の能力向上、適正な労働力配分のため会社内で活発に社員の移動を可能にするため、特に職種や勤務地を限定せずに採用されているのが普通である。就業規則にも「業務の都合により、配置転換、転勤を命じることがある」などの規定が置かれていることが多い。もっとも、配転に業務上の必要性がない場合や当該従業員の被る職業上、生活上の不利益が著しく通常甘受すべき程度のものでない場合には、会社の権利濫用として配転命令が無効となる場合がある。福岡記念病院事件（福岡地決昭58・2・24（労判404号25頁））では、経営上合理性のある部課の統廃合により配転をすることは適法とされている。

次に、出向と転籍の場合、異なる会社への異動となる以上、従業員の同意が必要となる[3]が、その程度は異なる。

出向の場合、従業員の同意は、現実に会社が出向を申し出る場合の当該従業員の個別的同意のほか、就業規則・労働協約等に記載があるとか就職時に同意

があるなど，出向先を特定しない形での包括的同意でも一定の場合を満たせば許される。一定の場合とは，出向がグループ会社間で常態的に実施されており，出向先での労働条件が合理的であり，かつ復帰方法が出向規程に規定されているような場合を指す[(4)]。

これに対し，転籍の場合，従業員の個別的同意が必要であり，事前の同意，包括的同意に基づく転籍は許されないことが多い。また，従業員の同意は，元の会社との労働契約の合意解約と，転籍先の会社との新労働契約の締結の両方について必要である[(5)]。（1）で述べたとおり転籍は元の会社との労働契約を終了させるものであるから，当該従業員の利益保護のため，新たな労働条件（賃金がダウンする等労働条件が低下するケースがほとんどである）について，個別的同意が必要となる。ただし，平成12年商法改正で創設された会社分割制度の実施に伴い成立した，会社の分割に伴う労働契約の承継等に関する法律によって，会社分割の際には一定の要件を満たせば分割先の会社への転籍に関し，従業員の同意は不要で通知で足りることとなっている。

図表 3-4-2 配転・出向・転籍の相違

	配 転	出 向	転 籍
労働契約	変更なし	元会社，新会社いずれにも存在	元会社 → 終了 新会社 → 存在
会社間合意	（想定できない）	必 要	必 要
従業員の同意	不要	包括的同意で足りることも	個別的同意が必要

4　希望退職者募集と退職勧奨

（1）希望退職者募集

① 希望退職者募集方法

会社の希望退職者募集に応じて従業員が退職することは，法律的には会社と

従業員の労働契約の合意解約となり，会社が希望退職者を募集することは，退職の条件を示してする退職の申込みの誘引となる。このような希望退職者募集は，人員整理目的であっても，従業員の自由意思に訴えかけるものにすぎないから，本来，後記5で述べる整理解雇の4要件のような厳格な要素を満たす必要はないはずである。

　しかしながら，特に余剰人員を積極的に整理することを目的とする場合においては，他の手段では目的を達成し得ないときに最終的には整理解雇によって目的を達成せざるを得ない場合もある。そこで，希望退職者募集においても，後記5で述べる整理解雇の4要件を念頭において手続を進める必要がある[6]。

　希望退職者募集にあたっては，まず希望退職者の募集内容を記載した希望退職者募集要項を作成する。希望退職者募集要項は整理解雇の4要件を充足するように記載する必要があり，M&Aを契機とした余剰人員の整理を目的とするときには，特に希望退職者募集を行う必要性として当事会社の経理資料を開示し，具体的数字として現在の経営状態，実施後の経済的効果を説明する必要がある。FIP策定段階においてはデュー・デリジェンスにおいて詳細な経理情報を得られているであろうから，それらを活用すればよい。希望退職者募集要項の具体的内容については，M&Aに伴う人員整理の目的を勘案して必要な限りで対象者となる従業員の基準，募集人数，募集期間，退職条件等を決定する。

　このうち，退職条件は，その定め方いかんによっては希望者の数が増減するものであるから，適切な条件を定めるべく，FIPにおいても十分な検討が必要な事項である。例えば，退職条件として会社の行う就職斡旋を掲げてみても，転職先を現実に確保できていない限り従業員にとっては魅力的なものとはならない。すべての希望者に対し転職先を確保できる会社は少ないであろう。退職割増金を始めとし，年次有給休暇の買上げ，再就職活動支援金の給付，住居移転費の補助など，一定の金銭的給付をすることが効果的である。日本労働研究機構（現独立行政法人労働政策研究・研修機構）平成14年6月発表の統計データによれば，希望退職，早期退職優遇制度の措置内容では，退職金の割増が9割以上を占め，退職金の割増額は，平均値で15.7ヵ月分，中央値で12ヵ月分となっている。最近では，日本通運が45歳から58歳までの管理職を対象に最大で48ヵ月分（日本産業新聞2005年9月5日報道），ソニーがエンジニアを除く勤続

10年以上の一般社員と管理職を対象に最大54ヵ月分（日本経済新聞朝刊2005年12月3日報道）の退職金を上乗せ支給するとの新聞報道がなされている。

図表 3-4-3　退職金の割増額（日本労働研究機構平成14年6月発表）

区分	割合(%)
6カ月以下	29
7カ月～12カ月	52
13カ月～18カ月	23
19カ月～24カ月	30
25カ月～30カ月	12
31カ月～36カ月	5
37カ月以上	5

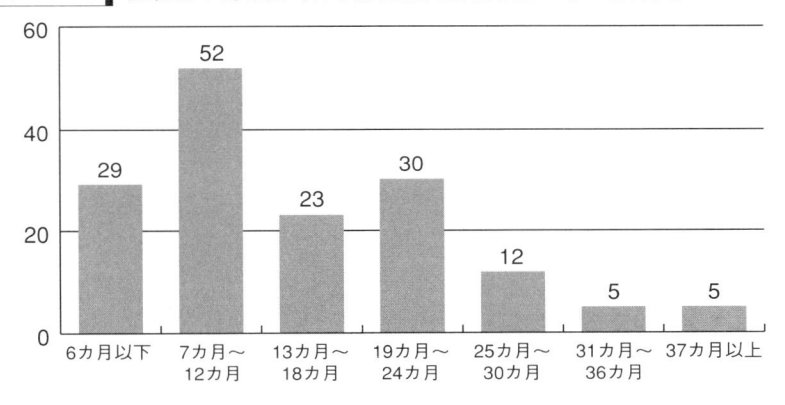

図表 3-4-4　希望退職，早期退職優遇制度の措置内容
（日本労働研究機構平成14年6月発表）

措置内容：退職金の割増／再就職斡旋会社による再就職の相談・斡旋／会社による再就職の相談・斡旋／特別な有給休暇の付与／教育訓練プログラムの提供／開業資金等の提供・斡旋

凡例：□対象者全てに適用　■メニューの中から選択できる　□ある基準に達したものが利用できる　■実施していない　■無回答

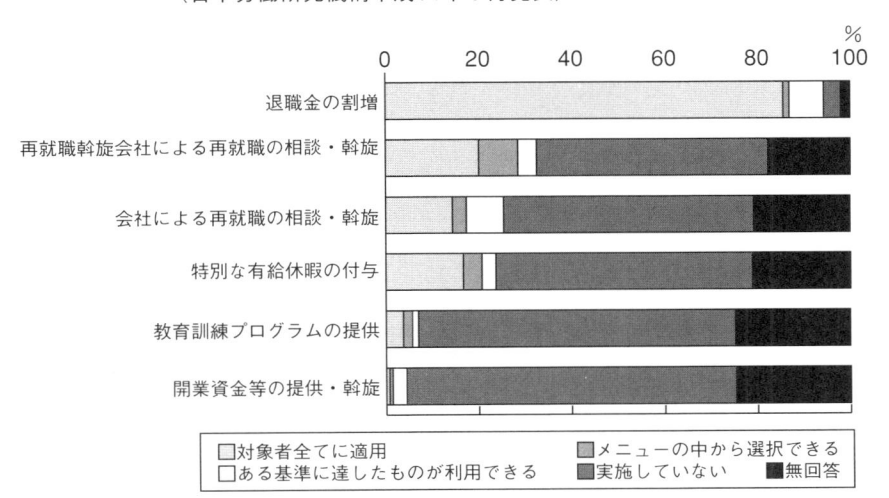

（注）人員削減の方法として，「希望退職の募集，早期退職優遇制度の創設・拡充」を選択した企業に質問したもの。

希望退職者募集要項が作成できたら，その要項を従業員へ告知，説明するとともに，労働組合と協議をする必要がある。この際にも客観的な経理資料を示しつつ，理性的・協調的に対応することが要求される。

　以上のような手続を踏み，希望退職者が募集人数を超えた場合にはその時点で募集を打ち切ることになるが，募集期間を経過しても募集人数に達しなかった場合には，整理解雇という次の段階に進むよりも，希望退職者二次募集を実施するのがよい。前記のとおり最終的には整理解雇によってしか目的を達成できないとしても，できる限り合意による退職という従業員の納得を得る形での人員整理をなすことが後の労使紛争の予防につながるからである。また，当初から一次募集と二次募集を予定しておき，その退職条件に差をつけておけば，一次募集の効果を高めることも期待できる[7]。この点，日本労働研究機構平成14年6月発表のデータによれば，希望退職，早期退職優遇制度応募状況について，ほぼ予定どおりの応募とするものが36.5％と最も多く，予定以上の応募であったとするものが14.0％，予定には達しなかったとするものが16.4％となっている。

②　キーパーソンたる従業員の引止策

　第2部第8章で述べたように，M&Aに伴う人員整理において事業の効率化・合理化という要請と同時に企業価値の維持という要請を実現するには，キーパーソンたる従業員の引止策が重要である。しかしながら，優秀な人材ほど会社を見限り，転職して再出発する傾向が強い今日では，キーパーソンたる従業員が希望退職者募集に応じて退職を申し出る可能性がある。

　キーパーソンたる従業員の引止策としては，あらかじめ希望退職者募集要項に，業務上特に必要な従業員については，退職の希望があっても会社がこれを受け付けない可能性がある旨を記載しておくことがしばしば行われている。しかしながら，希望退職者募集に応募しても会社の承認が得られない場合には，当該従業員は退職割増金などの優遇が得られない自己都合退職をしない限り，退職の意思を知られながら会社に残ることになる。したがって，従業員に退職をためらわせることになり目標人数を達成できなくなるおそれがあるし，また，実際はいったん退職の希望を表明した従業員をその後に会社に引き止めること

は困難であろう。

　また，会社が当該従業員に対し，個別に慰留する，いわゆる「逆肩たたき」の方法がある。しかしながら，逆肩たたきをしてもキーパーソンたる従業員が退職を希望してしまう可能性は否定できず，引止策としては確実ではない。また，逆肩たたきの方法によっては，他の慰留されない従業員との間で不公平を生じ，慰留されなかった従業員の退職との関係で不当な解雇とみなされてしまう可能性もある[8]。

　キーパーソンたる従業員の引止策の1つの有効な策としては，そもそも対象者となる従業員の基準をキーパーソンたる従業員が該当しないようなものとし，退職をしてもらいたい従業員のみ希望退職者募集の対象者とする方法がある。ただし男性のみ，女性のみを対象者とする募集は，男女雇用機会均等法違反のおそれが出てくるので避けた方がよい[9]。

　また，キーパーソンたる従業員をあえて人員整理を行う側のチームに入れてしまったり，人員整理後も継続する長期的な仕事を任せたりするのも引止策としては有効である[10]。

（2）退職勧奨

　希望退職者募集という手法は，あくまで応募者の自由意思による退職の申し出を目指すものである。したがって，予定退職者数に達しない可能性があり，この場合には，人的資源の重なり合いを回避する目的，あるいはM&Aを契機とした余剰人員の整理という目的を達成するために，会社は希望退職者募集だけでなくより積極的に退職勧奨という手段により退職者を獲得することが考えられる。また，キーパーソンたる従業員の退職を回避するためそもそも希望退職者募集を行わずに，退職勧奨だけを行う場合もある。

① 退職勧奨の法的問題

　退職勧奨は，希望退職者募集と異なり，限られた対象者に退職を促す行為であるから，法律的には，従業員本人の自由意思による退職の意思表示を会社側が求める事実行為と捉えることができる。あるいは，さらに進んで解約の申し入れという法律行為と考えることもできる[11]。

退職勧奨を事実行為とすると、退職勧奨された従業員が勧奨に応じて退職願を提出したことが労働契約の合意解約の申込となり、それを会社が承諾したときに契約が終了することになる。この場合、契約終了時が曖昧になると従業員が申込を撤回する余地を残してしまう[12]ので、会社が承諾した時期を明確にすべく、承諾権限を有するものによる受理通知などの書面の交付をすることが必要となる[13]。退職勧奨を法律行為とすると、退職勧奨された従業員が勧奨を受け入れれば、直ちに労働契約が終了することになる。この場合、従業員が曖昧に勧奨を受け入れ労働契約の終了時期が不明確になることを防止するために、従業員には退職届を提出させることが必要となる[14]。

また、退職勧奨においては、社会的相当性を逸脱した態様での半強制的ないし執拗な勧奨行為は不法行為を構成し、当該従業員に対する損害賠償責任が生じる場合がある。

②　退職勧奨の進め方

退職勧奨は、事実行為、法律行為いずれと解しても、解雇ではない点では希望退職者募集と同様であるから、退職勧奨の場合も、たとえ人員整理目的であっても本来、整理解雇の4要件のような厳格な要素を満たす必要はない[15]。しかしながら、最終的には整理解雇によって目的を達成せざるを得ない場合もあることから、退職勧奨にあたっても、後記5で述べる整理解雇の4要件を念頭において手続を進める必要がある。

また、①で述べたように退職勧奨はその態様によっては不法行為を構成する可能性があるので、この点に十分に注意することが必要である。

具体的には、まずどの従業員に対して退職勧奨を行うかの選定基準が合理的である必要がある。この点、従来、年齢を基準とすることが多かったが、一定年齢に達している従業員の中にも当然に優秀な者もいるので、年齢を基準とするとそのような従業員の流出を引き起こしてしまうおそれがある。また、そもそも年功序列型が崩れている今日では、年齢を基準とすること自体、不合理であると判断されてしまう可能性もある。したがって、業績、能力、資質、性格、会社への貢献度、会社への忠誠心などを基準とすべきであるが、これらの要素の性質からすると判断が主観的とならざるを得ないことに十分注意しなければ

ならない。ある程度主観的となるのはそもそも労働契約が人的要素を多分に含むことからやむを得ないが、人事考課の基礎資料の中で数値化されているものを使用するとか、複数回の人事考課結果を資料とするなど、できる限り客観性をもって判断できるように基準を設定することが必要である。

次に、退職勧奨の態様としては、M&Aに伴う人員整理は通常従業員本人には帰責性のない会社都合によるものであるから、特に不相当なものとして不法行為を構成することがないよう、従業員の任意の意思を尊重する形で行うことが必要である。この点、勧奨する上司の人数は1、2名として従業員の自由意思を抑圧することがないようにし、時間も就業期間中に30分程度、回数も2、3回とするのが一般的である。従業員の自宅へ押しかけたり、電話をしたりするような行為は厳に慎むべきである[16]。

5 整理解雇

以上のように、配転・出向・転籍や希望退職者募集、退職勧奨を行っても、従業員がこれらに応じるかどうかは結局個々の労働者の自由であるから、人的資源の重なり合いの回避あるいはM&Aを契機とした余剰人員の整理というM&Aに伴う人員整理の目的を達成するには、最終的には整理解雇に踏み切ることとなる。

(1) 整理解雇の4要件

整理解雇が有効とされるための要件については、これまでに多くの裁判例によっていわゆる整理解雇の4要件と呼ばれる法理が形成されており、判例は以下の4要件を充足しない整理解雇は解雇権の濫用として、解雇は無効と判断している。解雇が無効と判断されると当該従業員は会社との労働関係が存続していることになるが、現実にはスムーズに職場に復帰できない場合が多い。このような場合には、会社が労働者に対する一定の額の金銭を支払って労働契約を終了させることもあろう。

> <整理解雇の4要件>
> ① 人員削減の必要性
> ② 人員削減のための手段として整理解雇を選択する必要性（解雇回避義務）
> ③ 被解雇者選定の合理性
> ④ 解雇手続の妥当性

ただし，ナショナル・ウエストミンスター銀行事件（東京地決平12・1・21労判782号23頁）などは，従来整理解雇の4要件とされてきたものは，解雇権濫用の判断要素にすぎず，法律要件ではない（すなわち1つが欠ければ解雇が無効というものではない）という判断を示している。平成13年以降の裁判例ではこのような4要件を明示的に採用するものは少なくなっており，これらの判例の示した傾向は整理解雇規制の緩和ともいわれている[17]。もっとも，法律要件とはしなくても，判断要素としては4つに該当する個々の事情を総合的に考慮するので，4要件は現在でも十分検討に値するものであり，M&Aに伴う人員整理においても4要件を念頭において実施することは重要である。

これらの4要件について，まず4要件を満たすかどうかの判断の一般的な基準としては，以下のような事項が考慮されている。

まず，①人員削減の必要性は，企業が有効に整理解雇をなすために経営状態がどの程度の状態にあるのかに関する判断要素である。この点，従来は「企業の維持存続が危殆に瀕する程度に差し迫った必要性があること」[18]が必要とされていたが，最近では，「企業の合理的運営上やむを得ない必要に基づくものと認められる場合」[19]には，人員削減の必要性が認められている。

人員削減の必要性との関連では，合併によって余剰人員が発生したとしても，合併のみを理由とした整理解雇は認められず，合併以外の他の要素も勘案して判断されることになる。この点，合併後に整理解雇を行う場合には合併後の会社について人員削減の必要性が判断されるので，経営難に陥った会社を救済する目的での合併の場合は，合併前に経営難の会社で独自に整理解雇をしておく方が整理解雇が認められやすい。ただ，裁判例は当該企業の経営状態を詳細に

検討しつつも，結論としては大部分の事件でこの要件の具備を認めている。経営専門家の判断を尊重しているといえるだろう[20]。

次に，②解雇回避義務については，会社は整理解雇を行う前に整理解雇以外の方法を尽くしたことが求められている。整理解雇は，従業員に責任のない事由によりその従業員を失職させるものであるから，できる限りこれを避けることが望ましい。したがって，整理解雇の前に，3で述べたような配転・出向・転籍，4で述べたような希望退職者募集や退職勧奨を試みることが必要である。

③被解雇者選定の合理性については，整理解雇に先立つ希望退職者募集，退職勧奨においても検討されているべき事項である。これまでも必要に応じて述べてきたが，改めて整理すると，従業員のその時点までの勤怠，勤務成績・態度，企業貢献度，対象者が受ける不利益の程度などをもとにできる限り客観的に被解雇者を選定することが要求されている。選定基準として人事考課を利用する場合には，そもそもその人事考課の評価基準にも合理性があるかどうかも注意を要するところである。

最後に，④解雇手続の妥当性については，労働組合あるいは従業員の代表者との協議を行うことが必要である。同時に，従業員の納得を得るためには，説明義務を果たすことが重要である。労働協約または就業規則において整理解雇について協議あるいは同意が必要という条項が入っている場合はもちろん，そのような労働協約等がない会社であっても，会社は信義則上，協議・説明義務を負うことになる[21]。

会社が協議・説明義務を果たしたと認定される場合には，労働組合あるいは従業員の代表者の同意がなくても解雇手続の妥当性は肯定され得る。解雇手続の妥当性が肯定される協議・説明義務の内容・程度については，個別具体的事案によって判断するしかないが，整理解雇に至った理由，整理解雇を回避するための努力，今後の経営の見通し，整理解雇を実施するための具体的基準について説明するとともに，労働組合あるいは従業員の代表者からの質問に対し誠意をもって回答することが必要である。協議・説明の際には，会社から進んで情報を開示するとともに，労働組合あるいは従業員の代表者から要求された経理書類などを持参し，その内容について説明することも必要である。協議・説明の回数については他の要素によって判断は異なるが，少なくても複数回行う

ことが会社にとっては安全といえる。さらに，協議・説明の時期について，整理解雇の内容が決定した段階で速やかにその旨を申し入れることが必要となる。整理解雇の直前まで知らせないのでは，信義則に反することになる[22]。

(2) 裁 判 例

① 人員削減計画に達しなかったこと

（1）で述べたように，整理解雇の前には希望退職者募集等の解雇回避措置が採られることが重要である。しかしながら，希望退職者募集等によっては人員削減計画に達しない場合もあり，その場合には整理解雇に踏み切ることになるだろう。

この点，九州日誠電気事件（熊本地決平14・8・30労判840号92頁）は，30名の人員削減計画に対し，希望退職者募集等により合計29名の人員削減が達成できている場合，1人不足するとはいえ計画を達成するためにさらに1名のみを解雇すべき必要性があったのかについて多大な疑問が残るとしている。

また，奥道後温泉観光バス事件（松山地判平14・4・24労判830号35頁）は，観光バス会社の運転手として勤務していた従業員31名のうち20名の人員削減を行い，11名体制とするものとして希望退職者募集を行い，応募者が20名に満たない場合には，不足人員について整理解雇を実施する旨を発表し，18名が応募したので残り2名を解雇したことにつき，20名もの人員削減が必要であるとまでは認められないし，残り2名を解雇した時点においてはすでに18名の希望退職者があったのであるから，さらに2名の整理解雇をしなければならないほどの経営改善の必要性があるものとは理解が困難とし，整理解雇を無効とした。

このように，人員削減計画に達しなかったとして少数の者を解雇した場合には，解雇が無効と判断されることが多い。もっとも，判断基準はあくまでも人員削減の必要性であるから，理論的にはたとえ人員削減計画に1名達しなかったとして1名のみを整理解雇しても，人員削減の必要性があればそのような解雇も許されるはずである。重要なことは，人員削減の必要性，すなわち人員削減計画の内容がきちんと裁判所にも説明できるようなものであるかどうかである[23]。

② 不要部門の閉鎖

　M&Aに伴う人員整理において人的資源の重なり合いの回避を目的とする場合には，一定の部門ごと不要となる場合があり，このような場合に人員削減の必要性を会社全体として判断するのか，それとも当該部門について判断するのかという問題がある[24]。

　この点，高松市水道サービス公社事件（高松地決昭62・4・9判時1256号114頁）は，本来，企業には経営の自由があり，経営に関する危機を最終的に負担するのも企業であるから，企業が自己の責任において企業経営上の論理に基づいて合理化方策（解雇を含む）をとる経営上の必要性の有無を判断するのは当然のことであり，また，その判断については，使用者に広範な裁量権があるというべきであるとし，経営上の必要性の判断は，当該企業全体としての観点からなされる必要はなく，少なくとも合理化方策をとる必要があるか否か等の判断に関する限り，当該企業の各部門ごとの判断で足りるものというべきであるとし，人員削減の必要性は当該部門ごとに行うとしている。会社が事業の採算性の維持・向上を目指し，競争力をつけることは必要なことであるから，当該部門において必要な人員削減措置を講じることができる方が望ましい。

　もっとも，現段階では，会社全体で人員削減の必要性を判断している判例が多数を占めている。

　次に，不要部門を閉鎖する場合には被解雇者選定において閉鎖部門あるいは縮小部門の在籍者であることが基準となるであろうが，これを基準とする整理解雇について有効とした事例は少ない[25]。

　有効とした事例としては，福岡県労働福祉会館事件（福岡地判平6・2・9労判649号18頁）があり，これは寺院の拝観業務の廃止に伴い当該業務についていた従業員全員を解雇したことにつき，かかる解雇も有効としている。

　これに対し，シンコーエンジニアリング事件（大阪地決平5・2・1労判627号19頁）は，経営するホテルの1つを閉鎖した事案につき，同一資本と思われる別の会社が営業を承継している点を指摘し，組合つぶしのための偽装閉鎖として解雇を無効とした。

　また，アメリカン・エキスプレス・インターナショナル事件（那覇地判昭60・3・20労判455号71頁）は，複数の営業所を有する企業が一営業所を廃止す

ることにより余剰人員が生じたときは，当該営業所が他の営業所から全く独立したものと認められない限り，整理解雇の対象者を当該営業所の従業員に限定することは妥当ではなく，全企業的観点からこれを選定すべきであるとして解雇を無効とした。

したがって，一部門の閉鎖や縮小を理由として当該部門の従業員を解雇することは，その理由のみでは容易には有効と認められないことに注意が必要である[26]。

③ 配転・出向・転籍拒否

（1）で述べたように，整理解雇を行う前に，会社は解雇回避義務を尽くしたというために，従業員に対し配転・出向・転籍を行うことになる。そして，会社が配転・出向・転籍を拒否した従業員を整理解雇することについては，配転・出向・転籍拒否を被解雇者選定の一般的基準とすることについて合理性があるとする判例とないとする判例が混在する。

この点，日新工機事件（神戸地姫路支判平2・6・25判タ746号152頁）は，移籍先を会社が準備し，移籍条件に本人が適任と会社が判断し，移籍を勧めたにもかかわらず，移籍を拒否した者が整理解雇基準に該当するとしてなされた整理解雇が，人員整理の必要性に乏しく基準にも客観的合理性がなく，また解雇回避のための努力を尽くしたともいえないとして解雇権の濫用にあたり無効とした。

これに対し，日産ディーゼル工業事件（浦和地判平3・1・25労判581号27頁）は，転勤に同意する従業員は整理対象としないが，転勤に同意しない従業員は整理対象（任意退職または整理解雇）とするとの方針を立てていたことが認められ，この方針自体は不合理なものとはいえないとして，配転・出向・転籍拒否を被解雇者選定の一般的基準とすることは認めている。ただし，結論としては，工場の閉鎖に伴う他工場への転勤に応じなかった労働者に対する解雇につき，会社が転勤に関する事前の説明や同人らの意思確認を十分に行わず，異動の業務命令も発していないなど，解雇を回避するための努力を尽くしていないとして，解雇権の濫用にあたり無効としている。

したがって，配転・出向・転籍拒否を被解雇者選定の一般的基準とすること

の合理性の有無に関わらず，配転・出向・転籍拒否を被解雇者選定の基準とすることは認められないと考えておいた方が安全である[27]。

● 注
(1) 転勤は，このうち事業所間にまたがるものをいう。
(2) 菅野・前掲393〜394頁
(3) 民法第625条1項参照
(4) 矢吹公敏「企業再編と人事リスクマネジメント（1）」賃金実務887号66頁
(5) 菅野・前掲393頁
(6) 高井伸夫『人員削減・賃金ダウンの法律実務』34頁
(7) 山根義信『会社再建と人員整理の実務』152頁
(8) 矢吹・前掲67頁
(9) 石嵜・前掲177頁
(10) 高井・前掲39頁
(11) 高井・前掲44頁
(12) 申込みに対して相手方が承諾するまでは合意解約の効力が発生していないから，相手方の承諾前であれば申込みの撤回が可能である。
(13) 高井・前掲46頁
(14) 高井・前掲45頁
(15) 菅野・前掲406頁
(16) 石嵜・前掲177頁
(17) 菅野・前掲431〜432頁
(18) 大村野上事件（長崎地大村支判昭50・12・24労判242号14頁）
(19) 東洋酸素事件（東京高判昭54・10・29労判330号71頁）
(20) 菅野・前掲430頁
(21) 菅野・前掲430頁
(22) 加茂善仁『解雇・退職』第2版203〜205頁
(23) 加茂・前掲174頁
(24) 経営法曹会議編『解雇・退職の判例と実務』266頁
(25) 経営法曹会議編・前掲283頁
(26) 経営法曹会議編・前掲283頁
(27) 経営法曹会議編・前掲287頁

第5章 情報システム統合の実行

1 情報システム統合の重要性

(1) 企業統合における情報システムの重要性

　第1部第2章における統合破談例において検討したように，破談要因の一つとして「過大なシステム統合の費用」が上げられることがある。現代が「知価社会」と言われて久しいが，現代社会における情報処理の重要性は企業統合の成否を握る鍵の一つにまで大きな存在となっていることが端的にあらわれている。

　情報システムの重要性は，今後もますます高まるであろう。統合を契機として組織体系が見直されるように，企業統合の際してコンピュータシステムについても統廃合を行う必要性が生じる。人材が企業にとって必要不可欠な存在であると同様にコンピュータシステムも必要不可欠な存在であるといえる。

(2) 情報システム問題がもつM&Aへの制約性—事前準備の重要性

　個々の企業にとって情報システムがM&Aにおいてどのような制約として作用するかは，①企業経営おいて情報システムによるサービスが人手によって運用することが可能であるかという代替可能性，②サービスを享受している担当

者の数,③システムを利用している顧客数等の要素によって図ることが出来るであろう。例えば，インターネットや販売機によりチケットの販売を管理する情報システムは，システム統合の優先度が高いといえる。相互に情報を共有することができないと顧客は同一会社であるはずが販売機ごとに購入できるチケットの範囲を制約されてしまうからである。

　このM&Aによる企業統合における情報システムの重要性を勘案すれば，統合公表前のデュー・デリジェンスの段階で双方の情報システム担当者がそれぞれの企業のシステム規模や取り扱いデータ件数，格納データの保持方法などを検討し，想定される範囲で最も統合が困難であろう部分を抽出しシステム統合の方法とその期間を見積もり，実質的な統合プロジェクトが発足する日から見積もり期間を考慮して統合日を決定することが望ましい。他方，実務的には，情報システムの中核部分は個々の企業の営業秘密に関わる部分であり，統合の帰趨が明確にならない段階で，相手方企業の担当者にこれら秘密情報を含む情報システムに関する重要情報を開示することには大きな抵抗があるのも事実であり，この点において，情報システム統合の大きなジレンマが存在する。また，M&Aに起因する情報システム統合においては，一方の企業の業務を調査把握する期間と両者の業務を統合する作業が生じることから，通常の情報システム構築よりも困難となる。さらに，情報システムの構築は，通常は自社開発ではなく外部のシステム会社に依頼して構築される。企業2社による統合の場合，統合（例えば合併）する当事会社2社とそれぞれのシステム構築会社が最低1社づつ存在するため，それぞれとの統合作業の折衝が実施されなくてはならないという現実問題も生じるため，現実の作業の開始は統合公表後にならざるを得ないケースが多いのも事実である。

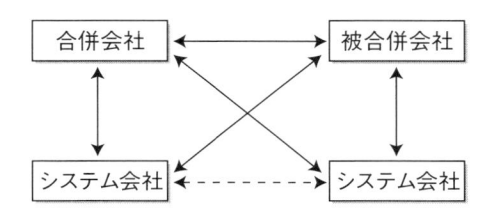

（3）企業統合の法的形態別の情報システム統合

情報システム統合の観点から企業統合の法的形態に着目した場合，二通りのパターンに分類が可能である。①持株会社方式を採用する統合と，②合併方式（法人格合一）を採用する統合である。情報処理産業に代表されるように，情報システムの統合が，M&A後の統合シナジーの発揮に極めて重要な要因となる場合には，「情報システム統合実現の容易さ」が，企業統合の法的形態を選択する動機となる場合もありえる。

「情報システムの統合がM&A後の統合シナジーの発揮に極めて重要な要因となる場合」としては，①統合によって得られるであろうシステムコストの削減の程度，②顧客への情報システムによるサービス提供の度合い③システム統合その後のシステム改革によるサービス向上の程度等の要因を勘案して判断される。

① 統合時のコストを考えた場合は持株会社方式の方がコストは抑えられる。ただし，情報システムのランニングコストを考えると持株会社方式では持株会社と下流の会社の各々のシステムを維持管理する必要が生じることから合併方式（法人格合一）による統合よりもトータルなコストは増大する。
② 顧客への情報システムによるサービスの提供を考えた場合は，持株会社方式では法人格を異にする別会社であることからサービスの内容は合併方式（法人格合一）による統合よりも劣るものと考えられる。そこで顧客へのサービスへの提供の要請が強い場合には，顧客の期待に応えるためにも合併方式を選択する必要性が高まることとなる。
③ 統合後のシステム改革によるサービス向上についても両社の業務の親和性が高い場合は，合併方式（法人格合一）を採用すると業務改革が進み情報システムにおいてもサービスの向上を得やすいこととなるのが一般である。

これら以外の判断要因としては，持株会社方式を採用した統合は，情報システムも独立して管理運営されるため必ずしも情報システム統合は必要とはなら

ない。この方式でも，例えば連結決算のための会計システムは独立した構築が必要となるであろうし，また，各グループ会社間で取引が密接に行われる場合には，統合後にさらに合理化のためのシステム構築が図られる必要があるであろうし，グループにおけるシステム費用の低減を図るためにシステムの共同構築の必要性も検討されなくてはならない。

これに対し，企業統合形態が合併方式（法人格合一）である統合は，統合完了日から同一の会社として事業運営を行うことになるため情報システムも，社外的にも社内的にも単体の企業として活動できるようにする修正は不可欠となる。情報システムは，まず情報システムが存在しそれによって企業活動が運営されるわけではなく，確立された業務処理を反映したものが個々の企業の情報システムとして構築されている。本来であれば企業の組織形態からはじまり事業会社の業務処理の確立まで決定されてはじめてシステム構築が可能となるが，限られた統合日までにシステム統合を行わなければならないため見切り発車や部分的に複数のパターンを構築する場面も生じるという歪みが生じることは不可避であろう。

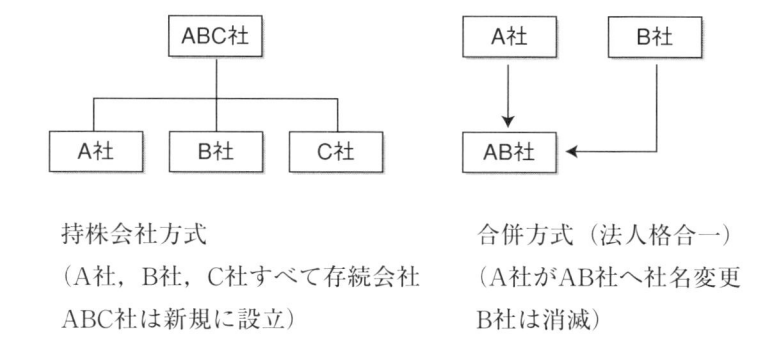

持株会社方式
（A社，B社，C社すべて存続会社
ABC社は新規に設立）

合併方式（法人格合一）
（A社がAB社へ社名変更
B社は消滅）

2　情報システム統合作業の類型別の整理

情報システム統合作業は，大きく分けると3つの類型に分類することが出来る。2社（A社とB社が統合）の企業が統合（ケースを簡略化するため，「合併

方式」の採用を前提とする。）する場合を例に取ると，A社の「aシステム」とB社の「bシステム」では下記のような類型の作業が必要となる。

① 並列型（a+bの情報システムを構築する。）
② 統合型（aシステムを再構築する。（またはbシステム））
③ 新規開発型（新規にcシステムを構築する。）

このうち，「新規開発型」は自明のことであるため，前二者について解説することとする。

（1）並列型

合併統合においてaシステムとbシステムを並存させて企業の事業運営を行うことは事実上不可能であるため，実際には部分的には共通するシステムを使用せざるを得ないが，大部分のシステムついては連携機能を開発して仮想的に統合されたシステムを構築する作業方式である。連携システムには，例えば，同一取引先に対してそれぞれのシステムで売上が生じていた場合に請求書を一本化するためのシステムなどがある。連携システムを構築する場合において，3社以上の複数の企業が合併する場合には，その困難性は飛躍的に増大する。2社のケースでは，つなげるべき線は1本である（実際には，複数のサブシステムが存在するためつなげるべき線は多数存在する）が，3社以上となると，その数は3本以上となりその困難性は単純な3倍以上のインパクトが発生する。現実の情報システム統合例としての大企業間における対等合併では，「たすきがけ人事」をするがごとく両企業の調整不足から，この並列型が採用されることがしばしば見受けられた。トップ人事の選択と同様に情報システムの選択も優劣を嫌うのである。しかしながら，並列型は，あくまで一般的に統合時における調整不足やシステム規模が大規模であるなどの理由から採用された過渡期的なシステムであるため，統合後は統合型へ移行する必要が生じ，やがてはシステムの入れ替え（新規開発型）が起こることを認識する必要がある。

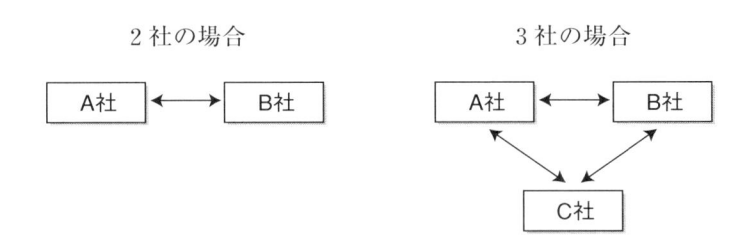

```
  2社の場合              3社の場合

 ┌───┐   ┌───┐      ┌───┐     ┌───┐
 │A社│←→│B社│      │A社│←───→│B社│
 └───┘   └───┘      └───┘     └───┘
                        ↖   ↗
                        ┌───┐
                        │C社│
                        └───┘
```

（2）統合型

　統合型は，並列型に比べるとシステムの規模が半分以下になるためシステムの開発コスト，維持コストが並列型よりも小さく，また，並列型に比べると開発期間が短期間にすむ傾向にあるため，全体的には情報システム統合期間の短縮が可能となる。統合時における情報システム統合は，可能であれば統合型を選択し，期間短縮を図った上で，新会社で行うべき新しい文化（業務）を構築し，その後の新システムの構想に着手するべきであろう。

（3）その他のパターン

　A社とB社の合併統合でA社側のシステムをすべて選択する場合は，ある側面ではB社にとっては新規のシステムを導入することと同様の結果となる。だだし，パッケージされたシステムを新規に導入するときなどは異なり，A社の独自色などをB社は事前に把握する必要が出てくる。また，システムの全ての側面においてA社のシステムがB社のシステムよりも優れているという事態は稀であるため，B社はシステムの機能低下を部分的にある程度受け入れる必要性が生じることとなる。

3　情報システムの統合スケジュール

　M&Aによる企業統合の場面において，何らかの類型による情報システムの統合が必要とされた場合における作業工程のフローは以下のとおりであり，通常のシステム構築の場合と対比して図示する。

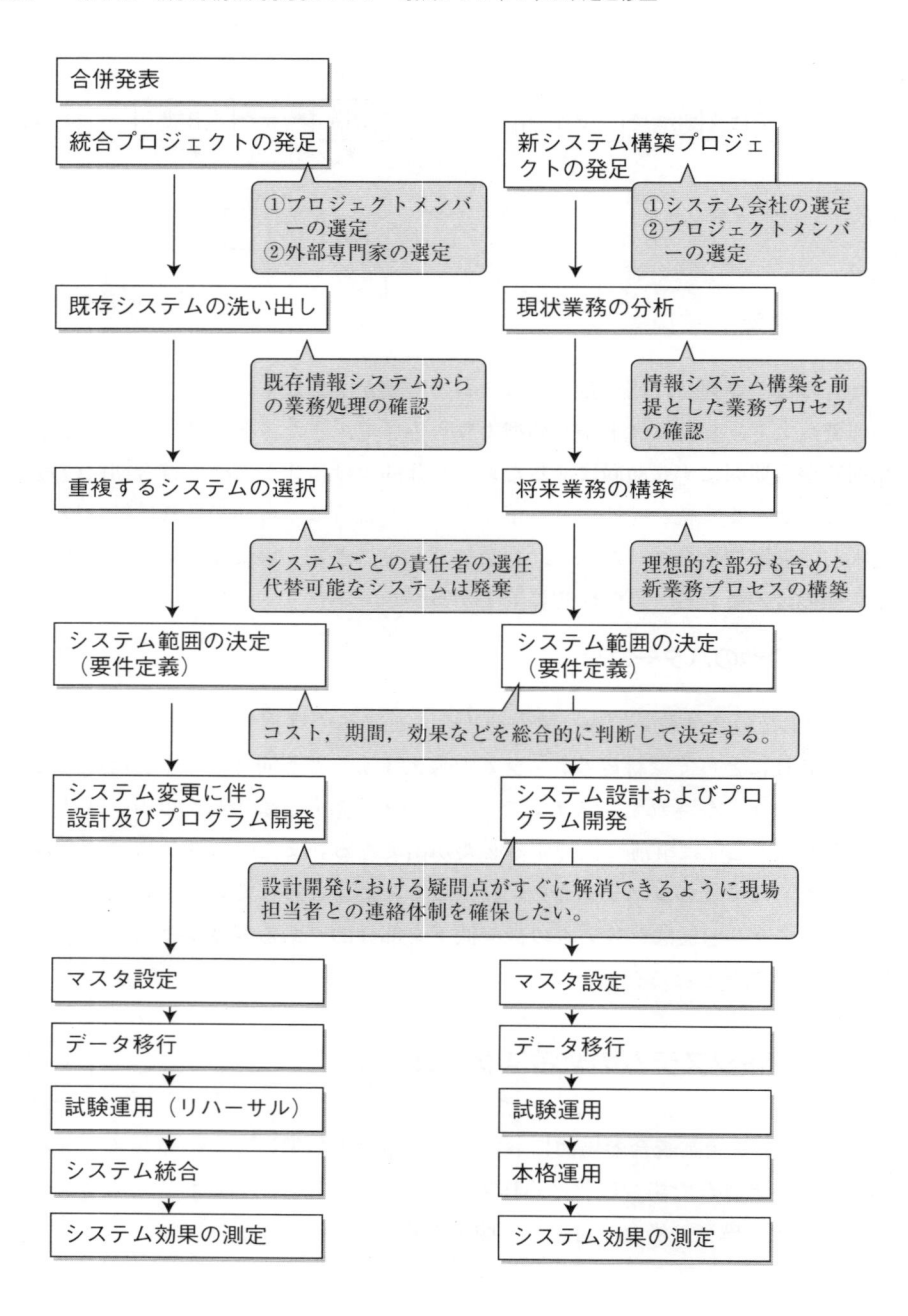

第3部 相手方情報開示後のプラン―最終プラン(FIP)の策定と修正

```
合併発表
   ↓
統合プロジェクトの発足 ←―①プロジェクトメンバーの選定  新システム構築プロジェクトの発足 ←―①システム会社の選定
                    ②外部専門家の選定                            ②プロジェクトメンバーの選定
   ↓                                                    ↓
既存システムの洗い出し ←―既存情報システムからの    現状業務の分析 ←―情報システム構築を前提とした
                    業務処理の確認                            業務プロセスの確認
   ↓                                                    ↓
重複するシステムの選択 ←―システムごとの責任者の選任  将来業務の構築 ←―理想的な部分も含めた
                    代替可能なシステムは廃棄                    新業務プロセスの構築
   ↓                                                    ↓
システム範囲の決定      ←―コスト,期間,効果などを総合的に判断して決定する。→  システム範囲の決定
(要件定義)                                              (要件定義)
   ↓                                                    ↓
システム変更に伴う      ←―設計開発における疑問点がすぐに解消できるように現場→  システム設計およびプロ
設計及びプログラム開発      担当者との連絡体制を確保したい。                グラム開発
   ↓                                                    ↓
マスタ設定                                              マスタ設定
   ↓                                                    ↓
データ移行                                              データ移行
   ↓                                                    ↓
試験運用(リハーサル)                                    試験運用
   ↓                                                    ↓
システム統合                                            本格運用
   ↓                                                    ↓
システム効果の測定                                      システム効果の測定
```

以下、これらのフローに沿って情報システム担当者や経営者が実施すべき事項を整理する。

（1）「統合発表から統合プロジェクトの発足まで」

情報システム担当者は、相手方企業が公開企業である場合には有価証券報告書で当該企業の事業規模を組織体制や関連会社で読み取ることができる。また、多くの企業がホームページ上でも同様の組織体系を公開しているので、それによってシステムへの影響範囲を概観できる。

経営者は、システム統合プロジェクト発足時には統合の基本方針を公開し、システム統合も他の統合作業と同様に方針に従って行われるよう努めるべきである。経営者は、可能であれば明治安田生命保険の統合合併において実施された、統合発表以前からシステムの統合可能性を検証する体制をとることが望ましい（日経コンピュータ595号）。

（2）「統合プロジェクトの発足」

発足時はメンバーの選定が重要な作業となる。双方の情報システム担当者からなるプロジェクトメンバーとそれとは別に各業務プロセスのキーマンを選定する。キーマンは、例外処理を含む業務処理を理解しており、統合後の情報システムが業務処理を行う上で支障がないことを十分にチェックする能力を有することが必要である。経営者は、システムの統合が順調に進まない場合に企業運営に重大な支障が生じる可能性のあることを認識して最適な人物を選定すべきである。また、外部の専門家についても必要に応じて選定を行うよう検討を要する。

（3）「既存システムの洗い出し」

情報システム担当は、通常のシステム構築における業務フローを中心とした現状分析というより、存在する業務処理を機能ごとに整理し、どのような情報システムがその処理に関わっているかを整理する必要がある。また、そもそも、日常の業務においても、具体的なM&Aによる統合作業とは関係なく、「その日」に備えて、情報システム担当者に対して、業務処理とその情報システムの

関わりを資料化するよう指示しておくことが有益である。有用な資料化が進めば，たとえM&Aによる企業統合が発生しなくとも，今後のシステム開発においても有用な情報となることは明らかである。今後のシステム管理者は，業務処理に重きを置いて，どうのような業務が存在しどうのような業務が生じるのかを把握管理すべきである。例えばユニクロは，あるべきは情報システム部ではなく業務システム部であると定義している[1]。

（4）「重複するシステムの選択」

情報システム担当者は，まず双方のシステム担当者から共通の認識として議論された案を作成し，現場担当者へ照会する方法をとり，変更となる機能，新規の機能等に区別して説明し，その上で担当者から機能ごとにランクづけを受け，それに基づいて統合後のシステムを決定するというプロセスをとるのが一般である。また，機能変更により処理が煩雑になる部分については，現場担当者へ理解を得られるように説明が必要である。最終的な判断は，経営者が行うが，その判断には，ある程度の割りきりが必要である。時間的な制約により部分的な後退もありえるが，まずはシステム統合の方向付けが必要であり，部分的な業務の後退を受け入れ，全体として統合プロジェクトが成功する案を選択したい。システム選択の作業が決定した後には，個々のシステムについて責任者の選任も行いたい。

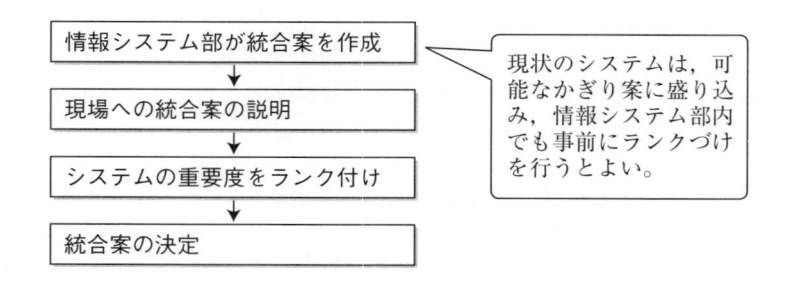

```
情報システム部が統合案を作成
        ↓                        現状のシステムは，可
現場への統合案の説明              能なかぎり案に盛り込
        ↓                        み，情報システム部内
システムの重要度をランク付け      でも事前にランクづけ
        ↓                        を行うとよい。
統合案の決定
```

（5）「システム範囲の決定」

情報システムの統合では「重複するシステムの選択」によってその範囲はほ

ぼ決定される。ただし，大企業同士の統合ではすべての機能を網羅したシステム統合を統合日までに行うことがスケジュール上の制約から不可能な場合もあり得る。その場合には，社外的に影響が大きいものを優先させたスケジュールを作成する。ここでは，一般的なシステム開発と同様にリスク要因を考慮し，チェック項目をスケジュールに織り込みながら問題が生じたときに動かすことができるような工夫が必要である。

（6）「システム変更に伴う設計および開発」「マスタ設定」「データ移行」

　ここでは通常のシステム開発と同様に，経営者と情報システム担当者が，各詳細項目の進捗度を確認しながらスケジュール管理を行いたい。設計においては，マスタ設定，データ移行，試験運用を十分に考慮することとなる。当該フェーズでは，対外的な調整がシステム統合に影響を及ぼすため，情報システム担当者は業務キーマンに対して業務確定の重要性を説明しその確定を確実に行う必要が生じるであろう。システム移行に関しては，膨大なデータを移行するだけでも莫大な時間を要するため，作業の遅れがそのまま統合日の遅延につながる可能性が高いことから事前に詳細な作業工程の検討を要する。

　主として次のような項目について検討が必要であろう。

移行スケジュール	システム環境の確認 テスト移行の開始時期 システム統合スケジュールとの関連
移行方法の検討	システム移行 　現行システムからの移行可否 　表計算データなどからの移行可否 　移行プログラム等の作成要員 手入力による移行 　登録票の整備（担当，負荷見積もり） 　パンチャー要員の手配（業者，依頼期間） 移行手順書の作成 　試験移行手順書 　本稼動用移行手順書
移行詳細内容の検討	移行対象ファイル，テーブルの確認

	移行対象範囲（システム移行，手入力） 前提条件の整理（移行時期） データ項目の新旧比較表作成 　項目名の新旧相違 　変換ルールの確認 制約条件／前提条件の整理 データチェックプログラムの確認 移行データの修正方法 　画面投入による修正，DBへの直接修正 　移行プログラムの修正
懸案事項の整理	

（7）「試験運用」

　個別的なシステムの検証が確認できた後に両社の業務担当者への統合後のシステム変更点を研修し，最終的なリハーサルによって統合の確認作業を行うこととなる。このフェーズが十分に行えれば，統合後の日常処理もスムーズに行えることとなるため，非常に重要である。

試験運用の目的 　試験内容の確認	運用面の検証 　部門間のシステム利用など一連の業務処理を検証 運用方法の整備 　イレギュラーケースの対応方法など データ整備 　データ整備状況の確認
スケジュールの確認	操作方法の研修 試験開始日 日次処理 月次処理 年次処理
実施方法	一連の業務の内容を選定 　標準テストパターンの選定 対象品目，対象サービスの選定 部門個別の試験方法の確認 システム利用時間の確認

	システムメンテナンス時間の確認 参加者への意識統一 伝票，帳票などの出力確認 商品コードやサービスコードの不明時における取り扱い方法確認
システム環境の確認	総合運用試験環境 個別運用試験環境 開発用の検証環境
連絡体制の整備	各部門キーマンへの連絡方法 開発側のヘルプデスク 障害連絡票，善要望の起票ルール

(8) システム統合

統合完了日には，試験運用での実績を踏まえて事前に考えうる障害の回避策を想定し準備を行いたい。

4　合併統合にあたっての阻害要因

さて，情報システムの統合にとって最大の阻害要因となり得る事象は，実は，「システムの内容が一番最後に決まる」という事情にある。実務上見られるパターンとして，統合後の経営方針の策定からはじまり，組織再編，人事統合，商品・サービス等の事業統合，事務処理プロセスの統合などの業務処理がすべて確立された後に，「情報システムがどうあるべきか」が議論され，策定される。しかしながら現実には，情報システムの統合は上記のような複雑で，多層的な作業工程を経る作業であり，業務システムの確立を待ってからの統合開始は時間的な制約から不可能である。さらに，情報システムの統合は，そのプログラムやデータにおける不可視性という「特異性」から，予期せぬ障害発生をゼロにすることが不可能なものである。そのため，システム移行と試験運用リハーサルは，十分に時間的余裕を取り，慎重に行う必要が生じる。このような問題意識のもと，情報システムの統合が統合阻害要因として意識された現実のケースを検討してみる。

5 情報システムの統合が統合阻害要因として意識された現実のケース

（1）飛島建設・熊谷組の経営統合見送りについて

　このケースでは，「技術力の融合による営業力，収益力の強化などの統合効果は確認できたものの，両社の経営システムの相違により，リロケーション・情報システムなどの統合費用が予想以上になること，間接部門の効率化発揮までに時間を要することなどから，統合効果の早期実現は困難との判断にいたりました。」との公表がなされている[2]。第1部第2章でも検討をしたように，このケースでは，メインバンク主導の拙速合意に主たる要因があったものの，経営統合の過程においてシステム統合費用の見積もりが正確に実施されていなかったという特徴的な側面がある。

（2）みずほフィナンシャルグループ

　みずほフィナンシャルグループにおける三行統合を情報システムの統合の成否という観点から観察した場合，金融業における情報システムの正確性の担保，外部接続との確実性・正確性の確保について，経営統合の準備期間中に，経営者がその重要性を認識していたのか疑問の残る経営統合との評価がなされている。大規模システム統合は経営者がスケジュールを厳重に管理をし，経営の意思決定をするべき問題である。日経コンピュータ[3]では，「企業の経営トップは，『みずほの悲劇』を教訓とし，情報システムへの理解を深め，情報システム担当者と協力して，問題の解決に挑むべきである。」と記述している。

　金融機関における情報システムはシステム自体が顧客に対してサービスを提供する場面が多数存在している。いまや金融機関は，システムなしでは成り立たない装置産業となっている。金融業において情報システムがダウンした場合に，そのダウンした期間の収益（手数料）が得られないだけでなく，金融機関としての信用力も失うことは論を待たない。資金決済，資金移動，株式取引，国債取引などすべて情報システムによって行われている。合併方式が採用され

た場合には，情報システムの合一化の観点から，それらの決済等は一行の取引として行われる必要がある。また，持株会社方式を採用した経営統合であったとしても，当事会社間の手数料の変更・名寄せなど，情報システムの細かい仕様の変更は避けられない。上記の決済等は，取引の性格上，公的な取引所との接続，他の金融機関との情報システムとの接続の正確性が確保される必要がある。また，鉄鋼メーカーなどの統合と比較した場合にも，鉄鋼メーカーは，商社を通じて主として取引を行うため，個人顧客を多数抱える金融機関は取引先の数が桁違いであり，その影響は比較にならない。

（3）三菱東京UFJ銀行

　東京三菱銀行とUFJ銀行の合併は，東京三菱がUFJを救済という側面があったため，情報システムについても東京三菱側のシステムへと統合する方針となったといわれている。ただし，UFJ銀行は24時間365日稼動のATMに見られるようにリテールに関するサービス力は優れている。また，サービス力を支えている情報システム部門についてもリハーサルにおいてその傾向が現れたようである（日経コンピュータ623号）。当初2005年10月3日付けのシステム統合を予定していた東京三菱銀行とUFJ銀行の間では，システムテスト（最終的な窓口システムとＡＴＭの確認）に対する姿勢が異なり，UFJは全店で実施するのに対し，東京三菱は当初20店程度で十分という方針であった旨の報道[4]もなされた。しかしながら，「最終リハーサル」という以上，本来は全店での実施が基本である。その後，金融庁の要請で全店実施することで調整された。その後，テスト，リハーサル，訓練を行い，可能な限り高い安全水準を追求すべく，第一次の統合時期を10月1日から2006年1月1日へ3ヵ月間延期をした[5]。一部で移行に伴うプログラムミスによるトラブルがあったようであるが，両行のシステムを相互接続した状態で第1段階の並列型によるシステム統合が完了し「三菱東京UFJ銀行」が誕生した。当初2007年12月に予定されていた第2段階の東京三菱のシステムへ片寄せする統合型のシステム統合は，万全を期すため1年延期され2008年12月となる見込みである（日経新聞2006年1月16日）。

6　最近のM&Aにおける情報システムの成功要因と阻害要因

上記の各ケースのほか，最近のM&A事例での情報システム統合が注目されたケースを「日経コンピュータ」からのデータで以下のとおり整理する。

企業名・発行年月日	サブタイトル	成功要因と阻害要因
明治安田生命保険 2004年3月8日595号	最短距離を駆け抜け24ヶ月でシステム統合 早期の仕様策定と入念なテストが奏功	成功要因： ①経営者が元システム担当役員ということから合併発表以前から内密にシステム統合プロジェクトが発足。 ②実績のない新技術の早期の検証。 ③3度の移行リハーサル 阻害要因： 営業拠点へのシステム教育
三菱東京UFJ銀行 2005年4月4日623号	システム統合の裏側 先進機能の維持が今後の焦点に	阻害要因： ①存続しないUFJ側システムの機能の優位性 ②データが3倍に膨れ上がったシステムの処理能力
JAL／JAS 2004年5月31日601号	システム統合成功への航跡	成功要因： ①CEOがシステム統合プロジェクトのトップに就任 ②システム障害時の周到な対処方法のプラン ③可視性の優れたプロジェクトマネジメントの導入 阻害要因： ①統合後の業務形態の未整備 ②ユーザー部門の要件の未整備 ③業務間の関連が不明確

全国30の市町村合併協議会統合が原因で自治体合併延期が相次ぐ 2004年9月6日608号	平成の大合併に波乱 システム統合が壁に 延期に踏み切る市町村が相次ぐ	阻害要因： ①手続き上の問題から統合予算の確定が遅延 ②旧市町村の徴税制度などの存続
新日本石油 2005年3月7日621号	5年半費やしシステム刷新合併に伴う壁を乗り越える 用語統一とチーム間の調停に注力	成功要因： ①サブシステム間のプロジェクトリーダ会議 ②サブシステムの共通部品化 阻害要因： ①業務用語や商品コードの違い ②決まらない新業務要件 ③システム切替えに戸惑う取引先
双日 2005年3月21日622号	システム刷新中に突然の合併わずか1年半でR/3導入競合他社のテンプレートをフル活用	成功要因： 要望事項の一時棚上げ 阻害要因： ①事業部門の統廃合の遅れ ②データ移行の失敗（解析作業に1ヶ月）
りそな銀行 2005年11月14日639号	経済合理性を貫きシステム統合完遂	成功要因： ①「経済合理性」という判断基準を貫く ②プロジェクト体制の整備，移行方法の検討など計画段階の準備徹底

● 注
(1) 横浜信一ほか『マッキンゼーITの本質』ダイヤモンド社　2005年3月　201頁
(2) 「飛島建設株式会社と株式会社熊谷組との経営統合に関するお知らせ」2004年11月15日，http://www.tobishima.co.jp/ir/ir_news.html
(3) 日経コンピュータ社編『システム障害はなぜ起きたか　みずほの教訓』日経BP社　3頁
(4) 週刊ダイヤモンド2005・06・18号
(5) 「東京三菱銀行とUFJ銀行の合併予定日の変更について」2005年8月12日
http://www.mufg.jp/pressrelease/

第6章

会計制度の統合

1　はじめに

　企業が行う会計（accounting）は，財務会計（financial accounting）と管理会計（managerial accountingまたはmanagement accounting）に大別できる。財務会計は企業または企業グループ（企業集団）の外部者を報告対象とするものであり，典型的には，株主，債権者および投資家を念頭に置いている。他方，管理会計は企業または企業グループの内部者を報告対象とするものであり，典型的には経営者を念頭に置いている。身近なものであれば，企業が財務諸表を作成・公表するのは財務会計の例であり，内部的に予算を使用するのは管理会計の例である。このように，この分類は報告対象の相違から導かれるものである。

　さらに，このような報告対象の相違に基づき，両者には具体的な相違点がある。すなわち，財務会計は法制化され，定められたルールに従い作成され，定められた形式により定められた時期に情報が報告（公表）される。また，人的な信頼関係のない外部者が利用するので，情報の信頼性が強く求められる。そのため，財務会計により提供されるのは基本的に実績情報（過去の情報）がほとんどである。これに対し，管理会計は企業の自主性に任せられ，企業内部で定めた独自ルールに基づいて情報が作成・報告され，情報の信頼性よりも将来

予測に資することが強く求められる。

以上のような相違点を踏まえ，ここでは財務会計における企業結合会計の概要と，管理会計における企業または企業グループ管理上の注意点に分けて述べていくことにする。

	財務会計	管理会計
報告対象	外部者 （株主，債権者，投資家など）	内部者 （経営者をはじめとする経営管理者）
視　点	実績情報の報告	未来志向の情報の報告
法令等	証券取引法，会社法など	なし
作成ルール	定められたルールがある	企業の任意でよい
報告形式	定められた形式がある	企業の任意でよい

2　財務会計における企業結合会計

（1）企業結合会計における2つの視点

会計上は，法的な視点とは異なる視点に基づいて処理がなされることが多々ある。企業結合会計はその典型であるので，ここでは企業結合会計を議論する上で前提となる2つの視点とあわせて具体的内容を述べていくことにする。なお，2つの視点とは次のとおりである。

① 合併か子会社化か
② 持分プーリングかパーチェスか（持分の結合か取得か）

（2）合併か子会社化か

第1部第2章1（1）図表1-2-2にまとめられているように，法的側面に着目すれば，M＆Aは合併や事業譲渡，株式取得など，さまざまな形態に分けられる。これに対し，会計上は，まずは大雑把に企業グループに属する会社数の増減があるかどうかを問題とする。例えば，合併や事業譲渡であれば企業グループに属する会社数の変動はないが，他社の株式を取得して子会社とした場合には企業グループに属する会社数が増加することになる[1]。

シンプルな観点ではあるがこのような視点が重要となるのは，我が国において，会社ごとに財務諸表（決算書）を作成することが義務づけられていることから生じる。そこで，まずは財務諸表が作成されるプロセスを確認しておこう。

まず，損益計算書や貸借対照表といった財務諸表は，企業グループが形成されていたとしても，いったんは会社ごとに作成されなければならない。例えば，A社（親会社）とB社（子会社）で1つの企業グループであったとしても，A社とB社のそれぞれで財務諸表が作成されることになる。そのプロセスは，取引があり，それをその都度会計処理し，一定期間ごとに利益の明細表である損益計算書と資産・負債等の一覧表である貸借対照表にまとめあげるという流れである[2]。なお，一定期間とは，月次，四半期，中間（上半期），年次などが挙げられる。

次に，企業グループの財務諸表である連結財務諸表が作成される。つまり，連結財務諸表を作成するための帳簿を日々作成する（日々の取引を連結財務諸表作成用の帳簿に記録する）ということはなされず，いったんできあがった会社ごとの財務諸表（個別財務諸表）を合算・修正することによって企業グループの財務諸表（連結財務諸表）が作成されるのである。

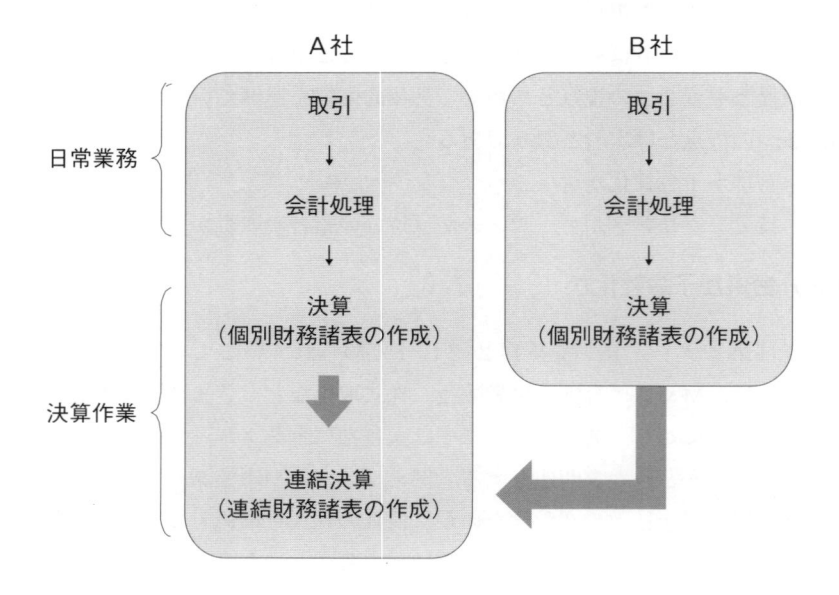

以上の内容は基本的なものではあるが，企業結合が行われた場合に，企業グループに属する会社数が変動するか否かにより，後々の日常における会計処理および決算作業にどう影響するかが大きく変わってくるために重要である。すなわち，合併のように1つの会社になれば，上の図の「日常業務」と「決算作業」の両者に影響するのに対し，子会社化の場合には，「日常業務」の部分にはあまり影響せず，「決算作業」の部分（特に連結決算）にのみ影響することになるのである[3]。

それでは，日常業務と決算作業（特に連結決算）のそれぞれについてどのような考慮事項があるか，主な内容を列挙すると次のようになる。

① 日常業務についての考慮事項

合併にあたっては，帳簿レベルで統合されるため，会計関連の日常業務に大きな影響が生じる。このため，企業の合併にあたっては，事前に当事者の会社（合併当事会社）の会計方針，経理処理の方法等の違いを洗い出す作業を行う。この違いを洗い出す作業は，それぞれの合併当事会社から担当者を選んで形成される合併プロジェクト・チームで行われることもあれば，外部のコンサルタント会社に作業を依頼する場合もある。いずれにしろ，検討する内容としては，収益の計上基準をはじめとする会計方針といった大きなレベルのものから，取引ごとの会計処理，勘定科目，伝票処理といった細かい作業レベルのものまで多彩であり，代表例としては次のものが挙げられる。

- 会計方針（日常業務に係るもの）
- 会計処理
- 勘定科目
- 伝票，帳票等の種類，形式
- 経常的な内部報告の内容，様式
- 会計システムの状況（第3部　第5章参照）

ただし，以上の例のうちすべてを検討するか一部にとどめるかについては，合併後の会社の状況により異なる。例えば，まったく異なる地域または事業を営んでいる会社が合併する場合には，使用する会計方針や勘定科目，会計システムを統合しない方がむしろ合理的なこともある。一方で，同一事業を営んで

いる場合には，より細かいレベルまで検討することが多いようである。

このような検討の上で，洗い出された違いについてどのように統一するかを決定することになる。統一する方向性としては，
- 合併当事会社のどちらかの会社が採用していた方法に統一する
- まったく新しい方法に統一する

という2つが考えられるが，どちらにするかは合併後の会社の状況による。一般に，公開会社と非公開会社の合併で，合併後も公開会社となる場合には，公開会社が採用していた方法に統合していくのが通常である。また，合併を機に内部統制[4]を再構築していくことなどを狙い業務プロセス等を刷新するような場合には，まったく新しい作業フローを構築することもある。

なお，どこまで統一するかというレベルについては，合併後に会計システムを統合するか否かと密接に関連することが多い。一般に，合併後においてシステム統合がなされる場合であれば，勘定科目から日々の伝票処理まですべて統一することが多い。これに対し，システムを統合しない場合には，会計方針の統一だけで済むこともある。

② 決算作業についての考慮事項

決算作業については，合併の場合のみならず，子会社化した場合も企業結合の影響が生じる。これは，他社の議決権付き発行済株式総数の過半数を取得することなどを通じて他社の意思決定機関を支配することができる場合，当該他社は子会社となり，原則として連結の範囲に含まれるからである。つまり，この会社の利益や資産・負債等は，上記の図にあるとおり，決算作業を通じて親会社の連結財務諸表に含まれることになるのである。

このため，合併に限らず，子会社化した場合についても，決算作業について調整をする必要があり，その典型的な内容としては次のものが挙げられる。
- 会計方針（決算作業に係るもの）

    減価償却方法や引当金の計上基準などである。なお，子会社を有する会社を子会社化した場合には連結特有の会計処理に関する調整も必要である。この例としては，例えば連結子会社の資産・負債の評価方法や連結調整勘定の償却方法などが挙げられる。

- 決算の作業体制

　決算作業を行う人員や手順などである。なお，連結財務諸表の作成の際には，親子会社間で連絡を取り合うことが多くなるので，その窓口となる担当者も決めておくことが必要である。
- 決算スケジュール

　単体決算作業の開始から個別財務諸表の完成，連結決算の開始から連結財務諸表，有価証券報告書の完成に向けてのスケジュールである。財務諸表は最終的に公表されるものであるため，法定の期日，取締役会への報告予定日といった締め切りと，人員面での負担のバランスを考えて日程を決めることになる（日程以外の点については下記参照）。

　ここで，決算スケジュールとして，単に日程のみならず，どのような資料を収集するかについても調整しておく必要がある。収集すべき資料をリストアップするには，連結財務諸表の基本的な作成手順が前提となるため，ここではその作成手順とあわせて考慮事項をみていくことにする。

　連結財務諸表の作成手順（連結決算の手順）は，基本的には以下のとおりである。

Step 1	親子会社の個別財務諸表の合算
Step 2	前期に行った連結仕訳の引き継ぎ
Step 3	投資と資本（純資産）の相殺消去
Step 4	企業グループ内での債権債務，収益費用の相殺消去
Step 5	未実現利益の消去
Step 6	連結損益計算書，連結貸借対照表の完成
Step 7	セグメント情報の作成
Step 8	連結キャッシュ・フロー計算書の作成

　まず，Step 1 は，単純に各会社の個別財務諸表を合算するプロセスである。すでに述べたように，連結財務諸表作成のための帳簿を日常的にアップデートしているわけではなく，いったん作成された個別財務諸表をもとに連結財務諸表が作成される。そこで，まず最初に個別財務諸表を合算するのである。この

ように，連結決算の最初のプロセスは個別財務諸表の合算であり，各会社の単体決算が終わらなければ前に進めない。このため，決算スケジュールの策定にあたっては，最終的にどの時点までに連結決算を終わらせたいのか，そして連結決算には何日程度かかるのかを考慮し，逆算して単体決算がいつまでに終わっていなければならないかを決めておく必要がある。さらに，その日程で単体決算が終わらない見込みなのであれば，人員の増加（新規採用だけでなく，親会社からの短期的な出向も含む）を予定しておかねばならない。

次に，毎期毎期連結決算のたびに，Step 3 から Step 5 の連結仕訳が作成されるが，これらは各会社の帳簿には反映されず，連結精算表といわれる一覧表に記載されるのみである。繰り返しになるが，連結財務諸表作成のための帳簿というものはないからである。このため，Step 2 として，前期までに行った連結仕訳について，当期への影響分はもう1度仕訳を作成しなければならないのである。

Step 3 から Step 5 が典型的な連結仕訳である。まずは Step 3 として，親会社の投資と子会社の資本（純資産）を相殺する。親会社の個別財務諸表には子会社株式という資産が計上されており，一方で子会社の個別財務諸表上の資本は親会社をはじめとする株主の持分を示している。よって，親会社の個別財務諸表と子会社の個別財務諸表を単純に合算すると，親会社から子会社への投資が資産と資本の両方に計上され，連結ベースでみると「自分で自分に出資している」ことになってしまう。このため，両者を相殺消去するのである。同様に，親子会社間の貸付と借入，売掛金と買掛金などは，連結ベースでみると「自分で自分に債権（債務）を持っている」ことになってしまうため，相殺消去する。また，親子会社間の売上と売上原価，受取利息と支払利息などの収益・費用も同様である。これが Step 4 である。そして，Step 5 として，親子会社間の取引により生じた未実現利益を消去することになる。例えば，製造子会社から親会社への販売は，会社単位で考えると子会社による利益の計上ではあるが，連結ベースでみると，親会社がさらに外部の顧客に販売しなければ利益が生じたとはいえない。そこで，親会社が在庫として持っている場合には，その在庫に関する利益を消去するのである。

以上の作業を経て，Step 6 として連結損益計算書と連結貸借対照表が完成

することになる。

このように，連結決算の幹に相当するのはStep 3 からStep 5 である。よって，これらのStepを効率的に行うために工夫を事前にしておくことが望まれる。ここで，効率的に作業を行うには必要な情報が必要な形で必要な時に手に入ることが重要となる。しかし，現実には，債権債務や収益費用の相殺消去のために企業グループ内の会社に対する債権債務，収益費用などの情報が必要であるが，実務上これらの収集・調整に時間がかかることが多い。例えば親会社と子会社との間に債権債務が存在する場合，親会社が把握している債権の額と子会社の把握している債務の額が異なることがあるのである。このようなズレが生じる原因としては，

（a）勘定科目の使い方の問題
（b）会計処理のタイミングの問題

が一般的である。

まず，（a）勘定科目の使い方の問題は，例えば勘定科目の細分類の仕方が親子会社で異なる場合や，会計処理で用いる勘定科目についての考え方が親子会社で異なる場合が挙げられる。連結決算は親会社の経理担当者が行うため，親会社における勘定科目体系に慣れており，子会社の勘定科目体系が親会社の勘定科目体系とまったく異なっていると，連結決算作業がしにくいのである。この問題に対しては，一般的に2通りの解決策がある。

- 日常業務には影響させずに親会社への提出段階で調整する方法
- 日常業務のレベルから調整する方法

1つは，日常業務には影響させずに，子会社から親会社に会計データを送る段階で，連結用に再編成したものを別途作成する方法である。もしくは，この作業を親会社で行う方法も挙げられる。この方法は，日常業務レベルまで変更することが時間的または金銭的に合理的ではない場合に採用されることが多い。特に，子会社の経理人員が少ない場合，こちらの方法が採用されがちである。

もう1つは，会計システムを変更するか新会計システムを導入することにより，日常業務のレベルから調整する方法である。この場合には，合併の場合と同様に，当時会社の間でどのような違いがあるかを洗い出した上で，どのよう

に統一するかを決定することになる。

　なお、いずれの方法をとった場合にも1つ注意しなければならない点がある。子会社化の場合には、「日常業務」の部分にはあまり影響せず、「決算作業」の部分（特に連結決算）にのみ影響するとさきほど述べたが、日常業務をまったく変更せずにすむとは限らない点である。連結財務諸表の作成ルールを定めた「連結財務諸表原則」によれば、「同一環境下で行われた同一の性質の取引等について、親会社及び子会社が採用する会計処理の原則及び手続は、原則として統一しなければならない。」とされている（「連結財務諸表原則」第三・三参照）。よって、特に同一地域で同一事業を営む会社を子会社化した場合には、少なくとも会計処理方法を統一する必要があることになる。つまり、この点に限っていうと、上記どちらの方法で調整する場合であっても、日常業務の段階から会計処理方法だけは統一することが求められるのである。上記2つの方法が選択できるのは、勘定科目など、より細かいレベルの内容である点には注意が必要である。

　次に、(b) 会計処理のタイミングの問題は、さらに取引の性質を原因とする場合と事務処理のスピードを原因とする場合に分けられる。

　前者の取引の性質を原因とする場合については、会計処理そのものを変更することが難しいことも多い。例えば未達取引が典型であり、売り手側の会社は売上・売掛金を計上済みであるが、決算日現在商品が輸送中であったために買い手側の会社では商品・買掛金が計上されていないというケースが挙げられる。この場合、売掛金と買掛金を単純に相殺することはできないが、両者の会計処理がともに適正であれば、日常の会計処理自体を変更することは難しい。決算作業を始める前に、未達取引が生じているかどうかを特に売り手側の会社で把握するように努めるのがもっとも単純な解決策であるといえる。

　一方で、後者の事務処理のスピードを原因とする場合については、経理の人員の増加でカバーできることもあれば、その会社全体での事務処理（例えば営業から経理への情報伝達）の整備・徹底が必要なこともある。

　いずれにしろ、子会社からの情報収集をスピーディに行うことは、連結決算の早期化のために不可欠であるため、事前にどのような資料が必要なのかを伝えておき、できればフォーマットを固定して早期に漏れなく必要な情報が親会

社に提出されるようにしておくことが望まれる。

　さて，もう1度連結決算の手順に戻ると，Step 7 はセグメント情報の作成である。セグメント情報の作成にあたっては，1社1セグメントであればそれほど大きな問題は生じない。連結仕訳について，セグメント内取引がセグメント間取引かを識別できるように事前に定型的な企業グループ内の取引を整理しておけば，企業結合により会社数が増加しても劇的に作業が増加するわけではない。一方で，新規に子会社化した会社が複数の事業を営んでいる場合のように，1社1セグメントではない場合には，その会社の個別財務諸表を事業の種類や所在地ごとに按分する必要が生じる。よって，このような場合には，その会社が事業の種類ごとに営業利益などの明細を把握できる体制にあるのか，そのような体制でないのであれば，決算に向けてどのように改善するのかを決定しなければならない。この作業は，場合によってはその会社の管理体制，内部統制に大きく影響することがあるので，早めに着手する必要がある。

　最後に，Step 8 は連結キャッシュ・フロー計算書の作成である。連結キャッシュ・フロー計算書の作成も，連結仕訳と同様，子会社からの情報収集をいかに行うかが鍵となる。具体的には，投資活動によるキャッシュ・フローと財務活動によるキャッシュ・フローについては，総額でキャッシュ・フローを記載しなければならないため，単純に連結貸借対照表を期首と期末で比較するだけでは作成できない。このため，例えば設備や借入金については，企業グループに属する各企業ごとに，期中にどのように増減したかという情報を収集する必要がある。言い換えれば，この情報がなければ連結キャッシュ・フロー計算書が作成できないのである。よって，決算に先立ち，具体的にどの勘定科目については増減の明細が必要なのかを明らかにし，子会社に連絡をしておくことが望まれる。現実にこの作業を行っていないが故に，連結キャッシュ・フロー計算書の作成に大きく時間をとられている会社が多々あるが，今後の連結決算の早期化に向けて，この作業は必須のものになると思われる。

　なお，連結決算は中間（将来的には四半期）で行う必要があるので，新たに子会社となった会社がもともと非公開会社だった場合には，早期に決算に係る体制をチェックしておくことや連結決算のためにどのような資料が必要かを伝達しておくことが重要である。これは，非公開会社については中間決算や連結

決算の必要がないために，これらの作成に関わった経験がまったくないおそれがあるからである。つまり，経験がないが故に，十分な啓蒙活動を行っていないと，実際の決算にあたって大きな混乱をもたらす可能性がある点に注意が必要ということである。

（3）持分プーリングかパーチェスか（持分の結合か取得か）

企業結合会計を議論する上で前提となる2つ目の視点は，取得か持分の結合かというものである。ある企業結合が持分の結合に該当すれば持分プーリング法で処理され，取得に該当すればパーチェス法で処理されることになり，結合後の財務諸表（連結財務諸表）が大きく変わることになるため，この視点は非常に重要といえる。ここでは，

① ある企業結合が持分の結合に該当するか取得に該当するかをどのように判断するか

② 持分プーリング法とパーチェス法のもとでは，それぞれどのような会計処理が行われるか

③ 企業結合に関する会計処理が，企業結合の阻害要因になるという見解があるが，その内容はどのようなものか

を述べていくことにする。

なお，①と②については，企業結合会計のルールを定めた「企業結合に係る会計基準」[5]に基づいて述べていく。

① 持分の結合と取得

一般に，企業結合に関して吸収合併とか対等合併といった表現が用いられることがある。これらはあくまでも俗に言う表現であり，厳密な定義はないが，強者が弱者と合併するのが吸収合併であり，ほぼ同等の会社が合併するのが対等合併であろう。しかし，何をもって対等といい，何をもって吸収と呼ぶかは漠然としている。

これに対し，会計上は，対等なのか対等でないのかが非常に重要となる。これは，②で述べるように，対等か否かにより具体的な会計処理が大きく異なるからである。

ここで，企業結合会計においては，結合当事会社が対等である場合を持分の結合と呼び，そうでない場合を取得と呼んでいる。両者の厳密な定義は次のとおりである。

持分の結合：いずれの企業（又は事業）の株主（又は持分保有者）も他の企業（又は事業）を支配したとは認められず，結合後企業のリスクや便益を引続き相互に共有することを達成するため，それぞれの事業のすべて又は事実上のすべてを統合して一つの報告単位となること

取　　得：ある企業が他の企業（被取得企業）又は企業を構成する事業に対する支配を獲得して一つの報告単位となること

いささか難解な定義かもしれないが，簡潔に述べると，結合するいずれかの会社（ひいてはその株主）が，支配（他の企業や事業の財務および経営方針を左右する能力）を獲得するのか，そうでないのかということである。一般的な言葉では，どちらが主導権を握ることになるのか，そうでないのかということである。

そうすると，問題は何をもって持分の結合または取得とみなすかという判断である。この判断にあたっては，次の要件に照らして検討することが求められている。

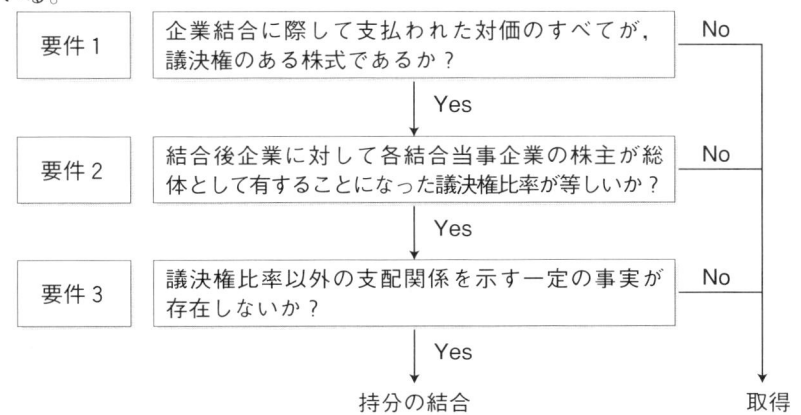

要件1　企業結合に際して支払われた対価のすべてが，議決権のある株式であるか？　→No
　　　↓Yes
要件2　結合後企業に対して各結合当事企業の株主が総体として有することになった議決権比率が等しいか？　→No
　　　↓Yes
要件3　議決権比率以外の支配関係を示す一定の事実が存在しないか？　→No
　　　↓Yes
　　　持分の結合　　　　　　　　　　　　　　　　取得

まず，要件1は，対価の種類を問題としている。一般に，企業結合の対価は株式や現金であることが通常であるが，対価のすべてが現金であった場合，支払いを受ける会社の株主は，結合後の会社の株主にはならないことになる。そうであれば，その企業結合が取得に該当することは明らかである。また，議決権のない株式を対価とした場合も，議決権の行使を通じて経営に参画することができない以上，その企業結合は取得に該当することになる。逆にいえば，持分の結合と判断されるためには，最低限，対価が議決権のある株式でなければならないといえる[6][7]。

　次に，要件2は，結合当事企業の両方の株主が結合後の会社の株主になることを前提に，結合後の会社に対する議決権の比率を問題にしている。例えば，A社とB社が合併した場合，持分の結合といえるためには，結合後の会社の議決権のおおむね半分を結合前のA社の株主が，残りの半分を結合前のB社の株主が保有していなければならないのである。これは，仮に結合後の会社の議決権のほとんどを結合前のA社の株主が保有していたとすれば，明らかにA社によるB社の取得であることに照らして考えるとわかりやすいと思われる。なお，ここでは「等しい」と述べたが，厳密に50％ずつでなければならないわけではなく，45％から55％の範囲内であればよいとされている（「企業結合に係る会計基準注解」注3）。

　最後に，要件3は，対価や議決権だけでなく，他の要因（支配関係を示す一定の事実の有無）も考慮することを求めている。具体的には，支配関係を示す一定の事実の例として次のものが挙げられる（「企業結合に係る会計基準注解」注4）。

- いずれかの結合当事企業の役員若しくは従業員である者又はこれらであった者が，結合後企業の取締役会その他これに準ずる機関（重要な経営事項の意思決定機関）の構成員の過半数を占めている。
- 重要な財務及び営業の方針決定を支配する契約等により，いずれかの結合当事企業の株主が他の結合当事企業の株主より有利な立場にある。
- 企業結合日後2年以内にいずれかの結合当事企業の大部分の事業を処分する予定がある。
- 企業結合の対価として交付する株式の交換比率が当該株式の時価に基づ

いて算定した交換比率と一定以上乖離し，多額のプレミアムが発生している。

以上，要件を3つ挙げたが，これらの要件すべてを満たした場合のみ，持分の結合と判断される。言い換えれば，1つでも満たさなければ，1つの結合当事企業による取得とみなされることになる。

② 持分プーリング法とパーチェス法

企業結合のタイプ	会計処理方法
持分の結合	持分プーリング法
取　　得	パーチェス法

企業結合の会計処理方法としては，ある企業結合が持分の結合に該当するのであれば持分プーリング法が用いられ，取得に該当するのであればパーチェス法が用いられる。

A．持分プーリング法

持分プーリング法は，すべての被結合企業の資産，負債および資本を，それぞれの適切な帳簿価額で引き継ぐ方法である。ここで，適切な帳簿価額とは，一般に公正妥当と求められる企業会計の基準に準拠した会計処理や評価を行うことで求められた帳簿価額ということである。したがって，結合当事企業の資産・負債の帳簿価額に会計処理や評価の誤りがある場合には，引継ぎ前にその修正が行われることになる。例えば，従来，固定資産について減損の処理を行っていないというケースであれば，結合に先立って減損処理の必要性を検討することになる。

なお，企業結合にあたり同一の環境下で行われた同一の性質の取引等について会計処理方法を統一する場合にも，結合に際して帳簿価額を修正することになる。

このように，持分プーリング法の下では，結合に際して資産・負債を時価評価する必要はない。また，資本の部の項目も，基本的にそのまま引き継ぐことになるため，結合前の会社の利益剰余金も結合後の会社に引き継がれることに

なる。

B．パーチェス法

　パーチェス法は，企業結合が取得に該当する場合に用いられる方法であり，文字通りモノを取得した場合と同様の処理を行うことになる。ここで，一般的に，モノを購入する場合には，その時価に相当するだけの対価を支払い，その金額が取得したモノの取得原価として帳簿に記録される。パーチェス法の下では，企業結合をモノの購入と同様に考えるのであるから，企業結合についてこの取得原価の決定の仕方をそのままあてはめればよい。つまり，取得したモノの時価または支払った金額（株式など現金以外の支払いであればその時価）をもとに個々の処理を考えることになる。なお，企業結合の場合は，取得したモノとは非取得会社の純資産であり，その会社が上場していない限りなかなかその金額を簡単に把握することはできないため，支払った現金の額や引き渡した取得会社の株式の時価を基準とすることが多いようである。

　このように，まずは対価の額をもって取得原価を確定させたら，次に，その取得原価を，各資産・負債に割り振ることになる[8]。この割り振りは，各資産・負債の企業結合日時点の時価をもって行う。また，対価については，現金の支払いであればその減少を記録し，株式の発行であれば資本金や資本剰余金の増加を記録することになる。言い換えれば，パーチェス法のもとでは，被取得企業の利益剰余金は引き継がれないといえる。

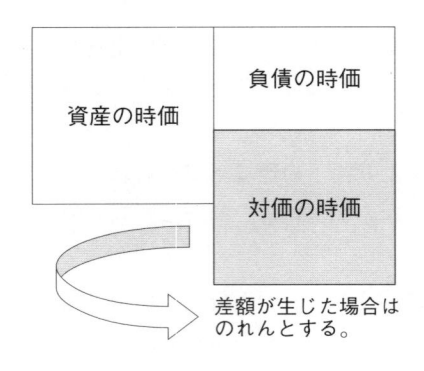

資産の時価	負債の時価
	対価の時価

差額が生じた場合はのれんとする。

ここで,通常の企業結合においては,対価の額の方が資産・負債の時価(=資産の時価-負債の時価)を上回ることが通常である[9]。この差額は,のれん[10](資産)として処理される。のれんは,ノウハウをはじめとする個別的には認識できない会社独自の無形の資源を表現したものといわれ,しだいに減少していくものと考えられる[11]ため,企業結合後,20年以内のその効果の及ぶ期間にわたって定額法等の方法により規則的に償却し,費用計上することが求められている[12]。

なお,対価の額よりも資産・負債の時価の方が大きい場合には,その差額は負ののれん(負債)と呼ばれ,20年以内の取得の実態に基づいた適切な期間で規則的に償却し,収益とすることが求められている[13]。

以上,持分プーリング法とパーチェス法の主要な相違点をまとめると,次のようになる。

視 点	持分プーリング法	パーチェス法
企業結合の実態	持分の結合	取 得
結合時における資産・負債の評価替え	行われない	取得企業: 行われない 被取得企業: 行われる
のれんの認識	認識されない	(通常)認識される
利益剰余金の引き継ぎ	引き継がれる	取得企業: 引き継がれる 被取得企業: 引き継がれない

③ 会計処理は企業結合の阻害要因となるか

前項までで企業結合会計について述べてきたが,企業結合会計の整備に伴い,会計制度が企業結合の阻害要因になるのではないかという見解がある。具体的には,次の2点に関してそのような見解がある。

A.持分プーリング法の適用の制限
B.のれんの一括償却の原則禁止

A.持分プーリング法の適用の制限

「企業結合に係る会計基準」適用前においては,実質的に企業結合会計に関するルールが存在しなかったため,税務への影響を考慮しつつ,持分プーリング法に基づく処理を行うことが多かったようである。これは,パ

ーチェス法を採用すると，被取得企業の資産を時価評価しなければならず，含み益が顕在化すること，減価償却負担が重くなること，そして，のれんの償却負担が生じることなどを原因としているようである。言い換えれば，持分プーリング法を採用することにより，含み益のある資産を簿価のまま引き継ぎ，結合後に売却して売却益を計上したり，減価償却費の増加やのれんの償却費の発生を回避していたのである。

これに対し，今後はほとんどの企業結合でパーチェス法が採用されると見込まれている。すでに述べた持分の結合か取得かを判断する規準に従うと，持分の結合に該当する企業結合は少ないと考えられているのである。そうすると，結合後に含み益のある資産を売却して売却益を計上したり，減価償却費の増加やのれんの償却費の発生を回避することはできなくなる。つまり，結合後の利益は，相対的に小さく計上されることになるのである。このため，市場からの厳しい評価にさらされるおそれもあり，経営者が企業結合に消極的になるのではないかと指摘されているのである。

B．のれんの一括償却の原則禁止

阻害要因になることが懸念されている事項の2つ目は，のれんの償却に関するものである。すでに述べたように，のれんは20年以内の一定の年数にわたり償却し，費用計上される。このため，例えば企業結合によってのれんが1,000万円生じ，10年間で償却すると，毎年100万円だけ営業利益や経常利益を押し下げることになる。

これに対して，今後は認められない方法であるが，近年のIT産業における企業結合などでは，企業結合により生じたのれんを一括償却することが多かった。例えば，企業結合によってのれんが1,000万円生じたのであれば，それをその年度に全額費用としてきたのである。このことは，一部の経営者の間で，将来にわたって経常的に営業利益や経常利益が減少するよりも，企業結合を行った年度にだけ利益が減少する方が望ましいと考えられていることを示唆している。結合後の年度において営業利益や経常利益が押し下げられれば，それだけ企業結合が失敗であったと投資家に評価されがちであると考え，一括償却を選好していたのであろう。

以上のことから，今後，のれんの一括償却が認められなくなれば，将来

におけるのれんの償却負担を考え，企業結合に経営者が消極的になるのではないかと指摘されているのである。

3 管理会計における企業結合会計

(1) 管理会計の必要性

　管理会計は財務会計に比べ，Ｍ＆Ａの準備作業段階においてあまり注目されないことが多い。これは，財務会計は制度上強制されているが，管理会計は制度上強制されていないためであろう。しかし，Ｍ＆Ａ実施後の新企業もしくは企業グループ（以下，企業グループ等とする）をマネジメントし，業績管理を行っていくためには，企業グループ等の業態や状況に適合した管理会計が必須である。そのため，Ｍ＆Ａの準備作業段階において，管理会計の整備は財務会計と同様に重要となる。

　ここで，管理会計に用いられているデータは，財務会計に用いられるデータと異なり，企業グループ等内部における必要性に応じて異なるため，企業グループ等によって内容が異なる。したがって，Ｍ＆Ａの準備作業段階において，各企業グループ等において行われている管理会計の内容を把握しておくことが重要である。その中でも特に，各企業グループ等においてマネジメント・コントロールのために用いられる予算と業績管理のために用いられる業績管理指標が重要である。

(2) 予算管理

　予算は，経営活動を貨幣的に表現した企業グループ等のマネジメント・コントロールのツールであり，計画の設定・業務活動の調整・業績評価といった目的を有している。予算は，企業グループ等の業態・規模・組織風土などにより多種多様であるが，通常は，①損益予算，②資金予算，③資本予算の３つから構成される。

　このうち損益予算は，収益や費用などの見積もりを中心として次年度の業務計画を貨幣的に表したものである。資金予算は，次年度の資金の源泉・使途と

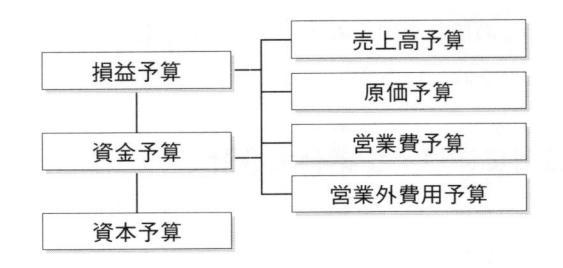

```
損益予算 ─┬─ 売上高予算
          ├─ 原価予算
資金予算 ─┼─ 営業費予算
          └─ 営業外費用予算
資本予算
```

いった資金繰りを表したものである。資本予算は，設備投資予算や投融資予算などが含まれる。

　ここで，M＆Aにより新企業が誕生する場合には，その経営目標に応じて上記の予算種類ごとに予算作成の時期・頻度や必要データの内容，作成方法などをどちらの企業に合わせるか等について十分に協議することが必要となる。また，M＆Aにより企業グループに新たな子会社が加わった場合には，既存の企業グループにおける予算作成の方法などを新規子会社に対して実行させていくことが必要となる。さらに，M＆Aにより企業グループが誕生した場合には，従来の予算作成に加え，企業グループとしての予算作成を行う必要が生じる。この際には，企業グループ内の取引について予算作成上も消去する必要があるため，あらかじめ当該新規子会社との取引高や債権・債務の残高を予想しておくことが望ましい。

（3）業績管理

　M＆A後のシナジー効果の享受やグループ競争力の強化について，あらかじめどのような業績指標をもって測定するかを定めておかなければ，M＆Aの成否を評価することは困難である。また，業績指標を公表することによって，外部の投資家をはじめとするステークホルダー（利害関係者）も，その企業グループ等が何を目標としているのか，目標水準を達成できたのかどうかを検証することが可能となる。M＆A後の企業グループ等にとって，外部のステークホルダーからの評価が重要であることはいうまでもない。したがって，企業グループ等内部において業績管理を行うための業績管理指標や外部向けの業績指標について，十分に検討することは非常に重要である。

ここでいくつか，有用な業績指標を挙げておきたい。以下の指標をはじめとする業績指標は，各企業グループ等の置かれた経営環境や業界の特性，経営状態によって選択することになる。その際には，わかりやすさ（外部，内部），全社評価・事業評価への向き不向きを考慮する必要がある。

① ROE（株主資本当期純利益率）

この指標は，株主資本に対する今年度新たに株主に帰属する純利益の割合を計算するものであるから，株主にとっての投資収益性を表すものである。また，この指標は以下のようにブレークダウンが可能である。

$$\text{ROE} = \underbrace{\frac{\text{純利益}}{\text{売上高}}}_{[\text{収益性}]} \times \underbrace{\frac{\text{売上高}}{\text{総資産}}}_{[\text{資産効率性}]} \times \underbrace{\frac{\text{総資産}}{\text{株主資本}}}_{[\text{財務レバレッジ}]}$$

$$\text{ROE} = \text{売上高純利益率} \times \text{総資産回転率} \times \text{財務レバレッジ}$$

このことから，ROEを高めるには，売上高に対する収益性を高める，効率的に売上高を獲得する，株主資本の構成比率を下げる，という施策を実施することが必要であることがわかる。

② ROA（総資産利益率）

この指標は，事業に投じた総資産に対してどれだけの利益を獲得したかを示す指標であり，企業グループ等の投資収益性を表している。

この指標の分子には様々な利益が用いられるが，分母には総資産が使用され，資本構成は分母に影響を与えない。このため，分子にも資本構成の影響を受けない支払利息控除前経常利益を用いることが，所有総資産に対する収益性を捉えるためには望ましい。なお，この指標も以下のようにブレークダウンが可能である。

$$\text{ROA} = \underbrace{\frac{\text{利益}}{\text{売上高}}}_{[\text{収益性}]} \times \underbrace{\frac{\text{売上高}}{\text{総資産}}}_{[\text{資産効率性}]}$$

$$\text{ROA} = \text{売上高利益率} \times \text{総資産回転率}$$

このことから，ＲＯＡを高めるには，売上高に対する収益性を高める，効率的に売上高を獲得する，という施策を実施することが必要であることがわかる。

③ フリー・キャッシュ・フロー

フリー・キャッシュ・フローとは，企業グループ等が本業の活動によって生み出す正味のキャッシュ・フローである。

$$\text{フリー・キャッシュ・フロー} = \underbrace{\text{営業利益} \times (1 - \text{実効税率}) + \text{減価償却費}}_{\text{税引後の営業キャッシュ・フロー}} - \underbrace{\text{現状維持のための設備投資} - \text{運転資本の増加}}_{\text{必要不可欠な投資資金}}$$

フリー・キャッシュ・フローは，利益と異なり会計方針の影響を受けない数値であるため，近年，重要な指標として着目されることが多くなってきている。

④ ＥＶＡ®（経済付加価値）

ＥＶＡは，米コンサルティング会社のスターン・スチュワート社が推奨し，同社の登録商標となっている指標である。この指標は，資本コストが算式に含まれている点において他の指標よりも資本コストへの意識を不可欠なものとしていることが特徴である。

$$\text{EVA（経済付加価値）} = \underbrace{\text{営業利益} \times (1 - \text{実効税率})}_{\text{税引後営業利益}} - \underbrace{\text{投下資本} \times \text{資本コスト}}_{\text{資本調達費用}}$$

なお，税引後営業利益や投下資本の具体的算出方法は，評価対象の企業や事業によって大きく異なる。各企業グループ等において，自社に適合する算出方法を決定する必要がある。

（4）データ収集

ここまででは，管理会計の必要性，特に予算管理と業績指標の重要性を紹介してきた。これらの予算管理や業績指標の活用を行う際にも，前出の財務会計を行う際にも，会計データは必須である。そして，適時にデータの収集が行わ

れなければ，管理会計どころか財務会計にすら悪影響を及ぼしかねない。したがって，M＆Aの準備段階においては，財務会計や管理会計の基本方針のみならず，これらのためのデータの収集方法も決定しておくことが重要である。

M＆Aによって新企業が誕生する場合には，同一企業となるため，データ収集の内容やレイアウトといった点を決定しておけばよい。しかし，M＆Aによって企業グループに新規子会社が加わる場合や，新たに企業グループが誕生する場合には，データ収集の内容やレイアウトだけでなく，グループ内でのデータの収集方法を検討しておかなければならない。

異なる企業間でのデータ収集については，セキュリティレベルの異なる種々の方法が存在する。

・紙での郵送などによるデータ収集
・データ記憶媒体での郵送などによるデータ収集
・データでのインターネットメールを用いたデータ収集
・ＬＡＮやＷＡＮなどを用いたネットワークによるデータ収集
・ソフトウェアを用いたデータ収集
・ＷＥＢサイトを用いたデータ収集

以上のように，データ収集方法には様々な方法が存在するが，データ収集の対象となる新規子会社の重要性や経理スキルなどに応じて，さらには，コストパフォーマンスも考慮し，適切なデータ収集方法を選択する必要がある。

＜参考文献＞

『逐条解説　企業結合会計基準』斎藤静樹編著　中央経済社
『合併会計選択論』黒川行治著　中央経済社
『連結決算の読み方使い方』吉木伸彦・清松敏雄著　東洋経済新報社
『管理会計（第三版）』櫻井通晴著　同文舘出版
『会計指標入門』大津広一著　ダイヤモンド社

●注

(1)　本章では企業グループ内での合併等は除いている。
(2)　このほかにキャッシュ・フロー計算書や株主資本等変動計算書も挙げられる。なお，

株主資本等変動計算書は会社法（平成17年法律第86号）施行日以後終了する連結会計年度および事業年度から作成する（中間株主資本等変動計算書は，会社法施行日以後終了する中間連結会計期間および中間会計期間から作成する）。

(3)　子会社化の場合に，「日常業務」にまったく影響しないわけではない。この点については，「②決算作業についての考慮事項」を参照。

(4)　内部統制とは，基本的に，業務の有効性および効率性，財務報告の信頼性，事業活動に関わる法令等の遵守並びに資産の保全の4つの目的が達成されているとの合理的な保証を得るために，業務に組み込まれ，組織内のすべての者によって遂行されるプロセスをいい，統制環境，リスクの評価と対応，統制活動，情報と伝達，モニタリング（監視活動）およびＩＴ（情報技術）への対応の6つの基本的要素から構成される。内部統制については，そのうち財務報告の信頼性に係る部分について，経営者による有効性の評価と外部監査人による内部統制監査の導入が検討されている。

(5)　一般的な株式取得については「連結財務諸表原則」やそれに関連する実務指針（日本公認会計士協会が公表している具体的な会計ルール）が公表されており，また，株式交換や株式移転に関しても日本公認会計士協会により研究報告が公表されているが，合併等も含めた企業結合に関する包括的な会計ルールは従来存在しなかった。このため，特に税務上の観点から実務上の会計処理は行われてきたようである。しかし，度重なる商法改正によって企業結合が多様な方法で頻繁に行われるようになり，会計上も包括的なルールが必要となってきた。このため，我が国でも包括的な企業結合会計のルールである「企業結合に係る会計基準」が設定された。この基準は平成18年4月1日以後開始する事業年度から適用される。なお，具体的な指針として，「企業結合会計基準及び企業分離等会計基準に関する適用指針」も公表されている。

(6)　たとえば，株式の交付にあたり端数部分について合併交付金を交付する場合など，限定的な目的であれば，株式以外に現金を交付していてもこの要件は満たされる。

(7)　同時に，「(a) 企業結合は，単一の取引で行われるか，又は，原則として，1事業年度内に取引が完了する。(b) 交付株式の議決権の行使が制限されない。(c) 企業結合日において対価が確定している。(d) 交付株式の償還又は再取得の取決めがない。(e) 株式の交換を事実上無効にするような結合当事企業の株主の利益となる財務契約がない。(f) 企業結合の合意成立日前1年以内に当該結合目的で自己株式を取得していない。」ということもあわせて求められる（「企業結合に係る会計基準注解」注2）。

(8)　購入したのは被取得企業の純資産であり，ここでは被取得企業がもともと保有していた資産・負債について述べている。従来より取得企業が保有していた資産・負債については，評価替えを行う必要はない。

(9)　単純に考えると，対価の時価の方が資産・負債の時価を下回るのであれば，企業結

合を行うよりも，解散して残余財産を株主に分配した方が，非取得会社の株主とって有利であることになる。このため，一般的には，対価の額が，資産・負債の時価を上回っていると考えられる。

(10) 連結財務諸表であれば連結調整勘定と呼ばれる。

(11) ここで減少すると述べているのは，既存ののれんである。むろん，結合後の経営努力によって新しいノウハウなどが培われるが，それらは自己創設のものであるため，資産計上されない。

(12) のれんの金額に重要性が乏しい場合には，当該のれんが生じた事業年度の費用として処理することができる。

(13) 負ののれんの金額に重要性が乏しい場合には，当該負ののれんが生じた事業年度の利益として処理することができる。

第4部

最終プラン(FIP)の実行

PMIの議論おいて，FIPの段階まで統合の準備プロセスが成熟する場合には，M&A取引実行後に，そのFIPを実施するだけとなるはずであるが，現実には，いかに精緻なFIPを策定したとしても，M&A取引実行後に初めて発覚する重大事項の存在を否定できず，また，現代的な課題として，FIP自体の完成度は高かったが，当事者が全く予想しなかった第三者の登場によって統合が阻害されるという新しいタイプの「統合阻害事由」の発生が認識されている。以下では，まず，「特殊問題」である後者の論点を先に論じ，続いて典型的な論点である前者の問題を検討することとする。

第1章

修正では対応不能な「障害事由」の発生とその対処－経営的な側面から

本書では，これまで「IIPの策定→IIPの修正・FIPの策定→FIPの実行」というPMIのプロセスについて論じてきた。しかし，IIPの修正がどうしても困難な，現代型の特殊事例ともいうべき事象も存在する。

具体的には，別の買収候補者が「横やり」を入れた結果，対象会社が新たな買収候補者に買収されることを選択するような場合（「横やり型」），あるいは，対象会社は自社による買収を希望しているにもかかわらず，敵対的にこれを買収しようとする者が現れた場合（「敵対的買収型」）が該当すると思われる。かかる場合は，法的な手法や取引の枠組みを事後的に修正することが困難な「統合阻害事由」であるため，この発生が予測される場合には事前に法的な予防策を講じておくか，事後的に経営的な側面からの対応策を講じるしかない。以下，各類型について分析を試みる。

1　UFJ型（横やり型）

（1）問題の所在

最初に問題となるのは，UFJグループの経営統合をめぐる住友信託銀行（以下，「住友信託」という）と三菱東京フィナンシャルグループ（以下，「三菱東京FG」という）との攻防に代表されるような「横やり型」である。本件では，住

友信託による買収に対して三菱東京FGが「横やり」を入れた結果，UFJが三菱東京FGに「浮気」した格好になった。PMIの観点からすれば，こうした「横やり」に対して事後的にどのようなIIPの修正が可能なのか，こうした修正が困難であれば事前の予防策としてどのような手段を尽くすことができるか，という点が問題となる。

（2）UFJ事件の概要

まず，「横やり型」の事例を理解するためにも，その典型であるUFJ事件の概要について簡単に触れることにする[1]。

平成15年当時，UFJ銀行は大口与信先に多数の不振企業を抱え，同年10月および翌平成16年1月に実施された金融庁の特別検査の結果，4,028億円の赤字を計上することとなった。UFJグループはそれでもなお自主再生を模索し，住友信託に信託部門を売却し，かつ増資を受けることで再建を目指した。これは，三菱信託銀行と信託業界の覇権を争ってきた住友信託にとっても重要な申し出であった。こうして，平成16年5月21日，UFJグループと住友信託の間で，信託部門の売却を含めた協業事業化に関する基本合意書が締結された。

しかし，同年6月になって，金融庁はUFJ銀行とUFJホールディングスに対して4つの業務改善命令を発動した。さらに，前年の金融庁特別検査時に起きた検査忌避・隠蔽の問題について刑事告発の可能性が生じたため，UFJ増資の引受先に内定していた主幹事証券会社が公募断念を通告してきた。しかし，増資ができなければ，UFJグループは，平成17年3月期において自己資本比率8％という国際業務を担うのに必要な水準を維持する見通しが立たない。UFJグループは最後の生き残りをかけて，メガバンク随一の財務基盤を有する三菱東京FGとの業務統合を模索した。

そして，平成16年7月13日，UFJは住友信託銀行に基本合意の白紙撤回を申し入れ，翌14日，日本経済新聞でUFJと三菱東京FGの経営統合が報じられた。同日中に，UFJは臨時取締役会で三菱東京FGに経営統合を申し入れることを決定し，同月16日には，UFJグループと三菱東京FGの間で経営統合に向けた協議の開始に関する覚書が締結された。

同日，住友信託はUFJグループを相手取って東京地方裁判所に統合交渉禁止

の仮処分を申請した。平成16年8月4日，東京地裁は仮処分を認容する決定を下したが，同月11日，東京高等裁判所は原審決定を取り消し，同月30日，最高裁判所が住友信託の許可抗告を棄却して，最終的に住友信託の仮処分申請が退けられた。

（3）UFJ仮処分事件における最高裁決定の論理

このように，UFJ仮処分事件をめぐる裁判所の判断は曲折を経たが，ここでは，先例拘束力を有する最高裁判所の決定について分析する。

本件の最大の論点は，住友信託とUFJとの間で締結された基本合意書（以下，「基本合意書」という）第12条後段「各当事者は，直接または間接を問わず，第三者に対しまたは第三者との間で本基本合意書の目的と抵触しうる取引等にかかる情報提供・協議を行わないものとする。」（以下，「本件独占交渉権条項」という）の法的拘束力の有無であった。

この点について最高裁は，法的拘束力を肯定した。まず，本件独占交渉権条項については，「最終的な合意を成立させるための，いわば手段として定められたものである」としたうえで，「今後（中略）交渉を重ねても，社会通念上，（中略）最終的な合意が成立する可能性が存しないと判断されるに至った場合には，本件条項に基づく債務も消滅する」とした。そして，本件では，①UFJグループが基本合意を白紙撤回し，住友信託に対し基本合意の解約を通告するとともに，三菱東京FGに対しUFJ信託銀行の営業の移転を含む経営統合の申入れを行い，この事実を公表したこと，②こうした経営統合に係る最終的な合意の成立に向けた交渉が次第に結実しつつある状況にあることなどに照らすと，その段階では，住友信託とUFJとの間で，基本合意書に基づく協働事業化に関する最終的な合意が成立する可能性は相当低いと認定しつつも，「本件の経緯全般に照らせば，いまだ流動的な要素が全くなくなってしまったとはいえず，社会通念上，上記の可能性（注：住友信託とUFJの間で協働事業化に関する最終的な合意が成立する可能性）が存しないとまではいえない」として，本件独占交渉権条項に基づくUFJの債務はいまだ消滅していないとの判断を示した。

しかし，その一方で，本件仮処分の申立には保全の必要性がないとして，結論的には仮処分の申立を退けた。すなわち，（a）基本合意書は住友信託とUFJ

との間の協働事業化に関する最終的な合意の成立を保証するものではなく，住友信託は，その成立についての期待を有するに過ぎないこと，(b) UFJが本件独占交渉権条項に違反することによって住友信託が被る損害は，両者間の協働事業化の最終合意が成立した場合に得られる利益相当の損害とみるのは相当ではなく，上記の「期待」が侵害されることによる損害とみるべきであること，(c) こうした損害は，事後の損害賠償によって償えないほどのものとまでいえないこと，(d) 住友信託とUFJとの間で協働事業化に関する最終的な合意が成立する可能性は相当低いこと，(e) 本件仮処分の申立は，平成18年3月末（基本合意書締結から2年弱，仮処分申請から約1年8ヵ月）までの長期間にわたってUFJが第三者と情報提供または協議をしてはならないとする内容であり，これが認められた場合にUFJが被る損害は，相当大きなものになること，などを理由に，本件差止めを認めなければ，住友信託に著しい損害や急迫の危険が生ずるものとはいえないとして，保全の必要性を否定した。

（4）損害賠償請求事件（東京地裁）

　UFJ仮処分事件が最高裁で決着した後，平成16年10月28日，住友信託はUFJグループに対して三菱東京FGとの信託部門の統合交渉差止めを求めて東京地裁に提訴した。その後，平成17年2月に三菱東京FGとUFJグループが同年10月1日に経営統合する旨を発表したことを受けて，住友信託は，同年3月7日に東京地裁での裁判においてUFJグループに対する1,000億円の損害賠償請求を追加した。

　この損害賠償請求事件では，住友信託側の主張は，統合の実現によって得られたはずの履行利益の一部として1,000億円を要求した。この点，UFJ仮処分事件の最高裁決定では，上記（3）（b）のように，UFJが本件独占交渉権条項に違反することによって住友信託が被る損害は，統合の実現によって得られたはずの利益ではなく，統合の「期待」が侵害されたことによる損害とみるべきであるとしていたので，東京地裁の判断に注目が集まっていた。

　平成18年2月13日に言い渡された東京地裁の判決では，住友信託の請求は棄却された。すなわち（X）UFJグループが住友信託との経営統合を白紙撤回した平成16年7月13日当時，UFJグループには，基本合意書に基づいて最終契約

を締結する義務は負っていない，(Y)ただし，その当時，UFJグループの独占交渉義務および誠実協議義務は消滅しておらず，UFJグループによる一方的な白紙撤回は，これらの義務の債務不履行である，(Z)しかし，かかる債権不履行と，UFJ信託と統合していれば住友信託が得たはずの利益（履行利益）との間には相当因果関係はない，との理由により，住友信託が求めた履行利益の一部請求である1,000億円の損害賠償請求を退けた。

　この東京地裁判決は，①UFJグループの白紙撤回の時点において本件独占交渉権条項に基づくUFJの債務（独占交渉義務・誠実交渉義務）が消滅していないとの判断，②かかるUFJの債務の不履行によって住友信託が被る損害は，履行利益ではなく，最終契約締結に向けられた「期待」が侵害されたことによる損害，すなわち信頼利益であるとの判断に立脚している点で，UFJ仮処分事件の最高裁決定と共通していると思われる。

（5）取締役の善管注意義務との関係――Fiduciary-Outとレブロン基準

　UFJが三菱東京FGと締結した統合に関する契約では，いわゆるフィデュシャリー・アウト（Fiduciary-Out）という概念にもとづく規定が盛り込まれているようである[2]。この概念は，買収対象会社がある買収候補者と企業買収に関する基本合意を交わした場合であっても，他の買収候補者から新たな買収の申し出を受け，新しい条件の方がもともとの買収条件よりも有利であれば，対象会社の経営陣が新しい条件について検討できるようにしておかなければならない，という考え方である[3]。企業買収の基本合意書で盛り込まれるとすれば，第三者から一定の組織再編の申し入れがあった場合，独占交渉権条項の法的拘束力を排除する，という条項を設けることになると思われる。

　フィデュシャリー・アウトと関連して論じられるのがレブロン基準（Revlon Standard）である。これは，米国デラウェア州裁判所がM&A関連の事件処理について採用している判断基準の1つであるが，ある会社が身売りをすることを決定した場合は，当該会社の取締役会は，株主にとってできる限り有利な条件で当該会社を売却する義務（競売義務，Duty to Auction）を負い，より高い買取条件を提示した者に対して売却しなければならない，とするルールである[4]。

米国におけるこれらの考え方は，取締役の注意義務（Duty of Care）として，経営陣が一度会社を売却すると決定した場合は，株主の利益を最大化させるべく行動することが取締役の株主に対する義務を構成する，という思想を起源としている。この思想を前提にUFJ事件を見ると，UFJは，当初は自力再生をかけて住友信託との協業事業化を模索したものの，様々な経緯によって増資が困難となり，結局三菱東京FGとの統合に踏み切ったのであり，その過程は，まさに「経営陣が一度売却すると決定した場合」という「レブロン状態」に該当する。もし，UFJ事件にフィデュシャリー・アウトやレブロン基準が適用されるとすれば，UFJ・住友信託間の基本合意書における独占交渉権条項の法的拘束力が一定程度制限された可能性もある。ただ，留意すべきなのは，UFJが「レブロン状態」となった後で考慮したのは株主の利益だけではなかったであろう，という点である。UFJの経営陣は，金融機関という公共サービスを提供する存在である以上，株主だけでなく，一般の預金者を含めた債権者，従業員といったその他のステークホルダーの利益も考慮して，総合的に最善の選択肢を判断していくべき立場にあったといえよう[5]。

　わが国の会社法の解釈では，取締役の善管注意義務の内容として，フィデュシャリー・アウトやレブロン基準における競売義務といったものを含んでいるかという議論はあまり見られず[6]，こうした問題意識について正面から答えた司法判断も，筆者らが知る限り存在しない。今後，この論点に関する議論が進んでいくと思われるが，その過程においては，①取締役の義務として，株主だけの利益を最大化させることを要求すべきなのか（単に買収申出金額だけを比べれば済む問題なのか）[7]，②取締役の善管注意義務の内容としてフィデュシャリー・アウトや競売義務のような概念が含まれるとした場合，買収対象会社が「レブロン状態」に陥った際に，対象会社が従前締結していた基本合意書ないし覚書における独占交渉権条項の効力は当然に失効するのか，といった点が大きな問題となるだろう。

(6) UFJ事件の教訓

　最高裁の論理については賛否両論があるが，PMIの見地からは，ひとまず最高裁の決定を行為規範と捉えて，「UFJ型」におけるIIP修正ないし策定につい

て分析を試みる。

① 事後的なIIPの修正の可否
（ⅰ）法的な側面からの修正

まず，事後的なIIPの修正の可否については，法的な観点からは事実上不可能というべきである。買収者としては，対象会社が「浮気相手」を見つけてきて，もう「よりを戻さない」と決めてしまった以上，従前交わされていた基本合意書や覚書の内容を，当事者間の交渉を通じて修正することはできない。事後的な対応策としてありうる選択肢としては，対象会社が上場会社の場合，敵対的に公開買付をかけることが考えられるが，「IIPの修正」という文脈には馴染まないであろう。

（ⅱ）経営的な側面からの修正

法的な事後修正が利かないとすれば，他の買収候補者よりも魅力的な買収条件を提示して「よりを戻す」方法が考えられる。ただ，現実問題として，もともとの買収候補者が他の候補者よりも魅力的な買収条件を提示することができるならば，仮処分などの法的手段に出る必要はない。すなわち，経営的な側面からの修正が利かないからこそ，法的手段に出るのであるから，その意味では，最後の手段である法的手段に備えて，基本合意書ないし覚書の内容を適正に設計する必要があるといえるだろう。

② 事前のIIP策定―LOIの設計

そうなると，UFJ型に関するPMI対策としては，事前の予防策しかあり得ない。具体的には，当初の段階でLOIなり覚書をどのように設計しておくか，という問題である。

（ⅰ）独占交渉期間の長短

最高裁決定が独占交渉権条項の法的拘束力を肯定していることから，こうした条項を盛り込むことは，ほぼ問題ないであろう[8]。ただ，LOI締結からどの程度の期間を独占交渉期間として設定するかが問題となる。論理の当否はさておき，最高裁決定では，独占交渉期間が長すぎたことを捉えて，UFJの被る損害が大きいと認定し，保全の必要性の判断における消極材料としている。独

占交渉期間の長さについて確定的な司法判断が存在しないので，明確に最長何ヵ月であれば適法か，という推定は困難である。

この点，実務上は，買収総額1,000億円未満の企業買収であれば，独占交渉期間は通常3ヵ月から6ヵ月程度と設定される。これは，LOI締結からデュー・デリジェンス，その後の本契約の交渉・締結までには，物理的に見て，最低でも2ヵ月強は必要であることが，実務上の根拠になっていると思われる。

しかし，UFJ事件のようなメガバンクの買収の場合には，調査の対象となる資産規模が巨大なため，デュー・デリジェンスやその結果に基づく経営判断に時間を要すると思われるので，6ヵ月以上の期間設定でも許容されるべき場合があり得ると考えられる。ただ，後述する違約金の金額が非常高く設定される場合は，対象会社の負担についてバランスを図るべく，独占交渉期間はより短く設定すべきと思われる[9]。

（ii）違約金（ペナルティー）条項

UFJ・住友信託間の基本合意書には，独占交渉権条項に違反した場合のペナルティーが定められていなかったようである。これに対して，UFJがその後に三菱東京FGと締結した基本合意書には，契約を破棄した場合には契約額の30％に相当する2,100億円の違約金を支払う旨の条項が設けられていたようである[10]。わが国のM&Aの実務では，基本合意書において独占交渉権条項に関する違約金条項が設けられているケースはまだまだ少ないと思われるが，一般論として，M&AのLOIで違約金条項を設けるべきであろうか。

買収者側からすれば，ペナルティーが明確に定められていれば，対象会社はその額を払えば自由に他の買収候補者と交渉できてしまうので，できるだけ高い額にするか，そもそも違約金条項を設けない，という選択肢を希望するであろう。他方，対象会社側からすれば，違約金条項があるほうが行動の自由を確保することができるようにも思える。しかし，ペナルティーを払えば他の買収候補者と交渉できる，としても，他に乗り換えるという判断が経営判断原則を逸脱していた場合は，もともとの交渉相手に支払ったペナルティーにつき，取締役が会社に対し損害賠償責任を負うことになると思われる。言い換えれば，契約法上の問題としてはペナルティーを払えば済むが，会社法上の問題として取締役の善管注意義務の問題が残る，ということができるだろう。その意味で

は，違約金条項を設けることによる当事者間の利害状況は相殺されており，紛争予防という観点からは，違約金条項を設けることが望ましい，ということになると思われる。

紛争予防の観点からは，UFJ損害賠償請求事件（以下，「本訴」という）において，東京地裁が履行利益を求める住友信託の主張を退けた点も考慮すべきであろう。UFJ仮処分事件での最高裁決定は，信頼利益の損害賠償を容認していたにもかかわらず，本訴では，住友信託側が履行利益の主張しかしておらず，信頼利益の主張・立証をしていないことから，損害賠償請求の全部を棄却している。この点，住友信託側が信頼利益の損害について何らかの主張・立証をしていれば判決の結果が変わっていたかもしれないが，いずれにせよ，この本訴からの教訓としては，訴訟上の損害の認定が困難であるため，事前にLOIにおいて違約金条項を設けて損害賠償額の予定をしておくことが，紛争予防に役立つと思われる。

次に，違約金条項を設ける場合でも，金額設定が問題となる。この点は，先にも若干触れたように，独占交渉期間の長さとの相関関係にある。独占交渉期間が長く，かつ高額のペナルティーを設けた場合は，対象会社が「浮気」した場合に，買収候補者がUFJ事件のような仮処分を申請しても，対象会社の負担が大きいと認定されて，保全の必要性が否定される可能性がある（UFJ事件最高裁決定参照）。

一般論としては以上のようなことがいえるとしても，わが国の実務ではペナルティーの「相場」がないので，何を基準にして「高額」というべきかが問題となる。この点，欧米の実務では，ペナルティーの額は，小型案件では買収総額の4〜5％，大型案件では2〜3％とされているようである。独占交渉義務違反があった場合，買収候補者の実損は，企業価値の査定にかかった財務アドバイザーへの報酬，基本合意書の交渉・締結にかかった弁護士や財務アドバイザーへの報酬，デュー・デリジェンスにかかった弁護士や監査法人への報酬などが考えられる。本契約締結直前に「浮気」された場合は，これらに加えて本契約の交渉にかかった弁護士等への報酬も入ってくるだろう。こうした実損をカバーするのに，買収総額の2〜5％という基準が果たして妥当かどうかは判断できないが，わが国に拠って立つ「相場」がない以上，1つの重要な指標に

なると思われる。

　この点，UFJ・三菱東京FG間の基本合意書における「契約額の30%」という違約金が妥当ないし適法と言えるかどうか，判断は難しいところである。多額の違約金の定めは，LOIの事実上の拘束力を高めるうえでは有効であろうが，あまりに高額であれば，公序良俗違反（民法90条）として無効となるリスクがあるので，違約金の設定においては慎重な判断が求められる。

　(ⅲ) フィデュシャリー・アウト (fiduciary out) 条項

　わが国の確定的な司法判断として，M&Aの交渉におけるフィデュシャリー・アウトの概念を認めた例はなく，また，会社法の通説的な見解としても，かかる概念を取締役の善管注意義務として当然に包含するとする見解は見られない。また，UFJ仮処分事件最高裁決定では，UFJが現に「レブロン状態」にあったにもかかわらず，フィデュシャリー・アウトあるいはレブロン基準の競売義務のような考え方は議論されていない。そのため，基本合意書でフィデュシャリー・アウト条項が定められていない場合，取締役の善管注意義務を根拠として対象会社の「浮気」が肯定される可能性は低い。

　このように，会社法上の問題として，対象会社の「浮気」が肯定される法的根拠が乏しいことから，対象会社側としては，「レブロン状態」に陥った場合に備えて，基本合意書にフィデュシャリー・アウト条項を盛り込んで，契約法上の問題として「浮気」の手段を確保したいところである。しかし，買収者にしてみれば，最初から「浮気」を前提にした基本合意書を締結することになるので，できる限りこうした条項は盛り込まないように交渉すべきであろう。

2　ニッポン放送型（敵対的買収型）

(1) 問題の所在

　次に想定されるのは，フジテレビジョンがニッポン放送を子会社化する課程でライブドアが敵対的買収を仕掛けた事例に代表されるような「敵対的買収型」である。この類型は，事前に想定されなかった第三者が対象会社を買収しようとする点では「横やり型」と共通するが，対象会社の経営陣の意思に反する買

収である点で「横やり型」と異なる。

　ニッポン放送のケースは，特に企業再編の途中で敵対的買収にさらされている点でさらに特殊である。ニッポン放送は，実質的な親会社であるフジテレビジョンとの関係では，資本関係上は上位に属したが[11]，経営実態上はフジサンケイ・コミュニケーショングループの傘下にあり，両者の関係は，いわゆる「資本関係のねじれ」状態にあった。フジテレビジョンは，ニッポン放送を子会社化してこの「ねじれ」を解消するべく，ニッポン放送の公開買付を実施した。しかし，ライブドアが時間外取引（東京証券取引所のToSTNeT-1）を利用してニッポン放送の議決権比率の約35％を取得すると，ニッポン放送はフジテレビジョンに対して，自社の発行済株式総数の1.44倍の株式数[12]に相当する新株予約権を発行する決議を行い[13]，ライブドアによる敵対的買収からの防衛を図った。ライブドアはこうした新株予約権の発行に対して差止仮処分を申請し，東京地方裁判所および東京高等裁判所で仮処分決定を得ることに成功して，フジテレビジョンへの新株予約権の発行を差し止めた。

　その後，ライブドアはニッポン放送の株式を市場で買い進め，議決権比率の過半数を取得するに至り，敵対的買収を完了させた。フジテレビジョンはライブドアと業務提携について交渉した末に，ライブドア関連会社への出資・ニッポン放送株式の買取りを条件に，ニッポン放送の子会社化をようやく成し遂げた。本来であれば，フジテレビジョンは公開買付によりスムーズにニッポン放送を子会社化できたはずだったが，敵対的買収者であるライブドアの出現によって，子会社化のコストは当初の想定額をはるかに超えてしまった。

　では，こうした敵対的買収型においては，買収者は事後的なIIPの修正によって，敵対的買収という「障害事由」を克服することができるのであろうか。

（2）敵対的買収防衛策としての「IIP修正」の可否

　上記の問題提起は，結局，有事（支配権争いが現実化した段階）における敵対的買収防衛策の可否という問題に帰着すると思われる。

① 新株予約権の第三者割当発行

　本類型で例に挙がったニッポン放送事件では，東京地裁・同異議審・東京高

裁のいずれにおいても，いわゆる主要目的ルールに則り，当該新株予約権の発行は商法280条ノ10にいう「著しく不公正な」発行であるとして，これを差し止める仮処分決定を下した。東京高裁の決定（平成17年3月23日）では，現に経営支配権に争いがある場合において，現経営者または特定の株主の経営支配権を維持・確保することを主要な目的として当該新株予約権が発行された場合は，原則として「著しく不公正な」発行に該当するため，当該発行は差し止められる，とされた（主要目的ルール）。ただし，支配権維持を主要な目的とした新株予約権の発行であっても，敵対的買収者が真摯に合理的な経営を目指すものではなく，敵対的買収者による支配権維持が会社に回復しがたい損害をもたらす事情がある場合（具体例としては，グリーンメラー，焦土化経営目的，会社資産流用目的，売り抜け目的など「会社を食い物にするような場合」）は，必要かつ相当な場合に限り，例外的に当該新株予約権の発行が許される，とされた。

この決定に従えば，有事の新株予約権の発行が経営支配権の維持を主要な目的としている限り，他に資金調達などの目的が並存していたとしても，原則として違法な発行となる。この点，有事になってから大量の新株予約権が発行される場合は，経営支配権争いが現実化しているので，現経営陣の経営支配権維持のほかに合理的な目的は想定されにくい。したがって，今後有事において大量の新株予約権が発行される場合は，現経営陣の経営支配権維持が主要目的であるという事実上の推定が働くものと考えられる。そうなると，有事に大量の新株予約権を発行する場合に，主要目的ルールそのものをクリアすることは困難になってくるであろう。

次に，例外的な場合として東京高裁が挙げている事情は，新株予約権を発行する会社側で立証することが難しいと思われる。敵対的買収者の主観の立証は，具体的な状況を主張立証して行うほかないであろうが，敵対的買収者側で当該買収について何らかの事業計画を策定しているようなケースでは，「会社を食い物にするような場合」という事実認定は難しくなってくると思われる。以上を総合的に考慮すると，有事における防衛策としての新株予約権の第三者割当発行は，違法として差し止められてしまう可能性が高いと考えられる。

そのため，敵対的買収型についての事後的なIIPの修正として，有事におけ

る新株予約権発行を用いることは妥当ではないであろう。

② 新株の第三者割当発行

では，有事における防衛策として新株の第三者割当発行がなされる場合はどうか。この点については，ベルシステム24事件決定（東京地方裁判所平成16年7月30日，東京高等裁判所平成16年8月4日）が規範になると思われる[14]。この事件では，裁判所は，第三者割当による新株発行に関する伝統的な主要目的ルールを採用し，新株発行にあたって現経営陣の支配権維持目的が資金調達の必要などの他の目的に比べて優越して存在する場合にのみ著しく不公正な新株発行として新株発行差止めの対象となるとした。すなわち，ベルシステム24事件（新株発行）の「伝統的な」主要目的ルールでは，経営支配権維持の目的が主要目的であれば他の目的が並存していても違法とするニッポン放送事件（新株予約権発行）とは異なり，資金調達目的と経営支配権維持目的との優劣を問題にする。

このルールを前提にした場合，有事における新株発行について資金調達目的を具体的に主張立証できるならば，経営支配権維持よりも優越するという事実認定がなされる可能性が高いと思われる[15]。この点，ベルシステム24事件も含めて，裁判所は，資金調達目的が優越すると認定する傾向が強いようである[16]。しかし，ニッポン放送事件を契機に，敵対的買収防衛策に関する議論が深まっていることから，今後もこの傾向が維持されるかどうかは必ずしも明確ではない。特に資金需要もないにもかかわらず，敵対的買収者の出現のみを契機に第三者割当てによる新株発行を行う場合は，司法審査の際に，取ってつけたような資金調達目的を設定したとしても，裁判所の事実認定において「荒唐無稽」とされてしまう可能性も否定できない。したがって，当該新株発行について，合理性のある資金調達目的を具体的に立証できない限り，有事における防衛策としての新株発行は，差し止められるリスクを伴うと思われる。その意味において，敵対的買収型におけるIIP修正として，第三者割当による新株発行を用いることには，注意を要する。

③ その他の修正手段

　有事における買収防衛策としては，敵対的買収者の議決権比率を低下させるには，上記のような第三者割当以外の有効な方法は，事実上想定されないと思われる。新株予約権や新株を第三者割当で発行するという方法は，これまで分析したように，IIPの事後修正としてはいささか問題があるといわざるを得ない。したがって，敵対的買収型は，IIPの事後修正では対応不能な障害事由と評価することができる。

（3）策定の時点における法的な予防策

　IIPの事後修正が困難だとすれば，IIPの策定において法的な予防策を講じることはできないだろうか。事前の法的な予防策としては，平時における敵対的買収防衛策を講じることが考えられる。

　平時における防衛策については，平成17年5月27日に経済産業省と法務省が発表した「企業価値・株主共同の利益の確保または向上のための買収防衛策に関する指針」，および，ニレコ社が発行した新株予約権に関する新株予約権発行差止請求事件決定（東京地方裁判所平成17年6月1日，東京高等裁判所平成17年6月15日）が基準となる。ただ，PMIは戦略的な企業買収を前提としており，買収対象会社において事前の防衛策を講じることができるのは，グループ内再編のように，買収前から買収者が対象会社になんらかの予防策を働きかけることができる場合に限られる。そのため，資本関係がない企業同士のM&Aの場合には，敵対的買収型の発生を前提とした，IIP策定の時点における法的な予防策を講じることはできないであろう。

（4）経営的な側面からのIIP修正の可否

　敵対的買収型について，法的な予防策・事後的修正策が功を奏しにくい以上，経営的な側面からIIPを修正することを検討する必要が生じる。

　経営的な側面からは，①事前の予防策としては，フジテレビ－ニッポン放送のような資本関係のねじれのある場合は，なるべく早期にねじれを解消することが有効な予防策となる（例：イトーヨーカドーとセブン－イレブン）。これも，法的な意味での平時の防衛策と同様に，グループ内再編型のM&Aでは使

えるが，資本関係が存在しない企業同士の戦略的なM&Aの場合には使えないと思われる。

また，②事後的な対策としては，ニッポン放送のケースに限っていえば，フジテレビジョンはニッポン放送の公開買付価格を引き上げて，既存株主にとってより魅力的な買付条件を提示すべきであったと思われる[17]。その意味では，「敵対的買収型」も「横やり型」も，事後的な解決策は同じといえる。

● 注

(1) UFJ事件の概要については，中東正文『UFJ vs. 住友信託vs.三菱東京　M&Aのリーガルリスク』〔中東正文＝池田裕一〕（日本評論社）12頁以下，日本経済新聞社編『UFJ三菱東京統合』（日本経済新聞社）10頁以下をそれぞれ参照。
(2) 平成17年3月13日付日本経済新聞朝刊
(3) 三苫裕「国際的M&Aとわが国の会社法（3）外資による日本企業の買収と対応策」旬刊商事法務1731号45頁
(4) Revlon, Inc. v. MacAndrews & Forbes Holdings; Supreme Court of Delaware, 1986 506 A.2d 173.
(5) 中東・前掲69頁〔中島茂発言〕。なお，中島茂弁護士は，同書座談会において一貫して「株主，預金者にとってより有利な買収先が出てきたときは，これに乗り換えることがビジネスジャッジメントに適う」という見解を示している。
(6) その数少ない論考として，岩倉正和＝大井悠紀「M&A取引契約における被買収会社の株主の利益保護」旬刊商事法務1743号32頁以下，同1745号27頁以下，同1747号30頁以下，および同1748号37頁以下。
(7) 本文でも述べたように，UFJが「レブロン状態」となった際に考慮したのは，必ずしも株主の利益だけではなかったはずである。
(8) なお，UFJ事件の東京高裁決定（平成16年8月11日）では，住友信託が仮処分を申請したこと自体を主な理由として，独占交渉権の失効を認定している。他方，東京地裁の原審（平成16年7月27日）及び異議審（平成16年8月4日）はいずれも独占交渉権条項の法的拘束力を肯定している。
(9) 中東・前掲69頁〔池田裕彦発言〕。
(10) 平成18年2月13日付日本経済新聞夕刊。
(11) フジテレビジョンがニッポン放送の公開買付を開始した平成17年1月18日の時点では，フジテレビジョンがニッポン放送の議決権比率のうち12.4％しか保有していなかったのに対し，ニッポン放送はフジテレビジョンの議決権比率の約22.5％を保有していた。

(12) フジテレビジョンが当該新株予約権を全部行使した場合、ライブドアの議決権比率は42％から17％に下落する一方で、フジテレビジョンの議決権比率は従来よりも59％増加する計算である。

(13) 平成17年2月23日。

(14) ベルシステム24事件とは、東京証券取引所市場第一部上場会社であるベルシステム24（以下「ベル」という）が行った新株発行の取締役会決議に対して、ベルの大株主（発行済株式総数の約40％保有）であったCSK（以下、「CSK」という）が商法280条ノ10に基づいて、東京地方裁判所に新株発行差止仮処分を申立てたところ、平成16年7月30日に東京地方裁判所がこれを認容し、CSKによる抗告に対して同年8月4日に東京高等裁判所が棄却の決定をしたという事件である。本件では、CSKの代表者がベルの社外取締役であったところ、ベルの代表者を中心とする現経営陣との間でベルの経営方針を巡って確執が生じ、最終的には、ベルが日興プリンシパル・インベストメンツの子会社に対して、ベルの発行済株式総数（489万8700株）を上回る数量の520万株の新株発行を行う取締役会決議を行った。これについて東京高裁決定では、ベルの現経営陣の一部がCSKの持株比率を低下させて自らの支配権を維持する意図を有していたことの疑いは容易に否定することができないとしながらも、第三者企業グループとの事業提携計画のために本件新株発行による資金調達の必要性があり、当該業務提携計画にも合理性が認められる、として、経営支配権維持が本件新株発行の唯一の目的であったとは認めがたいうえ、その意図するところが会社の発展や業績の向上という正当な意図に優越したとまでは認めることは難しい、として、CSKによる差止請求を退けた。

(15) 太田洋＝野田昌毅「敵対的企業買収と第三者割当増資」旬刊商事法務1710号54頁では、本決定の考え方について、「現経営陣の支配権維持目的が仮にあったとしても、会社に利益をもたらすことが合理的に見込まれる事業計画があり、その事業計画の実現のために必要かつ相当な額の資金を新株発行で調達するのであれば、結果として当該新株発行により現経営陣の支配権が維持されることになっても構わないという考え方である。かかる考え方は、既存の株主の会社支配比率維持の利益よりも、会社自身のビジネス・チャンスのほうを重視しているということを意味している。」と結論付けている。

(16) 太田＝野田・前掲52頁

(17) ニッポン放送の公開買付では、ライブドアが時間外取引でニッポン放送の議決権比率の約35％を取得した直後である平成17年2月10日に、フジテレビジョンが買付条件を変更したが、買付価格は従前どおり1株当たり5,950円のままであった。

第2章

FIP実行時の「統合阻害事由」の発生とその対処－法的側面から

1 表明・保証と補償条項

(1) 表明・保証および補償の意義

　M&Aの契約においては，表明・保証および補償について規定されることが通常である。表明・保証とは，表明・保証の対象となる事項に関しての，表明・保証を行う主体による，当該対象に関する事実および法律関係に関する状態の確認であり，補償とは，このように確認された状態と異なったことが後に判明した場合に，状態が確認された内容ではなかったことにより損害，損失等，経済的な負担を行った相手方に対して，確認を行った主体がその負担の補填を行うことである。

　既発行株式の譲渡の場合を例に取れば，関係当事者として売主，買主（買収者）および譲渡の対象となる会社の三者が存在し，そして，契約の当事者となる売主と買主のそれぞれが，表明・保証を行う。

　しかし，買収者についていえば，買収者の最大の義務は株式譲渡の対価の支払であり，これに付随して株式譲渡の効果が事後的に覆滅されるような法的な瑕疵が存在しないことを表明・保証するに止まる。これに対して，売主は，買収者の表明・保証に対応して，株式譲渡の権利主体として，法的な瑕疵が存在

しないことも表明・保証するが、より重要であり、なおかつ、契約交渉において議論の対象となるのは、対象会社の状態に関する表明・保証である。

買収者は、対象会社の買収監査を行い、これに基づき、買収対価を決定している。また、買収監査における売主および対象会社からの資料および情報の開示は、売主および対象会社の任意の協力に依存しており、種々の事情により、買収者が情報を必要とする事項について、完全な情報の開示が得られない場合もある。したがって、買収者にとっては、取引実行の判断に至るに当たって前提となった事実および法律関係を買収契約において売主に確認させ、取引実行後にこれと異なる状態が判明した場合には、これにより買収者が被った経済的な損失を売主に負担させることが必要になる。この文脈において、対象会社の表明・保証は、M&Aの契約においてきわめて重要な意味を有している。

(2) 適用対象の限界

上記のとおり、表明・保証は、これと異なる状態が判明した場合に、これによって買収者が負担する経済的損失を売主に転嫁し、事後的に買収価格を減額調整する機能を果たすことになる。したがって、売主となる者が存在しない類型の取引の場合には、これらの条項によることができない。その典型的な場合が、対象会社の会社統治を支配しているという意味での大株主が存在しない公開会社の間における合併である。

この場合にも、両当事会社はそれぞれ相手方当事会社に対して買収監査を行うが、買収監査に基づき、合併契約において相手方当事者に表明・保証を行わせたとしても、合併実行後に表明・保証違反が判明したとしても、補償請求権を行使すべき相手方が存在しない。同様の事情は、企業グループ間の共同株式移転による共同持株会社の方法による統合の場合および上記の合併の例と同じく、対象会社の会社統治を支配しているという意味での大株主が存在しない会社が完全子会社となる場合の株式交換にも当てはまる。したがって、このような取引類型の場合には、買収監査は、まず、取引を実行すべきかいなかという判断のために実施され[1]、実行の判断に至る場合には、合併比率、共同株式交換比率の算定の重要な基礎的事情の探知のために行われる。このような取引類型の場合には、相手方について一定程度の法的瑕疵が取引実行後に判明する

蓋然性がある程度存在するにしても，これにより買収者に生じうる種々の不利益は，表明・保証違反，保証義務の履行請求という方法による買収対価の事後的な減額調整により手当てするという方法を用いることができないので，買収監査の際に特定されたリスクは，取引実行後にこれが現実化しても，買収者が負担するという点を考慮のうえ，取引実行の判断およびそのための条件の交渉を行う必要がある。

なお，第三者割当増資がM&Aの一類型として用いられる場合の，発行会社による表明・保証および補償条項の法的な効力については議論がある。対象会社の会社統治を支配しているという意味での大株主が存在する場合には，当該大株主に買収者の経済的な不安を補填させる契約を別途締結することが可能であるが，そのような意味での大株主が存在しない公開会社が対象会社である場合には，買収者としては，対象会社の経営支配権の取得または経営参加のために買収監査を行い，取引実行の前提とした対象会社の事実および法律関係に関する状態の確認については，これを行うことができるのは，対象会社以外に存在しない。しかし，新株発行に際して，新株発行の引受人が，引受時点での対象会社による自己の事実・法律関係の状態の確認と異なる事情が新株発行後に判明し，これにより引受人が法的な負担を被ったことを理由として，補償を請求するのは，一旦払い込んだ出資金の取返しであり，資本充実・維持の原則に照らして許されないとする議論がある。

しかし，実質論として，M&Aの一類型として行われる第三者割当増資は，通常，相当程度の株式保有比率に至る第三者割当増資となる。そのような重要な経済的な取引において，発行会社と引受人（買収者）との間で，新株発行・引受の前提となる事項を契約において確定し，これに反する状態が取引実行後に判明すれば買収者に生じた経済的負担を発行会社が負担する旨合意することは，何ら不合理ではない。

また，会社法も，引受人の錯誤，詐欺または強迫による引受等の場合には，1年間という期間を限定して，引受人に無効・取消しの主張を行うことを認めている（会社法211条2項）。さらに，証券取引法は，新株発行を公募（募集）で行えば，発行会社作成の有価証券届出書または目論見書に虚偽記載があれば，発行会社の損害賠償責任を認めている（証券取引法17条以下）。したがって，資

本充実・維持の原則の一事をもって表明・保証および補償に関する条項を無効と解することには十分な根拠がないように思われる。さらに，この点を明確に判示した判例，裁判例も存在しないようであるので，実務的には，買収者の立場からは，当該条項を入れるべきである。

(3) 表明・保証および補償の内容

① 表明・保証

売主が譲渡対象会社の事実・法律関係の状態に関する表明・保証を行う場合に，通常対象となる事項は下記のような事項である。

① 適式の設立および有効な存続
② 発行済株式の真正性（発行済株式総数，譲渡対象株式の権利内容），権利関係（株主名簿の記載の真正性等），株式に担保等の負担がないこと
③ 営業に必要な許認可－有効性，未開示の付帯条件の不存在の表明等
④ 法令等の遵守－規制業種の場合に特に重要。しかし，業種により軽微な手続的違反が常態化している場合もあり，また，適切な規制の執行が行われていない場合もある。
⑤ 開示情報，財務情報の真正性
⑥ 契約関係－重要な契約が存在する場合，その取引実行後の存続性についての保証等
⑦ 契約の履行状況（債務不履行による契約解除の懸念の不存在等）
⑧ 資産の状況
⑨ 負債の状況－重要な負債の特定，偶発債務，簿外債務の不存在等
⑩ 租税債務の履行
⑪ 労働基準法の遵守，従業員，労働組合との紛争の不存在等
⑫ 年金および退職金債務の特定，引当の状態
⑬ 関連会社
⑭ 重大な悪化の不存在
⑮ 訴訟・紛争・行政処分等
⑯ 買収監査の目的に照らして必要な情報の提供－開示情報漏れへの手当

て，買収監査における情報開示の程度と関係する。買収監査において要求された事項についてのみ情報開示を行ったという売主の抗弁を防止する。
⑰　対象会社が負担するファインダーズ・フィーの不存在

　上記のリストは，通常規定される一般的な事項を規定したものであり，対象会社の業種，買収監査で特に発見された事項に基づいて，さらに，追加されることがよくある。

　表明・保証は，実務上，買収契約の締結日に行い，さらに，取引実行の際に，実行日付において再確認するという手続になることが通例である。表明・保証の有効期間については，補償義務の存続期間と同一であるので，下記の補償において言及する。

　売主の対象会社に関する表明・保証でよく議論の対象となるのが，売主の対象会社の状態に関する認識に一定の限界があるため，完全な表明・保証は行えないという売主の主張である。このような文脈で提案されるのが，売主が対象会社について行う表明・保証に関しては，「売主の知る限り」という制限を付けるというものである。

　実態によっては，売主は対象会社の株主として必要な営業報告等を受領するに過ぎない場合もあるので，この主張が合理性を有する場合もあるが，公開会社が子会社も公開会社化している場合には，グループ経営会議等の会議体により，子会社に関する重要な意思決定を親会社主導で行っている場合も多い。まして，対象会社が未公開会社であり，なおかつ，売主がその親会社である場合には，通常は子会社の重要な意思決定を全て支配し，なおかつ，自己の一部門のように掌握している場合が多いので，このような場合に，「売主の知る限り」という制限を表明・保証に付すと，買収者が売主の表明・保証により得られる契約上の保護の意義が相当程度に失われることになる[2]。

　契約交渉は当事者間の妥協と合意により成立するので，この制限を完全に撤回させることは実務上，困難な場合が多いが，少なくとも，売主の対象会社に対する会社統治上の支配の程度に応じて，「売主の現実の認識または合理的な調査を尽くした上で有しているべき売主の認識」という制限内容とし，売主の

対象会社に対する関わり合いに応じて当然に認識しているべき事項については、仮に現実には認識していなかったとしても、買収者はなお、表明・保証違反を主張することができるようにしておくことが、1つの妥協点であると思われる。

② 補　　償

　補償とは、当事者が行った表明・保証に関して、これと異なる事実が取引実行後に判明し、そのために相手方当事者が経済的な損失を被った場合に、表明・保証を行った当事者が、相手方当事者の経済的な損失を負担・補填する、契約上の合意である。買収者は、取引の実行により対象会社の支配権を取得し、その営業を行うが、売主の表明・保証に反する事実または権利関係の出現のために損失を被ることがあるという文脈で問題になることがもっとも多い(3)。

　補償は、上記のとおり、表明・保証が取引実行日において、当該日現在において行われるが、後日、表明・保証と異なる事実または法律関係の状態が、既に取引実行日の時点において真正ではなく、これにより表明・保証を受け、これに依拠した当事者が被った経済的な負担を表明・保証を行った当事者が負担・補填するという契約上の合意である。しかし、補償義務に関しては一定の限定を設けるのが通常である。

　1つが、補償義務の存続期間である。表明・保証は取引実行日の時点で行われるが、取引実行日の時点で既に表明・保証が真正ではなかったという主張をいつまでできるのかという問題である。6ヵ月、1年、2年、3年、5年と個別具体的な取引の事情により期間が決まり、また、次に述べる補償金額の上限とも兼ね合わせて判断される事項であるが、実務的には1年が多いと思われる。これは、会社の営業活動は通常、営業年度単位で行われていくので、1年間対象会社の営業を実施すれば、表明・保証違反の事実が存在するかどうかは通常判明するという考え方に基づいている。

　次に、補償金額の上限をどこに設定するかという問題がある。特に、売主の補償義務に関して表明・保証違反が問題になることが多いので、この場合について述べると、補償は、買収対象について事後的に減価事由が判明した場合に、いったん支払が行われた買収対価を事後的に調整するという機能を有している。そして、買収者は買収監査を行うものの、それは、売主の任意に開示する情報

に依拠しているのであり，買収者は関連する情報をすべて完全に調査・確認する権利を有していない。したがって，常に事後的に減価事由（表明・保証違反）が判明する内在的なリスクが存在するわけであるが，あとは，取引の類型，関係当事者およびその他の当該取引に関する個別具体的な事情に基づいて，そのようなリスクがどの程度存在するのかを判断することになる。

　公開会社であれば，内部管理・内部統制については一定のレベルに達していないとそもそも上場できないのが原則であるし，また，監査法人の監査を定期的に受け，監査済みの財務諸表を作成し，さらに，会社のその他の状況についても，有価証券報告書その他の開示書類で情報が公開されている。そのような会社と，全くの未公開会社で，内部管理も適切に行われてない（例えば，取締役会議事録が整備されていない）という会社とでは，リスクが全く異なるので，前者の類型であれば，補償金額の上限は買収対価の一部となることが通例であるし，逆に，後者の場合には，上限を買収対価そのものとすることもある。なお，売主は，買収対価を超える上限金額の設定に同意することはまれである。これは，そのような上限を設定すれば，売却をするよりもさらに経済的に不利な立場に置かれる可能性が生じるからである。もっとも，買収者からすれば，例えば，著しい土壌汚染が発見され，近隣の土地所有者に対する損害賠償責任が巨額になる場合には，買収金額を超える経済的損失は買主が負担することに合理性がないという反論もありうる。

　ただし，この補償金額の上限設定には，いくつかの例外を設けることが多い。1つは，買収者が対象会社を買収する主要な目的に反する表明・保証違反が生じる場合には，特に，補償金額の上限が買収金額の一部である場合には，買収金額の全額とする，または，制限を設けないという規定が入ることがある。例えば，対象会社が金融機関等の規制業種にあり，取引実行日の時点において規制当局による免許等の取消しの原因となる事実が存在していた場合が，これに当たる。上記の土壌汚染も，買収の目的，対象会社の業種によっては，同様の扱いに値する。今1つは，売主の表明・保証違反に悪性がある場合，典型的には，表明・保証違反に故意がある，すなわち，表明・保証違反事実が存在することを，契約締結時または取引実行日の時点において既に認識していた場合である（なお，表明保証と補償事項との関係について，第3部第1章2（2）②（ii）b

（4）買収監査，契約交渉の過程，取引実行前における留意事項

　上記のとおり，買収者が売主に対して行う表明・保証は通常は極めて基本的，当然の内容なので，契約交渉において真剣な討議の対象となるのは，対象会社に関する売主の表明・保証ならびに売主の補償義務の内容および範囲である。

　通常の表明・保証として要求すべき内容は，上記（1）に記載したとおりであるが，表明・保証は，各取引の個別具体的な事情により異なるものなので，対象会社，対象業種，取引の属性に応じて判断することを要する。

　買収者として以下に留意すべき点を述べる。

　ビジネスは生き物であるので，対象会社が何ら瑕疵のない状態で活動していることは現実的にはない。何らかの問題があるのが通常であり，完全無欠の表明・保証を要求することはできない。多少の問題は，買収者が引き受けることができるリスクである限りは，買収対価の減額，ストラクチャリングの一部修正による手当て等により対処し，重大な問題で買収者が引き受けることができないと判断する場合には，買収活動を中止するという判断をしなければならない。

　他方で，完全な表明・保証を求めることはできないとしても，買収者が買収監査により確認したまたは前提とされた事実関係[4]，法律関係に対応した表明・保証を求めるべきである。簿外債務があるのならば，簿外債務の内容と金額を特定し，それ以外の簿外債務は存在しないことを表明・保証させる。訴訟が存在するのならば，それ以外の訴訟が存在しないという表明・保証をさせるというアプローチが大事である。

　また，訴訟のような偶発債務の対象となる事象の場合には，売主としても法的な責任の上限金額を合理的に予測できない場合もある。したがって，上限金額についての表明・保証を得られないのならば，訴訟の対象となっている事実関係，法律関係を具体的に表明・保証させ，これと異なる事情の発生により買収者が買収監査の際に測定した責任上限金額を上回る経済的な負担を被る場合には，その部分について表明・保証違反による補償請求を行う根拠としておくというような手当てをすべきである。

上記のような例外的な事情は，契約書の別紙に詳細に記載し，そのような特定された例外的な事情以外は，通常の表明・保証を契約書本文において行うというのが，現在の実務である。時として問題を生じさせるのは，買収者が買収監査を基本的に終了し，契約交渉に入り，表明・保証の検討に入った時点で，売主が，要求されている内容のままでは表明・保証は出せない，それは，かくかくしかじかの事情があるからであるという抗弁をする場合がある。これは二重の意味で問題がある。1つは，そのような情報は，本来，買収監査において開示されているべき情報であるということである。いま1つは，契約交渉に入れば，通常は，契約調印，取引実行のスケジュールもかなり具体化している場合が多く，その場合に，改めて，突如開示された例外的な事情について十分な買収監査を行うことが，既定のスケジュールからすれば難しくなる場合があることである。

取引実行には種々の理由から迅速に進行させなければならない要請があり（例えば，株主の承認を要する事項を定時株主総会に上程することを予定している場合），買収監査の重要性の一事をもって契約交渉を停止させることができない場合もあるが，開示情報の内容によっては，買収者の買収実行の判断に極めて重要な影響をもたらす事項の場合もあり，この場合に，十分な調査・評価を行わずに取引を実行し，後に買収者に損失が発生する場合には，買収者において，取締役の会社に対する責任，株主代表訴訟における責任追及に発展する可能性もある。問題の重要度の軽重を迅速に判断し，重大である場合には，契約交渉を一時停止させても事実関係，法律関係の解明に時間を割くことが必要であると考える。

表明・保証は買収契約締結時のみならず取引実行時点においてその時点においてなお表明・保証が真正であるかどうか，表明・保証時点を更新させたうえ，内容を再確認させるのが通常である。その際に，契約締結時から取引実行までの間に，対象会社に対する支配株主の異動を原因とする許認可の取得等，一定程度以上の時間を要する場合には，表明・保証に係る事項について，後発事象が随時発生することがある。したがって，このような場合には，取引実行時における表明・保証の更新のみならず，この期間中に，定期的に表明・保証の修正・後発事象について，売主に証明書・説明書を提出させるということも行わ

れるので，特に，対象会社の営業・活動が動的である場合には，このような措置も買収者は検討すべきである。また，買収契約を締結すれば，買収者は事業支配，管理または統合のために，取引実行を待たずに，対象会社の情報を取得し，共同作業を開始する。これは，一定の制約のもとに，買収契約書でも，取引実行前の買収者の権利として規定されることが多い。このような機会を通じて，売主の表明・保証の真正性を確認し，後発事象の有無を確認するというのも，同様の趣旨から出る作業である。

2　ディスクロージャー

(1)「統合阻害事由」の「発生事実」該当性

「統合阻害事由」が発生した場合の対処については，インサイダー規制および適時開示規制との関係においても留意する必要がある。

一般に，「統合阻害事由」の内容は既に実行を進めているM&Aの統合に障害を与える事由の発生であり，インサイダー規制を定める証券取引法166条2項1号ないし3号等において個別に列挙される重要事実に該当しない非類型的な事由であることが想定される。かかる非類型的な事由については，いわゆるバスケット条項と呼ばれる証券取引法166条2項4号の適用がありうることに留意しなければならない。

すなわち，同項4号は，こうした非類型的な事由であっても，「…当該上場会社等の運営，業務または財産に関する重要な事実であって投資者の投資判断に著しい影響を及ぼすもの」はインサイダー規制の対象になる旨を定めている。同項1号ないし3号と4号の適用関係については，日本商事事件[5]の控訴審判決（大阪高判平9．10．24（判時1625号3頁））が示したような「…4号は，1ないし3号までに掲げられた重要事実以外の事実についての規定であり，1ないし3号に相応する事実ではあるが，同時にまたは選択的に，投資判断に著しい影響を及ぼすものとして4号に該当するというようなことはないと解するほかない」（すなわちある事実が同項1号ないし3号に該当し得るものの軽微基準により適用を排斥される場合にあっては，当該事実が同項4号に該当するこ

とはない）という考え方と，同事件の最高裁判決（最判平11．2．16刑集53巻2号1頁・判時1671号45頁）が示したような，同項2号に該当し得る面があっても，なお同項4号に該当する余地が否定されない[6]とする考え方がある。いずれにしても，今後の判例の集積によって適用基準の明確化が待たれる点である。

　上記の結果として，FIP実行に際して発見された統合阻害事由が重要事実に該当し得ると考えられる場合には，適時開示規制に従って公表することが求められる（株式会社東京証券取引所「上場有価証券の発行者の会社情報の適時開示等に関する規則」2条1項1号（ai））。当該公表までは，当該事実を認識している関係者による上場している自社株や相手方会社株の売買は禁止しなければならない。

　FIP実行の段階まで至ると，報道機関による憶測記事等も出てくる可能性が高まるが，これに対する対処として，かかる憶測等を払拭または訂正するためのプレス・リリースを積極的に提出することが望ましい場合もあり，放置すれば取引所による売買停止事由にもなりうるので注意を要する[7]。既に基本合意等の公表を行っている場合に，FIP実行に伴う「統合阻害事由」が発生した場合，合意解消を正式に決定していない段階では（例えば合併解消に関する報道等があった場合），未だ正式な決定はなく，決定があり次第公表する旨をプレス・リリースとして公表することが必要であろう。既に公表した事項についての解消について正式な決定があった場合はインサイダー規制の問題が発生するとともに，その旨の公表が必要になる[8]。

図表4-2-1　憶測報道があった場合の公表例

```
                          会社名　株式会社ＸＹＺ
                          代表者　代表取締役　甲野太郎
                              （コード○　○証）
                      問合せ先　取締役経営管理本部長　乙野　花子
                          （TEL　03-XXXX-YYYY）
```

合併（解消）に関する一部報道について

　本日，一部報道機関において，株式会社ABCと株式会社XYZの合併（解消）に関する報道がありましたが，現在当社として正式に機関決定したことはなく，現段階において発表することはありません。何らかの機関決定がなされた場合には直ちに公表いたします。

図表4-2-2 解消等が決定された場合の公表例

会社名　株式会社ＸＹＺ
代表者　代表取締役　甲野太郎
（コード○　○証）
問合せ先　取締役経営管理本部長　乙野　花子
（TEL　03-XXXX-YYYY）

合併に関する基本合意書解消のお知らせ

　当社は，平成○年○月○日付けで株式会社ABCとの間で締結した合併に関する基本合意書を解消することを，本日の取締役会において決定いたしましたので，お知らせいたします。

記

1．合併に関する基本合意書解消の理由
　　当社及び株式会社ABCは，平成○年○月○日を期日として合併することに関し，平成○年○月○日付けで合併に関する基本合意書を締結し，合併に向けた準備を進めてきたところですが，今般，当社において社員への説明会を開催したところ多くの社員が合併に反対であることが明らかになり，その後も説得の努力は続けましたが，合併反対の方向に変わりはなく，臨時株主総会における承認が得られない見通しとなりましたので，株式会社ABCに対してその旨を説明し，同社の了承を得て，この度の合併に関する基本合意書を解消することを決議いたしました。

2．株式会社ABCの概要（略）

3．今後の見通し（略・解消に伴う重大な費用等が発生する場合は開示）

(2) 情報共有先に対する開示

　FIPの実行に際して「統合阻害事由」が発見された場合に，さらに考慮を要する点としては，情報共有をしているプロジェクト・メンバー，従業員，取引先等に対する再度の「社内開示」の必要性である。前述したように（第3部第2章参照），FIP策定に至るまでM&Aプランに関する情報共有の範囲は相当に拡大し，取引先との根回し，システムの統合作業等，統合に向けた様々な準備を進めていることが予想される。「統合阻害事由」が発生した場合には，かかる統合プランが成功しない可能性が示されたのであるから，当該関係者に対して，当該阻害事由の検証が終了するまで統合へ向けた準備作業を中断させ，かつその理由を説明することが後日の紛糾回避のためにも必要になると思われる。その説明の例を以下に掲げる。

図表 4-2-3　情報共有先に対する説明例

平成○年○月○日

関係者各位

株式会社ＸＹＺ
経営企画部

業務提携計画中止の検討に伴うお願い

　ご案内のとおり，当社及び㈱ABCの間の業務提携に向けた準備が進められているところでありますが，㈱ABCの法務監査手続を終了し，関係する契約関係を精査してきた過程において，当社との業務提携関係を構築することが㈱ABCの主要取引先との契約関係の終了事由を構成することが明らかとなりました。当社は㈱ABCと協力して，当該主要取引先に対して契約関係の見直し等の説得を続けておりますが，交渉は難航している状況が継続し，このまま業務提携に向けた準備に要する各種コストを増大させることは好ましくないと考えられる現状にあります。

　そこで，今後の方針が明確になるまでの間，関係者の皆様におかれましては，当該業務提携に関する準備手続を一時中断して頂きたく，本書をもってお願い申し上げます。当社としては，上記交渉を粘り強く継続していく所存であり，平成○年○月末日までに取締役会を通じて対応を決定する予定ですので，よろしくご理解の程お願い申し上げます。

なお，当該業務提携計画に関しては先般基本合意書の締結に関する公表がなされているところであり，今般の計画中止の検討に関する事実は未だ公表されているものではなく，証券取引法のインサイダー取引の対象となる重要情報に該当しうるものでありますので，上記期限までに当社より正式な発表があるまでは，当社株式及び㈱ABCの株式の売買を自粛下さいますよう，お願い申し上げます。

　また，上記計画中止に関する情報が万一漏洩した場合には，今後の交渉の展開に多大な影響を与えることがあり，また当社の就業規則による処罰の対象ともなります。従って，当該情報が関係者以外の第三者に漏洩することのないよう，各位とも周知徹底願います。

以　上

（3）「統合阻害事由」が治癒可能な場合vs治癒不能な場合

　FIPを実行していく過程で「統合阻害事由」が発生した時点で直ちに統合プランを中止するというのは早計である。当該「統合阻害事由」を治癒する各種の方策およびそれらに要するコスト等を挙げたうえでそれらを総合的に考慮し，プロジェクトを進行するうえで治癒可能か，治癒不能かを慎重に検討する必要があろう。しかしながら，前述のように「統合阻害事由」の発生が場合によってはインサイダー規制上の重要事実を構成することがある。その間「統合阻害事由」を知る関係者に対する情報管理の必要性も出てくる。実務上難しい問題であるが，この点では治癒可能か治癒不能かを判断している期間における情報管理の負担が過大にならないよう「統合阻害事由」の検証作業は可能な限り速やかに行うべきであろう。また，治癒不能と判断した場合は速やかに上述のような公表や情報共有先への説明を行うことを検討すべきである。

● 注

(1) 例えば，買収監査の過程において，相手方に，環境汚染による巨額の損害賠償義務を負担する原因行為があることが判明した場合，有価証券報告書に重大な虚偽記載があり，現実の財務状態は開示されている内容よりはるかに悪いことが判明した場合には，当該買収監査を行った会社は取引実行のための交渉を中止する判断を行うであろう。

(2) 買収者による補償請求が最終的に売主との間において紛争となれば（契約が裁判管轄条項ではなく仲裁条項を定めていれば，裁判所においてではなく仲裁手続により解決される），売主が知っていたことは，買主が立証しなければならないと解される。売主の認識という場合に，売主が誰であるのか，また，どのような経緯により事実を認識するに至ったかを極端に制限する提案（例えば，「売主とは売主の社長を意味し，なおかつ，業務上の正式の報告経路により事実を認識した場合に限る。」）も，同趣旨に出る主張である。

(3) 補償条項の有効性を肯定した裁判例として，東京地判平15.1.17（判時1823号82頁。ジブラルタ生命保険（旧協栄生命保険）が第一生命保険に対して補償請求を行った。東京高裁にて和解），東京高判平8.12.18（金法1511号61頁）等がある。また，最近の裁判外の和解の事例として，三菱ふそうトラック・バス株の譲渡に関して，三菱自動車がダイムラークライスラーに補償金を支払った事例がある。

(4) 前記のとおり，対象会社の支配・管理に関する売主の意思決定（取締役会議事録の該当箇所）の開示が受けられなかった場合には，売主が対象会社の営業・活動の誓約となるような意思決定，契約等を行っていないという表明・保証を取らなければならないが，これがそのような場合である。

(5) 日本商事の販売した抗ウィルス剤「ソリブジン」につき副作用による死亡例が同社に報告された時期に，同社の多数の役職員及び家族が同社株を売却したという事件である。

(6) 日本商事事件最高裁判決（前掲最判平11.2.16）は，4号の適用基準を明確に示したものではないが，1号ないし3号に該当し得る事実が軽微基準により適用を排斥される場合であっても，別個の観点から投資者の投資判断に著しい影響を及ぼす場合には4号が適用されうることを示唆した判決と評価できる。

(7) 株式会社東京証券取引所業務規程29条2号は「有価証券又はその発行者に関し，投資者の投資判断に重大な影響を与えるおそれがあると認められる情報が生じている場合で，当該情報の内容が不明確である場合又は当取引所が当該情報の内容を周知させる必要があると認める場合」には，同取引所は当該有価証券の売買を停止することができる旨を定めている。

(8) 証券取引法166条2項1号は「…当該（業務執行決定）機関」が重要事実についての「当該決定（公表がされたものに限る。）に係る事項を行わないことを決定した…」場合も重要事実を構成すると定めている。

執筆者紹介

近藤　浩（担当箇所：第 1 部第 1 章，同第 2 章／第 2 部第 1 章，同 2 章，同 8 章／第 3 部第 3 章，同 4 章）

東京青山・青木法律事務所　ベーカー＆マッケンジー外国法事務弁護士事務所（外国法共同事業）弁護士・代表パートナー
中央大学法学部・ハーバード・ロースクール（LL.M.）卒業
1987年　弁護士登録（東京弁護士会）

川村彰志（担当箇所：第 2 部第 3 章，同第 6 章 1・2）

東京青山・青木法律事務所　ベーカー＆マッケンジー外国法事務弁護士事務所（外国法共同事業）弁護士・パートナー
東京大学法学部・ミシガン大学ロースクール（LL.M.）卒業
1991年　弁護士登録（第二東京弁護士会）

小林真一（担当箇所：第 2 部第 4 章）

東京青山・青木法律事務所　ベーカー＆マッケンジー外国法事務弁護士事務所（外国法共同事業）税理士・パートナー
筑波大学大学院卒業（MBA）・租税訴訟補佐人制度大学院研修終了
1993年　税理士登録（東京税理士会）

関口智弘（担当箇所：第 2 部第 5 章／第 3 部第 1 章／第 4 部第 1 章）

東京青山・青木法律事務所　ベーカー＆マッケンジー外国法事務弁護士事務所（外国法共同事業）弁護士・パートナー
早稲田大学法学部・ヴァージニア大学ロースクール（LL.M.）卒業
1997年　弁護士登録（東京弁護士会）
2004年　ニューヨーク州弁護士登録

池田成史（担当箇所：第 2 部第 7 章 1・2・3，同第 9 章／第 3 部第 2 章／第 4 部第 2 章 2）

東京青山・青木法律事務所　ベーカー＆マッケンジー外国法事務弁護士事務所（外国法共同事業）弁護士・パートナー
東京大学法学部・エモリー・ロースクール（LL.M.）卒業
1991年　弁護士登録（第一東京弁護士会）
2001年　ニューヨーク州弁護士登録

松山由紀（担当箇所：第2部第8章／第3部第3章）
株式会社ITAZ社会保険労務士・取締役
東北福祉大学社会福祉学部卒業
1996年　東京都社会保険労務士会登録

板津康夫（担当箇所：第3部第5章，同第6章）
株式会社ITAZ税理士・代表取締役
帝京大学大学院経済学研究科卒業・租税訴訟補佐人制度大学院研修終了予定
2003年　税理士登録（東京税理士会）

清松敏雄（担当箇所：第3部第6章）
クオリティアカウンティング株式会社公認会計士・代表取締役
東京大学経済学部卒業・東京大学経済学研究科（経済学修士）卒業
2001年　公認会計士登録
2002年　米国公認会計士試験合格

白石絢子（担当箇所：第1部第1章）
東京青山・青木法律事務所　ベーカー＆マッケンジー外国法事務弁護士事務所（外国法共同事業）弁護士・アソシエイト
中央大学法学部卒業
2002年　弁護士登録（第二東京弁護士会）

新村文子（担当箇所：第1部第2章／第2部第1章，同第2章）
東京青山・青木法律事務所　ベーカー＆マッケンジー外国法事務弁護士事務所（外国法共同事業）弁護士・アソシエイト
同志社大学・同志社大学大学院法学研究科（LL.M.）卒業
2002年　弁護士登録（東京弁護士会）

折原康貴（担当箇所：第1部第2章5／第2部第5章）
東京青山・青木法律事務所　ベーカー＆マッケンジー外国法事務弁護士事務所（外国法共同事業）弁護士・アソシエイト
一橋大学法学部卒業
2001年　弁護士登録（東京弁護士会）

辻本哲郎（担当箇所：第2部第3章）
東京青山・青木法律事務所　ベーカー＆マッケンジー外国法事務弁護士事務所（外国法共同事業）弁護士・アソシエイト
東京大学法学部卒業
2003年　弁護士登録（東京弁護士会）

酒井剛毅（担当箇所：第2部第6章1）
東京青山・青木法律事務所　ベーカー＆マッケンジー外国法事務弁護士事務所（外国法共同事業）弁護士・アソシエイト
東京大学法学部卒業
2001年　弁護士登録（第二東京弁護士会）

鈴木香子（担当箇所：第2部第7章1・2・3，同第9章/第3部第2章/第4部第2章2）
東京青山・青木法律事務所　ベーカー＆マッケンジー外国法事務弁護士事務所（外国法共同事業）弁護士・アソシエイト
東京大学法学部・ミシガン大学ロースクール（LL.M.）卒業
1998年　弁護士登録（東京弁護士会）
2004年　ニューヨーク州弁護士登録

岡野陽子（担当箇所：第2部第7章4・6）
東京青山・青木法律事務所　ベーカー＆マッケンジー外国法事務弁護士事務所（外国法共同事業）弁護士・アソシエイト
早稲田大学法学部卒業
2002年　弁護士登録（第二東京弁護士会）

谷笹孝史（担当箇所：第2部第7章5）
東京青山・青木法律事務所　ベーカー＆マッケンジー外国法事務弁護士事務所（外国法共同事業）弁護士・アソシエイト
東京大学法学部卒業
2002年　弁護士登録（東京弁護士会）

津守博之（担当箇所：第2部第8章/第3部第3章，同第4章）
東京青山・青木法律事務所　ベーカー＆マッケンジー外国法事務弁護士事務所（外国法共同事業）弁護士・アソシエイト
東京大学法学部卒業
2002年　弁護士登録（東京弁護士会）

井田美穂子（担当箇所：第3部第4章）
東京青山・青木法律事務所　ベーカー＆マッケンジー外国法事務弁護士事務所（外国法共同事業）弁護士・アソシエイト
東京大学法学部卒業
2004年　弁護士登録（東京弁護士会）

倉田伸彦（編集作業担当）
東京青山・青木法律事務所　ベーカー＆マッケンジー外国法事務弁護士事務所（外国法共同事業）弁護士・アソシエイト
早稲田大学法学部卒業
2004年　弁護士登録（第一東京弁護士会）

佐藤　玲（編集作業担当）
東京青山・青木法律事務所　ベーカー＆マッケンジー外国法事務弁護士事務所（外国法共同事業）弁護士・アソシエイト
上智大学法学部卒業
2004年　弁護士登録（第一東京弁護士会）

永田有吾（編集作業担当）
東京青山・青木法律事務所　ベーカー＆マッケンジー外国法事務弁護士事務所（外国法共同事業）弁護士・アソシエイト
慶應義塾大学法学部卒業
2004年　弁護士登録（第一東京弁護士会）

梅原由香（編集作業担当）
東京青山・青木法律事務所　ベーカー＆マッケンジー外国法事務弁護士事務所（外国法共同事業）弁護士・アソシエイト
慶應義塾大学法学部卒業
2005年　弁護士登録（東京弁護士会）

鈴木泰治郎（編集作業担当）
東京青山・青木法律事務所　ベーカー＆マッケンジー外国法事務弁護士事務所（外国法共同事業）弁護士・アソシエイト
一橋大学商学部卒業
2005年　弁護士登録（東京弁護士会）

藤田剛敬（編集作業担当）
東京青山・青木法律事務所　ベーカー＆マッケンジー外国法事務弁護士事務所（外国法共同事業）弁護士・アソシエイト
慶應義塾大学法学部卒業
2005年　弁護士登録（東京弁護士会）

松平浩一（編集作業担当）
東京青山・青木法律事務所　ベーカー＆マッケンジー外国法事務弁護士事務所（外国法共同事業）弁護士・アソシエイト
上智大学経済学部卒業
2005年　弁護士登録（東京弁護士会）

〈編者紹介〉
東京青山・青木法律事務所
ベーカー＆マッケンジー外国法事務弁護士事務所（外国法共同事業）

　企業渉外法務専門の法律事務所。日本法実務に関する卓越した知識・経験と，クロスボーダー案件に関するグローバルな取引実績・ノウハウとを統合した法律事務所として長年の歴史を有する。38カ国に70オフィス，3,300名以上の専門家を擁する世界最大規模の法律事務所，ベーカー＆マッケンジー　インターナショナルのメンバーファーム。

　企業法務，M&A，金融，キャピタルマーケット，国際税務，知的財産権，情報通信，大型プロジェクト，紛争解決，労働法，環境法などの各分野の専門家を擁し，大規模で複雑な国内案件，クロスボーダー案件についての総合的リーガルサービスを提供している。

【会社法務/M&Aグループの取扱分野】
・企業買収・合併，事業再編，MBO，公開買付支援，敵対的買収防衛策導入支援等（M&A業務）
・企業資金調達支援（コーポレートファイナンス業務）
・一般会社法務，各種国際取引契約（コーポレート業務）
・国際事業，多国籍企業法務（クロスボーダー業務）
・国内・国際取引紛争案件，訴訟案件，商事仲裁案件（紛争処理業務）

電話（代表）03-5157-2700　　FAX　03-5157-2900
http://www.bakernet.com/　http://www.taalo-bakernet.com/

合併・買収後の統合実務
■シナジーを実現するPMIの進め方

平成18年5月10日　初版発行

編　者　東京青山・青木法律事務所
　　　　ベーカー＆マッケンジー外国法事務弁護士事務所
　　　　（外国法共同事業）

発行者　山　本　時　男

発行所　㈱中央経済社

〒101-0051　東京都千代田区神田神保町1-31-2
　　　　　電　話　03（3293）3371（編集部）
　　　　　　　　　03（3293）3381（営業部）
　　　　　http://www.chuokeizai.co.jp/
　　　　　振替口座　00100-8-8432
　　　　　製版／西田デザイン事務所
　　　　　印刷／三英印刷㈱
　　　　　製本／誠製本㈱

Ⓒ 2006
Printed in Japan

＊頁の「欠落」や「順序違い」などがありましたらお取り替えいたしますので小社営業部までご送付ください。（送料小社負担）
ISBN4-502-94110-7　C3032

®〈日本複写権センター委託出版物〉本書の全部または一部を無断で複写複製（コピー）することは，著作権法上での例外を除き，禁じられています。本書からの複写を希望される場合は，日本複写権センター（☎03-3401-2382）にご連絡下さい。

M&Aの最新実務と対策

M&Aファイナンシャル・アドバイザリー・サービス

澤村八大 著　　A5判・260頁　　定価2,310円(税込)

■監査法人のファイナンス・アドバイザリー・サービス部門で日々行われている業務上の会話からM&Aをわかりやすく解説する。一話完結式のストーリー。専門用語解説付き。

M&Aの企業価値評価

監査法人トーマツ 編　　A5判・340頁　　定価3,150円(税込)

■本格的なM&A時代を迎え、その売買価格等の決定に不可欠な企業価値評価の手法を、豊富な計算事例とともに具体的に解説。無形資産等の評価、評価手法の選定方法にも言及。

価値創造をささえる
企業買収防衛ルールの考え方

布井千博 監修／富永千里 著　　A5判・196頁　　定価2,520円(税込)

■米欧で異なる法規制の思想を比較検討し、社会的な富の最大化という視点から取締役の買収防衛の可否と法制度のあり方を探る。新会社法の取締役の責任など最新の法制度にも言及。

敵対的M&A防衛マニュアル

野村證券IBコンサルティング部 編　　A5判・268頁　　定価2,940円(税込)

■敵対的買収のリスクが高まるなか、自社を守るにはどうすればよいのか？敵対的買収をかけられないための予防策、かけられてしまってからの対抗策がストーリーでわかる。

中央経済社